师幼互动理论与实践的探索

沙 莉　　刘 昊 | 主编

光明日报出版社

图书在版编目（CIP）数据

师幼互动理论与实践的探索 / 沙莉，刘昊主编．-- 北京：光明日报出版社，2021.9

ISBN 978-7-5194-6309-0

Ⅰ．①师… Ⅱ．①沙…②刘… Ⅲ．①学前教育—教学研究 Ⅳ．①G612

中国版本图书馆 CIP 数据核字（2021）第 178432 号

师幼互动理论与实践的探索

SHIYOU HUDONG LILUN YU SHIJIAN DE TANSUO

主　　编：沙　莉　　刘　昊

责任编辑：李　倩　　　　责任校对：李　兵

封面设计：中联华文　　　　责任印制：曹　诤

出版发行：光明日报出版社

地　　址：北京市西城区永安路 106 号，100050

电　　话：010-63169890（咨询），010-63131930（邮购）

传　　真：010-63131930

网　　址：http：//book. gmw. cn

E - mail：gmrbcbs@ gmw. cn

法律顾问：北京市兰台律师事务所龚柳方律师

印　　刷：三河市华东印刷有限公司

装　　订：三河市华东印刷有限公司

本书如有破损、缺页、装订错误，请与本社联系调换，电话：010-63131930

开　　本：170mm×240mm

字　　数：628 千字　　　　印　　张：35

版　　次：2022 年 7 月第 1 版　　　　印　　次：2022 年 7 月第 1 次印刷

书　　号：ISBN 978-7-5194-6309-0

定　　价：95.00 元

致敬每一位关爱幼儿、善待幼儿、启迪幼儿的人民教师！

我和你

我的眼里映着你，
你的眼里含着我，
我号啕，
你微笑，
我钻进了你的怀抱。

我的小手挽着你，
你的大手牵着我，
我蜷缩，
你等待，
我明白了不可以跑掉。

我的心里藏着你，
你的心里驻着我，
我不同，
你接受，
我踏上了你为我搭建的小桥。

我的梦里画着你，
你的梦里印着我，
我展翅，
你遥望，
我知道了我就是你的骄傲。

我和你之间，
还有很多，很多的美好……
是老师，是妈妈，是我信赖的你，
是学生，是宝贝，是你疼爱的我，
我和你，
在一起。
分别了，
会想你！

前　言

师幼互动贯穿幼儿园一日生活的各个环节，是影响幼儿身心发展与幼儿园教育质量的关键因素。20 世纪末，联合国教科文组织提出："在教学理论走向交往与对话的时代，要重视师生关系，这不仅是教学，也是时代发展的需要。"① 我国《幼儿园教育指导纲要（试行）》明确要求教师"关注幼儿在活动中的表现与反应，明确地察觉他们的需要，及时以适当的方式应答，形成合作探究式的师幼互动"。② 中共中央、国务院颁布的《关于学前教育深化改革规范发展的若干意见》中也进一步明确将"遵循幼儿身心发展规律，树立科学保教理念，建立良好师幼关系"③ 作为提高幼儿园保教质量的重要途径与保障。

国内外有关师生互动的研究在经历了 20 世纪 20—40 年代简单描述性分析的开拓时期、50—60 年代偏重师生对话的定量分析时期、70—80 年代聚焦课堂师生互动过程的质性研究时期后，自 20 世纪 80 年代后期至今，进入了研究方法与内容日趋多样化与综合性的多元发展时期。④ 20 世纪末至 21 世纪初以来，我国多位学者对师生互动与师幼互动的内涵、本质、特征、互动模式等进行了一系列基础性和开拓性的研究探索，取得了丰富成果，而我国学前教育领域对师幼互动的关注热度也一直延续至今。近年

---

① 联合国教科文组织．学会生存——教育世界的今天和明天［M］．北京：教育科学出版社，1996：108.

② 教育部基础教育司．幼儿园教育指导纲要（试行）［M］．南京：江苏教育出版社，2002.

③ 中共中央国务院关于学前教育深化改革规范发展的若干意见［EB/OL］．http：//www.gov.cn/zhengce/2018—11/15/content_ 5340776. htm.

④ 叶子，庞丽娟．师生互动研究述评［J］．学前教育研究，2009（3）：44-48.

来，编者及其所在学院多位教师指导研究生运用多种方法、聚焦幼儿园多个教育场景，对师幼互动的理论与实践进行着持续关注与探索，获得了一些初步的研究成果。此次梳理集结，与各位学前教育研究者与工作者，特别是致力于师幼互动研究与实践的幼教同人分享、交流，以期提供一些新的思路与视角，丰富和拓展师幼互动的理论研究与实践发展，进而促进幼儿园师幼互动质量及整体保教质量的提升，实现幼儿的健康、快乐、全面发展。

本书收录了首都师范大学学前教育学院于开莲、王建平、史瑾、刘昊、向海英、刘晓晔、李莉、沙莉（按照姓氏笔画排序）几位老师近年来指导的与师幼互动这一主题相关的硕士研究生学位论文 12 篇，归入三大主题：主题一以不同领域、不同组织类型活动中的师幼互动为视角，主题二聚焦不同专业发展阶段幼儿教师的师幼互动特征，主题三则着眼于幼儿教师师幼互动能力的提升。各篇论文均在学位论文基础上进一步修改完善所得，由于篇幅所限，集结出版过程中进行了不同程度的精简。

论文集是每位作者及其导师智慧的结晶，也是学院多年来研究生培养工作逐渐开花结果过程中的一份收获。在此，衷心感谢在研究过程中给予我们支持与帮助的每一所幼儿园，以及每一位可亲可敬的园长和老师们！梁雅雯、任怡蕾、付荣雪、李新玉、潘婷、王芳、王林娜、张丽玮、朱叶子同学参与了文稿校对等基础性工作，一并表示感谢！还要特别感谢首都师范大学美术学院芦岩老师为本书封面贡献大作，透过他的创作总能看到独特的笔触与无穷的创想力！

师幼互动是师幼之间发生的各种形式、性质和各种程度的相互作用与影响，正是由于这种普遍性、综合性、持续性、交互性及网络性的特征①，师幼互动在幼儿园中几乎无时无刻不在发生和发挥作用，师幼互动也成为学前教育领域经久不衰的研究主题。而限于研究者自身积淀、视域及能力所限，此书中的研究还远不成熟，甚至仍显酸涩，因此恳切希望各位专家与读者给予批评指正！

教育的本质是培养人的过程，这是一段漫长的旅途，在这漫长的育人过程中，唯有经久不衰的爱心与耐心、润物无声的对话与陪伴来得最长

① 叶子，庞丽娟．师生互动的本质与特征［J］．教育研究，2001（4）：30-34.

情，它会浸润幼小的心灵土壤，埋藏向阳向善的种子，而后用一生的时光慢慢发芽、生长、萋萋莫莫……

编者

2021 年 2 月 23 日

目 录
CONTENTS

专题一 01

不同活动中的师幼互动特征

幼儿园不同活动形式下师幼互动质量研究

宋　佳

《国家中长期教育改革和发展规划纲要（2010—2020年）》指出，未来我们发展教育的工作方针是“优先发展、育人为本、改革创新、促进公平、提高质量”，其中，“提高质量”作为教育改革发展的核心任务，对学前教育的发展尤为重要。2014年11月3日经国务院批准，教育部、发改委、财政部决定2014—2016年实施学前教育二期三年行动计划。与一期行动计划相比较而言，二期行动计划更加注重幼儿园的普惠性和优质性建设，反映出国家对“入园难”问题由抓“数量”到抓“数量”和“质量”两手抓的转变。① 学前教育第三期行动计划（2017—2020）则将质量问题摆在了更加重要的位置，指出“建立健全幼儿园保教质量评估体系，推进幼儿园质量评估工作”。② 可见，幼儿园教育质量及质量评价问题得到了党和政府的高度重视。

“质量”问题是教育改革发展的核心问题，研究表明在幼儿园质量中对儿童发展影响较大且最直接的就是师幼互动质量。2015年笔者学习了CLASS课堂互动评估系统，并走进一线幼儿园进行师幼互动行为观察，发现师幼互动质量并不理想，不同活动形式中的师幼互动问题各异，虽然已有的师幼互动研究中涉及了不同活动形式下师幼互动的差异比较，但是并没有专门针对不同活动形式下师幼互动的研究，为了进一步了解不同活动形式下师幼互动质量的具体情况及其影响因素，开展此项研究。

---

① 王冰．攻克“入园难”，把好“三道关”——基于教育部《关于实施第二期学前教育三年行动计划》的思考［J］．幼教会刊，2015（05）：11-13.

② 教育部等四部门关于实施第三期学前教育行动计划的意见［EB/OL］．http：//www.moe.gov.cn/srcsite/a06/s3327/201705/t20170502_303514.html，2017-4-13/2017-5-10.

一、师幼互动质量与学前教育质量

（一）师幼互动

许多学者尝试着对师幼互动下定义。刘晶波认为，师幼互动是指教师和幼儿之间的人际互动，具体指在幼儿园中、贯穿于幼儿一日生活之中的幼儿园教师与幼儿之间的相互作用、相互影响的行为和过程。① 柳卫东、左瑞勇等学者认为，师幼互动是指发生在幼儿园一日生活各环节中教师与幼儿之间以师生接触为基础的双向人际交流。② 韩春红认为师幼互动不同于课堂互动，课堂互动一般在中小学教育研究中经常涉及，主要研究在有组织的教学课堂环境中发生的互动；而师幼互动强调师幼双方之间发生的一切互动。③

借鉴已有研究，本文将师幼互动界定为：发生在幼儿园中、贯穿于一日生活的每一个环节中，教师和幼儿之间的言语和非言语交流的行为和过程，表现为教师发起互动、幼儿进行反馈，或者是幼儿发起互动、教师进行反馈。本研究具体包括集体教学活动、区域活动、户外运动④和生活活动中的师幼互动。

（二）师幼互动与儿童发展

生态系统理论、社会学习理论以及社会文化发展理论等相关理论很好地从理论上论证了师幼互动对儿童发展的价值和意义。生态系统理论的创始人布朗芬布伦纳提出了四种环境系统，由小到大（也是由内到外）分别是：微系统、中系统、外系统以及宏系统。从微系统到宏系统，对儿童的影响也是从直接到间接。其中微系统包括家庭、学校、同伴等，对传递社会文化最为直接。⑤ 处于微系统中的幼儿教师，对幼儿发展的作用会直接通过师幼互动产生。社会学习理论的创始人班杜拉认为，儿童心理发展既依赖于儿童发展的内部条件，也和强化榜样在学习过程中所起的作用有关。⑥ 该理论展示了师幼交往在幼儿学习、掌握和调节社会性行为方面的功能和价值。幼儿不仅学习着教师教给他们的知

---

① 刘晶波．国外学者关于师幼互动问题研究的文献综述［J］．早期教育，2000（13）：22-23.

② 柳卫东，左瑞勇．师幼互动的理论基础与实践背景［J］．学前教育研究，2004（7）：52-53.

③ 韩春红．上海市二级幼儿园师幼互动质量研究［D］．上海：华东师范大学，2015.

④ 由于天气原因（寒冷/炎热/雾霾等），幼儿园户外运动有时会调整在室内进行，故本研究也包括个别的室内运动。

⑤ 桑标．儿童发展心理学［M］．北京：高等教育出版社，2009：10.

⑥ 朱智贤，林崇德．儿童心理学史［M］．北京：北京师范大学出版社，1988：362.

识、技能，还在观察、学习着教师的每一种带有社会意义的行为。[①] 维果茨基的社会文化发展理论提出当成人和更有经验的同伴帮助儿童掌握具有文化意义的活动时，他们与儿童之间的交流就会变成儿童思考的一部分，Berk 认为当儿童内化了他们与成人及其同伴对话的特点时，他们就能使用内部语言来引导自己的思考、行为，并习得新技能。[②]

另外，大量实证研究也表明，师幼互动在儿童发展中具有重要意义。Alexander 和 Entwisle 等人的研究表明：幼儿所经历的师幼关系对其社会适应性的发展具有重要影响。幼儿进入幼儿园开始接受正规教育时，他（她）们与教师建立积极的关系是幼儿适应新环境的一项很重要的内容，不同的师幼关系将直接导致幼儿不同的适应状况。[③] 该结论在 Pianta、Steinberg 和 Rollins 所做的研究中得到了进一步证实，该研究发现在幼儿园中形成的师幼关系特征，甚至预先决定了幼儿在入小学后前三年的适应能力与行为。Mashburn 和 Pianta 等人的研究对 2439 名儿童所在班级的师幼互动质量进行了评估，研究结果表明教师在师幼互动中教学支持水平能有效预测儿童的社会能力和行为问题的数量。[④]

（三）师幼互动质量与学前教育质量

经合组织（Organization for Economic Cooperation and Development，OECD）的研究发现，对于学前教育质量的各种定义都包含“结构性质量”和“过程性质量”两个部分，并以儿童的各项发展（结果质量）为最终目的[⑤]，三者与“学前教育质量”的关系见图 1-1-1。结构质量（structural quality）一般包括幼儿园硬件设施、班级规模、教师资质、师生比等。过程质量（process quality）一般包括师幼互动、教学技巧、幼儿园的领导和管理等。前者相对稳定，一般可以直接观察到，后者往往不稳定，处于动态当中，不易观察和评估。由于教师对幼儿的影响主要通过师幼互动来实现，因此，研究者认为师幼互动质量是

---

① 刘晶波. 师幼互动行为研究——我在幼儿园里看到了什么［M］. 南京：南京师范大学出版社，1999.

② 桑标. 儿童发展心理学［M］. 北京：高等教育出版社，2009.

③ Alexander K L，Entwisle D R. Achievement in the first years of school：Patterns and process［J］. Monographs of the Society for Research in Child Development 53（2）：Serial No. 218，1988.

④ Pianta R C，Mashburn A J，Downer J T，Hamre B K，Justice L. Effects of web-mediated professional development resources on teacher - child interactions in pre-kindergarten classrooms［J］. Early childhood research quarterly，2008：23（4），431-451.

⑤ OECD.（2012）. Quality Matters in Early Childhood Education and Care：Finland［M］. Paris：OECD.

过程质量的主体。另外，Ruopp、Travers 等人对美国的托幼机构服务质量进行研究，结果发现，师幼比和班级规模等结构因素会影响教师和幼儿之间的交往，而师幼交往将直接影响幼儿的发展。师幼交往影响着幼儿在托幼机构中所获得的经验，而且托幼机构教育质量的结构变量（如班级规模、师幼比例）往往是通过托幼机构教育质量的过程变量（师幼互动）影响着幼儿的发展①。也就是说，师幼互动质量往往是结构质量影响学前教育质量的中介。由此可见，师幼互动质量是学前教育质量的核心内容，直接影响着幼儿的发展。

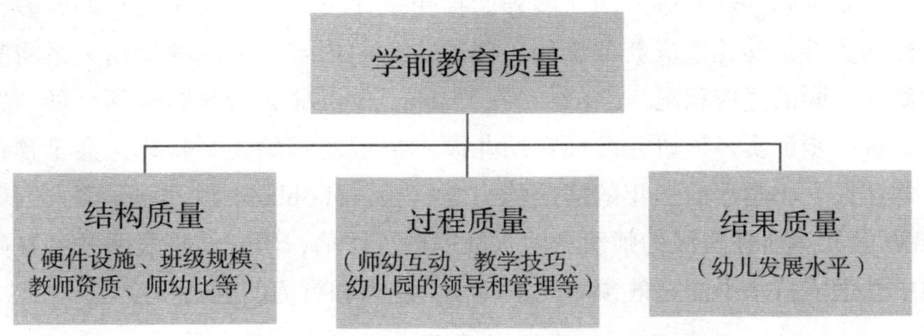

图 1-1-1　师幼互动质量与学前教育质量关系

（四）师幼互动质量与学前教育质量评价

1. 相关评价工具

当前我国幼儿园教育实践中广泛采用和参照的是地方教育行政部门颁布的幼儿园分级分类验收标准，这些标准存在如下问题：以幼儿的绝对发展水平为标志衡量教育质量；注重条件、结果性质量评价，轻过程性质量评价等。② 为了克服这些问题，刘焱等人在借鉴国外 ECERS-R 和 ECERS-E 结构形式的基础上，开发了《幼儿园教育环境质量评价量表》，但作为过程质量的师幼互动只作为其中一个子领域，若专门研究师幼互动该工具无法全面地展现师幼互动质量的全貌。澳大利亚研究者整理了 11 种关于学前教育质量的评估工具，其中有三种是对过程质量的评估：①课堂互动评估系统（The Classroom Assessment Scoring System，CLASS）；②勒文学前儿童参与量表（The Leuven Involvement Scale for Young Children，LIS-YC）；③早期照看者互动量表（Caregiver Interaction Scale，CIS）。其中 LIS-YC、CIS 两个工具的分析单位分别是儿童个体及教师个体；而

① 韩春红．上海市二级幼儿园师幼互动质量研究［D］．上海：华东师范大学，2015：5.

② 刘丽湘．当前我国幼儿园教育质量评价工作的误区及调整策略［J］．学前教育研究，2006（7-8）：85.

CLASS 工具的分析单位是整个班级。① 幼儿所在班级中的主班、配班、保育老师都会或多或少地与儿童产生互动，她们综合影响着幼儿的发展，对师幼互动质量进行评估时需要考虑到整个班级的师幼互动情况，而非某个教师。

CLASS 是所有这些工具中最新的一个评估师幼互动质量的工具，它的出现大大地满足了教育质量评价中对师幼互动质量评估的需求。至今，CLASS 已成为课堂教学质量评估的主流工具，它在美国最近的一些大规模调查中，使用最为广泛②；被广泛用于各国国家性质的质量评估项目中③。从工具的信度、效度和使用频率来看，美国的 CLASS 评估系统由于来源于多项国家级的研究项目、大规模的调研数据及开发者多年的研究，且在芬兰、葡萄牙、泰国等国家验证了其在跨文化背景中较高的信度和效度，华东师范大学韩春红博士、澳门大学教育学院胡碧颖博士也验证了 CLASS 在中国有较高的信效度。因此该工具已经获得了世界学前教育质量研究领域的高度认同，此类研究在世界范围内正在日益增加④。

综上所述，基于全方位考察师幼互动质量的研究目的，本研究将采用发展成熟、应用广泛的国际主流工具——CLASS 课堂互动评估系统。

2. 基于 CLASS 的相关评价研究

通过文献梳理，发现国内有关师幼互动质量评价的研究中，其中一部分是针对某地师幼互动整体质量的研究，例如胡碧颖博士于 2016 年对广东幼儿园开展的研究⑤，韩春红博士于 2015 年对上海二级幼儿园开展的研究⑥。还有许多研究是运用 CLASS 工具针对幼儿园的某一领域活动如科学活动、语言活动中的师幼互动进行的较深入的研究。还有针对教师某一方面能力、技能、策略如言语反馈互动策略的研究等。此外，还有对比新手、经验教师师幼互动的个案研究。国外学者也对不同形式活动下的师幼互动质量开展过研究。Chien 等人的研

① 韩春红. 上海市二级幼儿园师幼互动质量研究［D］. 上海：华东师范大学，2015.

② Ishimine K，Tayler C. Assessing Quality in Early Childhood Education and Care［J］. European Journal of Education，2014，49（2）：272-290.

③ Salminen J，Lerkkanen M K，Poikkeus A M，Pakarinen E，Siekkinen M，Hännikäinen M，Rasku-Puttonen H. Observed classroom quality profiles of kindergarten classrooms in Finland［J］. Early Education & Development，2012，23（5）：654-677.

④ 韩春红，周兢. 课堂互动评估系统评介及应用展望［J］. 全球教育展望，2013（11）：29-38.

⑤ Bi Ying Hu，Lisa Dieker，Yi Yang，Ning Yang. The quality of classroom experiences in Chinese kindergarten classrooms across settings and learning activities：Implicationsfor teacher preparation［J］. Teaching and Teacher Education，2016（57）：39-50.

⑥ 韩春红. 上海市二级幼儿园师幼互动质量研究［D］. 上海：华东师范大学，2015.

究发现，美国托幼机构中的大组活动（whole-group activity，相当于中国的集体教学活动）占了幼儿园一天中的三分之一时间，且在教学支持领域得分较高，因为老师认为这就是指导时间①。Winton 等人的研究表明教师并没有利用好自由选择时间（包括自由游戏和区角时间），在师幼互动的影响因素问题上，国外研究对教师特征、班级特征进行过大量研究，受取样差异、因素分类等多种因素影响，得出的结论既有一致的也有不同的甚至截然相反的。②

虽然关于师幼互动质量的实证研究往往会涉及不同活动形式下师幼互动质量的比较，但是专门针对不同活动形式下师幼互动质量的现状和影响因素的研究较少，已有研究在考察影响因素时并没有在具体的活动形式下做进一步探讨，且所得研究结论也并未达成共识，例如关于教龄、职称、学历和专业对师幼互动质量是否有影响、有何影响，需要有更多的实证研究加以证实。另外，国内相关实证研究涉及上海、广州、贵州等南方地区，但北京、郑州目前还没有针对幼儿园师幼互动质量开展过相关实证研究。

二、不同活动形式下师幼互动质量研究的设计方案

（一）研究问题

基于对幼儿园师幼互动的实地考察和思考，并结合已有研究，本次研究目的在于考察幼儿园不同活动形式下师幼互动的质量情况，基于此提出以下研究问题：第一，不同活动形式下的师幼互动质量现状如何，有何差异？第二，不同活动形式下师幼互动质量的影响因素有哪些？

（二）研究对象

本研究对象包括北京市（海淀区、石景山区、延庆区）和郑州市（中原区）共 10 所幼儿园，38 个班级。其中公办及公办性质幼儿园共 7 所（教委办园 3 所，集体办园 4 所），民办园 3 所。公办幼儿园中一级一类有 3 所，二级二类 1 所，无级类 6 所。详情见表 1-1-1。

---

① Chien N C，Howes C，Burchinal M，Pianta R C，Ritchie S，Bryant D M，Barbarin O A. Children's classroom engagement and school readiness gains in prekindergarten. Child Development，2010，81（5）：1534-1549.

② 韩春红．上海市二级幼儿园师幼互动质量研究［D］．上海：华东师范大学，2015：5.

表 1-1-1 幼儿园信息

		数量	百分比
地区	北京海淀区	3	30%
	北京石景山区	2	20%
	北京延庆区	3	30%
	郑州中原区	2	20%
性质	教委办	3	30%
	企事业单位办	2	20%
	村办	2	20%
	民办	3	30%
级类	一级一类	3	30%
	二级二类	1	10%
	无级类	6	60%

所有观察班级由研究者或幼儿园随机指定，一个园观察 3—6 个班，至少大中小班各一个。一般情况下每个班观察四种活动形式（分别是集体教学活动、区域活动、户外活动、生活活动），共收集 126 个片段。

研究对象共 38 位教师，其背景信息如表 1-1-2 所示。

表 1-1-2 教师背景信息

		人数	百分比
教龄	1—5 年	16	42%
	5—10 年	9	24%
	10 年以上	13	34%
职称	无职称	19	50%
	一级教师	12	32%
	高级教师	7	18%
学历	中专/高中	5	13%
	大专	15	40%
	本科	18	47%
专业	学前教育专业	32	84%
	非学前教育专业	6	16%

（三）研究方法

本研究主要采用非参与性观察，由两位受过 CLASS 培训的学前教育专业研究生运用 CLASS 课堂互动评估系统评定幼儿园的师幼互动质量状况。一般从幼儿吃完早餐开始观察，一直持续到幼儿吃午餐，共三个小时左右。观察前研究者先与教师沟通日程，以便规划观察时间。本研究选取集体教学活动、区域活动、户外活动、生活活动四类活动进行观察，同时保证每次观察不少于 15 分钟，观察结束后用 10 分钟时间进行评分。每种活动为一个观察周期，即一共四个周期，每个周期至少 25 分钟。

对集体教学活动的观察从集体教学活动前教师发出“上课”信号开始，直到集体教学活动结束；对区域活动的观察从幼儿的区域游戏开始，直到区域活动后收完玩具、总结回顾（如有此环节）结束；对户外活动的观察从户外活动前的准备，如穿衣服、排好队开始，直到户外活动结束；对生活活动的观察以午餐环节为代表，从餐前活动如手指游戏或讲故事（如果有的话）开始，直到餐后活动如餐后散步完、午睡前结束，也包括贯穿其中的喝水、盥洗、如厕环节。之所以包含餐前餐后的过渡，是因为该过渡环节作为生活活动中重要的一部分，易发生较多的互动行为。

（四）研究工具

1. 课堂互动评估系统（CLASS）介绍

课堂互动评估系统是美国学者 Robert C. Pianta、Bridget K. Hamre、Karen M. LaParo 等，通过对师幼互动的长期研究，开发的一套用于观察和评价学前到小学三年级教育活动情境中过程质量的评价工具。该系统根据学生的年龄，有不同的版本，本研究所用的是它的幼儿版（Pre-K CLASS）。该工具从情感支持（Emotional Support）、班级管理（Classroom Organization）、教学支持（Instructional Support）三个领域（domain）来评价幼儿园师幼互动情况，其中，三个领域又分别包含许多维度（dimension），如图 1-1-2 所示。

另外，该工具对各个维度都有操作性的解释，并附带观察记录表。

情感支持包括四个维度，其中积极情感氛围反映的是教室中总体的情感基调，以及教师与幼儿之间的情感联系，即是否温暖热情、尊重儿童等。消极情感氛围是指活动中所展现出来的整体消极氛围，包括教师（如发怒、嘲笑挖苦、容易被激惹等），也包括儿童（如争吵、攻击行为、侵害、欺侮等）。教师敏感性包括教师对儿童需求的回应性（如是否积极回应幼儿发起的互动，及时给予其帮助），以及是否能有效觉察到儿童在学习、情感方面的能力与状态。对儿童

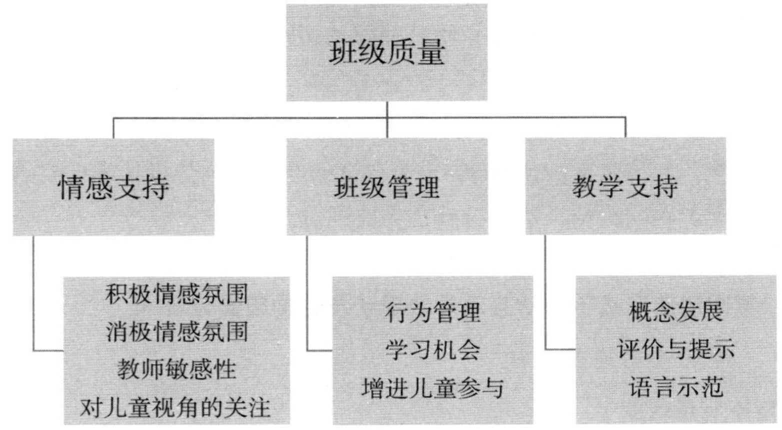

图 1-1-2 CLASS 领域和维度框架

视角的关注是指教师在与儿童的互动中，在多大程度上强调儿童的兴趣、动机和想法，是否对儿童的行动进行了过多的限制，是否尊重儿童在参与活动、发起活动时的自主性等，反映了教师在活动中所表现出的灵活性，如执行教学计划时是否灵活。

班级管理包括三个维度，行为管理考察的是教师使用有效方法防止不良行为的能力。其包括教师是否能向儿童清晰地表达对其行为的要求，是否通过表扬来提醒其良好行为，以及是否有效预防不良行为的发生等。学习机会考察的是教师是否能有效地管理儿童的行为和常规，从而使儿童可以有时间、机会去学习。其包括是否提供一些活动，而非让儿童消极等待，过渡环节是否流畅有效，以及是否占用幼儿学习活动时间等。增进幼儿参与关注的是教师如何提供活动、材料等，使儿童尽可能多地参与到活动中，促进其学习，教师的行为是否让儿童有机会去体验、观察、探索，使用材料。其包括是否使用多种学习材料，是否通过积极互动来激发儿童参与活动，是否调动了儿童多感官参与。

教学支持包括三个维度，概念发展考察的是教师采用讨论、活动等形式促进儿童的高层次思维技能（如分析推理、比较、评价、假设验证、问题解决、创造力等）以及认知的发展，而不是采用机械教学的方式。评价与提示考察的是教师的反馈在多大程度上关注于扩展儿童的学习与理解（过程性评价），而不是仅关注于儿童回答的对错和最后的成果（终结性评价），教师是否会对遇到困难的儿童给予提示，以及提示的具体性和深度。语言示范考察教师运用语言来激励和促进儿童学习的质和量。高质量的语言示范表现为自我语言（self-language）和平行语言（parallel language）①，开放性的问题，重复，扩展/延伸，以及对高水平语言的使用，让幼儿接触和理解新颖或复杂词汇。

2. 评分者一致性检验

通过对三位幼儿园教师师幼互动录像的观察评分，发现两位评分者的评分有较高一致性，肯德尔系数达0.893。为保证研究有更高信度，本研究自始至终均由两位观察者共同讨论，达成一致，完成评分。

三、不同活动形式下师幼互动质量现状及影响因素分析

（一）师幼互动质量现状

1. 整体质量现状

本研究运用SPSS 22.0统计软件对所收集到的126个活动片段进行了描述性统计，师幼互动的整体水平以及三大领域上的得分情况如表1-1-3、表1-1-4所示。

表1-1-3 师幼互动质量三大领域得分描述性统计

领域	平均值	标准差	最小值	最大值
情感支持	5.23	0.85	2.84	6.63
班级管理	5.60	0.86	2.33	6.83
教学支持	2.89	1.22	1.00	5.83
整体水平	4.57	0.79	2.31	6.20

注：1—2.49分为低水平，2.5—5.49分为中等水平，5.5—7分为高水平。

表1-1-4 不同水平师幼互动质量占比情况

领域	低水平（%）	中等水平（%）	高水平（%）
情感支持	0	46	54
班级管理	0.8	34.2	65
教学支持	40	55	5
整体水平	1.6	85.7	12.7

从表1-1-3和表1-1-4可以看出，样本教师师幼互动整体质量呈中等水平

① 自我语言是指教师用语言描述自己行为的语言；平行语言是指教师用语言描述儿童行为的语言。

（*M*=4.57，*SD*=0.79），其中低水平互动占1.6%，中等水平占85.7%，高水平占12.7%，稍高于上海市二级园高水平互动的比例（12.3%①），但远低于美国（30%以上②）和芬兰（53%③）。在三大领域上，情感支持领域呈中等偏高水平（*M*=5.23，*SD*=0.85），其中低水平互动占0%，中等水平互动占46%，高水平互动占54%；班级管理领域呈高水平（*M*=5.60，*SD*=0.86），其中低水平互动占0.8%，中等水平互动占34.2%，高水平互动占65%；教学支持领域呈中偏低水平（*M*=2.89，*SD*=1.22），其中低水平互动占40%，中等水平互动占55%，高水平互动仅占5%。且在教学支持领域上得分差距较大（*SD*=1.22）。本研究和上海、广东等地的研究数据皆表明幼儿教师的教学支持水平偏低，表现为教师较少采用讨论和活动等形式促进幼儿的高层次思维发展（分析推理、问题解决、创造性等），较多关注幼儿的学习结果而非过程，缺乏语言示范的技巧，较少运用高水平语言等。这说明目前我国幼儿教师的专业性并没有充分体现出来，正如上海某位老师所说，"老师不应该纯粹像孩子一样陪孩子玩，而是要为他们的游戏搭建提升的平台，使活动更具复杂性"④。作为专业的幼儿教师，要为幼儿提供丰富的认知刺激和语言环境，为幼儿的认知和思维发展提供支持。

2. 各维度质量现状

运用描述性统计，对师幼互动质量的十大维度得分进行分析，结果见表1-1-5。

表1-1-5 师幼互动质量十大维度描述统计

维度	平均值	标准差	最小值	最大值
积极情感氛围	5.16	1.18	1.50	7.00
消极情感氛围	1.63	0.86	1.00	4.00
教师敏感性	4.98	1.23	1.50	6.50

① 韩春红．上海市二级幼儿园师幼互动质量研究［D］．上海：华东师范大学，2015：5.

② LoCasale-Crouch J，Konold T，Pianta R，Howes C，Burchinal M，Bryant D，Barbarin O. Observed classroom quality profiles in state-funded pre-kindergarten programs and associations with teacher，program，and classroom characteristics［J］．Early Childhood Research Quarterly，2007，22（1）：3-17.

③ Salminen J，Lerkkanen M K，Poikkeus A M，Pakarinen E，Siekkinen M，Hännikäinen M，Rasku-Puttonen H. Observed classroom quality profiles of kindergarten classrooms in Finland［J］．Early Education & Development，2012，23（5）：654-677.

④ 约瑟夫·托宾，薛烨，唐泽真弓．重访三种文化中的幼儿园［M］．朱家雄，薛烨，译．上海：华东师范大学出版社，2014.

续表

维度	平均值	标准差	最小值	最大值
对儿童视角的关注	4.41	1.27	1.50	6.50
行为管理	5.84	1.30	1.92	7.00
学习机会	5.95	0.98	2.33	7.00
增进儿童参与	5.01	1.16	2.13	7.00
概念发展	2.57	1.22	1.00	6.50
评价与提示	3.28	1.75	1.00	6.50
语言示范	2.82	1.18	1.00	6.50

从表 1-1-5 可以看出，样本教师在情感支持领域中的“积极情感氛围”“消极情感氛围”维度上和班级管理领域中的“行为管理”“学习机会”维度上的互动质量呈现较高水平，而在教学支持领域（“概念发展”“评价与提示”以及“语言示范”维度）上的互动质量呈现较低水平，另外在“教师敏感性”“对儿童视角的关注”以及“增进儿童参与”维度上呈现中等水平。

3. 不同活动形式的师幼互动质量比较

（1）整体质量及其比较

对四种活动形式下的师幼互动整体质量得分进行描述性统计，结果如图 1-1-3 所示。

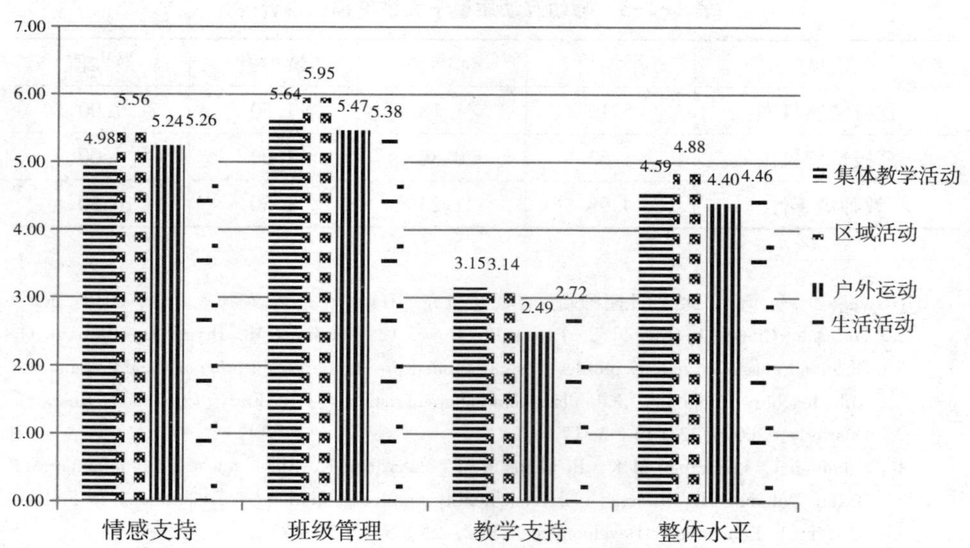

图 1-1-3　不同活动形式下师幼互动质量在三大领域上的得分柱状图

注：1—2.49 分为低水平，2.5—5.49 分为中等水平，5.5—7 分为高水平。

四种活动都呈中等水平，区域活动师幼互动质量最高，呈中等偏高水平，高质量师幼互动占比为34.6%；其次是集体教学活动，呈中等偏高水平，高质量师幼互动占比为10.3%；再次是生活活动，呈中等水平，高质量师幼互动占比为9.4%；最后是户外活动，呈中等水平，高质量师幼互动几乎为零。可见，四类活动的师幼互动质量不容乐观，尤其是户外活动。

可见，四类活动在"班级管理"领域上都呈较高水平，其中区域活动班级管理质量最高。四类活动在"教学支持"领域上都呈中等以下较低水平，其中户外活动教学支持质量最低，其次是生活活动。四类活动在"情感支持"领域上，区域活动得分最高，呈较高水平，而集体教学活动相对其他活动来说得分较低。其原因将在讨论部分详细阐述。

通过单因素方差分析，四种形式活动在三大领域上不存在显著性差异。

（2）各维度质量及其比较

将活动形式作为自变量，十大维度作为因变量，分别进行单因素方差分析发现，不同形式活动在"对儿童视角的关注"（$F=9.850$，$p<0.01$）、"增进儿童参与"（$F=7.039$，$p<0.05$）以及"语言示范"（$F=2.731$，$p<0.01$）维度上存在显著差异，其得分情况见图1-1-4。

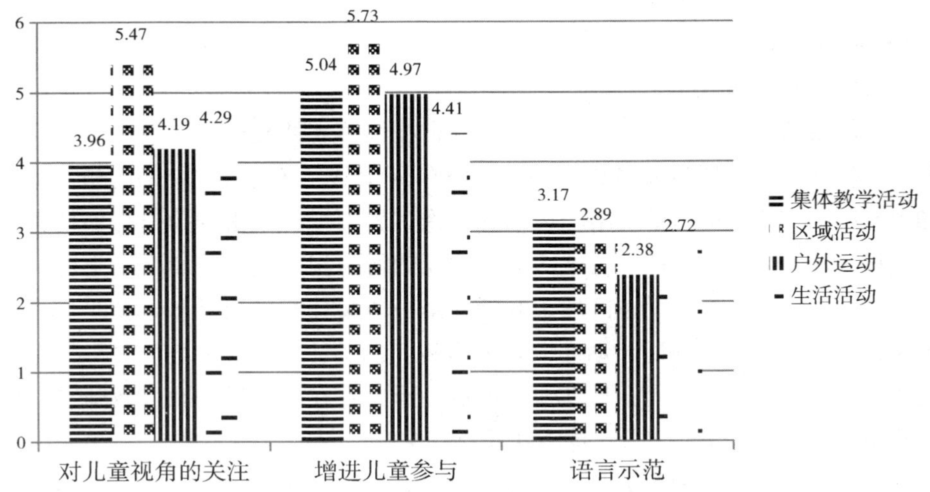

图1-1-4 不同活动形式下师幼互动质量在三大领域上的得分柱状图

通过事后检验发现，在"对儿童视角的关注"维度上，区域活动显著高于集体教学活动、户外运动和生活活动，在该维度得分情况为：区域活动>生活活动>户外运动>集体教学活动；在"增进儿童参与"维度上，除了集体教学活动和户外运动没有显著差异外，其他活动之间都有显著性差异，在该维度得分情况为：区域活动>集体教学活动>户外运动>生活活动；在“语言示范”维度上，集体教学活动的语言示范远高于户外运动。

综上，通过对量化结果的分析可以看出，不同活动形式下的师幼互动问题各异，下面将结合案例加以说明。

集体教学活动中教师的情感支持不足，在积极情感氛围方面，师幼关系较为紧张、缺乏对儿童的尊重和关注、积极的情感表达较少；在对儿童视角的关注方面，对幼儿行动的限制较多（如小手背后、不许说话）、教学缺乏一定的灵活性、对幼儿自主性的支持较少、同伴互动的鼓励较少。教学支持质量有待提升，例如教师较少采用启发式的教学方法，较少提问开放式问题，较少关注幼儿高层次思维，较少运用高水平语言等。

案例 1：某教师组织幼儿学习音乐《让我们荡起双桨》时，让幼儿小手背后，认真聆听，然后老师弹奏唱一句，幼儿跟着唱一句，其间有两三个男孩子总是“不守规矩”，摇头晃脑、四处张望，被老师点名批评。该老师从幼儿中挑选了一位最认真的小女孩站在前面领唱，并让小女孩“监督”其他幼儿，随时向老师报告哪些小朋友不专心。

案例 2：某教师为中班幼儿讲一本关于动物的故事书时，教师所提的问题有“这些动物会发出什么样的声音?”“它们是什么颜色的?”“小朋友们喜欢这个故事吗?”（封闭式问题）

区域游戏活动师幼互动整体得分最高，在情感支持和班级管理方面都高于其他类型活动，表现为大多数幼儿都沉浸在游戏中，享受游戏带来的乐趣，再加上教师的支持帮助，呈现出积极情感基调，教师提供丰富的操作材料使得游戏过程中的学习机会较多，区域活动中幼儿的行为相对集体教学活动来说也便于管理。在教学支持方面，区域游戏活动得分与集体教学活动基本持平。具体来说，区域活动中的师幼互动在“对儿童视角的关注”“增进儿童参与”上远高于其他活动形式，然而，与其他三类活动形式存在的问题一致，教师在区域游戏中的教学支持策略以及技能方法还有待提升。

案例 3：大班区域活动时间，积木区的男孩子们在建堡垒，共同商量如何对付敌人；表演区有两位女孩子，一个唱歌并摇铃，另一个伴舞做动作，像只小蝴蝶在翩翩起舞；美工区一个孩子在专注地为她的小公主做新衣……刘老师不时地巡回指导，一会儿到表演区为孩子喝彩鼓励，一会儿帮助积木区的幼儿提供所需要的素材，有时也会向他们提问一些问题如“你们玩的是什么游戏?”“谁是敌人?”“这个舞蹈是跟谁学的呢?”……

上述案例中教师在教学支持上有待提升，比如老师可以多提一些有挑战性的开放型问题，如“敌人假如从后方打过来了，你们该怎么办呢?”“要想战胜敌人，你们需要做哪些准备呢?”以提升幼儿的问题解决能力、发展创造性思维。

户外活动的师幼互动质量不容乐观，没有出现高质量的师幼互动。互动的频次相对其他三种形式活动也较低。教师的语言示范较少，具体表现为：师幼对话较少，教师很少提问开放型问题，教师很少复述/拓展幼儿语言，很少为幼儿提供新颖/复杂词汇的学习。户外活动在教师眼里就是“让幼儿玩儿”“保证安全，不能出事儿”，较少关注到语言和认知方面的发展。在教学支持领域和其他研究结果相似，得分偏低，表现为教师很少与幼儿进行一些有意义的谈话或讨论，更多的是对秩序的维护。

案例 4：户外活动时间，李老师先带孩子们进行了热身运动，老师发指令，让幼儿跟着做动作，接下来跟着音乐做了操，最后是自由活动时间，幼儿有的去骑车，有的玩滑梯，两位带班老师分区看着孩子，保证幼儿的安全。整个户外活动过程当中，师幼间会发生一些对话，但主题大多是维持和强调纪律、协调幼儿“纠纷”（如争抢玩具）。

生活活动在增进儿童参与方面做得还不够，和其他研究结论相似，教学支持质量偏低，存在的问题有：教师结合生活进行随机教育的意识和能力有待提升，教育智慧有待修炼；重行为养成、纪律教育，轻情感教育和促进认知的随机教育（非正式的认知类教育）。例如餐前活动中教师让幼儿排好队洗手，坐到自己的位置上，小手“锁上”；吃饭时，老师表扬吃得快、不挑食的幼儿，批评吃得慢、挑食还有吃饭时说话的幼儿，即使幼儿发起的谈话有一定的教育价值。下面这个案例可以说明这一点。

案例 5：午餐时间，某幼儿看到窗外有飞机飞过，于是兴奋地叫了起来，这时王老师对小朋友们说：“吃饭的时候应该怎么样呢?”幼儿异口同声地说道：“保持安静。”“小朋友们说得对，吃饭时要专心，想说话可以吃完饭再说。”幼儿低下头继续吃饭，眼睛不时地向窗外瞅。

整体来看，除了区域活动外，集体教学活动、户外活动、生活活动对儿童视角的关注较少；四种活动的教学支持质量都很低；缺乏高质量的师幼互动，其中区域活动高质量师幼互动占比为 34.6%，集体教学活动高质量师幼互动占比为 10.3%，生活活动高质量师幼互动占比为 9.4%，户外活动高质量师幼互动占比几乎为零。

（二）不同活动形式下师幼互动质量的影响因素

影响师幼互动的因素有很多，有教师方面的因素、幼儿方面的因素、班级/幼儿园小环境（如班级制度、领导管理）以及社会大环境（如文化）的影响。本研究将主要从教师角度进行分析，聚焦在教师背景信息（教龄、学历、专业、职称）上。由于活动形式会影响到师幼互动的质量，因此，本部分在探讨影响因素时将在不同的活动形式下分别进行分析。

根据数据的分布情况，本研究将教龄划分为1—5年、5—10年、10年以上三个水平。受样本局限，职称中只包含无职称、一级教师和高级教师三个等级，学历包括中专/高中、大专、本科三个层次，专业分为学前教育专业和非学前教育专业。通过多因素方差分析，结果显示，具有显著性影响的有：

1. 集体教学活动

将教龄、职称、学历、专业作为自变量，通过多因素方差分析发现：集体教学活动中，教龄对“教师敏感性”有显著影响（$F=5.522$，$p=0.011$），1—5年的教师和10年以上的教师显著高于5—10年的教师。学历对“教师敏感性”有边缘显著影响（$F=3.14$，$p=0.061$），大专教师高于中专/高中和本科教师，但是如果将专业因素的影响也考虑进来，则发现学历和专业之间存在显著的交互作用（$F=4.471$，$p=0.045$），具体来说，专业为学前教育的教师中，学历越高，教师的敏感性得分越高；专业为非学前教育的教师中，则没有呈现出教师敏感性随着学历的提升而提高的趋势。以上说明，不能忽略专业因素的影响，割裂地对学历提出要求，而是要强调幼儿教师的专业性，把所学专业和学历层次统一起来。

结果表明，教龄、职称、学历、专业对教师的教学支持质量影响不显著（$F=0.847$，$p=0.617$）。可见随着教龄的增长、职称的提升，教师的教学支持水平并没有显著提升。另外，集体教学活动的内容包括健康领域、语言领域、科学领域以及艺术领域，由于活动内容的性质和特点不同，师幼互动质量也会受到一定影响。

2. 户外活动

通过多因素方差分析，教龄对“学习机会”有显著影响（$F=3.844$，$p=0.049$），1—5年和10年以上的教师显著高于5—10年的教师。学历对“学习机会”有显著影响（$F=4.392$，$p=0.035$），本科教师高于中专/高中和大专教师。教龄和专业的交互作用对“学习机会”有显著影响（$F=16.618$，$p=0.001$），具体来说，教龄为1—5年的教师中，学前教育专业教师在“学习机会”上的得分高于非学前教育专业教师，占据优势；但是随着教龄的增长，教龄 5 年以上的教师中，学前教育专业和非学前教育专业教师的得分基本趋同。

四、不同活动形式的师幼互动质量现状及影响因素探讨

（一）不同活动形式下师幼互动质量现状及问题探讨

1. 集体教学活动

集体教学活动的情感支持不足，具体表现为师幼关系较为紧张，有时会因为幼儿“跑神”、摇晃板凳、不举手发言等“不良行为”而批评幼儿，对儿童视角的关注不够，对幼儿行动的限制较多（如小手背后/“锁住”），教学缺乏一定的灵活性，对幼儿自主性的支持较少，同伴互动的鼓励较少。下面来探讨一下这些问题出现的原因。

从文化的角度来说，部分教师受“师道尊严”思想的影响，认为学生就要服从老师的安排，不能容忍自己的权威被挑战，教师很难从幼儿角度出发思考问题。从社会学的角度来说，教师在知识、能力方面占绝对优势，作为“强者”，容易霸占话语权，习惯以“教育者”“管理者”角色自居，而作为“受教育者”的幼儿，很容易处于被动地位。当然也跟教师的“对话精神”不足有关，教师本身缺乏倾听的习惯，故幼儿无法充分表达自己的想法，致使教师无法真正进入儿童世界，读懂儿童的心声。另外，在集体教学活动中，教师既要完成预设的教学目标，又要兼顾幼儿的观点，适时生成课程，这对很多教师来讲难度较大，且有可能导致课“上不完”等情况，再加上“上课”本身相对来说更容易，因此很容易出现教师“一言堂”的情形。教师在集体教学活动中的班级管理水平较高，尤其是在对幼儿的行为管理、教学安排（学习机会）方面，行为管理也正是中国教师擅长做的工作之一，教学安排较紧凑，学习效率较高。

集体教学活动本身具有独特的优势，包括以下几点：高效、经济、公平；对幼儿的学习和发展引领性强；系统性强；形成学习共同体，培养集体感。但是以上优越性只是一种理论上的可能性，并非必然性，这些优越性的实现需要一定的前提条件。例如：集体教学经济、高效的优势只有在教师教授的教学内容能唤起全班幼儿的学习兴趣和自主性时才可能发挥，保证幼儿较高的参与度的前提下才能发挥，公平性只有在教师充分照顾到幼儿的个体差异时才能真正体现；集体教学促进交互学习、培养团体意识的可能性也只有在教师避免“一

言堂”，为同伴之间提供较多的交流、合作、分享的机会时才能变为现实。[①] 本研究发现，目前的集体教学活动在“对儿童视角的关注”和“增进儿童参与”方面有待提高，这反映出集体教学活动中师幼互动存在的问题，即教师严格按照教学计划来，灵活性不够，较少照顾到幼儿的兴趣和自主性，幼儿的表达机会较少，教师较少关注、很少鼓励同伴间的互动，幼儿参与度有待提高。另外，在“教学支持”领域，教师在集体教学活动中的许多提问和反馈并没有发挥启发幼儿高级思维发展的作用，经常停留在识记、回忆上，对幼儿的评价较为关注结果，开放性问题较少，教师的语言示范不够丰富、新颖，等等。具体原因后文将做进一步分析。下面这位教师的教学活动也许对我们有所启示：

案例 6：中三班 集体教学活动“魔法森林”（数学领域——“模式”[②]）

T：今天，森林里的小魔仙邀请我们去她的森林里做客，小朋友们看一看森林里有什么特殊的地方呢？

C：哇！有小旗！（幼儿做兴奋状）

T：什么样的旗子呢？

C：紫色和黄色的旗子。

T：噢，是彩旗呀，一个紫旗一个黄旗。（指着屏幕）小朋友们跟着老师说“一个紫旗一个黄旗，一个紫旗一个黄旗，一个紫旗一个黄旗”。

C：（兴奋地大声跟着王老师齐说）一个紫旗一个黄旗，一个紫旗一个黄旗，一个紫旗一个黄旗。

T：这叫有规律的排列，紫旗黄旗反复出现，是不是很漂亮呀？（新颖高级词汇——规律；评价具体深入）

C：是！（孩子们很开心的样子）

T：还有什么地方很特别？举手告诉老师，C1 说。

（孩子争先恐后地举手回答问题）

C1：有小猪和小鸡！

T：对！地上有小猪和小鸡！是几头小猪几只小鸡呀？来，咱们一起说“一头小猪两只小鸡，一头小猪两只小鸡，一头小猪两只小鸡”。（王老师边指边说，孩子和老师大声齐声说）

T：（老师指着最后一只小鸡的后面）那哪位小朋友知道接下来该是什么啦？

---

① 李季湄，冯晓霞．《3—6 岁儿童学习与发展指南》解读［M］．北京：人民教育出版社，2013：266.

② “T”代表教师，“C”代表幼儿。

王老师话音刚落，C2 激动地站了起来说道“老师，叫我！叫我！我知道！”

T：我看 C3 坐得最好而且最有礼貌，安静地举手发言不乱喊，我请 C3 说一下。(C2 也坐好并安静地举起手来)

C3：嗯……小猪。

T：他说是小猪！C3 动脑筋了！他发现了规律，两只小鸡后面就该是小猪啦！(复述和拓展) 大家给他鼓掌！看这里，这儿有一排小鸟，第一个是灰色的，第二个是黄色的，第三个又是灰色的，第四个又是黄色的，我请另外一个小朋友回答“问号”这里（灰鸟—黄鸟—灰鸟—黄鸟—?）应该是下列哪个颜色的小鸟呢？请他（她）把小鸟送回家。哇！我看到 C4 举手啦！请你来！(教师敏感性较高，关注到了平时不敢发言的 C4)

(C4 慢慢地指向黄色的小鸟)

T：(王老师小声提示）是黄色的吗？咱们再一起看看，“灰色小鸟—黄色小鸟—灰色小鸟—黄色小鸟……”(提示)

(C4 思考了一会儿，王老师静静等待)

C4：噢……该是灰色小鸟了。

T：真棒！今天 C4 很勇敢，举手回答问题了！而且还动脑筋了！小朋友们快给他鼓励鼓励！(对同伴互动的鼓励)

其他幼儿鼓起掌来，有的对 C4 说：“你真勇敢!”有的竖起大拇指。C4 由一开始的紧张变为喜悦，嘴角上扬泛起笑容。

接下来，教师让幼儿们按兴趣分组为魔法森林中的小公主制作“有规律”的衣物和饰品。有的幼儿为小公主制作了“有规律”的珠子项链，有的用彩纸制作了“有规律”的花纹裙子，王老师在旁边细心观察和指导，活动结束后王老师让幼儿互相交流和分享自己的作品，并让幼儿互相找出藏在作品中的“规律”。

上述整个过程中，师幼间多次出现“互相的积极情感表达和表现”，如教师微笑，幼儿兴奋地抢着举手发言回答问题，显然幼儿很乐意回应教师，这也反映了教师的高敏感性，为幼儿提供了安全温馨的心理氛围，在这样的氛围中，幼儿不仅敢说敢做，也乐意表达和挑战自我，对于敏感内向、缺乏勇气的幼儿来说格外重要。需要说明的是，C4 是一位平时不爱说话、有些胆小害羞的小男孩，平时很少发言。王老师是来自其他幼儿园的骨干教师，在中三班带班已经是第四天了。王老师在这次集体教学活动中敏感地捕捉到了教育契机，有意地将有限的发言机会留给了他，刚开始他的回答是错误的（黄色小鸟），教师为了保护他的自尊心，对那来之不易的“勇气”给予鼓励，并没有在众人面前说他回答错了，而是小声对他说："是黄色的吗？咱们再一起看看，灰色小鸟—黄色小鸟—灰色小鸟—黄色小鸟……"让C4自己得出了答案并得到来自教师和其他幼儿的鼓励和赞美，C4获得成功体验后，开心地笑了。这个片段反映了王老师对这位幼儿的尊重，并通过自己和幼儿同伴的表扬强化了C4勇于发言的良好行为，帮助他树立了自信。分组活动让幼儿自己动手操作来学习和认识"规律"，从自己感兴趣的方面入手，尊重了幼儿的自主性和主动性，最后通过分享和交流活动，锻炼了幼儿的表达能力，加深了对规律的理解。

2. 区域活动

区域游戏活动的师幼互动质量高于其他三类活动，在情感支持领域和班级管理领域都呈高水平。这和本研究的观察方法、区域活动本身的性质特点以及幼儿喜欢游戏的天性等因素有关。

首先，本研究的区域活动不仅包括区域活动本身，也包括区域活动后的总结回顾（形式上是集体的，但仍属于区域活动的一部分/延伸），这个环节教师往往会针对区域活动中幼儿认知上/行为上存在的问题给予指导或评价，使区域活动在学习机会以及教学支持方面得到加分。下面举例说明：

案例7：区域活动时一些幼儿在烘焙区制作饼干，先把和好的面拍成饼状，再用烤箱来烤，可是从烤箱出来的饼干有的熟了甚至焦了，有的却还是生的。于是活动结束时，李老师让幼儿围成圈开展了接下来的讨论。"饼干为什么会黑呢?"教师说。幼儿："因为烤的时间长了！"教师："那为什么两边黑，中间不黑呢?"教师见幼儿回答不上来，继续问："那为什么这个饼干熟了，而另一个还是生的呢?"幼儿思考了一会儿，回答道："一个大，一个小！"教师说："嗯，有道理，大的这个饼干更厚，要多烤一会儿，而小的这个薄，要少烤一会儿。那为什么两边烤焦了中间却没焦呢?"幼儿兴奋地说："因为中间厚，两边薄！""嗯！没错！小朋友们动脑筋啦！那你们说烤饼干时我们应该注意什么呢?"有的说"大小要一样"，有的说"中间和两边要一样高"……"好的，那我们这次再试一试看看！"

上述案例中教师针对幼儿区域活动中遇到的"有意义""有价值"的问题，在区域活动结束时以讨论的形式提出了一系列启发幼儿高级思维能力的问题，锻炼了幼儿的分析问题能力、问题解决能力，提升了幼儿的经验水平。

其次，区域活动本身材料丰富多样，可以照顾不同幼儿的不同需求，且以自选游戏的形式开展活动，发挥了幼儿的自主性和主动性，因此在情感支持领域（如对儿童视角的关注维度）上得分较高，且区域活动中"师个互动"较多，相对于集体活动的"师班互动"来说，互动质量更高。

再次，游戏是幼儿的天性，区域活动是幼儿最喜爱的活动之一，幼儿往往积极参与其中，同伴互动机会较多，表达机会较多，幼幼间对话较多，且教师可以照顾个别幼儿的需求，因此在增进儿童参与等维度上得分较高，研究表明游戏活动中积极情感型的师幼互动发生频率也较高①。最后，由于 CLASS 工具来源于以区域游戏为主流的美国，其价值取向强调“儿童视角”，因此区域活动在 CLASS 框架上的得分较高。

在教学支持领域，和其他活动一样得分较低。教师较少通过讨论方式来激发幼儿猜想、预测、试验、分类等高级思维，对幼儿或其作品的反馈不够具体深入，且较为关注结果，开放性问题较少，较少使用新颖复杂词汇等。

3. 户外活动

户外活动在情感支持领域和班级管理领域呈中等偏高水平，在教学支持领域呈低水平。户外活动相对室内活动来说气氛较为放松、愉悦，游戏成分更多，师幼间、幼幼间的积极情感表达较多，如大笑、开心交谈、一起玩耍等。但是一直以来，户外活动相对集体教学活动、区域活动来说，没有受到过多关注，户外活动不仅有利于幼儿身体的健康成长，还能开阔幼儿思维，受丰富的户外环境的刺激，幼儿会产生许多发现和探究行为，生发许多兴趣点，作为专业的幼儿教师，是要保证幼儿的安全，但是不能仅仅停留在管理幼儿行为的层面上，还应拿出自己的专业性，即通过观察为幼儿提供所需的情感支持和教学支持。部分幼儿园由于场地设施有限或便于管理等原因，压缩户外活动时间（不到 2 小时），且户外活动以教师主导的集体活动为主，如集体做操、班级为单位的户外体育游戏活动，缺乏自主选择的自由游戏活动，幼儿自主性得不到发挥。在这一点上，不妨借鉴山西晋中市某幼儿园的做法：户外活动时间，将班级的界限模糊化，幼儿可以自由选择各种户外游戏设施或玩具，教师分片分区管理。

刘焱教授曾提出：“户外游戏活动往往仅被看作是‘身体的活动’，事实上户外游戏活动包含着两种不可分割的、朴素关联的学习过程，即‘学习运动’和‘通过运动学习’。”其中，“学习运动”是指在户外活动中能促进其生长发育，提高身体素质，学会运动的基本技能，发展运动能力。而“通过运动学习”则强调的是通过户外游戏活动发展幼儿其他方面的能力，培养良好的心理品质。②

4. 生活活动

区别于中小学学生的学习，幼儿学习最大的独特之处即学习、生活和发展

① 巨金香．情感视阈中的师幼互动研究［D］．长春：东北师范大学，2006.

② 刘焱．游戏在儿童早期教育中的价值［J］．外国教育动态，1984（3）：62.

三位一体，很难明确划分出哪段时间属于纯粹的学习，哪段时间是纯粹的生活。正如蒙台梭利所说："幼儿有强烈探索环境和周围一切的本能，这种生命的冲动促使幼儿从生活中学习并发展自我。"因此幼儿园为幼儿提供的生活越丰富，师幼互动的质量越高，他们就能从中学到更多的东西，积累更广阔的经验，幼儿的发展也会更有质量。《幼儿园教师专业标准（试行）》中对幼儿园教师的专业能力也提出了要求："合理安排和组织一日生活的各个环节，将教育灵活地渗透到一日生活中"，"充分利用各种教育契机，对幼儿进行随机教育"。

生活活动的价值在于培养幼儿良好的生活与卫生习惯，形成和维护良好师幼关系，促进幼儿语言及认知的发展。然而观察中发现，生活活动中教师将注意力更多地放在培养幼儿生活与卫生习惯上，教师发起的互动内容多数指向约束纪律和管理行为，很少与幼儿进行社会性对话、沟通情感，积极情感较少，消极情感型互动远高于积极型和中性型①。教师结合生活进行的随机教育较少，即使有也更多地指向行为管理方面，很少指向思维认知方面。

生活活动中师幼互动质量不高与"重上课、轻生活环节"的观念以及教师专业水平有关。对幼儿园的质量评估、对教师的考核评价以及教师的职称评定都以教学活动为主，生活活动作为课程的重要组成部分却没有受到应有的重视。再加上教师本人并没有真正理解生活活动的价值，即使意识到了也并没有做到，考核评价和职称评定也并不关注这个。除此之外，也和幼儿园工作强度有关。幼儿园教师不同于中小学教师，除了对幼儿进行知识、技能和规范的教育，还要负责班级所有幼儿的一日生活起居，确保幼儿安全，进行环境创设，准备各种活动材料等。由于教师的时间和精力有限，必须提高工作效率，其中一种最为直接、有效的途径就是在班级中建立一套具体细致的幼儿行为规范，对幼儿实行整齐划一的管理，与教师的工作计划保持一致。这种办法的运用可以大大避免"爱说爱动"的幼儿给教育工作带来的干扰，从而减轻工作强度。但是从幼儿发展角度来讲，幼儿需要得到教师的个别关注和支持、有与教师沟通的心理需要，因此，"整齐划一"的管理办法不可避免地会带来一些问题。目前，已有一些幼儿园在探索并实践更利于幼儿发展的管理办法，如"弹性作息制度"。另外，笔者认为，应该适当为教师"减负"，避免将精力和时间过多地放在应付"评估"上，而应更多地放在有教育价值的事情上，比如与幼儿的互动上、课程活动等过程质量上。同时，也要大力提升教师的专业素质，引导教师重视并充分有效地利用一日生活的每一个环节。

① 巨金香．情感视阈中的师幼互动研究［D］．长春：东北师范大学，2006.

以上四类活动存在的一个共同问题就是教学支持质量偏低，低质量的教学支持占了近40%，而高质量的教学支持占比却不到5%。Mashburn和Pianta等人的实证研究表明，教学支持能有效预测儿童的社会能力和行为问题的数量。尤其是对处境不利儿童有更大意义，因为教师为幼儿提供的教学支持和认知刺激，在一定程度上可以弥补家庭教育的不足。① 笔者认为，教学支持是师幼互动质量提升的关键。

下面将重点探讨一下教学支持质量偏低的原因。

教学支持领域包含三大维度，分别是概念发展、评价与提示以及语言示范。在“概念发展”维度，强调的是要启发幼儿高层次认知，如分析推理、问题解决、分类、比较、评价以及创造性思维，通过深入讨论和深度活动激发幼儿猜想、验证、试验和头脑风暴，将已有经验、生活经验相联系。可以看出高质量的教育追求的不仅仅是很多中国家长在乎的知识量，而是思维方式，看中的不是学习的结果而是学习的过程！这一点和中国教育中成人的功利主义教育观有关，很多家长“望子成龙、望女成凤”，不愿意看到孩子输在起跑线上，希望在幼儿园能学到知识，以后上个好的小学，接着考上好的中学和大学，最后找个好工作。教育确实应该为未来做准备，但是准备的不仅仅是知识，更是学习的兴趣、品质和习惯以及批判性和创造性思维等过程性的内容，知识也许会淡忘，但这些兴趣、品质、习惯和思维却会影响孩子一生。很多教师并不是引领家长的思维朝着专业科学的方向发展而是迎合家长的需求，看中的是幼儿今天学了几首诗，会跳什么舞蹈了，因为这些暂时的成果更容易被看到、被家长认可，而潜在的更有价值的成果如分析问题的方式、创造性思维、学习品质却很难短时间内看到。另外，高质量的教学支持对教师的要求较高，需要教师本身就有正确的思维方式、一定量的知识储备（领域教学知识、通识性知识）等，当然更重要的是师幼互动知识和技能。大部分教师都知道要培养孩子的分析能力、问题解决能力、创造性思维等，但是并不清楚如何培养。其实通过有效提问、扩展性反馈以及深入的讨论活动，就能达到此目的。

案例8：几个女孩在美工区用橡皮泥制作花朵形状的发卡，但是花瓣总是会掉下来，教师问：“花瓣为什么会掉下来呢?”（分析能力）孩子们回答说“橡皮泥太软了”“花瓣太重了”。教师问：“你们有什么办法能把这些花瓣固定住

---

① Pianta R C, Mashburn A J, Downer J T, Hamre B K, Justice L. Effects of web-mediated professional development resources on teacher - child interactions in pre-kindergarten classrooms [J]. Early childhood research quarterly, 2008, 23 (4): 431-451.

吗?”（问题解决）孩子们又说“可以把花瓣做的薄一点”“可以用牙签固定住”。教师问：“你们觉得哪种方法更好呢?”（评价）你们可以分别试试看（假设/验证）。

另外除了具备互动知识和技能外，教师的责任心、教育使命感、对幼儿的“爱”也影响着教师产生教学支持行为的动机。

我国学者陈超对中国传统文化有着颇深的领悟和见解，他曾经在《迷失的中国教育：苏格拉底、孔子教育哪家强?》这篇文章中认为：在中国文化语境中，变化的现象和事物往往被称为“术”（如科学技术知识），而“术”的后面有不变的规律和本质，则被称为“道”，而“道”又被用来指永恒、不变、放之四海而皆准的真理。“术”需要被不断变革和推翻，因此教学模式也不同于“传道”，它需要学生的独立思考、大胆质疑和创新。因此，作为新世纪的幼儿教师，除了要告诉幼儿做人做事的道理，也要注意自己的教学方式的更新，在指导幼儿学习知识的过程中避免灌输式的教育习惯，鼓励幼儿独立思考、敢于创新，发表自己的见解，培养批判精神。当然，教师本人也要以身作则，从改变自己的思维方式做起，从而影响孩子的思维。

另外，在“语言示范”维度，要求教师和幼儿之间要经常对话，这里的对话是平等的、有信息交换的交谈，而非单方的信息输出。观察中发现，很多老师与幼儿的对话大部分都是告诫式、管理性的，或是简单的解释、告知，并且更多的是单向的，如“喝水了吗”“不要吵”“能坐好吗”。“语言示范”维度还要求教师要多提一些开放性的问题，促使幼儿多使用长句子，促进语言表达和组织能力的发展，经常复述并拓展幼儿的语言，多说平行语言和自我语言，为幼儿提供新颖和复杂词汇，以上都是丰富幼儿语言的有效手段。但这些手段或策略很多一线老师并不知晓。教师可以用语言对自己的和儿童的行动做出描述。在集体教学、区角活动时间，甚至是加餐时间，教师都可以将自我语言和平行语言作为丰富儿童语言的手段。自我语言即教师简单地说明自己在做什么，将自己的语言和行为联系起来，例如：“我今天将要给你们一人发三块动物形状的饼干，我正在打开包装……”平行语言即教师用语言描述儿童的行为，例如：“你正在为玩具婴儿穿衣服，让她变得非常漂亮，把它全身上下都打扮了一番。”很多老师并没有使用自我语言和平行语言的习惯，但是至少要有语言示范的意识，不妨适当尝试。新颖/复杂词汇包括术语、成语、俗语、书面语等，这些词汇对幼儿来说都属于高级词汇。平日里教师要注意积累，多加运用。有的词汇对于幼儿来说比较陌生、抽象，这时老师可以适当解释，或者提供一定语境。例如，某老师说：“对，鳄鱼就是不刷牙、不漱口，牙齿里的食物‘腐蚀’了它的牙齿，疼得受不了了，赶紧去看医生了。”

（二）影响师幼互动质量的因素

影响师幼互动的因素有很多，如教师特征、幼儿特征、班级制度以及文化因素等，本研究仅从教师角度谈一下自己的观点。本研究运用多因素方差分析，在不同活动形式下对师幼互动质量的影响因素进行了分析，发现职称对师幼互动质量的影响不大，可能的原因有：评职称时并没有考虑到教师的师幼互动水平致使职称高的教师不一定师幼互动水平就高。教龄、学历和专业对集体教学活动和户外活动中的师幼互动会产生一定影响。另外，除了以上因素外，教师的儿童观、互动观以及对幼儿的“教育爱”直接或间接地影响着师幼互动行为。

1. 教龄的主效应、教龄和专业的交互作用

1—5 年和 10 年以上的教师比 5—10 年的教师在集体教学活动中的敏感性更高，即对儿童需求有更多的回应，更有效地觉察到儿童在学习、情感方面的能力与状态。1—5 年和 10 年以上的教师比 5—10 年的教师在户外活动中能为幼儿提供更多的学习机会，更有效地管理儿童的行为和常规，从而使儿童可以有时间、机会去学习，消极等待的时间更少。可能的原因有：教龄为 1—5 年的新手教师对儿童的需求较为敏感，对幼儿的求助和发起的互动总是积极回应，幼儿也乐于寻求这些教师的帮助；10 年以上的老教师对不同幼儿的能力和需求非常了解，能及时发现其需求并有效回应和帮助幼儿，幼儿也相应地乐于回应教师并积极寻求支持。而 5—10 年的教师可能存在一定的职业倦怠倾向，较少回应幼儿发起的互动。Maslach 认为职业倦怠是指在以人为服务对象的职业领域中，个体的一种情感耗竭、非人性化和个人成就感降低的症状。① 其中情感耗竭是指个体情感的耗尽，工作热情的丧失，它代表了职业倦怠的个人压力成分，是职业倦怠的核心成分。非人性化是指个体以一种消极、冷漠、麻木的态度对待工作对象和他人，它代表了职业倦怠的人际互动成分。低个人成就感是指个体感到自己工作成绩和能力的下降，它代表了职业倦怠的自我评价成分。② 职业倦怠的教师对工作缺乏热情和积极性，对幼儿会造成一定程度的消极影响。相关研究表明，教龄在 6—10 年的教师的职业倦怠更加明显。③ 熟手教师（教龄为 5 年

---

① Maslach C. Burnout: A social psychological analysis. In Jone J W (Ed.), The burnout syndrome: Current research, theory investigations [M]. Park Ridge, IL: London House Press, 1982.

② 朱旭东. 教师专业发展理论研究 [M]. 北京：北京师范大学出版社. 2011：323

③ 蒋怀滨，林良章，吴雪梅. 幼儿教师职业倦怠与其归因方式的关系研究 [J]. 中国健康心理学杂志，2008 (11)：1296-1298.

以上）情绪耗竭程度显著高于新手教师（教龄为 1—5 年），以上说明随着教龄的增加，熟手教师对幼儿园工作逐渐熟悉，新鲜感减少，由于大部分熟手教师已经成长为幼儿园骨干教师，压力较新手教师来说明显增加，工作热情可能有所降低。① 相关研究表明，5—10 年教师的职业倦怠会达到高峰，因为大部分幼儿教师都是女性，在这个阶段她们需要兼顾家庭和工作，既要承担一位年轻母亲的职责，又要做好本职工作，再加上对工作新鲜感的减少以及各方的压力，很容易出现倦怠感。但是随着工作经验的积累和教师心态的转变，这种倦怠感可能会逐渐减少②。因此，幼儿园和相关部门要认识到职业倦怠问题的严重性，并采取一定措施对教龄在 5—10 年的教师“减压”，预防和缓解幼儿教师的职业倦怠倾向。

户外活动中，教龄为 1—5 年的新手教师中，学前教育专业教师在“学习机会”上的得分高于非学前教育专业教师，占据优势；但是随着教龄的增长，教龄 5 年以上的教师中，学前教育专业和非学前教育专业教师的得分基本趋同。也就是说，科班出身的新手教师有着专业优势，但随着幼儿教育实践经验的不断积累，非学前教育专业的老师也可以在户外活动中为幼儿提供丰富的学习机会。因此对幼儿教师来说实践中的学习很重要，只有不断地实践、不断地积累经验，反思经验和行为，师幼互动能力才能得到提升。

2. 学历的主效应、学历和专业的交互作用

本科学历的教师比中专和大专学历的教师在户外活动中能为幼儿提供更多的学习机会，课堂的学习效率更高。相关研究表明，本科及以上学历的教师在教学活动安排上，能为幼儿提供更多的学习机会，显著高于专科教师。③ 我国学者周欣在研究中发现高学历教师的班级中，其儿童各种发展的得分高于低学历教师的班级的儿童得分。④ 学历较高的教师可能更能深刻认识和理解（户外）游戏对幼儿的发展价值，并通过与幼儿积极交流和互动，为其提供丰富的刺激。

集体教学活动中，学前教育专业的教师中，学历越高，教师在集体教学活动中的敏感性得分越高，因为教师的学历在一定程度上反映了该教师对幼儿能

① 左志宏．幼儿教师职业倦怠与职业承诺特点——新手与熟手的比较［J］．学前教育研究，2008（11）：21-24.

② 丁海东，李春芳．关于幼儿教师职业倦怠现状的调查研究［J］．中华女子学院学报，2006（6）：59-63.

③ 田方．幼儿园半日活动情境下师幼互动研究［D］．上海：华东师范大学，2012.

④ 周欣．托幼机构教育质量的内涵及其对儿童发展的影响［J］．学前教育研究，2003（7-8）：34-38.

力和特点的了解程度，因此高学历的学前教育专业教师可能对幼儿会保持更高的敏感性，更了解幼儿的每一个行为背后的意义和价值。专业为非学前教育的教师中，则没有呈现出教师敏感性随着学历的提升而提高的趋势。正如人们常说的“隔行如隔山”，幼儿的心理和行为特征具有独特的阶段性，因此幼儿教育和其他阶段的教育（即便是小学教育）都明显不同，更不用说是非教育专业。不了解幼儿心理学和幼儿教育学的“外行”专业，即使具备较高学历，在对幼儿的了解程度和敏感性上也不一定高。有学者指出教师所具备的学前教育专业学历越高，其师幼互动的质量就越高，表现为师幼之间有更多的言语交流，教师会更加关注幼儿，以更加友善的态度对待幼儿，更少采用惩罚和严厉批评的手段对待幼儿的某些行为。教师的资格与对儿童的敏感性呈正相关。① 有学前本科学历的教师所带班级中幼儿认知发展的能力要好于那些没有学前本科学历教师班上的幼儿。②

另外，结果表明，教龄、职称、学历、专业对教师的教学支持质量影响不显著（$F=0.847$，$p=0.617$）。可见随着教龄的增长、职称和学历的提升，教师的教学支持水平并没有显著提升。这可能和教师职前没有接受过相关课程的学习和职后没有接触过相关培训有关，从而导致科班出身、学历和职称较高、教龄较长的教师的优势未被激发。

3. 其他可能因素

影响师幼互动的因素还有很多，如幼儿特征、班级制度、文化等，笔者仅从教师角度谈一下自己的观点，除了以上因素外，教师的儿童观、互动观以及对幼儿的“教育爱”直接或间接地影响着师幼互动行为。

只有相信幼儿的能力、相信幼儿具有无限的潜能，才会敢于放手让幼儿自主选择和做事，只有把幼儿当作“完整的人”的教师，才会不仅关注幼儿的知识和技能，而更关注他们的情感和精神世界。只有意识到自己的行为可能会对幼儿身心造成一定影响的教师，才会对幼儿的互动保持敏感，只有对幼儿保持一份理智的“教育爱”，具有职业使命感的教师才会处处为幼儿的身心发展做考虑，从幼儿的角度思考问题。总之，影响师幼互动的因素有很多，但是终究离不开一个核心，那就是老师对幼儿的“教育爱”，这种爱是理智的爱，包含着“尊重”“信任”“理解”和“关怀”。

---

① 周欣．托幼机构教育质量的内涵及其对儿童发展的影响［J］．学前教育研究，2003（7-8）：34-38.

② Phillips Howes，Whitebook C. The social policycontext of childcare effection quality［J］. American Journey of Community Psychology，1992，20（1）：25-51.

最后在此借用刘晶波老师的一段话："在这形形色色的教师职业素质规定中，最为根本的一条应该是，让孩子喜欢你、信任你，从心里愿意和你在一起，这才是理想的师幼互动行为的核心特征之一！"一位真正爱孩子、能走进孩子心坎儿里的老师，她（他）的师幼互动水平一定不会差！

五、结论与建议

（一）结论

本研究得出以下结论：

1. 样本教师师幼互动整体质量呈中等水平，情感支持领域呈中等偏高水平，班级管理领域呈高水平，教学支持领域呈中偏低水平，在教学支持领域上得分差距较大。

2. 从整体质量来看，四种活动的师幼互动质量都呈中等水平，区域活动互动质量最高，呈中等偏高水平；其次是集体教学活动互动，呈中等偏高水平；再次是生活活动互动，呈中等水平；最后是户外活动互动，呈中等水平。

3. 不同形式活动在"对儿童视角关注""增进儿童参与"以及"语言示范"维度上存在显著差异。

4. 师幼互动中存在如下问题：集体教学活动情感支持质量不高；教师对儿童视角的关注较少；教师结合生活进行随机教育的意识和能力有待提升；户外活动缺乏高质量的师幼互动；四类活动教学支持质量皆较低。

5. 教师的教龄、学历和专业对集体教学活动和户外活动中的师幼互动会产生一定影响。

（二）建议

第一，加强对过程质量的关注。

相关部门和幼儿园要改变以往过多对结构质量的关注，加强对过程质量的关注。有关部门要对以师幼互动为代表的过程质量开展评估工作，进行正确引导，并组织专家团队进行有针对性的指导。

幼儿园领导和教师要明确师幼互动的价值和意义，了解教师的行为可能会对幼儿产生的影响，树立科学的互动观念并提高教师的互动能力、技巧，同时要引导家长从过度注重幼儿知识、技能的获得转变为更加注重幼儿的体验和活动，通过家园合作提升家长的亲子互动能力。

第二，职前培养阶段有针对性地开展有关师幼互动知识与技能的教育，职后做好针对性的相关培训和教研。

虽然教龄、学历、专业以及教师性格等多种因素都会对师幼互动产生一定影响，但是就目前学前教育师资短缺、师幼互动质量不高的情况来看，短期内很难通过提升教师的教龄、学历来提高师幼互动质量，而职前开设相关课程、职后开展相关培训却是一个有效途径。上海部分幼儿园已经开展过相关培训，取得了一定成效。这也说明，师幼互动培训也是影响师幼互动质量的重要因素之一。教师的互动意识和能力、技巧虽然在实践当中可以总结积累一部分，但是单凭实践中个人经验的总结，并不一定科学，更重要的是要通过课程和培训，学习师幼互动的理论知识，将自身互动的行为上升到理论水平。

因此，开设有学前教育专业的院校除了开设五大领域教学法等课程，还需要增设师幼互动相关课程，打好师幼互动的理论基础，为教师高质量师幼互动行为提供依据。职后教育要开展师幼互动的培训，如观看高水平教师师幼互动的录像，这是提高教师师幼互动水平的有效途径之一，也是解决当下教师互动质量不高状态下最为便捷的途径。幼儿园可以通过“学习共同体”的形式开展相关教研，互相讨论经验，师幼互动水平较低的老师可以向有经验的教师学习，互相开展观摩活动。重视教师的经验反思，让互动从“自发”走向“自觉”，从“无意识”互动转向“有意识”。

第三，解放教师时间，为其“减负”，使其将更多时间和精力放在互动过程之中。

幼儿园工作相比中小学来说，更为琐碎和繁重，再加上我国师幼比较低的现状，致使我国幼儿教师的工作压力和强度都较大。目前幼儿园教师相当一部分的时间和精力都放在了写教案、年终总结和教学评比等工作上，迫于无奈，教师很难静下心来和幼儿进行心灵的沟通。

幼儿园中除了课程因素外，对幼儿产生直接影响且影响最大的就是教师，表面上来看教师和幼儿相处的时间虽然看着很长，但是相处时间的长短并不意味着互动质量的高低，最根本的还是要优化互动行为，且将高质量的互动时间最大化。另外要减少不必要的事务性工作，让幼儿教师有足够的时间和精力投入提升互动能力和观察儿童、与幼儿互动的过程中去。

第四，发挥不同形式活动的独特优势，相互配合，共同做好一日生活中的教育。

要发挥出集体教学活动“高效”“经济”“公平”“培养集体精神”的优势，需要做到：（1）改变陈旧的灌输式教学模式，多采用启发式的教学法，关注幼儿的高级思维如创造性思维、批判性思维等；（2）尽可能照顾幼儿的兴趣和需要，给幼儿更多的表达机会，适时生成课程；（3）鼓励同伴互动，开展合作探究式学习，培养合作意识和集体感；（4）注意力放在幼儿“学到了什么”而不仅是自己“教了什么”。

生活活动的价值在于培养幼儿良好的生活与卫生习惯，形成和维护良好师幼关系，促进幼儿语言及认知的发展。但是容易停留在“行为管理”层面上，观察中发现生活活动中教师将注意力更多地放在了要求、指令和维持纪律上，很少（难）静下心来与幼儿进行感情沟通和社会性对话。生活活动本身应该是惬意而放松的，师幼间拉拉家常、增进感情，但是由于各种原因，生活活动中的师幼关系更像管理与被管理的关系。因此“情感交流”“沟通对话”“潜移默化地随机教育”应该成为生活活动的追求。

区域游戏和户外自由游戏的优势在于能充分发挥幼儿自主性，照顾每一位幼儿的个体需要和兴趣，有利于教师有针对性地进行指导，为幼儿提供个别化的挑战，促进幼儿在已有水平上向更高层次发展。但教师要避免两个极端，即“放任自流”和“过度干预”，避免幼儿游戏的“低级重复”，提升对幼儿游戏的观察和指导水平，真正发挥游戏活动对幼儿的发展价值。

第五，关注教师的“教学支持”水平。

教学支持水平体现了幼儿教师的专业性，不仅与幼儿的发展息息相关，也关系到幼儿教师的职业形象和职业地位。只有大力提升幼儿教师的专业素质，让社会各界看到幼儿教师的“看家本领”，认识到幼儿教育并不是人人都能胜任的，这样才能得到社会各界的广泛认可和信赖，从而树立良好的职业形象，获得更高的社会地位。因此，幼儿教师要系统地学习师幼互动理论知识、技能和策略，在师幼互动中不仅要“知其然”，还要“知其所以然”，这样才能更灵活地运用教学支持策略，发挥教学支持在一日生活中的作用，尤其是在集体教学活动和区域活动中促进幼儿高级思维和认知能力发展的作用。同时还要学习相关的领域教学知识和通识性知识，这些都是教学支持水平提升的基础。

参考文献

[1] 曹高慧．幼儿园语言教学活动中的师幼互动状况——基于 CLASS 系统的研究视角［D］．金华：浙江师范大学，2012.

[2] 丁海东，李春芳．关于幼儿教师职业倦怠现状的调查研究［J］．中华女子学院学报，2006（06）：59-63.

[3] 韩春红，周兢．课堂互动评估系统评介及应用展望［J］．全球教育展望，2013（11）：29-38.

[4] 韩春红．上海市二级幼儿园师幼互动质量研究［D］．上海：华东师范

大学，2015.

［5］黄瑾，田方．幼儿园半日活动情境下师幼互动研究——基于 CLASS 课堂互动评估系统的观察分析［J］．上海教育科研，2012（10）：88-91.

［6］黄娟娟．师幼互动类型及成因的社会学分析研究——基于上海 50 所幼儿园活动中师幼互动的观察分析［J］．教育研究，2009，30（07）：81-86.

［7］韩娇．生活活动中新手与经验教师师幼互动观念及行为比较的个案研究［D］．杭州：浙江师范大学杭州幼儿师范学院，2013：5.

［8］黄晓婷，宋映泉．学前教育的质量与表现性评价——以幼儿园过程性质量评价为例［J］．北京大学教育评论，2013，11（01）：2-10，189.

［9］蒋怀滨，林良章，吴雪梅．幼儿教师职业倦怠与其归因方式的关系研究［J］．中国健康心理学杂志，2008（11）：1296-1298.

［10］罗伯特·皮安塔，涂阳慧．师幼互动研究［J］．幼儿教育：教育科学，2009（06）：9-11.

［11］刘晶波．师幼互动行为研究——我在幼儿园里看到了什么［M］．南京：南京师范大学出版社，1999.

［12］刘晶波．国外学者关于师幼互动问题研究的文献综述［J］．早期教育，2000（13）：22-23.

［13］刘丽湘．当前我国幼儿园教育质量评价工作的误区及调整策略［J］．学前教育研究，2006（Z1）：85-87.

［14］柳卫东，左瑞勇．师幼互动的理论基础与实践背景［J］．学前教育研究，2004（07）：52-53.

［15］刘霞．托幼机构教育质量评价概念辨析［J］．学前教育研究，2004（05）：5-7.

［16］刘霞．托幼机构教育质量——概念与构成［J］．现代教育论丛，2004（04）：11-15，10.

［17］桑标．儿童发展心理学［M］．北京：高等教育出版社，2009.

［18］田方．幼儿园半日活动情境下师幼互动研究［D］．上海：华东师范大学，2012.

［19］王冰．攻克“入园难”，把好“三道关”——基于教育部《关于实施第二期学前教育三年行动计划》的思考［J］．幼教会刊，2015（05）：11-13.

［20］王晓芬．农村混读班早期教育现状研究［D］．上海：华东师范大学，2009.

［21］蔚佳．幼儿园集体教学活动中教师言语反馈水平研究［D］．北京：首

都师范大学，2015.

［22］约瑟夫·托宾，薛烨，唐泽真弓．重访三种文化中的幼儿园［M］．朱家雄，薛烨，译．上海：华东师范大学出版社，2014.

［23］张晖．“自主进餐”的背后——对话题“自主的代价”的回应［J］．幼儿教育，2017（03）：31-33.

［24］周欣．托幼机构教育质量的内涵及其对儿童发展的影响［J］．学前教育研究，2003（Z1）：34-38.

［25］朱旭东．教师专业发展理论研究［M］．北京：北京师范大学出版社，2011.

［26］左志宏，席居哲．幼儿教师职业倦怠与职业承诺特点——新手与熟手的比较［J］．学前教育研究，2008（11）：21-24.

［27］Alexander K L，Entwisle D R. Achievement in the first years of school：Patterns and process［J］. *Monographs of the Society for Research in Child Development* 53（2）：Serial No. 218，1988.

［28］Bi Ying Hu，Lisa Dieker，Yi Yang，Ning Yang. The quality of classroom experiences in Chinesekindergarten classrooms across settings and learning activities：Implicationsfor teacher preparation［J］. Teaching and Teacher Education，2016（57）：39-50.

［29］Chien N C，Howes C，Burchinal M，Pianta R C，Ritchie S，Bryant D M，Barbarin O A. Children's classroom engagement and school readiness gains in pre-kindergarten［J］. Child Development，2010，81（5）：1534-1549.

［30］Ishimine K，Tayler C. Assessing Quality in Early Childhood Education and Care［J］. European Journal of Education，2014，49（2）：272-290.

［31］Jamison K R，Cabell S Q，LoCasale-Crouch J，Hamre B K，Pianta R C. CLASS - Infant：An Observational Measure for Assessing Teacher - Infant Interactions in Center-Based Child Care［J］. Early Education and Development，2014，25（4）：553-572.

［32］LoCasale-Crouch J，Konold T，Pianta R，Howes C，Burchinal M，Bryant D Barbarin O. Observed classroom quality profiles in state-funded pre-kindergarten programs and associations with teacher，program，and classroom characteristics［J］. Early Childhood Research Quarterly，2007，22（1）：3-17.

［33］Maslach C. Burnout：A social psychological analysis. In J. W. Jone（Ed.），The burnout syndrome：Current research，theory investigations［M］. Park

Ridge, IL: London House Press, 1982.

[34] Pianta R C, Howes C, Burchinal M, Bryant D, Clifford R, Early D, Barbarin O. Features of pre-kindergarten programs, classrooms, and teachers: Do they predict observed classroom quality and child-teacher interactions? [J]. Applied developmental science, 2005, 9 (3): 144-159.

[35] Pianta R C, Mashburn A J, Downer J T, Hamre B K, Justice L. Effects of web-mediated professional development resources on teacher - child interactions in pre-kindergarten classrooms [J]. Early childhood research quarterly, 2008, 23 (4): 431-451.

[36] Phillips Howes, Whitebook C. The social policycontext of childcare effection quality [J]. American Journey of Community Psychology, 1992, 20 (1): 25-51.

[37] Sabol T J, Pianta R C. Recent trends in research on teacher - child relationships [J]. Attachment & human development, 2012, 14 (3): 213-231.

[38] Salminen J, Lerkkanen M K, Poikkeus A M, Pakarinen E, Siekkinen M, Hännikäinen M, & Rasku-Puttonen H. Observed classroom quality profiles of kindergarten classrooms in Finland [J]. Early Education & Development, 2012, 23 (5): 654-677.

[39] Sheridan S. Dimensions of pedagogical quality in preschool [J]. International Journal of Early Years Education, 2007 (15): 198-201.

幼儿园集体教学活动中教师言语反馈水平研究

蔚 佳

集体教学活动是幼儿园中较为常见的一种教学组织形式，在这种形式下，师幼互动贯穿着活动的始终，教师和幼儿的互动关系在一定程度上决定了幼儿的学习效果和教师的教学质量。国内外的多项研究已经表明，师幼互动直接影响着幼儿身心各方面的发展水平。而教师言语作为师幼互动的重要媒介，也直接影响着师幼互动的水平以及教育目标的达成。通过走进幼儿园进行实地观察发现，在集体教学活动当中，教师对幼儿的言语反馈存在着控制倾向明显、反馈内容单一、缺乏针对性等诸多问题。为进一步分析解决以上问题，笔者展开以下研究与讨论。

一、文献基础

（一）教师言语反馈

通过对现有研究资料的查阅发现，专门针对“教师言语反馈”进行研究的文献较少，本研究将教师言语反馈界定为：在集体教学活动中，教师为了鼓励幼儿持续参与活动，并促进幼儿的学习与理解，而用语言对幼儿的表现所做出的回应。

（二）教师言语反馈的作用

从教师言语反馈对于课堂教学的影响角度，Cook 提出，教师言语反馈的内容是课堂交互的重要组成部分，教师言语反馈不仅影响着学习者学习过程中的情感、动机及其焦虑程度，也决定着课堂教学互动能否顺利开展。①

从教师言语反馈对学生学习的影响角度，李娜认为，教师言语是教师与幼儿交流的媒介，它不仅能承载知识内容，还会对幼儿的语言学习发生作用，成

---

① 宋艳艳．外国互动课堂教师言语反馈的语用研究［J］．云南社会主义学院学报，2014（01）：283-284.

为幼儿模仿学习的对象。① 佛罗里达州大学教授 Shute V. J. 从三个方面进行了论述：反馈可以帮助学生明确现有学习表现与学习目标之间的差距；反馈可以有效缓解学生的认知负担，帮助学生了解自己的学习水平；从认知心理学角度来看，反馈可以引起对问题错误的注意，从而有效纠正学生的错误认知和操作，帮助师生达到预期的教学目标。②

（三）教师运用言语反馈的现状

赵红霞从幼儿园教师教学语言运用策略的角度展开实例分析后得出结论：教师控制幼儿行为的倾向比较明显；传递固有知识和维持秩序多于情感交流；运用的教学语言策略水平较低。

刘海梅和孟庆玲分别从对幼儿园科学教育活动和早期阅读活动的研究中得出结论：在幼儿园的科学教学活动中，教师已经形成了比较完整的教学语言表达方式，而且个别幼儿园教师在常规教学语言的基础上，开始形成有自己风格的教学语言。

（四）教师言语反馈水平的研究方法

在教师言语反馈的相关研究中，赵红霞运用文献法、观察法对幼儿园教师教学语言运用策略进行了研究；朱珊运用观察法、访谈法对集体教学活动中幼儿园教师的应答行为进行了个案研究；张芳芳运用文献法、观察法、访谈法、案例分析法对幼儿语言教育活动中的教师言语行为进行了研究。

总体来说，教师言语反馈的相关研究往往采用在课堂观察的基础上进行案例分析的较为质性的方法，这样的方法虽然对于研究本身具有适用性，但是研究过程和结果的主观性较强。因此，笔者寻求于能够运用兼顾质性研究的真实性、情境性和量化研究的科学性、客观性的研究方法来进行教师言语反馈的研究。

CLASS（Classroom Assessment Scoring System）是一套用于评价教育活动质量的课堂评估编码系统，主要关注在教育活动情境中教师与儿童的互动情况。在幼儿园教育中，集体教学活动中教师的言语反馈即属于课堂互动的重要部分，而 CLASS 中“教育支持”这一领域主要来自对儿童认知和语言发展的研究，其中包含的“反馈质量”和“语言示范”两个维度便可为教师言语反馈的研究提供评估指标。

黄瑾、田方在《幼儿园半日活动情境下的师幼互动研究》中提出，在“教

① 李娜．幼儿园师幼互动中教师言语的研究［D］．大连：辽宁师范大学，2008.

② 王森．中学物理教师有效言语反馈及其对师生互动的影响研究［D］．重庆：西南大学，2013.

育支持”这一维度中，“反馈质量”与“语言示范”之间的相关系数为 0.84，相关系数最高，表现为极强相关。①

因此，本研究将“反馈质量”与“语言示范”两个维度进行结合，作为评价教师言语反馈水平的参考标准具有一定的科学性与合理性。

二、幼儿园集体教育活动中教师言语反馈水平研究的设计方案

基于已有研究，结合在幼儿园中积累的观察实践基础，本研究主要解决的问题如下：当前幼儿园的集体教学活动中，教师言语反馈的水平呈现出怎样的特点，存在哪些问题，可能的影响因素是什么？不同领域/年龄班/教师类型的幼儿园集体教学活动中，教师言语反馈的水平是否存在差异，可能的影响因素是什么？通过哪些方式可以提高幼儿园教师的言语反馈水平？

（一）研究对象

1. 研究对象的基本信息

本研究收集了 30 个活动的视频样本供正式研究使用，样本信息如表 1-2-1 所示。其中，甲园为朝阳区一所历史悠久的幼儿园（一级一类示范园），乙园为海淀区一所部队附属幼儿园（一级一类示范园），丙园为朝阳区一所开放自主的国际私立幼儿园，丁园为东城区一所城区幼儿园（一级一类示范园）。

表 1-2-1 样本信息

编号	样本名称	活动领域	年龄班	教师类型	幼儿园
1	香喷喷的轮子	语言	大班	专家型	甲
2	小熊汽车租赁公司	语言	小班	专家型	甲
3	拍花锣	语言	中班	专家型	乙
4	会唱歌的小麻雀	语言	小班	新手型	乙
5	我的妹妹是跟屁虫	语言	小班	新手型	乙
6	帮助朋友	社会	大班	专家型	甲
7	嘘	社会	小班	新手型	乙
8	办展览	社会	中班	专家型	甲
9	家有什么好	社会	小班	一般型	丙

① 黄瑾，田方. 幼儿园半日活动情境下的师幼互动研究——基于 CLASS 课堂互动评估系统的观察分析［J］. 上海教育科研，2012（10）：88-91.

续表

编号	样本名称	活动领域	年龄班	教师类型	幼儿园
10	会跳舞的房子	艺术	大班	一般型	丙
11	滑稽的人	艺术	大班	一般型	甲
12	秋	艺术	大班	新手型	甲
13	歌唱祖国	艺术	大班	专家型	甲
14	什么是形状	艺术	中班	一般型	丁
15	小鸟大象来跳舞	科学	小班	新手型	丙
16	我的脚有多大	科学	大班	专家型	甲
17	吹倒灰太狼	科学	中班	专家型	丁
18	小车连起来	科学	小班	一般型	乙
19	哪盘苹果多	科学	小班	一般型	甲
20	保护我们的手和脚	健康	小班	专家型	丙
21	我的身体	健康	中班	新手型	甲
22	阿嚏	健康	中班	新手型	甲
23	能干的小手	健康	中班	新手型	甲
24	五架小飞机	艺术、科学	小班	新手型	乙
25	小燕子和它的朋友	语言、科学	中班	一般型	乙
26	好吃的水果 1	语言、科学	中班	一般型	丁
27	好吃的水果 2	语言、科学	小班	一般型	丁
28	小机械立大功	语言、科学	小班	专家型	乙
29	国王生病了 1	语言、健康	小班	一般型	乙
30	国王生病了 2	语言、健康	小班	一般型	乙

2. 研究对象的比例分布

(1) 不同活动领域的样本比例

本研究的视频样本涉及幼儿园集体教育活动中健康、科学、社会、语言、艺术五个不同的活动领域，其中包括 4 个健康领域的活动样本，5 个科学领域的活动样本，4 个社会领域的活动样本，5 个语言领域的活动样本，5 个艺术领域的活动样本，7 个综合了多个领域的活动样本（见图 1-2-1）。

(2) 不同年龄班的样本比例

本研究的 30 个活动样本涉及幼儿园大班、中班、小班三种不同的年龄班，其中，大班样本 7 个，中班样本 9 个，小班样本 14 个（见图 1-2-2）。

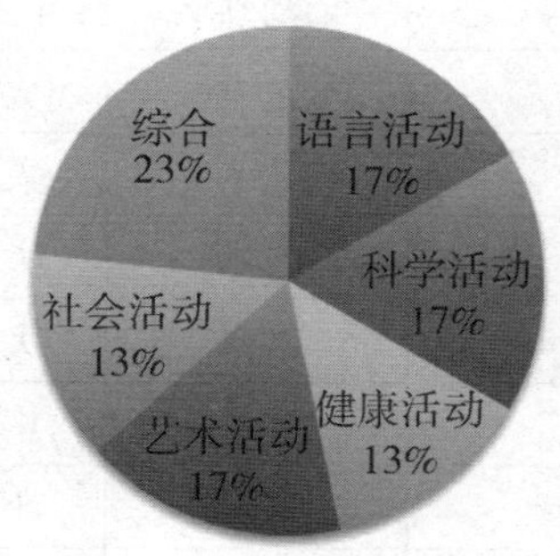

图 1-2-1　不同活动领域的样本比例

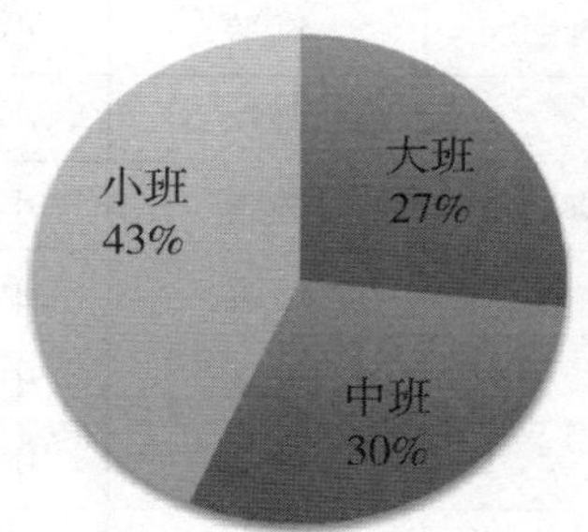

图 1-2-2　不同年龄班的样本比例

（3）不同教师类型的样本比例

本研究的 30 个集体教学活动中的教师依据教龄划分，分为专家型教师、一般型教师和新手型教师三种不同的教师类型，其中，专家型教师 10 个，一般型教师 11 个，新手型教师 9 个（见图 1-2-3）。

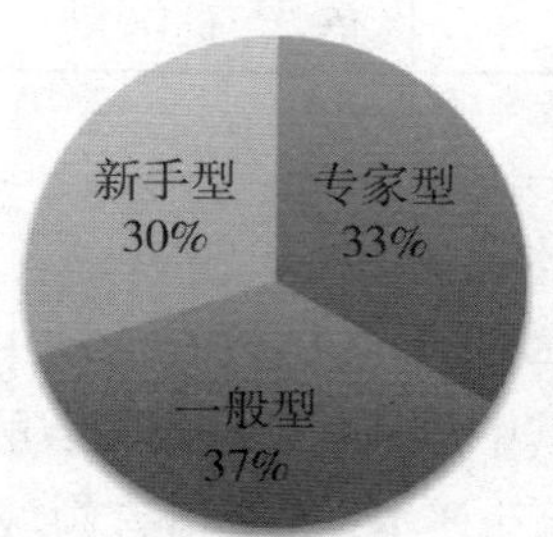

图 1-2-3　不同教师类型的样本比例

（二）研究方法——观察法

本研究将采用量化研究和质性研究相结合的方法，对幼儿园集体教学活动中的教师言语反馈水平进行观察研究和分析评价。本研究使用的方法主要为观察法。

观察的辅助工具：①摄像机。在获得幼儿园允许的前提下，用摄像机记录集体教学活动，以方便之后的分析和整理。②观察评分表。参照 CLASS 课堂评估编码系统中教育支持维度下的“反馈质量”和“言语示范”两个维度下的十个评分标准对现场的或者收集的视频中的幼儿教师言语反馈水平进行评分（见附表）。

（三）研究工具

本研究以 CLASS 作为研究工具，CLASS 评价体系包括“情感支持”“课堂组织”“教育支持”三大领域。本研究参照其“教育支持”领域下的“反馈质量”和“语言示范”两个维度，从其中的“过程反馈、反馈回路、具体反馈、提供线索”以及“频繁的交流、学生发起讨论、开放性问题、重复及扩展、自我及平行式谈话、高级语言”十个指标上对幼儿园集体教学活动中教师的言语反馈水平进行评价。

1. 评分范围

CLASS 的使用者需要参照评分标准对以上各维度进行具体的评分，评分范围为 1—7 分，其中，1—2 分为低分，3—5 分为中间分，6—7 分为高分（见图 1-2-4）。

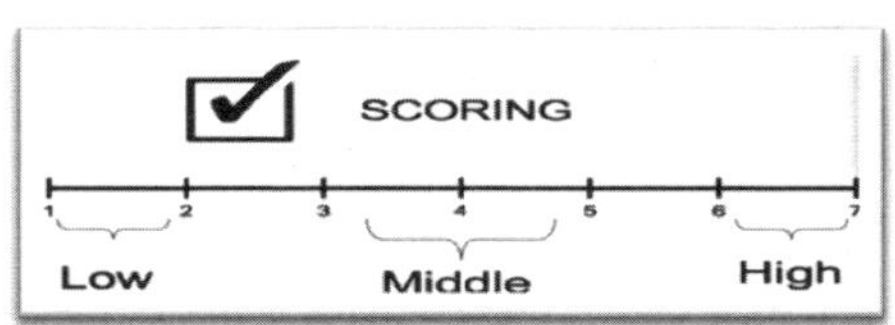

图 1-2-4　CLASS 的评分范围

2. 评分指标

（1）反馈质量（Quality of Feedback）

CLASS 使用手册中提到，“反馈质量”这一维度是用于考察教师提供的反馈在多大程度上是关注于拓展学生的学习和理解（形成性评价），而不是关注学生回答的正确性或最终的结果（终结性评价）。反馈质量的评分指标见表 1-2-2。

表 1-2-2 反馈质量的评分指标

指标	低分（1，2）	中间分（3，4，5）	高分（6，7）
过程反馈（Process Feedback）	教师没有给予学生反馈或者反馈只关注正确性	教师给予学生的反馈有时关注于学习过程或学生的努力程度，但在其他时候更多的是关注于正确性	教师始终能够将对学生的反馈关注于学习过程，而不是只关注于正确的回答
反馈回路（Feedback Loops）	教师只给予学生敷衍的反馈	师生之间偶尔会有来回交换的反馈回路，但在其他时候更多的是敷衍性的反馈	师生之间有频繁的来回交换的反馈回路，这会使学生对概念获得更深的理解
具体反馈（Specific Feedback）	教师对于学生的进步只给予泛泛的评论或称赞	教师的评论或称赞有时候是具体的，但其他时候更多的是泛泛的	教师的评论或称赞经常能够给学生提供关于为什么他们的回答是正确的或者错误的具体信息
提供暗示（Providing Hints）	当学生回答错误（或没有回答上来）之后，教师忽略学生或者没有给学生提供促进理解的线索	教师有时给学生提供线索，但更多时候对错误的答案不予考虑	当学生处于理解概念或者回答问题的艰难时刻，教师常常能够给他们提供线索

（2）语言示范（Language Modeling）

CLASS 使用手册中提到，“语言示范”这一维度用于考察教师在个别化、小组及集体教学中，运用语言来鼓励和促进学生学习的数量和质量。高质量的语言示范表现为自我及平行式谈话，开放性问题，重复，扩展/延伸，以及对高级语言的使用。语言示范的评分指标见表 1-2-3。

表 1-2-3 语言示范的评分指标

指标	低分（1，2）	中间分（3，4，5）	高分（6，7）
频繁的交流（Frequent Conversation）	教师很少会与学生进行交流	教师有时会与学生进行交流	教师经常与学生进行交流
学生发起讨论（Student-Initiated Language）	教师控制谈话的发起	师生之间谈话的发起有时是教师控制的，有时是学生控制	尽管师生之间的谈话是混合的，但是教师仍然有促进学生语言表达的明确意图及努力
开放性问题（Open-Ended Questions）	教师大部分的问题是封闭性的	教师的问题既有封闭性的也有开放性的	教师问很多开放性的问题
重复及扩展（Repetition and Extension）	教师很少重复或者延伸学生的回答	教师有时会重复或者延伸学生的回答	教师经常会重复或者延伸学生的回答
自我及平行式谈话（Self and Parallel Talk）	教师很少会通过语言来描述自身或学生当前的或下一步的行为	教师偶尔会通过语言来描述自身或学生当前的或下一步的行为	教师一贯会通过语言来描述自身或学生当前的或下一步的行为
高级语言（Advanced Language）	教师在与学生的谈话中很少使用高级语言	教师在与学生的谈话中有时会使用高级语言	教师在与学生的谈话中经常使用高级语言

3. 评分者一致性检验

本研究只有笔者一人作为正式测量的评分者，但为了尽可能地保证评分结果的客观性，笔者在进行正式评价测量前进行了预测。笔者与另外两位评分者共同研读了 CLASS 英文原版的评价手册，对五个活动样本进行了独立评分，并通过具体深入的讨论使得评价标准达到了较高的一致性（见表 1-2-4）。

表 1-2-4 五个活动样本评分的一致性检验

样本名称	活动领域	年龄班	幼儿园	教师类型	评分者	PF	FL	SF	PH	FC	SIL	OQ	RE	ST	AL	一致性检验
红雨伞	语言	大班	甲	专家型	A	6	7	6	7	7	6	6	6	6	6	0.63
					B	6	6	6	6	7	6	6	6	5	3	
					C	7	7	6	6	7	7	7	7	6	4	
做客	社会	大班	乙	一般型	A	6	7	7	6	7	6	5	7	5	5	0.84
					B	5	6	6	7	6	7	4	7	2	4	
					C	7	7	7	7	7	7	5	7	4	4	
音乐山谷	艺术	大班	甲	新手型	A	3	6	5	4	7	3	4	4	5	4	0.74
					B	3	4	4	4	6	4	4	3	5	4	
					C	3	3	4	4	6	2	5	3	5	4	
神奇的影子	科学	大班	丙	一般型	A	7	7	6	7	7	6	6	7	7	6	0.65
					B	6	5	6	6	5	5	6	6	6	3	
					C	7	7	6	7	7	5	6	7	6	3	
吃鱼	健康	中班	丁	新手型	A	2	5	2	1	7	1	5	5	6	3	0.94
					B	2	4	2	1	6	1	4	4	6	4	
					C	2	4	3	2	6	2	7	5	6	5	

在评分标准取得了较高的一致性之后，笔者对其余的30个活动视频样本进行了打分，作为正式研究使用。

三、幼儿园集体教育活动中教师言语反馈水平分析

（一）总体水平

通过对30个视频样本及转录的文字进行详细的观察、记录和评分后，笔者使用IBM SPSS Statistics 22.0统计软件进行数据的录入和统计分析。笔者首先对30个样本数据的十项指标进行描述性的统计分析，结果如表1-2-5所示。

表 1-2-5 样本在十大指标上的均值

指标	个数	均值
过程反馈（PF）	30	5. 77
反馈回路（FL）	30	5. 87
具体反馈（SF）	30	5. 57
提供暗示（PH）	30	5. 97
频繁的交流（FC）	30	6. 80
学生发起讨论（SIL）	30	4. 73
开放性问题（OQ）	30	5. 57
重复及扩展（RE）	30	5. 87
自我及平行式谈话（ST）	30	4. 73
高级语言（AL）	30	4. 13

均值可以反映出数据的平均水平及典型情况，30 个样本十项指标的平均分为 5. 5 分，各项指标的平均分都在 4—7 分。其中，频繁的交流（FC）的平均分最高，为 6. 80 分，处于高分水平。提供暗示（PH）的平均分为 5. 97 分。反馈回路（FL）和重复及扩展（RE）的平均分相同，均为 5. 87 分。过程反馈（PF）的平均分与之相近，为 5. 77 分。具体反馈（SF）和开放性问题（OQ）的平均分为 5. 57 分，这六项指标的平均分都接近于高分水平。其余三项指标的平均分都在 4—5 分，学生发起讨论（SIL）与自我及平行式谈话（ST）的平均分相同，均为 4. 73 分，处于中间分水平。高级语言（AL）的平均分最低，为 4. 13 分，处于中间分偏低水平。图 1-2-5 可以更加直观地反映出十项指标的平均分所处的水平。

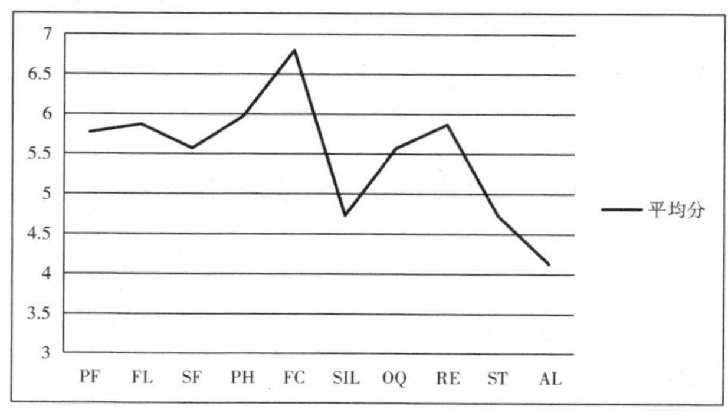

图 1-2-5 样本在十项指标上的平均分分布

（二）反馈质量水平

“反馈质量”这一维度是用于考察教师提供的反馈在多大程度上是关注于拓展学生的学习和理解，鼓励持续性参与，而不是关注学生回答的正确性或最终的结果。

1. 过程反馈——高分水平活动较多，小部分为中间水平，个别活动为低分水平

“过程反馈”这一指标关注于教师对于幼儿的言语反馈是否关注于幼儿学习的过程，如关注幼儿的参与度、理解能力的发展、进步情况、努力程度、意志力、对新方法的尝试使用等，而不是其回答结果的正误。根据数据分析部分的结果可知，30 个活动样本在过程反馈这一指标的平均分为 5.77 分，三种水平分数的具体分布情况见表 1-2-6。

表 1-2-6 活动过程反馈指标上的样本分数分布

	低分 （1—2 分）	中间分 （3—5 分）	高分 （6—7 分）
个数（N）	1	8	21
百分比（%）	3	27	70

由表 1-2-6 可知，在过程反馈这一指标上，大部分样本的分数都在 6—7 分，处于高水平。也就是说，在大部分的活动样本中，教师的言语反馈一贯都能够关注于幼儿的学习过程，表 1-2-7 中的案例便反映出教师对于幼儿尝试使用新方法、参与度、努力程度等学习过程的关注。

表 1-2-7 案例 1

案例 1	言语反馈分析
（案例背景：教师引导幼儿每人用一根吸管测量脚印的长度） T：但是没有办法，每人只有一根怎么办呢？ C1：那就量完第一个的时候，把手放在第一个下面的一小段。 T：你来给我们做一下。 （幼儿尝试操作） T：哇哦，刚才她前面那段做得很有意思，跟思思不一样。她量第一段的时候，把手放在了哪儿啊，孩子们？	教师抓住了幼儿动手操作的时机，通过“她前面那段做得很有意思，跟思思不一样”来对幼儿的操作过程进行整体性的反馈，也体现出了教师对幼儿尝试采用新方法的关注，同时也吸引了其他幼儿的注意力。

续表

案例 1	言语反馈分析
C 众：吸管的上面。 T：然后她下一个再挪动位置的时候，吸管跑到哪儿去了？ C1：手的下面。	教师通过提问的方式来引导幼儿们对幼儿 1 的操作过程进行回忆与分析，进而发现了幼儿 1 操作过程的不当之处。由此可见，教师的反馈关注的是幼儿操作的过程，而不是单纯的正误。
T：哦，那她这个就更远了，我来做一个，看看跟他们的有什么不一样。谢谢慧慧，你肯动脑筋，很好啊。	最后，教师仍然关注到了幼儿 1 所付出的努力和参与度，对幼儿进行了反馈及肯定。

但是在小部分的 3—5 分的中间水平的活动中，教师的言语反馈更多地关注于幼儿回答的对错。在一个 2 分的活动中，教师总是进行自问自答，忽视幼儿的想法。如表 1-2-8 中的案例。

表 1-2-8 案例 2

案例 2	言语反馈分析
T：你怎么从背面看出来是个小猴子呢？ C1：后面有一个“子”。 C2：后面写着“小猴子”。 T：C3 你来说一说，你怎么发现的？	在此环节中，教师的目的是引导幼儿通过观察动物形卡片背面的轮廓来判断这是什么动物。然而，因为一些幼儿已经具备了识别常见字的能力，他们可以直接通过卡片背面的动物名字来进行判断，教师便对这些幼儿的回答采取了忽视的态度。
C3：……（还未回答出来） T：你看，小猴子有长长的尾巴，从这儿能看出来，是不是啊？	当幼儿 3 还未回答出时，教师便急于将幼儿的注意力引向对卡片的轮廓的关注，进行了自问自答。

2. 反馈回路——高分水平活动较多，小部分为中间水平

“反馈回路”这一指标关注的是教师能否提供循环的言语反馈，与幼儿来回交换信息，从而引导幼儿对所学的东西获得更为深入的理解。其主要强调了教师对幼儿进行的言语反馈不应是单方面的，浅尝辄止的，而是双方面的，具有来回交换性的。

通过数据分析部分的结果可知，30 个活动样本在反馈回路这一指标上的平均分为 5. 87 分。三种水平分数的具体分布情况见表 1-2-9。

表 1-2-9 反馈回路指标上的样本分数分布

	低分（1—2 分）	中间分（3—5 分）	高分（6—7 分）
个数（N）	0	9	21
百分比（%）	0	27	70

与过程反馈指标的情况相类似，在反馈回路这一指标上，大部分样本的分数都在 6—7 分，处于高分水平，且没有出现低分水平。也就是说，在大部分的活动中，教师都能够经常提供循环的言语反馈，与幼儿来回交换信息，如表 1-2-10 中的案例：

表 1-2-10 案例 3

案例 3	言语反馈分析
T：一个一个码齐了，就能看出谁多了呀！ C1：绿颜色的少了。 T：哦，绿颜色少了，那谁多了？ C1：红苹果。 T：多了几个？	这是一次数学教学活动，教师的反馈一方面紧紧围绕着本次活动要传递的关键经验，一方面也能够针对幼儿的回答即时地进行层层深入的提问。
C1：就是那个绿……一样多。 T：怎么样它就能一样多了？	当幼儿的回答出现困难时，教师能够依据幼儿已有的回答提供进一步的引导。
C1：再有一个绿的。 T：嗯，说完整。 C1：再有一个绿苹果就一样多了。	教师有意识地要求幼儿将自己的观点完整地表述出来。

但是在一小部分 3—5 分的中间水平的活动中，教师只是有时能够提供具有反馈回路的言语反馈，其他时候的反馈更多是敷衍的。例如在表 1-2-11 所示的案例中，教师虽然与幼儿进行着比较频繁的交流，但是却并没有体现出言语反馈的来回交换性，未能达到通过言语反馈来促进幼儿认知发展的作用。

表 1-2-11 案例 4

案例 4	言语反馈分析
T：我来问问小朋友，你看到的菊花是什么形状的？ C1：我看到的菊花是中间有一两个角，旁边是三角的那种，特别细的那种。 C2：像头发。 T：我们还有很多小朋友也看过菊花是不是？	这是一次美术领域的集体教学活动，作为旁观者的我看到的是这样的场景：教师不停地在给幼儿掷"球"，却并没有去迎接幼儿抛掷回来的"球"。 幼儿 1 对于菊花形状的观察是很仔细的，幼儿 2 的回答可能是受到了幼儿 1 的影响，也有可能是基于自身经验进行的联想，教师本可以针对他们的回答进行鼓励、追问或其他方式的反馈，引导幼儿解释自己的思考过程，然而事实上，教师却转而抛出了另外的问题。
C 众：是。 T：我们在哪里可以看到菊花？ C1：花坛。 C2：我们家的两个花坛里面。 T：好，如果我要请你用一个词来形容你想到的秋天，你会用什么词来形容？	教师在不断抛出问题，却没有针对幼儿的回答进行具有针对性的反馈。可以说，教师提供的这种反馈是单向的，而不是有来有回的。
C1：漂亮的形状。 T：用一个词来形容秋天。 C1：蚂蚁搬家的秋天。 C2：开心的秋天。 C3：骄傲的秋天。 C4：凉快的秋天。 T：小朋友们现在你可以对你身边的小朋友说一说，你想到用什么词来形容秋天。 （幼儿互相交流） T：好，小朋友们，你们想不想用小手来画一下秋天啊？	当幼儿又以比较高的积极性、独特的视角来形容秋天之后，教师仍然没有对幼儿的回答进行反馈，而是让幼儿进行同伴间的交流。 同伴交流的过程和成果也没有得到教师的进一步关注，而是又再一次地用新的问题来开启活动的下一个环节。 此案例呈现的是这次美术教学活动的导入过程，在此期间，幼儿都没有从教师那里得到有价值的反馈信息，他们无从知晓教师是如何看待自己的回答的，而教师又是为什么再次发起提问的。

3. 具体反馈——高分水平活动居多，近半数的活动处于中间分水平

"具体反馈"这一指标关注的是教师是否能够依据每个幼儿和他们学习环境的特点来给予幼儿个别化、具体化的言语反馈，教师会利用幼儿的回答并通过后续的一些问题来建立学习契机，让幼儿知道为什么自己的回答或反应是对的或者错的。

根据数据分析部分的结果可知，30 个活动样本在具体反馈这一指标上的平

均分为5.57分。三种水平分数的具体分布情况见表1-2-12。

表1-2-12 具体反馈指标上的样本分数分布

	低分（1—2分）	中间分（3—5分）	高分（6—7分）
个数（*N*）	0	13	17
百分比（%）	0	43	57

由表1-2-12可知，在具体反馈这一指标上，大部分活动样本的分数都在6—7分，处于高分水平。也就是说，在大部分的样本活动中，教师都能够经常给予幼儿个别化、具体化的反馈，如表1-2-13所示案例。

表1-2-13 案例5

案例5	言语反馈分析
T：你们能举出来类似于三角形的物体吗，在生活中所见到的？ C1：射箭的那个箭的三角头。 T：哎哟，你观察得可真仔细！箭的头也有三条边，三个角。你很能注意到生活中的事物啊！	在本案例中，教师对幼儿进行鼓励是因为他能够在日常生活中认真观察，并将自己的观察经验与学习到的数学知识进行联系。教师对幼儿进行了个别化的积极反馈，这样的反馈有助于强化幼儿的思考积极性，同时也提示了其他幼儿要养成在课上、课下处处留心观察，善于发现的好习惯。
T：画好一幅线条画，我们画的过程中要注意哪些点？ C1：细和粗。 T：他说了一点，要有粗有细，这样才能分清深浅不同。 C2：先画花再画后面的。 T：哎，要突出主体，主体要先画，要画得大。第三点呢？	教师的两次反馈都针对幼儿的回答给予了补充与延伸，给予了他们非常具体的反馈，使幼儿们逐渐明确了画好一幅线条画需要掌握的要点。
C3：不能全用线条，要不然就乱了。 T：对，不能都用线条画，记得要留白。真好！这三位小朋友有一个特别好的素质就是会总结，我们刚才说了那么多，他们三个很快就能抓住重点。	最后，教师对幼儿的回答进行了具体的鼓励与肯定，这种言语反馈的关注点在于幼儿所采用的策略及付出的努力，而不是因为他们扮演了取悦教师的角色，这对发言的幼儿个体而言有助于其把努力归因于自身，对其他幼儿而言也帮助他们积累了问题解决的具体方法。

但是在近一半的活动中，教师的具体反馈是处于中间分水平的，他们的反

馈有时是具体的，但更多时候是泛化的、程序化的，缺乏一定的具体性和针对性的。有研究表明，教师最常见的反应是“好极了”“太棒了”或者“哇”“哦”这些没有针对性的反馈，它们也被证实是最无效的反应。因此，活动中教师反复使用“真不错”这样重复且泛化的反馈语无法提供给幼儿任何关于他们的想法和回答的具体信息，幼儿在听多了之后，只会将此当作一种程序化的反馈，毫无积极意义。

4. 提供暗示——高分水平活动较多，小部分为中间水平，个别活动为低分水平

“提供暗示”这一指标主要关注于教师是否能够为理解有困难或回答不出问题的幼儿进行提示，从而为幼儿的学习提供支持。笔者在对这一指标进行学习和分析后发现，其内涵与支架教学的思想有一定的相通之处。“提供暗示”与支架教学都可以被看作一种具体的教学策略，要求教师在幼儿完成某个特定任务或学习某个特定概念的过程中，为其提供必要而暂时的支持。同时，“提供暗示”与支架教学都强调支架的情景性，随着幼儿学习内容或学习任务的不同，教师提供的支持也就应当不同。①

根据数据分析部分的结果可知，30 个活动样本在提供暗示这一指标上的平均分为 5.97 分。三种水平分数的具体分布情况见表 1-2-14。

表 1-2-14 提供暗示指标上的样本分数分布

	低分（1—2 分）	中间分（3—5 分）	高分（6—7 分）
个数（N）	1	5	24
百分比（%）	3	17	80

由表 1-2-14 可知，在提供暗示这一指标上，大部分样本的分数都在 6—7 分，处于高分水平。也就是说，在大部分的活动样本中，教师都经常能够为回答错误或回答不出问题的幼儿进行暗示，从而为幼儿的学习提供支持。表 1-2-15 中的案例体现出了教师是如何对幼儿进行暗示的。

① 赵南. 幼儿教师应如何理解和实施支架教学［J］. 学前教育研究，2003（12）：8-10.

表 1-2-15 案例 6

案例 6	言语反馈分析
T：大象老师带着小朋友们会借什么车？你们想一想。 C1：赛车。 T：她说了啊，大象开着赛车，小动物坐在后面。那请你想想，赛车开得那么快，我们好多好多小朋友坐在后面，你觉得赛车能装下那么多小朋友吗？我们坐什么车就更好了？ C1：公共汽车！ T：啊，可以坐公共汽车，为什么可以坐公共汽车？ C1：因为公共汽车大。	针对教师的问题，幼儿 1 给出了“赛车”的回答，显然，这名幼儿并没有领会到教师问题背后的意义，没有结合问题情境进行深入的思考。然而，教师并没有忽略掉这名幼儿不合理的回答，而是通过进一步的解释和设想来暗示幼儿对车的选择要考虑到实际的情况。这样恰当的暗示给了幼儿理解问题的途径，于是幼儿很快便明白“公共汽车更好，因为它能装下很多小朋友”。

（三）语言示范水平

“语言示范”这一维度用于考察教师在个别化、小组及集体教学中，运用语言来鼓励和促进学生学习的质和量。

1. 频繁的交流——全部活动都处于高分水平

“频繁的交流”这一指标主要关注教师是否经常与幼儿进行对话，并顺其自然地鼓励幼儿参与交流。教师与幼儿个体、幼儿小群体以及幼儿集体之间的对话是师幼互动的重要形式，师幼之间信息交换的自然流动过程能够促使幼儿参与交谈，并且能够使他们感受到自己是有价值的对话伙伴。因此，教师应该经常鼓励幼儿参与对话，让幼儿感受到自己对他们的倾听与回应，这种频繁的交流过程具有重要的教育价值。

30 个活动样本在频繁的交流这一指标上的平均分为 6.80 分，处于十项指标中的最高分。三种水平分数的具体分布情况见表 1-2-16。

表 1-2-16 在频繁的交流指标上的样本分数分布

	低分 （1—2 分）	中间分 （3—5 分）	高分 （6—7 分）
个数（*N*）	0	0	30
百分比（%）	0	0	100

由表 1-2-16 可知，在频繁的交流这一指标上，所有样本的分数都在 6—7 分，处于高分水平。也就是说，在所有的活动样本中，教师都能够与幼儿进行频繁的对话，并顺其自然地鼓励幼儿参与交流，如表 1-2-17 中两个案例所示。

表 1-2-17 案例 7—8

案例 7	言语反馈分析
T：小朋友们，上周我给小桃子买了两双鞋，可是啊，这鞋回去一穿，不合适，小了，你们的妈妈平时是怎么给你们买到那个特别合适的鞋的？ C1：我妈妈是看鞋号，先把旧鞋脱下来，看旧鞋上写的什么号，新鞋上的号就必须和这个旧鞋上的一模一样。 T：哦，原来买鞋的时候，鞋号很重要对不对？孩子们，咱们有可能在鞋的什么地方发现鞋号啊？ C2：有可能在鞋舌头上发现那个号。 T：鞋舌头上有可能，是吧，还有呢？ C3：有可能在鞋底儿上发现。 T：嗯，大部分的鞋还真的是这样。 C4：我妈妈有时候买大的时候就不去换，因为明年的时候就合适了。 T：哦，我们小朋友的脚长得实在是太快了，可以买大一点儿，留到明年再穿。	教师先向幼儿讲述了自己在生活中遇到的难题，并向幼儿进行询问，这样一个生活化的问题是幼儿可以通过整合先前经验来进行解答的，同时，帮助教师解答生活难题也比较容易调动幼儿献计献策、参与交流的积极性。正如斯滕豪斯所说："教师如果在课堂上强调自己与学生共同的人性，在面对问题时同样有不确定感，则学生就不会被动地等待知识的灌输，从而能够形成'责任的判断'的能力。"① 可以看到，在本案例中，幼儿的发言积极性非常高，教师针对每一位幼儿的回答也都给予了积极的倾听与即时的反馈，并且使用了"小朋友们"等具有亲和力的词语，这样的交流氛围使幼儿感受到了教师对其回答内容的浓厚兴趣，因而也激发了幼儿参与对话，进行语言表达的热情。
案例 8	**言语反馈分析**
T：这是你们刚才量的样子，大家用了不一样的方法，哪一个是最准确的？小明你来说一说。 C1（小明）：B。 T：他说 B，大家同意吗？ C 众：不同意。 T：说出你的理由，为什么不同意？ C2：因为它这个还可以放几个，D 呢，它已经放满了。 T：原来 D 的每一个回形针都挨在一起，所以它量得比较准确，其他的呢，有的空隙比较大，有的比较小，所以我们说它不够准确。小明，你明白了吗？ C1：明白了。 T：还有哪个答案？ C3：我觉得是 D。 T：为什么呢？ C3：因为 D 是挨在一起的，所以它是最准确的。 T：最准确的是要挨在一起的，好，谢谢你。还有不同的意见吗？ C 众：没有了。	在本案例中，教师与幼儿进行了持续的交流，并且还通过"说出你的理由，为什么不同意？""还有哪个答案？""为什么呢？""还有不同的意见吗？"等问题与幼儿针对同一个问题进行了多次的来回反馈，直到幼儿们最终确定了正确的回答。 当幼儿"小明"回答错误时，教师并没有立即进行纠错，而是通过"他说 B，大家同意吗？"将话语权交给了其他幼儿，引发了幼儿集体的参与，在教师的引导下，幼儿之间进行了间接的同伴交流。此时，教师又特意提醒幼儿"小明"对正确答案进行关注，体现出教师对于幼儿学习进展及其情绪体验的重视与尊重。 虽然当教师在征询不同的答案时，C3 重复了已有的回答，但是教师仍然给了他解释自己回答的机会，进一步的交流使得 C3 的意见得到了充分的表达。

① 高细媛，陈佑清．教师应答行为描述与分析［J］．全球教育展望，2014，41（04）：21-26.

2. 学生发起讨论——中间分和高分水平活动多，也有小部分低分活动

“学生发起讨论”这一指标主要关注的是教师是否能够有意识地引导幼儿发起讨论。幼儿发起讨论的形式主要包括：向教师提出问题；发起同伴之间的对话，并互相进行谈话；对教师的话做出评论、发表意见；对教师的提问以扩展的句子做出回答。

由本研究数据分析部分的结果可知，30 个活动样本在学生发起讨论这一指标上的平均分为 4.73 分。三种水平分数的具体分布情况见表 1-2-18。

表 1-2-18　学生发起讨论指标上的样本分数分布

	低分（1—2 分）	中间分（3—5 分）	高分（6—7 分）
个数（*N*）	3	15	12
百分比（%）	10	50	40

由表 1-2-18 可知，在学生发起讨论这一指标上，半数的活动样本的分数都在 3—5 分，处于中间水平。也就是说，在一半的活动中，师幼之间的对话有时由教师控制发起，有时是由幼儿发起的，虽然有时幼儿会发起对话或做出评论来引发进一步的讨论，但是教师发起的言语互动倾向于占据主导地位。如表 1-2-19 所示案例。

表 1-2-19　案例 9

案例 9	言语反馈分析
T：好，刚才谁在看书的时候有看不懂的地方，想请小朋友帮忙的？一定要讲清是第几页，这样我们才能找小朋友帮忙。 C1：我觉得第三页我看不懂。 T：第三页哪里不懂啊？你说说看谁能帮助你。 C1：我不知道他这鸭梨是从哪里来的？ C2：鸭梨车是他从树上摘下一个大鸭梨做的，你看这个上面。 T：哦，你帮他解决了问题，原来是从树上摘的。	可以看出，此案例中的对话是由教师和幼儿共同主导的，教师通过“不懂的地方可以请小朋友帮忙”这样的方式有意识地引导幼儿发起讨论，幼儿可以自由地向同伴提出自己对学习内容的疑问，同伴也可以根据自己的理解提供解答问题的帮助，这样就促成了幼儿持续性的讨论，教师在其中扮演了一个支持者、引导者的角色。

但是在一小部分的 1—2 分的低分活动中，教师与幼儿的对话主要都是由教师控制的，这些由教师控制的对话一般具有这样的特点：教师选择话题、限制幼儿的答案或者没有耐心等待幼儿回答，如表 1-2-20 中的案例。

表 1-2-20　案例 10

案例 10	言语反馈分析
T：小朋友都认识这是什么水果吗？ C 众：木瓜。 T：你们都认识木瓜啊。 C1：这个木瓜没熟都不能吃。 T：嗯，你们看这些木瓜是长在哪里的啊？	当幼儿 1 主动表达出“这个木瓜还没熟不能吃”的观点时，教师本可以抓住机会进一步提问幼儿“你怎么看出来它没熟啊?”“熟了的木瓜是什么样啊?”等问题来引导幼儿解释自己的观点，但是本案例中的教师却没有意识或者没有耐心去进行追问，而是用自己预设的问题限制了幼儿的思维动向。

3. 开放性问题——高分水平活动居多，近半数的活动处于中间分水平

教师的提问直接影响着幼儿的思维流向，提问方式的一些简单改变有的时候就能够激发幼儿进行更多的创造性思考，并锻炼与之相匹配的思维技能。

戴维斯把问题分为开放式问题和封闭式问题，开放式提问的主要特征是：条件、解题方法策略和结论的不确定性。开放式提问的答案是多元的，因答者而异，与幼儿自己的观点、认识、经验密切相关。封闭式提问则表现为完备的条件和单一的答案。① 笔者认为，CLASS 中“开放性问题”这一指标与戴维斯所提出的“开放式问题”内涵一致，它主要关注于教师向幼儿提出的问题是否可以引出幼儿的多种回答。

由本研究数据分析结果可知，30 个活动样本在开放性问题这一指标上的平均分为 5. 57 分。三种水平分数的具体分布情况见表 1-2-21。

表 1-2-21　开放性问题指标上的样本分数分布

	低分 （1—2 分）	中间分 （3—5 分）	高分 （6—7 分）
个数（N）	0	13	17
百分比（%）	0	43	57

由表 1-2-21 可知，在开放性问题这一指标上，大部分活动样本的分数都在 6—7 分，处于高分水平，也就是说，在大部分活动中，教师都会提问很多开放性的问题，如表 1-2-22 中的案例。

① 杨慧敏. 美国基础教育［M］. 广州：广东教育出版社，2004：86.

表 1-2-22 案例 11

案例 11	言语反馈分析
T：我一提到秋天，你们能想到什么？ C1：我会想到我姥姥和我爸爸妈妈陪我去放风筝。 C2：我想到红红的大苹果。 C3：我想起一个树叶当风筝放。 C4：秋天掉落的树叶，我能把它做成标本，还能做成贴画。	针对秋天，每个幼儿都有着各自不同的经历与感受，都有自己的话要说。因此，在本案例中，教师的问题自然而然地引出了幼儿基于先前经验的不同回答。而且，教师的这一问题也需要幼儿使用能够表达自身感受的复杂的句子来进行表述，给幼儿提供了锻炼语言组织能力的机会。

但也有近半数的活动样本的分数是处于 3—5 分的中间水平，在这些活动中，教师的大部分问题是封闭性的，如表 1-2-23 中的案例。

表 1-2-23 案例 12

案例 12	言语反馈分析
T：我来告诉你们它叫什么啊，这个小乐器的名字叫串铃。 C 众：串铃。 T：听听好听不好听啊？ C 众：好听。 T：这个小乐器的名字叫铃鼓，好听吗？	在这个案例中，教师首先提问了两个程序性的问题“好不好听啊？”幼儿也只需要程序性地回答“好听”即可，至于串铃和铃鼓各自的声音特点是怎样的，是如何好听的，教师本可以再提出开放性的问题如“那你听到串铃的声音有什么感觉？想到了什么？”来加深幼儿对于这两种乐器的认识，但是，教师却并没有对此进行追问。
C 众：好听。 T：我们要用这两个乐器伴奏，哪个适合给小鸟伴奏？ C1：这个。 T：小串铃是不是？这个呢？ C2：大象。	随后，教师提出了两个需要推理的问题，如“我们要用这两个乐器伴奏，哪个适合给小鸟伴奏？”但并不要求幼儿解释自己是如何推理的，幼儿只需要选择“这个”或“那个”便可进行回答。因此，在本案例中，教师提出的问题是封闭性的，没有为幼儿提供深入思考和语言表达的机会。

4. 重复及扩展——高分水平活动较多，小部分为中间的水平，个别活动为低分水平

“重复及扩展”指标主要关注的是教师如何回应幼儿所发表的看法，是否能够以重复幼儿回答的方式肯定他们，并以更加复杂的方式扩展幼儿所表达的信息。

由本研究数据分析部分的结果可知，30个活动样本在重复及扩展这一指标上的平均分为5.87分。三种水平分数的具体分布情况见表1-2-24。

表1-2-24 重复及扩展指标上的样本分数分布

	低分（1—2分）	中间分（3—5分）	高分（6—7分）
个数（*N*）	1	6	23
百分比（%）	3	20	77

由表1-2-24可知，在重复及扩展这一指标上，大部分活动样本的分数都在6—7分，处于高分水平。也就是说，在大部分活动中，教师都经常能够关注到幼儿的对话交流所要达到的目的（如要求、反对、评论、推理、预测、证明），然后以此为基础对幼儿的想法进行重复及扩展，利用幼儿自身的想法来引导与建构幼儿的学习，如表1-2-25中的三个案例。

表1-2-25 案例13—15

案例13	言语反馈分析
T：在书中，小燕子的好朋友都有谁？ C1：鹭鸶，还有火鹤。 T：哦，鹭鸶，还有那个红鹤对不对，像火一样的红鹤。	在本案例中，幼儿将“红鹤”的名字错答为“火鹤”，但教师并没有直接对幼儿的回答进行纠错和否定，而是首先把幼儿对“鹭鸶”的回答进行重复，体现了对其回答的肯定。同时，教师也迅速对幼儿之所以将“红鹤”答为“火鹤”的原因进行了推断，站在幼儿回答的角度进一步延伸解释了答案，这样的方法既体现了对幼儿回答的尊重，也能够让幼儿通过更加形象的方式来理解事物。
案例14	**言语反馈分析**
T：那鹭鸶有什么特点啊？ C1：它喜欢吃鱼，而且它生活在水里。 T：它喜欢吃鱼，而且它生活在水里。因为它喜欢吃鱼，所以它生活在？ C1：水里。 T：它能生活在山上吗？ C众：不能。 C2：山上就没有鱼了，都吃不到好吃的鱼了。	在本案例中，幼儿回答出了鹭鸶“喜欢吃鱼”和“在水里”这两个特点，教师首先通过重复并补充回答的方式来表达了对幼儿回答的认可，而后将幼儿所答的鹭鸶的这两个特点进行了联系，在教师的引导下，幼儿也很快地认识到了鹭鸶的饮食习性与其栖息地之间的因果关系，并且能够举一反三地思考问题。由此可以看出，直接利用幼儿自身的想法来进一步对其进行知识的建构是比较容易被幼儿理解和接纳的。

案例 15	言语反馈分析
T：那这个玩具怎么办呢？这个玩具放到一边去，还是怎么样，拿出来怎么玩儿？ C1：如果是我的话，我看到那边还有球，我可以告诉弟弟妹妹别吵了，那边还有球可以玩儿呢。 T：如果你看到发生这件事情的时候，你会告诉弟弟再找新的球去玩儿，大家不争抢这一个球，嗯。 C2：要是那些男孩儿……要是有好多男孩儿他们都会玩那个球的话，要是只是一个女孩子不会玩那个球的话，先让那个女孩子练一下，等那个女孩子会了以后再玩儿别的玩具，那女孩子就不会哭了。	在本案例中，教师对幼儿回答的重复与延伸与一些学者所说的“释义”比较相似。所谓释义，就是指“用类似的、但较简单的方式，准确地重述某件事情，同时也可以作为内容的总结”。① 大班的幼儿虽然已逐步具备了有序、连贯、清楚地进行语言表达的能力，但是他们仍难在较短时间内将自己的想法通过长句准确、简练地表达出来，因此，教师示范性的言语反馈是必不可少的。 在本案例中，当幼儿 1 以较为流畅的语言表达出自己的想法后，教师则用更为简洁的方式对幼儿的回答进行了重述，并将其中心意思总结为“大家不争抢这一个球”。
T：那也就是说事先我们先了解一下，男孩子是不是会玩儿这个游戏了，如果都会玩了，我们请男孩子谦让我们女孩子，女孩子就能多练习一下。	针对幼儿 2 略显混乱的语句表达，教师对其进行了概括和解释，一方面向幼儿表达的意思是“我知道你的答案了”，使之成为更加清晰的表述，另一方面也向其他幼儿提供了表达的范例。

5. 自我及平行式谈话——中间水平活动较多，一部分为高分水平，个别活动为低分水平

“自我及平行式谈话”这一指标主要关注于教师是否会通过语言来描述自身或幼儿当前的或下一步的行为。由本研究数据分析结果可知，30 个活动样本在自我及平行式谈话这一指标上的平均分为 4.73 分。三种水平分数的具体分布情况见表 1-2-26。

① 杨佳丽．幼儿园集体教学活动有效教学的现状与反思［D］．金华：浙江师范大学，2010.

表 1-2-26 自我及平行式谈话指标上的样本分数分布

	低分（1—2 分）	中间分（3—5 分）	高分（6—7 分）
个数（N）	1	18	11
百分比（%）	3	60	37

由表 1-2-26 可知，在自我及平行式谈话这一指标上，大部分活动样本的分数都在 3—5 分，处于中间水平。也有一部分活动样本处于 6—7 分的高水平上，有一个活动处于低分水平。也就是说，大部分活动中的教师有时会采用自我语言和平行语言的方式来为幼儿进行语言示范。

笔者通过对活动样本的分析发现，教师的自我及平行式谈话多出现在幼儿园集体教学活动的导入环节，如“T：你们看，赵老师把咱们想的内容，有关票的内容制作了一张票，为了让大家看清楚，我还打印了一张大的。”教师会向幼儿描述自己今天所带来的活动材料，或者对幼儿接下来要进行的活动进行计划。但是，除了活动的导入环节，在其他环节中，教师很少会使用自我及平行式谈话的方式来进行语言示范。

6. 高级语言——中间水平活动较多，小部分为高分水平，个别活动为低分水平

“高级语言”这一维度主要关注于教师是否能够使用多种多样的名词、动词、副词、形容词、介词以及其他各种词汇与幼儿进行对话。由本研究数据分析部分的结果可知，30 个活动样本在高级语言这一指标上的平均分为 4. 13 分，为十项指标中的最低分数。三种水平分数的具体分布情况见表 1-2-27。

表 1-2-27 高级语言指标上的样本分数分布

	低分（1—2 分）	中间分（3—5 分）	高分（6—7 分）
个数（N）	3	21	6
百分比（%）	3. 00	60. 00	37. 00

由表 1-2-27 可知，在高级语言这一指标上，大部分活动样本的分数都在 3—5 分，处于中间水平。也有 6 个活动样本处于高分水平，3 个活动样本处于低分水平。表 1-2-28 中的两个案例呈现了教师对于高级语言的使用。

表 1-2-28 案例 16—17

案例 16	言语反馈分析
T：小麻雀生活在人们屋子的附近。而且它是一只两只吗？ C1：很多只。 T：哦，很多只，它们喜欢成群结队地在一起。	本案例中，教师没有向幼儿直接教授“成群结队”这一成语的含义，而是在与幼儿的交流中抓住了教育的契机，以语言示范的方式向幼儿表明“很多只”可以用“成群结队”进行表达，这样的言语反馈既能够让幼儿更好地理解高级语言，也不会使教育的过程显得过于艰涩生硬。
案例 17	**言语反馈分析**
T：看看这个房子上面，有很多的小招牌，你们知道什么叫作招牌吗？ C 众：不知道。 T：招牌呀就是，房子上面能够标志出这个房子是做什么的牌子。比如蛋糕店上面就会有一个画着蛋糕的小牌子，那就是招牌。小朋友们在路上见过招牌吗？ C 众：见过。 T：那你们猜猜这是什么店？ C2：鱼店。 T：可能是卖鱼的店。	在案例中，教师引入了“招牌”这一个对于幼儿来说还是全新的名词。幼儿们在日常生活中已经获得了关于“招牌”的先前经验，但是却还没有形成更为概括的词汇方面的积累，所以当教师联系生活的实际向幼儿解释“招牌”这一词语的意义时，幼儿很快便能够理解。

四、幼儿园集体教学活动中教师言语反馈水平的差异分析

（一）不同活动领域中教师言语反馈水平的差异分析

本研究的视频样本涉及幼儿园集体教育活动中健康、科学、社会、语言、艺术五个不同的活动领域，其中包括 4 个健康领域的活动样本，5 个科学领域的活动样本，4 个社会领域的活动样本，5 个语言领域的活动样本，5 个艺术领域的活动样本，7 个综合了多个领域的活动样本。以下针对不同活动领域的样本（综合领域的活动未纳入）进行数据分析。

1. 活动领域在十项指标上的描述统计分析

五大活动领域在十项指标上的平均分如表 1-2-29 所示。

表 1-2-29 五大活动领域在十项指标上的平均分

	PF	FL	SF	PH	FC	SIL	OQ	RE	ST	AL
健康活动	4.50	4.75	4.75	4.70	6.75	3.75	5.75	5.50	5.00	4.75

续表

	PF	FL	SF	PH	FC	SIL	OQ	RE	ST	AL
科学活动	6.20	6.40	5.60	6.20	6.80	4.40	4.60	5.40	5.80	2.60
社会活动	6.25	6.25	6.00	6.50	7.00	5.25	5.75	6.50	3.50	5.25
语言活动	6.40	6.60	5.60	6.40	6.80	4.80	6.20	6.60	5.00	3.80
艺术活动	5.80	5.80	5.60	5.80	6.80	5.80	6.00	6.00	5.40	5.20

从分属五大领域的活动样本在各指标上的平均分来看，健康领域的活动在过程反馈（PF）、反馈回路（FL）、具体反馈（SF）、提供暗示（PH）、频繁的交流（FC）、学生发起讨论（SIL）六个指标中均得到了最低分数，且在其他几项指标中均没有得到高分。

科学领域的活动在开放性问题（OQ）、重复及扩展（RE）及高级语言（AL）三个指标上均处于最低分。

社会领域的活动在具体反馈（SF）、提供暗示（PH）、频繁的交流（FC）、高级语言（AL）四个指标中得到了最高分，但在自我及平行式谈话这一指标上得到最低分。

语言领域的活动在过程反馈（PF）、反馈回路（FL）、开放性问题（OQ）、重复及扩展（RE）四个指标中都得到了最高分，同时，此领域在十项指标上均没有出现最低分。

艺术领域的活动在学生发起讨论（SIL）这一指标上得到了最高分，且在其他几项指标上均没有出现最低分数。

图 1-2-6 可以更加直观地反映出五大活动领域在十项指标上的平均分所处的水平。

2. 活动领域在十项指标上的单因素方差分析

对五大活动领域的活动样本在十项指标上的平均分进行单因素方差分析，结果表明，在“高级语言”（AL）指标上，不同活动领域的平均分差异性显著，$F(4, 22) = 4.207$，$p<0.05$，事后检验表明，科学领域与健康、社会、语言、艺术领域在十项指标上的平均分差异性显著。在其他的九项指标中，不同活动领域间的平均分无显著差异。

这一结果体现出科学领域的活动在“高级语言”这一指标上的教师言语反馈水平明显低于其他领域。SPSS 分析数据如表 1-2-30 所示。

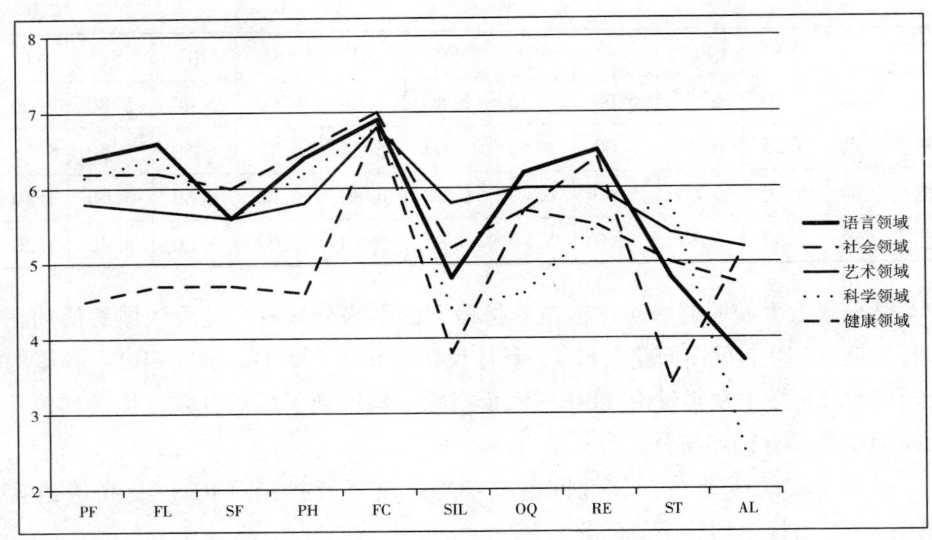

图 1-2-6　不同活动领域在十项指标上的平均分分布

表 1-2-30　活动领域在十项指标上的单因素方差分析

	df	*F*	*p*
PF	4	1. 082	0. 395
FL	4	1. 206	0. 342
SF	4	0. 538	0. 710
PH	4	1. 162	0. 360
FC	4	0. 220	0. 923
SIL	4	0. 393	0. 811
OQ	4	1. 633	0. 209
RE	4	1. 137	0. 371
ST	4	2. 418	0. 086
AL	4	4. 207	0. 014

（二）不同年龄班中教师言语反馈水平的差异分析

本研究的 30 个活动样本涉及幼儿园大班、中班、小班三种不同的年龄班，其中，大班样本 7 个，中班样本 9 个，小班样本 14 个。以下针对不同年龄班的样本进行数据分析。

1. 年龄班在十项指标上的描述统计分析

不同年龄班在十项指标上的平均分见表 1-2-31。

表 1-2-31 不同年龄班在十项指标上的平均分

	PF	FL	SF	PH	FC	SIL	OQ	RE	ST	AL
大班	5.88	6.12	5.63	5.88	6.75	4.88	5.50	5.75	5.63	4.50
中班	5.11	5.33	5.22	5.56	6.78	4.22	5.67	5.67	4.78	4.33
小班	6.15	6.08	5.77	6.31	6.85	5.00	5.54	6.08	4.15	3.69

由表 1-2-31 可知，大、中、小三种年龄班的活动样本在具体反馈（SF）、开放性问题（OQ）、过程反馈（PF）、反馈回路（FL）、提供暗示（PH）、重复及扩展（RE）六项指标上的得分都在 5—7 分，差值比较小，均处于中高分水平。在频繁的交流（FC）这一指标上的得分为 6.5—7 分，差值也非常小，均处于高分水平。在学生发起讨论（SIL）这一指标上的得分都在 4—5 分，差值比较小，均处于中间分里的偏高水平。

在自我及平行式谈话（ST）这一指标上，大班的教师言语反馈水平相对较高，处于中高分水平，中班的教师言语反馈处于中间分水平，小班的教师言语反馈处于中间分偏低水平。在高级语言（AL）这一指标上，大班和中班的教师言语反馈处于中间分水平，而小班的教师言语反馈处于中间分里的偏低水平。

图 1-2-7 可以更加直观地反映出不同年龄班在十项指标上的平均分所处的水平。

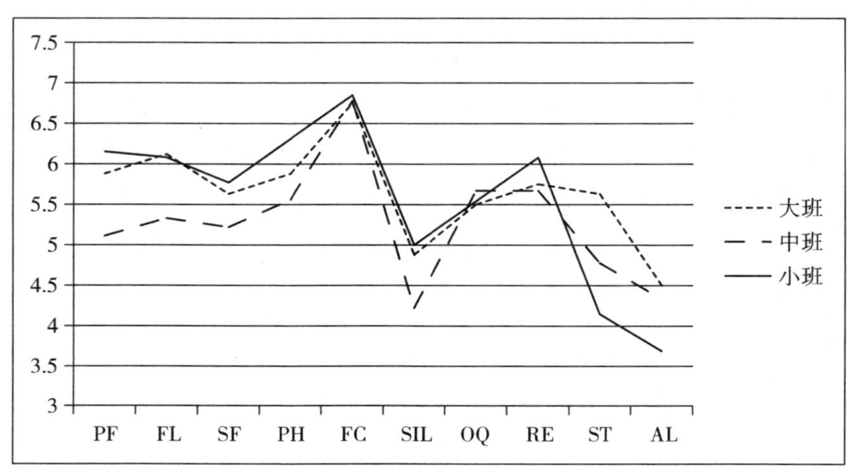

图 1-2-7 不同年龄班在十项指标上的平均分分布

2. 年龄班在十项指标上的单因素方差分析

对三种年龄班在十项指标上的得分进行单因素方差分析，结果表明，不同年龄班的平均分没有明显差异（$p>0.05$），体现出大班、中班、小班的教师言语反馈水平较为接近，没有显著的差别，这与通过描述统计得到的分析结果是一致的。SPSS 分析数据如表 1-2-32 所示。

表 1-2-32　年龄班在十项指标上的单因素方差分析

	df	*F*	*p*
PF	2	1. 133	0. 342
FL	2	0. 913	0. 417
SF	2	1. 246	0. 309
PH	2	0. 769	0. 477
FC	2	0. 106	0. 900
SIL	2	0. 897	0. 424
OQ	2	0. 329	0. 724
RE	2	0. 643	0. 536
ST	2	2. 030	0. 158
AL	2	1. 461	0. 256

（三）不同类型教师言语反馈水平的差异分析

1. 教师类型在十项指标上的描述统计分析

本研究的 30 个集体教学活动中的教师依据教龄划分，分为专家型教师、一般型教师和新手型教师三种不同的教师类型，其中，专家型教师 10 个，一般型教师 11 个，新手型教师 9 个。以下针对不同教师类型的活动样本进行数据分析。

不同教师类型在十项指标上的平均分见表 1-2-33。

表 1-2-33　不同教师类型在十项指标上的平均分

	PF	FL	SF	PH	FC	SIL	OQ	RE	ST	AL
专家型	6. 80	6. 90	6. 30	6. 60	7. 00	5. 60	6. 30	7. 00	5. 10	4. 60
一般型	6. 09	6. 18	6. 00	6. 45	6. 91	5. 36	5. 55	5. 91	4. 64	3. 91
新手型	4. 22	4. 33	4. 22	4. 67	6. 44	3. 00	4. 78	4. 56	4. 44	3. 78

通过表 1-2-33 可以明显看出，由专家型教师和一般型教师所开展的集体教

学活动样本在十项指标上所得平均分的差值均在 1 分之内，没有明显差别。然而，由新手型教师所开展的集体教学活动与其他两种类型教师所开展的集体教学活动在十项指标上所得的平均分相比，差值较大，并且全部得到的是最低分数。

图 1-2-8 可以更加直观地反映出由不同教师类型所开展的集体教学活动在十项指标上的平均分所处水平的差别。

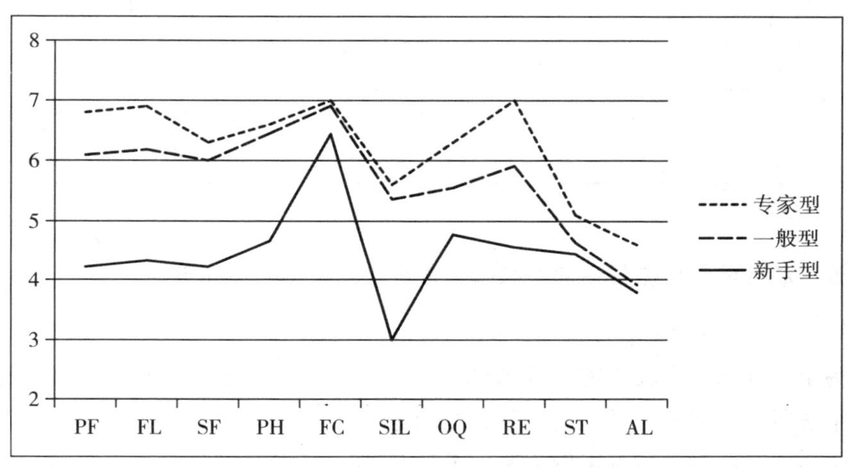

图 1-2-8 不同教师类型在十项指标上的平均分分布

2. 教师类型在十项指标上的单因素方差分析

对三种类型的教师所开展的集体教学活动样本在十项指标上的平均分进行单因素方差分析，结果表明，三种教师类型在开放性问题（OQ）、学生发起讨论（ST）、高级语言（AL）三项指标上的平均分差异不显著（$p>0.05$），而在其他七项指标上的平均分差异均十分显著（$p<0.01$）。事后检验表明，新手型教师与专家型教师、一般型教师相比，在此七项指标上的平均分差异显著。这体现出，新手型教师在过程反馈、反馈回路、具体反馈、提供暗示、频繁的交流、重复及扩展、自我及平行式谈话七项指标上的言语反馈水平均显著低于一般型教师和专家型教师。SPSS 分析数据如表 1-2-34 所示。

表 1-2-34 教师类型在十项指标上的单因素方差分析

	df	*F*	*p*
PF	2	16.179	0.000
FL	2	29.257	0.000

续表

	df	F	p
SF	2	14. 004	0. 000
PH	2	7. 764	0. 003
FC	2	6. 522	0. 007
SIL	2	15. 515	0. 000
OQ	2	2. 249	0. 132
RE	2	5. 842	0. 010
ST	2	0. 759	0. 481
AL	2	0. 265	0. 770

五、幼儿园集体教学活动中教师言语反馈水平的个案研究

（一）案例描述

为了呈现出一个较为完整的师幼互动过程，并在此基础上对教师的言语反馈水平进行更为深入、系统的分析，笔者选取了一个完整的集体教学活动案例作为个案研究的对象。本案例为某幼儿园中由一名专家型教师所开展的科学领域的集体教学活动，活动名称为“吹倒灰太狼”（见表1-2-35）。

表1-2-35　案例18

活动过程	言语反馈分析
T：小朋友们，看看今天我这里有什么玩具啊？ C众：薯片桶。 T：薯片桶，但我这里的薯片桶跟一般的有什么不一样？ C1：后面有一个皮套。 T：嗯，有一个皮套，这个皮套是用气球做的。前面呢？你们看看前面有什么？ C2：有一个小孔。 T：对，有个孔。我这里还有几根羽毛，小朋友们猜一猜这个薯片桶怎么玩呀？谁愿意来试试？	教师提出开放性问题来引导幼儿对薯片桶这个“玩具”进行仔细的观察，吸引了幼儿的注意力，调动了其思考积极性。 教师对幼儿1的发现进行了肯定，并做出了解释和说明，使幼儿对活动材料有了更确切的认识。因此，教师用重复及扩展的方式对幼儿的回答进行了具体反馈。

续表

活动过程	言语反馈分析
（C2 操作） T：你在试着用这个薯片桶前面的孔吹羽毛，羽毛怎么了啊？ C2：羽毛它自己动。 T：小朋友们看看，羽毛动没动啊？ C 众：动了。 T：这个玩法挺奇特的，咱们的小客人灰太狼听说了这个神奇的薯片桶，他也想跟咱们玩游戏，灰太狼说，你们发现薯片桶能吹羽毛，那你们能把我吹倒吗？ C 众：能！ T：那咱们班的小朋友一人拿一个灰太狼做游戏，看看你们能不能用薯片桶把灰太狼吹倒，然后告诉我，你是怎么把灰太狼吹倒的，好吗？ C 众：好。（幼儿操作）	教师用语言描述了幼儿 2 的操作行为，这样的平行式谈话一方面能够为幼儿提供语言表达的范例，另一方面也体现出教师对幼儿所尝试的新方法的关注，因此，这是一种过程反馈，同时也起到了提醒其他幼儿关注这一过程的作用。 教师用语言描述了幼儿接下来的行为，进行了平行式谈话。
T：好，我们让灰太狼休息一会儿，刚才你们都吹倒灰太狼了吗？ C 众：吹倒啦。 T：都吹倒啦，那你们是怎么把灰太狼吹倒的？C3 来说说。 C3：揪。 T：揪，揪哪儿啊？ C3：揪薯片桶。 T：揪薯片桶啊，你刚刚是揪的薯片桶吗？ C3：揪气球。 T：揪气球，还有什么？我光揪，灰太狼就可以吹倒了吗？ C4：一边儿揪一边儿吹。 T：怎么一边儿揪一边儿吹呢？我用嘴吹吗？ C5：老师，可以使点劲。 T：哦，我使点劲儿，还有吗？我用哪儿吹啊？ C6：用气球弹气儿。 T：你们看我正在用气球弹气儿呢，灰太狼倒了吗？ C 众：没有。 C7：得低点儿。 T：得低点儿，倒了吗？ C8：不行不行。 T：那我高了也不行，低了也不行，那我怎么样能吹倒灰太狼呢？ C5：对着灰太狼。 T：哪儿对着灰太狼啊？ C5：口。 T：什么口对着灰太狼啊？ C5：薯片桶的口。 T：是这个吗？那我试试啊，哎，倒了没有啊？ C 众：倒了。	当幼儿 3 的回答不完整、不准确的时候，教师没有直接对其进行否定和纠正，而是进行追问并提供了暗示，让幼儿重新思考并准确描述自己的操作。 围绕着“怎样吹倒灰太狼”这一操作性问题，教师有意识地引导幼儿们发起讨论，表达自己的观点，进行了频繁的交流。 教师将自己的语言与行为联系起来，进行了自我谈话。 教师不断针对操作细节进行层层递进的追问，这样的具体反馈使幼儿的注意力高度集中，不断思考并“指导”着教师该如何进行下一步，这也体现出了教师对幼儿参与度的关注与把握，进行了过程反馈。 在这一过程中，教师能够与幼儿来回交换信息，为幼儿提供循环的言语反馈，师幼之间的交流形成了反馈回路。

续表

活动过程	言语反馈分析
T：哈哈，吹倒了。刚才你们玩的时候，刘老师听到一个特别不高兴的声音，灰太狼说，哼，我才不服气呢，刚才小朋友离我那么近，当然能把我吹倒了，这次啊，我想离小朋友远一点，这次我要站在橘色的线上，你们的神奇薯片桶要放在绿色的线上，你们能把我吹倒吗？ C众：能。 T：真的？灰太狼说他要站在哪儿？ C众：橘色的线上。 T：小朋友们的薯片桶呢？ C众：绿色的线上。 T：那能把灰太狼吹倒吗？ C众：能（不能）。 T：能还是不能，咱们拿着薯片桶去试试再看。（幼儿操作）	教师与幼儿们进行着频繁的交流，围绕着活动的目标，教师向幼儿提出了新的操作要求。教师用形象的语言和逐步增加的操作难度增强了活动的趣味性，幼儿参与活动并进行经验交流的兴趣得到了进一步的调动。
T：好了，来，我们让灰太狼休息一会儿啊。你们吹灰太狼累不累啊？ C众：累。 T：为什么会累啊？ C8：我使劲儿揪，气球都变长了，后来就把他吹倒了。 T：好，你来试试，你刚才是怎么把灰太狼吹倒的呀？ C8：我用三个手指头把气球拉长了。 T：把气球拉长了，薯片桶的威力就——？ C8：大。 T：这样灰太狼就怎么样啊？ C8：打倒了。 T：打倒了。我们看到，C8是这样拿的薯片桶，还有没有别的小朋友？你刚才是怎么拿的薯片桶啊？ （C9操作）	教师基于幼儿的体验对幼儿进行提问，与幼儿来回交换信息，形成了反馈回路，帮助幼儿对已有的操作体验和结果获得更为深入的理解。 教师对幼儿的回答进行重复，并用继续追问的形式进行了扩展。 在本活动中，教师侧重于对幼儿的操作方法和认知过程进行关注，而对幼儿语言运用的关注较少。幼儿所运用的词汇和语句都较为简单，幼儿8仅仅用了一个“大”字就回答了教师的问题，之后也出现了语法的错误，但是教师并未对此进行反馈，没有引导幼儿进行更为完善的表达，也没有为其进行语言示范。

续表

活动过程	言语反馈分析
T：哎，大家看看，他们俩的方法一样吗？ C 众：不一样。 T：嗯，C8 是手里拿着，C9 呢，他是这样按着的。那他们两个用的方法不一样，灰太狼都打倒了没有？	
C 众：打倒了。 T：为什么拿的方法不一样，灰太狼都被打倒了？ C3：因为使劲儿了。 T：嗯，他们都使劲儿了。还有吗？	针对幼儿“不一样”的回答，教师本可以进一步提出开放性问题“那他俩的方法不一样在哪里呢?”来引导幼儿进行解释，但是教师却没有给予幼儿表达的机会，而是自己进行了描述。
C10：C6 拿手托着。 T：他为什么要拿手托着呀？ C8：不然滚下去了。 T：那 C7 按着也是怕它怎么样啊？ C8：滚下去。	在接下来的对话中，教师能够不断提出开放性问题引导幼儿进行多样化的回答。同时，教师与幼儿的循环交流也形成了反馈回路。
T：这样按着，薯片桶就滚不下去了，就会很稳。好，我们给它按住了，还要干吗？ C6：揪气球。	教师用重复及扩展的方式对幼儿的回答给予肯定和补充，进行了具体反馈。
T：一二三，倒了没有啊？ C 众：倒了。 T：再来一次啊，一二三，这次怎么没倒啊？ C2：歪了。 T：哪儿歪了？ C2：口歪了。	
T：我的口还要对准灰太狼，一二三，灰太狼倒了吗？ C 众：倒了。 T：哈哈，灰太狼最爱说的一句话是什么呀？ C 众：我还会回来的。	在前面环节的反馈中，教师引导幼儿要准确说明是“什么口”，但是在这里，教师的用语却不够准确和规范。
T：那我们让灰太狼先回去休息，等他回来的时候，我们再跟他做游戏，好不好？ C 众：好。	

（二）案例分析

1. 在反馈质量上的水平

通过分析可以看出，在本次活动中，教师对于幼儿的言语反馈经常能够关注于幼儿的学习过程，并不是只想着得到正确的答案，所以在“反馈过程”这一指标上，其得分为 7 分。同时，教师也总是能够根据具体的操作情境和幼儿回答的内容对其进行具体的反馈，当幼儿出现理解错误或者回答有困难的情况时，教师也能够给予提示，所以在“具体反馈”和“提供暗示”这两个指标上，其得分分别为 7 分和 6 分。在师幼的对话中，教师对幼儿的反馈促成了双方面的交流，师幼之间的信息交换推动着活动的发展，而不是教师或者幼儿在自说自话，因此，“反馈回路”指标的得分为 7 分。

由此，本案例在“反馈质量”维度上的言语反馈处于高分水平。

2. 在语言示范上的水平

纵观本教学活动的全过程，教师与幼儿之间在进行着持续的对话，教师能够通过提问等方式自然地调动鼓励幼儿参与交流，教师的回应与幼儿说话的内容也是相互关联的，因此，在“频繁的交流”指标上，其得分为 7 分，处于高分水平。在案例中，虽然教师在活动的进行中仍然起着主导的作用，但是可以看到教师经常有意识地引导幼儿主动表达想法，发起讨论，因此，其在“学生发起讨论”这一指标上的得分为 6 分，处于高分水平。在活动中，教师共进行了 42 次提问，“开放性问题”在其中出现了 24 次，同时教师也提问了很多封闭性的问题，所以在此指标上的得分为 4 分，处于中间分水平。由案例分析部分可以看到，教师有时会对幼儿的回答进行重复和扩展，引导幼儿获得更多的信息，所以在“重复及扩展”这一维度上的得分为 4 分，处于中间分水平。在活动中，教师有时会用语言对自身或者幼儿的行为进行描述，所以在“自我及平行式谈话”这一指标上的得分为 4 分，处于中间分水平。教师在对幼儿的反馈中基本没有使用多样化的词汇来促进幼儿对问题的理解或丰富幼儿的词汇量，所以在“高级语言”这一指标上的得分为 1 分，处于低分水平。

因此，本活动在“语言示范”中各指标上的言语反馈水平既有处于高分水平的，也有处于中间分和低分水平的，平均分为 4 分，为中间分水平。

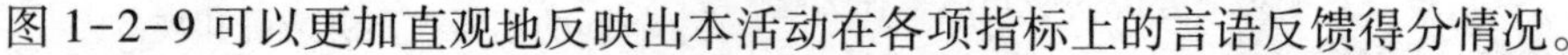

图 1-2-9 可以更加直观地反映出本活动在各项指标上的言语反馈得分情况。

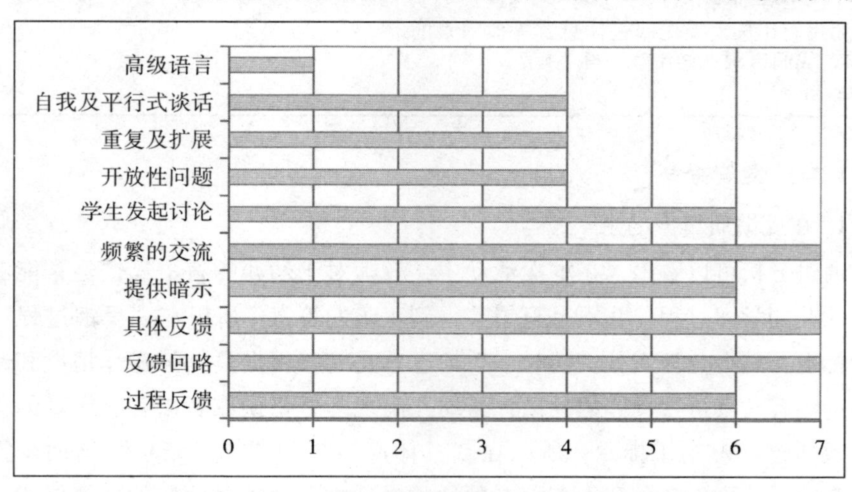

图 1-2-9　个案活动在各指标上的得分情况

（三）案例讨论

1. 基于活动领域的讨论

由以上描述分析可知，此科学活动案例在“反馈质量”维度上的言语反馈处于高分水平，但是在“语言示范”维度上总体处于中间分水平，尤其是在高级语言这一指标上处于低分水平。这与本研究于教师言语反馈水平在不同活动领域的描述统计分析中得到的结果较为一致。

究其原因，笔者认为，科学活动强调幼儿的亲自参与和动手操作，教师需要引导幼儿对活动材料进行观察和操作，并主动探索、发现和解决问题。《幼儿园教育指导纲要（试行）》也在科学活动的指导要点中提出“教师要让幼儿运用感官、亲自动手、动脑去发现问题、解决问题”。因此，在本活动中，教师对幼儿的操作方法和认知过程给予了较高的关注，能够在形成性评价的基础上对幼儿的学习过程提供支持和反馈，所以本次活动在“反馈质量”维度上达到了较高水平。

2. 基于教师类型的讨论

开展本次活动的教师为一名专家型教师，在幼儿园任教多年，一方面对于专业理论知识的学习比较扎实，能够明确把握活动的目标，另一方面也于实践中积累了较为丰富的师幼互动经验，能够流畅、自然地与幼儿进行对话交流，并引导幼儿进行探究学习，因此，本活动在“反馈质量”上处于较高的水平。

但是，笔者经过与此教师的交谈得知，此教师对于科学领域的活动较为擅长，经常开展科学领域的集体教学活动，因而科学活动所具有的实操性、逻辑严谨性容易使得教师偏重于在活动中对幼儿进行思维引导而忽视语言示范的作用。

因此，幼儿园教师应该对“反馈质量”和“语言示范”进行平衡把握，幼儿园教育五大领域的划分是相对的，而幼儿实际的学习是综合的、整体的，教师的言语反馈应该考虑到幼儿的全面发展。

六、讨论与教育建议

（一）教师言语反馈的水平及原因探析

1. 总体水平

（1）教师的反馈质量水平

在本研究中，教师的言语反馈在“反馈质量”这一维度中的各项指标上均得到了较高的分数，由此表明，在本研究的集体教学活动中，教师的言语反馈常常能够关注于拓展学生的学习和理解，鼓励幼儿的持续性参与，而且教师能够较多地对幼儿进行形成性评价，帮助幼儿调控自己的学习过程，而不只是单一地关注幼儿回答的正确性或最终的结果。总体来说，教师能够侧重于对幼儿进行形成性评价，而非终结性评价。

由此来看，教师的“反馈质量”呈现出一种较为良性和乐观的态势，究其原因，笔者认为与幼儿园教师对新课程理念的学习与践行密切相关。

（2）教师的语言示范水平

在“语言示范”这一维度上，教师言语反馈在各指标上的水平各有高低，呈现出不同的特点：

①教师能够与幼儿进行频繁的交流。这一指标上的研究结果表明，在所有的活动样本中，教师都能够与幼儿进行频繁的对话，并顺其自然地鼓励幼儿参与交流。笔者认为这与集体教学活动自身的特点有很大的关系，频繁的交流为幼儿园集体教学活动的顺利开展提供了基本保证，本研究中的活动样本都体现了这一点。

②教师在讨论的发起中占据主导地位。这一指标上的研究结果表明，由教师发起的言语互动在活动中倾向于占据主导地位。究其原因，首先与教师在集体教学活动中的主导作用有关，其次也说明，教师还未能真正引导幼儿发挥其在活动中的言语主体地位，这一方面可能与教师教育意识的欠缺有关，另一方面也可能是教师并没有掌握引导幼儿主动发起对话的方法。

③开放性问题与封闭性问题比例相当。开放性问题这一指标上的研究结果表明，在大部分活动中，教师都会提问很多开放性的问题，而在将近一半活动中，教师的大部分问题是封闭性的。那些大量使用封闭性问题的集体教学活动体现出教师对于活动把控能力的不足。可能因为教学经验的不足等原因，教师预设的开放性问题没有得到发挥，而其进行灵活应变、即时生成的能力还有待于进一步提高，最终还是为了得到“心中期望的答案”而提出了更多封闭性的问题。

④教师能够经常重复及扩展幼儿的回答。重复及扩展这一指标上的研究结果表明，在大部分活动中，教师都经常能够关注到幼儿的对话交流所要达到的目的，然后以此为基础对幼儿的想法进行重复及扩展。究其原因，笔者认为，在集体教学活动中，因为教师对幼儿的回答所做出的反馈往往具有即时性，重复便成为大多数教师首选的言语反馈方式。当然，这也并不能仅仅归结为是教师的“惰性”选择，重复也有其自身的价值，尤其是重复之后的延伸和扩展往往能够帮助幼儿完善其所表达的内容，为幼儿提供更多的信息。

⑤教师较少进行自我及平行式谈话。自我及平行式谈话这一指标上的研究结果表明，大部分活动中的教师只是偶尔会用语言描述自身或幼儿正在进行的、将要进行的行为动作。笔者认为是因为大部分教师并没有意识到可以借助“自我及平行式谈话”这种方法向幼儿示范如何使用词汇、组织句子来展现实际的行为，进而促进幼儿的模仿与学习。

⑥教师较少使用高级语言。这一指标上的研究结果表明，大部分活动中的教师只是有的时候会使用高级语言，而且在少数几个活动中，教师向幼儿解释概念时所用的词汇缺乏多样性。笔者认为这与教师自身的专业能力有着重要的关系，高级语言的反馈对教师专业素养尤其是言语表达能力都提出了较高的要求，因此，幼儿园教师需要通过更加专业和深入的学习来进行专业能力的提升。

2. 差异比较

（1）不同活动领域

差异性检验表明，在五大领域的活动中，除了“高级语言”这一指标，各指标上教师的言语反馈水平较为接近，没有显著性差异。

由此说明，幼儿园教育的领域虽然各有特点和要求，但是各领域的活动之间是相互渗透和联系的，在活动过程中，教师与幼儿所开展的互动也都离不开言语反馈的支持，教师的言语反馈对幼儿知识技能、情感态度、活动方式等方面的学习都产生重要的影响。然而，在“高级语言”这一指标上，科学活动的教师言语反馈质量明显低于其他领域。笔者认为，在科学活动中，教师需要引导幼儿对活动材料进行观察和操作，并主动探索、发现和解决问题，因此，教师对于语言示范的关注较少，因而对于高级语言的使用也相对较少。

（2）不同年龄班

大班、中班、小班的教师言语反馈水平较为接近，没有显著性差异，也就是说，幼儿园的年龄班对集体教学活动中教师的言语反馈水平没有显著影响。

（3）不同教师类型

从教师类型的角度来看，新手型教师在十项指标上的平均分均为最低，且差异性检验表明，新手型教师与专家型教师、一般型教师相比，除了在“开放性问题”“学生发起讨论”“高级语言”这三个语言示范的指标上差异不显著之外，在其他七个指标上的差异都十分显著。由此说明，新手型教师与专家型教师、一般型教师相比，其“反馈质量”上的言语反馈水平明显较低。

（二）教育建议

笔者认为，幼儿园教师尤其是新手型教师可以依据 CLASS 的标准从以下方面来提高自身的言语反馈水平。

1. 保持教师言语反馈的持续交换性

在本研究中，“反馈回路”和“频繁的交流”这两个指标都指出了教师对幼儿的言语反馈应该是频繁的、持续的，并且是双方面的，体现出教师的言语反馈应该具有持续交换性。笔者认为以下三个方面的达成有助于保持教师言语反馈的持续交换性。

（1）创设师幼对话需要的氛围

首先，在集体教学活动中，教师应该创设一个适合全班对话的空间，最好能够让所有的幼儿围成一个圈，形成一个自然的对话环境，幼儿在其中既能够无障碍地与教师进行言语及眼神、肢体上的交流，也能够倾听到同伴的声音。同时，幼儿的活动需要安全感的支持，在民主和谐的氛围中，幼儿才可能大胆开放地参与到与教师的互动与对话中去。

（2）创造对话的时机

有研究表明，幼儿的思维发展偏好具体形象的事物，带有情境性的问题能够更好地唤起他们的情感共鸣，激发表达的愿望。① 因此，教师可以在教学主题内，选择幼儿感兴趣的、具体的、与幼儿生活联系比较紧密的话题来激发幼儿的表达欲望，鼓励幼儿积极地参与到交流中。

（3）教师与幼儿进行双向对话

教师应该与幼儿进行双向对话，学会捕捉来自幼儿回答的有效信息，善于从他们的回答中了解其想法及他们对教学内容的接受情况，从而判断自己的教学语言是否运用得合理、得当。由此，教师的言语反馈便逐步能够与幼儿的想法、回答形成一个积极的循环回路。

2. 提高教师言语反馈的思维引导性

在本研究中，“过程反馈”“具体反馈”“提供暗示”“开放性问题”都共同关注了教师是否能够关注于幼儿的学习和理解，侧重于对“教师提问—幼儿思考—教师反馈—幼儿再思考”过程的关注，这个过程中每一个环节的实现都对教师言语反馈的思维引导性提出了要求。在本研究中，幼儿教师的言语反馈对于思维引导性的把握整体较好，但是存在着一定的问题，如开放性问题的反馈不足等。笔者认为，教师具体可以从以下几个方面来提高言语反馈的思维引导性。

---

① 曹高慧．幼儿园语言教学活动中的师幼互动状况［D］．金华：浙江师范大学，2012.

（1）使用开放性问题进行反馈

学起于思，思源于疑，教学就是一个不断地引导学生生疑，不断解疑的过程。开放性的、启思性的提问语，可以激发幼儿的求知欲，当解答疑问后，幼儿会备受鼓舞，从而体会到学习的乐趣。教师可以试着从实践性强的问题、理解型的问题、个性化的问题等角度来提出开放性的问题。

（2）联系幼儿的先前经验

幼儿的学习是一种意义建构的过程，若老师的反馈语言与他们的生活相关不大，没有相当的经验储备，他们很难真正理解问题。因此，教师应当从幼儿已有的生活经验出发，设置相应的问题情境，或者在活动前让幼儿事先做好经验的累积。

（3）整合信息

教师对于幼儿的思维引导要建立在理解幼儿话语的基础之上，只有在得到相对大量的信息的时候，教师才能将幼儿零散的想法整合成有意义的整体，这些大量的信息是师幼在相互交流、彼此分析的过程中产生的，在此过程中，教师要有意识地去整合信息，以便为幼儿提供更为系统、合理的反馈。

3. 加强教师言语反馈中的学生主导性和合作性

在本研究中，教师在讨论的发起中还是占据着主导的地位。笔者认为，教师可以通过尝试引导幼儿进行分组讨论与合作来加强言语反馈中学生的主导性和合作性。

如果教师适当设置分组讨论的环节，让幼儿自主选择小组、自由地进行同伴间的互动讨论，再进行小组指导和总结性的集体互动，可以在保证教师对整个活动的统筹的情况下，让幼儿的自主性得到发挥，亦获得了同伴交流合作的机会。①

4. 提升教师言语反馈的表达示范性

在本研究中，“重复及扩展”“自我及平行式谈话”“高级语言”都强调了教师应通过自身的语言为幼儿提供表达的范例，但是研究结果表明，一部分教师在此方面还存在着许多的问题，没有掌握进行表达示范的方法。

笔者认为，一种有效的办法就是教师自己先进行出声思考，教师可以谈一谈今天自己遇到的问题或者想法，也可以采用自我及平行式谈话的方式来描述自己和幼儿的行为，这样做能够让幼儿沉浸在出声思考的语言氛围里，学会进行出声思考的方法和词汇。同时，教师也可以利用生活用语以及诗歌、绘本中

---

① 曹高慧．幼儿园语言教学活动中的师幼互动状况［D］．金华：浙江师范大学，2012.

的语言为幼儿构建对话词汇。另一方面，教师也需要提高自身的语言能力，丰富并构建自身的对话词汇，以便在合适的时机对幼儿进行适当引导。

参考文献

[1] 宋艳艳．外国互动课堂教师言语反馈的语用研究 [J]．云南社会主义学院学报，2014 (01)：283-284.

[2] 李娜．幼儿园师幼互动中教师言语的研究 [D]．大连：辽宁师范大学，2008.

[3] 王森．中学物理教师有效言语反馈及其对师生互动的影响研究 [D]．重庆：西南大学，2013.

[4] 黄瑾，田方．幼儿园半日活动情境下的师幼互动研究——基于 CLASS 课堂互动评估系统的观察分析 [J]．上海教育科研，2012 (10)：88-91.

[5] 赵南．幼儿教师应如何理解和实施支架教学 [J]．学前教育研究，2003 (12)：8-10.

[6] 高细媛，陈佑清．教师应答行为描述与分析 [J]．全球教育展望，2012，41 (04)：21-26.

[7] 杨慧敏．美国基础教育 [M]．广州：广东教育出版社，2004：86.

[8] 杨佳丽．幼儿园集体教学活动有效教学的现状与反思 [D]．金华：浙江师范大学，2010.

[9] 曹高慧．幼儿园语言教学活动中的师幼互动状况 [D]．金华：浙江师范大学，2012.

[10] 陈懿．幼儿园教学活动中教师的反馈言语行为研究 [D]．金华：浙江师范大学，2012.

[11] 刘晶波．社会学视野下的师幼互动行为研究——我在幼儿园里看到了什么 [M]．南京：南京师范大学出版社，2006.

[12] 林琼．二语交互性课堂教师重铸式反馈的有效性研究 [J]．甘肃联合大学学报（社会科学版），2007 (03)：108-112.

[13] 刘娜．教师言语行为的语用研究 [J]．教育评论，2009 (04)：66-68.

[14] 汤燕瑜，刘绍忠．教师语言的语用分析 [J]．外语与外语教学，2003 (01)：19-23.

[15] 王维丽．促进师生交往的教师言语行为研究 [D]．成都：四川师范大学，2009.

[16] 王晶红．奥斯汀与塞尔言语行为理论探析［J］．吉林华侨外国语学院学报，2011（02）：125-127.

[17] 陈懿，王春燕．幼儿园教学活动中教师言语反馈行为分析［J］．幼儿教育，2012（26）：5-8，17.

[18] 王丹丹．集体教学活动中幼儿教师言语应答行为的研究［J］．新课程研究（下旬刊），2013（12）：191-192.

[19] 吴康宁，程晓樵，吴永军，等．教师课堂角色类型研究［J］．教育研究与实践，1994（04）：1-8.

[20] 于国栋．支持性言语反馈的会话分析［J］．外国语（上海外国语大学学报），2003（06）：23-29.

[21] 袁爱玲，何秀英．幼儿园教育活动策略指导［M］．北京：北京师范大学出版社，2006.

[22] 赵庆楠．不同类型幼儿园教师评价语言的特点研究［D］．北京：首都师范大学，2012.

[23] 朱珊．集体教学活动中幼儿教师应答言语行为的个案研究［D］．上海：华东师范大学，2007.

[24] 张文君．教育过程中教师言语行为的施为性［D］．沈阳：沈阳师范大学，2012.

[25] Robert C. Pianta，Karen M. LaParo，Bridget K. Hamre. Classroom Assessment Scoring System（CLASS）Manual［M］，Pre-K. Brookes Publishing Co，2008.

[26] Richard，Lokhart. Reflective Teaching in second Language Classroom［M］. Cambridge：Cambridge University Press，1996.

[27] Lisa Burman. 老师，你在听吗？——幼儿教育活动中的师幼对话［M］．汪寒鹭，李艳菊，陈妍，译．北京：中国轻工业出版社，2013.

附　录

观察评分表

活动名称　　　　年龄班　　　　教师类型
活动领域　　　　观察地点　　　　观察时间

过程反馈	①②③④⑤⑥⑦
反馈回路	①②③④⑤⑥⑦
具体反馈	①②③④⑤⑥⑦
提供暗示	①②③④⑤⑥⑦
频繁的交流	①②③④⑤⑥⑦
学生发起讨论	①②③④⑤⑥⑦
开放性问题	①②③④⑤⑥⑦
重复及扩展	①②③④⑤⑥⑦
自我及平行式谈话	①②③④⑤⑥⑦
高级语言	①②③④⑤⑥⑦

幼儿园绘本教学活动中师幼互动特征的研究

彭雪洁

绘本因其画面精美、故事诙谐幽默，并蕴含丰富的教育价值，深受幼儿的喜爱。当前，很多幼儿园已将绘本阅读活动作为日常教学的重要组成部分来开展。在绘本教学活动中，师幼互动的质量是影响绘本教学质量的关键因素。师幼互动的内容、方式与特征均对绘本教学活动的实际效果产生着重要影响。

一、选题缘由

（一）师幼互动是影响绘本教学活动效果的重要因素

师幼互动贯穿在幼儿一日生活的各个环节，是影响幼儿在幼儿园学习生活的重要途径与方式。由此，师幼互动近年来得到了越来越多的关注。联合国教科文组织提出："在教学理论走向交往与对话的时代，要重视师生关系，这不仅是教学，也是时代发展的需要。"① 我国《幼儿园教育指导纲要（试行）》也明确要求教师"关注幼儿在活动中的表现与反应，明确地察觉他们的需要，及时以适当的方式应答，形成合作探究式的师幼互动"。② 而在幼儿园经常开展的绘本教学活动中，师幼互动也发挥着关键作用，其是直接影响绘本教学活动效果的重要因素。有效的师幼互动不仅可以促进幼儿口语表达能力的发展，还可以使幼儿汲取优秀绘本中的精华，促进个体与自然的和谐相处。③ 特别是师幼互动过程中的教师提问，通过教师提问可以激发幼儿的兴趣，使幼儿在绘本阅读中实现积极主动的探索。④ 另外，师幼之间的对话对幼儿积极的主体体验以及自主

---

① 联合国教科文组织国际教育发展委员会．学会生存：教育世界的今天和明天［M］．北京：教育学出版社，1996.

② 教育部基础司．幼儿园教育指导纲要（试行）［M］．南京：江苏教育出版社，2002.

③ 章敏．运用绘本促进幼儿口语表达能力的发展［J］．家庭与家教（现代幼教），2008（9）：38-41.

④ 李春光．幼儿园绘本教学现状及改进研究［D］．北京：首都师范大学，2013.

建构等均发挥着重要作用。[①]

（二）当前我国幼儿园绘本教学活动中师幼互动质量有待提高

虽然教师意识到师幼互动的重要性，但是教师在进行绘本教学时仍会出现一些问题，例如由于时间限制教师会加快教学的节奏；教师对主题的把握和引导不明确，导致幼儿理解困难；教师教学技巧欠缺，与幼儿不能很好地进行互动等，这些问题都影响着教师与幼儿互动的质量。高质量的师幼互动会促进幼儿的发展，低质量的师幼互动会阻碍幼儿的发展，本研究认为幼儿园绘本教学活动中师幼互动的研究十分必要，且迫在眉睫。

（三）关于幼儿园绘本教学活动中师幼互动的研究仍须加强

就已有相关研究来看，首先，研究内容方面，已有研究多为有关绘本价值、本质等方面的研究，虽有一些有关绘本教育活动现状、策略方面的研究，但关于绘本阅读活动在幼儿园教学中实施的深入研究却不多。另外，幼儿园集体教学活动，尤其是幼儿园绘本教学活动中的师幼互动相关研究还比较缺乏。其次，就研究方法来看，国内已有研究中，运用弗兰德斯互动分析系统对幼儿园师幼互动及绘本教学活动中的师幼互动进行深入量化分析的研究很少，将该互动分析工具与质性分析相结合的研究更少。因此，有关幼儿园绘本教学活动中的师幼互动研究仍须进一步丰富和加强。

二、关于幼儿园绘本教学活动中师幼互动的相关研究

（一）有关师幼互动的研究

庞丽娟认为师幼互动是发生在教师与幼儿之间的一种有交互作用的人际互动形式[②]。同时她又提出关于师幼互动要满足的条件，即：①教师和幼儿之间的人际互动主体是幼儿；②师幼互动过程是双向的，是主体之间的相互影响和相互作用，不仅仅是教师对幼儿发起互动，幼儿也可以向教师发起互动；③互动的结果是一方的行为可以引起或改变另一方的行为。[③] 刘晶波从广义和狭义两个方面对师幼互动进行了界定：广义上的师幼互动既包括发生在托儿所的教师与3岁前的幼儿之间的互动，也包括发生在幼儿园的教师与3—6岁幼儿之间的互

① 石慧艳，蒋贵娥．早期阅读活动中的提问与师幼言语互动［J］．早期教育（教科研版），2012（6）：46-48.

② 庞丽娟，陶沙．教师与儿童发展［M］．北京：北京师范大学出版社，2003.

③ 叶子，庞丽娟．师生互动的本质与特征［J］．教育研究，2001（4）：30-34.

动，狭义上的师幼互动专指发生在幼儿园的师幼互动①。同时她参考教育社会学对于师幼互动可以因其参与主体的不同而分为三种，即教师与全班幼儿之间的互动，教师与小组之间的互动，教师与幼儿个体之间的互动。卢乐珍认为师幼互动就是指教师与幼儿之间相互作用、相互影响的行为及其动态过程，它贯穿于幼儿一日生活的各个环节，是幼儿园各项教育目标得以实现的重要保证，是促进幼儿全面发展的关键性因素，也是教师内在的教育观念（教育观、儿童观、人才观、发展观）、教育能力和外显教育手段、教育行为相结合的综合表现②。以上为我国学者界定的师幼互动的概念，而国外学者则认为师幼互动是指成人在与幼儿游戏或是交流中所表现的语言的或者非语言的行为，并且在互动中，成人与幼儿都对互动发挥着各自的作用，这里的“师”不单指教师，而是指与幼儿有关的成人（教师、父母和其他相关人员）③。

关于师幼互动的特征，每位研究者从不同角度提出自己的见解。刘晶波通过研究总结出了幼儿园师幼互动行为的基本特征：①浓厚的事务性；②非对称相倚性；③传递固有知识与技能、维护既存规则与规范；④高控制、高束缚与高服从、高依赖④。叶子从师幼互动的内容进行分析，总结出幼儿园师幼互动重视规则、注重行为问题、缺少情感交流与具有明显情景性的特征。⑤ 巨金香认为师幼互动具有明显的情感特征⑥，提出了理想的师幼互动满足的条件。

（二）有关绘本内涵的研究

儿童文学家彭懿在《图画书——阅读与经典》中认为：“绘本是用图画与文字共同叙述一个完整的故事，是图文合奏。在图画书中，图画不是对文字的解释说明，它不仅有生命而且可以脱离文字。”⑦ 康长运认为：“图画故事书是通过一系列有相应或无文的图画为儿童讲述故事或传递信息的书，通过文字和图画共同传达故事信息。”⑧ 日本图画书之父松居直认为：“图画书不是用来欣赏

① 刘晶波．社会学视野下的师幼互动行为研究——我在幼儿园里看到了什么［M］．南京：南京师范大学出版社，2006.

② 卢乐珍．关于“师幼互动”的认识［J］．早期教育，1999（4）：28-29.

③ 廖丽英．高瞻课程中的师幼互动［J］．早期教育，2011（1）：12-13.

④ 刘晶波．社会学视野下的师幼互动行为研究——我在幼儿园里看到了什么［M］．南京：南京师范大学出版社，2006.

⑤ 叶子．师幼互动的内容分布及其特征［J］．幼儿教育，2009（7）：10-12.

⑥ 巨金香．情感视阈中的师幼互动研究［D］．长春：东北师范大学，2006.

⑦ 彭懿．图画书——阅读与经典［M］．北京：二十一世纪出版社，2008.

⑧ 康长运．图画故事书与学前儿童的发展［J］．北京师范大学学报（人文社会科学版），2002（4）：20-27.

绘画的图书，插图的作用在于帮助孩子们在心中想象故事的世界。图画×文字=绘本。”①

总的来看，广义的绘本包括图画故事书、教育类书籍等凡是以插图形式来传递知识或讲故事的书籍。② 但很多时候大家对于绘本内涵的理解仅局限于图画故事书，即狭义上的绘本——以图和文共同演绎一个故事的书。绘本教学就是以绘本为媒介进行的集体教学活动，是指在教师有目的、有计划的指导下，全体幼儿共同体验相同的绘本阅读活动。

（三）有关幼儿园绘本教学活动中师幼互动的研究

李兰认为绘本阅读活动是以绘本为载体，借助课堂，通过有效的师幼互动，共同欣赏、解读画面，从而让孩子欣赏、解读作品，激发他们阅读的兴趣。王冰燕认为幼儿思维的转动都是从问题开始的，富有技巧性的提问不仅可以激发幼儿的学习兴趣，而且可以让幼儿用语言表达出自己的想法。李小珑认为绘本活动中好的师幼互动可以促进幼儿健康情绪的发展……幼儿在理解绘本中人物情绪的基础上，通过师幼互动、故事分享、绘画、绘本故事表演等方式来学习正确宣泄、帮助自己或他人纾解情绪的方法。③ 章敏认为有效的师幼互动可以促进幼儿口语表达能力的发展……又让我们的孩子在优秀绘本中浸染、流连，汲取其精华，让人与自然和谐相处。④

三、研究设计

（一）概念界定与研究问题

本研究中“幼儿园绘本教学活动中的师幼互动”指在幼儿园集体教育活动中，幼儿教师以绘本为教学的主要素材，充分挖掘绘本中丰富的教育资源，教师有组织、有目的地与单个或多个幼儿之间相互影响、相互作用的行为和过程。

本研究综合运用观察法、访谈法等研究方法，借助弗兰德斯互动分析系统，对幼儿园小、中、大班共计 18 个绘本教学活动进行实录分析，旨在从班龄与绘本类型两个不同维度，对幼儿园绘本教学活动中的师幼互动进行较为深入的研

---

① 松居直. 我的图画书论［M］. 郭雯霞，徐小洁，译. 上海：上海人民美术出版社，2009.

② Huck C S，Hepler S，Hickman J，Kiefer H（1997）. Children's literature in the elementary school.（6th ed.）.

③ 李小珑. 利用绘本促进幼儿健康情绪的发展［J］. 福建教育，2013（23）：73-75.

④ 章敏. 运用绘本促进幼儿口语表达能力的发展［J］. 家庭与家教（现代幼教），2008（9）：38-41.

究与分析，并在此基础上对其影响因素进行探讨，从而提出改善幼儿园绘本教学活动中师幼互动质量、提升幼儿教师在绘本教学活动中师幼互动水平的相关建议。

本研究主要聚焦以下研究问题：①幼儿园绘本教学活动中师幼互动的现状如何？具有哪些基本特征？②不同班龄绘本教学活动中的师幼互动特征有何异同？③不同绘本类型教学活动中的师幼互动特征有何异同？

（二）研究意义

1. 理论意义

第一，本研究运用弗兰德斯互动分析系统作为量化工具对幼儿园绘本教学活动中的师幼互动展开研究，有助于深化幼儿园绘本教学与师幼互动的相关理论内涵。第二，有助于充实和丰富幼儿园绘本教学活动，特别是绘本教学活动中师幼互动的研究思路与方法。

2. 实践意义

第一，通过对幼儿园绘本教学活动的分析，了解绘本教学活动中师幼互动的现状，发现其中存在的问题并提出改善建议，有助于提高幼儿园语言教育活动质量与促进幼儿教师专业成长。第二，以绘本教学活动为切入点发掘其中师幼互动的特点并提出改善建议，对幼儿园其他领域活动中师幼互动的改进也有一定借鉴意义。第三，将弗兰德斯课堂互动分析系统应用于幼儿园绘本教学活动的师幼互动研究中，拓展了弗兰德斯课堂互动分析系统在教育实践中运用的领域。

（三）研究对象

本研究在北京市某幼儿园分别选取小、中、大班教师各 6 人，将这 6 位教师组织实施的 18 节绘本教学活动作为分析样本。教学活动中所运用的绘本包括三种类型（如表 1-3-1 所示）：①图文并茂，但文字脱离图画可以完整叙述故事；②图文并茂，文字脱离图画无法完整连贯叙述故事；③无文字，完全运用图画叙述故事。

表 1-3-1 研究对象情况

教师代码	绘本名称	教师代码	绘本名称	绘本类型
XT1	猜猜我有多爱你	XT2	猜猜我有多爱你	①
XT3	晚安，大猩猩	XT4	晚安，大猩猩	②
XT5	灰袍奶奶和草莓大盗	XT6	灰袍奶奶和草莓大盗	③

续表

教师代码	绘本名称	教师代码	绘本名称	绘本类型
ZT1	蚯蚓的日记	ZT2	蚯蚓的日记	①
ZT3	大卫，不可以	ZT4	大卫，不可以	②
ZT5	七号梦工厂	ZT6	七号梦工厂	③
DT1	彩虹色的花	DT2	彩虹色的花	①
DT3	大卫，惹麻烦	DT4	大卫，惹麻烦	②
DT5	海底的秘密	DT6	海底的秘密	③

（备注：X——小班，Z——中班，D——大班，T——教师）

（四）研究思路

本研究的思路如下：将不同绘本类型、不同班龄的共计 18 个绘本活动作为研究样本，对完整活动进行录像，而后运用弗兰德斯互动分析系统对视频进行编码分析，并结合访谈及个案分析等方法，对幼儿园绘本教学活动中的师幼互动特征进行分析。在此基础上，分析讨论影响幼儿园绘本教学活动中师幼互动特征的因素，进而提出改善幼儿园绘本活动中师幼互动的若干建议。研究设计框架详见图 1-3-1。

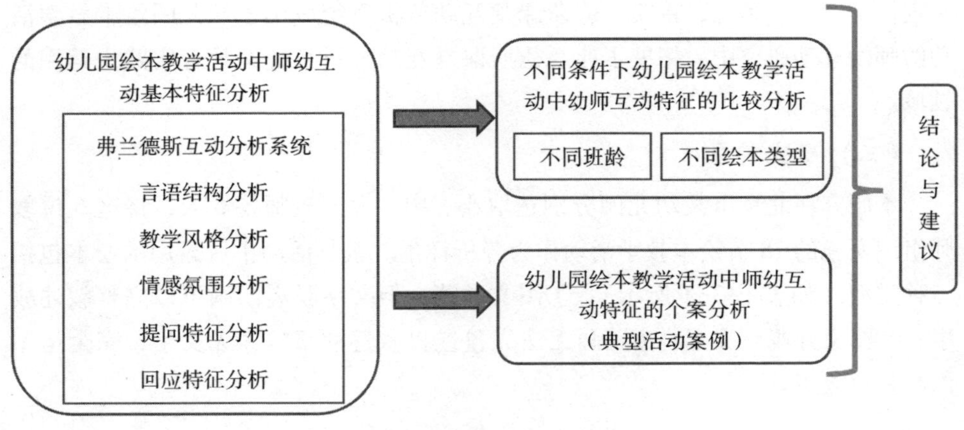

图 1-3-1　研究设计框架

（五）研究方法

1. 观察法

本研究采用直接观察和间接观察相结合的非参与性观察方式。研究者录制

18 节幼儿园绘本教学活动，其中小、中、大班活动各 6 节，以三种不同类型绘本为教材的活动各 6 节。每节活动由两位研究者同时进入现场，全程录像并做简要记录。离开现场后，研究者运用弗兰德斯互动分析系统对活动视频进行反复观看与编码分析。

2. 访谈法

本研究采用半结构访谈，访谈对象主要是展开绘本教学活动的教师。访谈内容主要是访谈者在观察教师开展绘本教学活动后，针对活动中的一些行为产生的思考和问题，以及对绘本活动与师幼互动的相关理解和看法。

3. 个案分析法

重点聚焦具有代表性的案例，基于观察与访谈获取的相关结果，对个案中师幼互动特点、教学效果及存在的主要问题进行综合性的分析与评价。

（六）研究工具

1. 弗兰德斯互动分析系统

本研究以弗兰德斯互动分析系统（Flanders Interaction Analysis System，FIAS）为基础，综合相关研究①②③并结合幼儿园实际，将编码系统进行优化：一是将编码 4“教师提问”细分为 4（1）“提问开放式问题”与 4（2）“提问封闭式问题”；二是将编码 6“教师指令”细分为 6（1）“指令内容与教学内容相关”与 6（2）“指令内容与教学内容无关”；三是将编码 9“幼儿主动言语”细分为 9（1）“幼儿主动应答”与 9（2）“幼儿主动提问”；四是将编码 10“沉寂或混乱”细分为 10（1）“有助于教学的沉寂或混乱”与 10（2）“无助于教学的沉寂或混乱”；五是增加一个关于“技术”编码，并细化为 11（1）“教师操作多媒体技术”与 11（2）“幼儿操作多媒体技术”；六是将描述中的“学生”改为“幼儿”，由此形成了整合后的编码系统。两位研究者事前共同学习了弗兰德斯互动分析系统的相关编码标准，分别对活动样本进行独立计分，并在样本编码评分后交换意见，深入讨论，达成较高的评分标准一致性。

2. 访谈提纲

访谈提纲包括四大部分：一是教师的基本情况；二是教师对绘本教学活动

---

① 宁虹，武金红．建立数量结构与意义理解的联系——弗兰德斯互动分析技术的改进运用［J］．教育研究，2003（5）：23-27.

② 王冬兰，郭猛，严燕华．弗兰德斯分析系统在幼儿园集体教学中的应用［J］．学前教育研究，2009（8）：3-8.

③ 方海关，高辰柱，陈佳．改进型弗兰德斯互动分析系统及其运用［J］．中国电化教育，2012（10）：109-113.

中师幼互动的看法；三是教师对自身在本次绘本教学活动中师幼互动的反思；四是教师对自身师幼互动能力提升的反思。（见附录）

四、幼儿园绘本教学活动中师幼互动的基本特征分析

（一）各班龄绘本教学活动中师幼互动的基本特征

1. 各班龄言语结构分析

对于课堂言语结构的分析主要包括教师言语、幼儿言语、有助于教学的沉寂或混乱和无助于教学的沉寂或混乱这几项指标。其中，教师言语比例表示教师言语时间占全部教学时间的比例，数值越高，表示活动中教师讲话的比例越高。幼儿言语比例表示幼儿言语时间占全部教学时间的比例，数值越高，表示活动中幼儿讲话的比例越高。有助于教学的沉寂或混乱表示有助于教学安静或混乱的时间占全部教学时间的比例，数值越高，表示幼儿做练习、思考、合作学习、自由讨论的时间越多。无助于教学的沉寂或混乱表示无助于教学安静或混乱的时间占全部教学时间的比例，数值越高，表示师幼间言语互动质量越差。

（1）小班言语结构特征分析

如表 1-3-2 所示，幼儿园绘本教学活动中小班教师言语比例介于 47.80%—75.33%。其中小班教师 2 的言语比例最高（75.33%），小班教师 6 的言语比例最低（47.80%），其余介于两者之间。幼儿言语比例介于 12.34%—40.52%，其中，小班教师 5 活动中的幼儿言语最高（40.52%），小班教师 2 活动中的幼儿言语比例最低（12.34%），其余介于两者之间。其中小班教师 5 和小班教师 6 具有特殊性，因为两个班级的教师使用无字绘本，幼儿言语比例比其他班级的幼儿言语比例高。小班教师有助于教学的沉寂或混乱比例介于 0.35%—12.87%，小班教师 3 最高（12.87%），其中小班教师 4 最低（0.35%），其余介于两者之间。小班教师无助于教学的沉寂或混乱比例介于 0.15%—6.56%，其中小班教师 2 最高（6.56%），小班教师 3 最低（0.15%），表明无助于教学的行为较少。小班教师操作多媒体技术在绘本教学活动中所占比例介于 0.91%—7.37%，其中小班教师 5 最高（7.37%），小班教师 1 最低（0.91%）。幼儿操作多媒体技术的比例方面，除小班教师 5 的活动中为 1.23%外，其余活动中均为零。由此可以看出，小班绘本教学活动中教师言语比例整体较高，幼儿言语比例整体较低，有助于教学的沉寂或混乱和无助于教学的沉寂或混乱比例整体较低，师幼操作多媒体的比例整体较低。

表 1-3-2 小班言语结构特征（单位：%）

	XT1	XT2	XT3	XT4	XT5	XT6
教师言语	70. 32	75. 33	66. 96	74. 48	51. 57	47. 80
幼儿言语	25. 00	12. 34	13. 45	22. 05	40. 52	38. 92
有助于教学的沉寂或混乱	0. 80	0. 52	12. 87	0. 35	1. 36	7. 38
无助于教学的沉寂或混乱	3. 54	6. 56	0. 15	0. 69	0. 41	0. 35
教师操作多媒体技术	0. 91	2. 89	6. 58	2. 43	7. 37	4. 75
幼儿操作多媒体技术	0	0	0	0	1. 23	0

（2）中班言语结构特征分析

如表 1-3-3 所示，幼儿园绘本教学活动中中班教师言语比例介于 43. 21%—73. 74%。其中，中班教师 2 的教师言语比例最高（73. 74%），中班教师 5 的教师言语比例最低（43. 21%）。幼儿言语比例介于 18. 85%—29. 99%，中班教师 5 组织的活动中幼儿言语比例最低（18. 85%），中班教师 6 的活动中幼儿言语比例最高（29. 99%）。有助于教学的沉寂或混乱方面的比例介于 0. 42%—27. 54%，其中，中班教师 5 最高（27. 54%），中班教师 2 最低（0. 42%）。无助于教学的沉寂或混乱的比例介于 0%—2. 67%，其中，中班教师 4 最低（0%），中班教师 3 最高（2. 67%）。教师操作多媒体技术所占教学活动的比例介于 0%—0. 59%，其中，中班教师 3 最高（0. 59%），中班教师 2 和中班教师 5 最低（0%），没有使用多媒体技术。中班绘本教学活动中幼儿操作多媒体技术的比例都为零。

表 1-3-3 中班言语结构特征（单位：%）

	ZT1	ZT2	ZT3	ZT4	ZT5	ZT6
教师言语	70. 46	73. 74	67. 10	54. 48	43. 21	49. 65
幼儿言语	24. 56	24. 58	21. 46	19. 41	18. 85	29. 99
有助于教学的沉寂或混乱	3. 45	0. 42	3. 86	25. 84	27. 54	18. 71
无助于教学的沉寂或混乱	1. 02	1. 26	2. 67	0	0. 26	1. 24
教师操作多媒体技术	0. 51	0	0. 59	0. 27	0	0. 41
幼儿操作多媒体技术	0	0	0	0	0	0

（3）大班言语结构特征分析

如表 1-3-4 所示，幼儿园绘本教学活动中大班教师言语比例介于 33. 05%—

77.66%。其中，大班教师1的言语在绘本教学活动中比例最高（77.66%），大班教师5最低（33.05%）。幼儿言语所占比例方面，大班教师5组织的活动中最高（52.38%），大班教师1最低（16.24%），大班教师4活动中师幼言语所占比例基本持平。有助于教学的沉寂或混乱方面，大班教师6最高（21.00%），大班教师1最低（3.68%）。无助于教学的沉寂或混乱所占比例都比较低；教师操作多媒体技术所占比例整体较低，幼儿在教育活动中没有进行多媒体操作。由此可以看出，大班教师的言语风格整体较一致，除大班教师4和大班教师5之外，其他班级教师都是教师言语多于幼儿言语，有助于教学的沉寂或混乱比例较高，无助于教学的沉寂或混乱比例较低，教师操作多媒体的时间很少，幼儿在绘本教学活动中没有操作多媒体。

表1-3-4 大班言语结构特征（单位:%）

	DT1	DT2	DT3	DT4	DT5	DT6
教师言语	77.66	50.09	43.90	41.13	33.05	48.60
幼儿言语	16.24	31.69	38.13	42.22	52.38	29.52
有助于教学的沉寂或混乱	3.68	13.94	12.84	13.29	13.28	21.00
无助于教学的沉寂或混乱	1.27	3.72	0.64	0.39	1.30	0.88
教师操作多媒体技术	0.51	0.56	4.50	3.00	0	0
幼儿操作多媒体技术	0	0	0	0	0	0

2. 各班龄教师教学风格特征分析

对于教师教学风格的分析主要包括教师言语间接影响与直接影响的比率、积极影响与消极影响的比率等。其中，间接影响包括接受幼儿情感、表扬或鼓励幼儿、采纳幼儿观点和提问；直接影响包括讲授、命令和指示批评或维护权威。若教师言语间接影响与直接影响的比率大于100，表示教师采用间接影响的话语时间大于直接影响的话语时间；若比率小于100，则表示教师采用间接影响的时间小于直接影响的话语时间，表明教师更倾向于直接控制。积极影响包括接受幼儿情感、表扬或鼓励幼儿、采纳幼儿观点，消极影响包括命令或指示和批评或维护权威。若积极影响与消极影响的比率大于100，表明教师侧重于对幼儿实施积极强化，反之，则表明教师更多采用了消极强化。

（1）小班教师教学风格特征分析

如表1-3-5所示，幼儿园绘本教学活动中小班教师言语的间接影响与直接影响的比率整体较高，介于65.87%—240.54%，其中小班教师6比率最高

(240.54%),小班教师 2 最低(65.87%);小班教师积极影响与消极影响的比率介于 183.33%—2633.33%,小班教师 5 最高(2633.33%),小班教师 2 最低(183.33%)。可以看出绘本教学活动中,小班教师更多采用间接、积极的方法影响幼儿,例如接受幼儿情感、及时表扬和鼓励幼儿、采纳幼儿合理的观点等,说明教师在教学过程中倾向于培养幼儿大胆交流的能力。但也有个别教师如小班教师 2 更多以直接影响的方式把控活动的进程,在活动中更多是用命令或指示的言语与幼儿交流。

表 1-3-5 小班教师教学风格特征

	XT1	XT2	XT3	XT4	XT5	XT6
间接影响(次)	369	110	243	223	166	267
直接影响(次)	247	167	215	216	106	111
间接影响/直接影响(%)	149.39	65.87	113.02	103.24	156.60	240.54
积极影响(次)	165	44	143	117	79	151
消极影响(次)	52	24	20	25	3	6
积极影响/消极影响(%)	317.31	183.33	715	468	2633.33	2516.67

(2)中班教师教学风格特征分析

如表 1-3-6 所示,幼儿园绘本教学活动中班教师言语的间接影响与直接影响的比率介于 58.98%—148.20%,其中中班教师 2 比率最高(148.20%),中班教师 3 最低(58.98%)。中班教师积极影响与消极影响的比率介于 194.67%—687.50%,其中,中班教师 5 最高(687.50%),中班教师 4 最低(194.67%)。可以看出绘本教学活动中,中班教师多采用积极的方法影响幼儿,教师在教学过程中比较注重尊重幼儿的想法,并较多表扬或鼓励幼儿,采纳幼儿的观点等,培养幼儿大胆表达的能力。但只有半数教师倾向于采用间接的方法影响幼儿,包括接受幼儿情感、提问等。

表 1-3-6 中班教师教学风格特征

	ZT1	ZT2	ZT3	ZT4	ZT5	ZT6
间接影响(次)	265	329	151	195	160	146
直接影响(次)	260	222	256	180	169	215
间接影响/直接影响(%)	101.92	148.20	58.98	118.75	94.67	67.91

续表

	ZT1	ZT2	ZT3	ZT4	ZT5	ZT6
积极影响（次）	91	158	88	146	110	116
消极影响（次）	18	43	19	75	16	20
积极影响/消极影响（%）	505.55	367.44	463.16	194.67	687.50	580.00

（3）大班教师教学风格特征分析

如表 1-3-7 所示，幼儿园绘本教学活动中，大班教师言语的间接影响与直接影响的比率介于 72.83%—401.52%，其中大班教师 3 比率最高（401.52%），大班教师 6 最低（72.83%）。大班教师积极影响与消极影响的比率介于 186.21%—465.52%，大班教师 4 最高（465.52%），大班教师 5 最低（186.21%）。可以看出，除大班教师 4 和大班教师 5 之外（两班活动使用的均为无字绘本），幼儿园绘本教学活动大班教师多采用直接方式进行教学，例如在讲授绘本内容时为达到预设的教育目标给予幼儿更多有目的性的引导。

表 1-3-7　大班教师教学风格特征

	DT1	DT2	DT3	DT4	DT5	DT6
间接影响（次）	252	162	265	232	246	260
直接影响（次）	275	181	66	68	294	357
间接影响/直接影响（%）	91.64	89.50	401.52	341.17	83.67	72.83
积极影响（次）	171	91	150	135	108	88
消极影响（次）	49	21	38	29	58	21
积极影响/消极影响（%）	348.98	428.57	394.74	465.52	186.21	419.05

3. 各班龄情感氛围特征分析

师幼情感氛围主要包括积极整合格、缺陷格、稳态格和幼儿稳定状态区比例四项指标。通过分析积极整合格我们可以了解师幼互动情感氛围的融洽度，如果在这个区域记录的次数越多，说明教师与幼儿交流越融洽。分析缺陷格可以帮助我们了解教师与幼儿之间的隔阂程度，如果在这个区域记录的次数越多，则说明教师与幼儿之间情感交流上存在隔阂。稳态格比例为师幼言语停留在同一话语类别达 3 秒以上话语时间占全部教学时间的比率，数值越高，表示师幼间的交流互动越稳定。幼儿稳定状态区比例为幼儿言语停留在同一话语类别达 3 秒以上话语时间占幼儿话语时间的比例，数值越高，表示幼儿的言语状态越稳定。

（1）小班情感氛围特征分析

如表 1-3-8 所示，幼儿园绘本教学活动中小班教师的积极整合格处于 1.76%—9.94%，其中小班教师 4 最高（9.94%），小班教师 6 最低（1.76%）。缺陷格处于 0%—0.41%，小班教师 5 最高（0.41%），小班教师 1、小班教师 2、小班教师 4 均为零。小班教师稳态格比例处于 30.15%—58.01%，小班教师 2 最高（58.01%），小班教师 5 最低（30.15%）。幼儿稳定状态区整体比例差异明显，处于 13.04%—49.56%，其中小班教师 6 最高（49.56%），小班教师 4 最低（13.04%）。小班教师的积极整合格较高，说明小班教师与幼儿互动融洽。稳态格的比例整体较高，幼儿稳定状态区比例差异明显。整体而言，小班教师 3、5、6 是能够很好地把控整个活动进程，因此在绘本教学活动中节奏较稳，师幼之间的互动也比较顺畅；而小班教师 1、2、4，师幼间互动节奏较不稳定。

表 1-3-8　小班情感氛围特征（单位:%）

	XT1	XT2	XT3	XT4	XT5	XT6
积极整合格	4.68	3.67	5.21	9.94	5.18	1.76
缺陷格	0	0	0.35	0	0.41	0.18
稳态格	32.76	58.01	37.15	46.20	30.15	36.78
幼儿稳定状态区	16.44	14.89	30.70	13.04	38.71	49.56

（2）中班情感氛围特征分析

如表 1-3-9 所示，幼儿园绘本教学活动中中班教师的积极整合格处于 1.54%—5.63.%，其中中班教师 2 最高（5.63%），中班教师 1 最低（1.54%）。缺陷格处于 0%—0.20%，中班教师 4 最高（0.20%），中班教师 1、2、3、5 均为零。中班教师稳态格比例处于 35.25%—68.64%，中班教师 5 最高（68.64%），中班教师 1 最低（35.25%）。幼儿稳定状态区比例处于 17.71%—64.55%，其中中班教师 5 最高（64.55%），中班教师 1 最低（17.71%）。中班教师的缺陷格比例几乎为 0%，说明教师与幼儿互动隔阂较少。稳态格的比例较高，幼儿稳定状态区整体比例也较高，说明中班教师在绘本教学活动中师幼之间的互动节奏比较稳定。

表 1-3-9 中班情感氛围特征（单位:%）

	ZT1	ZT2	ZT3	ZT4	ZT5	ZT6
积极整合格	1. 54	5. 63	1. 74	5. 24	5. 27	2. 06
缺陷格	0	0	0	0. 20	0	0. 14
稳态格	35. 25	36. 70	63. 32	66. 47	68. 64	49. 79
幼儿稳定状态区	17. 71	24. 48	44. 83	54. 38	64. 55	38. 53

（3）大班情感氛围特征分析

如表 1-3-10 所示，幼儿园绘本教学活动中大班教师的积极整合格比例处于 1. 16%—12. 48%，大班教师 3 最高（12. 48%），大班教师 2 最低（1. 16%），缺陷格比例几乎为 0%。大班教师稳态格比例处于 42. 29%—64. 36%，大班教师 4 最高（64. 36%），大班教师 3 最低（42. 29%）。幼儿稳定状态区比例处于 10. 94%—76. 08%，其中大班教师 4 最高（76. 08%），大班教师 6 最低（10. 94%）。因此，大班教师的积极整合格比例中教师 1、3、4 比较高，说明这三个大班教师与幼儿互动隔阂较少，比较融洽。整体而言，在教学活动中大班教师的师幼互动缺陷格比例几乎为零，稳态格的比例较高，除大班教师 6 之外，其他班级的幼儿稳定状态区整体比例也较高，说明大班教师在绘本教学活动中师幼之间的互动比较稳定。

表 1-3-10 大班情感氛围特征（单位:%）

	DT1	DT2	DT3	DT4	DT5	DT6
积极整合格	4. 53	1. 16	12. 48	4. 86	2. 23	3. 05
缺陷格	0. 70	0	0	0	0	0. 13
稳态格	59. 11	49. 55	42. 29	64. 36	60. 97	49. 37
幼儿稳定状态区	67. 59	55. 22	62. 19	76. 08	60. 41	10. 94

4. 各班龄教师提问特征分析

教师提问特征的分析主要包括教师提问比例、教师开放问题比例和封闭问题比例三项指标。教师提问比例指教师提问时间占教师与教学有直接相关的教学时间（教师提问时间与讲授时间）的比例。数值越高说明教师在教学过程中越是常用提问来进行教学。开放问题比例是指教师在教学活动中提问开放性问题的时间占全部提问时间的比例，数值越高说明教师越倾向于用开放性问题来向幼儿发问。封闭问题比例是指教师在教学活动中提出封闭性问题的时间占全部提问时间的比例，数值越高，则表示教师越经常向幼儿提出封闭性问题。

（1）小班教师提问特征分析

如表 1-3-11 所示，小班教师提问比例介于 31.43%—52.94%，其中小班教师 5 比例最高（52.94%），小班教师 2 最低（31.43%）。开放问题比例介于 0%—34.00%，小班教师 5 最低（0%），小班教师 4 最高（34.00%）。封闭问题比例介于 66%—100%，小班教师 5 最高（100%），小班教师 4 最低（66%）。因此，可以看出小班教师的提问比例较高，开放问题比例偏低，利用封闭问题来进行教学。小班教师 5、6 教师提问比例较高，两个班教师进行的是无字绘本教学活动，活动过程中教师不断地提问引导幼儿，并且以封闭问题为主。

表 1-3-11 小班教师提问特征（单位：%）

	XT1	XT2	XT3	XT4	XT5	XT6
教师提问比例	51.13	31.43	35.81	33.90	52.94	45.79
开放问题比例	28.57	13.64	15.09	34.00	0	5.75
封闭问题比例	71.43	86.36	84.91	66.00	100.00	94.25

（2）中班教师提问特征分析

如表 1-3-12 所示，中班教师提问比例介于 20.93%—47.35%，中班教师 2 比例最高（47.35%），中班教师 3 最低（20.93%）。除中班教师 1（2.31%）、2（32.92%）外，中班教师开放问题比例整体偏高，介于 2.31%—91.84%，中班教师 4 最高（91.84%）。中班教师 1、2 在提问中以封闭问题为主，其他教师在师幼互动的提问中封闭问题比例整体偏低。

表 1-3-12 中班教师提问特征（单位：%）

	ZT1	ZT2	ZT3	ZT4	ZT5	ZT6
教师提问比例	41.59	47.35	20.93	31.83	24.75	26.99
开放问题比例	2.31	32.92	53.97	91.84	80.00	76.17
封闭问题比例	97.67	67.08	46.03	8.16	20.00	23.83

（3）大班教师提问特征分析

如表 1-3-13 所示，幼儿园绘本教学活动中大班教师提问比例介于 26.38%—74.83%，大班教师 4 最高（74.83%），大班教师 1 最低（26.38%）。开放问题比例方面，大班教师 3 和 4 较高，其余班级教师整体较低。可见大班教师教学方式以讲述为主。大班教师 5 和 6 所组织的活动均为无字绘本，但两位教师个人教学风格不同，大班教师 6 是熟手教师，教学经验丰富，注重幼儿发散思维的发展，给予幼儿较多表达自己观点的机会；而大班教师 5 是新手教师，教学经验有所欠缺，几乎都是封闭问题，基本上按照自己的预设进行教学。

表 1-3-13　大班教师提问特征（单位:%）

	DT1	DT2	DT3	DT4	DT5	DT6
教师提问比例	26. 38	30. 87	46. 91	74. 83	36. 56	33. 53
开放问题比例	13. 58	1. 41	92. 98	91. 15	6. 62	36. 69
封闭问题比例	86. 42	98. 59	7. 02	8. 85	93. 38	63. 31

5. 各班龄教师回应特征分析

对教师回应特征的分析主要包括教师回应比例、间接回应比例和直接回应比例。教师回应比例指教师对幼儿的言语、观念和感觉的回应时间占教师全部话语时间的比例，数值越高，表示教师越能积极回应幼儿的话语、观念和感觉。教师间接回应比例是指教师对幼儿的话语、观念和感觉以接受情感、鼓励表扬、采纳建议及提问等方式加以回应的话语时间占教师全部话语时间的比例。教师直接回应比例指教师对幼儿话语、观念和感觉以讲授、指示、批评等方式加以回应的话语时间占教师全部话语时间的比例。

（1）小班教师回应特征分析

如表 1-3-14 所示，小班教师回应比例处于 12. 84%—41. 53%，其中小班教师 5 最高（41. 53%），小班教师 2 最低（12. 84%）。间接回应比例整体较高，处于 76. 44%—92. 21%，小班教师 4 最高（92. 21%），小班教师 1 最低（76. 44%）。直接回应比例整体较低，处于 7. 79%—23. 56%，其中小班 1 最高（23. 56%），小班 4 最低（7. 79%）。可以看出，小班教师能够积极地对幼儿做出回应并以间接回应为主，比较尊重幼儿的想法。

表 1-3-14　小班教师回应特征（单位:%）

	XT1	XT2	XT3	XT4	XT5	XT6
教师回应比例	28. 48	12. 84	19. 39	16. 81	41. 53	36. 40
间接回应比例	76. 44	86. 84	81. 93	92. 21	91. 72	83. 84
直接回应比例	23. 56	13. 16	18. 07	7. 79	8. 28	16. 16

（2）中班教师回应特征分析

如表 1-3-15 所示，中班教师回应比例处于 19. 66%—34. 07%，中班教师 6

最高（34.07%），中班教师3最低（19.66%）。中班教师间接回应比例整体较高，处于75.61%—94.02%，其中中班教师1最高（94.02%），中班教师6最低（75.61%）。中班教师直接回应比例处于5.98%—24.39%，中班教师6最高（24.39%），最低是中班教师1（5.98%）。可以看出中班教师积极回应幼儿的话语、观念和感觉，并以间接回应为主，能够尊重幼儿的想法、观念和感觉，接受幼儿的情感，对幼儿进行鼓励表扬。

表1-3-15　中班教师回应特征（单位:%）

	ZT1	ZT2	ZT3	ZT4	ZT5	ZT6
教师回应比例	22.29	23.96	19.66	25.07	23.78	34.07
间接回应比例	94.02	93.18	82.50	79.79	88.46	75.61
直接回应比例	5.98	6.82	17.50	20.21	11.54	24.39

（3）大班教师回应特征分析

如表1-3-16所示，大班教师回应比例处于16.99%—37.13%，其中大班教师2最高（37.13%），大班教师6最低（16.99%）。大班教师间接回应比例整体较高，处于70.78%—94.55%，其中大班教师4最高（94.55%），大班教师1最低（70.78%）。大班教师直接回应比例处于5.45%—29.22%，其中，大班教师1最高（29.22%），大班教师4最低（5.45%）。大班教师3和大班教师4采用的是文字脱离图画无法完整连贯叙述故事这一类型的绘本，教师以间接回应为主，比较尊重幼儿的想法。

表1-3-16　大班教师回应特征（单位:%）

	DT1	DT2	DT3	DT4	DT5	DT6
教师回应比例	29.28	37.13	20.05	35.95	24.12	16.99
间接回应比例	70.78	76.38	94.52	94.55	77.69	80.77
直接回应比例	29.22	23.62	5.48	5.45	22.31	19.23

（二）不同绘本类型教学活动中师幼互动的基本特征

1. 教师言语结构分析

（1）绘本类型1活动中教师言语结构特征分析

在文字脱离图画可以完整叙述故事的这类绘本活动中，如表1-3-17所示，教师言语比例处于50.09%—77.66%，言语比例最高的是大班教师1（77.66%），最低的是大班教师2（50.09%）。幼儿言语比例处于12.34%—

31.69%，大班教师2最高（31.69%），小班教师2的活动中幼儿言语比例最低（12.34%）。有助于教学的沉寂或混乱比例处于0.42%—13.94%，其中大班教师2最高（13.94%），最低的是中班教师1（0.42%）。无助于教学的沉寂或混乱比例处于1.02%—6.56%，最高的是小班教师2（6.56%），最低的是中班教师2（1.02%）。教师操作多媒体技术比例整体较低，处于0%—2.89%，小班教师2最高（2.89%），中班教师1最低（0%）。幼儿操作多媒体技术的比例均为零。可见，文字脱离图画可以完整叙述故事的这一类绘本教学活动中，师幼言语比例较为稳定，教师言语比例整体较高，幼儿言语比例整体较低，教师讲述较多，幼儿表述的机会较少。有助于教学的沉寂或混乱所占比例整体较低，教师、幼儿操作多媒体技术比例较低。

表1-3-17　绘本类型1活动中教师言语结构特征（单位:%）

	XT1	XT2	ZT1	ZT2	DT1	DT2
教师言语	70.32	75.33	73.74	70.46	77.66	50.09
幼儿言语	25.00	12.34	24.58	24.56	16.24	31.69
有助于教学的沉寂或混乱	0.80	0.52	0.42	3.45	3.68	13.94
无助于教学的沉寂或混乱	3.54	6.56	1.26	1.02	1.27	3.72
教师操作多媒体技术	0.91	2.89	0	0.51	0.51	0.56
幼儿操作多媒体技术	0	0	0	0	0	0

（2）绘本类型2活动中教师言语结构特征分析

在文字脱离图画无法完整连贯叙述故事的这类绘本活动中，如表1-3-18所示，教师言语比例处于33.05%—74.48%，言语比例最高的是小班教师4（74.48%），最低的是大班教师3（33.05%）。幼儿言语比例处于13.45%—52.38%，最高的是大班教师3（52.38%），最低的是小班教师3（13.45%）。有助于教学的沉寂或混乱比例处于0.35%—27.54%，其中中班教师3最高（27.54%），小班教师4最低（0.35%）。无助于教学的沉寂或混乱比例处于0.15%—1.30%，最高的是大班教师3（1.30%），最低的是小班教师3（0.15%）。可以看出小班教师3和4言语比例较高，由于幼儿年龄小，需要教师不断地提醒和引导。文字脱离图画无法完整连贯叙述故事的这一类绘本教学活动中师幼言语比例较为稳定，有助于教学的沉寂或混乱所占比例整体较高，说明教师给予幼儿较多时间的思考和讨论。教师操作多媒体技术的比例除了小班教师 3 之外都很低，小班教师 3 操作多媒体的时间约占 6. 58%，通过视频可以看出，该教师对多媒体的使用不够熟练，占用了较多时间。幼儿操作多媒体技术为零。

表 1-3-18　绘本类型 2 活动中教师言语结构特征（单位:%）

	XT3	XT4	ZT3	ZT4	DT3	DT4
教师言语	66. 96	74. 48	43. 21	49. 65	33. 05	48. 60
幼儿言语	13. 45	22. 05	18. 85	29. 99	52. 38	29. 52
有助于教学的沉寂或混乱	12. 87	0. 35	27. 54	18. 71	13. 28	21. 00
无助于教学的沉寂或混乱	0. 15	0. 69	0. 26	1. 24	1. 30	0. 88
教师操作多媒体技术	6. 58	2. 43	0	0. 41	0	0
幼儿操作多媒体技术	0	0	0	0	0	0

（3）绘本类型 3 活动中教师言语结构特征分析

在完全用图画叙述故事的这类绘本活动中，如表 1-3-19 所示，教师言语比例处于 37. 10%—54. 48%，比例最高的是中班教师 6（54. 48%），最低的是中班教师 5（37. 10%）。幼儿言语比例处于 19. 41%—42. 22%，最高的是大班教师 6（42. 22%），最低的是中班教师 6（19. 41%）。有助于教学的沉寂或混乱比例整体较高，处于 1. 36%—38. 18%，其中最高的是中班教师 5（38. 18%），最低的是小班教师 5（1. 36%）。无助于教学的沉寂或混乱的比例处于 0%—2. 67%，最高的是中班教师 5（2. 67%），最低的是中班教师 6（0%）。完全用图画叙述故事的这一类绘本教学活动中师幼言语比例较为稳定，有助于教学的沉寂或混乱所占比例整体较高，活动中幼儿思考、学习的时间较多，教师操作多媒体技术的比例较高，通过视频可以看出，教师对多媒体的使用不熟练，占用较多的时间。

表 1-3-19　绘本类型 3 活动中教师言语特征（单位:%）

	XT5	XT6	ZT5	ZT6	DT5	DT6
教师言语	51. 57	47. 80	37. 10	54. 48	43. 90	41. 13
幼儿言语	40. 52	38. 92	21. 46	19. 41	38. 13	42. 22
有助于教学的沉寂或混乱	1. 36	7. 38	38. 18	25. 84	12. 84	13. 29

续表

	XT5	XT6	ZT5	ZT6	DT5	DT6
无助于教学的沉寂或混乱	0.41	0.35	2.67	0	0.64	0.39
教师操作多媒体技术	7.37	4.75	0.59	0.27	4.50	3.00
幼儿操作多媒体技术	1.23	0	0	0	0	0

2. 教师教学风格分析

(1) 绘本类型1活动中教学风格特征分析

在文字脱离图画可以完整叙述故事的这类绘本活动中，如表1-3-20所示，小班教师1、中班教师1、中班教师2对幼儿的间接影响高于直接影响，而小班教师2、大班教师1、大班教师2对幼儿的直接影响高于间接影响。教师的积极影响与消极影响的比率处于183.33%—505.55%，最高的是中班教师1(505.55%)，最低的是小班教师2（183.33%)。可见，文字脱离图画可以完整叙述故事的这一类绘本教学活动中，教师的积极影响整体上高于消极影响，教师采用积极的方式影响幼儿，认真听取幼儿的观点和看法。

表1-3-20　绘本类型1活动中教学风格特征

	XT1	XT2	ZT1	ZT2	DT1	DT2
间接影响（次）	369	110	265	329	246	260
直接影响（次）	247	167	260	222	294	357
间接影响/直接影响（%）	149.39	65.87	101.92	148.20	83.67	72.83
积极影响（次）	165	44	91	158	108	88
消极影响（次）	52	24	18	43	58	21
积极影响/消极影响（%）	317.31	183.33	505.55	367.44	186.21	419.05

(2) 绘本类型2活动中教学风格特征分析

在文字脱离图画无法完整连贯叙述故事的这类绘本活动中，如表1-3-21所示，教师间接影响与直接影响的比率处于67.91%—401.52%，最高的是大班教师3(401.52%)，最低的是中班教师4（67.91%)。教师积极影响与消极影响的比率处于394.74%—715.00%，最高的是小班教师3（715.00%)，最低的是大班教师3（394.74%)。总体上，文字脱离图画无法完整连贯叙述故事的这一类绘本教学活动中，积极影响明显高于消极影响，教师更多采用间接、积极的方式影响幼儿，尊重幼儿的主体性，鼓励幼儿大胆交流和表达。

表 1-3-21 绘本类型 2 活动中教学风格特征

	XT3	XT4	ZT3	ZT4	DT3	DT4
间接影响（次）	243	223	160	146	265	232
直接影响（次）	215	216	169	215	66	68
间接影响/直接影响（%）	113. 02	103. 24	94. 67	67. 91	401. 52	341. 17
积极影响（次）	143	117	110	116	150	135
消极影响（次）	20	25	16	20	38	29
积极影响/消极影响（%）	715. 00	468. 00	687. 50	580. 00	394. 74	465. 52

（3）绘本类型 3 活动中教学风格特征分析

如表 1-3-22 所示，完全用图画叙述故事的绘本活动中，教师间接影响与直接影响的比率方面，小班教师 5、小班教师 6 和中班教师 6 较高，而中班教师 5、大班教师 5 和大班教师 6 较低。积极影响与消极影响的比率处于 194. 67%—2633. 33%，中班教师 6 最低（194. 67%），小班教师 5 最高（2633. 33%）。完全用图画叙述故事的这一类绘本教学活动中，教师对幼儿的影响方式有所差别，总体上教师们均更多采用了积极影响，其中个别教师采用了非常多的积极影响方式，如接受幼儿情感、表扬或鼓励等。

表 1-3-22 绘本类型 3 活动中教学风格特征

	XT5	XT6	ZT5	ZT6	DT5	DT6
间接影响（次）	166	267	151	195	252	162
直接影响（次）	106	111	256	180	275	181
间接影响/直接影响（%）	156. 60	240. 54	58. 98	118. 75	91. 64	89. 50
积极影响（次）	79	151	88	146	171	91
消极影响（次）	3	6	19	75	49	21
积极影响/消极影响（%）	2633. 33	2516. 67	463. 16	194. 67	348. 98	428. 57

3. 师幼情感氛围分析

（1）绘本类型 1 活动中师幼情感氛围特征分析

在文字脱离图画可以完整叙述故事的这类绘本活动中，如表 1-3-23 所示，教师积极整合格比例处于 1. 54%—5. 63%，中班教师 2 最高（5. 63%），中班教师 1 最低（1. 54%）。缺陷格比例几乎为零，稳态格比例处于 32. 76%—60. 97%，大班教师 1 最高（60. 97%），小班教师 1 最低（32. 76%），幼儿稳定状态区比例处于 10.94%—60.41%，大班教师 1 最高（60.41%），大班教师 2 最低（10.94%）。可见，文字脱离图画可以完整叙述故事的这一类绘本教学活动中，教师与幼儿的互动比较融洽，但教师教学节奏较快，师幼之间的互动不太稳定。

表 1-3-23　绘本类型 1 活动中师幼情感氛围特征（单位：%）

	XT1	XT2	ZT1	ZT2	DT1	DT2
积极整合格	4.68	3.67	1.54	5.63	2.23	3.05
缺陷格	0	0	0	0	0	0.13
稳态格	32.76	58.01	35.25	36.70	60.97	49.37
幼儿稳定状态区	16.44	14.89	17.71	24.48	60.41	10.94

（2）绘本类型 2 活动中师幼情感氛围特征分析

在文字脱离图画无法完整连贯叙述故事的这类绘本活动中，如表 1-3-24 所示，积极整合格比例处于 2.06%—12.48%，最高的是大班教师 3（12.48%），最低的是中班教师 4（2.06%）。缺陷格处于 0%—0.35%，最高的是小班教师 3（0.35%），小班教师 4、中班教师 3、大班教师 3、大班教师 4 则均为零。稳态格比例处于 37.15%—68.64%，最高的是中班教师 3（68.64%），最低的是小班教师 3（37.15%）。幼儿稳定状态区比例处于 13.04%—76.08%，最高的是大班教师 4（76.08%），最低的是小班教师 4（13.04%）。文字脱离图画无法完整连贯叙述故事这一类绘本教学活动中，教师与幼儿的互动氛围比较融洽，教师教学节奏比较适宜，师幼间的互动较为稳定。

表 1-3-24　绘本类型 2 活动中师幼情感氛围特征（单位：%）

	XT3	XT4	ZT3	ZT4	DT3	DT4
积极整合格	5.21	9.94	5.27	2.06	12.48	4.86
缺陷格	0.35	0	0	0.14	0	0
稳态格	37.15	46.20	68.64	49.79	42.29	64.36
幼儿稳定状态区	30.70	13.04	64.55	38.53	62.19	76.08

（3）绘本类型 3 活动中师幼情感氛围特征分析

在完全用图画叙述故事的这类绘本活动中，如表 1-3-25 所示，积极整合格比例处于 1.16%—5.24%，最高的是中班教师 6（5.24%），最低的是大班教师 6（1.16%）。缺陷格比例处于 0%—0.70%，最高的是大班教师 5（0.70%），中班教师 5 和大班教师 6 的缺陷格为零。稳态格整体上比例处于 30.15%—66.47%，最高的是中班教师 6（66.47%），最低的是小班教师 5（30.15%）。幼儿稳定状态区比例处于 38.71%—67.59%，最高的是大班教师 5（67.59%），最低的是小班教师 5（38.71%），完全用图画叙述故事的这一类绘本教学活动中师幼间的交谈互动氛围比较融洽。

表 1-3-25 绘本类型 3 活动中师幼情感氛围特征（单位:%）

	XT5	XT6	ZT5	ZT6	DT5	DT6
积极整合格	5.18	1.76	1.74	5.24	4.53	1.16
缺陷格	0.41	0.18	0	0.20	0.70	0
稳态格	30.15	36.78	63.32	66.47	59.11	49.55
幼儿稳定状态区	38.71	49.56	44.83	54.38	67.59	55.22

4. 教师提问特征分析

（1）绘本类型 1 活动中教师提问特征分析

在文字脱离图画可以完整叙述故事的这一类绘本活动中，如表 1-3-26 所示，教师提问比例处于 31.43%—51.13%，最高的是小班教师 1（51.13%），最低的是小班教师 2（31.43%）。开放问题比例处于 2.31%—36.69%，最高的是大班教师 2（36.69%），最低的是中班教师 1（2.31%）。封闭问题比例处于 63.31%—97.67%，最高的是中班教师 1（97.67%），最低的是大班教师 2（63.31%）。可见，文字脱离图画可以完整叙述故事的这一类绘本教学活动中，教师在教学过程中常用提问来进行教学，并且封闭问题较多。

表 1-3-26 绘本类型 1 活动中教师提问特征（单位:%）

	XT1	XT2	ZT1	ZT2	DT1	DT2
教师提问比例	51.13	31.43	41.59	47.35	36.56	33.53
开放问题比例	28.57	13.64	2.31	32.92	6.62	36.69
封闭问题比例	71.43	86.36	97.67	67.08	93.38	63.31

（2）绘本类型 2 活动中教师提问特征分析

在文字脱离图画无法完整连贯叙述故事的这类绘本活动中，如表 1-3-27 所示，教师提问比例处于 24.75%—74.83%，最高的是大班教师 4（74.83%），最低的是中班教师 3（24.75%）。开放问题比例处于 15.09%—92.98%，最高的是大班教师 3（92.98%），最低的是小班教师 3（15.09%）。封闭问题比例处于 7.02%—84.91%，最高的是小班教师 3（84.91%），最低的是大班教师 3

(7.02%)。文字脱离图画无法完整连贯叙述故事的这一类绘本教学活动中，教师整体上在教学过程中讲授时间的比例较高，在提问时大多以开放性问题为主。

表 1-3-27　绘本类型 2 活动中教师提问特征（单位:%）

	XT3	XT4	ZT3	ZT4	DT3	DT4
教师提问比例	35.81	33.90	24.75	26.99	46.91	74.83
开放问题比例	15.09	34.00	80.00	76.17	92.98	91.15
封闭问题比例	84.91	66.00	20.00	23.83	7.02	8.85

(3) 绘本类型 3 活动中教师提问特征分析

在完全用图画叙述故事的这类绘本活动中，如表 1-3-28 所示，教师提问比例处于 20.93%—52.94%，最高的是小班教师 5（52.95%），最低的是中班教师 5（20.93%）。开放问题比例处于 0%—91.84%，最高的是中班教师 6（91.84%），最低的是小班教师 5（0%）。封闭问题比例处于 8.16%—100%，最高的是小班教师 5（100%），最低的是中班教师 6（8.16%）。完全用图画叙述故事的这一类绘本教学活动中，教师在教学过程中讲述的比例较高，而教师提问开放问题与封闭问题的比例表现出较大的个体差异。

表 1-3-28　绘本类型 3 活动中教师提问特征（单位:%）

	XT5	XT6	ZT5	ZT6	DT5	DT6
教师提问比例	52.94	45.79	20.93	31.83	26.38	30.87
开放问题比例	0	5.75	53.97	91.84	13.58	1.41
封闭问题比例	100.00	94.25	46.03	8.16	86.42	98.59

5. 教师回应特征分析

(1) 绘本类型 1 活动中教师回应特征分析

在文字脱离图画可以完整叙述故事的这类绘本活动中，如表 1-3-29 所示，教师回应比例处于 12.84%—28.48%，最高的是小班教师 1（28.48%），最低的是小班教师 2（12.84%）。间接回应比例整体较高，处于 76.44%—94.02%，最高的是中班教师 1（94.02%），最低的是小班教师 1（76.44%）。直接回应比例整体较低，处于 5.98%—23.56%，最高的是小班教师 1（23.56%），最低的是中班教师 1（5.98%）。可见，文字脱离图画可以完整叙述故事的这一类绘本教学活动中，教师能够积极回应幼儿的想法，并较多地给予幼儿间接回应。

表 1-3-29 绘本类型 1 活动中教师回应特征（单位：%）

	XT1	XT2	ZT1	ZT2	DT1	DT2
教师回应比例	28. 48	12. 84	22. 29	23. 96	24. 12	16. 99
间接回应比例	76. 44	86. 84	94. 02	93. 18	77. 69	80. 77
直接回应比例	23. 56	13. 16	5. 98	6. 82	22. 31	19. 23

（2）绘本类型 2 活动中教师回应特征分析

在文字脱离图画无法完整连贯叙述故事的这类绘本活动中，如表 1-3-30 所示，教师回应比例处于 16. 81%—35. 95%，最高的是大班教师 4（35. 95%），最低的是小班教师 4（16. 81%）。间接回应比例整体较高，处于 75. 61%—94. 55%，最高的是大班教师 4（94. 55%），最低的是中班教师 4（75. 61%）。直接回应比例整体较低，处于 5. 45%—24. 39%，最高的是中班教师 4（24. 39%），最低的是大班教师 4（5. 45%）。可见，文字脱离图画无法完整连贯叙述故事的这一类绘本教学活动中，大部分教师对幼儿的间接回应明显高于直接回应。

表 1-3-30 绘本类型 2 活动中教师回应特征（单位：%）

	XT3	XT4	ZT3	ZT4	DT3	DT4
教师回应比例	19. 39	16. 81	23. 78	34. 07	22. 05	35. 95
间接回应比例	81. 93	92. 21	88. 46	75. 61	94. 52	94. 55
直接回应比例	18. 07	7. 79	11. 54	24. 39	5. 48	5. 45

（3）绘本类型 3 活动中教师回应特征分析

在完全用图画叙述故事的这类绘本活动中，如表 1-3-31 所示，教师回应比例处于 19. 66%—41. 53%，最高的是小班教师 5（41. 53%），最低的是中班教师 5（19. 66%）。间接回应比例整体较高，处于 70. 78%—91. 72%，最高的是小班教师 5（91. 72%），最低的是大班教师 5（70. 78%）。直接回应比例整体较低，处于 8. 28%—29. 22%，最高的是大班教师 5（29. 22%），最低的是小班教师 5（8. 28%）。可见，完全用图画叙述故事的这一类绘本教学活动中，教师能够较为积极地回应幼儿的想法，并给予幼儿较多间接回应。

表 1-3-31　绘本类型 3 活动中教师回应特征（单位：%）

	XT5	XT6	ZT5	ZT6	DT5	DT4
教师回应比例	41.53	36.40	19.66	25.07	29.28	37.13
间接回应比例	91.72	83.84	82.50	79.79	70.78	76.38
直接回应比例	8.28	16.16	17.50	20.21	29.22	23.62

五、不同条件下幼儿园绘本教学活动中师幼互动特征的比较分析

（一）不同班龄绘本教学活动中师幼互动特征的比较分析

1. 不同班龄绘本教学活动中言语结构的比较

教师言语在绘本教学活动中所占比例大致呈现出小班较高，中班次之，大班较低的整体特点，而幼儿言语则大致呈现出中班较高、小班次之、大班较低的整体特点。小班幼儿年龄较小，语言表达能力较差，需要教师不断帮助幼儿梳理思路，引导幼儿思考和回答问题，因此，小班教师言语比例最高。中班幼儿积极活泼，表达意愿强烈，老师能够给予幼儿交流的机会，幼儿言语比例比小班高一些。大班教师言语比例整体较低，这可能与大班幼儿词汇量更加丰富，语言表达能力较强，能够简单清楚地表明自己的观点和想法有关。

绘本教学活动中有助于、无助于教学的沉寂或混乱所占比例方面，小班教师低于中班和大班，小班教师在教学活动中较少给予幼儿练习、思考、合作学习、自由讨论的时间。而大班教师表现出比较明显的差异，前三个大班教学活动中有助于教学的沉寂或混乱比例低于中班，而后三个大班活动中有助于教学的沉寂或混乱比例高于或基本与中班持平。中班各个班级教师有助于教学的沉寂或混乱的比例变化比较平缓。除中班教师 2 外，不同班龄绘本教学活动中无助于教学的沉寂或混乱比例均偏低。

总体来说，不同班龄的绘本教学活动中，小班教师言语比例整体最高，幼儿言语比例整体最低，中班幼儿言语比例整体最高，大班教师言语整体最低。小班有助于教学的沉寂或混乱比例整体最低，中班有助于教学的沉寂或混乱比例整体最高，无助于教学的沉寂或混乱比例整体上最低。大班差异比较明显，大班教师 1、2、3 有助于教学的沉寂或混乱比例最低，无助于教学的沉寂或混乱比例最高，大班教师 4、5、6 有助于教学的沉寂或混乱比例最高，无助于教学的沉寂或混乱比例最低。但整体上教学过程中出现混乱和师幼间无效交流的情况较少。通过对活动的观察，无助于教学的沉寂或混乱，多出现在教师或幼

儿分发绘本或教师强调纪律的时段。另外，部分教师对多媒体不熟悉，存在操作不熟练、耽误教学时间的现象。

2. 不同班龄绘本教学活动中教师教学风格的比较

不同班龄间接影响/直接影响的比率中整体大致呈现出大班最高，小班次之，中班最低的整体特点，其中大班教师之间差异较大，中小班差异较小。小班教师更多采用了直接影响的方式，通过讲授、命令或指示的方式进行教学。中班教师的间接影响和直接影响各占一半，教学风格各有不同。大班教师中以间接影响的方式进行教学，说明教师主要采用接受幼儿情感、表扬或鼓励幼儿、采纳幼儿观点以及提问等方式进行教学。

积极影响/消极影响比率整体呈现出小班较高，中班次之，大班相对较低的整体特点，小班之间差异较大，中大班差异较小。不同班龄积极影响/消极影响的比率整体较高，多数班级大于300%，说明教师们更多地采用积极影响的方式。在所有的矩阵图中，都没有编码7的分布，这说明教师没有采用批评的消极方式来进行教学。

3. 不同班龄绘本教学活动中师幼情感氛围的比较

在绘本教学活动中，不同班龄教师的积极整合格较高，说明教师与幼儿的互动比较融洽。不同班龄教师缺陷格几乎为零，说明在师幼情感交流上出现隔阂较少。

不同班龄绘本教学活动中稳态格比例大致呈现出中班较高，大班次之，小班较低的整体特点，说明中班教师与幼儿之间的互动比大班和小班教师更稳定。小班教师在教学中为了完成教学活动，会加快每个环节的速度，因此师幼间容易出现较为紧张的气氛。

不同班龄在幼儿稳定状态区大致呈现出大班较高，中班次之，小班较低的整体特点。大班教师多采用边讲述绘本边提问的方式进行绘本教学活动，而后教师请幼儿进行自主阅读，最后请幼儿谈谈想法或发表观点。但有的教师也会采用先让幼儿自主阅读再讲授的方法，这样虽然尊重幼儿的自主性，但是却会拖慢教学节奏，出现教学时间过长的现象。

4. 不同班龄绘本教学活动中教师提问特征的比较

不同班龄绘本教学活动中教师提问比例大致呈现出小班较高，大班次之，中班较低的整体特点。小班幼儿理解能力有限，需要教师通过不断提问等方式开展教学；大班幼儿表达能力增强，能够并愿意表达自己的看法和想法，在此过程中教师也需要不断地加以引导，因此教师提问在整个教学活动中所占比例也较高。

不同班龄教师在绘本教学活动中提出开放问题的比例大致呈现出中班较高，大班次之，小班较低的整体特点。不同班龄教师在绘本教学活动中提出封闭问题的比例大致呈现出小班较高，大班次之，中班较低的整体特点，且教师间存在明显差异，这与绘本类型以及教师个人的教学风格有关。整体而言，不同班龄教师的封闭问题比开放问题多一些。教师倾向于连续抛出封闭式问题让幼儿回答，并引导幼儿按照自己的预想回答。

5. 不同班龄绘本教学活动中教师回应特征的比较

不同班龄绘本教学活动中的教师回应大致呈现出大班较高，中班次之，小班较低的整体特点。不同班龄教师直接回应和间接回应方面的差异较大，但总体上间接回应比例远远高于直接回应。这说明教师在绘本教学活动中能够及时间接回应幼儿的问题，如鼓励幼儿大胆说话、点头示意、说“嗯”或在幼儿回答后修饰或重复幼儿所说内容等。

（二）不同绘本类型教学活动中师幼互动特征的比较分析

1. 三种绘本类型活动中言语结构的比较

不同绘本类型活动中教师言语大致呈现出绘本类型 1 较高，绘本类型 2 次之，绘本类型 3 较低的整体特点。不同绘本类型活动中幼儿言语大致呈现出绘本类型 3 较高，绘本类型 2 次之，绘本类型 1 较低的整体特点。文字离开图画可以完整地叙述故事的绘本中文字较多，教师会按照绘本上的语言对绘本进行解读，因此教师言语比较多；而完全用图画叙述故事的绘本即无字绘本中没有文字的限制，幼儿根据图画内容去猜想故事的发展，因此更需要发挥幼儿的想象力和语言来表达自己对绘本的理解，因此这类绘本教学活动中幼儿的言语比例较高。

2. 三种绘本类型活动中教师教学风格的比较

总体来看，在不同类型绘本教学活动中，教师对幼儿的间接影响与直接影响所占比例相差不大，但教师对幼儿的积极影响明显高于消极影响，其中绘本类型 3 活动中教师间差异明显，两位小班教师在无字绘本活动中对幼儿的积极影响明显高于消极影响，达到 2633.33%和 2516.67%的峰值。总之，三种类型绘本活动中，教师对幼儿的直接影响与间接影响较为均衡，无论是直接影响还是间接影响，教师对幼儿的影响更多是积极影响，即教师倾向于接受幼儿情感、表扬和鼓励幼儿回答，较少直接命令或指示幼儿，注重对幼儿实施积极正向的强化。

3. 三种绘本类型活动中师幼情感氛围的比较

在三种绘本类型活动中，积极整合格大致呈现出绘本类型 2 较高，绘本类型 1 次之，绘本类型 3 较低的整体特点，教师在绘本类型 2（文字离开图画无法连贯叙述故事）的教学活动过程中不断抛出问题，推进绘本活动的进行。幼儿回答后，教师采纳幼儿的观点，澄清、扩大或发展幼儿所提出的意见和想法，及时对幼儿进行表扬或鼓励。由此反映出在三种绘本类型的教学活动中师幼间情感氛围较融洽。

教师在三种绘本类型活动中的稳态格大致呈现出绘本类型 2 较高，绘本类型 1 次之，绘本类型 3 较低的整体特点，即在绘本类型 2 的教学活动中，师幼之间的互动最为稳定，师幼之间的互动情感氛围最为融洽。

不同绘本类型活动中的幼儿稳定状态区大致呈现出绘本类型 3 较高，绘本类型 2 次之，绘本类型 1 较低的整体特点。其中在绘本类型 2 活动中，教师之间差异较为明显；在绘本类型 1 的活动中，幼儿稳定状态区较差，教师教学过程中节奏快，教师与幼儿之间的互动较不稳定。

4. 三种绘本类型活动中教师提问特征的比较

教师在不同绘本类型活动中的提问大致呈现出绘本类型 1 较高，绘本类型 2 次之，绘本类型 3 较低的整体特点。在文字离开图画可以完整地叙述故事的绘本活动中，教师更容易把握绘本的主旨，在讲解时有计划、有步骤地推进，教师的提问比例就较高；而在其他两种类型绘本教学活动中，对于图画的依赖程度较高，在教学中更需要教师的引导。

不同绘本类型活动中教师提出开放问题的比例大致呈现出绘本类型 2 高于绘本类型 1 和类型 3 的特点。不同绘本类型活动中教师提出封闭问题的比例整体上呈现出绘本类型 2 低于绘本类型 1 和 3 的特点，说明与其他两个类型绘本活动相比，在绘本类型 2 活动中的教师更多借助开放性问题进行教学。整体而言，三种绘本类型教学活动中教师提出的封闭问题均多于开放问题。

5. 三种绘本类型活动中教师回应特征的比较

教师在三种绘本类型回应中大致呈现出绘本类型 3 较高，绘本类型 2 次之，绘本类型 1 较低的整体特点。绘本中文字和图画的关系与教师提问的特征基本吻合，无字绘本更需要教师用提问和回应来引导幼儿思考，推动绘本活动的开展，因此在绘本类型 3 中教师回应的比例较高。

不同绘本类型活动中教师的间接回应整体上差异不显著，大致呈现绘本类型 2 稍高，绘本类型 1 次之，绘本类型 3 稍低的整体特点。相应地，教师的间接回应比例由高至低大致为绘本类型 3、绘本类型 1、绘本类型 2。这说明在绘本类型 2 活动中比绘本类型 1 和绘本类型 3 活动中教师更能接受幼儿的话语、观念和感觉，给予了幼儿更多的鼓励和表扬，更多地采纳了幼儿的想法。总体而言，无论在哪种绘本类型的活动中，教师对幼儿的间接回应均明显高于直接回应比例，说明教师普遍在与幼儿进行互动时更能采用积极间接的方式回应幼儿。

七、幼儿园绘本教学活动中师幼互动特征的个案分析

弗兰德斯互动分析系统具有量化和结构化的特点，可以帮助我们勾勒出绘本教学活动中师幼互动行为的轮廓，揭示师幼互动的基本特征。在此基础上，为进一步了解和分析绘本活动中师幼互动的特点及其行为背后的影响因素、教师对师幼互动的理解等，研究者结合观察记录与教师访谈，选取较典型的活动样本进行个案分析，发现师幼互动中存在的主要问题，为后续提出改进建议提供参考。

（一）小班绘本教学活动中师幼互动特征与问题的个案分析

案例一：《晚安，大猩猩》（XT3）

师：小朋友们在动物园里都看见过什么动物呀？

幼：老虎。

师：噢，老虎。

幼：大象。

师：有大象。

幼：我在动物园里看见过狼狗。

师：狼狗，是吧！

幼：我看见过黄狗。

师：黄狗是吧。

幼：我还在动物园里看见了长颈鹿。

师：哇，长颈鹿是吧！小朋友们说了各种各样的动物，非常好，那你们去动物园一般是什么时候去的呀？

幼：白天。（异口同声地回答。）

师：啊，都是白天，是吧！你们看到动物在哪里？

幼：笼子里。

师：你看到是在笼子里。

幼：围栏里。

师：嗯，你看到是在围栏里。

幼：我夏天去的，看到动物是在笼子外的护栏里，我喂东西给它吃，它给吃了。

师：噢，我们安安特别有爱心呀，还喂小动物吃食物呢。

(小朋友们争先恐后地想说自己的想法)

师：好了，安静，好好好，现在听老师说，请坐下，你先坐下，待会儿老师请你说，好了。

师：管理员叔叔干什么去了?

幼：走了。

师：那大猩猩在干什么呢?

幼：蹲下去拿钥匙。

师：它蹲下去，管理员叔叔知道吗?

幼：不知道。

师：那如果说，大猩猩想打开这个颜色的笼子的话，你认为大猩猩会拿什么颜色的钥匙?

幼：红色的。

师：你为什么会认为它要拿红色的钥匙呢?

幼：因为钥匙颜色和笼子的颜色一样。

师：噢，猩猩必须拿红色的钥匙来打开这个笼子，是不是?

师：小朋友看一下，管理员叔叔又来到了谁的面前?

幼：大象。

师：嗯，那什么颜色的钥匙能打开这个笼子呢?

幼：粉色，紫色。

师：有的小朋友说粉色，有的小朋友说紫色，那我们统一成粉紫色好不好。那管理员叔叔会对大象说什么?

(小朋友都沉默了，不知道如何回答。)

师：那晚上，管理员叔叔走访一遍动物园，把笼子锁好，那一般晚上会说什么?

(幼儿没有回答。)

师：管理员叔叔会说：晚安，大象!

师：管理员叔叔又来到了谁的面前?

幼：狮子。

师：会说什么呢?

幼：晚安，狮子!

幼：会拿蓝色的钥匙打开笼子。

师：嗯，小朋友们发现得真快!我们看看管理员叔叔来到哪里了?

幼：自己的房间。

师：管理员叔叔要做什么呢？

幼：睡觉。

师：你们看这是谁呀？这是管理员阿姨。她对管理员叔叔说：晚安，亲爱的。你们看看一共有几个晚安？

幼儿一起数一数共同回答：一共七个晚安。

师：刚才我们一共进来几个小动物呀？

幼：七个。

师：你们猜一猜阿姨听到这些"晚安"之后会怎么样？

幼儿猜测：生气、醒了、笑了、开心、伤心、不高兴。

师：我们来看看这个画面上有什么？

幼：眼睛。

师：你们觉得这是谁的眼睛？

幼：阿姨的眼睛。

师：阿姨打开了灯，什么表情呢？

幼：很惊讶。

师：阿姨很惊讶，很好奇，对不对？动物们还在睡觉。我们看看阿姨会怎么做呢？阿姨生气了吗？

幼：没有，把小动物送回家了。

师：说明阿姨很有爱心，是不是？我们看看大猩猩跟在阿姨的后面要做什么事情呢？做了一个什么动作？

幼：打哈欠。

师：阿姨困了，关上灯要睡觉了。这个故事主要讲了什么？

幼：动物园的故事。

师：好，这个故事发生在白天还是晚上？

幼：晚上。

师：晚上要干什么？

幼：睡觉。

师：管理员叔叔对哪些动物说了晚安？

幼：大猩猩、大象、狮子、长颈鹿……

师：怎么说的呢？

幼儿：晚安，大猩猩！晚安，大象！晚安，狮子！晚安，长颈鹿！……

师：我们要向管理员叔叔学习，对自己的爸爸妈妈也要有礼貌地说：晚安，爸爸妈妈！早安，爸爸妈妈！午安，爸爸妈妈！做一个有礼貌的小朋友，好不好？

该活动中师幼互动主要存在以下问题：第一，教师为了引导幼儿向自己预先设定好的目标靠近，提出了较多的封闭式问题。第二，在活动中以教师讲授为主，幼儿更多的是在倾听和接受教师传达的信息，幼儿的积极参与程度不足。第三，幼儿理解绘本内容存在片面化的现象，缺少内在逻辑关系的连接，教师在这方面的关注和引导不够充分。第四，教师言语多，幼儿言语少，幼儿语言表达简单，断断续续，不能够明确表达自己的意思，容易偏离活动主题。第五，教师对 PPT 的操作不熟练，耽误了教学时间，并出现 PPT 画面和讲述内容不符合的现象。

结合对该教师的访谈对出现上述问题可能的原因分析如下：第一，开展该绘本教学活动的教师是一名新手教师，累计教授小班的时间为半年，关于小班幼儿活动组织实施的经验不够丰富。第二，教师以前几乎没有独立开展过绘本活动，只组织过语言领域其他类型的活动，并且这次是第一次接触文字脱离图画无法完整连贯叙述故事的绘本。可见此教师很少组织此类型的绘本教学活动。第三，教师在设计活动的目标时更倾向于知识方面，为了完成自己预设的目标而赶时间。可见，教师对活动目标的设定过于单一、表面和死板，主要局限于帮助幼儿获得更多的知识。第四，访谈中还了解到该教师存在一定程度的职业倦怠现象，当初对幼师专业的选择也是比较被动的，主要是听从了家人的意见和安排。关于职业的选择也影响了她在实际工作与活动组织的积极性与投入程度。

（二）中班绘本教学活动中师幼互动特征与问题的个案分析

案例二：《七号梦工厂》（ZT5）

师：今天老师给小朋友们带来一个特别好看的绘本，绘本的名字叫《七号梦工厂》，作者是大卫·维斯纳。请小朋友听我说，每个小朋友拿一本书，不是两个小朋友一本书，然后请小朋友们安安静静地一页页地翻书，我们安安静静地看书，我们只是看不说啊。（有小朋友在讲话，老师走过去轻轻地说，我们看书不讲话啊。）

（教师边巡视边轻声要求纪律。大约 3 分钟后。）

师：看完了吗，孩子们？

幼：没有。

师：好，那我再给大家几分钟的时间，看完的小朋友请把书放中间啊！（连续强调了2遍。)

幼：老师，我们的书怎么不一样?

师：好，自己看。

幼：我们看完了。

(草率地看了一遍。)

师：好，看完的小朋友把书放中间。把椅子转过来，面向我。

(出现了短暂的混乱，约1分钟。)

师：好，小朋友们都看完了，来面向我。

幼：老师，我和木木还没看完呢?

师：那好，我们再等等你们好吧！没事，那看吧！

(其他小朋友等待这一组小朋友看完。)

师：你们看完了就面向我，我就知道谁看完了。

(别的小朋友等得不耐烦了，这时已经开始坐不住了。)

师：小朋友们，我们要学会等待。

(走到一幼儿面前提醒他坐好，教师经常会提醒这位坐在前排幼儿的坐姿和纪律。)

幼：老师，我和木木看完了。

师：嗯，好，小朋友们都坐好看老师了，老师发现小朋友们看的那个表情那叫一个惊讶呀，好神奇呀！我们先不说，我们一起来看看，这是我们绘本的封皮，《七号梦工厂》，大卫·维斯纳，我们来看一下第一幅图，看到这里你们想到了什么？谁来说一下？七七请。

(微笑着，自己做举手的动作示范。)

幼：我看到了章鱼。

师：好，请坐，晨晨说。

幼：我看见了狮子，不是，是狮子鱼。

师：噢，狮子鱼，来，你说。

师：噢，有小朋友和她的答案不一样吗?

幼：我一看到那个就想吃鱿鱼须。

师：噢，一看见就想吃鱿鱼须呀。甜甜，你说。

幼：看上去像是章鱼，但实际上是人变的。

师：噢，章鱼是人变的，好，那我们来看下一页，这个是书皮的第二页，这个画面上都有什么?

幼：有一座楼?

师：噢，有一座楼。

幼：有很多白云。

师：嗯，白云，谁还有别的答案？

幼：是白云把这个塔给围住了。

师：噢，白云把塔给围绕着，好，我们看下一幅图片，刚才小朋友们说了，那座楼有一个好听的名字，叫“帝国大厦”。

幼：那个上面还写着一个？

师：噢，那个就不用管了，孩子，我们看看这幅图片上有什么呀？

幼：校车。

（集体积极地回答。）

（老师做了一个举手的动作，示意小朋友举手回答。）

幼：我觉得他们的表情很高兴。

师：哇，他们来到哪儿啦？

幼：我觉得上面有一辆大校车的停车牌。

师：噢，你觉得有大校车的停车牌。

幼：老师我还有一种感觉。

师：你说。

幼：我觉得觉得觉得（由于比较着急，还没有组织好怎样表达）他们堆雪人去，因为他们……

（幼儿没有说完被教师打断。）

师：嗯，你认为他们在堆雪人。那你们看看下面这张图片，这是哪儿？然后在哪里？我希望每个小朋友都大胆积极地回答问题好不好？我们没有对和错啊，只要大胆地讲出来就行啊！欧阳，你来说？你觉得这些人是什么样的表情？

幼：慌张。

师：啊，慌张，那你觉得他们要干吗去呀？

幼：办事。

师：办事，你觉得办什么事呀？

幼：不知道。

师：好，不知道，请坐，默默你来说一说。

幼：我觉得他是办急事。

师：他会办什么急事呢？

幼：开火车。

（一小朋友抢着回答。）

师：听默默说，我们要尊重他。

（默默停顿了一会儿没有说出来。）

师：噢，那好，那我们来看这一幅图片。萱萱，你说一下。

幼：老师我还有……

（好多小朋友都想说自己的想法。）

幼：我觉得他是在着急上班。

师：你觉得他在着急是吗？还有小朋友有不一样的想法吗？青青你说一下。

幼：我觉得他们是在爬火车。

师：在爬火车，着急上班，嗯，还有不同答案吗？没有的话，我们看下一张图片。

幼：老师我有……

（很多幼儿都在举手。）

幼：他们是在赶地铁。

师：噢，他们是在赶地铁，宁宁？

幼：赶救护车救人。

师：噢，你认为他们是在赶救护车救人。

幼：老师，我还有……

师：超超，你说。

幼：就是，我觉得就是，轨道里出现了一个大怪物，他们在慌张地跑回家。

师：他们在慌张地跑回家，那好，我们看下一幅图片。丫丫，你说说吧？

幼：老师我不知道怎么说。

师：没事，那你看到了什么？

（始终微笑着面对小朋友。）

幼：老师，我知道。

师：我们给丫丫一个机会好不好？

幼：我看到了几个人。

师：你看这是瞭望台，他们会干吗去呢？

幼：聊天。

（教师一直指着大楼，给予提示。）

幼：大楼。

师：大楼，还有没有小朋友说一说的。

幼：上楼梯了，办公去了。

幼：我觉得他们在看电影，因为这个楼梯像电影院的楼梯一样，我觉得他们看很疯狂的电影。这个小男孩挺着急的，还有1分钟就演完了。

幼：我觉得他们要赶着最后一波去看五级台风，因为我在新加坡看到了五级台风，因为五级台风确实挺好看的，所以他们要去。

幼：小男孩去赶地铁。

幼：老师我觉得……

（幼儿争先恐后地抢着回答。）

师：我们要倾听别人讲话……

师：你觉得云彩会把他送到哪里？你可以想象一下，把它画出来。

幼：老师我太累了，想象不出来，不知道。

（幼儿显得有点没有耐心了。）

幼：老师我可以画雪人吗？

师：你想画什么就画什么？

（教师一边发画纸，一边安抚幼儿情绪。教师也显得有点倦怠，脸上没有了笑容。）

（教师将幼儿画完的画张贴在白板上进行展示。）

师：我找一个平时不爱举手的小朋友回答一下，小雨你来回答一下好不好？我觉得你画得特别棒，你来指指哪一个是你的？小雨吧，平时不爱说话，其实他画得特别棒！

该活动中师幼互动主要存在以下问题：第一，当有两个小朋友没有看完书时，全体幼儿等待，既浪费时间又打击了幼儿对活动的兴趣。第二，本次绘本教学活动时间过长，部分幼儿失去耐心，影响了活动效果。第三，教师回应策略单一，部分环节教学节奏过快，教师忽略了幼儿的问题和感受。

结合对该教师的访谈内容分析，出现上述问题可能的原因主要涉及以下几方面：第一，教师能够采纳幼儿的观点，尊重幼儿的想法，注重营造平等自主的氛围，在提问过程中尽量做到公平公正，给予每个幼儿回答问题的机会，该教师也特别关注幼儿回答问题的多样性；但由于该教师是一位新手教师，在给予个别幼儿发言机会和照顾到大部分幼儿之间不能做到很好地兼顾，因此在活动过程中出现了大部分幼儿等待个别幼儿的情形，带来了不必要的活动时间的延长。第二，该教师此前组织过几次绘本活动，但没有接触过无字绘本阅读活动，在这种类型的绘本教学方面缺乏相关经验，因而在引导幼儿阅读和理解故事内容过程中的提问多以封闭问题为主，其教学风格以积极正向的引导为主，这也容易造成活动时间的延长，但是幼儿的注意力时间有限，影响了活动过程中的师幼互动质量。第三，在部分教学环节，教师为了能够按照预定目标计划完成教学活动，在回应幼儿时策略比较单一，基本上用“你很棒”“不错”“嗯”等词汇加以简单而表面的回应，没有进行深层次的挖掘和引申，也使得该活动中的师幼互动中幼儿的状态比较不稳定，幼儿的表现没有那么积极，进而也影响到绘本活动的效果。

(三) 大班绘本教学活动中师幼互动特征与问题的个案分析

案例三：《海底的秘密》(DT6)

师：小朋友们，来，我们上课，坐姿端正。

(教师顺势走到一位小朋友的面前，把他的小椅子摆正。)

师：今天老师给小朋友带来一本好看的绘本，小朋友们都知道老师前几天把绘本投放在我们的图书区了，有的小朋友可能已经翻阅过了，今天我们两个小朋友一本书，我们先来看看这本书里都讲了什么?

(教师边说边分发绘本。)

师：把椅子转过去，阅读的时候请小朋友保持安静，请小朋友们一页一页地翻，看看这个绘本讲的是什么故事？发生在哪里？故事中的主人公捡到了什么？他从里面发现了什么?

(幼儿开始看绘本，教师大约给幼儿9分钟的自主阅读时间。)

师：小朋友看完这本书后有没有自己特别喜欢的地方?

(幼儿主动举手。)

师：你说。

(教师做出一个请的姿势。)

幼：我喜欢他特别聪明的地方，比如他可以弄一个机器鱼，可以这样。

(幼儿边说边模仿机器鱼的动作。)

师：噢，你特别喜欢机器鱼的那个地方，好，请坐。

幼：啊！还有一个。

师：好，你请说。

幼：那个什么鲸来着，就可以这样。

(边说边模仿动作。)

旁边幼儿补充：座头鲸吧！

幼：嗯，对，座头鲸，它的眼睛比照相机都大。

师：噢，你发现海底有一个动物，叫什么来着?

幼：座头鲸。

师：座头鲸，它的眼睛特别大是吗？海底还有这样一个动物，你们可真棒！

来，你说。

幼：就是，就是，就是有个地方有绿色的美人鱼坐在大王乌贼的头上。

师：噢，你喜欢美人鱼坐在乌贼的头上是吧，好，坐下。

幼：我最喜欢的地方就是有一只海鸥叼走了那个人的照相机。

师：有一只海鸥叼走了照相机，坐下，你说。

（教师请另外一位不举手的小朋友回答。）

幼：我喜欢乌贼上面的美人鱼。

师：我们一起看看这个故事究竟发生在哪里呢？这个主人公捡到了一个什么？从里面发现了什么？

幼：照相机。

师：从照相机里又发现了什么？

幼：胶卷。

（教师打开多媒体，大约用了4分钟的时间。）

师：下面，我们来看这本书《海底的秘密》，我来翻页，小朋友来讲，如果你对这页特别感兴趣请你举手回答。

师：这是我们这本书的封面，我们继续往下看，这是在哪里？

幼：这是在海滩上，他拿着一个铲子在挖螃蟹。

师：这是我们的主人公，名叫格雷斯，我们可以叫他格雷斯哥哥。

师：哇，这是什么？这么大！

幼：寄居蟹。

师：它有这么大吗？

幼：一般在海底都是很小的。

师：为什么看上去这么大呢？

（教师请举手幼儿回答。）

幼：寄居蟹是长的，尖的，还会换壳。

师：这么神奇呢，那我们有时间去查一下这方面的资料。我们看这里，它大不大？其实它还是挺小的，可以放在小男孩的手心里。

幼：我想讲一下这页。

（幼儿举手示意。）

师：好，宁宁你来讲一下。

幼：他在挖螃蟹，海浪来了把他冲走了。

师：好，请坐，我觉得这页真的特别有意思，我还想请别的小朋友来讲一讲，有没有和他不一样的？

幼：主人公坐在地毯上，觉得有点无聊，就去挖螃蟹，看见小螃蟹，又听见了海浪的声音，就把他冲到了海里，手里的螃蟹、铲子、水桶也被冲走了。

师：讲得非常好，想象力丰富。我还想听一听，还有没有小朋友讲一讲？

幼：他在海滩上坐了一会儿，然后找到一只螃蟹，看了看螃蟹。（幼儿指着多媒体电视有些反光，看不清楚。）

师：你可以来这边一点，找一个不反光的地方。

（幼儿走到旁边继续讲述。）

幼：他在听一听，然后被海浪冲走了。

师：小朋友们讲得都很好，我发现有的小朋友说：他在听一听，他在听什么？他和螃蟹之间会不会有对话呢？谁想来说一说。琪琪，你来回答一下，好不好？

幼儿站起来沉默一会儿说：我还没有想好。

师：好，我们再想想，请坐。

师：哥哥在海滩上发现一只螃蟹，海浪来了把他冲走了。我们接下来看看发生了什么呢？

幼：他游泳爬了上来，结果发现有一个相机，他想让螃蟹把藤条弄断。之后，他捡起那个相机。

师：好，刚才乐乐说：他会游泳，于是又游到了岸上，发现一个相机，他还借助了小螃蟹的钳子，把相机上的这些藤条剪断，捡起了相机。

幼：老师，那是海藻。

师：对，那是海藻。我们接着往下看。这是一个什么样的相机？

幼：古代的。

师：为什么是古代的相机？

幼：不是，这是他自己的相机，不对，这是海里的相机。

师：我知道一种相机是水下相机，就是可以在水里拍照的相机。请坐，非常好。我们接着看，哇，他发现了什么？

幼：胶卷。

师：胶卷是用来干什么的？我们听岩岩说。

幼：胶卷是可以把照片卷在里面的。

师：嗯，这里面是可以照相的，这个可不可以洗出照片来？

幼儿一起回答：行。

师：我们接着往下看，他拿着照片可以去哪里？他想干什么？

幼：他想看看那个胶卷，能不能用来照相。

师：刚才我们说了它是一个水下照相机，可以用来照相。

幼：他拿着那个胶卷走了，来到一家照相馆问：阿姨，你能不能帮我洗点照片呀？

师：说得非常好，乐乐说：等啊等，等啊等，你是从哪里看出来的呢？

幼：从底下那一行。

师：从底下这一系列图片是吗？谁能用一个词语来表现他的心情？

幼：着急、无聊、没意思、很累。

师：他终于拿到照片，我们继续看。

幼：他很惊讶，瞪着眼睛看每一张照片，每一张照片都不一样。这是浅海的鱼，正在往下游。

师：他发现了一条机器鱼，在海里还有这样的鱼呢，十分神奇。

（幼儿继续举手还想继续描述下一张图画内容。）

师：你已经说过了，我们把机会留给没有说过的小朋友好不好？

幼：本来是干净的海，本来有乌贼，灯笼鱼进入灯笼之后就亮了，上面那个我不知道是什么？

师：那可能是个屋子，本来是黑暗的，灯笼鱼来了之后就亮了，它们可以看书了。

幼：大章鱼在给小章鱼讲故事。

师：原来海底的生活和我们人类的生活差不多，是不是？我真想去那个地方看一看。

幼：我也想。

师：太神奇了，这个是什么呢？

幼：刺豚。

师：刺豚在干什么？谁来讲一讲？

幼：刺豚带着四条鱼飞走了。

师：嗯，刺豚变成了一个氢气球带着鱼飞走了。谁还有补充？

幼：刺豚越来越轻，变成了一个气球。

幼：刺豚一生气它就鼓起来了，就会变成一个像氢气球一样的东西。

师：刺豚一生气它就鼓起来了，就会变成一个像氢气球的东西飞起来了。刺豚生活在哪里呀？

幼：海里。

师：我们继续看看接下来还有什么？

幼：这是一只大海龟，但是它的身上有很多海螺，平时，我们见到的乌龟身上没有海螺，我还发现另一只乌龟的下面还有很多海螺。

幼：我觉得他像一座海岛一样。

师：乌龟的背上像一座小岛，里面可能生活着小鱼小虾的生物。我们接着看都有什么？

幼：有海马，还有外星人，就像发财了一样，十分高兴。大海马之所以这么大是因为外星人给它们吃了一些东西。

（幼儿纷纷举手，想要补充。教师提醒幼儿注意坐姿。）

幼：他们都有一个背包，而且照相机正在往下沉，还有很多鱼正在看着上面的外星人。

师：这些外星人是海里本来就有的吗？

幼：不是，是从外星球来的。

师：好，我们继续向下看，你们看到了什么？

幼：巨型海星，这是海星岛吧。

有的部分幼儿继续说道：老师，我还有补充。

师：这个哥哥马上就把照片看完了，我们看看接下来发生了什么？这里不是海底了？

幼：都是人拿着照片，好像在传递一样。

师：这是一张人们轮流传下来的照片，哥哥拿着一个放大镜在看。他把自己看到的用相机拍下来继续传递下去，然后把相机扔到海里。我们看看海底美不美？

幼：美，大乌贼、海鸥、美人鱼……我们没有见过这样的海底。

师：接下来相机又去了南极，拍了企鹅的照片，这些照片都和什么有关系？

幼：都和大海有关系。

师：相机会继续传递下去，我们看看传递给了谁？

幼：传递给了一个小孩，然后一直拍照一直传递。

师：你觉得这个小朋友拿到相机之后会做什么？

幼：会再拍照再传递。

师：好，他在传递什么？

幼：照片。

师：我们从照片里知道什么？

幼：哥哥在洗照片，在传递着海底的故事。

师：对了他们在传递着海底的故事，里面有很多我们不知道的秘密，例如：巨星岛、大海龟、背着美人鱼的大王乌贼以及坐在海滩上看书的大章鱼等。

幼：还有楼房、大海星、外星人……

师：我们发现了这么多海底的秘密，对不对？传递下去，会有更多海底的秘密，下节课我们再继续探讨吧！

该活动中师幼互动主要存在以下问题：第一，绘本中很多关于海洋生物的知识，幼儿对有些内容并不清楚，需要教师进行讲解，导致该活动时间较长，并且影响到了幼儿对绘本阅读的积极性和兴趣性。第二，教师不能把控教育活动的进程以及调动所有幼儿参与活动的积极性，忽略了部分幼儿的心理感受及发展水平。第三，教师对 PPT 的操作不熟练，使活动中的师幼互动不够流畅。

结合对该教师的访谈了解到之所以出现上述问题，可能与以下原因相关：第一，此次活动是以无字绘本为载体开展的，且以海洋知识为主，幼儿通过看图较难理解，因此需要教师不断用提问进行引导，导致活动时间较长，后期影响了幼儿对绘本阅读的积极性和兴趣性。第二，虽然该教师是一位熟手教师，但由于欠缺无字绘本的相关教学经验，在通过层层递进地追问来帮助幼儿理解、提升经验，以及在此过程中有针对性地回应幼儿等方面都做得不够理想，影响了活动中的提问与回应质量。第三，班级中幼儿的发展水平不同，尤其是对海洋知识的了解相差较大，在绘本选择时没有考虑幼儿的前期经验，进而直接影响了绘本教学活动进程以及对个体差异的尊重。

八、结论与建议

（一）主要结论

1. 幼儿园绘本教学活动中师幼互动的基本特征

第一，在教师言语结构方面，绘本教学活动中教师言语较多，幼儿言语少，整体上以教师为主导，幼儿参与程度相对较低。第二，在教师教学风格方面，大多数教师能够接纳幼儿观点、提问，特别是以间接积极的方式与幼儿进行互动。但是教师对幼儿的回应缺乏实质性归纳和总结。第三，在师幼情感氛围方面，教师更多地采用讲授的方式来进行教学；教师与幼儿的情感交流多是积极融洽的状态。第四，在教师提问方面，教师更倾向于连续讲授，抛出封闭式问题，提问开放性问题比例不高。第五，在教师回应方面，教师整体上较少使用间接回应的方式与幼儿交流。第六，教师与幼儿在绘本活动中均很少使用多媒体。

2. 不同班龄绘本教学活动中师幼互动的主要特点

第一，在绘本教学活动的师幼互动中，大班师幼言语最为稳定。大班教师更多地表现出接受幼儿情感、对幼儿进行表扬或鼓励，以及采纳幼儿观点等，注重尊重幼儿的主体性，培养幼儿大胆交流表达的能力；小班教师也较多采用了接纳幼儿的情感、表扬幼儿等直接积极的影响方式与幼儿互动。第二，在情感氛围方面，不同班龄教师的积极整合格都较高，教师与幼儿的互动比较融洽。中班教师与幼儿之间的互动最稳定。第三，小班教师在提问比例整体上要高于中、大班教师，中班教师提出开放问题的比例高于小、大班教师，大班教师的回应比例高于小、中班教师。

3. 不同绘本类型活动中师幼互动的主要特点

第一，类型1（图文并茂且文字脱离图画可以完整叙述故事）的绘本文字较多，相应地教师言语比例也较高；类型2（图文并茂且文字脱离图画无法完整连贯叙述故事）的绘本活动中需要教师边讲授边提问，相对于前者而言教师言语比例有所减少；类型3（没有文字、完全运用图画叙述故事，即“无字书”）的绘本没有文字限制，需要教师鼓励幼儿大胆表达自己的想法和观点，根据图画内容去猜想故事情节的发展，因而在活动中幼儿的言语比例较高。第二，绘本类型3为无字绘本，需要幼儿发挥自己的想象力描述绘本故事，发表自己的想法，教师进行回应和引导，因此在绘本教学活动中教师的回应比例呈现出绘本类型3最高，绘本类型2次之，绘本类型1最低的特点。第三，在不同的绘本类型中教师提问与回应特征方面，呈现出绘本类型1的提问比例较高，绘本类型2次之，绘本类型3较低的特点。教师在不同绘本类型回应中大致呈现出绘本类型3较高，绘本类型2次之，绘本类型1较低的特点。

4. 幼儿园绘本教学活动中师幼互动的主要问题

第一，部分教师为了引导幼儿向自己预先设定好的目标靠近，在绘本教学活动中讲授时间的比例和提问封闭式问题的比例较高，进而幼儿主体性与自由度体现不足。第二，教师回应策略较为单一，教师反馈最多的是重复幼儿讲过的话，回应表面化，缺乏更深层次的挖掘。第三，部分环节教学节奏过快，容易忽略幼儿的问题和感受。第四，教师不能很好地兼顾个别幼儿与全体幼儿，有时会因此出现浪费时间、削弱幼儿对活动的兴趣与专注力的现象。第五，有的教师利用PPT进行绘本教学，但对PPT的操作不熟练，进而耽误教学活动进程，个别还有出现PPT画面和讲述内容不相符的现象。

（二）相关建议

1. 树立正确的教育观念

教育理念是否正确直接影响师幼互动的质量和水平。教师应坚持以幼儿为本，为幼儿的发展搭建平台，支持引导幼儿向更高水平发展。同时，注重培养幼儿积极向上、乐于交流和分享的良好学习品质。绘本是早期阅读的重要载体，教师在绘本活动中应多鼓励幼儿积极、主动、大胆地表达自己的观点和想法。有时由于时间限制，教师可能不会顾及每位幼儿，但是也应尽最大努力满足幼儿的情感需求和表现欲望，从而调动幼儿参与活动的积极性。

2. 选用更加适宜的绘本

在绘本教学活动中绘本的选择至关重要，符合幼儿年龄特点和兴趣的绘本更容易激发幼儿的好奇心和求知欲，达到事半功倍的效果；而如果选择的绘本不贴合幼儿生活实际，则会较难理解。例如，《海底的秘密》中有很多不常见的海底动物，两个班级幼儿对于海洋生物的理解有明显的差距，一个班幼儿知识面比较广，能够比较流畅地回答教师的提问，而另一个班的幼儿整体理解起来比较吃力，效果不是很理想。后期对开展《灰袍奶奶和草莓大盗》活动的教师进行访谈时了解到，该活动及其师幼互动效果不佳，一部分原因是由于绘本故事较长，而幼儿年龄小，坚持性和理解力水平均不高，导致活动开展到后半程幼儿越发觉得没意思，兴趣下降。因此，教师在绘本选择时，要充分了解幼儿的前期经验与兴趣点，也可以有针对性地开展先期的铺垫活动，以获得更好的师幼互动效果，达成活动目标。

3. 多方面提升教师的师幼互动技巧

通过访谈我们了解到教师在师幼互动方面的培训较少，一般都是教师自行学习，教师对于提问、回应等的专业知识与技巧都比较欠缺，由此出现教师们的共同困惑——针对幼儿在绘本活动中提出的问题，即对于幼儿“抛过来的球”，教师不知道该怎么回应，不知道怎样回应是更加适宜的，也就不足为怪了。因此，需要加强对教师在师幼互动理论与技能方面的培训，有效提高其师幼互动技能，使教师在绘本活动中的提问有所依据，减少随意性，避免生硬和单调的回应；并帮助教师学会“接住幼儿抛过来的球”，更好地引导幼儿进行深层次思考。与此同时，还应加强对教师利用多媒体技术促进师幼互动、提升活动效果方面的培训，补齐该方面能力短板。

4. 发挥教师性格特点优势，注重幼儿教师心理健康

一方面，教师不同的性格特点会关系到其师幼互动的风格与效果。例如，有的教师偏内向、做事谨慎，但缺乏激情，因此活动中也容易出现难以感染和调动幼儿积极性，幼儿情绪会比较低沉的现象；有的教师活泼开朗，更容易在活动中与幼儿进行积极热烈的互动，从而能够营造一种和谐融洽的氛围；还有的教师性格比较温和，注重为幼儿营造自由宽松的互动氛围，但同时也会过于

注重个别幼儿的回答，难以兼顾个别幼儿和全体幼儿。因此建议每位教师能够尽可能充分发挥自身性格特点的优势，同时也客观认识和有意识地克服自身性格特点的劣势，扬长避短，以达成更好的师幼互动效果。另一方面，教师的心理状态也会直接影响到师幼互动质量与活动效果。在访谈中教师提到由于工作时间长，应对各种检查以及个人家中事务繁多等情况，精神紧绷，压力会较大，如果这种精神状态不及时调节，容易把负面情绪带到工作中。例如，一位教师在访谈中不止一次提到工作劳累，研究者发现在其绘本活动教学的矩阵图中的数据所显示的师幼互动效果确实明显不如其他教师。因此建议幼儿园管理者应及时了解幼儿教师的心理状态、工作压力及需求等，并给予及时指导与帮助。教师在面对工作压力时也要尽可能做好自我调节，以积极状态投入工作，营造和谐的师幼互动氛围。

参考文献：

[1] 曹高慧．幼儿园语言教学活动中的师幼互动状况——基于 CLASS 系统的师幼互动状况 [D]. 杭州：浙江师范大学杭州幼儿师范学院，2012.

[2] 陈晖．论绘本的性质与特征 [J]. 海南师范学院学报（社会科学版），2006 (01)：40-42.

[3] 陈芳．浅谈幼儿园绘本阅读中常见问题及对策 [J]. 时代教育，2014 (08)：252.

[4] 郭芸芸．幼儿园游戏活动中师生互动现状研究 [D]. 重庆：西南大学，2004.

[5] 黄娟娟．师幼互动类型及成因的社会学分析研究——基于上海 50 所幼儿园活动中师幼互动的观察分析 [J]. 教育研究，2009，30 (07)：81-86.

[6] 黄若涛．绘本书的传播功能研究 [D]. 北京：中国传媒大学，2006.

[7] 姜勇，庞丽娟．幼儿园师生交往类型的研究 [J]. 心理科学，2004 (05)：1120-1123.

[8] 康长运．幼儿图画故事书阅读过程研究 [M]. 北京：教育科学出版社，2007.

[9] 康长运．图画故事书与学前儿童的发展 [J]. 北京师范大学学报（人文社会科学版），2002 (04)：20-27.

[10] 刘晶波．社会学视野下的师幼互动行为研究——我在幼儿园里看到了什么 [M]. 南京：南京师范学出版社，2006.

[11] 刘飞敏．生活活动中影响师幼互动的因素及应对策略 [J]. 学前教育

研究，2006（01）：40-41.

［12］李春光．幼儿园绘本教学现状及改进研究［D］．北京：首都师范大学，2013.

［13］柳卫东，左瑞勇．师幼互动的理论基础与实践背景［J］．学前教育研究，2004（21）：52-53.

［14］毛新巧．从改善师幼互动到促进幼儿多向互动［J］．学前教育研究，2006（01）：37-39.

［15］聂懿．幼儿园小班生活活动中师幼互动研究［D］．保定：河北大学，2010.

［16］庞丽娟．教师与儿童发展［M］．北京：北京师范大学出版社，2001.

［17］彭懿．图画书：阅读与经典［M］．南昌：二十一世纪出版社，2007.

［18］松居直．我的图画书论［M］．上海：上海人民美术出版社，2009.

［19］石慧艳，蒋贵娥．早期阅读活动中的提问与师幼言语互动［J］．早期教育（教科研版），2012（06）：46-48.

［20］唐华玉．幼儿园绘本教学新尝试［J］．课程教育研究，2014（15）：156-157.

［21］吴康宁．教育社会学［M］．北京：人民教育出版社，2009.

［22］武春娟，王伟群，严西平．新课改前后化学课堂互动的差异分析——以“原电池”教学为例［J］．化学教育，2013，34（09）：13-18.

［23］陈伦超．怎样选择最适合幼儿的绘本［N］．中国教育报，2012-07-08（003）.

［24］叶子．师幼互动的内容分布及其特征［J］．幼儿教育，2009（07）：10-12.

［25］周欣．教师——儿童互动质量评定的行为指标初探［J］．早期教育，2004（04）：6-8.

［26］周欣．师幼互动和教育环境创设［J］．幼儿教育，2005（19）：10-12.

［27］周兢．早期阅读发展与教育研究［M］．北京：教育科学出版社，2007.

［28］张博．幼儿园教育中不同活动背景下的互动行为分析［J］．学前教育研究，2005（02）：17-20.

［29］张文洁．新疆双语幼儿园集体活动课堂互动质量的现状研究——基于乌鲁木齐市30个教室的CLASS观察［D］．上海：华东师范大学，2013.

[30] 张彤．幼儿园绘本阅读教育的个案研究 [D]．重庆：西南大学，2009.

[31] 宁虹，武金红．建立数量结构与意义理解的联系——弗兰德斯互动分析技术的改进运用 [J]．教育研究，2003 (05)：23-27.

[32] 王冬兰，郭猛，严燕华．弗兰德斯分析系统在幼儿园集体教学中的应用 [J]．学前教育研究，2009 (08)：3-8.

[33] 方海关，高辰柱，陈佳．改进型弗兰德斯互动分析系统及其运用[J]．中国电化教育，2012 (10)：109-113.

[34] Liane Smith, Kevin Durkin. Picture-book reading with a child with severe learning disability: a case study [J]. Child Language Teaching and Therapy, 1986, 2 (3).

[35] Natalia Kucirkova, David Messer, Kieron Sheehy. Reading personalized books with preschool children enhances their word acquisition [J]. First Language, 2014, 34 (3).

[36] Kathryn A. Leech, Meredith L. Rowe. A comparison of preschool children's discussions with parents during picture book and chapter book reading [J]. First Language, 2014, 34 (3).

[37] Elisabeth Duursma. Who does the reading, who the talking? Low-income fathers and mothers in the US interacting with their young children around a picture book [J]. First Language, 2016, 36 (5).

[38] Laura Beltchenko. Intellectual Pursuits of Young Children Through Picture Book Literacy, Focusing on Italian Preschools [J]. Gifted Child Today, 2016, 03.

[39] Melinda A. Leonard, Elizabeth P. Lorch, Richard Milich, Neomia Hagans. Parent - Child Joint Picture - Book Reading Among Children With ADHD [J]. Journal of Attention Disorders, 2009, 12.

[40] Macquarie University, Australia. Talking about picture books: The influence of maternal education on four-year-old children's talk with mothers and preschool teachers [J]. Journal of Early Childhood Literacy, 2004, 4 (2).

附　录

访谈提纲

一、教师基本情况

1. 您的年龄、教龄、职称？

2. 您的受教育背景（学历、专业）？

3. 您选择幼儿教师这个职业的原因是什么？

4. 您是怎样性格的人？这样的性格对您的教学有什么影响？

二、教师对绘本教学活动中师幼互动的看法

5. 您认为三种不同的绘本类型各自的特点是什么？您更倾向哪一种绘本？为什么？

6. 说说您对此绘本的理解？

7. 您认为本次绘本教学活动的重难点是什么？您是通过怎样的方式发现幼儿的疑点、难点，又是通过什么样的方法促进幼儿对疑点和难点的理解的？

8. 您怎样理解师幼互动？

9. 您经常与什么样性格的幼儿互动得更多一些呢？绘本阅读教学中您通常通过哪些形式与幼儿互动？

10. 您理想中的绘本教学活动中师幼互动是怎样的？

三、教师对本次绘本教学活动中师幼互动的反思

11. 您对本次绘本教学活动互动的效果是否满意？为什么？

12. 您认为哪些因素影响到了本次绘本教学活动中师幼互动的效果？

四、教师对自身师幼互动能力提升的反思

13. 工作以来，您觉得自己在师幼互动方面有哪些进步？是通过什么方式来提高的？

14. 关于绘本教学活动中的师幼互动，您是否存在一些困惑？希望得到哪些方面的指导和帮助？

大班建构区与美工区中师幼互动的对比研究

赵祥庆

随着《幼儿园教育指导纲要（试行）》《3—6岁儿童学习与发展指南》精神的贯彻，强调以游戏为基本活动，尊重幼儿的发展以及个体差异成为幼儿园的共识。幼儿园的教育是幼儿发展的启蒙教育，可以划分为健康、语言、社会、科学、艺术五大领域，在不同的领域中对幼儿的发展目标与要求是有差异的，当前师幼互动的研究中，针对区域间师幼互动的比较研究仍显不足。而研究者在区域活动实际观察中，发现教师指导与幼儿自主性在建构区与美工区中有一定的差异，总的来说，本研究有助于对建构区与美工区中的师幼互动有重新的认识与思考。

一、研究缘起与文献基础

（一）研究缘起

1. 师幼互动对幼儿发展的重要作用

2001年教育部颁发的《幼儿园教育指导纲要（试行）》明确提出："关注幼儿在活动中的表现和反应，敏感地察觉他们的需要，及时以适当的方式应答，形成合作探究式的师幼互动。"① 这体现教师要尊重幼儿，给幼儿适宜的支持与帮助，形成积极的互动关系，在互动交往中建构幼儿个体的知识经验。

《儿童的一百种语言》中提到"接住孩子抛过来的球"，体现出幼儿教师要时刻关注与幼儿之间的互动，积极回应幼儿，促进幼儿在原有水平上的发展。

此外，国内外的研究证明师幼互动在促进幼儿自信心、认知能力、同伴关系、学业成绩等方面有积极的作用。例如，杨玥与吴琼在研究中认为师幼互动

---

① 教育部基础教育司．幼儿园教育指导纲要（试行）[M]．南京：江苏教育出版社，2009.

能促进幼儿在语言、学业以及社会性方面的发展。① 巴勒莫基于幼儿园实践的研究，发现良好的师幼关系能促进幼儿的学业发展。②

2. 国家教育政策在师幼互动各层面提出明确的要求

2001 年教育部印发的《幼儿园教育指导纲要（试行）》中提出新的要求以满足幼儿的发展需求："为幼儿提供健康、丰富的生活和活动环境，满足多方面发展的需要；尊重幼儿身心发展的规律和学习特点，以游戏为基本活动；教师应成为幼儿学习活动的支持者、合作者、引导者；及时以适当的方式应答，形成合作探究式的师生互动。"③ 2012 年教育部印发的《3—6 岁儿童学习与发展指南》还指出要理解幼儿以游戏和活动为学习方式的特点。④ 从以上国家教育政策可以看出，教师要充分尊重幼儿的发展规律和学习特点，发挥游戏教育价值。此外，教师的角色发生转变即教师不再是传统教学上的灌输者，而是幼儿活动的支持者、合作者与引导者，同时要与幼儿建构合作探究式的师幼互动。

3. 教师对师幼互动质量的重要性

教师是幼儿在活动中的支持者、合作者和引导者，对促进幼儿的发展和师幼互动的质量有重要的作用，国家对幼儿教师专业能力的要求中也提到了师幼互动的水平和能力，如 2012 年教育部印发《幼儿园教师专业标准（试行）》中对教师的专业能力有明确的要求："建立良好的师幼关系；与幼儿进行有效的沟通；提供更多的操作探索、交流合作、表达表现的机会，支持和促进幼儿主动学习。"⑤

4. 研究者的兴趣

首先，研究者在对文献的梳理的过程中，发现已有对区域活动中师幼互动的研究，要么是从整个区域活动，不区分活动性质的整体式研究；要么是对某个单一区域进行的研究。实际上，师幼互动的性质、过程和特点，与互动发生

---

① 杨玥，吴琼．师幼互动对幼儿发展影响的现状述评［J］．中国校外教育，2018（21）：156-157.

② PALERMO F，HANISH L D，MARTIN C L，et al. Preschoolers' academic readiness：what role does the teacher-child relationship play?［J］. Early Childhood Research Quarterly，2007，22（4）：407-422.

③ 中华人民共和国教育部．幼儿园教育指导纲要（试行）［EB/OL］. http：//www.moe.gov.cn/srcsite/A26/s7054/200108/t20010801.html，2001-8-1/2018-10-9.

④ 中华人民共和国教育部．3—6 岁儿童学习与发展指南［EB/OL］. http：//www.moe.gov.cn/srcsite/A06/s3327/201210/t20121009.html，2012-10-9/2018-10-9.

⑤ 中华人民共和国教育部．幼儿园教师专业标准［EB/OL］. http：//www.moe.gov.cn/srcsite/A10/s6991/201209/t20120913.html，2012-9-13/2018-10-9.

的场所及其植根于的活动内容息息相关。所以，对不同活动中的师幼互动进行比较，能够帮助我们发现师幼互动与它所处的活动内容之间的关系，从而厘清师幼互动的本质特点，也能帮助我们从更新的角度去审视区域活动的性质和价值。其次，美工区和建构区已有一定的研究基础，但是在研究基础上并没有研究区域的对比。最后，研究者也深入幼儿园一线教学中，通过对幼儿园区域活动的学习与观摩，并与教师的交流了解到，教师认为在建构区中幼儿的自主性较强而在美工区中幼儿的自主能力较弱，教师在美工区的指导多于在建构区中的指导。因此，研究者试图通过研究寻求建构区与美工区中在互动方式、指导方法等方面是否存在差异。

（二）文献基础

1. 师幼互动的内涵

在《辞海》中对“互动论”的解释为“相互作用论”，因而师幼互动可以简单地解释为：“教师和幼儿两者之间的相互作用。”① 庞丽娟对师幼互动的解释是：“发生在师生双方之间的一切交互作用及其影响，它是教、生各自人际互动系统中的一种特殊和主要的形式。”②

师幼互动指在区域活动中，教师与幼儿之间相互影响与相互作用的过程与行为，互动包括教师发起的以及幼儿发起的，本研究中的区域活动主要指在大班建构区与美工区。

2. 师幼互动的研究

国内外的相关研究中强调师幼互动促进幼儿的探究与交往、个性、智力、师幼关系等方面的发展。如王莲子在研究中指出师幼互动能促进幼儿的学习品质的发展，包括注意与坚持、主动性、好奇与兴趣等几方面。③ 梁秋立发现良好的师幼互动有利于与幼儿建立良好的关系、营造和谐气氛、提高幼儿的语言表达能力。④ 还有学者认为师幼之间的互动同样促进教师的专业发展，如张小青⑤

---

① 《辞海》（上）. 上海：上海辞书出版社，1989.

② 庞丽娟. 教师与儿童发展［M］. 北京：北京师范大学出版社，2003.

③ 王莲子. 5-6岁幼儿学习品质与师幼互动质量的关系研究［D］. 信阳：信阳师范学院，2017.

④ 梁秋立. 城乡幼儿园一日活动情境中的师幼互动研究［D］. 桂林：广西师范大学，2015.

⑤ 张小青. 新型师幼互动关系——谈班级活动中教师行动的策略［M］//江苏省教育学会. 江苏省教育学会2006年年会论文集（综合一专辑）. 江苏省教育学会，2006：4.

和赵静[①]在研究中认为师幼互动能促进教师的才智和情感的发展。国外的学者以幼儿与教师之间的互动为依据从而研究互动的价值，如 Kitson 的研究表明，成人参与幼儿的游戏不仅能提升幼儿的游戏经验，还可以提高幼儿的智力和社会性。[②] Rogers，Wood 和 Bennett 的研究显示教师的参与不仅能为幼儿的游戏提供想法，同时也对幼儿的学习产生积极的影响。[③]

有研究者从不同的角度出发，依据不同的划分维度以区分师幼互动的类型。我国学者刘晶波根据主动性与依恋性这一指标，将师幼互动划分为彼此相倚型、反应相倚型、非对称相倚型和假相倚型，并认为当前我国幼儿园中师生互动是非对称相倚型。[④] 黄娟娟以时间取样和事件取样的方式，研究发现在幼儿园半日活动中师幼互动类型主要是师班互动和师个互动，在集体教学、运动活动和过渡环节中主要是教师控制型、幼儿接受型和控制—服从型。[⑤] 国外学者主要从心理学角度进行划分，如利恩奇等人依据儿童在心理上对老师的渴求程度和情感质量，将师生互动分为理想型、一般型、不参与型、矛盾型和消极型。[⑥] 豪斯等人根据依恋分类量表，将师幼互动分为安全型、躲避型和矛盾型。[⑦]

周欣认为教师具有学前教育专业的学历而且学历越高越有助于师幼互动质量的提升。[⑧] 王小英和朱慧慧在研究中发现时空因素、教师自身、心理因素等方面对幼儿的施动行为发起存在影响，而且这些因素对提高师幼互动质量有重要

---

① 赵静．幼儿教师在师幼互动中的反思与成长［J］．科教文汇（中旬刊），2013（03）：20-21.

② Kitson N. “please miss Alexander：will you be the robber?” Fantasy play：A case for adult intervention. In Moyles J（ed.），The excellence of play. Buckingham，Unitedkingdom：open University Press，1994：88-89.

③ Bennett N，Wood L，Rogers S. Teaching through play：Teacher's thinking and classroom practice［M］. Buchingham，United Kingdom：Open University Press，1997：55.

④ 刘晶波．社会学视野下的师幼互动行为研究——我在幼儿园里看到了什么［M］．南京：南京师范大学出版社，2006.

⑤ 黄娟娟．社会学视野下的师幼互动类型及成因的研究［C］//2008 年度上海市社会科学界第六届学术年会文集（政治·法律·社会学科卷），2008.

⑥ Michael Lynch，Dante Cicchetti. Children's relationships with adults and peers：An examination of elementary and junior high school students［J］. Journal of School Psychology，1997，35（1）：81-99.

⑦ Carollee Howes，Claire E. Hamilton，Leslie C. Philiosen. Stability and continuity of child-caregiver and child-peer relationships［J］. Child Development，1998（69）：418-426.

⑧ 周欣．托幼机构教育质量的内涵及其对儿童发展的影响［J］．学前教育研究，2003（21）：34-38.

作用。[①] 韩姣在研究中发现教师的观念与行为对师幼互动质量存在影响。[②]

在探讨师幼互动质量的相关研究中，主要落脚于教师本身及促进教师的专业性的发展。王莲子从幼儿、教师以及园长的角度提出提高教师师幼互动的教育质量方法。[③] 巨金香从情感视角出发分析师幼互动，在研究中发现积极的师幼互动需要明确的、积极的情感建构，研究者还认为教师应该提高自己的情绪智力。[④] 徐乐以大、中、小班的幼儿和教师为研究对象，从环境改变、教师的观念以及管理者的观念等方面提出教育建议，从而建立积极的师幼互动。[⑤]

评价的运用不仅能帮助教师提高教师专业水平，同时也可以在评价的过程中加深对幼儿的了解。师幼互动评价研究主要集中于评价主体、评价内容等方面，如朱海燕在研究中认为互动的评价贯穿于活动中与活动后，在评价的方式中要注意“度”“实”“广”。[⑥] 许倩认为以幼儿为评价的主体，通过同伴间的评价能催生隐性的师幼互动。[⑦] 张燕认为可以用反思评价提高师幼互动。[⑧]

3. 关于建构区与美工区的研究

刘焱认为通过建构游戏，幼儿可以学习到关于科学、数学等方面的知识，同时也能拓展幼儿的思维能力、感知能力等。[⑨] 张英在深入大班建构区活动中，发现合作行为有利于培养幼儿同伴意识，提高幼儿的社会性和个性的发展。[⑩] 章玲美以实践研究为基础，发现教师要注重观察能力的培养，并用“学习故事”作为辅助的方式提高教师的指导。[⑪] 白雪认为教师要提高指导策略主要有优化建构区时间安排、场地选择、材料的支持、情感支持以及注重评价等方面。[⑫]

---

① 王小英，朱慧慧．基于儿童视角下的师幼互动中幼儿施动行为及其影响因素研究［J］．四川师范大学学报（社会科学版），2017，44（06）：114-121.

② 韩姣．生活活动中新手与经验教师师幼互动观念及行为比较的个案研究［D］．金华：浙江师范大学，2013.

③ 王莲子．5—6岁幼儿学习品质与师幼互动质量的关系研究［D］．信阳：信阳师范学院，2017.

④ 巨金香．情感视阈中的师幼互动研究［D］．长春：东北师范大学，2006.

⑤ 徐乐．幼儿园区域活动中师幼互动行为的研究［D］．开封：河南大学，2015.

⑥ 朱海燕．区域活动中的师幼互动［J］．教育教学论坛，2012（S4）：260-261.

⑦ 许倩．同伴评价催生隐性师幼互动［N］．中国教育报，2018-09-30（003）.

⑧ 张燕．通过反思评价，建构积极有效的师幼互动［J］．中国教师，2013（S2）：12.

⑨ 刘焱．儿童游戏通论［M］．北京：北京师范大学出版社，2004.

⑩ 张英．大班幼儿建构区合作学习的有效策略和研究［J］．早期教育：教科研版，2018（1）：45-47.

⑪ 章玲美．“学习故事”在游戏指导中的应用——以建构区游戏为例［J］．课程教育研究，2019（09）：23-24.

⑫ 白雪．建构区中教师对幼儿的支持性策略研究［D］．哈尔滨：哈尔滨师范大学，2018.

在建构区中对师幼互动的研究主要集中于对策略分析、互动中的问题等方面，如孙雨菲认为教师要在建构成果、材料、冲突、兴趣点等方面采取有效的措施提高互动策略。① 杜芳在研究区域中的师幼关系中，发现在建构区中，教师较多地限制幼儿的行为，教师在评价幼儿在建构区中的行为时存在不公平的问题等。②

美工区是区域活动的重要组成部分，对幼儿发展具有重要价值，如董旭花认为美工区不仅能促进幼儿感知体验的发展，还能培养幼儿的审美能力、想象力以及创造力的发展。③ 线亚威、李云翔、罗英智等在研究中发现可以让幼儿开启表达生活与世界的独特性语言。④ 曹姣认为教师要以观察为基础进行有效的指导。

关于美工区的师幼互动研究主要涉及教师的指导方式、互动中的问题、师幼关系等，如杜芳在研究中发现教师在美工区的指导主要是直接指导。⑤ 刘晓在研究中发现教师存在较多的消极回应或者忽视幼儿发起的互动。⑥ 郭迪与周美调查发现教师较少地关注与回应幼儿需求。⑦

（三）问题确立

本研究主要探讨以下几个问题：①大班建构区与美工区师幼互动的现状分别是什么？②两种不同的区域活动中师幼互动是否存在差异？若有差异，差异体现在哪几个方面？

二、大班建构区与美工区师幼互动对比研究的研究设计

（一）研究对象

本研究选取北京市某幼儿园大班4个班级的6位女性教师和120名幼儿在建构区与美工区的互动状况进行分析，并对教师进行访谈，了解教师对建构区与美工区活动中师幼互动的看法。观察与访谈对象基本情况见表1-4-1。

---

① 孙雨菲．大班建构区讲评环节师幼互动的策略分析［J］．中国校外教育，2019（09）：163-164.

② 杜芳．区域活动中的师幼关系研究［D］．昆明：云南师范大学，2018.

③ 董旭花，刘霞，赵福云，等．幼儿园自主性学习区域活动指导［M］．北京：中国轻工业出版社，2014.

④ 线亚威，李云翔，罗英智，等．幼儿园活动区课程实施指南［M］．北京：高等教育出版社，2011.

⑤ 杜芳．区域活动中的师幼关系研究［D］．昆明：云南师范大学，2018.

⑥ 刘晓．幼儿园中班区域活动中的师幼互动研究［D］．大连：辽宁师范大学，2014.

⑦ 郭迪，周美．中班区域活动中师幼互动情况调查与建议——以宝鸡市某幼儿园为例［J］．陕西学前师范学院学报，2018，34（02）：85-90.

表 1-4-1 观察与访谈对象基本情况

编号	学历	教龄	职称	专业
教师 1	本科	5 年	二级教师	学前教育
教师 2	本科	4 年	三级教师	学前教育
教师 3	专科	4 年	三级教师	学前教育
教师 4	本科	10 年	一级教师	学前教育
教师 5	本科	5 年	二级教师	学前教育
教师 6	本科	7 年	二级教师	学前教育

（二）研究方法及研究工具

1. 观察法及观察工具

（1）观察者的身份与观察实施

本研究对建构区与美工区中师幼互动的真实情况进行考察，为不干预师幼互动的过程，研究者以非参与者的身份进入幼儿园班级中。在正式观察之前，进行为期一周的预观察，确保研究者与被观察对象的熟悉程度，减少干预因素。在正式观察中，随时调整观察的位置，在不干扰教师与幼儿互动的前提下，尽可能完整地观察记录师幼互动的完整过程。

观察时间是幼儿园大班的正常区域活动时间，每次上午区域活动时间一般为 30—40 分钟，在进行为期一周的预观察后，进行连续八周的正式观察。

（2）观察工具

观察工具参考刘晶波老师在 2006 年编写的《社会学视野下师幼互动行为研究——我在幼儿园里看到了什么》一书中的观察量表，从互动主体、互动性质、互动内容、互动结果四个维度进行现状分析，根据研究需要增加研究维度，即建构区与美工区的互动区域，并基于一周的预观察和区域的特点适当调整师幼互动的内容，将教师发起的互动内容中的“让幼儿帮助做事”调整为“让幼儿演示与展示”，“照顾生活”调整为“照顾生活与培养习惯”，将幼儿发起的互动内容中的“帮助教师做事”调整为“展示”。观察量表的互动主体包括幼儿与教师；互动的性质包括施动行为与反馈行为，教师的互动行为性质主要有正向、中性、负向，幼儿的互动行为性质主要有积极、平和、消极；互动内容主要是教师发起的 9 种互动内容，幼儿发起的 9 种互动内容；互动结果主要是接受与拒绝。

研究采用事件取样的方式，在观察时间内，记录教师与幼儿在所在区域的互动事件。本研究中互动事件共314次，其中建构区互动事件135次，美工区互动事件179次，本研究中的互动是指教师与幼儿在相应的区域中用言语、表情、动作等方式进行的一对一或者一对多的交流与交往，即只要教师对幼儿发起交往或者幼儿对教师发起交往，无论对方是否回应，都记为一个互动事件。一个互动事件是从发起者发起互动开始到互动双方不再进行交流为止。在观察的过程中，将互动区域、互动主体、背景等信息快速、真实、准确地记录在观察表中，数据收集后，由两名研究者共同编码并录入SPSS 22.0统计软件中分析。

（3）编码说明

为在SPSS中对研究数据进行分析，对互动主体进行编码，教师发起的互动事件编码为1，幼儿发起的互动事件编码为2。在教师发起的互动内容中，指导活动编码为1，约束纪律编码为2，让幼儿演示与展示编码为3，安慰关心表达情感编码为4，与幼儿共同游戏编码为5，照顾生活与培养习惯编码为6，评价编码为7，提问编码为8，提供材料编码为9。在幼儿发起的互动事件中，寻求指导编码为1，告状编码为2，展示编码为3，表达情感编码为4，与教师共同游戏编码为5，请求照顾编码为6，发表见解编码为7，询问编码为8，寻求材料编码为9。在互动性质中，教师发起的互动中，教师的正向情感编码为1，教师中性情感编码为2，教师负向情感编码为3，幼儿的情感中，积极情感编码为1，平和情感编码为2，消极情感编码为3。在幼儿发起的互动性质中，幼儿的积极情感编码为1，平和情感编码为2，消极情感编码为3，教师的正向情感编码为1，教师中性情感编码为2，教师负向情感编码为3。在互动结果中，教师发起的互动中，幼儿接受编码为1，幼儿拒绝编码为2，幼儿发起的互动中，教师接受编码为1，拒绝编码为2。

2. 访谈法及访谈工具

（1）访谈法

访谈法主要包括结构性访谈和随机访谈，结构性访谈内容主要是大班教师对建构区与美工区的认识、对幼儿发展的价值、指导方式以及困惑等，随机访谈是基于观察的结果，对教师进行追问，通过访谈了解不同教师对不同区域活动中师幼互动的看法和认识以及教师之间对建构区和美工区的认识、指导方式等方面是否存在差异，为分析与讨论提供支持。

（2）访谈工具

根据研究目的自编访谈提纲《大班教师结构性访谈提纲》。

3. 文本分析法

收集幼儿教师在建构区与美工区活动中的反思资料共6份，从幼儿的主体性、师幼间的互动交流、教师与幼儿的情感等方面进行分析与讨论，从而了解教师对幼儿地位的认识与看法、师幼间的情感特征以及幼儿对教师发起互动的反馈态度。教师在建构区与美工区中反思资料的基本情况见表 1-4-2。

表 1-4-2　教师在建构区与美工区中反思资料的基本情况

编号	区域类别	反思活动名称
教师 1	建构区	《我们的公园》
教师 2	建构区	《我在搭建我们的小学》
教师 3	美工区	《我的好朋友》
教师 4	建构区	《桥》
教师 5	美工区	《漂亮的发带》
教师 6	美工区	《我的小房子》

三、大班建构区与美工区师幼互动主体的比较分析

（一）互动主体的基本情况

幼儿园师幼互动中，互动的主体包括教师与幼儿，在自然的环境中，观察并记录大班教师与幼儿在建构区中的互动事件有 135 次，其中教师发起的互动事件 76 次，幼儿发起的互动事件是 59 次。而大班教师与幼儿在美工区的真实互动行为中教师与幼儿的互动行为事件共 179 次，其中教师发起的互动事件有 105 次，幼儿发起的互动事件有 74 次（见表 1-4-3）。

表 1-4-3　师幼互动主体基本情况

	教师	幼儿	总计
建构区	76（56.3%）	59（43.7%）	135
美工区	105（58.7%）	74（41.3%）	179
总计	181	133	314

从表 1-4-3 中可以看出，在大班建构区中，教师作为师幼互动发起者占总量的 56.3%，幼儿作为师幼互动发起者占总量的 43.7%。教师在大班美工区发起的互动事件占总量的 58.7%，幼儿发起的互动事件占总量的 41.3%。从以上的数据看，美工区互动事件的总频次、教师和幼儿发起的互动频次都高于建构区中互动事件总频次、教师和幼儿发起的互动频次，另外，美工区和建构区中教师各发起的互动频次都高于美工区和建构区中幼儿各发起的互动频次。

（二）互动主体的卡方分析

对大班区域和互动主体进行卡方检验显示，教师在建构区和美工区中主动发起的互动和幼儿在建构区和美工区中主动发起的互动没有显著的差异（$\chi^2=0.176$，$p>0.05$）。在对教师进行访谈的过程中，教师较多地表述“孩子是活动中的主体、尊重孩子的兴趣特点、教师是活动中的指导者、尊重孩子的观点”，此外，教师还谈到“大班孩子的自主性较高，在活动中，如果孩子遇到问题，会与同伴交流解决问题，如果问题解决超出他们的能力范围，才会向教师寻求解答”，教师尊重幼儿在活动中的主体地位，给幼儿主动发展的空间，而且大班幼儿在思维能力、发现与解决问题能力、同伴交往能力等方面有很大的发展，在遇到问题或者与同伴交往中，会更多地与同伴交流并解决问题，此外，教师会依据幼儿活动中的表现以及发展的要求，充分利用师幼之间的交流与合作促进幼儿的发展。

四、大班建构区与美工区师幼互动内容的比较分析

（一）教师发起的互动内容

1. 教师发起互动内容的基本情况

参照刘晶波《社会学视野下的师幼互动行为研究——我在幼儿园看到了什么》一书中的师幼互动观察工具并基于预观察，将教师发起互动内容调整为9种，包括指导活动、约束纪律、让幼儿演示与展示、安慰关心表达情感、与幼儿共同游戏、照顾生活与培养习惯、评价、提问、提供材料。

如图1-4-1所示，在大班建构区中，教师发起的互动内容占比最高的是提问，占总量的26.4%；第二个是评价，占总量的17.1%；第三个是照顾生活与培养习惯，占总量的14.5%；然后依次是指导活动和提供材料各占总量的10.5%；约束纪律和与幼儿共同游戏占比量一致，各占总量的7.9%；安慰关心表达情感以及让幼儿演示与展示，分别是占3.9%和1.3%。从以上的数据可以看出，教师开启的互动内容带有一定的目的性，主要是询问幼儿的活动情况，对幼儿的活动行为进行评价以及照顾幼儿的生活与培养幼儿的习惯等。

而在大班美工区中，教师发起的互动内容占比最高的是指导活动，占总量21.0%；第二个是提供材料，占总量的16.1%；第三个是提问，占总量的13.3%；然后依次是照顾生活与培养习惯占总量的11.4%，安慰关心表达情感、与幼儿共同游戏、评价，各占总量的8.6%，让幼儿演示与展示占总量的7.6%，约束纪律占总量的4.8%。从数据可以看出，教师在大班美工区中主要是指导幼

儿的活动，根据幼儿的需要提供美术材料并注重培养幼儿的习惯，尤其是幼儿在绘画时姿势、运用剪刀等工具时。另外，教师在约束纪律的互动内容中占比量最低，表明教师在活动中较少控制幼儿行为、约束幼儿。

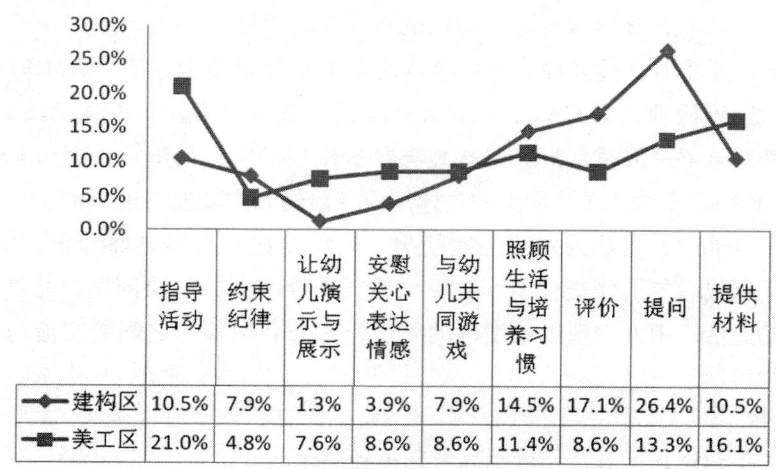

	指导活动	约束纪律	让幼儿演示与展示	安慰关心表达情感	与幼儿共同游戏	照顾生活与培养习惯	评价	提问	提供材料
建构区	10.5%	7.9%	1.3%	3.9%	7.9%	14.5%	17.1%	26.4%	10.5%
美工区	21.0%	4.8%	7.6%	8.6%	8.6%	11.4%	8.6%	13.3%	16.1%

图 1-4-1　师幼互动中教师发起的互动内容

虽然在对教师的访谈中，较多的教师认为教师要学会观察，但是在实际的区域活动中，教师较少关注到幼儿表现和活动内容，如案例 1 中。

案例 1　建构区——停车场

在建构区中，大班幼儿根据制订的计划搭建停车场，在搭建到第二层的过程中，教师进入建构区中。

师：你们搭的是什么？

幼 1：我们几个人搭了一个停车场，老师你看看，我们这还可以上二层停车呢。

师：那你们的车怎么上第二层啊？

幼 1：从这边，这边有电梯。

师：你们的路标是怎么了？

幼 2：啊，路标倒了。

在教师开启的互动事件中，教师以询问的方式开启的互动事件占 26.4%，虽然简单的询问能帮助教师了解幼儿的活动意图，但是案例 1 中教师只是按照个人的兴趣对幼儿的活动进行询问，不能提升幼儿的技能，而且教师缺少对幼儿活动的观察，以至于不能有效地做出适宜的指导，或者与幼儿进行有针对性的沟通。

案例 2 美工区——制作花朵

幼儿在美工区选择用记号笔在画纸上画花朵，并用彩色笔涂色，教师观察幼儿的活动。

师：我们班还有彩泥，工具盒里有好几种颜色。卡纸也有好几种，你们看看，还需要什么？

幼 1：老师，我想要彩带，我想做一个花带，可以戴在我头上。

师：还有别的需要吗？（幼儿回答“不需要”）那我就给你们拿彩泥、彩色卡纸还有彩带，另外给乐奇一把剪刀，剪彩带用，如果还有需要的，可以告诉我。

教师在美工区发起的互动中，给幼儿提供材料占比是 16.1%，在案例 2 中，教师通过给幼儿提供美术材料，丰富幼儿创作的作品，满足幼儿视觉需求，此外通过利用剪刀等工具，锻炼幼儿的小肌肉动作，同时给幼儿创作美的机会。

综上所述，教师在建构区与幼儿的互动主要是了解幼儿的搭建内容以及对幼儿的搭建作品提出疑问，并与幼儿讨论与交流，寻找适宜的解决方法。教师在与幼儿的讨论交流中发现幼儿身上的“闪光点”，依托于幼儿的作品和幼儿的“闪光点”鼓励、肯定幼儿的表现，教师在互动的过程中，会运用“你的想法很新奇、很有创意”等方式鼓励幼儿，但多数情况下，较为简单地用“太棒啦”“你的想法不错”等缺少针对性的话语。教师在建构区中会让幼儿收拾散乱或者没有利用的积木，这样不仅打乱幼儿的正常活动秩序，干扰幼儿的思绪，不利于培养幼儿的注意力。教师在美工区中主要是对幼儿的创作作品进行指导，引导幼儿丰富画面或者引导幼儿以生活经验为基础创作作品，教师还会根据幼儿的需求提供适宜的美术工具与材料，帮助幼儿解决材料的需求。由于幼儿在美工区主要运用的是笔、剪刀等工具，因此，教师还会培养幼儿正确的坐姿、正确用笔的方式以及幼儿安全意识。另外，给予幼儿自由的创作空间，较少地约束纪律。

2. 教师发起的互动内容的卡方分析

教师发起的互动内容在建构区与美工区师幼互动中的卡方分析如表 1-4-4。

表 1-4-4　教师发起的互动内容在建构区与美工区师幼互动中的卡方分析

	指导活动	约束纪律	让幼儿演示与展示	安慰关心表达情感	与幼儿共同游戏	照顾生活与培养习惯	评价	提问	提供材料
$\chi 2$	10.989	0.125	7.025	3.135	1.026	1.600	0.000	1.616	3.636
p	0.001	0.723	0.008	0.077	0.311	0.206	1.000	0.204	0.057

由表 1-4-4 中的卡方检验结果，我们可以看出，教师在建构区与美工区中发起的互动内容在指导活动方面存在显著差异，教师在建构区中发起的互动频次是 8 次，在美工区中发起的互动频次是 22 次，教师在美工区中指导活动要显著高于在建构区中指导活动（$\chi^2=10.989$，$p<0.01$）。教师在建构区与美工区中发起的互动内容在让幼儿演示与展示方面存在显著差异，教师在建构区中发起的频次是 6 次，在美工区中发起的频次是 13 次，教师在美工区中让幼儿演示与展示要显著高于在建构区中让幼儿演示与展示（$\chi^2=7.025$，$p<0.01$）。教师在建构区与美工区中发起的互动内容在约束纪律、安慰关心表达情感、与幼儿共同游戏、照顾生活与培养习惯、评价、提问以及提供材料方面不存在显著差异。

综上所述，教师在美工区中指导幼儿活动要多于在建构区中对幼儿的指导，在美工区中让幼儿演示与展示要多于在建构区中让幼儿演示与展示。在对教师的访谈中了解到，教师主要根据区域的特点以及培养要求有针对性地与幼儿互动，如以下几个案例，教师在建构区与美工区中的指导活动与让幼儿展示与演示中，对幼儿进行针对性的引导。

案例 3

教师“巡视”幼儿在建构区的搭建活动，看到幼儿在搭建小学并发现小学周围的环境还需要进一步地完善。根据幼儿的发展需求，老师找到几张小学周围环境的图片。

师：你们仔细地看看你们搭建的小学外面还需要什么？我们怎么保证爸爸妈妈来接我们的时候，校门口不拥挤？

幼 1：是的，爸爸妈妈一般都会开车接我们，还没有停车的地方。

幼 2：还得有指示标志，说明校门口要减速。

幼 3：我记得小学门口还有斑马线、红绿灯，这样就可以保证放学的时候，门口的车慢点开。

师：你们的想法都不错，但是你们想想如何让人知道我们这里就是小学，就像好多的叔叔阿姨第一次来我们这里就知道我们幼儿园一样？我们怎么让他们知道？

幼1：是不是可以用标志说这里是小学。

师：是的，为保证孩子们的安全，很多小学校门口会有红绿灯、斑马线，还有学校的指示标志，说明这里是小学。老师这边准备了几张小学周围环境的图片，看一下小学周围有什么，我们还需要再准备什么？（教师将图片粘贴在建构区的适宜位置）

大班幼儿在搭建小学时，知道简单地搭建小学的教学楼房和校门，而对于学校周围的环境还不熟悉，不能顺利地搭建出来，因此，还需要教师的引导。如在案例3中，教师在观察幼儿活动时，能根据其表现，有针对性地进行提问，引发幼儿思考，同时充分利用实物，丰富幼儿生活经验。

我认为在孩子的活动中，在建构区的指导主要侧重于孩子的空间与方位感知，还包括长宽等方位的感知、幼儿的计划性、搭建的系统性等，这些都是在搭建的过程中能发展的。由于建构区场地的限制，幼儿在玩的时候主要还是和伙伴一起搭建，会有同伴间的交流与交往，因此，在指导幼儿的活动中还要引导幼儿学会与同伴合作并促进其合作能力的发展。在美工区活动中，孩子主要是表现美、欣赏美，并进行表达与创造，因此，在美工区材料的投放、环境的创设等方面，需要让幼儿欣赏到美。（教师1）

教师1系统说明了教师在建构区与美工区中对幼儿的指导是基于幼儿的发展从而采取不同的指导方法，如建构区中主要促进幼儿的空间方位、数学逻辑、合作意识等方面的发展。教师在建构区的指导主要是侧重于幼儿搭建能力的发展，包括幼儿的空间方位与逻辑思维的发展。由于建构区是以同伴合作为基础的活动，因此，教师指导活动时，注重发展幼儿社会性、语言表达能力、问题解决能力等。教师1认为美工区主要关注环境的审美性以及幼儿审美能力与审美表征能力的发展，所以，在美工区指导幼儿主要侧重于幼儿“美”的感受与表达，而且幼儿依据自己的喜爱选择合适的美工材料进行美工创作，教师在指导幼儿时主要是鼓励幼儿大胆表达对于艺术的创造性和个性化的发展。

另外，在对其他教师的访谈中，教师也提到在建构区与美工区中的指导存在差异，例如：

其实老师每天会关注到不同的区域，每天也会有区域的指导，比如在建构区的区域点评时也有老师和孩子的互动，其实有的时候不一定非得老师直接介入指导，有的时候老师以一个观察者的身份进行一些观察记录孩子在建构区的活动、与同伴的共同游戏等，在互动的过程中发现幼儿的需求并进行指导。（教师2）

在美工区，孩子在创作作品或者绘画作品时有自己的思路与想法，而且他们制作美术的造型、材料以及使用剪刀等一些工具时，只要它们的使用方法是在没有危险或者安全隐患的前提下，我们都不会去干涉，但是假如发现孩子在制作的过程中遇到问题的时候，我一般采用间接的方法，先是观察孩子的活动，基于孩子实际的表现提供相应的指导，指导会侧重孩子的技能技巧，引导孩子如何运用美术材料以及美术创作等。(教师3)

教师2和教师3虽然认为在对于幼儿在建构区和美工区的指导较多地采用间接指导方法，并观察幼儿在活动中的表现为基础，但是对教师2的访谈可以看出，教师在建构区对幼儿的指导是基于幼儿在活动中的表现与实际的需求，通过对幼儿活动的观察，了解幼儿在活动中的问题，基于问题对幼儿的活动进行有针对性的指导，以促进幼儿的发展。在对教师3的访谈中，可以看出教师在美工区的指导是以尊重幼儿的意愿、尊重幼儿的观点为前提，用适当的方式方法促进幼儿感受美与创造美的能力发展。此外，美术教育活动是培养幼儿的艺术素养的活动，所以教师在指导中会偏向艺术技能的发展，既确保幼儿的安全又促进幼儿的技能技巧的发展。

教师在美工区中让幼儿演示与展示作品时，主要有“你可以拿着你的作品，说说你画的是什么吗?”“你的千纸鹤是怎么叠出来的，你可以给我演示看看吗?”“你的手工作品制作得太精致了，你可以给小朋友们展示一下吗?”等提问，教师让幼儿演示与展示主要是通过作品的展示与演示，鼓励幼儿表达与发表自己的见解。在建构区中，教师让幼儿的演示与展示较少，主要体现是教师发现幼儿在搭建中的问题时，让幼儿运用搭建的工具演示与展示搭建中出现的问题以及如何解决问题等，比如：“你们知道这个桥为什么会倒吗？你们把原来的桥还原一下，看看为什么会出现这样的情况?”“你们想用什么样的方法解决问题，在这里搭建一个支架以支撑房子吗？你们用积木演示一下”，教师主要让幼儿实际体验在操作中的问题，让幼儿寻找没有发现的问题，以实际的体验与感受为基础，寻求解决的方法。

(二) 幼儿发起的互动内容

1. 幼儿发起互动内容的基本情况

参照刘晶波《社会学视野下的师幼互动行为研究——我在幼儿园看到了什么》一书中的师幼互动观察工具，幼儿发起的互动内容有寻求指导、告状、展示、表达情感、与教师共同游戏、请求照顾、发表见解、询问、寻求材料9种。

从图1-4-2中可以看出，在大班的建构区中，幼儿发起的互动内容主要是发表见解，占总量的39.0%；第二位是询问，占总量的11.9%；第三位是展示，占总量的10.1%；第四位是寻求指导和寻求材料，各占总量的8.5%；告状与表达情感占比一样，各占总量的6.8%；最后两位是请求照顾和与教师共同游戏，各占总量的5.1%和3.3%。

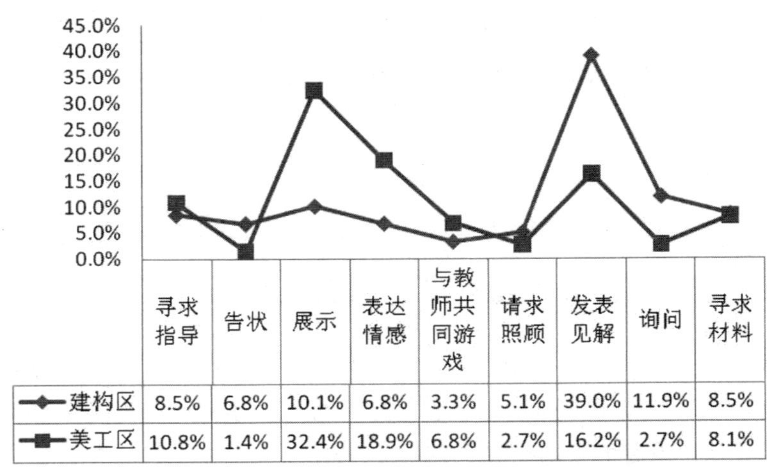

	寻求指导	告状	展示	表达情感	与教师共同游戏	请求照顾	发表见解	询问	寻求材料
建构区	8.5%	6.8%	10.1%	6.8%	3.3%	5.1%	39.0%	11.9%	8.5%
美工区	10.8%	1.4%	32.4%	18.9%	6.8%	2.7%	16.2%	2.7%	8.1%

图1-4-2 师幼互动中幼儿发起的互动内容

而在大班美工区中，幼儿发起的互动内容主要是展示，占总量的32.4%；第二位是表达情感，占总量的18.9%；第三位是发表见解，占总量的16.2%；第四位是寻求指导，占总量的10.8%；第五位是寻求材料，占总量的8.1%；第六位是与教师共同游戏，占总量的6.8%；第七位是请求照顾和询问，各占总量的2.7%；最后一位是告状，占总量的1.4%。从以上的数据得出，大班幼儿在美工区中与教师的互动主要是展示自己的作品，与教师交流自己的情感，发表个人对自己作品的见解，此外，幼儿对同伴的告状行为较少。

大班建构区中，幼儿与教师互动主要是发表自己在建构区中的见解与看法，并在有疑问的时候，向教师提出问题，寻求教师的解答与引导。幼儿还急于向教师表现自己的作品，以获得教师的赞赏。由于大班幼儿的同伴交流与语言表达能力有很大的发展，所以在活动过程中，幼儿之间较少出现争吵、告状的现象，另外大班幼儿的搭建水平有很大的提高，所以教师在建构区会给幼儿独自发展的空间，鼓励幼儿与同伴交流合作，发展技能。

而大班美工区中的幼儿多是独立参与活动，较少出现同伴间的合作，所以幼儿在表达见解中，多是教师与个别幼儿的单独交流，例如“老师，我这幅图是美丽的花园，花朵是美丽的”“我捏的是蝴蝶结，用蝴蝶结装饰裙子，就像公主那样”等，幼儿与教师通过简单的交流与沟通，发表对自己作品的理解与想法，在幼儿发起的互动内容中占16.2%，所以教师根据幼儿的发展水平与发展的需要，鼓励幼儿表达自己的意见与想法，并积极回应幼儿，促进幼儿原有水平的提升。

2. 幼儿发起互动内容的卡方分析

幼儿发起的互动内容在建构区与美工区师幼互动中的卡方分析见表1-4-5。

表1-4-5 幼儿发起的互动内容在建构区与美工区师幼互动中的卡方分析

	寻求指导	告状	展示	表达情感	与教师共同游戏	请求照顾	发表见解	询问	寻求材料
χ^2	3.135	2.057	8.120	4.286	0.784	0.360	1.758	1.558	0.143
p	0.077	0.151	0.004	0.038	0.376	0.548	0.185	0.212	0.705

由表1-4-5中的卡方检验结果，我们可以看出，幼儿在建构区与美工区中发起的互动内容在展示方面存在显著差异，幼儿在建构区中发起互动频次是6次，在美工区中发起的互动频次是24次，幼儿在美工区发起的展示要显著高于在建构区中发起的展示（$\chi^2=8.120$，$p<0.01$）。幼儿在建构区与美工区中发起的互动内容在表达情感方面存在显著差异，幼儿在建构区中发起的频次是6次，在美工区中发起的频次是16次，幼儿在美工区中表达情感显著多于幼儿在建构区中表达情感（$\chi^2=4.286$，$p<0.05$）。幼儿在建构区与美工区中发起的互动内容在寻求指导、告状、与教师共同游戏、请求照顾、发表见解、询问、寻求材料互动内容方面不存在显著差异。

如以下几个案例，幼儿在建构区与美工区中的展示与表达情感方面存在显著差异。

案例4

幼儿用一次性纸杯剪出花朵的形状，教师在幼儿旁边观察很长时间，知道幼儿想做发带，但是选用好几种材料都不合适。

（幼儿做的是兔子发带，送给自己的小伙伴，幼儿带着小伙伴到教师面前展示自己的作品。）

幼：老师，你看看，我做的兔子发带，它的耳朵可以动，好看吗？

师：太好看了，兔子很可爱，小伙伴戴着也合适。

幼：老师你看，兔子的耳朵可以变不同的形状，老师你试试。

（教师发现兔子的耳朵可以伸直也可以弯曲，可以变不同的形状。）

因为幼儿在美工区会制作各种手工作品、画画等，幼儿想通过向教师展示自己的作品表达自己对作品的喜爱，并得到教师的肯定，较多的情况下，幼儿会对教师说："老师，你看，我画的是公主""我在做蝴蝶结"，只要做好作品就会到教师的面前展示，寻求教师对自己的关注。幼儿展示的作品是其内心的写照，具有一定的童趣性，同时也是表示喜爱他人，体现出积极的情感。而教师对于幼儿的作品给予恰当及时的反馈，不仅能满足幼儿的内心需求，同时也可以激发幼儿创作作品的积极性。因此，在活动中，教师要较多关注与幼儿发起的互动，并积极挖掘互动中的教育价值，促进幼儿的发展。

大班幼儿语言词汇量较为丰富，而且在情感的感受力与表达能力方面有很大的发展，如在美工区中幼儿会通过作品向教师表达自己对伙伴或者教师的喜爱，例如："老师，这是我画的你，你就像公主一样""老师，这是我做的太阳镜，我要送给你""老师，你真漂亮，我送给你一朵花"等。虽然幼儿对教师的喜爱表达方式较为简单，但是反映出幼儿内心深处愿意与教师建立亲密的情感以及希望得到教师较多关注。

案例 5

教师刚进到建构区中，幼儿就和老师说："老师，这是停车场，这边还有许多的树，我们看到停车场只有车太少了，就用了很多的树，其实树是很好的，可以装饰我们的停车场，美化我们的环境，这样就有很多的车想停在我们的停车场了。"

幼儿在建构区向教师展示自己的作品时，较多地从作品本身进行介绍，包括搭建作品所具有的用途和功能以及细节部分，如解释树，还能详细介绍树的价值不仅在于美化环境，还能提升停车场功能。因此，大班幼儿在搭建作品时较多反映出其生活经验。

在建构区中，幼儿较少与教师表达自己的情感，表达情感在幼儿发起的互动内容中占比为6.8%。例如，幼儿较多说："老师，你看看我们搭建的作品怎么样？你能和我们一起搭建吗?""我们在搭建我们漂亮的幼儿园，幼儿园有很多的花朵和树木"等，幼儿在表达情感中不仅仅是表达对教师的喜爱，还有对周围生活环境的喜爱之情。正如马斯洛所说，这是来自幼儿的"内部的呼声"。因此，教师在活动中要较多关注幼儿的情感需求，积极与幼儿互动，鼓励幼儿表达自己的情感，建立亲密的师幼关系。

五、大班建构区与美工区师幼互动性质的比较分析

（一）教师发起的互动性质

1. 教师发起师幼互动性质的基本情况

幼儿与教师在互动的过程中具有不同性质的情感特征，其对于整个互动的

过程具有很大的影响。

师幼互动中教师发起的互动性质的基本情况见表1-4-6。

表1-4-6　师幼互动中教师发起的互动性质的基本情况

互动性质			频次	占互动行为频次的百分比
建构区	施动行为	正向	30	39.5%
		中性	34	44.7%
		负向	12	15.8%
	反馈行为	积极	27	35.5%
		平和	41	53.9%
		消极	8	10.6%
美工区	施动行为	正向	36	34.3%
		中性	63	60.0%
		负向	6	5.7%
	反馈行为	积极	50	47.6%
		平和	49	46.7%
		消极	6	5.7%

从表1-4-6中可以看出，大班教师在建构区中作为施动行为的发起者，中性的互动行为最高，占总量的44.7%；正向的行为占总量的39.5%；负向的行为占比最低，占总量的15.8%。幼儿作为受动者，反馈行为中占比最高的是平和的行为，占总量的53.9%；积极的行为占总量的35.5%；消极的行为占反馈行为总量的10.6%。从以上的数据看，教师的中性行为与幼儿的平和行为占比量最高，而教师的负向行为与幼儿的消极行为的占比量最低，但是教师的正向行为和负向行为的占比量都较高于幼儿的积极行为和消极行为的占比量。

在大班美工区中，教师作为施动者的互动行为性质中，教师互动行为最高的是中性行为，占总量的60.0%；第二位的是教师的正向行为，占总量的34.3%；最低的是负向互动行为，占总量的5.7%。幼儿作为受动者的反馈行为中，最高的是积极的行为，占总量的47.6%；其次是平和的反馈行为，占总量的46.7%；最后是消极行为，占总量的5.7%。

综上所述，教师在建构区与美工区中发起的互动行为性质中，较多地呈现温和、亲切的情感特征，愿意与幼儿交流沟通，听取幼儿的见解与看法，而且幼儿作为建构区与美工区受动者的反馈行为中，幼儿较多呈现出开心、愉快等情感特征。

2. 教师发起师幼互动性质的卡方分析

教师发起的互动性质在建构区与美工区中师幼互动的卡方分析见表 1-4-7。

表 1-4-7 教师发起的互动性质在建构区与美工区中师幼互动的卡方分析

	施动行为			反馈行为		
	正向	中性	负向	积极	平和	消极
建构区	30	34	12	27	41	8
美工区	36	63	6	50	49	6
χ^2	10. 283**			3. 359		

注：** 表示 $p<0.01$。

从表 1-4-7 中的卡方检验结果，我们可以得知，由教师发起的互动性质中，大班幼儿作为受动者的反馈行为的性质没有显著的差异（$\chi^2=3.359$，$p>0.05$），但是教师作为行为的施动者的行为性质存在显著的差异（$\chi^2=10.283$，$p<0.01$），通过互动频次数据说明，教师在美工区实施的中性行为和正向行为显著高于教师在建构区实施的中性行为与正向行为，教师在建构区实施的负向行为显著高于教师在美工区实施的负向行为。也就是说，当教师作为行为的施动者时，在美工区中会更加亲切、温和地与幼儿交流与沟通。

在对教师的访谈中，教师多用“要从幼儿角度看问题，用愉快的表情与幼儿游戏”“不要严肃地对待幼儿”“幼儿遇到问题时，以积极的态度引导幼儿，不要否定幼儿，尊重幼儿的成长特点”等积极的词语形容在建构区中与幼儿的互动状态。但是在对建构区的观察中，虽然教师在多数的情况中以亲切的态度对幼儿发起互动，但是在看到幼儿把积木散乱放在地面的时候，教师会以较为严厉的态度或者强制的口吻让幼儿整理建构区域，比如“你们这太乱了，快收拾收拾”“不是说过用多少积木就拿多少积木吗”等，教师在发起负向的互动行为时，较多的是照顾幼儿的生活与培养幼儿的习惯等方面。

教师与幼儿在美工区的互动中多以平和的态度与对方互动交流，较少出现厌倦、不满等不愉快的情感特征，幼儿较多是大胆、无畏、欢快的积极行为，较少地含有害怕、担心、畏缩等消极的行为。在对美工区的观察中，教师在美工区较多地用伙伴的口吻与幼儿交流，如“我可以看看你画的是什么吗”“这幅图的颜色真的太鲜艳了”等，多以鼓励的语言与幼儿交流，较少地否定幼儿的作品。

(二) 幼儿发起的互动性质

1. 幼儿发起互动性质的基本情况

师幼互动中幼儿发起的互动性质的基本情况见表1-4-8。

表1-4-8 师幼互动中幼儿发起的互动性质

	互动性质		频次	占互动行为频次的百分比
建构区	施动行为	积极	27	45.9%
		平和	26	44.1%
		消极	6	10.0%
	反馈行为	正向	21	35.6%
		中性	30	50.8%
		负向	8	13.6%
美工区	施动行为	积极	35	47.3%
		平和	32	43.2%
		消极	7	9.5%
	反馈行为	正向	29	39.2%
		中性	39	52.7%
		负向	6	8.1%

如表1-4-8所示，在大班建构区中，大班幼儿作为施动者，积极的施动行为最高，占总量的45.9%；其次是平和的行为，占总量的44.1%，最低的是消极的行为，占总量的10.0%。教师在建构区作为受动者，中性的反馈行为高于正向的反馈行为和负向的反馈行为。幼儿的积极行为和教师的中性行为在各自的行为中，占比量最高，教师的负向行为的占比量较高于幼儿的消极行为的占比量。幼儿与教师较多呈现积极、愉快的互动情感特征，较少出现厌倦、不满等消极的情感特征。

而在大班美工区中，大班幼儿作为施动者时，占比最高的是幼儿的积极施动行为，占总量的47.3%；其次是幼儿的平和施动行为，占总量的43.2%；最低的是幼儿的消极施动行为，占总量的9.5%。教师的反馈行为中，占比最高的是中性反馈行为，占总量的52.7%；其次是正向反馈行为，占总量的39.2%；最后的是负向反馈行为，占总量的8.1%。幼儿在作为互动行为的开启者时，较多是以积极、愉快的情感与教师交流互动，愿意与教师沟通，而教师作为受动者主要是以平和的情感回应幼儿行为。幼儿的消极行为与教师的负向行为占比量最少，说明教师与幼儿在互动中较少出现负面情绪。

2. 幼儿发起互动性质的卡方分析

幼儿发起的互动性质在建构区与美工区师幼互动的卡方分析见表 1-4-9。

表 1-4-9 幼儿发起的互动性质在建构区与美工区师幼互动的卡方分析

	施动行为			反馈行为		
	积极	平和	消极	正向	中性	负向
建构区	27	26	6	21	30	8
美工区	35	32	7	29	39	6
χ^2	0. 059			1. 581		

从表 1-4-9 中可以看出，幼儿发起的互动性质中，大班幼儿作为行为的施动者在美工区和建构区中不存在显著差异（$\chi^2=0.059$，$p>0.05$），教师作为行为的受动者同样不存在显著的差异（$\chi^2=1.581$，$p>0.05$），从以上的数据进一步表明，幼儿在建构区与美工区中发起的互动性质与教师在建构区与美工区中对幼儿的反馈行为在频次上没有较大的差别，不管在建构区还是在美工区中，幼儿与教师互动较多呈现喜爱、愉快的情感特征，较少出现厌倦、畏惧、不满等消极的情感特征。

在对教师的访谈中，教师多用“考虑幼儿的建构水平和搭建能力，支持引导幼儿游戏，要以积极的心理状态与幼儿在区域中互动”“幼儿发起的互动其实是幼儿需要教师帮助的时候，要以和谐的师幼关系与幼儿交往”等积极的话语来形容在建构区回应幼儿发起的互动。

在美工区，对教师的访谈中，教师较多采用“幼儿发起的互动是存在教育价值的，要鼓励幼儿的表达与发现”“尊重幼儿的绘画水平与技能，采用适应的方式提高幼儿的美术技能，及时回应幼儿发起的互动”“幼儿的作品没有好与坏之分，幼儿的表达是幼儿发展的表现，要珍惜幼儿的提问与表达”等较为积极的话语来表达幼儿在美工区发起的互动。

幼儿发起的互动能增进与教师的亲密程度，提升幼儿的自信心，加深教师对幼儿的了解与认识，同时，也可使教师了解幼儿的兴趣、爱好以及语言表达水平、思维能力等方面。对于幼儿来说，能主动表达自己的看法与观点，可以增强自信心。

六、大班建构区与美工区师幼互动结果的比较分析

（一）教师发起的互动结果

教师和幼儿在建构区中的互动结果分为接受与拒绝两种情形，接受是指教师和幼儿同意、赞同对方的意见，拒绝包括教师和幼儿不同意或忽视对方的行为或看法。

1. 教师发起互动结果的基本情况

教师发起的互动结果基本情况见表 1-4-10。

表 1-4-10 教师发起的互动结果基本情况

	接受	拒绝	总计
建构区	64（84.2%）	12（15.8%）	76
美工区	96（91.4%）	9（8.6%）	105
总计	160	21	181

从表 1-4-10 中可以看出，大班幼儿对教师在建构区发起的互动结果主要是接受，占总量的 84.2%；拒绝的互动结果占总量的 15.8%。大班幼儿较多同意教师的观点。

而在美工区时，教师作为施动者时，大班幼儿反馈的互动结果主要是接受，占总量的 91.4%；其次是幼儿采取拒绝的态度，占总量的 8.6%。从以上的数据看，幼儿较多尊重教师的观点与意见，较少忽视或者不同意教师的观点，在美工区中幼儿的拒绝多是教师建议幼儿的画面更加丰富，如："你可以在空白处再丰富一些""你可以捏个我们之前做过的小动物"，但是在较多的情况中，幼儿并不同意教师的意见而是继续自己的作品或忽视教师的意见。

2. 教师发起互动结果的卡方分析

对教师发起的互动结果和区域情况进行卡方检验，在建构区与美工区中，幼儿接受与拒绝教师的互动行为性质不存在差异（$\chi^2=2.240$，$p>0.05$）。虽然幼儿在美工区接受教师发起的互动频次高于在建构区中接受教师发起的互动频次，幼儿在建构区中拒绝频次高于美工区，但是从互动频次看，幼儿在建构区和美工区中都较多接受教师发起的互动，愿意与教师交往。通过对教师反思资料分析发现，"尊重幼儿、愿意表达、鼓励、与同伴交流"等词汇是教师运用较多的。

（二）幼儿发起的互动结果

1. 幼儿发起互动结果的基本情况

幼儿发起的互动结果基本情况见表1-4-11。

表1-4-11 幼儿发起的互动结果基本情况

	接受	拒绝	总计
建构区	53（89.8%）	6（10.2%）	59
美工区	66（89.2%）	8（10.8%）	74
总计	119	14	133

从表1-4-11中可以看出，大班教师对于幼儿在建构区发起的互动结果主要以接受为主，占总量的89.8%；拒绝的互动结果较少，占总量的10.2%。大班教师在与幼儿的互动中较多尊重幼儿的观点，积极肯定幼儿的看法，但是大班教师在互动中也会出现否定幼儿观点、忽视幼儿等情况。

在大班美工区幼儿开启的互动事件中，教师的反馈主要以接受为主，占总量的89.2%；其次是教师的反馈采取拒绝态度，占总量的10.8%。从以上的数据得知，教师较多积极接受幼儿的观点，同意幼儿的看法，较少否定或者忽视幼儿的观点。

2. 幼儿发起互动结果的卡方分析

对幼儿发起互动结果和区域情况进行卡方检验，幼儿在建构区与美工区中发起的互动结果不存在显著差异（$\chi^2=0.083$，$p>0.05$）。从以上的数值进一步发现，虽然幼儿发起的互动结果在两个区域中不合，但是教师在美工区中接受幼儿的频次高于建构区，教师在美工区中不同意幼儿的观点或者忽视幼儿的频次高于建构区。整体来看，教师还是较多地接受幼儿在建构区和美工区中发表的见解与看法，较多尊重幼儿的观点。

大班孩子的操作水平与能力与中班孩子和小班孩子有很大的差别，但是在游戏中也会遇到一些难以解决的问题或者理解不了的事情，在这个时候，大班孩子就会提一些问题，而且这个时候孩子的表现欲很强，如果不理孩子的话或者没让孩子理解好的话，会让孩子以为教师不让他回答，对于孩子的自信心是不好的，所以要加强师幼的沟通。（教师4）

教师4在接受幼儿发起的互动时，不仅能了解大班幼儿的年龄发展特点，同时还能关注到幼儿情感上的需求，在尊重幼儿的前提下，与幼儿互动、交流，不仅能够与幼儿共同解决活动中的问题，而且能较多地从幼儿的角度考虑，较少地考虑自身因素，把幼儿的需求与发展放在第一位。

五、综合讨论与教育建议

（一）综合讨论

1. 互动主体差异讨论

教师与幼儿的良好互动能让幼儿在“做与说”的过程中，发展语言表达能力、动手操作能力以及思维能力等。在大班建构区中，互动事件总频次为135次，教师作为师幼互动发起者占总量的56.3%，幼儿作为师幼互动发起者占总量的43.7%。在大班美工区中，互动事件总频次为179次，教师发起的互动事件占总量的58.7%，幼儿发起的互动事件占总量的41.3%。

在建构区与美工区中，教师发起的师幼互动的频次都高于幼儿发起的师幼互动的频次，美工区的互动事件频次高于建构区的互动事件频次，出现以上差异主要有以下几方面原因：

首先，大班幼儿自主意识增强。大班幼儿思维能力与问题解决能力有很大的发展，在区域中遇到问题时，会与同伴交流尝试解决问题，当问题超出幼儿的能力时，幼儿才会主动地发起互动寻求教师的指导。较多教师认为：“大班孩子在遇到问题时较多的先与同伴交流”“大班孩子的自主能力发展得很好，对一般的问题都能解决”“大班孩子的生活经验较为丰富，在遇到问题时，会利用原有经验尝试解决问题”等，幼儿的能力得到发展，在区域中遇到游戏的问题或者同伴吵闹等问题，幼儿会主动认错或者同伴间交流意见，通过对问题的分析，发现问题的根源，从而解决问题。

其次，教师过多地干预幼儿活动。教师虽然给予幼儿发展的空间与发展的时间，但是只要教师在时间允许的条件下，就会干预幼儿的活动，让幼儿在活动中的主体地位“逐渐消失”。在对教师的访谈中，较多教师认为“在建构区与美工区中，教师要给孩子空间和时间，让大班孩子主动思考，与同伴交流解决问题，支持孩子们与同伴间的交流与合作”，但是教师在实际的互动中没有意识到自己的互动行为已经影响到幼儿的自主空间，没有意识到在区域活动中幼儿的发展需要。大班幼儿有自己的想法与行动，在建构区活动中，幼儿会提前计划搭建的作品，如果遇到问题会与同伴交流问题，寻找解决的方法，但是教师盲目介入幼儿的活动中，不仅会打乱幼儿活动的计划性，而且会影响幼儿对活动的专注度，如对幼儿说“把自己用的美工材料快点收起来，放在桌子上太乱了”“把自己的画放平，不要这么折起来，不工整”等。在活动的进行过程中，教师随意干扰幼儿活动，对幼儿的活动提出个人的想法并让幼儿收拾散乱的积木，不利于幼儿对活动的持续关注，有时教师不仅打乱了幼儿的活动，还过于约束了幼儿。

再次，教师的观察能力不足。在对教师的访谈中，教师认为在美工区和建构区中，教师都应该具有观察的能力，但是，在实际的区域互动中，教师很少深入幼儿活动中观察，如在建构区中，教师在没有充分观察中时，对幼儿提出问题“在搭建什么”，这是教师观察不足的表现。教师观察不足首先会影响与幼儿的交流或者导致对幼儿活动的指导缺少针对性，浪费区域活动的时间，不利于幼儿的发展；其次，对于教师自身来说，教师缺少观察的能力，会不容易在活动中或者与幼儿的交流中发现幼儿的闪光点和活动的教育价值，对于教师的专业发展有一定影响。

最后，区域差异的影响。建构区与美工区中对幼儿的发展要求不一样，在建构区中，教师主要培养幼儿的空间方位感、逻辑思维能力，美工区主要培养幼儿的审美能力。教师在访谈中提道：“美工区中较多的是个别活动，小组与合作活动较少，建构区中较多的是伙伴间的合作，所以在互动中，教师较多地与美工区中的幼儿互动，但是也不会忽视建构区中的幼儿”，在对教师的追问中，教师认为“区域间互动是有差异的，这个差异主要是区域不同引起的，建构区中有些搭建问题幼儿与同伴交流就能解决，但也不能缺少教师的指导”，教师认为互动的差异主要基于区域之间的不同，教师会根据区域对幼儿的发展要求以及幼儿在区域中的实际发展情况与幼儿互动。

2. 互动内容差异讨论

教师在建构区与美工区中根据幼儿的需要和区域的特点进行指导活动，如在美工区教师的指导活动占比最高，占美工区互动内容总量的 21.0%，教师在建构区的指导活动占建构区教师发起互动内容的 10.5%。对两者进行卡方检验发现，教师在建构区与美工区中发起的互动内容在指导活动中存在显著差异，教师在建构区中发起的互动频次是 8 次，在美工区中发起的互动频次是 22 次，教师在美工区中的指导活动要显著高于在建构区中的指导活动（$p<0.01$）。教师在建构区与美工区中发起的互动内容在让幼儿演示与展示方面存在显著差异，教师在建构区中发起的频次是 6 次，在美工区中发起的频次是 13 次，教师在美工区中让幼儿演示与展示要显著高于在建构区中让幼儿演示与展示（$p<0.01$）。

在对教师的访谈中，教师 5 较多谈到“建筑区的指导主要是幼儿在搭高的基础之后，让孩子自己设计一个主题，然后孩子自己进行搭建，不过多约束他们。美工区的指导主要在保证幼儿安全的前提下，侧重幼儿艺术创作的发展”，而教师6谈到“建构区中的师幼互动更多的是教师与幼儿之间以好朋友的方式进行互动，例如幼儿搭建遇到困难或者搭建水平无法提升时，教师以游戏伙伴的身份进入游戏，引导幼儿继续搭建。美工区中的师幼互动更多的是教师以指导者身份，来引导幼儿进行操作。”教师认为区域活动之间在活动要求与培养目标方面之间也是不同的，因此，教师在指导活动中会依据区域的特点，对幼儿发展进行有针对性的指导。

另外，教师能关注到幼儿在美术材料上的需求，及时给幼儿支持与引导，并鼓励幼儿展示与分享自己的作品。在让幼儿演示与展示的互动内容中，幼儿在建构区与美工区中发起的互动内容在展示中存在显著差异，幼儿在建构区中发起的互动频次是6次，在美工区中发起的互动频次是24次，幼儿在美工区发起的展示要显著高于在建构区中发起的展示（$p<0.01$），即教师较多关注美工区幼儿的作品展示。而且，教师在建构区愿与幼儿交流讨论，发表各自的见解与看法，如在教师发起的互动内容中，教师提问幼儿的互动内容占建构区互动内容总量的26.4%，幼儿在建构区发起的互动内容中发表见解占幼儿发起互动内容的39.0%。教师在建构区与美工区中给幼儿自由发展的空间，较少对幼儿的行为进行约束，因此幼儿能较多地以自己的想法制作或者搭建作品。另外，区域材料以及幼儿对材料的运用也会影响差异性，建构区中的材料以积木为主，幼儿在搭建中对作品的展示较多的是借助辅助材料，例如教师提供的“树”，借助辅助材料说明作品的功能或者内容，在美工区中幼儿对自己头脑中的卡通人物或者动物进行再现，直接运用作品自然的展示，作品直接体现了幼儿的审美表征能力及内心童趣。

在师幼互动的过程中，幼儿在建构区与美工区中发起的互动内容在表达情感中存在显著差异，幼儿在建构区中发起的频次是6次，在美工区中发起的频次是16次，幼儿在美工区中表达情感显著高于幼儿在建构区中表达情感（$p<0.05$）。

虽然教师在建构区与美工区中给幼儿自由表达的机会，但是针对性的指导不足，不利于幼儿个性化的发展。另外，幼儿虽然在建构区主动发起的互动中发表见解占39.0%，但是教师对幼儿的看法回应过于简单，只是听取幼儿的想法或者简单的回应，没有深入引导幼儿探索活动，促进幼儿原有水平的发展。例如在建构区的活动反思中教师认为自己在实际活动中缺少对幼儿的深入指导：“在活动中的指导还需要进一步的提升，在指导环节中过于简单缺乏深入的指导，在指导的部分还需要加强学习。”而且教师在美工区的指导较多引导幼儿丰富涂色或者表达对作品的想法，在引导其创造美与感受美等方面不够深入。幼儿在建构区与美工区发起的互动主要是以发表简单看法和展示自己的作品为主，缺少深入探究的态度与看法，例如“老师，你看看我们搭的立交桥”“老师，这是我捏的指环”等幼儿发起的互动较多的是让教师观看搭建或者制作的作品等，较少深入地进行互动。此外，教师在建构区活动中对自己在指导环节中的不足进行反思，认为还需要进一步提升指导能力。

3. 互动性质差异讨论

教师在建构区与美工区中与幼儿的互动较多呈现平和、温馨的情感特征，大班教师在建构区中作为施动行为的发起者，中性的互动行为占总量的44.7%，正向的行为占总量的39.5%。大班美工区中，教师作为施动者的互动行为的性质中，教师的互动行为占比最高的是中性行为，占总量的60.0%；其次是教师的正向行为，占总量的34.3%，而且教师在建构区与美工区中发起互动的施动情感特征存在差异。教师在美工区发起的中性和正向情感特征显著高于建构区，教师在建构区中的负向行为显著高于美工区中的负向行为，原因在于：首先，区域人数以及性别影响，自愿参与美工区中人数较少，而且建构区中男孩子参与的人数多于女孩子。其次，对区域材料的利用回收不同，建构区中的材料在大小上普遍大于美工区的材料，而且幼儿在美工区使用的材料都会有笔筒等专门收集，所以幼儿在美工区使用材料时都是用过之后放到材料筒中，但是幼儿在建构区中发现刚才拿到的积木不够长，往往会把积木放在一边，重新拿新的积木进行搭建。

4. 互动结果差异讨论

幼儿园区域活动是尊重幼儿发展的需求，有针对性地促进幼儿个性与社会性的发展，并支持与鼓励幼儿自愿地参与到区域活动中，激发幼儿参与活动的兴趣与积极性，以达到促进幼儿自主性的发展。在研究中发现，教师与幼儿在建构区与美工区中的互动仅仅针对幼儿对当前的活动内容，缺乏内容的衍生。另外，幼儿发起的互动事件中，教师接受的互动结果在建构区与美工区中分别为89.8%和89.2%，教师发起的互动事件中，幼儿接受的互动结果在建构区和美工区中分别为84.2%和91.4%，差异不显著。但是在教师发起的互动事件中，幼儿在美工区和建构区中的接受百分比有较大的区别，主要原因是幼儿在建构区中对问题的解决除教师的引导外，还与同伴商量，教师的引导只是建议，幼儿在最后还是会通过尝试多种方法选择合适的搭建方式。在美工区，教师从培养幼儿的创作能力与审美能力的角度引导幼儿创作，并给幼儿自由发挥的创作空间，教师较多地用如“你想用什么颜色”等较为宽泛的内容。

（二）教育建议

1. 教师要把握指导的“度”

幼儿在活动中的自主是幼儿逐步发展与锻炼的过程，是幼儿各方面能力逐步发展的过程。教师应该意识到，大班幼儿各方面的能力发展正在逐步增强，应该满足幼儿独立自主的发展需要，在幼儿需要引导的时候，基于幼儿原有的经验给予支持，促进幼儿在原有水平上的提升与发展。例如，大班幼儿在区域活动中遇到问题时，教师过多的引导或者敷衍、应付幼儿的行为，会打消幼儿活动的积极性，影响师幼互动质量。因此，教师要注意自己的言行举止，多接纳与包容幼儿。此外，教师还要给幼儿自由的空间，避免过多干涉幼儿的活动。区域活动是基于幼儿发展的需要，教师的引导要基于幼儿的自主意愿，不要过多地干涉幼儿想法。另外，教师的引导要处理好“度”的问题，在区域活动的指导中，教师要处理好指导与自由的界线，指导不能凌驾于幼儿的区域活动上，也就是说，教师在引导幼儿的活动中，要在保证幼儿自主、自由的前提下，引导幼儿共同游戏。

2. 教师要善于观察，提升互动质量

虽然教师在区域活动中对于幼儿的主体地位、区域活动的重要性、注重幼儿的自主性和个性的发展，以及确定自身和幼儿在区域活动中的角色等方面有正确的认识，但在与教师交流的过程中，研究者发现教师无论在美工区还是建构区中，由于缺乏对幼儿活动的深入观察与了解，在指导幼儿活动等方面仍缺乏深入性与针对性。

（1）教师要善于观察

教师在区域活动中要善于观察幼儿的活动，基于实际的观察了解幼儿活动的意图以及了解幼儿的内心需求。通过观察不仅能了解幼儿的发展水平与能力，还能了解幼儿与同伴相处的真实情况，从幼儿的实际表现真正地认识幼儿，为教育活动做铺垫。

教师的过度指导、指导不深入均反映出教师不了解幼儿的需求，而教师观察幼儿的活动可以保证教师在指导中采取更加有效和针对性的教育措施，避免教师的指导效果达不到理想的状态。

因此，在建构区与美工区中，教师都要学会观察，通过观察才能了解幼儿是否需要教师的帮助、引导幼儿深入活动与思考问题、适时介入幼儿的活动中等，才能保证与幼儿的互动更有意义和价值。

（2）基于观察提升指导活动的针对性与深入性

教师在区域活动中要充分观察与了解幼儿的行为所蕴含的意义，适时地与幼儿互动，引导幼儿，保证幼儿活动的持续性，提高师幼互动的质量。

①关注幼儿正在进行的活动，发现幼儿在活动中的“闪光点”。

教师在区域活动中的指导采取的是“巡视”的方式，虽然能初步看到幼儿的活动，但是很难全面深入了解幼儿正在进行的活动。因此，教师要承担观察者的角色，深入到幼儿的活动中，了解幼儿的游戏水平，仔细发现每天幼儿的表现以及变化，并记录幼儿表现，以方便与班级中的教师交流，保证班级中的教师在较短时间内了解幼儿的成长。教师在指导幼儿活动时，可以充分利用幼儿的“闪光点”，用赞赏的眼光看待幼儿的活动，激发幼儿的动机，满足幼儿的兴趣，同时利用开放性的问题与幼儿深入讨论、互动，引导幼儿进行深层次的探究活动。

②善于把握幼儿主动发起的互动。

在区域活动中，教师要主动地意识到幼儿主动发起互动的价值。首先，教师可以从中了解幼儿的游戏内容与游戏水平，发现幼儿的兴趣与需求，针对幼儿的问题或疑惑，有针对性地进行引导，促进幼儿游戏活动的深入。其次，在把握幼儿发起的互动时，幼儿可能会在与教师互动中发现新的问题，教师要有意识地加强对幼儿生成性问题进行有效回应，多给幼儿建议或提出开放性的问题，让幼儿通过自己的思考解决问题。最后，教师要采用正向的激励方式面对幼儿发起的互动，鼓励幼儿积极发表个人见解，允许幼儿按照个人的想法进行尝试。

③设置“问题情境”，深入指导活动。

幼儿是区域活动中的主体，为保证幼儿的主体地位，教师不仅要掌握适宜的指导方法，还要与幼儿进行深入的互动与交流。幼儿在建构区与美工区中经常意识不到存在的问题，教师可以通过提出“问题”，抛给幼儿思考，对幼儿提出新的挑战，引起幼儿解决问题的兴趣与需要，丰富幼儿在区域中的经验。

3. 教师充分发挥区域活动中的师幼互动的互通性与独特性

（1）发挥不同区域活动中的师幼互动的互通性

访谈中，较多教师认为不同区域活动中的师幼互动有不同价值，但是教师要思考如何利用区域活动中的师幼互动的互通性来发展幼儿。首先，教师要观察与了解幼儿要发挥区域中同伴的价值，引导幼儿与同伴加强联系与互动。其次，教师要充分利用区域中评价环节的价值，采用多样的评价方式促进幼儿的发展。

（2）发挥不同区域活动中的师幼互动的独特性

教师不仅要意识到不同区域活动中的师幼互动存在独特性，还要在实际中发挥其价值，如在区域活动中，教师与幼儿的互动在指导策略、让幼儿展示与演示作品、幼儿情感的表达以及幼儿主动向教师展示作品等方面具有各区域的独特性。因此，教师在区域活动中与幼儿互动要充分发挥各区域优势，如教师可以利用美丽的风景画、各种图卡等丰富美工区的环境，让幼儿感受区域的氛围，培养幼儿的感受美以及表现美的能力，发展幼儿的审美能力。

（作者系 2019 届专业硕士，现任教于北京市朝阳区京通幼儿园）

参考文献

[1]《辞海》（上）. 上海：上海辞书出版社，1989.

[2] 董旭花，刘霞，赵福云，等. 幼儿园自主性学习区域活动指导 [M]. 北京：中国轻工业出版社，2014.

[3] 教育部基础教育司. 幼儿园教育指导纲要（试行）[M]. 南京：江苏教育出版社，2009.

[4] 刘晶波. 社会学视野下的师幼互动行为研究——我在幼儿园里看到了什么 [M]. 南京：南京师范大学出版社，2006.

[5] 刘焱. 儿童游戏通论 [M]. 北京：北京师范大学出版社，2004.

[6] 庞丽娟. 教师与儿童发展 [M]. 北京：北京师范大学出版社，2003.

[7] 线亚威，李云翔，罗英智，等. 幼儿园活动区课程实施指南 [M]. 北京：高等教育出版社，2011.

[8] 白雪. 建构区中教师对幼儿的支持性策略研究 [D]. 哈尔滨：哈尔滨师范大学，2018.

[9] 曹姣. 幼儿园美工区活动存在的问题与对策研究 [D]. 长沙：湖南师范大学，2016.

[10] 杜芳. 区域活动中的师幼关系研究 [D]. 昆明：云南师范大学，2018.

[11] 郭迪，周美. 中班区域活动中师幼互动情况调查与建议——以宝鸡市某幼儿园为例 [J]. 陕西学前师范学院学报，2018，34（02）：85-90.

[12] 韩姣. 生活活动中新手与经验教师师幼互动观念及行为比较的个案研究 [D]. 金华：浙江师范大学，2013.

[13] 黄娟娟. 社会学视野下的师幼互动类型及成因的研究 [C] //2008 年度上海市社会科学界第六届学术年会文集（政治·法律·社会学科卷），2008.

[14] 巨金香. 情感视阈中的师幼互动研究 [D]. 长春: 东北师范大学, 2006.

[15] 梁秋立. 城乡幼儿园一日活动情境中的师幼互动研究 [D]. 桂林: 广西师范大学, 2015.

[16] 刘晓. 幼儿园中班区域活动中的师幼互动研究 [D]. 大连: 辽宁师范大学, 2014.

[17] 孙雨菲. 大班建构区讲评环节师幼互动的策略分析 [J]. 中国校外教育, 2019 (09): 163-164.

[18] 王莲子. 5—6 岁幼儿学习品质与师幼互动质量的关系研究 [D]. 信阳: 信阳师范学院, 2017.

[19] 王小英, 朱慧慧. 基于儿童视角下的师幼互动中幼儿施动行为及其影响因素研究 [J]. 四川师范大学学报 (社会科学版), 2017, 44 (06): 114-121.

[20] 徐乐. 幼儿园区域活动中师幼互动行为的研究 [D]. 开封: 河南大学, 2015.

[21] 杨玥, 吴琼. 师幼互动对幼儿发展影响的现状述评 [J]. 中国校外教育, 2018 (21): 156-157.

[22] 张小青. 新型师幼互动关系——谈班级活动中教师行动的策略 [C] //江苏省教育学会. 江苏省教育学会 2006 年年会论文集 (综合一专辑) [C]. 江苏省教育学会, 2006: 4.

[23] 张燕. 通过反思评价, 建构积极有效的师幼互动 [J]. 中国教师, 2013 (S2): 12.

[24] 张英. 大班幼儿建构区合作学习的有效策略和研究 [J]. 早期教育: 教科研版, 2018 (1): 45-47.

[25] 章玲美. "学习故事" 在游戏指导中的应用——以建构区游戏为例 [J]. 课程教育研究, 2019 (09): 23-24.

[26] 赵静. 幼儿教师在师幼互动中的反思与成长 [J]. 科教文汇 (中旬刊), 2013 (03): 20-21.

[27] 周欣. 托幼机构教育质量的内涵及其对儿童发展的影响 [J]. 学前教育研究, 2003 (21): 34-38.

[28] 朱海燕. 区域活动中的师幼互动 [J]. 教育教学论坛, 2012 (S4): 260-261.

[29] 中华人民共和国教育部. 幼儿园教育指导纲要 (试行) [EB/OL]. ht-

tp：//www. moe. gov. cn/srcsite/A26/s7054/200108/t20010801. html，2001－8－1/2018-10-9.

[30] 中华人民共和国教育部 .3—6 岁儿童学习与发展指南［EB/OL］. http：//www. moe. gov. cn/srcsite/A06/s3327/201210/t20121009. html，2012－10－9/2018-10-9.

[31] 中华人民共和国教育部 . 幼儿园教师专业标准［EB/OL］. http：//www. moe. gov. cn/srcsite/A10/s6991/201209/t20120913. html，2012－9－13/2018－10-9.

[32] Bennett N，Wood L，Rogers S. Teaching through play：Teacher's thinking and classroom practice［J］. American Journal of Education，1997（2）：274-276.

[33] Howes C，Hamilton C E，Philipsen L C. Stability and continuity of chila-caregiver and child－peer relation ship［J］. Child Development，1998，69（4）：(12-112).

[34] Kontos S. Wilcox－Herzog A. Influences on children's competence in early childhood classrooms［J］. Early Childhood Research Quarterly，1997（12）（3）：247-262.

[35] Lynch M，Cicchetti D. Children's relationships with adults and peers：An examination of elementary and junior high school students［J］. Journal of School Psychology，1997，35（1）：81-99.

[36] Palermo F，Hanish L D，Martin C L，et al. Preschoolers' academic readiness：what role does the teacher-child relationship play？［J］. Early Childhood Research Quarterly，2007，22（4）：407-422.

附 录

附录一：大班区域活动师幼互动观察表

观察时间： 互动主体：①教师		②幼儿	
互动区域：①建构区		②美工区	
背景：			
互动内容			
教师开启的师幼互动	1. 指导活动	2. 约束纪律	3. 让幼儿演示与展示
	4. 安慰关心表达情感	5. 与幼儿共同游戏	6. 照顾生活与培养习惯
	7. 评价	8. 提问	9. 提供材料
幼儿开启的师幼互动	1. 寻求指导 4. 表达情感 7. 发表见解	2. 告状 5. 与教师共同游戏 8. 询问	3. 展示 6. 请求照顾 9. 寻求材料
互动性质			
教师开启	教师：1. 正向	2. 中性	3. 负向
	幼儿：1. 积极	2. 平和	3. 消极
幼儿开启	幼儿：1. 积极	2. 平和	3. 消极
	教师：1. 正向	2. 中性	3. 负向
互动结果			
教师开启	幼儿：1. 接受	2. 拒绝	
幼儿开启	教师：1. 接受	2. 拒绝	
互动过程：			

附录二：大班教师区域活动中师幼互动访谈提纲

1. 您认为建构区与美工区分别能促进幼儿哪方面的发展？
2. 您在建构区和美工区中，什么情况下会与幼儿互动？
3. 您在建构区与美工区中，对幼儿的指导方式有区别吗？
4. 您如何认识建构区中的师幼互动和美工区中的师幼互动？
5. 您在建构区与美工区中开展师幼互动遇到过什么困惑吗？怎样解决的？

幼儿园过渡环节中师幼言语互动研究

王雪艳

过渡环节作为幼儿园一日生活各个环节的纽带，起着中转和衔接的作用，蕴藏着丰富的教育价值。在过渡环节中教师可以较自由地和孩子们打成一片，发生充分的言语互动。这样的言语互动更能体现出教师的教育观、儿童观，反映出教师“一日生活皆教育”和“保教并重”的教育意识，更易于师幼建立和谐、亲密的互动关系。因此，过渡环节中的师幼言语互动研究是非常有必要的。本研究聚焦幼儿园过渡环节中的师幼言语互动，旨在唤起教师对过渡环节中师幼言语互动的重视，反思并改进互动方式，促进幼儿身心健康发展。

本研究选取了北京市两所幼儿园的 6 个班、18 名教师和 213 名幼儿，运用了非参与式观察法和访谈法，对过渡环节中的师幼言语互动进行观察和记录。从言语互动的开启者、言语互动的主题、言语互动的形式、言语互动的情感特征性质、言语互动的结果这五个维度出发，研究师幼言语互动特点与差异，结果发现：言语互动的主要开启者为教师，有显著年龄差异。在清洁整理过渡环节中教师权威主导地位明显。教师言语互动主题多为要求、指令或提醒，幼儿则以寻求指导与帮助为主。师幼言语互动重视集体一致性，个别互动形式较多集中在餐前餐后过渡环节。教师与幼儿的情感特征多为中性，餐前餐后过渡环节中师幼积极正向的情感特征最多。言语互动接受结果多于拒绝结果。

根据以上结论，本研究从教师、幼儿、过渡环节这三方面探讨了过渡环节中师幼言语互动存在的问题。同时提出了提升教师的教育意识、内化过渡环节规则、调控行为模式和自身情绪态度、加强师幼积极情感互动、注意互动形式的可变性和内容的多元性等教育建议，以期唤起幼儿教师对过渡环节中师幼言语互动的重视，并对自己的互动方式进行反思，从而提高过渡环节中师幼言语互动质量。

一、幼儿园过渡环节中师幼言语互动的研究缘起

在日常园所活动里，我们发现有的班级中幼儿的生活如流水般连续流畅，教师与幼儿在过渡环节中自然的言语互动最大限度地保证了幼儿生活的整体性。而有的班级中过渡环节的教育价值没有受到足够的重视，幼儿被动等待和教师无效指导频频出现，经常需要教师把控、指挥，如若没有指令，幼儿将陷入茫然、混乱的局面。

在我国学前教育相关政策文件中，我们可以发现对“过渡环节师幼言语互动价值”的重要提示。教育部在2001年颁布的《幼儿园教育指导纲要（试行）》中指出“教师应以关怀、接纳、尊重的态度与幼儿交往。耐心倾听，努力理解幼儿的想法与感受，支持鼓励他们大胆探索与表达”“幼儿园必须科学、合理地安排和组织一日生活，在时间的安排上要兼顾稳定性与灵活性，保证幼儿每天有适当的自主选择和自由活动的时间，减少不必要的集体行动和过渡环节”；《幼儿园教师专业标准（试行）》中提出幼儿教师“应重视日常生活的所有环节，挖掘潜在的教育资源，将有价值的资源渗透在学习生活中”。

过渡环节中良好的师幼言语互动，不仅能调节幼儿的情绪，促使教师自主反思、调整计划以及培养自身的教育创造力，更能促进幼儿的社会性发展。因此，我们应重视过渡环节的潜在教育价值，利用好过渡环节，提供丰富、有趣、有效的过渡形式，让幼儿在良好的师幼言语互动中获得身心发展。

二、关于幼儿园过渡环节中师幼言语互动的研究基础

（一）关于师幼言语互动的相关研究

1. 师幼言语互动的概念

师幼互动是师生互动中分化出来的特殊的一种互动，作为较早研究“师幼互动”的学者，刘晶波提出，师幼互动有其自身的独特性，有着异于师生互动的特征，师幼互动发生的地点在幼儿园，并且贯穿于幼儿活动的方方面面，存在于幼儿教师对幼儿的指导中。①

叶子、庞丽娟②着重对师生互动的结构进行相关研究，他们认为，师生互动的结构主要包含以下几个方面：①师生互动有两个主体，一个主体是老师，另

---

① 刘晶波．幼儿园师幼互动行为研究——我在幼儿园看到了什么［M］．南京：南京师范大学出版社，2003：23.

② 叶子，庞丽娟．师生互动研究述评［J］．学前教育研究，2009（03）：44-48.

外一个主体是学生。②师生互动的基础和背景条件。③师生之间进行交流的过程，也就是师生之间互相影响的过程。④师生互动所产生的结果。根据师生互动的定义可以得出，师幼之间的互动指存在于老师与幼儿之间的作用，这种作用有不同的形式，发生的地点也有所不同，可能发生在教学活动中，也可能发生在教师与幼儿的日常交往中。①

师幼互动从行为实现的方式来看，可分为言语型和非言语型。由此可知，师幼言语互动的过程应该是师幼双方通过语言的方式交换信息或行为的过程。马林诺夫斯基认为言语互动的最终目的就是使人类能够进行交往，在人们进行交往时，对言语要进行利用，言语并不是思想方式，而是行为方式，人之所以使用言语，是因为人想要表达某种意愿，想要通过言语来实现某种目的，表明言语有交际作用。②

2. 言语互动的分类

从师幼互动中主体构成施动者和受动者的角度来划分，刘晶波③将师幼互动行为事件概括为两类，一种是教师作为施动者、幼儿为受动者的师幼互动，也就是教师作为主导的师幼间的互动，还有一种是幼儿作为主导的师幼间的互动。

师幼互动分为不同的类型，不同的类型有不同的特点，具体类型可以分为以下几种：第一种类型为严厉型，这种类型的特点是老师对待幼儿比较严厉，与幼儿的沟通较少。第二种类型为民主型，这种类型的特点是教师对幼儿比较温和，主动听取幼儿的意见，对幼儿的鼓励较多。第三种类型是开放型，这种类型的特点是教师注重对幼儿创新性的培养，而不是把知识强加给幼儿。第四种类型是灌输型，这种类型的特点是教师对幼儿的教导比较死板，不能根据幼儿年龄特点和个体差异来变换自己的教学手段，不重视幼儿的兴趣与需要。④

关于师幼互动事件中施动者的行为目的与受动者的行为取向，不同的学者做了不同的研究，刘晶波对师幼互动进行了一系列探索，仔细分析师幼互动的过程，并对师幼互动的特点进行分析，同时对其产生的原因进行了实际考察，归纳出 18 种不同的师幼互动主题：根据互动开启者的不同，教师和幼儿各占一半。教师开启的有 9 项，例如“约束纪律、指导活动、照顾生活、抚慰情绪”

---

① 庞丽娟．教师与儿童发展［M］．北京：北京师范大学出版社，2001：79-109.

② 张芳芳．幼儿语言教育活动中教师言语互动研究［D］．临汾：山西师范大学，2014.

③ 刘晶波．师幼互动行为研究——我在幼儿园看到了什么［M］．南京：南京师范大学出版社，1999：75-77.

④ 姜勇，庞丽娟．幼儿园师生交往类型的研究［J］．心理科学，2004，27（5）：1120-1123.

等。幼儿开启的有 9 项，例如“寻求帮助、无视、告状”等。她的研究结果显示师幼互动主要是由教师发起的，包括许多事务性内容，在这些内容中，传递知识占据很重要的地位，还包括对知识的讲解以及对幼儿的管理、监督与规范等内容。①

在师幼互动对象方面，有研究者②对师幼互动的不同类型进行了划分，把师幼互动分为了以下三种：第一种类型为师班互动，老师与全班的幼儿进行互动。第二种类型为师组互动，教师把班级的学生进行分组，与其中一组学生进行互动。第三种类型为师个互动，教师与个别的学生进行互动。③

从情感的可接受性角度进行分析，巨金香指出，在师幼互动中教师有不同的情感，分为以下几种：第一种是积极情感，第二种是中性情感，第三种是消极情感。幼儿也有三种情感特征即正向情感、中向情感、负向情感。她应用这个分类方法对师幼互动的性质特征进行了仔细的分析与讨论，针对不同年龄段的幼儿、不同活动情境等方面开展调查与研究，对具体的问题提出了加强积极情感型师幼互动的意见。

（二）关于幼儿园过渡环节的研究

林玉萍对过渡环节的特征进行描述，她认为，过渡环节是各个活动的中间联系环节，过渡环节对师幼活动有着重要的影响，能够产生很大作用——既可以对各种活动起到衔接作用，也能够起到调整作用。过渡环节具有非正式性特征，是比较轻松的一个环节，能够使幼儿体会到乐趣。④ 张春炬表示过渡环节能够起到连接与转换的作用，它贯穿于整个活动过程中，对活动的整体都能够产生影响，这个环节有其自身的独特性，能够起到不可替代的作用，拥有着重要的价值。⑤ 不少研究者都发现了过渡环节的重要教育价值，下面将从幼儿与教师两个角度进行综述。

从幼儿方面来看，Rae Pica 认为，教师应该给予过渡环节足够的重视，要像重视其他课程一样重视过渡环节，只有教师的意识得到提升，过渡环节才能更好地发挥作用，才能够使幼儿在过渡环节中学到相关的知识。在过渡环节中，可以增添知识性建设，使幼儿在过渡环节中也能够进行学习，使知识渗透到幼

---

① 刘晶波．师幼互动行为研究——我在幼儿园看到了什么［M］．南京：南京师范大学出版社，1999：75-77.

② 吴康宁．教育社会学［M］．北京：人民教育出版社，1998：102.

③ 吴丽芳．师幼互动模式的问题与思考［J］．福建教育学院学报，2006（11）：124.

④ 林玉萍，王东芳．幼儿园过渡环节巧安排［M］．北京：中国农业出版社，2016：34-35.

⑤ 张春炬．幼儿园一日活动指导［M］．保定：河北大学出版社，2012：38.

儿学习的各个过程，使幼儿的各项能力都得到提高。过渡环节有着很重要的作用，既能够为幼儿提供一些机会，又能够使幼儿的运动能力得到发展。① Ostrosky 等人认为，幼儿的自理能力可以在过渡环节中获得发展。② Sharon E. Rosenkoetter 等人表明"一个好的过渡环节，能为幼儿提供学习和自我操作的机会"。③

我国研究者林玉萍提出以下几点：首先，过渡环节体现了幼儿园一日生活皆教育，充分发挥幼儿教育的特征。其次，要充分地利用过渡环节，使教育能够更加合理。过渡环节能搭建有效的交流平台。最后，过渡环节能让幼儿形成良好的生活习惯。④ 黄冰冰认为，过渡环节能够使幼儿身心得到放松，为幼儿营造较为轻松的环境，促进幼儿的生理与心理的全面发展。⑤ 另外，研究者马媛强调过渡环节对幼儿来说有着至关重要的作用，能够使幼儿更好地发挥自身优势，增加自主性；调节幼儿情绪，使幼儿的情绪更加平稳。⑥ 高俊英表示过渡环节能引导幼儿遵守常规，培养良好行为习惯，它增加了互动、自我管理、自我服务的机会。⑦

从教师的角度对过渡环节进行分析与探索，吴文艳的相关研究认为过渡环节对教师来说也有一定作用，可以使教师对自己的教学行为更好地进行反思，并对教学方法与手段进行分析，找出更适合的教学措施，调整自己的教育手段，为学生提供更好的学习机会，从而提升教师自身能力。⑧ 党彩虹也对过渡环节进行了一系列的研究，得出了过渡环节的一些特点，她认为过渡环节对教师有很重要的影响，为教师营造了良好的活动空间与活动氛围，能够促进教师的教学

---

① Pica R. Transition "Movement" into the Curriculum [J]. Yc Young Children, 2010, 65 (2): 52-53.

② Rashida Banerjee, Eva Horn. Supporting Classroom Transitions Between Daily Routines; Strategies and Tips [J]. Young Exceptional Children, 2013, 16 (2): 3-14.

③ Sharon E. Rosenkoetter, Susan A. Fowler. Teaching Mainstreamed Children to Manage Daily Transitions [J]. Teaching exceptional children, 1986, 19 (1): 20-23.

④ 林玉萍，王东芳．幼儿园过渡环节巧安排［M］．北京：中国农业出版社，2016：34-35.

⑤ 黄冰冰．浅谈幼儿过渡环节管理［J］．教育界，2014（10）：41.

⑥ 马媛．优化幼儿园一日生活过渡环节的策略新探［J］．教育导刊月刊，2015（4）：36-38.

⑦ 高俊英．过渡环节也精彩——幼儿一日生活过渡环节的有效组织与指导［J］．科普童话，2015（1）：23.

⑧ 吴文艳．幼儿园一日生活过渡环节的组织策略［M］．北京：中国轻工业出版社，2014：1.

活动，提高教师的教育机智，还可以培养教师随机教育的意识。① 研究者王情也指出，过渡环节对教师的专业能力有着较高要求，能够衡量出教师的自身素质，使教师的各种能力都得到进步，这些能力中包括对环境的利用能力以及对教育活动的组织能力，还有教师的沟通能力和反思能力。②

研究者柏秀娟认为有序的过渡环节能够对各个环节起到衔接作用，使教育活动从一个环节顺利地转移到下一个环节，能够使教师工作压力减少。她还指出可以利用有趣的儿歌游戏等方式来开展。研究者董建凤和梁永娟也表示过渡环节应加入有活力的游戏，这对于幼儿秩序培养、注意力发展有独特的价值。

（三）核心概念界定

1. 过渡环节

查阅涉及“过渡环节”一词的文献资料，笔者发现国内外不同学者对于过渡环节有着各自的理解。

朱莉布拉德认为，过渡环节对两个活动产生连接作用，使得一个活动能够顺利地转到下一个活动，实现不同活动的过渡。③ Nola Larson 等也对过渡环节做了相关探讨，得出了一定结论——过渡环节指的是一个过程，是幼儿在不同的活动间转换的过程。④

吴文艳也对过渡环节做出了定义：“在幼儿园中，幼儿从上一个向下一个活动转换的中间时刻。过渡环节也就存在于这两个活动中间，贯穿于幼儿的一日生活之中”。林玉萍将过渡环节定义为“幼儿园的生活由各种各样的活动构成，幼儿园的生活中存在着很多不同的环节，每个环节对幼儿来说都是必不可少的，过渡环节就是使这些环节串联的中介，它的存在是必不可少的”。⑤ 高悦表明所谓的过渡环节就是在幼儿园里生活活动、学习活动、游戏活动等这几种活动中间的转衔时刻。⑥

---

① 党彩虹．幼儿园一日生活中过渡环节的优化与组织［J］．学周刊，2016（26）：249-250.

② 王情．三谈“幼儿园一日生活过渡环节的教育渗透”［J］．启迪：教育教学版，2015（6）：64-65.

③ 朱莉布拉德．0—8 岁儿童学习环境创设［M］．陈妃燕，彭楚芸，译．南京：南京师范大学出版社，2014.

④ Larson N . Transition Magician：Strategies for Guiding Young Children in Early Childhood Programs［M］. Gryphon House. P. O. Box207. Beltsville. MD20704-0207. 1994.

⑤ 林玉萍，王东芳．幼儿园过渡环节巧安排［M］．北京：中国农业出版社，2016：124-125.

⑥ 高悦．幼儿园一日生活中消极等待的研究［D］．贵阳：贵州师范大学，2016.

综合上述研究者对过渡环节的不同理解，本研究对过渡环节也做出了一定的定义，本研究中过渡环节指的是幼儿从进入幼儿园到离开幼儿园的时间里一个活动转向另一个活动时产生的中间阶段。

2. 师幼言语互动

本研究中的师幼言语互动主要指幼儿园中教师与幼儿互动中，师幼双方依赖言语交换意见、互相表达思想，相互交流情感的行为及过程，无论是哪一方的言语使另一方有所反应，那么我们就认为双方之间存在着言语互动。此外，由于言语互动有口头言语互动和书面言语互动，本研究重点关注幼儿园过渡环节中师幼的口头言语互动。

三、幼儿园过渡环节中师幼言语互动的研究设计

（一）研究问题

本研究以幼儿园过渡环节中的师幼言语互动特点，包括互动开启者、互动主题、互动形式、互动性质、互动结果；不同年龄班过渡环节师幼言语互动的差异；不同过渡环节中师幼言语互动的差异为主要研究问题。

（二）研究对象

为了解当前幼儿园过渡环节中的师幼言语互动的状况，本研究拟选取北京市两所市级示范幼儿园进行观察研究。园中幼儿的一日生活作息时间安排得比较合理，过渡环节比较明确，班级内教师基本上都有学前教育专业背景，并定期接受关于幼儿教育方面的理论与技能培训。同时，这两所示范园都以健康教育为办园特色，比较重视幼儿的一日生活活动的开展。园中教师在过渡环节中与幼儿的言语互动具有代表性，更能体现当前大多数幼儿园过渡环节中师幼言语互动的现状。

由于不同年龄阶段幼儿的发展特点各异，不同年龄班的作息时间安排也有些不同。为全面展现当前幼儿园过渡环节中师幼言语互动的状况，本研究采用分层抽样和目的性抽样方法，在两个示范园中选择小、中、大班各 1 个班级的幼儿与教师作为研究对象，即两所示范园中共抽取 6 个班级、18 位教师。每个班级的教师共有三人，两名教育老师，一名保育老师，两名教育老师分上午和下午轮换组织开展活动，保育老师也会协助教育老师进行各种活动。所以，从过渡环节中师幼言语互动研究来看，三名教师都是本研究的观察对象。在教师教龄与受教育程度方面，我们可以发现抽样班级的 18 名教师教龄呈多样化，包括青年教师、成熟教师、骨干教师，学历呈多层次化，包括大专、本科、硕士。

这使得此次研究的资源充足，有助于对师幼互动有更好的探索，研究者将通过访谈这些不同教龄、不同教育背景的教师，较全面地获得过渡环节中不同教师言语互动的深层原因。

观察时限为每班观察6天，共计36天。每天从7：30早晨入园开始观察到幼儿午睡后10分钟结束，下午从起床14：00开始观察，一直观察到幼儿离园，观察分为不同的阶段，前一阶段为预观察阶段，之后才进入正式观察阶段，研究所用的数据都来自正式观察阶段，对预观察阶段的数据并不进行使用。

幼儿年龄与各个班级人数情况表、教师教龄与受教育程度情况表分别如表1-5-1、表1-5-2所示。

表1-5-1 幼儿年龄与各个班级人数情况表

班级	A幼儿园	B幼儿园	合计
小班（3-4岁）	32人	33人	65人
中班（4-5岁）	35人	35人	70人
大班（5-6岁）	40人	38人	78人

表1-5-2 教师教龄与受教育程度情况

教龄	人数	受教育程度	人数
1—5年	5人	专科	4人
5—10年	10人	本科	13人
10年以上	3人	硕士	1人

（三）研究方法及工具

1. 研究方法

本研究采用质性与量化相结合的方法，主要运用观察法与访谈法。通过量化研究对幼儿园过渡环节中的师幼言语互动所得到的信息进行整理与分析，对于并不能直接得到的信息，则采取质性分析手段，对实际的问题进行探讨。

（1）观察法

师幼互动是在自然的条件下产生的，所以本研究使用非参与式观察法，对过渡环节中师幼言语互动的观察不参与、不介入，只进行旁观，使用摄像机录像的方式采集观察内容。在两所幼儿园中选取小、中、大不同年龄班级来进行观察与研究。本研究在正式观察之前要先进行预观察2天，使观察的数据更加准确合理，之后4天的正式观察借助观察记录表，对互动行为进行详细记录，以事件取样法为主。

（2）访谈法

本研究采取非正式访谈法，在不影响教师的正常互动前提下，当对教师的互动产生疑问时，观察者会与教师进行交流，进而了解到更多的相关信息，获取教师言语互动的更多信息。

另外进行半结构式的深入访谈，对观察的两所幼儿园中 18 名教师根据访谈提纲表内容进行深度访谈，同时结合本研究观察的具体案例进行访谈，以此对相关问题的原因进行分析。访谈中在征得被访者同意的前提下采取录音的形式进行记录，最后整理形成文字材料。

2. 研究工具

（1）观察记录表

此次研究主要运用《幼儿园过渡环节中师幼言语互动的观察表》（附录一）来记录并分析数据。本观察记录表是参照刘晶波、黄娟娟对师幼互动的各种要素进行划分，并通过实际的考察与分析来制作的表格。本研究为使表格更加合理，能够符合过渡环节的特点，将记录表分为不同的部分，具体部分包括以下三个方面：第一个方面是基本情况，包含教师与幼儿的各种信息；第二个方面是原始观察记录表；第三个方面是师幼言语互动的分析表。在进行师幼言语互动的观察时，本研究先对互动行为进行原始观察记录，之后按照言语互动要素分析表对相关的现象进行分析与理解。

（2）访谈提纲

为了更好地对幼儿园过渡环节中师幼言语情况进行分析，本研究对两所幼儿园的 18 位教师进行采访，采访主要针对教师对过渡环节中师幼言语状况进行分析，对教师的作用以及互动中可能出现的一系列问题进行分析。访谈提纲内容参见附录二。

（四）取样时段

通过了解两个园所一日作息时间和生活状况（见表 1-5-3），我们可以发现：入园过渡等八种过渡环节普遍存在于两个幼儿园一日生活中。进而对两个园所各种过渡环节时间进行观察，我们可以发现教育活动、餐前餐后、清洁整理这三种过渡环节出现频次较多，总体耗时较长。因此，笔者将在教育活动过渡环节、餐前餐后环节、清洁整理环节这三种过渡环节背景下展开师幼言语互动的研究。

表 1-5-3 两园所一日作息时间

A 幼儿园冬季幼儿作息时间表	B 幼儿园冬季幼儿作息时间表
7：30—8：00 幼儿入园、晨检、晨间活动	7：30—7：50 幼儿入园、晨检、晨间活动
8：00—8：30 早餐	7：50—8：20 早餐
8：30—8：50 教育活动	8：20—9：00 活动区
8：50—10：00 户外活动	9：00—10：10 户外活动
10：00—10：30 加餐活动	10：10—10：40 加餐活动
10：30—11：00 活动区	10：40—11：00 国学、品格教育
11：00—11：40 午餐	11：00—11：40 午餐
11：40—12：00 散步	11：40—12：00 散步
12：00—14：00 午睡	12：00—14：00 午睡
14：00—14：30 午点活动	14：00—14：30 加餐活动
14：30—14：50 教育活动	14：30—15：40 户外活动
14：50—16：00 户外活动	15：40—16：00 教育活动
16：00—16：40 晚餐活动	16：00—16：40 晚餐活动
16：50—17：15 离园	16：50—17：10 离园

（五）研究资料的编码

本研究将师幼言语互动要素分为以下五大方面（见表 1-5-4）。

1. 师幼言语互动的开启

在具体的师幼言语互动事件中，一旦一方开启言语互动即归为该方开启的师幼互动行为事件。所以，本研究根据其互动的主导者将互动的内容划分为两类：第一类是由教师作为互动的开启者，幼儿为受动者所进行的互动；第二类是幼儿为互动的开启者，教师是受动者而进行的互动。

2. 师幼言语互动的主题

借鉴刘晶波提出的师幼互动场景中师幼易于出现的各种行为，本研究将观察到的师幼言语互动主题分为以下两个方面：一是幼儿发起的互动内容分为 8 种（t1 寻求指导与帮助；t2 主动展示；t3 告状；t4 请求；t5 告白；t6 发表见解；t7 表述情况；t8 询问）；二是教师发起的互动内容分为 9 种（T1 要求、指令或提醒；T2 约束纪律；T3 询问；T4 指导或帮助；T5 提问或让幼儿演示；T6 评价；T7 安慰、抚慰或表示关心；T8 解决矛盾；T9 请幼儿帮忙）。

3. 师幼言语互动的组织形式

过渡环节的组织形式分为三种：集体形式；小组形式；个体形式。本研究将探讨师幼言语互动在这三种不同组织形式下的表现特征。

4. 师幼言语互动的性质

本研究根据巨金香关于师幼互动性质的划分类型进行研究。在此次研究中，本研究对教师的言语互动情感进行分类，分为以下三个方面：积极方面、消极方面与中性方面。幼儿在师幼言语互动的情感特征有三种：正向、负向、中向。

5. 师幼言语互动的结果

本研究中将发起者和受动者的师幼言语互动的结果分为两种：拒绝、接受。

表 1-5-4 师幼言语互动要素表

<table>
<tr><th>互动的开启</th><th>互动的主题①</th><th>互动组织形式②</th><th>互动性质③</th><th>互动结果</th></tr>
<tr><td>幼儿开启</td><td>8 种（t1 寻求指导与帮助；t2 主动展示；t3 告状；t4 请求；t5 告白；t6 发表见解；t7 表述情况；t8 询问）</td><td rowspan="2">集体形式、小组形式、个体形式</td><td>正向、负向、中向</td><td rowspan="2">拒绝、接受</td></tr>
<tr><td>教师开启</td><td>9 种（T1 要求、指令或提醒；T2 约束纪律；T3 询问；T4 指导或帮助；T5 提问或让幼儿演示；T6 评价；T7 安慰、抚慰或表示关心；T8 解决矛盾；T9 请幼儿帮忙）</td><td>积极、消极、中性</td></tr>
</table>

（六）信效度检验

为保证本研究的信效度，在本研究开始之前，研究者与研究助手一起商讨并对研究工具观察表中 5 个分析维度的每个指标做出操作定义，确保分析者按照操作定义来分析的准确性。之后两人同时都进入一个观察班级进行为期 2 天的预观察，一是要对所要观察的环境进行熟悉，二是要让被观察的幼儿们适应

① 刘晶波．师幼互动行为研究——我在幼儿园看到了什么［M］．南京：南京师范大学出版社，1999：75-77.

② 吴康宁．教育社会学［M］．北京：人民教育出版社，1998：102.

③ 巨金香．情感视阈中的师幼互动［D］．长春：东北师范大学，2006.

到观察者的存在。在两天的预观察中，两名研究者都采用观察记录表对师幼言语互动进行原始情况记录并分析其中的5种言语互动要素。然后，将两人记录与分析要素的结果进行对照，写出评分者一致性得分，证明编码信度。最后，在正式观察过程中，由研究者与研究助手合力将所有班级的原始观察资料进行提炼与要素分析。

四、幼儿园过渡环节中师幼言语互动的观察结果与分析

本研究主要对北京市两所市级示范幼儿园中，随机抽取的6个班幼儿与教师在三种过渡环节中所发生的言语互动情况进行观察研究。此次参与观察研究的幼儿有213名，教师18名。所观察的三种过渡环节分别是集体教育活动过渡环节、餐前餐后过渡环节、清洁整理过渡环节，本研究共收集到447次言语互动事件，它们在这三种过渡环节中的总体分布情况参见表1-5-5、图1-5-1。

表1-5-5　师幼言语互动事件的总体分布情况（单位：次）

园所	A园			B园			合计（次）
班级	小班	中班	大班	小班	中班	大班	
集体教育活动过渡环节	30（6.71%）	27（6.04%）	24（5.37%）	24（5.37%）	20（4.47%）	21（4.69%）	146（32.66%）
餐前餐后过渡环节	14（3.13%）	15（3.36%）	17（3.80%）	11（2.46%）	17（3.80%）	13（2.91%）	87（19.46%）
清洁整理过渡环节	35（7.83%）	38（8.50%）	26（5.82%）	51（11.4%）	35（7.83%）	29（6.49%）	214（47.87%）
合计（次）	79（17.7%）	80（17.9%）	67（15.0%）	86（19.2%）	72（16.1%）	63（14.1%）	447（100%）

对收集到的447次言语互动事件观察结果的分析主要从五个维度进行：师幼言语互动开启、师幼言语互动主题、师幼言语互动形式、师幼言语互动性质、师幼言语互动结果。它们的具体分布情况如表1-5-6所示。

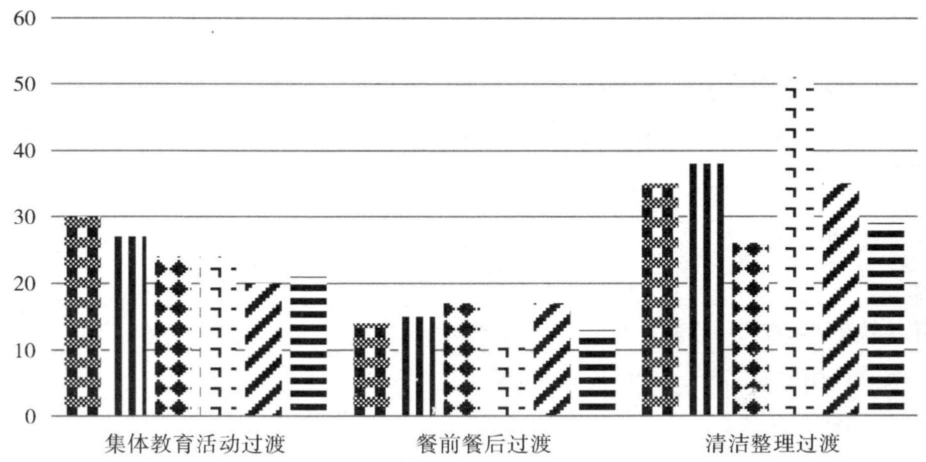

图 1-5-1 三种过渡环节中师幼言语互动事件的分布柱状图

表 1-5-6 师幼言语互动事件观察结果的总体分布情况

<table>
<tr><th colspan="2">互动开启者</th><th colspan="2">互动主题</th><th colspan="2">互动形式</th><th colspan="2">互动性质</th><th colspan="2">互动结果</th></tr>
<tr><th>A 园</th><th>B 园</th><th>A 园</th><th>B 园</th><th>A 园</th><th>B 园</th><th>A 园</th><th>B 园</th><th>A 园</th><th>B 园</th></tr>
<tr><td>教师开启
171 次</td><td>教师开启
160 次</td><td>T1 35 次
T2 27 次
T3 11 次
T4 15 次
T5 12 次
T6 8 次
T7 20 次
T8 21 次
T9 22 次</td><td>T1 30 次
T2 19 次
T3 13 次
T4 20 次
T5 9 次
T6 11 次
T7 18 次
T8 23 次
T9 17 次</td><td rowspan="2">集体
91 次

小组
42 次

个别
38 次</td><td rowspan="2">集体
80 次

小组
47 次

个别
33 次</td><td>积极
52 次

中性
111 次

消极
63 次</td><td>积极
66 次

中性
101 次

消极
54 次</td><td>接受
141 次

拒绝
30 次</td><td>接受
131 次

拒绝
29 次</td></tr>
<tr><td>幼儿开启
55 次</td><td>幼儿开启
61 次</td><td>t1 11 次
t2 5 次
t3 8 次
t4 9 次
t5 2 次
t6 2 次
t7 8 次
t8 10 次</td><td>t1 13 次
t2 5 次
t3 9 次
t4 10 次
t5 4 次
t6 2 次
t7 9 次
t8 9 次</td><td>正向
61 次

中向
97 次

负向
68 次</td><td>正向
56 次

中向
99 次

负向
66 次</td><td>接受
35 次

拒绝
20 次</td><td>接受
29 次

拒绝
32 次</td></tr>
</table>

（一）师幼言语互动开启分析

三种过渡环节中师幼言语互动开启的整体情况，如表 1-5-7 所示。

表 1-5-7　师幼言语互动开启的总体分布情况表（单位：次）

开启者	教师开启的言语互动		幼儿开启的言语互动		合计
	次数	占教师开启的互动的比例	次数	占幼儿开启的互动的比例	
集体教育活动过渡环节	123	37.16%	23	19.83%	146
餐前餐后过渡环节	56	16.92%	31	26.72%	87
清洁整理过渡环节	152	45.92%	62	53.45%	214
χ^2	14.67**		10.88**		

注：* 表示 $p<0.05$，** 表示 $p<0.01$，*** 表示 $p<0.001$。（以下相同）

1. 教师是过渡环节言语互动的主要开启者

教师为施动者开启的互动事件数量是 331 次，占总数量的 74.05%；幼儿作为开启者进行的互动事件只占 25.95%的比例，通过对总体互动数量的观察可以得出相关结论，教师开启的言语互动数量明显多于幼儿开启的数量，前者是后者的 2 倍多。

2. 清洁整理过渡环节的言语互动数量最多

在三种过渡环节中师幼言语互动的数量和占比分别为集体教育活动过渡环节 146 次（32.66%），餐前餐后过渡环节 87 次（19.46%），清洁整理过渡环节 214 次（47.87%），从多到少的排列为：清洁整理过渡环节、集体教育活动过渡环节、餐前餐后过渡环节。清洁整理过渡环节中的互动事件次数相对于其他两个环节明显较多。进一步了解三种过渡环节中师幼开启言语互动是否存在差异，对教师开启与幼儿开启的互动事件进行卡方检验，结果表明三种过渡环节中教师开启的互动事件有显著差异（$\chi^2=14.67$，$p<0.01$），幼儿开启的互动事件有显著差异（$\chi^2=10.08$，$p<0.01$）。

3. 师幼言语互动总体数量，随幼儿年龄增加呈递减趋势

进一步分析不同年龄班师幼言语互动开启的情况，依据互动事件的不同开启者进行相应统计，如表 1-5-8 和 1-5-9 所示。

表 1-5-8 不同年龄班教师开启的言语互动的分布情况及百分比（单位：次）

	小班		中班		大班	
	次数	占教师开启的互动的比例	次数	占教师开启的互动的比例	次数	占教师开启的互动的比例
集体教育活动过渡环节	49	14.8%	39	11.78%	35	10.57%
餐前餐后过渡环节	18	5.44%	21	6.34%	17	5.14%
清洁整理过渡环节	72	21.75%	51	15.41%	29	8.76%
合计	139	41.99%	111	33.53%	81	24.47%
χ^2	7.05					

表 1-5-9 不同年龄班幼儿开启的言语互动的分布情况及百分比（单位：次）

	小班		中班		大班	
	次数	占幼儿开启的互动的比例	次数	占幼儿开启的互动的比例	次数	占幼儿开启的互动的比例
集体教育活动过渡环节	5	4.31%	8	6.9%	10	8.62%
餐前餐后过渡环节	7	6.03%	11	9.48%	13	11.21%
清洁整理过渡环节	14	12.07%	22	18.97%	26	22.41%
合计	26	22.41%	41	35.35%	49	42.24%
χ^2	2.92					

由表 1-5-8 和表 1-5-9 中所列的数据可以看出，小、中、大班师幼言语互动发生的总体数量分别为 165 次、152 次、130 次，次数随幼儿年龄增长依次相对减少。当教师为互动开启者时，小、中、大班言语互动情况与总体趋势一致。当幼儿为互动开启者时，小、中、大班言语互动数量与总体趋势相反，大班师幼言语互动发生次数最多，其次为中班，小班的发生次数最少。

对不同的年龄班的师幼言语互动的主体进行研究，找出互动主体间的不同点，分别对教师和幼儿开启的言语互动进行了卡方检验，结果表明随幼儿年龄的增长，教师开启的言语互动有显著差异（$\chi^2=7.05$，$0.01<p<0.05$），幼儿开启的言语互动差异不显著（$\chi^2=2.92$，$p>0.05$）。

（二）师幼言语互动主题分析

师幼言语互动主题分为以下两个方面：一是教师发起的互动内容，分为9种（T1要求、指令或提醒；T2约束纪律；T3询问；T4指导或帮助；T5提问或让幼儿演示；T6评价；T7安慰、抚慰或表示关心；T8解决矛盾；T9请幼儿帮忙）；二是幼儿发起的互动内容，分为8种（t1寻求指导与帮助；t2主动展示；t3告状；t4请求；t5告白；t6发表见解；t7表述情况；t8询问）。

教师开启的师幼言语互动主题的分布情况如表1-5-10所示。

表1-5-10　教师开启的师幼言语互动主题的分布情况及百分比（单位：次）

教师开启的互动主题	集体教育活动过渡环节	餐前餐后过渡环节	清洁整理过渡环节	合计	χ^2
T1	29（23.58%）	4（7.14%）	32（21.05%）	65	18.10**
T2	16（13.01%）	4（7.14%）	26（17.11%）	46	8.60*
T3	7（5.7%）	10（17.86%）	7（4.61%）	24	0.20
T4	19（15.45%）	3（5.36%）	13（8.55%）	35	4.44
T5	11（8.94%）	2（3.57%）	8（5.26%）	21	1.35
T6	9（7.32%）	3（5.36%）	7（4.61%）	19	0.60
T7	14（11.38%）	13（23.21%）	11（7.24%）	38	0.16
T8	8（6.5%）	6（10.71%）	30（19.74%）	44	12.47**
T9	10（8.13%）	11（19.64%）	18（11.84%）	39	1.31

1. 教师言语互动以要求、指令或提醒以及约束纪律为主

由表1-5-10可以得出如下结论，教师开启的互动主题中，T1、T2、T8出现的次数比较多，占总数的46.83%；T9、T7、T4出现的次数次之；出现得最少的互动主题是T6，占总数的5.74%。

对教师开启的言语互动主题在三种过渡环节中的分布进行整体卡方检验，得出卡方值为49.85，$p<0.05$，对此能够得出相关结论：教师开启的言语互动主题在不同的环节中有差异，为进一步探讨具体哪些互动主题的差异显著，对9种主题都分别进行了卡方检验。其中T1、T8这两种主题有显著差异，卡方值分

别为 18.10 和 12.47，$p<0.01$。T2 这一主题也有差异，卡方值为 8.60，$p<0.05$。其他主题均无显著差异。

2. 幼儿言语互动主要集中在寻求指导与帮助、询问、请求

如表 1-5-11 所示，幼儿在过渡环节中 t1、t4、t8 出现的次数较多，占总数的 53.45%；t3、t7 出现的次数次之；t5 和 t6 出现的次数最少。

表 1-5-11 幼儿开启的师幼言语互动主题的分布情况及百分比（单位：次）

幼儿开启的互动主题	集体教育活动过渡环节	餐前餐后过渡环节	清洁整理过渡环节	合计	χ^2
t1	4（17.39%）	7（22.58%）	13（20.97%）	24	1.37
t2	3（13.04%）	5（16.13%）	2（3.23%）	10	0.14
t3	4（17.39%）	4（12.9%）	9（14.52%）	17	0.53
t4	6（26.08%）	4（12.9%）	9（14.52%）	19	0.41
t5	1（4.35%）	3（9.68%）	2（3.23%）	6	0.06
t6	1（4.35%）	2（6.45%）	1（18.61%）	4	0.02
t7	2（8.7%）	3（9.68%）	12（19.35%）	17	1.93
t8	2（8.7%）	3（9.68%）	14（22.58%）	19	2.84

对幼儿开启的言语互动主题在三种过渡环节中的分布进行整体卡方检验，得出卡方值为 15.01，$p>0.05$，结论证明幼儿的言语互动的主题差异并不是非常大，为了找出差异较大的互动主题，本研究对不同的主题进行了研究，并对不同主题进行卡方检验，得出 8 种主题均无显著差异。

3. 集体教育活动和清洁整理过渡环节中频次较多的主题相似

由表 1-5-10 和表 1-5-11 可知，在集体教育活动过渡环节中，T1 与 T2 的出现次数位于第一（29 次）和第二（16 次），这两类主题的次数在清洁整理过渡环节中同样处于前两位。餐前餐后过渡环节中，互动主题次数较多的则是 T7（13 次）。

4. 不同年龄班师幼言语互动主题具有很大的相似性

（1）随着幼儿年龄的增加，教师要求、安慰、指导和幼儿寻求指导与帮助的频次呈递减趋势。

如表 1-5-12 显示，小班教师开启的 T1 和 T7 主题数量最多，分别占小班教师开启互动总数的 23.74%和 17.99%。中班教师开启的 T1 和 T2 主题发生的频

次最多，分别占中班教师开启互动总数的 18.01%和 17.12 %。大班教师开启的 T9 主题互动最多，为 18 次，T1 和 T2 这两个主题相对较频繁，发生次数分别为 12 次和 14 次。

表 1-5-12　不同年龄班教师开启的言语互动主题的分布情况（单位：次）

教师开启的主题	小班	中班	大班	χ^2
T1	33（23.74%）	20（18.01%）	12（14.81%）	15.55**
T2	13（9.35%）	19（17.12%）	14（17.28%）	2.02
T3	12（8.63%）	7（6.31%）	5（6.17%）	4.88
T4	20（14.39%）	11（9.91%）	4（4.94%）	16.54**
T5	6（4.32%）	9（8.11%）	6（7.41%）	1.29
T6	4（2.9%）	8（7.21%）	7（8.64%）	2.05
T7	25（17.99%）	9（8.11%）	4（4.94%）	28.50**
T8	19（13.67%）	14（12.61%）	11（13.58%）	3.34
T9	7（5.04%）	14（12.61%）	18（22.22%）	7.15*

对教师开启的言语互动主题在小、中、大班的分布进行整体卡方检验，得出卡方值为 22.88，$p<0.01$，结果表明教师开启的言语互动主题的分布在不同年龄班有显著性差异。为进一步探讨具体哪些互动主题的差异显著，分别对 9 种主题在小、中、大班的分布依次进行了卡方检验，其中 T1（$\chi^2=15.55$，$p<0.01$）、T4（$\chi^2=16.54$，$p<0.01$）、T7（$\chi^2=28.50$，$p<0.01$）这三种主题分布有显著性差异，T9 这一主题分布有差异（$\chi^2=7.15$，$p<0.05$），其他主题没有明显的不同点。

（2）随年龄增长，幼儿请求、询问、告状、主动展示、表述情况的互动主题频次呈递增趋势。

在表 1-5-13 分布情况里，小班幼儿 t1 互动主题发生较频繁，占小班幼儿开启互动总数的 42.31%，而 t6 主题没有发生。中班幼儿 t1、t7、t8 这三个主题发生次数较多，而 t5 和 t6 这两个主题发生次数很少。大班幼儿 t4、t7、t8 这三个主题发生频繁，均占大班幼儿开启互动总数的 18.37%，而 t6 互动主题次数较少。

表 1-5-13 不同年龄班幼儿开启的言语互动主题的分布情况（单位：次）

主题	小班	中班	大班	X^2
t1	11（42.31%）	8（19.51%）	5（10.2%）	3.38
t2	2（7.69%）	3（7.32%）	5（10.2%）	2.10
t3	4（15.38%）	6（14.63%）	7（14.29%）	1.24
t4	4（15.38%）	6（14.63%）	9（18.37%）	3.00
t5	1（3.85%）	2（4.88%）	3（6.12%）	1.50
t6	0（0%）	2（4.88%）	2（4.08%）	3.00
t7	1（3.85%）	7（17.07%）	9（18.37%）	9.18 **
t8	3（11.54%）	7（17.07%）	9（18.37%）	4.42

对幼儿开启的言语互动主题在小、中、大班的分布进行整体卡方检验，得出卡方值为 10.58，$p<0.01$，因此可知不同班型的言语互动主题会有所不同，幼儿开启言语互动主题在不同年龄班的差异显著。为了找出互动主题的差别，对不同的班型进行卡方检验，发现 t7 这个主题有着明显的差异（$\chi^2=9.18$，$p<0.01$），其他主题均无明显差异。t7 表述情况是指幼儿向老师表述自己看到或发现、经历的客观现象或事情。由检验结果可知，表述情况在不同年龄班存在明显差异，它的数量随着幼儿年龄的增长而增多。

（三）师幼言语互动形式分析

师幼言语互动分为不同的形式，具体的形式包括三个方面：一是教师与集体幼儿进行互动，二是教师与小组幼儿进行互动，三是教师与个别幼儿进行互动，表 1-5-14 表示的是不同的过渡环节中不同的互动形式状况。

1. 集体教育和清洁整理过渡环节中三种互动形式的排序相同

如表 1-5-14 所示，在集体教育活动过渡环节中教师更多的是与幼儿集体互动交流。相较而言，清洁整理过渡环节主要以集体和小组互动交流为主，因此在此环节中教师对个别幼儿发起的互动交流相对要少；而餐前餐后过渡环节有偶然性与宽松性的特征，因此教师与幼儿的互动多发生在小组和个别幼儿之间。

为探究不同组织形式的互动在三种过渡环节中的分布情况及差异，对过渡环节的不同形式进行卡方检验（$\chi^2=65.48$，$p<0.01$），说明不同组织形式言语互动的分布在三种过渡环节中差异显著。进而对三种组织形式在集体教育活动过渡环节、餐前餐后过渡环节、清洁整理过渡环节中的分布进行卡方检验，结果如表 1-5-14 所示，集体形式言语互动分布在三种过渡环节中存在差异，$\chi^2=$

7.84，$p<0.05$；小组形式言语互动分布在三种过渡环节中有显著性差异，$\chi^2=10.62$，$p<0.01$；个别形式言语互动分布情况无差异。

表 1-5-14 师幼言语互动形式的分布情况及百分比（单位：次）

互动形式	集体	小组	个别
集体教育活动过渡环节	91（53.22%）	19（21.35%）	13（18.31%）
餐前餐后过渡环节	8（4.68%）	20（22.47%）	28（39.44%）
清洁整理过渡环节	72（42.11%）	50（56.18%）	30（42.25%）
合计	171	89	71
χ^2	7.84*	10.62**	2.38

2. 随着幼儿年龄增加，集体互动呈递减趋势，小组互动呈递增趋势

各年龄班师幼言语互动形式特征情况如表 1-5-15 所示，小班与中班的教师都比较重视与集体幼儿的互动，与集体幼儿互动的次数相对来说比较多，而大班教师则与小组幼儿的互动比较多，次数为 39 次，与集体幼儿的互动次数最少为 16 次。

为探究不同组织形式的互动在不同年龄班中的分布情况及差异，对不同组织形式在小、中、大班中的分布整体情况进行卡方检验（$\chi^2=52.83$，$p<0.01$）。说明不同组织形式言语互动的分布在小、中、大班差异显著。进而对三种组织形式在小班、中班、大班的分布进行卡方检验，结果如表 1-5-15 显示，三种形式言语互动分布在小班（$\chi^2=51.35$，$p<0.01$）、中班（$\chi^2=18.97$，$p<0.01$）、大班（$\chi^2=14.78$，$p<0.01$）均存在显著性差异。

表 1-5-15 不同年龄班言语互动形式的分布情况及百分比（单位：次）

	小班	中班	大班
集体	94（67.63%）	61（54.96%）	16（19.75%）
小组	18（12.95%）	32（28.83%）	39（48.15%）
个别	27（19.42%）	18（16.22%）	26（32.1%）
合计	139	111	81
χ^2	51.35**	18.97**	14.78**

（四）师幼言语互动性质分析

教师与幼儿的言语互动中会夹杂着教师与幼儿的思想与情感，教师与幼儿

的情感状况与他们的心理情况有着密切的联系，所以此次研究对教师与幼儿的情感进行划分，将教师的情感特征分为积极特征、中性特征和消极特征，将幼儿的情感特征分为正向特征、中向特征和负向特征。

1. 教师和幼儿的言语互动情感特征都趋于中性

师幼言语互动性质分布情况如表 1-5-16 所示，在 447 次互动事件中，教师所表现出中性的情感最多，为 212 次，占总数的 47.43%；幼儿所表现出中向的情感最多，为 196 次，占总数的 43.85%。

对师幼言语互动事件的性质进行卡方检验，可知在三种过渡环节中教师作为开启者的言语互动事件的性质有很显著的差异（$\chi^2=59.94$，$p<0.01$），幼儿作为开启者的言语互动事件的性质也存在显著性差异（$\chi^2=34.81$，$p<0.01$）。

表 1-5-16 师幼言语互动性质的分布情况及百分比（单位：次）

	教师开启情感			幼儿开启情感		
	积极	中性	消极	正向	中向	负向
集体教育活动过渡环节	43（29.45%）	68（46.58%）	35（23.97%）	41（28.08%）	43（29.45%）	62（42.47%）
餐前餐后过渡环节	34（39.08%）	31（35.63%）	22（25.29%）	39（44.83%）	28（32.18%）	20（22.99%）
清洁整理过渡环节	41（19.16%）	113（52.8%）	60（28.04%）	37（17.29%）	125（58.41%）	52（24.3%）
合计	118	212	117	117	196	134
χ^2	59.94**			34.81**		

2. 集体教育活动和清洁整理过渡环节中教师的中性情感居多

由表 1-5-16 可知，在集体教育活动过渡环节中，教师所表现出的中性情感特征最多，为 68 次，占教师情感总数的 46.58%；而幼儿表现出负向的情感最多，为 62 次，占幼儿情感总数的 42.47%；在餐前餐后过渡环节，教师的积极情感是最高的，占教师情感比例的 39.08%；而幼儿表现出正向的情感最多，为 39 次，占幼儿情感总数的 44.83%；在清洁整理过渡环节，教师所表现出的中性情感特征和幼儿表现出的中向情感特征最多，分别为 113 次和 125 次，占比为 52.8%和 58.41%。

根据表 1-5-17 的卡方检验结果可知，教师作为开启者在集体教育活动过渡环节、清洁整理过渡环节中其行为主体的情感特征存在极其显著差异，卡方值分别为 18.27 和 58.56，$p<0.01$。

表 1-5-17 教师开启的言语互动性质的分布情况及百分比（单位：次）

	教师开启情感			X^2
	积极	中性	消极	
集体教育活动过渡环节	43（29.45%）	68（46.58%）	35（23.97%）	18.27**
餐前餐后过渡环节	34（39.08%）	31（35.63%）	22（25.29%）	4.03
清洁整理环节	41（19.16%）	113（52.8%）	60（28.04%）	58.56**

进一步探究幼儿作为开启者在集体教育活动过渡环节、清洁整理过渡环节中其行为主体的情感特征是否存在差异，根据表 1-5-18 卡方检验结果可知，在三种过渡环节中幼儿作为开启者的情感特征存在显著差异。

表 1-5-18 幼儿开启的言语互动性质的分布情况及百分比（单位：次）

	幼儿开启情感			X^2
	正向	中向	负向	
集体教育活动过渡环节	41（28.08%）	43（29.45%）	62（42.47%）	8.28*
餐前餐后过渡环节	39（44.83%）	28（32.18%）	20（22.99%）	9.41**
清洁整理过渡环节	37（17.29%）	125（58.41%）	52（24.3%）	93.21**

3. 教师开启的积极情感和幼儿反馈的正向情感呈递减趋势

教师开启的互动性质情况如表 1-5-19 所示，对幼儿园中不同的班级类型情感特征进行调查，能够得出相关结论，幼儿园中的教师中性的情感特征比较多，消极的情感特征比较少，幼儿中向的情感也是比较多的，正向和负向的情感特征次数相同。

为进一步探究教师开启的言语互动性质在不同年龄班是否存在差异，我们进行卡方检验，由表 1-5-19 中结果可知教师开启的言语互动过程中，小、中、大班教师的情感特征和幼儿作为反馈者的情感特征都有显著的差异，卡方值分别为 16.13 和 49.20，$p<0.01$。

表 1-5-19 不同年龄班教师开启的师幼言语互动性质的分布情况及百分比（单位：次）

	教师开启			幼儿反馈		
	积极	中性	消极	正向	中向	负向
小班	37 （26.62%）	74 （53.24%）	28 （20.14%）	33 （23.74%）	88 （63.31%）	18 （12.95%）
中班	25 （22.52%）	64 （57.66%）	22 （19.82%）	31 （27.93%）	42 （37.84%）	38 （34.23%）
大班	24 （29.63%）	26 （32.1%）	31 （38.27%）	29 （35.8%）	15 （18.52%）	37 （45.68%）
合计	86	164	81	93	145	93
χ^2	16.13**			49.20**		

幼儿开启的互动性质如表 1-5-20 所示，不同年龄班都是中向情感特征较多，而正向情感与负向情感较少，教师对不同的班型的幼儿反馈也有一定的差别，在小班中，教师的积极情感比较多，而在大班中，教师的中性情感则比较多，而消极情感在中班出现相对较多。为进一步探究幼儿开启的言语互动性质在不同年龄班是否存在差异，我们进行卡方检验，由表 1-5-20 中结果可知幼儿开启的言语互动过程中，小、中、大班幼儿的情感特征和教师作为反馈者的情感特征没有显著的差异，卡方值分别为 0.20 和 7.81，$p>0.05$。

表 1-5-20 不同年龄班幼儿开启的师幼言语互动性质的分布情况及百分比（单位：次）

	幼儿开启			教师反馈		
	正向	中向	负向	积极	中性	消极
小班	5 （19.23%）	12 （46.15%）	9 （34.62%）	11 （42.31%）	9 （34.62%）	6 （23.08%）
中班	8 （19.51%）	18 （43.9%）	15 （36.59%）	7 （17.07%）	16 （39.02%）	18 （43.9%）
大班	11 （22.45%）	21 （42.86%）	17 （34.69%）	14 （28.57%）	23 （46.94%）	12 （24.49%）
合计	24	51	41	32	48	36
χ^2	0.20			7.81		

（五）师幼言语互动结果分析

1. 三种过渡环节中言语互动结果相似

在过渡环节中，由于互动事件发起者不同，其互动行为的结果也大不相同。师幼言语互动结果的分布情况如表 1-5-21 所示。在教师开启的互动中，幼儿对教师的接受度普遍来说是比较高的，教师开启的互动，大部分幼儿都是接受的，同时在幼儿开启的互动中，教师对幼儿的接受度也是普遍偏高的。对这个情况进行分析能够得出相关结论，在过渡环节中，教师对幼儿开启的互动，也会接受。三种过渡环节中教师开启的互动，幼儿接受的频次都是最多的，分别为 109 次、44 次、119 次。

根据表 1-5-21 的卡方检验结果可知，教师开启的和幼儿开启的师幼言语互动事件结果的分布情况均不存在显著差异，卡方值分别为 5.55 和 1.26，$p>0.05$。

表 1-5-21　师幼言语互动结果的分布情况及百分比（单位：次）

	教师开启		幼儿开启	
	接受	拒绝	接受	拒绝
集体教育活动过渡环节	109（32.93%）	14（4.23%）	15（12.93%）	8（6.9%）
餐前餐后过渡环节	44（13.29%）	12（3.62%）	17（14.66%）	14（12.07%）
清洁整理过渡环节	119（35.95%）	33（9.97%）	32（27.59%）	30（25.86%）
合计	272	59	64	52
χ^2	5.55		1.26	

2. 幼儿“接受”的互动结果随年龄增长呈递减趋势

在小班，以幼儿主动接受的互动结果发生最多，为 126 次，占小班教师开启互动总数的 90.65%。在中班和大班，幼儿接受的互动结果也出现较多，分别为 87 次和 59 次；在这三个年龄班中，出现幼儿拒绝的次数都相对较少。

在幼儿开启的互动中，不同的班级类型教师的接受度都比较高，教师比较乐于接受幼儿开启的活动，教师接受互动的次数占各个班型的互动总数的比例分别为 69.23%、41.46%、59.18%，中班和大班教师拒绝的互动结果出现较多，分别为 24 次和 20 次，占各年龄班幼儿开启互动总数的 58.54%和 40.82%。不同年龄班教师开启的和幼儿开启的言语互动结果的分布情况分别如表 1-5-22 和表 1-5-23 所示。

表 1-5-22 不同年龄班教师开启的师幼言语互动结果的分布情况及百分比（单位：次）

	小班		中班		大班	
	接受	拒绝	接受	拒绝	接受	拒绝
集体教育活动过渡环节	43 (30.93%)	1 (0.72%)	35 (31.53%)	6 (5.51%)	31 (38.27%)	7 (8.64%)
餐前餐后过渡环节	17 (12.23%)	2 (1.44%)	15 (13.51%)	4 (3.6%)	12 (14.81%)	6 (7.41%)
清洁整理过渡环节	66 (47.48%)	10 (7.19%)	37 (33.33%)	14 (25.86%)	16 (19.75%)	9 (11.11%)
合计	126 (90.65%)	13 (9.35%)	87 (78.38%)	24 (21.62%)	59 (72.84%)	22 (27.16%)
χ^2	12.72 **					

表 1-5-23 不同年龄班幼儿开启的师幼言语互动结果的分布情况及百分比（单位：次）

	小班		中班		大班	
	接受	拒绝	接受	拒绝	接受	拒绝
集体教育活动过渡环节	3 (30.93%)	2 (0.72%)	5 (31.53%)	3 (5.51%)	7 (38.27%)	3 (8.64%)
餐前餐后过渡环节	8 (12.23%)	4 (1.44%)	5 (13.51%)	6 (3.6%)	4 (14.81%)	4 (7.41%)
清洁整理过渡环节	8 (47.48%)	2 (7.19%)	7 (33.33%)	15 (25.86%)	18 (19.75%)	13 (11.11%)
合计	18 (69.23%)	8 (30.77%)	17 (41.46%)	24 (58.54%)	29 (59.18%)	20 (40.82%)
χ^2	5.51 *					

进一步对表 1-5-22 和表 1-5-23 中不同年龄班教师开启的和幼儿开启的言语互动结果的分布进行分析，由卡方检验的结果得出，在教师开启的互动中，

不同年龄班互动行为结果存在显著差异（$\chi^2=12.72$，$p<0.01$）。在幼儿开启的互动中，不同年龄班互动行为结果也存在差异（$\chi^2=5.51$，$p<0.05$）。

五、幼儿园过渡环节中师幼言语互动的特征分析

（一）师幼言语互动开启者的特征

1. 言语互动主要开启者为教师，且随幼儿年龄增长有显著差异

本研究在观察中共收集到447次言语互动事件，教师为施动者开启的互动事件数量是331次，占总数量的74.05%；而幼儿开启的互动事件共有116次，占据总次数的比例为25.95%，教师所开启的言语互动数量比幼儿要多，幼儿在互动中大部分是居于被动地位。根据这个状况可以得出结论，在幼儿园过渡环节中，教师与幼儿之间的言语互动处于一种失衡状态，互动地位明显不平等，教师处于主导地位。

同时，教师开启的言语互动随着幼儿年龄的增长，次数呈递减趋势。其中小班139次占41.99%，中班111次占33.53%，大班81次占24.47%。卡方检验结果显示随幼儿年龄的增长，教师开启的言语互动数量分布有显著差异。

2. 教师开启的言语互动集中在清洁整理过渡环节

与集体教育活动过渡环节和餐前餐后过渡环节相比，清洁整理过渡环节中主要是以教师为主进行开启的，次数占比比较多，这受到很多因素的影响，例如过渡环节的内容与性质。清洁整理过渡环节一般是教师在活动时说明清洁的步骤以及规则方法，然后引导幼儿以多种形式完成清洁任务。在活动进行时，教师可以根据实际情况来对幼儿提供帮助，这样可以使幼儿顺利地完成任务。根据对清洁整理过程的分析可以得出如下结论，教师对幼儿清洁活动的指导主要集中在提醒或是纪律约束这两个方面，也就是说，清洁整理过渡环节中虽让幼儿独自进行清洁整理活动，但实际上教师还是占据主导的地位，控制着幼儿活动的进程，要求幼儿能够按照预先设定的规则和纪律完成清洁整理任务。

（二）师幼言语互动主题的特征

1. 教师开启的主题多为要求、指令或提醒，幼儿以寻求指导与帮助为主

由教师开启的互动事件主题总量，根据统计，数量排在前三位的是：要求、指令或提醒65次（占教师开启总量的19.64%），约束纪律46次（占教师开启总量的13.90%），解决矛盾44次（占教师开启总量的13.29%）。这从一个侧面反映了教师在与幼儿发生言语互动时处于权威地位，教师很重视对幼儿活动的指导、班级纪律的维持，因而有权“要求、命令”幼儿做出反应，并“约束纪

律”幼儿的言行，经常出面调解“解决矛盾”。教师缺少对幼儿评价的互动，较少关注幼儿的情感需求。另外，其他互动主题显示一些年龄差异：在小班，教师安慰、抚慰或表示关心发生的频次比中大班有所提高。在大班，教师请幼儿帮忙发生的频次比小中班有所提高。说明小班幼儿由于年龄较小，进入幼儿园的时间不是很长，不能够对幼儿园生活进行很好的适应，对一些规则也不能够严格地遵守，有更多事情都需要寻求老师的帮助，需要老师进行照顾。对小班的幼儿来说，中班与大班的幼儿自理能力比较强，各方面的素质都相对来说比较高，所以，大班幼儿更加愿意与老师进行沟通。

由幼儿开启的互动事件主题总量，根据统计，数量排在前三位的是：寻求指导与帮助 24 次（占幼儿开启总量的 20.69%），请求与询问 19 次（占幼儿开启总量的 16.38%），告状 17 次（占幼儿开启总量的 14.66%）。其中，寻求指导与帮助主题发生频次由多到少依次为小班、中班、大班，而其他互动主题发生频次与之相反，由多到少依次为大班、中班、小班。产生这种现象的原因具有以下几点：第一点是因为幼儿的年龄不大，不能够自行解决一些问题，要依赖老师；第二点是家长的教导，家长教育幼儿有问题要找老师；第三点是老师有其自身的威严，幼儿的行为要经过老师的允许。

案例 1　你能得到印章吗？（大班）

在一周的幼儿园活动结束后，老师对这周表现比较好的儿童进行表扬，在幼儿卡上盖印章。小朋友们陆续来到老师面前，准备接受印章。但是小欧坐在自己的位置上一动不动，一直注视着老师。老师并没有太理会，这时小欧忍不住哭了起来并大声说：“我还没有印章呢！”老师看着他说：“因为你今天的行为不文明，对小朋友不友好，对老师不尊重。”小欧从刚才的哽咽变成大哭，老师又问：“下回还这样做吗？”小欧回答道：“不会了。”“大点声！”“不会了。”老师抱住他，并对整个班级的小朋友说：“知错就改的还是好孩子。咱们给他一次改正的机会，奖励给他一个改正错误的印章。”小欧听了，开心地在自己的卡上盖了一个印章，转身想走。老师问他：“你有什么要说的吗？”“谢谢老师。”

由上述案例可见，在集体教育活动的过渡环节中，师幼言语互动有其自身的特点，师幼言语的主要发起人是教师，教师发起师幼言语互动有其自身的目的，教师希望通过师幼言语互动来对幼儿进行指导，或者对幼儿不合理的行为进行制止。在此过渡环节中的言语互动，教师一般以比较严厉的身份来对幼儿进行教育，教师会对规则进行保护，维护自己的权威，而幼儿则是互动的接受者，在言语互动中，幼儿占据主体地位的情况比较少，幼儿主动发起互动的情况多数都集中在寻求教师帮助方面，但是幼儿的请求很可能得不到满足。

2. 言语互动主题在集体教育活动和清洁整理过渡环节中相似

由教师开启的互动事件主题，在集体教育活动过渡环节中出现次数较多的是要求、指令或提醒29次（23.58%），指导或帮助19次（15.45%），约束纪律16次（13.01%）；在餐前餐后过渡环节中出现次数较多的是安慰、抚慰或表示关心13次（23.21%），请幼儿帮忙11次（19.64%），询问10次（17.86%）；在清洁整理环节中出现次数较多的是要求、指令或提醒65次（19.64%），约束纪律46次（13.9%），解决矛盾44次（13.29%）。

在后期的访谈资料中，本研究观察到教师在表述集体教育活动和清洁整理过渡环节中言语互动的情况时，大多是与集体或小组幼儿，以游戏、儿歌等间接语言或直接语言发生“要求、指令”的互动。对于餐前餐后过渡环节，主要是与个别幼儿，以自由对话等方式互动。在访谈三个过渡环节互动目的的资料中，我们追寻到了一些原因。对于集体教育活动，教师认为互动目的重点在于为下一个活动做准备、调整或延伸；对于清洁整理过渡环节，教师认为互动目的侧重在常规教育、习惯养成；对于餐前餐后过渡环节，教师感觉主要目的是师幼休息、放松、自由活动。

（三）师幼言语互动形式的特征

1. 师幼言语互动重集体一致性，集体互动形式出现次数较多

小班与中班师幼言语互动形式出现次数较多的为集体互动交流，分别为94次（67.63%）、61次（54.96%）；大班师幼言语互动形式出现次数较多的则为小组互动交流，为39次（48.15%）。另外，小、中、大班师幼言语互动形式出现次数最少的分别为小组互动交流18次（12.95%），个别互动交流18次（16.22%），集体互动交流16次（19.75%）。

可见，由于中小班、中班幼儿与大班幼儿言语发展水平差异较大，所以教师在与小班、中班幼儿言语互动时会出现相似的互动形式。

2. 个别互动形式较多集中在餐前餐后过渡环节中

在集体教育活动过渡环节和清洁整理过渡环节中，师幼言语互动形式出现频次较多的是集体互动交流（分别为91次，53.22%；72次，42.11%）；在餐前餐后过渡环节中出现次数较多的是个别互动交流（28次39.44%）。

这可能与班级日常管理模式以及过渡环节本身的性质有关。当前幼儿园的班级日常管理老师大多为两教一保，但在实际的管理过程中，存在着班级老师轮休的情况，导致班级日常工作经常只有2名老师负责，即1名保育员和1名教师。另外，由于保育员工作的琐碎复杂性，她们工作时有时会离开班级和幼儿，

所以1名教师独自面对集体幼儿的情况时常发生。因此，大部分教师为了更好地管理幼儿和维护班级的稳定与秩序，无法顾及每个幼儿的不同特点，只能对幼儿采取集中管理的办法，与幼儿进行集体互动交流。

特别是在集体教育活动过渡环节衔接以集体形式为主的教育活动，教师更多的是与幼儿集体交流；相较而言，清洁整理过渡环节由于自身有一定的规则与要求活动空间、材料的有限性，单靠一名教师无暇应付所有的幼儿，师幼言语互动也常常出现以小组交流为主的互动，但教师与幼儿的互动时间是有限的，互动的内容不是非常丰富，互动也不是非常深入。而餐前餐后过渡环节比较宽松，幼儿的活动有其固有的较轻松自由的特征，有很大的偶然性与个体性，所以，对于某一个有个别需求的幼儿，教师有时间与其加强沟通。

案例2　我想做个魔尺球（小班）

午餐前幼儿在活动室玩魔尺玩具。乐乐举起手中的魔尺球，"你看，老师给我变了一个球！你会弄吗?"瑞瑞看了看，尝试了好几次也没有成功。他站起来走到老师面前，"李老师，您帮我变一个球吧!""好的，我慢一点转，你可以学一学。"老师一边转动魔尺，一边说着方法。好几个小朋友看见后也拿着魔尺围了上来。妙妙凑上来拿着自己变好的魔尺对老师说："老师，我做了一只恐龙，您看怎么样?""哦！真像啊！我还是第一次见到魔尺恐龙。你真有创意，小手也很巧。""那我可以给小朋友讲讲吗?""当然可以啊！小朋友们，妙妙做了一只恐龙，她想请大家欣赏一下，告诉大家是怎么变的。"

这是一次在餐前餐后过渡环节中发生的案例。一共有两次互动，都是由幼儿引发的。第一次是教师与瑞瑞之间的互动，是瑞瑞希望老师协助自己做玩具，第二次是教师与妙妙之间的互动，是幼儿主动展示自己的作品。两次交往中教师的语气均是温和而肯定的，也传递给幼儿积极的情绪情感。

（四）师幼言语互动性质的特征

1. 教师与幼儿的情感特征多为中性

由数据可知，小、中、大班教师开启的互动性质情况主要以中性情感为主，分别为74次（53.24%）、64次（57.66%）、26次（32.1%）；幼儿开启的互动性质情况主要也以中向情感为主，分别为12次（46.15%）、18次（43.9%）、21次（42.86%）。

因此就本研究看，师幼言语互动中教师与幼儿表达的情感很类似，教师与幼儿之间存在情感互动不足的问题。

2. 积极和正向情感特征在餐前餐后过渡环节中出现最多

在三种过渡环节中，师幼言语互动性质中教师情感出现频次较多的是中性情感，而三种过渡环节中幼儿出现频次较多的情感是中向情感。在餐前餐后过渡环节，教师的积极情感特征是比较多的，占的比例也比较大（39.08%），而幼儿表现出正向的情感最多，为39次，占幼儿情感总数的44.83%。

案例3　抱抱我吧（大班）

午餐前小朋友们三三两两地在聊天。老师走到奇奇身旁，亲昵地对他说："哎，你不淘气的时候蛮可爱的！"说完老师坐在他旁边的空座上拍拍他，并对他说："过来，老师抱抱你。"奇奇有些扭捏，老师继续坚持要抱他一下。于是奇奇坐在了老师的腿上，双手环绕着老师的脖子，靠在老师身上。其他小朋友看到这种情景，也都凑上来抱住老师的身体。老师一边笑一边说"哎呀，不行了，你们快撒手吧，我都不能呼吸了！"小朋友也乐了起来，奇奇带头说"不放不放！"

可以看到，在餐前餐后过渡环节中，师幼言语互动更具有情感交流的特点。案例3中的互动是教师发起的，教师居于主体地位，互动的氛围是非常好的。这主要是因为餐前餐后过渡环节更容易使人获得轻松、舒畅的体验，在许多教师看来，它并不是正式的活动，规则性不是很强，教师在这个环节中不是严肃的，所营造的氛围也是轻松的，教师与幼儿之间的交流是比较平等合理的。

（五）师幼言语互动结果的特征

1. 师幼言语互动结果以接受为主

由数据可知，小、中、大班教师开启的互动结果情况主要以接受为主，分别为126次（90.65%）、87次（78.38%）、59次（72.84%）；幼儿开启的互动结果情况主要也以接受为主，分别为18次（69.23%）、17次（41.46%）、29次（59.18%）。由此可知，三个年龄班师幼言语互动结果都是以接受居多。

2. 三种过渡环节中师幼言语互动结果接受多于拒绝

在三种过渡环节中，师幼言语互动性质都显示接受频次明显多于拒绝频次，其中教师开启互动结果都以幼儿接受居多，分别为126次、87次、59次；幼儿开启的互动结果都以教师接受居多，分别为18次、17次、29次，占各年龄班幼儿开启互动总数的69.23%、41.46%、59.18%。这说明不管是教师开启的或幼儿开启的互动，都是以接受结果反馈的。

案例 4　“你想吃什么?”(小班)

点心时间前，老师请小朋友去清洁小手。满满坐在座位上不动，不愿意吃点心。老师对满满说：“我们去洗手吧。”老师叫着满满，但满满却纹丝不动，就是用眼睛注视着老师，老师也在看着他，过了一会满满才从座位上挪动身体。老师问他：“今天想不想吃加餐了?”满满回答道：“不想。”老师说：“加餐我们必须吃，但是你可以进行选择，老师的左手是豆奶，右手是豆奶和面包，选一个。”满满回答：“右手。”老师说：“好，豆奶和面包。”于是他们去洗手间洗手了。

案例 5　哭鼻子不能解决问题（中班）

晚餐前是幼儿们自由活动的时间，可以与别的小朋友组伴玩自己喜欢的游戏。过了一会儿，蛋蛋大哭着找到老师，哽咽着说他刚才发生的事情，但是老师根本就听不清，于是老师说：“去洗手间把脸洗干净再来找我说，可以吗?”蛋蛋洗干净后和老师说，是因为他的伙伴玩儿完五子棋后不收棋，让他一个人收棋。老师耐心地对他说：“哭不能解决问题，以后再遇到这种问题不要哭，过来告诉老师，老师帮你解决问题。”于是拉着他的手对他说：“老师叫他们收棋子，如果他们不收棋子以后就不准玩了。如果他们还是不收，咱们取消他们玩棋子的权利，好吗?”他点点头。“好了，男子汉，再去洗洗你的小花脸吧!”蛋蛋走开了。

以上两个案例，分别是一次教师发起的言语互动和由幼儿引发的一次言语互动。对这两个案例进行分析会发现，这两个案例都比较成功，在案例中，老师运用了不同的手段进行言语沟通，老师的言语中包括要求的语气，同时也包括建议协商性的话语，帮助幼儿分析问题，解决问题。并且，教师在与幼儿的互动中也比较有耐心，对幼儿温和，没有对幼儿进行批评，使幼儿在轻松的氛围中接受老师的引导与建议。这样的互动结果是“双赢”的，教师的目的达到了，幼儿的情感体验也是积极的、愉快的。

六、幼儿园过渡环节中师幼言语互动的讨论

通过对过渡环节中师幼言语互动的观察，并对观察资料进行分析，本研究发现过渡环节中师幼言语互动的归因可能来自教师、幼儿、过渡环节这三方面。

（一）教师方面

1. 缺乏对过渡环节价值与作用的认知

在本研究的实际观察中，发现很多教师在带班过程中把幼儿园一日生活环节都视作自己的工作，为了使自己的工作更加轻松流畅，教师们会对幼儿进行强硬的管理，忽视幼儿主体性的发挥。在访谈中，教师这样解释："在集体教育活动后，为了保证下一个活动顺利开展，我们一般都会安排孩子们以如厕、盥洗、喝水的方式休息一下。如果不统一引导他们，好多孩子都可能贪玩不去了。这几个孩子就是该小便的时候总不去，一会儿别的活动他们又想去了。这样会影响下一个活动的开展。"这位教师的做法对于避免在开展下一个活动时幼儿要去小便而影响秩序的现象有一定的作用，但却缺少了在集体教育活动过渡环节中帮助幼儿养成自我服务的教育意识，忽视了幼儿自我活动的需求，这种强硬的要求指令不利于日常规则的内化与幼儿自主能力的发展，因此这种做法是不适宜的。

2. 在过渡环节中多为权威身份，角色转换不灵活

在过渡环节中，教师对自身的角色认知尤为重要，决定着其与幼儿互动时所表现出的行为习惯、情感态度。通过对教师的访谈，我们也进一步了解到教师对于过渡环节中担当角色的理解是不一致的。针对"在不同过渡环节中，您是以什么样的角色与幼儿进行言语互动的?"的访谈问题，编号 3 的教师说："我认为在不同的过渡环节中，教师的角色不太相同。清洁盥洗过渡环节中我一般先以观察者的角色与幼儿互动，如果幼儿在自主盥洗时需要老师提供帮助，我再以支持者的身份出现。餐前餐后过渡环节会提供给幼儿书籍、玩具、游戏材料，我更多以共同游戏的同伴身份互动。集体教育活动过渡环节中，我认为指导者的角色偏多，因为涉及教育活动后的总结和延伸活动都是教师以指导形式开展的。"这位教师对于不同过渡环节中教师角色的认知有自己的见解，但是对比实际观察的结果，居于教师开启互动主题首位的是"要求、指令或提醒"。由此我们可以看出不同过渡环节中多数教师在与幼儿互动时不能灵活转换自身角色，常常表现出同样的权威角色特征。本研究结果还显示特别是在清洁整理过渡环节中教师权威主导地位明显。从研究观察的案例中我们不难发现，大部分老师很重视幼儿清洁整理等生活技能的培养，希望幼儿整齐划一地进行盥洗整理活动，这种互动却忽视了幼儿的个体差异和清洁整理环节幼儿自我管理的目的。

3. 缺乏互动情感，言语表达能力存在差异

在本研究观察收集到的言语互动事件中，我们可以发现不同的教师在与幼

儿进行言语互动时，自身的情感和言语表达能力具有差异性。良好的情感和言语表达不仅能使教师轻松进行言语互动，更能促进幼儿的思考与发展。

本研究中言语互动性质的数据结果显示，教师与幼儿言语互动时的中性情感最多。在与教师的聊天中谈及此种情况，教师说："有些小朋友经常会发脾气或有情绪问题，只要没有影响活动开展或与整体秩序相违背，我们就不会太关注了。"可见，教师片面地根据职业经验，不愿意对幼儿的情绪做出回应，或者觉得幼儿小、情绪不稳定是正常现象，不需要关注。而实际上幼儿在经历情绪困难时，他们经常选择不恰当的方式来表达情绪，暗示自己需要帮助。因此，教师应适时对幼儿给予关注、关爱，帮助幼儿学会自我情绪调节和管理。

4. 言语互动形式单一、缺少趣味性

过渡环节时间虽然较短，但活动内容却不少，教师组织起来有一定的难度。有些教师为了更好地把控过渡环节，方便自我组织，经常会采取集体或小组的形式，安排幼儿进行统一的活动，禁锢了孩子的自由。例如，本研究观察到集体教育活动过渡环节里，教师经常组织幼儿进行下一个活动的准备工作，例如洗手、如厕、喝水、收拾整理材料等，很少从幼儿的需要出发，影响了幼儿的身心发展。另外，实际观察中，研究者还发现过渡环节中教师不重视活动形式的多样性，长时间不变换互动形式，单一的过渡内容例如同一首拍手谣或同一本故事书可能从小班一直延续到大班，不能满足不同年龄段幼儿的兴趣。

（二）幼儿方面

1. 自身语言能力和性格特征存在个体差异

在对过渡情境下师幼言语互动进行观察时，本研究发现除了教师方面存在的问题，幼儿自身也有一定的问题。这与幼儿自身的性格特征和言语水平都有很大关系。幼儿在语言能力和性格特征方面的个人差异一定程度上会影响师幼言语互动发生的频次与效果，这种沟通不畅很多时候会降低师幼发生言语互动的可能性。这就出现了"幼儿不会说—教师无反馈—听老师说我不需要说—我不会说"一系列的言语互动问题。

2. 有较深的教师权威性传统观念，自主意识不强

"要听老师的话"是家长与老师经常教导孩子的话。在实际生活中，幼儿由于年龄小，自控能力较弱，经常会依附于成人或需要教师提醒从而开展一些活动。老师有权利给予他们教导、约束控制甚至惩罚，这种传统观念无形中树立了教师绝对的权威地位。在这种观念下，幼儿无法对教师畅所欲言，他们的自主意识会逐渐服从、依赖老师的言行，并渐渐丧失自己的言语主体地位，让师

幼言语互动陷于有来无往的困境之中。

（三）过渡环节方面

1. 过渡环节形式生硬，过渡内容固化

过渡环节是幼儿园一日生活的“驿站”，是活动间的中转与衔接。过渡环节的形式和实施应该做到自然合理，衔接紧凑，彼此兼容，灵活安排。笔者在对两所幼儿园的观察中发现在不同过渡环节时，教师与幼儿的互动形式和互动内容千篇一律，缺乏对上一个环节的延续和对下一个环节的目标准备。例如很多教师在集体教育活动过渡环节里生硬地过渡，让原本对集体活动还保持一定兴趣的幼儿快速转换状态和活动内容，督促幼儿收拾整理材料、洗漱如厕等。清洁盥洗过渡环节中同样经常存在集体盥洗、集中整理的情况，这种“一刀切”的整齐划一方式不能满足幼儿盥洗的个体需要，也无法达到清洁整理过渡环节自我管理的目的。

2. 过渡环节的规则依靠教师言语强调

过渡环节是培养孩子自我安排活动的有效契机。要利用过渡环节进行合理安排，有利于孩子秩序感、归属感的形成，也有利于班级良好规则的形成。但在实际观察中，研究者发现过渡环节的规则意识和习惯养成更多依靠的是教师的反复指导和“老师说，幼儿做”的言语强调。

本研究还发现在清洁整理过渡环节中，这种规则人为强化的现象更为多见。由于洗手、漱口、如厕等清洁活动存在一定的方法和规则，教师会事先引导幼儿进行学习。但在实际操作中会常常出现遗忘顺序或方法不当的问题。这时教师就会反复提醒他们，长此以往，不仅阻碍了幼儿自主性发展和规则意识的内化，还容易让幼儿产生依赖性，即无人强化提醒，幼儿就不能遵守清洁整理的规则。

七、改善幼儿园过渡环节中师幼言语互动的建议

（一）实现过渡环节教育价值，树立教师正确的教育意识

教师的教育观念和专业素养是影响一日生活过渡环节的重要因素。想实现过渡环节中师幼言语互动的适宜性和有效性，这就要求教师把正确的教育意识纳入过渡环节当中，考虑前后两个活动的需要和衔接，运用适宜的活动内容和形式与幼儿互动，实现过渡环节的教育价值。同时，教师还应考虑自身角色的转变，从主导者、权威者转变为支持者、陪伴者。因此，在过渡环节的过程中，教师要权衡“收与放”“教与导”之间的关系，依据具体的情境来选择适宜的

互动内容和形式，使两个方面充分互动、功能互补。教师既可以在观察指导的前提下充分尊重和发挥幼儿的自主性，也可以在幼儿自主的前提下渗透指导的成分，使教师的引导与幼儿的自主在过渡环节的实施过程中有机结合，克服“自由散漫”或“强制行动”的极端状态。

（二）内化过渡环节规则，提升幼儿自我服务、自我管理的能力

过渡环节是幼儿提升自我服务、自我管理能力的有效契机，要使过渡环节变得“活而有序”，不能靠教师的强制规定，而是要靠幼儿的自觉性。幼儿有着自身的发展特点，不应该被同化，应该注重幼儿自身特点的发挥。所以教师应该对幼儿进行差异性教育，对不同的情况进行具体的分析，针对幼儿的不同需求来对幼儿进行引导。

例如在清洁整理过渡环节中，每个幼儿的清洁盥洗需求不同，教师应该尊重幼儿的个体差异，不要一刀切。对于表现出不同需求或提出个体需求的幼儿，教师要做的就是及时关注到幼儿的想法，体会并满足他们内心的需要，逐步达到养成幼儿卫生习惯的目的。首先，教师可以在时间上增加可变性，使幼儿自主和教师统筹安排相协调。其次，变化传统的集体盥洗形式，引导幼儿分流分工，将主动权交给幼儿，使清洁整理环节更加轻松、畅快。另外，还可以通过视觉和听觉方面的暗示，使幼儿潜移默化地内化规则，比如采用标记、图示、音乐等因素引导幼儿正确盥洗。这样的过渡内容不仅能让过渡环节常规变得和谐、自然，还能调动幼儿参与的主体性。

（三）调控过渡环节中的行为模式和自身情绪态度

《幼儿园教育指导纲要（试行）》中明确要求“教师的态度和管理方式应有助于形成安全、温馨的心理环境；言行举止应成为幼儿学习的良好榜样。以关怀、接纳、尊重的态度与幼儿交往。耐心倾听，努力理解幼儿的想法与感受，支持、鼓励他们大胆探索与表达。”过渡环节的氛围应该是轻松的，教师不要把自己单纯当作管理者，要调节自身的行为模式和自身的情绪态度，用适宜的态度情绪和言行与幼儿发生互动。例如将质问“你怎么这样？还不如×××呢”变成建议“这样做可能不太好，你能改一下就没问题了”。这样不仅尊重了幼儿的情绪感受，促使幼儿喜欢与老师进行内心情感、言语交流等互动，也引导了幼儿学会如何自我约束和管理。

（四）加强师幼过渡环节中沟通交流，提升积极情感互动

本研究发现过渡环节中师幼言语互动性质以中性情感为主，这表明师幼言语互动时情感交流的机会不多。而教师作为幼儿在幼儿园一日生活中极其亲密

的人，在幼儿情绪发展中起着非常重要的作用。根据观察到的实际案例，我们发现中性情感大多出现在以下情境中：师幼比率低，教师无暇顾及；教师职业倦怠，不愿意变换情绪与幼儿互动；个别教师认为幼儿情绪不需要关注等。所以，我们要对这个问题引起重视，并且采取不同的办法来解决这个问题，加强教师与幼儿之间的交流。首先教师要对幼儿进行鼓励，让幼儿勇于说出自己的需求，教师也要对自己的互动方式进行改进，把自己的想法与幼儿进行分享。这样做对教师与幼儿都有好处，能够使教师与幼儿之间的关系更加和谐，使幼儿对教师更加信任；同时，幼儿能够将自己的想法表达出来，让教师真正地了解自己的想法，充分理解幼儿的需求，幼儿的思维能力也得到了锻炼。

（五）注意互动形式的可变性和内容的多元性

研究结果表明，过渡环节中师幼言语互动更倾向于集体形式。教师应当兼顾环节性质和幼儿个性差异，灵活运用集体、小组和个人等形式来进行师幼言语互动。例如在清洁盥洗过渡环节里可以尝试小组分流和个人分工的形式，引导幼儿自主按需进行活动。分组的标准可以由师幼共同讨论决定，把更多的主动权交给幼儿，使盥洗环节更加轻松畅快，减少消极等待与教师权威性要求命令。个人分工形式需要幼儿推选出专人负责一些清洁整理活动，这样不仅能培养幼儿的任务意识，还增加了同伴相互服务的机会。

同时，幼儿喜欢参与丰富多彩的活动，教师应尽量提供有趣多样化的互动内容。在选择活动内容时，应考虑幼儿的年龄特点和环节自身性质，还需根据日常观察情况适当调整互动内容。

参考文献

［1］党彩虹．幼儿园一日生活中过渡环节的优化与组织［J］．学周刊，2016（26）：249-250.

［2］高俊英．过渡环节也精彩——幼儿一日生活过渡环节的有效组织与指导［J］．科普童话，2015（01）：23.

［3］高悦．幼儿园一日生活中消极等待的研究［D］．贵阳：贵州师范大学，2016.

［4］黄冰冰．浅谈幼儿过渡环节管理［J］．教育界，2014（10）：41.

［5］巨金香．情感视阈中的师幼互动［D］．长春：东北师范大学，2006.

［6］姜勇，庞丽娟．幼儿园师生交往类型的研究［J］．心理科学，2004，27（05）：1120-1123.

［7］刘晶波．师幼互动行为研究——我在幼儿园看到了什么［M］．南京：南京师范大学出版社，2003.

［8］林玉萍，王东芳．幼儿园过渡环节巧安排［M］．北京：中国农业出版社，2016.

［9］马媛．优化幼儿园一日生活过渡环节的策略新探［J］．教育导刊月刊，2015（04）：36-38.

［10］庞丽娟．教师与儿童发展［M］．北京：北京师范大学出版社，2001.

［11］吴丽芳．师幼互动模式的问题与思考［J］．福建教育学院学报，2006（11）：124-127.

［12］吴康宁．教育社会学［M］．北京：人民教育出版社，1998.

［13］王情．三谈“幼儿园一日生活过渡环节的教育渗透”［J］．启迪：教育教学版，2015（06）：64-65.

［14］吴文艳．幼儿园一日生活过渡环节的组织策略［M］．北京：中国轻工业出版社，2014.

［15］叶子，庞丽娟．师生互动研究述评［J］．学前教育研究，2009（03）：44-48.

［16］张春炬．幼儿园一日活动指导［M］．保定：河北大学出版社，2012.

［17］张芳芳．幼儿语言教育活动中教师言语行为研究［D］．临汾：山西师范大学，2014.

［18］朱莉布拉德．0—8岁儿童学习环境创设［M］．陈妃燕，彭楚芸，译．南京：南京师范大学出版社，2014.

［19］Pica R. Transition “Movement” into the Curriculum［J］. Young Children，2010，65（2）：52-53.

［20］Rashida Banerjee，Eva Horn. Supporting Classroom Transitions Between Daily Routines；Strategies and Tips［J］. Young Exceptional Children，2013，16（2）：3-14.

［21］Sharon E. Rosenkoetter，Susan A. Fowler. Teaching Mainstreamed Children to Manage Daily Transitions［J］. Teaching exceptional children，1986，19（1）：20-23.

附 录

附录一：幼儿园过渡环节中师幼言语互动的观察记录表

观察日期： 观察者：

（一）基本情况

1. 幼儿园级别：（1）市级示范（2）普通园

2. 班级：（1）小班（2）中班（3）大班

（二）师幼言语互动的观察记录表

环节	事件名称	背景	情况实录
教育活动过渡环节	1.		
	2.		
餐前餐后环节	1.		
	2.		
清洁整理环节	1.		
	2.		

（三）师幼言语互动的分析工具表

互动环节名称	互动事件	互动主体	开启互动的内容 教师 幼儿	互动形式	互动性质	互动结果
	1.					
	2.					
	3.					

附录二：幼儿园过渡环节中师幼言语互动的访谈提纲

1. 您如何看待过渡环节中教师与幼儿之间的互动?

2. 在过渡环节中，您与幼儿之间的言语互动多吗?一般是在什么状况下产生的?

3. 在过渡环节中，什么情况下幼儿向您发起的言语互动较多?您通常会做什么样的反应?

4. 在不同过渡环节中，如清洁整理、餐前餐后环节，您是怎样来与幼儿进行言语互动的?

5. 您认为过渡环节中的师幼言语互动会受到哪些因素的影响?

6. 您通常会反思自己与幼儿的言语互动吗?您觉得可以从哪些方面来提高自身互动能力?

专题二 02

不同专业发展阶段教师的师幼互动特征

幼儿园集体教育活动中骨干教师教育支持特征的研究

刘 园

中共中央、国务院印发的《关于学前教育深化改革规范发展的若干意见》强调要“办好新时代学前教育，更好实现幼有所育”，“为幼儿提供更加充裕、更加普惠、更加优质的学前教育”。优质的学前教育离不开优秀的幼儿教师，离不开高质量的师幼互动。而教师在与幼儿互动过程中的教育支持特征是影响师幼互动效果的关键因素之一。

一、研究缘起

（一）学前教育质量是学前教育改革与发展的核心

《国家中长期教育改革和发展规划纲要（2010—2020年）》[①] 中提出，计划到2020年，普及学前一年教育，毛入园率达到95%，学前三年毛入园率达到70%。随后，国务院颁布了《关于当前发展学前教育的若干意见》，提出将学前教育摆在更加重要的位置。2018年中共中央、国务院印发了《关于学前教育深化改革规范发展的若干意见》，对学前教育作出重大决策部署：到2020年，全国学前三年毛入园率达到85%，普惠性幼儿园覆盖率达到80%；到2035年，全面普及学前三年教育，建成覆盖城乡、布局合理的学前教育公共服务体系，形成完善的学前教育管理体制、办园体制和政策保障体系，为幼儿提供更加充裕、更加普惠、更加优质的学前教育。“高质量”发展已成为当前我国学前教育改革与发展的重要目标。[②]

---

① 教育部．国家中长期教育改革和发展规划纲要（2010—2020年）（2010）[EB/OL]．http：//www.moe.gov.cn/jyb_xwfb/s6052/moe_838/201008/t20100802_93704.html，2010-7-29.

② 中共中央国务院关于学前教育深化改革规范发展的若干意见（2018）[EB/OL]．http：//www.gov.cn/zhengce/2018-11/15/content_5340776.html，2018-11-7.

（二）师幼互动是影响幼儿园保教质量的关键要素

从某种意义上来讲，人的一生是一个不断接受教育的过程，幼儿在幼儿园中的各种活动参与也是一个不断接受教育的动态过程。而师幼互动贯穿了幼儿一日生活的各个方面，也是实现幼儿园各项保教活动目标的重要途径和保证。因此师幼互动质量直接影响幼儿园保教工作的质量，进而成为影响和决定幼儿园过程性质量的关键要素。

（三）教育支持是衡量师幼互动质量的重要标准

幼儿在幼儿园中往往是从教师提供的能够激发其认知和语言发展的学习机会下，以及从教师提供的适宜反馈中得到充分的发展。教育支持即指幼儿教师在与幼儿进行互动的过程中所采取的教育方式和策略，这些方式被教师用于有效地支持幼儿的认知和语言发展。① 优质的教育支持能够有效促进学前儿童各方面的发展，教育支持是反映与衡量师幼互动质量的重要标准。

（四）有关幼儿园骨干教师师幼互动中教育支持特征的研究不足

学前教育作为终身学习的开端在当前社会中得到了越来越广泛的关注与重视。提高幼儿园保教质量，打造优质的学前教育更是被作为当前学前教育工作的重要目标。骨干教师作为优秀的教师群体，在长期的师幼互动中积累了丰富经验，特别是其对幼儿教育支持的策略与方法等值得挖掘和借鉴，对于其他教师具有较强的示范与引领作用。但已有研究中对幼儿园骨干教师师幼互动特别是教育支持的研究较少。由此，本研究聚焦幼儿园骨干教师师幼互动中的教育支持特征。

二、相关研究基础

（一）关于师幼互动内涵及其质量的研究

1. 师幼互动的内涵

尽管不同学者对师幼互动的界定不尽相同，但综合已有研究发现，在研究者对师幼互动这一概念的界定中，双主体性、动态过程性以及在幼儿园一日活动中的各个环节中的普遍性等是较为公认的师幼互动的主要特征。庞丽娟认为师幼互动是发生在教师与幼儿之间的一种有交互作用的人际互动形式②。刘晶波

---

① Pianta R C, La Paro K M, Hamre B K. Classroom assessment scoring system [M]. Paul H. Brookes, 2008.

② 庞丽娟，陶沙．教师与儿童发展［M］. 北京：北京师范大学出版社，2003.

则指出："教师和幼儿之间发生的人际互动，具体指发生在幼儿园内部的、贯穿于幼儿一日生活中的幼儿园教师与幼儿之间的相互作用、相互影响的行为和过程。"[①] 卢乐珍指出师幼互动是幼儿教师与幼儿之间相互作用、相互影响的行为及其动态过程，它贯穿于幼儿一日生活的各个环节，是幼儿园各项教育目标得以实现的重要保证，是促进幼儿全面发展的关键性因素，也是教师内在的教育观念（包括教育观、儿童观、人才观、发展观）、教育能力和外显的教育手段、教育行为相结合的综合表现。[②] 黄娟娟认为，师幼互动是指在幼儿园一日生活各环节中，教师和幼儿之间发生的各种形式、性质、程度的心理交互作用或行为的相互影响[③]。叶子、庞丽娟指出师幼互动的结构包括：师幼互动的主体、师幼互动的基础和条件、师幼互动的过程及结果[④]。对于师幼互动的类型，姜勇、庞丽娟按照师幼互动的目的和内容等，将其划分为严厉型、民主型、开放学习型、灌输型[⑤]。

2. 师幼互动质量及其影响因素

《幼儿学习环境评量表》（ECERS-R）提出有关师幼互动质量的指标包括：教师鼓励儿童交流和表达，教师与大部分孩子都有个别交流，教师通过恰当的方式表达关爱，教师同情地回应儿童，教师鼓励儿童和承认相互尊重。[⑥] 课堂互动评估系统（Classroom Assessment Scoring System，CLASS）则从情感支持、班级组织、教育支持三个维度考察师幼互动的质量。[⑦] 幼儿园教师所理解的师幼互动质量内涵包括："儿童在前，教师在后"的主体关系；活动内容与过程的生成性；面向所有儿童，"关注不同发展水平的儿童"；民主平等、轻松自由的心理氛围。[⑧]

影响师幼互动质量的因素有很多，从幼儿角度来看，幼儿自身所具有的个性特征与师幼互动的质量有直接关系。Fein 等人的研究结果表明那些有积极性

---

① 刘晶波．师幼互动的总体特征及其功能［J］．幼儿教育，1998（11）：4-5.

② 卢乐珍．关于"师幼互动"的认识［J］．早期教育，1999（04）：28-29.

③ 黄娟娟．师幼互动类型及成因的社会学分析研究——基于上海 50 所幼儿园活动中师幼互动的观察分析［J］．教育研究，2009（07）：81-86.

④ 叶子，庞丽娟．师生互动的本质与特征［J］．教育研究，2001（04）：30-34.

⑤ 姜勇．幼儿园师生交往类型的研究［J］．心理科学，2004（05）：1120-1123.

⑥ Thelma H，Richard M C，Debby C. 幼儿学习环境评量表［M］．赵振国，等译．上海：华东师范大学出版社，2015：56-88.

⑦ 韩春红．上海市二级幼儿园师幼互动质量研究［D］．上海：华东师范大学，2015.

⑧ 李美芳. 师幼互动质量的内涵——基于教师的视角［J］．幼儿教育，2017（01）：8.

格的幼儿与教师的互动频率较高，而性格内向的幼儿则得到的关注与反馈相对较少①。从教师方面来看，教师的自身因素也会对师幼互动的质量带来不同影响，这些因素主要包括教师的性格特征、气质类型、性别特征、学历、专业发展水平等。已有研究发现，教师的专业发展水平、自身经历都会对其所组织的教育活动中的师幼互动质量造成影响②。除此之外，还有一些客观因素会对教师与幼儿的互动质量产生影响，比如班级环境、园所环境、班级师幼比等。例如，国外有关研究中发现对于经常更换教师的幼儿园班级，其中的幼儿更容易表现出侵犯性，不利于稳定、和谐的师幼互动关系的形成③。

3. 基于课堂互动评估系统的师幼互动质量研究

目前有多种关于师幼互动评价的量表，本研究主要采用课堂互动评估系统（CLASS），CLASS 是由美国弗吉尼亚大学教育学院院长、教学高级研究中心主任皮亚塔教授带领的团队，在大量文献研究基础上，经过多项大规模、国家级的质量评估项目的不断尝试和调整，于 2008 年正式出版的一套评估体系。

当前，CLASS 已经成为课堂教学质量的主流评估工具，被广泛运用于各个国家的师生互动质量评估。该系统针对的是发生在教室环境中的师生互动质量，从情感支持（Emotional Support）、班级组织（Classroom Organization）、教育支持（Instructional Support）这三个领域对师生互动质量进行观察与评价，认为师生互动质量主要体现在那些能促进儿童学习的核心互动的质量。在师幼互动质量的呈现方面，CLASS 从得分、师幼互动质量的类别、不同活动形式中的师幼互动质量这三个方面不仅更好地揭示了师幼互动的质量，也在教育质量的提升方面效果显著。④

4. 幼儿园集体教育活动中师幼互动及其质量的研究

当前我国有关集体教学形式下师生互动的研究更多侧重于对中小学课堂教学中教师与学生的探讨。“互动是教学的一种形式，即在教学中，采用互动并依赖于对话，创造有利于学生发展的环境下的教学形式。”⑤ 有关幼儿园集体教育活动中师幼互动及其质量的研究主要涉及某个领域活动或某个班龄集体教育活

---

① Fein，Gariboldi A，Boni R. The adjustment of infants and toddlers to group care：The first 6 months ［J］. Early Childhood Researsh Quarterly，1993，8（1）：1-14.

② 周欣 . 教师——儿童互动质量评定的行为指标初探［J］. 早期教育，2004（04）：8.

③ Howes C，Smith E W. Relations among child care quality，teacher behavior，children's play activities，emotional security and cognitive activity in child care ［J］. Early Chlidhood Reseacrh Quarterly，1995，10（4）：381-404.

④ 韩春红 . 上海市二级幼儿园师幼互动质量研究［D］. 上海：华东师范大学，2015.

⑤ 郑金洲 . 互动教学［M］. 福州：福建教育出版社，2007：12.

动中师幼互动整体状况的研究。如付丽霞运用 CLASS 对某幼儿园 35 个大班体育集体教学活动中的师幼互动进行评估和观察分析发现，体育集体教学活动中的师幼互动质量整体水平较高；体育集体教学活动以动作式互动为主，其中良好的运动氛围提高了师幼互动质量、循序渐进的活动设计优化了师幼互动质量、教师的动作体验式指导深化了师幼互动质量。① 曹高慧则运用 CLASS 研究发现语言教学活动中投射出的师幼互动特征上的一些问题：不平衡的互动过程、预设凌驾于幼儿需要之上、对促进幼儿高级思维机能和创新性发展的关注不足、语言示范重“表演”轻“示范”、鼓励施予的区别对待。② 陈小凤则基于 CLASS 对幼儿园社会领域集体教育活动师幼互动的特点与问题进行了探究。③

（二）关于师幼互动中教育支持的研究

“支持”在《现代汉语词典》中的意思为支撑、支援、供应、提供援助。因此，教育支持就是给予教育方面的支撑与供应。教育支持（Education Support）从属于社会支持（Social Support），是社会支持的一个方面，目前教育支持研究涉及两个层面：一是从国家、社会团体和个人对弱势群体在接受教育上提供的物质、资金、服务等方面的帮助和支持，目的在于促进教育公平④；二是从微观角度出发，关注提高教育质量、聚焦师生互动过程中教师所采用的手段和措施。本研究即从微观角度出发，聚焦幼儿园集体教育活动师幼互动过程中教师的教育支持特征。

1. 教育支持的内涵

本研究采用 CLASS 观察与评价维度的划分及释义，教育支持指教师在组织活动过程中所采取的手段和策略，这些手段和策略被教师用于有效地支持幼儿的认知和语言发展，教育支持包括概念发展、反馈质量和语言示范三个子维度。

2. 教育支持的特征

教师教育支持的特征在不同组织类型的活动中有所不同，教育支持内部各子维度也呈现出不同特点。例如，幼儿园集体教育活动相对于其他活动形式来

---

① 付丽霞．幼儿园大班体育集体教学活动中师幼互动质量的研究［D］．长沙：湖南师范大学，2017.

② 曹高慧．幼儿园语言教学活动中的师幼互动状况——基于 CLASS 系统的研究视角［D］．杭州：浙江师范大学杭州幼儿师范学院，2012.

③ 陈小凤．幼儿园社会领域集体教育活动的师幼互动研究——基于 CLASS 课堂评估计分系统分析［D］．重庆：西南大学，2016.

④ 余秀兰．社会弱势群体的教育支持［M］．北京：中国劳动社会保障出版社，2007：29.

说教育支持得分较高，教师更能给予幼儿相对集中、直接的教育支持。[①] 韩春红通过对上海市二级幼儿园师幼互动的研究发现，我国师幼互动缺少高质量的师幼互动，主要表现为：情感支持质量虚高、教育支持质量低和高质量师幼互动持续性不足三大问题。[②] 杨田使用CLASS的研究结果显示，高水平教师的言语反馈体现了中等偏上的教育支持水平，语言示范得分最高，反馈质量次之，概念发展得分略低。[③] 国外研究者探究了有效教育支持的具体特征，发现那些经常提出开放性和发散性问题的教师，其对于幼儿思维发展等方面的促进更加有效，在回答这类问题时需要运用推理、预测、解释等能力，在这样的师幼互动中，教师为幼儿发展提供了有效的教育支持。[④⑤]

3. 教育支持的评价与促进

教育支持的评价可以有效帮助教师了解当前教育支持的水平以及存在的问题，并且能够为教师提供有益的经验和建议，从而促进师幼互动质量的提升。张晓梅通过研究发现长春市民办幼儿园师幼互动质量处于中等偏高水平，其中教育支持领域得分最低，科学领域、艺术领域与其他内容师幼互动质量的差异性主要体现在教育支持领域。[⑥] 田方通过对41所幼儿园的161名教师进行现场观察发现高质量的师幼互动具有如下特点：以积极的行为为主；互动的形式和内容具有多样性；互动的主导动因具有双重性；互动的过程呈现出显性互动和隐性互动的统一。[⑦] 杨田通过对某高水平教师的15节公开课录像进行分析，探究了高水平教师的语言反馈在教育支持上发挥的作用，发现高水平教师的言语反馈具有任务性、情感支持性和教育支持性等。[⑧] 韩春红在对73名教师的半日活动录像进行分析后，通过教育实验法，将其中51名教师分为培训组与对照组，对培训组教师实施“聚焦师幼互动行为，以CLASS评估系统为培训内容，通过提供专业支持、加强教师主动探究及同伴对话等培训方式，改善师幼互动

① 田方．幼儿园半日活动情境下的师幼互动研究［D］．上海：华东师范大学，2012.

② 韩春红．上海市二级幼儿园师幼互动质量研究［D］．上海：华东师范大学，2015.

③ 杨田．高水平学前教师言语反馈特点个案研究［D］．上海：华东师范大学，2017.

④ Snow C E. Literacy anf Language：Relationships during the Preschool Years.［J］. Harvard Educational Review，1983，53（2）：165-189.

⑤ Van Kleeck A，Stahl S A，Bauer E B. On Reading books to children：Parents and teachers［J］. Education & Health，2003，29（9）：529-530.

⑥ 张晓梅．师幼互动质量对学前儿童学习品质的影响及其教育促进［D］．长春：东北师范大学，2016.

⑦ 田方．幼儿园半日活动情境下的师幼互动研究［D］．上海：华东师范大学，2012.

⑧ 杨田．高水平学前教师言语反馈特点个案研究［D］．上海：华东师范大学，2017.

行为，提高师幼互动质量”①。

（三）关于幼儿园骨干教师的研究

幼儿园骨干教师是指不同于特级教师或专家型教师，在一定的幼儿教师群体中，被园长和同行公认的或获得骨干教师称号的、具有较为丰富的教科研能力和协调沟通能力，并且具有优秀教师的品质，能在教育活动中较好发挥其骨干示范、辐射作用，对一般教师具有带动作用的幼儿园优秀教师。② 在幼教实践领域，幼儿园骨干教师根据其示范效应影响的范围及其先进性程度的不同，一般分为市级骨干教师、区级骨干教师和园级骨干教师。杨婧超对上海市幼儿园骨干教师在职培训情况进行实证研究，从培训理念、培训内容、培训形式、激励机制几方面提出相应的建议，以提升幼儿园骨干教师培训的实效性和针对性。③ 法富珍通过对幼儿园骨干教师进行深入访谈，探究了幼儿园骨干教师专业发展的主要影响因素。④ 王东絮以质化研究为取向，研究一位幼儿园骨干教师的专业认同发展历程。⑤ 廖怡着重对四位骨干幼儿教师的教学风格进行研究，概括梳理了市级骨干教师教学风格的特征，为幼儿教师专业发展提供依据。⑥

（四）已有研究述评

综上所述，首先，已有研究中对于师幼互动的内涵、师幼互动影响因素等有了较为充分的研究，为本研究提供了良好基础；其次，已有研究中包含了一些对优秀幼儿教师、骨干幼儿教师师幼互动特征的研究，为本研究深入探讨幼儿园骨干教师师幼互动中的教育支持特征提供了重要基础和宝贵经验。

但综观已有相关研究，也存在一些不足及有待进一步深入研究的方面：第一，就研究内容来看，已有研究多为师幼互动现状、影响因素、互动类型等方面的研究，虽有一些有关师幼互动质量及其策略方面的研究，但聚焦师幼互动过程中教育支持特征的研究却不多。第二，少量关于师幼互动中教师教育支持的研究中，一般都是从整体上来分析教育支持特点，较为表浅，而缺乏对教育

---

① 韩春红．上海市二级幼儿园师幼互动质量研究［D］．上海：华东师范大学，2015.

② 杨婧超．幼儿园骨干教师培训需求研究——以上海市为例［D］．上海：华东师范大学，2012.

③ 杨婧超．幼儿园骨干教师培训需求研究——以上海市为例［D］．上海：华东师范大学，2012.

④ 法富珍．幼儿园骨干教师专业发展影响因素调查研究［D］．成都：四川师范大学，2018.

⑤ 王东絮．幼儿园骨干教师专业认同的个案研究［D］．长春：东北师范大学，2018.

⑥ 廖怡．幼儿园市级骨干教师教学风格个案研究［D］．重庆：重庆师范大学，2016.

支持内部维度的深入剖析。第三，就研究对象来看，已有研究中对骨干教师师幼互动特征的专门研究比较少且不够深入。

三、幼儿园集体教育活动中骨干教师教育支持特征的研究设计

(一) 研究目的与研究问题

本研究尝试运用课堂互动评估系统（CLASS），对幼儿园骨干教师集体教育活动中教育支持特征进行较为深入的分析，概括提炼出集体教育活动中高水平教育支持的主要特征，进而为师幼互动质量的提升提供可借鉴的经验，提出可行性教育建议。由此主要研究问题聚焦以下两大方面：第一，幼儿园集体教育活动中骨干教师的教育支持有哪些基本特点？具体而言，包括不同领域集体教育活动中的骨干教师的教育支持特点、不同年龄班集体教育活动中骨干教师的教育支持特点，以及不同个体特征的骨干教师在集体教育活动中教育支持特点。第二，幼儿园集体教育活动中骨干教师的教育支持有哪些共同的关键特征？

(二) 研究意义

首先，本研究尝试运用课堂互动评估系统（CLASS）对幼儿园骨干教师集体教育活动中教育支持特征进行较为深入的分析，从理论意义来讲有助于充实和完善幼儿园师幼互动、师幼互动质量提升，特别是教师对幼儿实施教育支持的相关理论；其次，本研究以师幼互动发生相对集中的集体教育活动为基本观察单位，对幼儿园骨干教师师幼互动中教育支持特征进行分析，进而提炼集体教育活动中骨干教师教育支持的关键特征和可借鉴之处，对于增进其他经验类型的教师群体特别是新手教师对师幼互动、教育支持的认知及其相关能力的提升，均有促进作用和实际指导意义；最后，师幼互动对幼儿身心发展产生重要影响，本研究聚焦幼儿园骨干教师师幼互动中教育支持的特征，旨在促进和提升幼儿教师的教育支持能力，由此也将有助于幼儿在更加高质量的师幼互动中获得更好的发展。

(三) 研究思路与框架

本研究以幼儿园骨干教师为研究对象，通过课堂互动评估系统（CLASS）来分析其在幼儿园集体教育活动中教育支持的基本特点，并进一步挖掘幼儿园集体教育活动中骨干教师教育支持的关键特征。具体研究思路如图 2-1-1 所示。

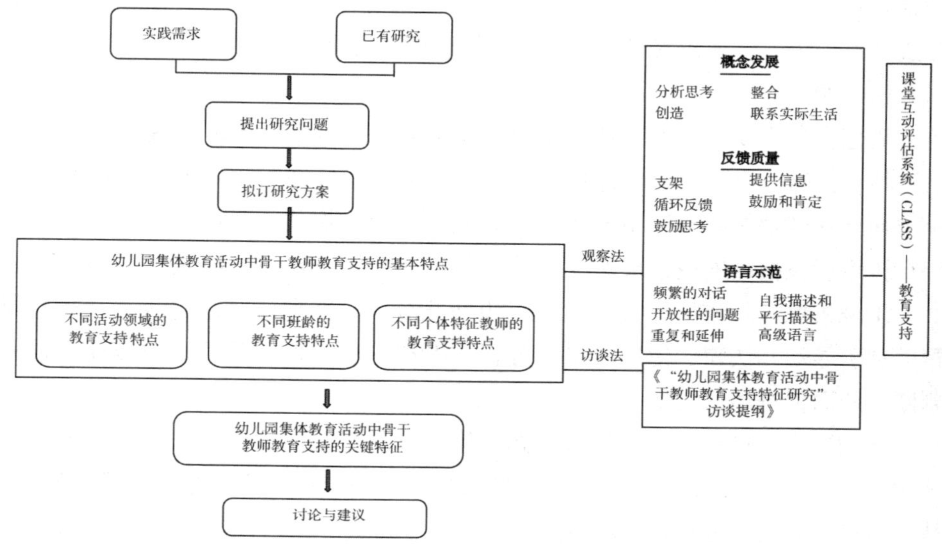

图 2-1-1　研究思路框架

（四）核心概念界定

1. 师幼互动

师幼互动在幼儿园各项活动中发挥着非常重要的作用，因为教师在与幼儿互动的过程中才能了解幼儿所想所需，进而根据幼儿的需要给予其支持帮助，从而实现有效的人际交往与较高质量的活动效果。基于已有文献①及本研究主题，本文聚焦幼儿园集体教育活动中的师幼互动行为，将师幼互动界定为：幼儿园集体教育活动中，发生在教师与幼儿之间的一种有交互作用的人际互动形式。

2. 师幼互动中的教育支持

本研究采用 CLASS 中对教育支持内涵及其子维度的划分，即教育支持指教师在教育活动中用于有效地支持幼儿认知与语言发展的方式。教育支持包含概念发展、反馈质量和语言示范三个子维度与 14 项指标。②“概念发展”维度评估教师通过各种形式促进儿童认知和高级思维能力发展的能力。“反馈质量”维度评估教师是否能够给予恰当的反馈，从而促进儿童的学习、对知识的理解并

① 叶子，庞丽娟．师生互动研究述评［J］．学前教育研究，2009（03）：44-48.

② Pianta R C，La Paro K M，Hamre B K. Classroom assessment scoring system［M］. Paul H. Brookes，2008.

鼓励儿童持续参与活动的能力。“语言示范”维度评估教师在与儿童互动中为了促进儿童的语言发展而提供的语言刺激的数量和质量。①

（1）概念发展

概念发展维度主要关注教师使用有效策略来促进幼儿理解、提高其思维能力的情况。这一方面需要教师具备较为完善的知识体系与丰富的生活经验；另一方面要求教师能够有意识地去培养幼儿的概念发展能力，如分析思考、创造等。该维度包括四项观察与评价指标：分析思考、创造、整合、联系实际生活。

①分析思考。该指标关注教师组织幼儿分析、推理、讨论的能力，即教师帮助和引导幼儿认知、使用简单的分析、推理方法进行合乎逻辑的推理、做出判断，从而促进幼儿发展。

②创造。该指标关注教师为幼儿提供产生新想法的机会，以及教师激发幼儿的发散性思维的情况。如使用“头脑风暴”的方式引导幼儿进行思维的发散，从而帮助幼儿更好地挖掘其创造力。

③整合。该指标关注的是教师能否帮助幼儿将现有知识点与先前的知识点产生联系，这包括不同领域、不同类别的知识。

④联系实际生活。该指标关注教师能否经常性地有意识地帮助幼儿将所学知识运用到实际事件，或通过提及一些幼儿日常生活中的知识、经验，进而使幼儿的学习更具实践意义。

（2）反馈质量

反馈质量这一维度关注教师给幼儿提供反馈的能力，这对幼儿发展及活动效果均具有重要作用，反馈质量包括回答或回应幼儿问题，对幼儿在活动中的进展情况和参与程度进行评定等。反馈质量包含两个层面的含义：一是教师在给予幼儿反馈的过程中，并不期待幼儿回答出教师内心预期的答案，而是真正关注到幼儿内心的想法；二是教师应关注到自己给予幼儿的反馈在幼儿个体身上产生了怎样的作用，以及对幼儿群体产生了怎样的影响。该维度包含五项观察与评价指标：支架、循环反馈、鼓励思考、提供信息、鼓励和肯定。

①支架。该指标关注教师能够为幼儿提供适当的支架，帮助幼儿成功完成任务。具体而言，教师在为幼儿提供支架时，是否知道从哪里开始，如何选择适当的时机提供必要水平的支持，以帮助幼儿在任务中取得成功。

②循环反馈。该指标关注教师与幼儿之间来回往复的持续互动。该过程中幼儿也有可能表现出“错误”的思路，教师通过与幼儿共同分析“错误”思路

① 韩春红．上海市二级幼儿园师幼互动质量研究［D］．上海：华东师范大学，2015.

的过程，从而发现新的思路，这样的反馈有助于幼儿获得新的认识。在这种持续性的来回互动中，教师对幼儿的评价和反馈，有助于幼儿真正地理解想法或探寻到正确思路与答案。此外，该指标强调教师不仅要“接住”幼儿“抛来”的话题，还要设法使话题互动更加有趣。而这种能力并不能依靠某一次活动而获得，而是需要教师在每一次与幼儿互动的过程中不断磨炼、积累经验。

③鼓励思考。该指标关注在活动过程中，教师是否会让幼儿解释自己思考的过程及相关的想法，一般采用提问或追问的方式。

④提供信息。该指标关注教师能否通过重复幼儿的回答从而给出一些“线索”，来拓展幼儿先前的回应或行为，进而帮助幼儿澄清正确的概念，而不是简单地对幼儿的回答或反应进行正误评价。教师为幼儿提供的“线索”并不仅限于单一语言形式，也可以是动作或表情线索。

⑤鼓励和肯定。该指标关注教师是否会经常对幼儿的回应或活动过程给予鼓励，教师是否关注幼儿的情感体验、个体能力的提高，以及新策略的尝试等。教师的鼓励和肯定可以是言语的，也可以是表情神态或动作上的积极暗示。

（3）语言示范

语言示范维度关注的是师幼互动过程中教师语言的数量和质量。教师运用的语言对于幼儿来说具有较强的示范作用，是幼儿进行学习的一种重要途径，因而教师应时刻意识到其语言的示范性，注意到与幼儿语言交流的频率、交流的深度及交流技巧等。此维度有五项观察与评价指标：频繁的对话、开放性的问题、重复和延伸、自我描述和平行描述、高级语言。

①频繁的对话。该指标关注的是师幼之间以及幼儿之间是否有很多交流，从而为幼儿提供了更多的使用语言的机会。教师一方面应充当积极的倾听者，对幼儿做出适宜的反应，另一方面也应提出相关问题，使师幼互动与活动过程对幼儿来说充满吸引力。

②开放性的问题。开放性问题是相对于“对不对、是不是、有没有”等这样的封闭性问题而言的，需要对提问做出详尽阐释或发散性思维的问题。该指标关注教师在师幼互动过程中能否经常性地提出启发式、开放式的问题，为幼儿提供更多思考和想象的空间。

③重复和延伸。基于幼儿年龄特点，他们对自己的想法有时还不能很好地加以表达，这时候就需要教师予以引导和帮助幼儿进行梳理。该指标即关注教师在师幼互动过程中能否关注幼儿的交流欲望及相关表现，并通过对幼儿回答进行整理性的重复、整合，进而帮助幼儿理清陈述思路，延伸和拓展表达内容，提升表达效果。

④自我描述和平行描述。该指标是指教师使用自我描述或平行式描述的策略来扩展幼儿语言。一般分为两种情况：一种情况是教师对自己的计划或者操作的动作进行简单的自我描述；另一种则是教师对幼儿的行为进行描述，即平行式描述。

⑤高级语言。该指标关注的是在与幼儿交流互动的过程中，在出现新的词句时，教师能否结合互动情境，帮助幼儿在已掌握的语言与更复杂的新语言之间形成联系，扩展幼儿的相关认知。

3. 幼儿园集体教育活动

本研究中的集体教育活动指在幼儿园中，幼儿教师有目的、有计划地选择活动主题，准备活动材料，创设教学环境，由教师讲授与幼儿参与、自己操作相结合的活动。①

（五）研究对象

本研究中的幼儿园骨干教师涉及三个层次，即园级骨干教师、区级骨干教师和市级骨干教师，即根据园级、区级、市级评比标准评定授予相应称号的一线教师。这些教师具有强烈的团队精神、较强的班级管理能力、扎实的专业基本功、较强的教科研能力，在教师团队中发挥着重要的示范引领作用。

1. 幼儿园基本情况

考虑到一级一类幼儿园骨干教师配比较高，骨干教师相对流动性较小，本研究选取两所一级一类幼儿园：Y 园和 S 园。

2. 幼儿园骨干教师基本情况（见表 2-1-1）

表 2-1-1　骨干教师基本情况（N=36）

特征	类别	人数	比例
性别	男	1	2.8%
	女	35	97.2%
年龄（岁）	21-30	16	44.4%
	31-40	14	38.9%
	41-50	5	13.9%
	51-60	1	2.8%

① 施燕．学前儿童科学教育［M］．上海：华东师范大学出版社，2006：46.

续表

特征	类别	人数	比例
教龄（年）	≤5	6	16.7%
	6-10	9	25%
	11-15	11	30.6%
	16-20	3	8.3%
	>20	7	19.4%
职称	三级教师	0	
	二级教师	5	13.9%
	一级教师	22	61.1%
	高级教师	9	25%
全日制学历	大专以下	15	41.7%
	大专	15	41.7%
	本科	6	16.6%
最高学历	大专	3	8.3%
	本科	31	86.1%
	硕士及以上	2	5.6%
荣誉称号	园级骨干	18	50%
	区级骨干	15	41.7%
	市级骨干	3	8.3%

（六）研究方法

本研究采用量化和质性研究相结合的方法，运用 CLASS 观察记录单对幼儿园骨干教师的集体教育活动录像进行评价，并对收集到的数据进行量化分析，同时借助视频资料和访谈结果展开案例分析。

1. 观察法

本研究采用非参与式观察，以旁观者的身份对骨干教师组织实施的集体活动进行观察并拍摄完整录像，而后对活动视频进行深入细致的观察与分析。

（1）观察对象

根据本研究主题与研究目的的需要，综合考虑园所学期活动安排、学期活动重点、园所特色等因素，共收集 36 位骨干教师在不同年龄班、不同领域组织实施的 40 个集体教育活动的有效视频。

（2）观察过程

现场观察与录制的每一次集体教育活动时长不低于20分钟。为了获得较为客观、真实的师幼互动质量数据，保证CLASS较高的评分者信度，研究者与其他两位学前教育研究生共同参加了CLASS专业培训。三位评分人员从所有活动中随机抽取两名教师的两个活动视频作为试测视频，根据CLASS同时进行评分。三位评分人员在评分试测中，要求与标准评分的一致性范围保持在80%以上①。过程中如评分者评分出现较大差异，则三人共同分析原因，最终平均评分者一致性系数达85%。视频观察的过程中重点观察在活动中谁发生了什么，是怎样发生的，尤其关注师幼互动行为并进行打分，这些分数构成了后续编码的基础。

（3）观察与评分工具

本研究采用CLASS观察记录单。该系统建立了一个师幼互动质量的多层次评估框架，包括领域—维度—指标三级内容。每个领域中包含多个维度，每个维度下包含多个行为指标。本研究主要抽取CLASS中教育支持领域的框架表，该领域下又分为概念发展（分析思考、创造、整合、联系实际生活）、反馈质量（支架、循环反馈、鼓励思考、提供信息、鼓励和肯定）、语言示范（频繁的对话、开放性的问题、重复和延伸、自我描述和平行描述、高级语言）三个子维度，共14个指标。为了更准确地了解师幼互动质量的现状，按照原始分值的跨度对其进行分类。研究将CLASS各领域和维度的原始分数为1—2.49认定为低质量，将原始分数为2.5—5.49认定为中等质量，将原始分数为5.5—7认定为高质量。

2. 访谈法

（1）访谈对象

本研究中访谈对象为组织实施集体教育活动的36位幼儿园骨干教师（参见表2-1-1）。

（2）访谈过程

研究者在现场观察教师活动结束后，即对组织活动的骨干教师展开访谈并全程录音。一方面了解教师对师幼互动、教育支持的认识和理解，教师对自身该方面能力的评价，以及教师对提升师幼互动特别是教育支持能力的需求、可能的途径等；另一方面，获知那些仅凭观察不甚清楚的教师教育支持行为的意图和动机，以便更加准确深入地把握教师教育支持行为背后的教育理念。

---

① 韩春红．上海市二级幼儿园师幼互动质量研究［D］．上海：华东师范大学，2015.

（3）访谈工具

自编《“幼儿园集体教育活动中骨干教师教育支持特征研究”访谈提纲》（参见附录一）。访谈主要从基本概念认知和实施效果反思两个方面来展开。

四、幼儿园集体教育活动中骨干教师教育支持的基本特点

（一）幼儿园集体教育活动中骨干教师教育支持的总体情况

本研究中骨干教师师幼互动总体得分为5.43，依据CLASS评分规则，此分数处于中等偏上水平。从CLASS的三个一级维度来看，骨干教师在情感支持领域的得分最高（5.81），班级组织领域得分次之（5.31），而教育支持领域得分最低（5.16）。

如表2-1-2所示，教育支持的三个子维度中，首先，骨干教师们在“概念发展”维度的平均得分最低（5.02）。其中分析思考、联系实际生活这两个指标均高于该子维度均分，其中联系实际生活得分最高（5.36）。而整合这一指标得分低于子维度均分（4.69）。其次，“反馈质量”维度得分为5.34，在教育支持三个子维度中得分最高。其中提供信息、鼓励和肯定这两项指标的均分明显高于该子维度均分。最后，“语言示范”维度平均得分为5.13，其中频繁的对话、开放性的问题、重复和延伸这三项指标得分均显著高于此维度均分，但自我描述和平行描述、高级语言这两个指标则显著低于子维度均分。

表2-1-2　幼儿园集体教育活动中骨干教师教育支持得分情况（N=36）

	最小值	最大值	平均值
概念发展	3.75	5.75	5.02
分析思考	4.00	6.00	5.03
创造	2.00	6.00	5.00
整合	4.00	6.00	4.69
联系实际生活	4.00	6.00	5.36
反馈质量	4.60	6.00	5.34
支架	3.00	6.00	5.19
循环反馈	3.00	6.00	5.17
鼓励思考	4.00	6.00	5.25
提供信息	4.00	6.00	5.42

续表

	最小值	最大值	平均值
鼓励和肯定	4.00	7.00	5.67
语言示范	4.40	5.80	5.13
频繁的对话	5.00	6.00	5.89
开放性的问题	4.00	6.00	5.58
重复和延伸	4.00	6.00	5.39
自我描述和平行描述	3.00	6.00	4.72
高级语言	2.00	6.00	4.08

由此可见，从参与研究的骨干教师整体而言，其对幼儿的教育支持在CLASS中得分相对偏低，说明教育支持是骨干教师师幼互动的短板。但就教师个体的某些方面来看，其中一些骨干教师在教育支持的某些指标上的得分达到了CLASS 5.5—7的高水平得分范围①，这些指标主要涉及鼓励和肯定、频繁的对话、开放性的问题等；而整合、自我描述和平行描述、高级语言这三项指标的得分普遍低于5，因而拉低了骨干教师教育支持的平均分。

（二）不同领域集体教育活动中骨干教师教育支持的基本特点

首先，从整体上来看，尽管各领域活动中教育支持得分处于5.19—5.37，属于中等偏高水平，但与CLASS中其他两大维度相比较，教育支持的平均得分偏低。不同领域活动中情感支持的平均得分处于5.76—6.03，属于高水平；班级组织平均得分处于5.20—5.52，属于中等偏高水平。其次，五大领域活动中，艺术领域的教育支持平均得分相对较高（5.73），属于高水平；语言领域、社会领域的教育支持平均得分相对最低（5.19），属于中等偏高水平。

如表2-1-3所示，依据教育支持的三个子维度、14项指标的观察分析可见：首先，“概念发展”子维度方面，语言领域平均得分最高（5.17），科学领域平均得分次之（5.02），健康领域、社会领域、艺术领域平均得分较低（5.00）。其次，“反馈质量”子维度方面，健康领域平均得分最高（5.80），之后依次为艺术领域（5.48）、语言领域（5.33）、社会领域（5.30），科学领域平均得分较低（5.25），最后“语言示范”子维度方面，艺术领域平均得分最高

① Pianta R C, La Paro K M, Hamre B K. Classroom assessment scoring system [M]. Paul H. Brookes, 2008.

（5. 33），之后依次为社会领域（5. 27）、科学领域（5. 13）、健康领域（5. 10），语言领域平均得分较低（5. 07）。

表 2-1-3　不同领域教育活动中骨干教师教育支持各指标均分

	健康领域	语言领域	社会领域	科学领域	艺术领域
概念发展	5. 00	5. 17	5. 00	5. 02	5. 00
分析思考	5. 00	5. 33	4. 67	5. 33	4. 63
创造	4. 00	5. 33	5. 67	4. 33	5. 25
整合	5. 00	4. 50	4. 50	4. 92	5. 00
联系实际生活	6. 00	5. 50	5. 17	5. 50	5. 13
反馈质量	5. 80	5. 33	5. 30	5. 25	5. 48
支架	5. 50	5. 25	5. 17	5. 08	5. 25
循环反馈	5. 50	5. 00	5. 17	5. 17	5. 50
鼓励思考	6. 00	5. 25	5. 33	5. 17	5. 25
提供信息	6. 00	5. 50	5. 00	5. 50	5. 50
鼓励和肯定	6. 00	5. 67	5. 83	5. 33	5. 88
语言示范	5. 10	5. 07	5. 27	5. 13	5. 33
频繁的对话	6. 00	5. 92	5. 83	5. 92	5. 88
开放性的问题	5. 00	5. 58	5. 67	5. 67	5. 75
重复和延伸	5. 50	5. 50	5. 33	5. 25	5. 63
自我描述和平行描述	5. 00	4. 17	5. 00	5. 00	5. 25
高级语言	4. 00	4. 17	4. 50	3. 83	4. 13

就 14 项指标而言，五大领域在各指标中均能达到中等质量以上，而健康领域在 14 项指标中高质量占比为 57. 1%；语言领域在 14 项指标中高质量占比为 42. 9%；社会领域在 14 项指标中高质量占比为 28. 6%；科学领域在 14 项指标中高质量占比为 28. 6%；艺术领域在 14 项指标中高质量占比为 42. 9%。从 14 项指标详细来看，在分析思考、整合、自我描述和平行描述、高级语言这几个指标中，五大领域集体教育活动均未达到高质量水平；创造指标中，社会领域平均得分最高（5. 67）达到高质量水平；联系实际生活指标中，健康领域、语言领域、科学领域平均得分较高（6. 00、5. 50、5. 50）达到高质量水平；支架指

标中，健康领域平均得分最高（5.50）达到高质量水平；循环反馈指标中，健康领域、艺术领域得分较高（5.50、5.50）达到高质量水平；鼓励思考指标中，健康领域平均得分最高（6.00）达到高质量水平；提供信息指标中，除社会领域平均得分较低（5.00）达到中等质量水平外，其他领域均达到高质量水平；鼓励和肯定指标中，除科学领域平均得分较低（5.33）达到中等质量水平外，其他领域均达到高质量水平；频繁的对话指标中，五大领域平均得分均达到高质量水平；开放性的问题指标中，除健康领域平均得分较低（5.00）达到中等质量水平外，其他领域均达到高质量水平；重复和延伸指标中，健康领域、语言领域、艺术领域平均得分较高（5.50、5.50、5.63）达到高质量水平，社会领域、科学领域平均得分较低（5.33、5.25）属于中等质量水平。

基于上述分析可见，骨干教师能够比较好地把握住幼儿的发展特点、已有水平与兴趣等，为幼儿提供与其实践生活中联系紧密的活动；并且在活动过程中骨干教师较为擅长利用重复和延伸策略为幼儿提供语言示范，帮助幼儿在已有水平上提升、拓展词语的运用从而促进幼儿语言发展。但是骨干教师在分析思考、整合、自我描述和平行描述以及高级语言方面的关注度不够以及使用不够深入。

（三）不同班龄集体教育活动中骨干教师教育支持的基本特点

首先，从 CLASS 三个维度上来看，骨干教师在各年龄班活动中教育支持得分处于 5.37—4.83，属于中等水平，与 CLASS 中其他两大维度相比较，教育支持的平均得分仍然偏低；而不同年龄班活动中情感支持的平均得分处于 5.90—5.58，属于高水平；班级组织平均得分处于 5.52—5.11，属于中等水平。其次，就教育支持在不同年龄班中的表现来看，三个年龄班的教育支持均未达到高水平，其中大班活动中骨干教师教育支持的平均得分最高（5.37），处于中等水平；中班活动中骨干教师教育支持的平均得分次之（5.17），处于中等水平；小班活动中骨干教师教育支持的平均得分最低（4.83），处于中等水平。

如表 2-1-4 所示，依据教育支持的三个子维度、14 项指标的观察分析可见：首先，“概念发展”子维度方面，大班平均得分最高（5.23），其次是中班（5.07），小班平均得分较低（4.54）；其次，“反馈质量”子维度方面，大班平均得分最高（5.57），其次是中班（5.32），小班平均得分较低（5.00）；再次“语言示范”子维度方面，大班平均得分最高（5.30），其次是中班（5.12），小班平均得分较低（4.94）。

表 2-1-4 各年龄班教育支持中各指标得分情况

	大班	中班	小班
概念发展	5. 23	5. 07	4. 54
分析思考	5. 33	5. 00	4. 71
创造	5. 17	5. 06	4. 29
整合	4. 83	4. 82	4. 29
联系实际生活	5. 58	5. 41	4. 86
反馈质量	5. 57	5. 32	5. 00
支架	5. 25	5. 18	5. 14
循环反馈	5. 42	5. 00	5. 14
鼓励思考	5. 75	5. 12	4. 71
提供信息	5. 67	5. 47	5. 00
鼓励和肯定	5. 75	5. 82	5. 00
语言示范	5. 30	5. 12	4. 94
频繁的对话	6. 00	5. 94	5. 57
开放性的问题	5. 67	5. 59	5. 43
重复和延伸	5. 50	5. 41	5. 29
自我描述和平行描述	4. 75	4. 76	4. 71
高级语言	4. 58	3. 88	3. 71

就 14 项指标而言，大、中、小班在各指标中均能达到中等质量以上，大班在 14 项指标中高质量占比为 50%；中班在 14 项指标中高质量占比为 21. 4%；小班在 14 项指标中高质量占比为 7. 14%。从 14 项指标详细来看，在分析思考、创造、整合、支架、循环反馈、自我描述和平行描述、高级语言这些指标中，大、中、小班都只处于中等水平；在鼓励和肯定、开放性的问题指标上，中、大班达到了高水平；在频繁的对话这一指标中，各年龄班集体教育活动都达到高质量水平；而联系实际生活、鼓励思考、提供信息、重复和延伸这 4 个指标只有大班达到高水平。

基于上述分析可见，骨干教师在大班的教育支持效果更为明显，大班幼儿已经具备一定的独立思考能力，有了自己的想法和判断。教师在与大班幼儿互动时常以合作者的身份参与到幼儿的活动中，与幼儿发生互动。骨干教师认为大班孩子可以加强讨论、协商、合作、集体分享形式的活动。在活动的过程中如果孩子遇到困难，教师可以通过与小朋友一起商讨解决问题。中班幼儿经历过小班一年的幼儿园集体生活，对生活环境、班级同伴已经比较熟悉，陌生感和恐惧感较小班幼儿明显减少，因而中班幼儿较小班幼儿更为活泼好动，能积极地运用感官探索和了解新鲜事物，与他人的交往能力逐渐增强，渴望与同伴进行交往等。中班幼儿虽有一定的生活经验，但各方面的能力仍然需要不断提升。对于懵懂的小班幼儿，帮助幼儿建立情感联结，为其提供情感支持是非常重要的。小班幼儿在思维方面以直觉行动思维为主，有时对教师的讲解、要求还不甚理解，教师与幼儿的频繁交流以及榜样示范有利于小班幼儿学习。

（四）不同个体特征骨干教师教育支持的基本特点

以下将从教师的教龄、称号、学历这几方面的教师个体特征来进一步分析幼儿园骨干教师教育支持的特点。

1. 不同教龄骨干教师教育支持的基本特点

从整体上来看，各教龄教师在组织活动中教育支持得分处于 4.94—5.28，属于中等水平。其中 20 年以上教龄教师在组织活动中教育支持水平最高（5.28），15—20 年教龄教师在组织活动中教育支持水平最低（4.94）。

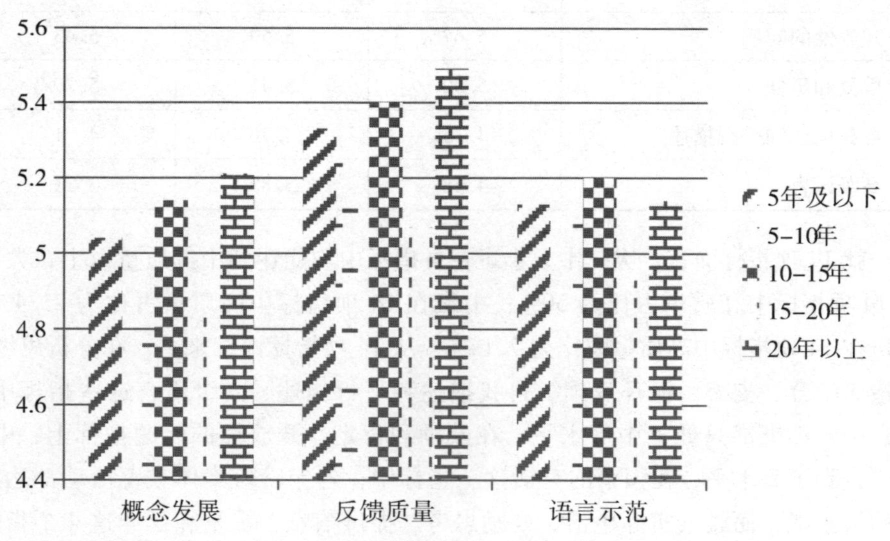

图 2-1-2　不同教龄骨干教师教育支持各子维度得分情况

如图 2-1-2 所示，依据教育支持的三个子维度来看，在“概念发展”子维度方面，20 年以上教龄的教师得分最高（5.21），5—10 年教龄教师得分最低

(4.78)；在“反馈质量”子维度方面，各教龄段教师得分显著高于其他两个子维度，且20年以上教龄的教师得分较高（5.49），15—20年教龄的教师则表现相对较弱（5.07）；在“语言示范”子维度方面，10—15年教龄教师得分最高(5.20)，15—20年教龄教师表现相对最低（4.93）。

就14项指标而言，不同教龄教师在各指标中均能达到中等质量水平，而5年及以下教龄教师在14项指标中高质量占比为35.7%；5—10年教龄教师在14项指标中高质量占比为14.3%；10—15年教龄教师在14项指标中高质量占比为21.4%；15—20年教龄教师在14项指标中高质量占比为28.6%；20年以上教龄教师在14项指标中高质量占比为28.6%。从14项指标详细来看，在分析思考、创造、整合、支架、循环反馈、鼓励思考、自我描述和平行描述、高级语言这些指标中，不同教龄教师都只处于中等水平；在联系实际生活这一指标上，15—20年以及20年以上教龄教师处于高水平；提供信息这一指标上5年及以下和20年以上教龄教师能够达到高水平；鼓励和肯定、频繁的对话指标上，所有教师均达到了高水平；在开放性的问题这一指标中，除5—10年以及20年以上教龄教师，其他教龄教师都达到高质量水平；而重复和延伸这一指标中只有5年以下教龄教师达到高水平。可见，教师教龄长短与教师师幼互动教育支持质量没有表现出明显的相关关系，但在一些具体指标上不同教龄教师有一定差异。例如，20年左右教龄的教师在联系实际生活、提供信息指标上能有好的示范；5年以下教龄教师在提供信息、重复和延伸方面有着突出的高质量水平的表现。

2. 不同称号骨干教师教育支持的基本特点

从整体来看，不同称号骨干教师在组织活动中教育支持得分处于5.10—5.44，属于中等水平。其中市级骨干教师在组织活动中教育支持水平最高(5.44)，其次是区级骨干教师（5.21），园级骨干教师在组织活动中教育支持水平最低（5.10）。

如图2-1-3所示，依据教育支持的三个子维度来看，在“概念发展”子维度方面，市级骨干教师得分最高（5.25），园级骨干教师得分最低（4.93）；在“反馈质量”子维度方面，不同称号教师得分显著高于其他两个子维度得分，且市级骨干教师得分较高（5.80），园级骨干教师则表现相对较弱（5.27）；在“语言示范”子维度方面，市级骨干教师得分最高（5.27），园级骨干教师表现相对最低（5.09）。

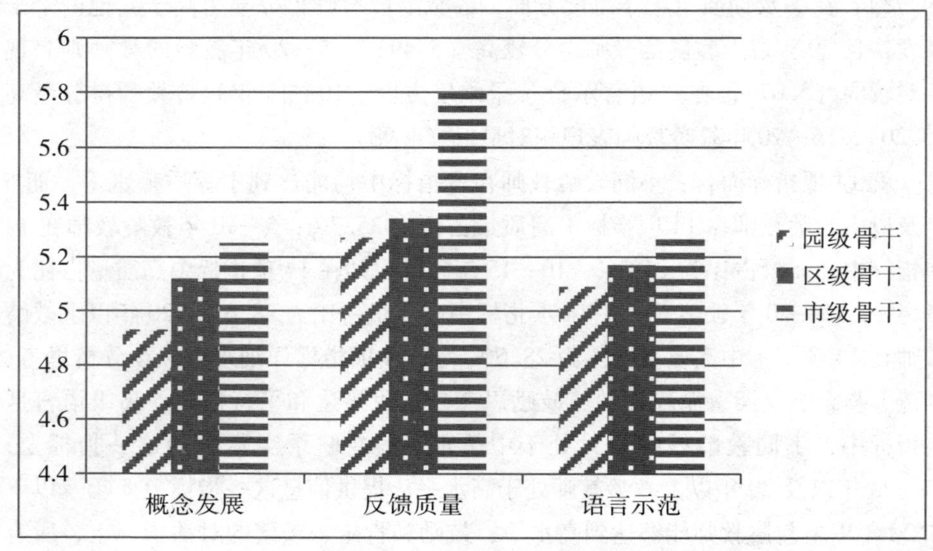

图 2-1-3　不同称号教师在教育支持领域下不同维度得分情况

就 14 项指标而言，不同称号教师在各指标中均能达到中等质量水平，而园级骨干教师在 14 项指标中高质量占比为 21.4%；区级骨干教师在 14 项指标中高质量占比为 28.6%；市级骨干教师在 14 项指标中高质量占比为 57.1%。从 14 项指标详细来看，在分析思考、创造、整合、循环反馈、自我描述和平行描述、高级语言这些指标中，不同称号教师都只处于中等水平；联系实际生活这一指标上，区级、市级骨干教师处于高水平；支架、鼓励思考、提供信息、重复和延伸指标上只有市级骨干教师能够达到高水平；在鼓励和肯定、频繁的对话、开放性问题指标中三类教师均能达到高水平。可见，市级骨干教师在教育支持的三大维度上的表现均较区级、园级骨干教师更加突出，也印证了市级骨干教师的专业能力优势。

3. 不同学历骨干教师教育支持的基本特点

(1) 不同学历（全日制）骨干教师教育支持的基本特点

从整体上来看，不同学历（全日制）骨干教师在组织活动中教育支持得分处于 5.09—5.44，属于中等水平。其中本科学历教师在组织活动中教育支持水平最高（5.44），大专以下学历教师在组织活动中教育支持水平最低（5.09）。

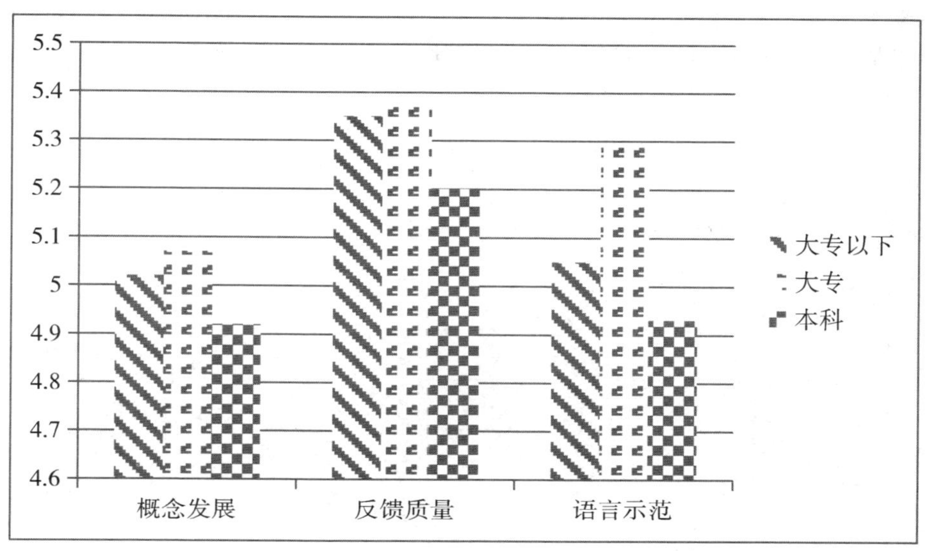

图 2-1-4 不同学历（全日制）教师在教育支持领域下不同维度得分情况

依据教育支持的三个子维度来看，在“概念发展”子维度方面，大专学历教师得分最高（5.07），本科学历教师得分最低（4.92）；在“反馈质量”子维度方面，大专学历教师得分较高（5.39），本科学历教师则表现相对略弱（5.20）；在“语言示范”子维度方面，大专学历教师得分最高（5.29），本科学历教师表现相对最低（4.93）。

就 14 项指标而言，不同学历教师在各指标中均能达到中等质量水平，而大专以下学历教师在 14 项指标中高质量占比为 21.4%；大专学历教师在 14 项指标中高质量占比为 28.6%；本科学历教师在 14 项指标中高质量占比为 57.1%。从 14 项指标详细来看，在分析思考、创造、整合、循环反馈、自我描述和平行描述、高级语言这些指标中，不同学历教师都只处于中等水平；在联系实际生活这一指标中，大专及本科学历教师能够达到高质量水平；在支架、鼓励和思考、提供信息、重复和延伸这四个指标中本科学历教师能够达到高水平；在鼓励和肯定、频繁的对话、开放性的问题这三个指标中不同学历骨干教师们都能够达到高水平。可见，教师的第一学历对教师教育支持表现有一定的影响。本科学历的教师在 14 项教育支持指标中，有 12 项均高于其他学历的教师，整体表现出一定的优势。

（2）不同学历（最高学历）骨干教师教育支持的基本特点

从整体上来看，不同学历（最高学历）骨干教师在组织活动中教育支持得分处于4.88—5.19，属于中等水平。其中本科学历教师在组织活动中教育支持水平最高（5.19），硕士及以上学历教师在组织活动中教育支持水平最低（4.88）。

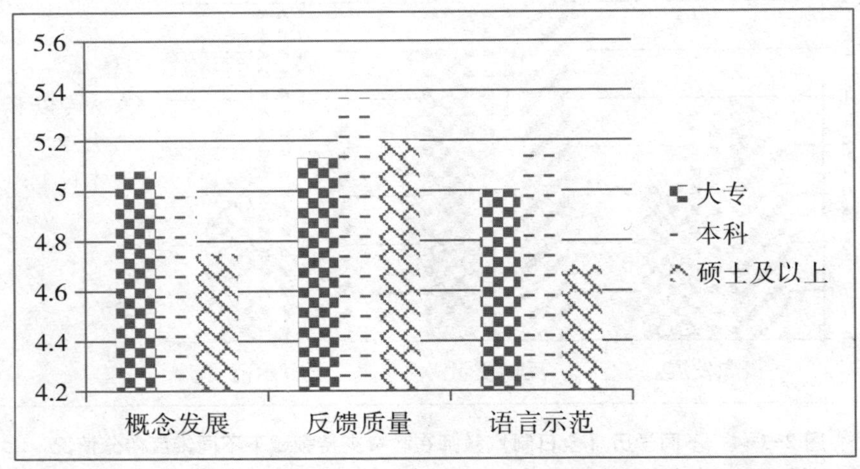

图 2-1-5　不同学历（最高）教师在教育支持领域下不同维度得分情况

如图2-1-5所示，依据教育支持的三个子维度来看，在“概念发展”子维度方面，大专学历教师得分最高（5.08），硕士及以上学历教师得分最低（4.75）；在“反馈质量”子维度方面，各学历教师得分显著高于其他两个子维度得分，且本科学历教师得分较高（5.37），大专学历教师则表现相对较弱（5.13）；在“语言示范”子维度方面，本科学历教师得分最高（5.17），硕士及以上学历教师表现相对最低（4.70）。

就14项指标而言，不同学历教师在各指标中均能达到中等质量水平，而大专学历教师在14项指标中高质量占比为28.6%；本科学历教师在14项指标中高质量占比为21.4%；硕士及以上学历教师在14项指标中高质量占比为21.4%。从14项指标详细来看，在分析思考、整合、联系实际生活、循环反馈、鼓励思考、提供信息、重复和延伸、自我描述和平行描述、高级语言这些指标中，不同学历教师都只处于中等水平；在创造这一指标中，大专学历教师能够达到高水平；在支架这一指标中硕士及以上学历教师能够达到高质量水平；在鼓励和肯定、频繁的对话这两个指标中不同学历骨干教师们都能够达到高水平；在开放性的问题这一指标中大专以及本科学历教师能够达到高水平。

五、幼儿园集体教育活动中骨干教师教育支持特点的案例分析

（一）“概念发展”案例分析

1. 通过“分析思考”实现教育支持

案例：小班语言活动“长颈鹿开店”

师幼互动情境再现：

在“长颈鹿开店”的活动中，教师请小朋友们讲讲自己去过什么店……

幼：服装店。

幼：书店。

幼：商店。

……

师：今天老师带领小朋友参观一下小动物们开的店：看，河马先生因为它有大大的嘴巴能吹好多好多气球，所以它开的是气球店；袋鼠姐姐因为有一个大大的口袋，可以装很多很多的书，所以它开的是书店；大象伯伯因为有长长的鼻子，可以吸很多很多的水，这样就可以浇它的小花，所以它开了一家花店……

师：呀，这些商店都好有特点呀，每个小动物都能根据自己的优势去开一间适合的店！

师：哎？这是谁呀？

幼：长颈鹿！

师：长颈鹿好像有些不开心，它不知道自己可以开个什么店，这可怎么办呀？我们帮它想想吧！

分析：此案例中，教师是基于幼儿已有的“去商店”的实践经验以及对“动物特征”的基本认知展开的活动。将活动信息融入儿童的实际生活，信息变得更有意义；通过与幼儿一起分析“小动物开店的特点”来抓住活动的关键——不同小动物和商店的具体特征。

案例：大班语言活动“猜猜乐”

师幼互动情境再现：

教师1让教师2蒙上眼睛，并在大屏幕上出示了足球的图片，请小朋友们描述……

幼：是圆的，上面有小斑点，一块一块的。

幼：上面有六边形。

幼：每天在脚下踢。

幼：它是运动的东西。

幼：而且在操场的筐里。

师 2：是足球吗？

师 1：能请您说说是怎么猜出来的吗？

师 2：我是通过几个关键特征猜出来的，比如有个小朋友说“每天在脚下踢”、另一个小朋友说“运动的东西”……

分析：此案例中，教师采用“猜猜乐”这种游戏形式，请小朋友从已有的词汇、认识中总结生活里物品的关键特征来认知日常生活中物品的区别。活动开始教师通过描述，简单的分析、推理过程引导幼儿掌握“猜”的技能——从小朋友的描述中抓关键信息。

2. 通过“创造”实现教育支持

案例：中班艺术活动“快乐的小猴子”

师幼互动情境再现：

师：观察猴子的脸，猴子的脸和我们人类的脸有什么不一样？

幼：像心、像葫芦、像倒 3、像切开的葫芦、像鸭梨的半个、像正 3……

分析：案例中，教师能够从很细微的角度去激发幼儿创造力、想象力，通过激发幼儿产生想象进而增强对事物的认知。

案例：中班艺术活动“好玩的帽子”

师幼互动情境再现：

师：你看到小猴子是怎么玩帽子的？如果你们是小猴子，你们有什么不一样玩帽子的方式？

（孩子们尝试了各种方式，包括转、扔、背、抛、顶。）

师：和小伙伴商量一下怎么玩。

（小朋友自己商讨玩的模式、规则。）

分析：此案例中，教师为幼儿提供了充足的游戏材料，给幼儿充足的游戏空间与时间，请小朋友们切身尝试去创造“玩法”。

3. 通过“整合”实现教育支持

案例：中班艺术活动“舞动的线”

师幼互动情境再现：

师：看，这个舞蹈演员跳的什么舞蹈啊？

幼：孔雀舞。

师：是的，是孔雀舞，那你们知道孔雀舞是哪个民族的呀？

幼：傣族。

师：傣族是我们56个民族大家庭中的一个。

分析：教师通过舞蹈类别的学习帮助幼儿联系到其对应的民族，一方面帮助幼儿加深对舞蹈的认知，另一方面帮助幼儿将现有知识点与先前知识点产生联系。

4. 通过“联系实际生活”实现教育支持

案例：中班体育活动“我是小司机”

师幼互动情境再现：

师：天气不错，一起去动物园吧，第一站到……接下来到……（热身）

（“开车”游戏时用红绿灯的规则来掌握走、停。）

（告诉小朋友，监督家长不要闯红灯。）

分析：案例中，教师首先引入情境“天气不错，一起去动物园”，巧妙自然地开展热身活动。接下来将生活中“红绿灯”的交通规则融入游戏规则中，有效地规范了幼儿的行为，并且活动后请小朋友回去监督“爸爸妈妈也要遵守交通规则”，从而达到了活动的升华，从生活中来又回到生活中去，有效地帮助幼儿掌握社会规则。

案例：中班科学活动“找空气”

师幼互动情境再现：

师：我们的空气都在哪啊？

幼：在动物园里，在幼儿园外面，在世界各地，在秋天。

师：到底在哪啊？你们帮我找找好吗？和你们的“小猪”朋友一起找找。

幼：我找到了，我的“小猪”变鼓啦。

师：噢，那你是在什么地方找到的？

幼：在班里、在柜子后面、在电视旁边……

师：我看到，你的小动物都变得圆滚滚的，快请它休息一下吧。请你告诉老师，你在什么地方找到了空气。

幼：在玩具区、在蜡烛那、在门那、在桌子下……

师：我们屋子里有空气，那外面有没有？我们一会去外面找找。

一会你要告诉老师，你在外面什么地方找到了空气？

（小朋友到操场上，各处找空气。）

师：你们找到了吗？都在哪找到的啊？

幼：在滑梯、在大门口、在窗台下、在地上……

师：在外面很多的地方都找到了空气，我们的空气是无处不在的！

分析：这个案例中，教师通过“小猪”（塑料袋）能变鼓这一直观的现象，引导小朋友发现空气所在的位置。这样设置了简单的问题情境去让幼儿解决，幼儿也在实际生活环境中发现“空气无处不在”这一事实，使幼儿的学习更有意义。

案例：中班艺术活动“舞动的线”

师幼互动情境再现：

师：孩子们，我们生活当中到处都有线，那你知道都有什么线吗？

幼：折线。

师：折线什么样子啊？

幼：像锯齿一样。

师：噢，像锯齿一样。谁还说说？

幼：波浪线。

师：噢，波浪线，波浪线是什么样的？

幼：像海浪。

师：哦，像海浪一样，快试一试（用胳膊摆动出波浪的样子）海浪来喽。谁还说说，你还知道什么线？

幼：我知道螺旋线。

师：螺旋线什么样啊？

幼：就一圈比一圈大。

师：哦，一圈比一圈大，我们用小手试一试。小小的、小小的、大大的、最大的……像什么一样啊？（棒棒糖、蜗牛壳）

分析：教师将“生活中到处都有线”这一线索交给孩子，激发孩子联系周围生活的观察与思考，帮助幼儿更有效地掌握“线”的概念。

（二）“反馈质量”案例分析

1. 通过“支架”实现教育支持

案例：小班体育活动“小老鼠历险记”

师幼互动情境再现：

游戏第一轮结束后，老猫出现了。

第二轮游戏中，老猫在管道上架设障碍，不让小老鼠偷食物。鼠妈妈和小老鼠商量跨越障碍的办法。

第三轮游戏中，老猫发现刚才没能难倒小老鼠，又加大难度，在管道上增加了一个会发出声响的铃铛门。

案例：中班体育活动“动物运动会”

师幼互动情境再现：

师：动物园有规矩，看到什么动物就变成什么动物：小兔子、马、长颈鹿、老虎……男女分组站好，进行北京市第一届动物运动会。

（先在垫子上进行兔子跳跃比赛，女孩子站好，女孩子组先练习。正式比赛，两组同时进行。）

（增设难度，两块垫子拉开间隔。）

（增加动作难度，模仿老虎的动作进行比赛。）

（增设隧道障碍。）

师：玩饿了，想要吃“地瓜”。

（组织小朋友玩滚地瓜游戏，沿着垫子滚成一条直线。）

（进一步增设难度，对完成动作的速度提出要求。）

师：大老虎打电话来要吃“烤地瓜”。如果小朋友在10秒内烤完了，大老虎就不来了。

分析：以上案例中，教师都是根据幼儿的年龄特点以及现有能力来为其搭建支架。通过设置不同难度的“关卡”支架，来促进幼儿在适当的时机去完成任务，获得成功。

2. 通过“循环反馈”实现教育支持

案例：大班艺术活动“芭蕾舞”

师幼互动情境再现：

师：这张图片中都有谁啊？

幼：公主和王子。

师：你们喜欢不喜欢呀？

幼：帅、漂亮、王子很有力量。

师：你怎么看出来他很有力量啊？

幼：因为他跪着。

幼：因为他的腿。

师：噢，你看到了他的腿的线条，当我们的肌肉在发力的时候线条是紧绷的，我们再看看王子的腿，是很有力量的。嗯，你观察得真仔细。

分析：教师通过与幼儿持续性的对话互动，来帮助幼儿产生新的认识。教师要敏锐地发现幼儿反馈中的关键点，如本案例中的“王子很有力量”，“怎么就看出他很有力量了?”从而促进幼儿对细节的观察与思考。

3. 通过“鼓励思考”实现教育支持

案例：小班体育活动“小老鼠历险记”

师幼互动情境再现：

第三轮，老猫发现刚才没能难倒小老鼠，又加大难度，在管道上面加了一个会发出声响的铃铛门。

师：哇，那老猫又放了什么障碍要难倒我们？

幼儿：我有好办法，从别的路走。

师：啊，可是我看到老猫在每扇门都放了铃铛，那我们有什么办法不碰到铃铛？

幼：可以像毛毛虫一样爬过去。

师：噢，可以像毛毛虫一样爬过去，他这方法好不好啊，那毛毛虫怎么爬的呀？还有什么好办法？

幼：还可以跳过去。

师：噢，还有小朋友说跳过去，那会不会碰到铃铛呀？

（教师能时刻融入游戏情境中，而不是直接的否定，帮助小朋友想出最好的办法）

幼：可以从边上走。

师：从边上走，该掉下来了，鼠妈妈该着急了。

分析：教师通过持续性的反馈来帮助幼儿理清思考过程。在进一步加大活动难度时，并没有急着让小朋友尝试，而是先和小朋友一起商讨策略，并且屡次使用重复的策略，来肯定幼儿的想法。在小朋友说“还可以跳过去”的时候，教师融入游戏情境中，对幼儿反问“那会不会碰到铃铛呀”给幼儿提供了需要考虑进去的信息，促进幼儿思考。

案例：小班科学活动“小小魔术师”

师幼互动情境再现：

师：蓝色的木块和蓝色的糖纸为什么一个可以改变手电筒光的颜色，一个不可以呢？

幼：因为一个是木头做的，一个是塑料做的。

师：那我们试试，用这两种材料挡在眼睛前面，哪种材料可以看到小朋友？

幼：塑料的。

师：噢，那它们颜色是一样的，什么是不一样的？

幼：一个可以看到，一个看不到。

师：噢，那它叫什么材料？

幼：透明的。

师：噢，叫透明的材料，它能叫我们看到对面。另一个材料挡上后就是黑黑的了，所以虽然它也有颜色，但是不能让小手电筒改变颜色。

分析：此案例中教师通过“那我们试试，用这两种材料挡在眼睛前面，哪种材料可以看到小朋友”这一提示，帮助幼儿了解到同样颜色不同质量与材质物体的本质区别，而不是直接告诉幼儿。另外，教师通过持续性的追问请幼儿解释自己的思考过程。

4. 通过“提供信息”实现教育支持

案例：中班艺术活动“舞动的线”

师幼互动情境再现：

（在小组合作变线的环节上，有一组小朋友的组合不是一条规范的折线。）

师：有的冲前，有的冲旁边，没有连起来，不是一条完整的线，那快帮他们想想办法，怎么样才能连起来？

幼：都冲旁边。

师：噢，他们的动作像什么？

幼：读书。

师：噢，像读书的动作，但我们在读书的时候，书本要离得再远一点。

分析：教师在活动过程中并不直接否定幼儿不恰当的表述，而是通过提出存在争议的“线索”，请小朋友一起来想办法，找出更适合的方法。

5. 通过“鼓励和肯定”实现教育支持

案例：大班语言活动“我是小明星”

师幼互动情境再现：

师：人的一生会经历许许多多的第一次，比如说第一次走路、第一次说话、第一次上学校、第一次出远门。那在座的小朋友肯定都经历过许多不同的第一次，有的可能害怕、有的可能紧张、有的可能特别高兴、有的可能很难过。那我想问你们，在你们这次参与“我是小明星”文艺汇演中你都经历过哪些第一次，你还记得吗？

幼：我记着我们那天表演的时候，我第一次跳“阿拉伯之夜”，我很紧张，怕自己忘记动作。

师：噢，她第一次表演舞蹈，她很紧张。

幼：我第一次表演鼓乐，我很紧张，怕忘记节奏。

师：哎呦，记得真清楚，请坐，还有吗？

幼：我那次要化妆，那是我第一次化妆。

师：噢，在“倍儿爽”的节目中，他是第一次化妆，这体验很有趣让他难忘。

幼：我第一次领舞。

师：噢，你第一次领舞，这记忆好深刻呀！

分析：案例中，教师对幼儿的鼓励是具体且个性化的。针对每个幼儿对自己感受的描述，教师都认真地聆听，并且根据每个孩子不同的回答给予感同身受的肯定与回复，这包括了语气与神态这些非言语的表现。

案例：大班语言活动“八十八棵树”

师幼互动情境再现：

师：大树胜利了，那它会有什么样的动作和表情？那这个时候失败的小树心里会是什么样的感觉？

幼：大树会特别得意，头扬得高高的。小树会特别难过，它低着脑袋。

师：你们的感情可真丰富，都能设身处地感受到它们的心情！

分析：此案例中不仅对幼儿的回应做了肯定的反馈，同时将反馈具体、概括化，帮助幼儿提升表述、概括的能力。

案例：中班艺术活动“快乐的小猴子”

师幼互动情境再现：

（教师鼓励幼儿大胆地在脸上进行绘画。）

（孩子边画边看老师，教师点头示意幼儿画得很好）

师：大胆地画，你一定会画得很好看！

分析：案例中教师对于幼儿“犹豫”的不自信表现给予积极、肯定的鼓励，帮助幼儿积极地参与到活动中。

（三）“语言示范”案例分析

1. 通过“频繁的对话”实现教育支持

案例：大班语言活动“我是小明星”

师幼互动情境再现：

师：在你们这次参与“我是小明星”庆六一文艺汇演中你都经历过哪些第一次，你还记得吗？

师：你们仔细想一想，我在这次文艺汇演中担任的是什么角色，你们知道吗？

……

师：噢，你们记得真清楚，那谁能用好听的词来形容一下在舞台上是什么样子的呀？

幼：喜庆。

师：噢，特别的喜庆，谢谢你对我的夸奖，我很喜欢这个词。

幼：吉祥。

师：吉祥，噢？你觉得我哪吉祥？是我笑的样子很甜所以你觉得我很吉祥？

幼：美丽。

师：噢，这个词我也特别爱听，还有没有更好听的词？

幼：特别快乐。

师：在哪看出我特别快乐了？

幼：表情。

师：噢，我的表情，我的嘴一直是微笑的，所以她用了“快乐”这个词。

幼：像心花怒放一样。

师：哎呦，快和他学学这个好听的词，叫“心花怒放”，那你知道什么叫心花怒放吗？

幼：就是特别特别高兴。

师：对，“心花怒放”就是形容内心高兴极了。

分析：在这个案例中，教师发起的对话是频繁的，并且能够层层递进。同时教师能对幼儿的回应继续追问，使整个交流的过程比较有深度，为幼儿提供了一个良好的语言交流机会。

2. 通过“开放性的问题”实现教育支持

案例：大班语言活动“我是小明星”

师幼互动情境再现：

师：你们这次参与“我是小明星”文艺汇演中你都经历过哪些第一次，你还记得吗？

……

师：从彩排到正式表演的过程中有没有让你难忘的或者记忆犹新的事情？

……

分析：教师在整个活动中经常提出此类需要幼儿做出解释的问题，这些问题的答案都不是唯一的，是开放性的。

案例：大班语言活动“八十八棵树”

师幼互动情境再现：

师：故事《八十八棵树》中大树胜利了，你觉得大树心里会想什么呀？

……

师：大树会有什么样的动作和表情？

……

师：那大树这么骄傲的时候，小树心里会是什么样的感觉？

分析：此案例中，教师始终与幼儿有频繁、持续的交流，并且教师所提出的问题都是相对较为复杂的，需要幼儿进行分析、思考的问题。

3. 通过“重复和延伸”实现教育支持

案例：大班语言活动“我是小明星”

师幼互动情境再现：

师：从彩排到正式表演的过程中有没有让你难忘的或者记忆犹新的事情？

幼：我第一次彩排的时候底下的人很少，我有点紧张，第二次又比第一次人多点，我也不害怕了。第三次全坐满了人我就完全不害怕了。

师：噢，一次一次给你自己更多的鼓励，所以你表演越来越棒，所以你就不害怕这么多人了，是这样吗？

幼：本来我们的节目是倒数第三个，然后挪到倒数第二个去了。

师：呦，那你当时的心情是什么样子的啊？

幼：很着急。

师：你着急什么呢？

幼：怕我演不好。

师：噢，节目临时改了，这么着急怕演不好，所以这件事情令你印象很深刻对吗？

幼：我觉得化完妆，妆涂到脸上特别难受。

师：噢，特别难受……那你为什么还要化妆呢？

幼：因为为了演出就必须化妆。

师：嗯！为了演出我也得坚持，是吗？真好！

分析：此案例中，教师一直在引导孩子表述更多，但是孩子的表述基本都不完整，教师通过重复的策略帮助孩子整理自己的表述，同时帮助儿童将对话整合为一个更复杂的形式，提升其表述水平。

案例：大班语言活动“猜猜乐”

师幼互动情境再现：

（教师带领小朋友做猜猜乐的游戏，请小朋友们通过“猜猜乐”名字想想这个游戏是怎么玩的。）

幼：就是一个人做一个表情，另一个人也学着做一个。

师：噢，你说的是一个人做，另一个人学，那叫什么呀，那叫模仿，不是猜了。

分析：此案例中，教师重复了幼儿的回答，但没有直接否定幼儿的回答，而是对幼儿的回答加以回应，也就是帮助幼儿重新认知“猜”与“模仿”。

案例：小班艺术活动“快乐的小鱼”

师幼互动情境再现：

师：好了，音乐结束了，你们喜欢这个音乐吗？你觉得音乐是什么样的？

幼：轻轻的，慢慢的。

幼：像妈妈抱着。

师：噢，像妈妈抱着你，特别温柔，哄着你。

案例：大班艺术活动“芭蕾舞”

师幼互动情境再现：

师：刚刚老师跳的舞蹈好看吗？你们知道这叫什么舞蹈吗？你是从哪看出来的？

幼：老师，垫着脚尖特别高。

师：我是用五个脚趾尖立起来跳舞的，对不对？还有吗？

幼：老师的腿抬得很高、很长。

师：嗯，你观察到了我的腿抬得很高、很长对吗，所以你觉得这是芭蕾舞。

幼：因为，有时候一只脚是平着的，一只脚是立着的，所以我觉得像芭蕾舞。

师：那你们知道这双鞋叫什么鞋吗？

幼：芭蕾舞鞋、足尖鞋。

师：对，这双鞋是专门跳芭蕾舞时穿的鞋，叫足尖鞋。它们是老师最心爱的足尖鞋，你们可以摸摸，看看它是什么样子的？

幼：前面硬硬的、平平的。

师：对，它的前面是平平的、硬硬的，可以帮助芭蕾舞演员把脚立起来跳舞。

分析：这两个案例中，教师首先关注的是幼儿的交流欲望，然后关注的是幼儿的表现。教师认可了孩子的看法，对孩子说的内容表示肯定，并将这些信息重组为一个更加复杂的形式。教师不仅重复幼儿的回应，而且还将幼儿的回答归纳、概括，进而引出更高一级的概念。

4. 通过“自我描述和平行描述”实现教育支持

案例：大班艺术活动“芭蕾舞”

师幼互动情境再现：

师：这位芭蕾舞演员表演的是什么样的动作啊？噢，有的小朋友已经站起来学着摆了。看看他的身体多挺拔；她的腰是弧线、手心是相对的，身子是倾斜一些的，很优美……咱们班的小朋友都像小天鹅一样。

分析：此案例中，教师能对幼儿的积极表现给予客观、具体的肯定和即时的描述，从而加深幼儿对动作、概念的理解。

案例：中班艺术活动“舞动的线”

师幼互动情境再现：

（小朋友5人一组，合作变成波浪线）

师：他们这组合作变出来的波浪线，有人负责喊口号，他们还分好了谁先谁后，最后变出了十分成功的波浪线。

分析：教师通过对幼儿的行为进行描述，给其他的小组提供思路。

5. 通过“高级语言”实现教育支持

案例：大班艺术活动“芭蕾舞”

师幼互动情境再现：

师：在芭蕾舞中，一个演员跳舞是什么舞蹈？

幼：独舞。

……

师：那我们刚才说了，一个人跳舞叫？

幼：独舞。

师：那两个人跳舞叫？

幼：双人舞。

师：噢，都不用我说了，你们太厉害了。那我们再看看下一个。这是几个人跳舞啊？

幼：四个人，四人舞，群舞。

师：对，在其他的舞蹈中，这么多人跳舞叫群舞。但是在芭蕾舞中四个人跳舞叫作四人舞。

分析：在这个案例中，教师在与幼儿交流的过程中，结合情境帮助幼儿去扩展认知，了解新的名词与概念。

六、幼儿园集体教育活动中骨干教师教育支持的关键特征

幼儿园骨干教师的教育支持特征在一定程度上代表了较高质量的师幼互动。整体而言，幼儿园骨干教师集体教育活动中师幼互动教育支持水平呈中等偏高

水平。概念发展维度得分最低，反馈质量方面表现优秀，语言示范方面仍需提升。基于上述从不同活动领域、不同班龄及不同教师个体特征三个角度对幼儿园集体教育活动中教师教育支持的较为全面深入的分析，进一步提炼概括幼儿园骨干教师教育支持的关键特征，以为其他幼儿教师改善师幼互动特别是提升教育支持能力提供参考。

（一）“概念发展”子维度的关键特征

第一，骨干教师能够较多地组织幼儿进行分析和讨论，这给幼儿提供了更多思考的可能与机会。另外，教师更关注幼儿活动及思维的方式及过程，是有意识地去鼓励幼儿分析其活动的方式与过程，从而促进幼儿思考能力的发展。

第二，骨干教师能够创设适宜的情境或者环境帮助幼儿产生新的想法。并且相比问题的正确答案，骨干教师能够更多地关注幼儿探索操作的过程，并且会借助幼幼互动的机会激发幼儿去创造表达。

第三，骨干教师能够注重知识的连续性以及延续性，他们擅长将不同领域以及不同类别的知识点产生联系，有意识地帮助幼儿构建经验联结。

第四，骨干教师一方面能够比较全面地把握幼儿现有水平与实际经验，构架、组织较为生动且贴近幼儿生活的相关活动，激发幼儿学习的兴趣；另一方面，骨干教师能够持续且即时地引导幼儿养成运用所学来解决问题的能力，从而帮助幼儿获得有实践意义的经验。

（二）“反馈质量”子维度的关键特征

第一，骨干教师能够有意识地架设符合幼儿现有水平与经验的支架，并且能够通过及时的观察较为灵活地调整支架，从而帮助幼儿在获得经验的基础上得到能力的发展。

第二，骨干教师重视与幼儿的每一次互动，通常采用追问、提问、重复等策略与幼儿进行较为深入且有启发性的交谈，从而挖掘幼儿的思维过程以及教育契机。

第三，骨干教师非常重视积极反馈对幼儿在活动中的参与度与持久度的作用。教师不仅对他们的努力、坚持予以肯定，同时也会鼓励幼儿尝试新的策略，通过鼓励来强化儿童的行为。并且这种鼓励包含了教师发起的活动以及幼儿发起的活动、教师对个人的以及集体的关注。这些积极回应是具体的，并不是泛泛的，这都表明了师幼之间存在持续性的、积极的、肯定的回应。

（三）“语言示范”子维度的关键特征

第一，骨干教师能够在不同的教育活动中运用语言的交流与互动提升幼儿的学习质量。骨干教师不仅能够积极创造与幼儿沟通的机会，也能及时关注到活动过程中幼儿发起的对话。

第二，骨干教师擅长提问“开放性”的问题，它的答案不是唯一的，这样可以给幼儿更多的发挥空间，让更多幼儿参与其中，从而激发其主动地思考。

第三，骨干教师能够及时关注到幼儿的表达交流欲望，并且在与幼儿互动的过程中能够通过重复幼儿语言的方式来有针对性地帮助幼儿梳理碎片化的信息，引导幼儿发展语言表达能力以及逻辑思维能力。除此之外，骨干教师也十分注重延伸对于促进幼儿思考的作用。

第四，骨干教师会用自我描述的方式将自己的思考方式“外显”，为幼儿做良好的示范，激发幼儿的思考；根据活动需求，骨干教师也会采用平行式的描述，对幼儿的行为进行描述，站在儿童的视角，充分发挥同伴互动的作用。

第五，骨干教师与幼儿交流的过程中会敏锐地识别到幼儿语言发展的潜力，通过对幼儿语言的加工、整理，帮助幼儿丰富词汇的使用以及概念的理解。

七、研究不足与展望

幼儿园的教育活动必须依靠教师与幼儿的互动而实现，互动的过程是幼儿获得知识、发展情绪情感及社会化的过程，是教师自身专业素养不断提高的过程，也是重塑师幼关系的过程。幼儿园中集体教育活动是符合我国国情的一种教学方式，也是幼儿成长的重要活动背景。鉴于此，研究者在梳理了师幼互动的概念、价值及作用的基础上，运用观察法、访谈法等对北京市两所幼儿园集体教育活动中骨干教师的教育支持特征进行了分析，探究了其关键特征，力求促进师幼互动的有效性，促进幼儿发展及教师素质的提高。但受笔者研究能力及研究时间等因素所限，本研究仍存在一些不足之处：首先，就研究所聚焦的师幼互动情境而言，师幼互动贯穿于教师与幼儿交往的每个环节中，而本次研究只选取了集体教育活动，后续研究中可进一步关注集体教育活动之外的多种情境下师幼互动的教育支持特征；其次，就研究选取的对象而言，研究者仅对北京市两所幼儿园中的36位骨干教师的40个集体教育活动进行了分析，研究结论还不能很好地代表和说明目前我国幼儿园集体教育活动中更广大群体的骨干教师的教育支持现状与特点，后续研究中将进一步扩大样本量并增加其代表性；最后，本研究中重点探索幼儿园骨干教师的教育支持特点与可供其他教师学习借鉴的教育支持策略与方法，在分析中也发现了骨干教师不同方面不同程度的教育支持上的一些问题，但对问题的分析还不够充分和深入，后续研究可进一步加以捕捉与探讨。

参考文献

[1] [美] 安·S. 爱波斯坦 (Arm S. Epstein). 有准备的教师——为幼儿学习选择最佳策略 [M]. 李敏谊, 张展辉, 郑艳, 等译. 北京: 教育科学出版社, 2012: 142.

[2] 蔡桔. 幼儿园骨干教师职业高原现象研究 [D]. 成都: 四川师范大学, 2017.

[3] 曹高慧. 幼儿园语言教学活动中的师幼互动状况——基于 CLASS 系统的研究视角 [D]. 金华: 浙江师范大学, 2012.

[4] 陈小凤. 幼儿园社会领域集体教育活动的师幼互动研究——基于 CLASS 课堂评估计分系统分析 [D]. 重庆: 西南大学, 2016.

[5] 杜亚平. 幼儿园骨干教师示范引领作用的研究—以鞍山市某公立幼儿园为例 [D]. 鞍山: 鞍山师范学院, 2016.

[6] 丁娟. 幼儿园科学教育活动师幼互动研究——基于 CLASS 课堂互动评估系统的观察分析 [D]. 福州: 福建师范大学, 2014.

[7] 付丽霞. 幼儿园大班体育集体教学活动中师幼互动质量的研究——基于 CLASS 评估系统的观察分析 [D]. 长沙: 湖南师范大学, 2017.

[8] 教育部. 国家中长期教育改革和发展规划纲要 (2010—2020 年) (2010) [EB/OL]. http: //www. moe. gov. cn/jyb _ xwfb/s6052/moe _ 838/201008/t20100802_ 93704. html, 2010-7-29.

[9] 国务院. 关于学前教育深化改革规范发展的若干意见 (2018) [EB/OL]. http: //www. gov. cn/zhengce/2018-11/15/content_ 5340776. html, 2018-11-7.

[10] 顾明远. 教育大辞典 (增订合编本) [M]. 上海: 上海教育出版社, 1998.

[11] 侯松燕. 幼儿园教育过程性质量与在园幼儿智力水平的关系研究——基于浙江省 178 个班级 1012 名幼儿的测量研究 [D]. 金华: 浙江师范大学, 2013.

[12] 韩春红. 上海市二级幼儿园师幼互动质量研究 [D]. 上海: 华东师范大学, 2015.

[13] 黄娟娟. 师幼互动类型及成因的社会学分析研究——基于上海 50 所幼儿园活动中师幼互动的观察分析 [J]. 教育研究, 2009 (07): 81-86.

[14] 黄晶晶. 幼儿园大班数学集体教学活动中师幼互动的质量研究 [D].

长沙：湖南师范大学，2017.

[15] 季彩君．留守儿童的教育支持研究——以苏中地区为例［D］．上海：华东师范大学，2016.

[16] 孔凡云．幼儿园集体教学互动中师幼互动研究［D］．济南：山东师范大学，2011.

[17] 刘晶波．社会学视野下的师幼互动行为研究——我在幼儿园里看到了什么［M］．南京：南京师范大学出版社，2006.

[18] 刘穿石．“名师工作室”的解读与理性反思［J］．江苏教育研究，2010（30）：4-7.

[19] 刘晶波．师幼互动的总体特征及其功能［J］．幼儿教育，1998（11）：4-5.

[20] 李云翔．幼儿园骨干教师的形成与培养［J］．大连教育学院报，2002，18（04）：23-25.

[21] 李相禹，刘焱．师幼比对幼儿园集体教学质量影响的实证分析［J］．学前教育研究，2016（05）：3-14.

[22] 罗鸣．教师与幼儿建立和谐人际关系的重要意义［J］．福建教育与研究（初等教育版），1990（03）：16-18.

[23] 莫源秋，唐翊宣，刘利红．幼儿教师与幼儿有效互动策略［M］．北京：中国轻工业出版社，2015.

[24] 马亚玲．幼儿园师幼互动中存在的问题及对策［J］．学前教育研究，2005（04）：54-55.

[25] 毋远珍．幼儿园骨干教师专业成长过程中的关键事件［J］．学前教育研究，2011（04）：3-8.

[26] 覃江梅．幼儿园师幼言语交往研究［D］．桂林：广西师范大学，2004.

[27] 唐雅妮．幼儿园大班语言集体教学活动中教师提问存在的问题及改善措施的研究——以北京交通大学幼儿园为例［D］．保定：河北大学，2015.

[28] 田方．幼儿园半日活动情境下的师幼互动研究——基于 CLASS 课堂互动评估的观察分析［D］．上海：华东师范大学，2012.

[29] 庞丽娟．幼儿教师的期望和幼儿发展［J］．学前教育研究，1992（04）：8-11.

[30] 庞丽娟．教师与儿童发展［M］．北京：北京师范大学出版社，2001.

[31] 吴荔红，曹楠．幼儿园骨干教师培训中的问题审视与创新路径［J］.

教育评论，2017（08）：127-130.

［32］王春燕，教学活动中师幼互动的诊断分析［J］．学前课程研究，2007（10）：4-7.

［33］王铧莹．幼儿园科学教育活动师幼互动研究——基于 CLASS 课堂互动评估系统的观察分析［D］．福州：福建师范大学，2014.

［34］项宗萍．从“六省市幼教机构教育评价研究”看我国幼教机构教育过程的问题与教育过程的评价取向［J］．学前教育研究，1995（02）：31-35.

［35］闫玉辉．论骨干教师的区域辐射作用［J］．中国校外教育，2014（10）：24-26.

［36］姚铮．幼儿园人际环境对幼儿社会性发展的影响［J］.幼儿教育，1994（02）：7-8.

［37］余萍．骨干教师示范引领促进幼儿教师专业发展的个案研究［D］．重庆：西南大学，2013.

［38］余珍有．教师的交际行为研究［D］．南京：南京师范大学，2004.

［39］杨继红．谈幼儿园骨干教师的基本条件［J］．云南教育：小学教师，2001（14）：42-43.

［40］杨婧超．幼儿园骨干教师培训需求研究［D］．上海：华东师范大学，2012.

［41］姚艺娟．集体教育活动中骨干教师与实习教师的师幼互动比较研究［D］．武汉：华中师范大学，2017.

［42］郑金洲．互动教学［M］．福州：福建教育出版社，2007：12.

［43］周玲．幼儿园集体教学活动中教师回应行为的研究［D］．长沙：湖南师范大学，2010.

［44］周德昌．简明教育辞典［M］．广州：广东高等教育出版社，1992.

［45］周欣．托幼机构教育质量的内涵及其对儿童发展的影响［J］．学前教育研究，2003（7-8）：4-38.

［46］左瑞勇，柳卫东．幼儿园师幼互动现状与对策分析［J］．重庆师范大学学报（哲学社会科学版），2005（04）：117-122.

［47］张雁．农村幼儿园教师分层培训课程模式的建构——以“国培计划”山西省农村幼儿园骨干教师培训为例［J］．教育理论与实践，2015，35（2）：35-37.

［48］连翔．成年障碍者社区教育支持研究［D］．大连：辽宁师范大学，2011.

[49] 张婷. 基于幼儿园语言教学活动中新教师的师幼互动研究——以呼和浩特市回民区为例 [D]. 呼和浩特：内蒙古师范大学，2016.

[50] Fein，Gariboldi A，Boni R. The adjustment of infants and toddlers to group care：The first 6 months [J]. Early Childhood Researsh Quarterly，1993，8 (1)：1-14.

[51] Dickinson D K，Snow C E. Interrelationships among prereading and oral language skills in kindergartners from two social classes [J]. Early Childhood Research Quarterly，1987，2 (1)：1-25.

[52] Darrow C L. Patterns of Teacher-Child conversations in Head Start Classrooms：Implications for an Empirically Grounded Approach to Professional Development [J]. Early Education and Development，2008，19 (3)：396-429.

[53] Guo Y，Piasta S B，Justice L M，Kaderavek J N. Relations among preschool teachers' self-efficacy，classroom quality，and children's language and literacy gains [J]. Teaching and Teacher Education，2010，26 (4)：1094-1103.

[54] Howes C，Hamilton C E，Matheson C C. Children's relationships with peers：Differential associations with aspects of the teacher - child relationship [J]. Child Development，1994，65 (1)：253 .

[55] Hamre B，Hatfiled B，Pianta R，et al. Evidence for General and Domain-Specific Elements of Teacher-Child Interactions：Associations With Preschool Children's Development [J]. Child Development，2014，85 (3)：1257-1274.

[56] Pianta R C，Steinberg M S，Rollins K B. In press. "The first two years of school：Teacher - child relationships and reflections in children's class - room adjustment." [J]. Development and Psychology，1995，7 (2)：295-312 .

[57] Pianta R，Howes C，Burchinal Metal. Features of pre - kindergarten programs，classrooms，and teachers：Prediction of observed classroom quality and teacher-child interactions? [J]. Applied Developmental Science，2005，9 (3)：

[58] Pakarinen E，Kiuru N，lerkkanen M K，et al. Instructional support predicts children's task avoidance in kindergarten [J]. Early Childhood Research Quarterly，2011，26 (3)：376-386.

[59] Scarborouugh H S，Dobrich W. On the efficacy of reading to preschoolers. [J]. Development Review，1994，14 (3)：245-302.

[60] Seel N M. Encyclopedia of the Scienses of Learning [M]. Springer US，2012.

附录

附录一：骨干教师访谈提纲

访谈时间：

访谈地点：

访谈教师：

1. 您如何理解师幼互动？

2. 您如何理解教育支持？您认为师幼互动中教育支持应该包括哪些方面？

3. 您对 CLASS 互动评估系统有了解吗？其中的教育支持指标您是否了解？

4. 您认为自己需要提升哪方面的师幼互动能力？

5. 您目前接触到的提升师幼互动能力的途径有哪些？您觉得最有效的途径是什么？为什么？

6. 您在刚才的活动中采取了……的教育支持策略，您是出于怎样的考虑？

音乐集体教学活动中新手教师的师幼互动研究

张佳妹

学前儿童音乐教育是幼儿园艺术教育的重要组成部分，幼儿音乐教学活动开展的成效影响着幼儿园艺术教育的质量。师幼互动指的是教师和儿童之间的相互作用和相互影响，其贯穿于幼儿一日活动之中，对儿童的认知、语言、社会性等方面的发展有着深远的影响，师幼互动已成为国外许多研究中用来预测儿童未来学业成就、评价学前教育质量的重要指标，基于这样的背景，本研究的目的在于了解当前幼儿园中师幼互动的现状，以音乐集体教学活动为切入点，探索新手教师组织集体活动时的师幼互动特点，发掘师幼互动观念与师幼互动行为之间的关系。

一、关于音乐活动中新手教师师幼互动的研究基础

（一）师幼关系对幼儿发展意义的研究

国内外关于师幼关系的研究较多，梳理相关文献之后，可以总结概括为两方面，一方面是对幼儿社会性发展的影响，另一方面是对幼儿认知发展的影响。

在幼儿社会性发展方面，Feeney、Christensen 和 Moravcik①，以及杨丽珠、吴文菊②认为，在教师与幼儿的互动中，良好的师幼关系对儿童安全感的建立、自信心的增进以及积极探索新事物的欲望有重要作用。Alexander③、Pianta④ 等

---

① Feeney S，Christensen D，Moravcik E. Who am I in the lives of Children? An introduction to Eeaching Young children. Columbus [M]. Merrill，1996.

② 杨丽珠，吴文菊．幼儿社会性发展与教育 [M]. 大连：辽宁师范大学出版社，2000：281.

③ Alexander K L，Entwisie D R. Achievement in the first 2 years of school：Pattern and processes [J]. Monographs of the Society for Research in Child Development，1998，53 (2)：1-157.

④ Pianta R C，Steinberg M S，Rollins K B. The first 2 years of school：Teacher-child relationship and reflections in children's classroom adjustment [J]. Development & Psy chopathology，1995，7 (2)：295-312.

研究者的研究相继证明，幼儿入园后，积极的师幼关系是幼儿适应新环境的重要的方面，影响其当前适应状况，甚至还可能会决定幼儿进入小学后前三年的行为与适应能力。

在认知发展方面，Pianta 等人通过大量的研究发现，师幼互动中教师有效的教育支持对幼儿的语言表达、阅读技能、数学技能的发展都有重要的作用。Howes 和 Stewat 研究表明，与教师有积极互动的幼儿，语言表达能力较强而且在认知活动中的表现也比较优秀。Ros Fisher 指出师幼互动对儿童早期阅读学习有重要的作用。马玲亚认为通过师幼互动，教师传授给幼儿道德准则与行为规范，指导他们的社会行为，可以促进其社会性的发展；同时还可以帮助幼儿认识周围世界，促进其认知能力的发展。①

根据上述的研究，可以看出师幼互动对幼儿社会性和认知发展均有重要影响。在社会性方面，主要表现在幼儿对新环境的适应能力，同伴关系的建立，社会交往的方式，自我概念的发展，自信心、安全感的培养等方面，为幼儿社会性的长远发展奠定了初步的基础。在认知发展方面，师幼互动主要是对幼儿的早期阅读学习、语言表达、数学技能的发展都有重要的作用。这就使师幼互动这一研究课题受广大的学前教育工作者和研究者所关注，这也正是本研究的动因和意义所在。

（二）师幼互动的影响因素研究

师幼互动影响因素的研究表明，师幼互动的质量受教师自身因素和幼儿以及师幼所处的环境等因素影响，教师、幼儿、幼儿园、家庭、互动环节和情境等可能是影响师幼互动的重要因素。同时，师幼互动的各因素间还存在彼此相互作用，并综合作用于师幼互动过程，并实现对师幼互动的影响。可以概括为三类影响师幼互动的因素，分别是：幼儿因素、客观环境因素、教师因素。

国外学者的一系列研究表明，影响师幼关系的首要因素是幼儿因素，即幼儿自身所具有的特征，包括幼儿的性格气质、行为特征、性别、语言能力等多个方面。Brophy②，Fein、Gariboldi、Boni③，Rudasill 等研究者的研究相继表明，开朗、活泼且行为积极的幼儿可能会受到教师较多关注与反馈，而性格相对比

① 马玲亚．对幼儿园师幼互动若干问题的思考［J］．中华女子学院学报，2005（2）：65-68.

② Brophy J E，Good T L. Teacher-student relationships：Causes and Consequenses［M］. New York：Holt，Rinehat & Winston，1974.

③ Fein G G，Gariboldi A，Boni R. The adjustment of infants and toddlers to group care：The first months［J］. Early childhood Research Quaarterly，1993，8（1）：1-14.

较内向、不爱表现的孩子得到的关注和反馈就会比较少，很难与教师建立起亲密的师幼关系。

关于影响师幼互动的客观环境因素，研究者们认为主要包括幼儿园班级的规模、师幼比、硬件条件等方面。Howes、Phillips、Whitebook 的研究表明，师幼比率越低，班级规模越小，教师与幼儿之间越容易形成安全的依赖①。此外，教师人选的稳定性也会影响到师幼关系，Howes 和 Hamilton 对 1—4 岁幼儿的班级的研究发现，如果经常更换教师，那么这个班级中攻击性强的幼儿比例就高，师幼关系不和谐的情况也相对较多。② Clawson M. A. 研究发现班级容量也是影响师幼互动的一个因素，在幼儿数量较多的班级，教师会常容易出现负面情绪，或者降低与幼儿互动的热情，使互动质量和频率下降。③

关于影响师幼互动的教师因素，研究者们观点不一。研究者们聚焦了教师的儿童观、教育观、教育背景、带班经验、培训经验及有无学前教育证书等因素。Kagan、Smith 通过研究得出结论，奉行“儿童中心”教育观念的教师与单个幼儿或小组幼儿进行互动的时间更长、频次更多，反应更为敏感，反馈及时，师幼间的关系也相对亲密。④ 周欣⑤、孔凡云⑥也指出教师个人的儿童观、教育教学观以及对自我情绪的控制影响着师幼互动。此外，教师所具备的学前教育专业学历越高，那么他与幼儿互动质量就越高。Howes、White book、Phillips 的研究表明，受教育水平高的教师，相对来说对孩子要更细心、更亲切一些，反之则疏远。⑦ 田方通过采用 CLASS 工具对上海市 41 所幼儿园的 161 名教师的课堂互动进行了观察，初步发现师幼互动的质量受到教师的学历、职称及教龄等

---

① 刘晶波．社会学视野下的师幼互动行为研究——我在幼儿园里看到了什么［M］．南京：南京师范大学出版社，2006：29.

② 刘晶波．社会学视野下的师幼互动行为研究——我在幼儿园里看到了什么［M］．南京：南京师范大学出版社，2006：30.

③ Clawson，Mellisa A. Contributions of Regulatable Quality and Teacher－Child Interaction to Children's Attachment Security with Day Care Teacher［J］. 1997.

④ Kagan D M，Smith K E. Beliefs and behaviors of kindergarten teachers［J］. Educational Research，1998，30（1）：26-356.

⑤ 周欣．托幼机构教育质量的内涵及其对儿童发展的影响［J］．教育研究，2003（7-8）：34-38.

⑥ 孔凡云．幼儿园集体教学活动中师幼互动研究［D］．济南：山东师范大学，2011.

⑦ Howes C，Whitebook M，Phillips D. Teacher characteristics and effective teaching in child care：Findings from the National child care staffing study［J］. Child&Youth Care Forum，1992，（6）：399-414.

因素的影响。① 韩春红在对不同师幼互动质量类型中的教师特征的分析中发现，最高学历为大专的教师、专业背景相关的教师、教龄较长的教师以及职称较高的教师更易于表现出高质量的师幼互动。②

但是，也有研究者认为教师特征与师幼互动之间的关系不够显著，不能预测师幼互动质量。欧林等人的研究发现，教师的教育背景、培训经历、专业、证书和师幼互动质量、幼儿的学业成就基本没有什么联系。③

（三）师幼互动的量化研究

在师幼互动量化研究中，较有影响的国外的研究工具主要有以下几种：《明尼苏达教师态度问卷》（Minnesota Teacher Attitude Inventory，MTAI），《巴雷莱纳关系问卷》（Barrett-Lennard Relationship，BLRI），Wubbels 等人编制的教师互动问卷（Questionnaire on Teacher Interaction，QIT），弗兰德斯互动分析系统（Flandera Interaction Analysis System，FIAS），克拉斯德分析技术（Cluster），皮亚塔师生关系量表（Student-Teacher Relationship Scale），儿童照看者互动量表（Child Caregiver Interaction Scale，CCIS）以及课堂互动评估系统（Classroom Assessment Scoring System，CLASS）。其中，CLASS 是目前国内外师幼互动质量测评的主流工具。它在美国最近的一些大规模调查中，使用最为广泛（Ishimine et al.，2004），被广泛用于各国国家性质的质量评估项目中（Pianta，2012；Salminetal）。

CLASS 是由美国弗吉尼亚大学教学高级研究中心的 Robert C. Pianta、Bridge K. Hamre 等人为代表的研究团队在大量的文献和实证研究的基础上，研发而出的一种有效的师幼互动质量评估观察工具，主要用于评价从学前班到小学三年级课堂教育质量，关注教育活动中的师幼（生）互动。CLASS 主要分为情感支持、班级管理、教学支持这三大领域以及十二个评价维度，每一个维度下设具体的评价指标。该系统自 2008 年研发并开展评估以来，其组织结构的信效度已经在 3000 多个课堂里得到了检验，CLASS 在美国本土以外的文化情境中的应用的信效度和预测性也得到了积极的验证。

1. 国外运用 CLASS 工具的相关研究

CLASS 起源于美国，因此国外的 CLASS 研究也以美国居多，最为丰富。2001—2003 年，美国开展了国家早期发展和学习中心跨州幼儿园研究项目、全

① 田方．幼儿园半日活动情境下的师幼互动研究［D］．上海：华东师范大学，2012.

② 韩春红．上海市二级幼儿师幼互动质量研究［D］．上海：华东师范大学，2015.

③ 韩春红．上海市二级幼儿师幼互动质量研究［D］．上海：华东师范大学，2015.

州早期教育项目研究和美国国家儿童健康和人类发展研究所“我的教学伙伴”项目，在这三个项目中包括观察测评的846个幼儿园和737个学前班的课堂互动质量，研究表明，美国托幼机构的师幼互动质量存在不均衡发展的现象。其中，情感支持和课堂管理发展较好，而教学支持比较欠缺。在教学支持中，特别是概念发展和反馈质量特别低。

2. 国内运用CLASS工具的相关研究

不同于国外幼儿园的个别化教学形式，我国幼儿园的一日生活多采用集体活动的方式，国内已有的关于师幼互动的研究主要涉及语言、科学等领域。按活动形式划分，师幼互动的相关研究主要集中在生活环节和集体教学环节。

刘畅采用CLASS比较了集体活动和区角活动两个情境下的师幼互动质量，研究发现不同教育情境中师幼互动的质量在不同维度上存在不同程度的差异，在教学安排、概念发展、反馈质量和语言示范这四个维度上具有极其显著性差异。① 韩春红在对上海市二级幼儿园一日生活环节中的师幼互动质量的研究中，采用CLASS，发现上海市二级幼儿园师幼互动质量总体呈现中等水平，但凸显三大问题：与优质教育质量差距较大、缺少高质量型的师幼互动及不同活动形式的师幼互动质量问题各异。② 田方采用CLASS对幼儿园半日活动情境下师幼互动的现状与高质量的师幼互动的特点进行了研究，研究发现，161名教师师幼互动的能力在情感支持方面整体处于中等偏高的水平，在班级管理方面整体处于中等水平，在教育支持方面整体处于中等偏低水平，且在这三个维度上都存在强相关。③ 曹高慧采用CLASS研究了11个幼儿语言教育活动的师幼互动质量，发现我国幼儿园语言教学活动中的师幼互动处于中等水平。④

（四）已有研究的启示

综上所述，国外的已有研究显示，采用CLASS评价师幼互动的水平与质量成为师幼互动研究的一大趋势，多项研究表明情感支持领域和课堂管理领域的得分属于中高等水平，而教学支持领域得分较低。与国外采取师个互动或师组互动不同的是，我国的师幼互动多表现为一对多的特点，即教师与全班幼儿进行互动，尤其是在组织和开展集体教学活动时。因此，集体教学活动中的师幼互动的研究更加具有普适性。国内幼儿园中关于师幼互动的研究多数集中在集

---

① 刘畅．两种教育情境下的师幼互动研究［D］．上海：华东师范大学，2012.

② 韩春红．上海市二级幼儿师幼互动质量研究［D］．上海：华东师范大学，2015.

③ 田方．幼儿园半日活动情境下的师幼互动研究［D］．上海：华东师范大学，2012.

④ 曹高慧．幼儿园语言教学活动中的师幼互动状况——基于CLASS系统的研究视角［D］．金华：浙江师范大学，2009.

体教学活动情境中，而在集体教学活动背景下的师幼互动主要还是按照领域划分，目前已有的研究集中在科学、语言、绘画和数学领域，得出的研究结果却有一定的相似性，即我国师幼互动质量处于中等水平，师幼互动中教师占主导地位，师幼关系不平等，师幼互动缺乏温馨的轻松的氛围，教师忽略幼儿的情感需要等。

在已有的师幼互动的影响因素的研究中，教师特征，特别是学历、专业背景、培训经历等对师幼互动质量的影响方面，目前尚没有统一的结论。考察影响师幼互动质量的因素并不容易，因为随着取样不同、影响因素分类不同及各因素之间的相互交叉影响，都会导致不一样的研究结果。为此，在考察师幼互动质量的影响因素时，需要尽可能将因素细分，这将有助于更好地探寻出真正的影响因素。幼儿园音乐领域的教学在幼儿园中具有独特性，音乐具有时间性和流动性，音乐自身的体系特征预示着组织和开展音乐集体教学活动时的方式方法与其他领域截然不同，负责音乐集体教学工作的教师专业背景、教龄可能不同，其所持有的师幼互动观念也不尽相同。那么，在音乐集体教学活动中，不同教师在师幼互动方面是否具有差异性，以及在音乐教育教学领域中师幼互动观念水平对师幼互动质量是否具有预测性，这一问题值得深入研究。

总之，师幼互动的相关研究中，国内外关于师幼互动质量的研究趋势是本研究的价值体现；师幼互动影响因素的相关研究，尤其是教师因素的研究为本研究提供了研究思路与切入点；幼儿园各领域、各环节中师幼互动的研究及相关学科领域的研究虽然较少，特别是音乐领域的研究，现在还没有深入细致的研究，有关科学、语言领域及幼儿一日生活、集体教学活动的研究可以为本研究提供参考，具有借鉴意义。

（五）相关概念界定

1. 师幼互动

柳卫东、左瑞勇认为师幼互动是指在幼儿园一日生活各环节中教师与幼儿之间以师生接触为基础的双向人际交流。① 叶子、庞丽娟认为教师和幼儿之间的互动，指师幼之间发生的各种形式、性质和各种程度的相互作用和影响。这种相互作用与影响贯穿于幼儿园的一日活动之中，既可以发生在有组织的教育教学活动中，也可以发生在非正式的区域、游戏等活动中。

从以上研究者对师幼互动概念的定义，我们不难发现，师幼互动最基本的

① 柳卫东，左瑞勇．师幼互动的理论基础与实践背景［J］. 学前教育研究，2004，（7）：52-53.

特征是教师与幼儿在幼儿园中发生的一切行为往来。本研究将师幼互动的概念界定为：师幼互动是指在幼儿园中教师与儿童之间发生的各种形式、性质和各种程度的相互作用和相互影响。在本研究中，以发生在音乐集体教学活动中的教师与全班幼儿之间的相互作用和相互影响的行为和过程为研究对象。

2. 幼儿园音乐集体教学活动

幼儿园的集体教学活动主要是指一两个教师面对全体幼儿或许多幼儿所开展的教学活动，一般而言，要求全体幼儿能在同一时间内完成同样的活动任务，或者相关的活动任务①。幼儿园音乐集体教学活动是幼儿园教学活动的领域之一，是指教师为全班幼儿提供音乐学习活动的引导与支持，以此来满足幼儿感受、表达和创造美的需要，陶冶幼儿的审美情操。

因此，本研究认为幼儿园音乐集体教学活动是指在教师指导下有计划、有组织的全体幼儿参加的，旨在培养幼儿的审美能力、音乐感受能力和表现力，使幼儿获得音乐教育知识和技能的艺术活动。需要说明的是，本研究中的幼儿园音乐集体教学活动仅指教师有计划地安排的集体教学活动，教学过程同时面向全体幼儿，不包括表演区、娃娃家等日常区域活动中的音乐活动。

3. 幼儿园音乐集体教学活动中的师幼互动

本研究的主要内容是幼儿园集体教学活动情境中的音乐教学活动里的师幼互动观念及行为。但到目前为止，相关研究和文献较少。本研究综合“音乐教学活动”“师幼互动”相关概念的界定，将音乐教学活动中的师幼互动定义为：为了获得音乐领域的教育性经验，教师有目的、有计划地进行引导，全班幼儿在共同学习、运用音乐材料的活动中，教师和幼儿之间基于音乐活动的内容、操作材料和人际交往而引起的认知、情感及行为上的相互作用和相互影响。

4. 新手教师

新手教师又被称为初任教师。新手教师一般指职业年龄在 3 年以下的教师，他们处于伯顿所说的“生存适应”阶段，该阶段“是决定一位教师日后专业发展方向与品质的关键期”。尤其是新任教师的第一年，其在专业上的教与学的经验，以及个人的专业实践理论发展的样貌，会强而有力地反映在教师生涯态度及专业行为上。②

在本研究中新手教师是指已经获得教师资格证，在幼儿园任教 3 年以内的，

① 朱家雄．对幼儿园课程改革的所见所闻和所思（下）[J]．幼儿教育，2006（09）：4-6.

② 陈美玉．教师个人知识管理与专业发展［M］．台北：学富文化事业有限公司，2002：196.

能够承担起幼儿园基本教育教学工作的在职教师。

二、音乐教学活动中新手教师师幼互动的特点研究的设计方案

（一）研究思路与研究问题

（1）采取目的性抽样的方式随机选取 L 幼儿园 9 名新手教师所开展的音乐集体教学活动进行拍摄录像，每 20 分钟作为一个观察片段，依据 CLASS 从情感支持、班级管理、教学支持三大领域展开观察与记录，对视频录像进行详细描述并按照 CLASS 具体指标赋分。通过这些数据的分析，归纳出 L 幼儿园新手教师在音乐集体教学活动中的师幼互动的现状。

（2）通过自制调查问卷收集 9 名教师的背景信息，尤其是音乐活动中的师幼互动观念，进一步与 CLASS 评分数据相结合，探究师幼互动观与师幼互动行为之间存在的关系，归纳出新手教师师幼互动的特点。

（3）在量化研究和质性分析的基础上，初步对新手教师提高音乐集体教学活动中的师幼互动质量提供切实有效的建议。

（二）研究实施程序

1. 文献搜集

2015 年 6 月起，本研究参与到“幼儿园教育质量评估”课题组，广泛搜集并阅读国内外有关幼儿园质量评估、师幼互动、师幼关系方面的资料与文献，经过阅读、整理、分析，并与指导老师讨论后，确定研究主题为“音乐集体教学活动中的师幼互动质量研究”。研究方法主要采用观察法、调查法，借助修订后适应性的 CLASS 的量化观察评分表进行观察记录。结合幼儿园音乐集体教学活动的特点，确定本研究的切入点，开始拟订研究计划。

2. 拟定研究框架

根据所收集到的相关文献，于 2015 年 10 月初步拟定研究架构，并请指导老师审查、修正研究的内容，确立研究的范围与性质，初步完成本研究的架构。最后，根据研究框架，撰写开题报告，经过开题指导教师的指导与修正，逐步开始下一阶段的研究工作。

3. 选定观察者，建立内部一致性

由于 CLASS 受评分者主观因素的影响较大，为确保研究具有相对客观性，在研究初期选定了 5 名观察者，5 名观察者均为学前教育专业在读研究生，对师幼互动的研究较有涉猎。为了使观察者对教师组织的音乐集体教学活动的评分客观公正，在实地观察前，要求观察者熟读《CLASS 课堂互动评估系统使用手

册》，并开展了CLASS工具的使用培训。通过熟悉评定标准，范例观察、讨论以及选定视频进行不断地讨论与培训，最终观察者两两之间确立评分的一致性，对所观察的教师某一具体行为的评分档次一致。

4. 选定研究样本，开展实地观察

我国幼儿园多采用集体教学活动形式，虽然集体性教学活动只是幼儿在园一日生活中的一部分，但集体教学能力仍是幼儿园教师的基本功，是幼儿园教师实践性知识智慧的最集中体现，是幼儿园教师专业化发展的最重要途径。因而，本研究立足于集体教学活动，以幼儿园中的音乐教学活动为研究的切入点，着重关注幼儿园新手教师的师幼互动观念与师幼互动行为之间的关系，因此选定的样本具有目的性，在具有音乐特色的L园中选取9名新手教师开展实地观察。采用现场录像记录观察的方式，对9名教师的音乐教学活动录像，事后观察者两两观察视频录像并根据CLASS的具体指标打分。

5. 分发教师信息调查表，了解教师的背景信息

观察完视频录像并打分后，对数据进行录入，进行统计分析。为进一步探究影响师幼互动质量的因素，制定并分发教师信息调查表，了解教师的相关背景信息，包括学历、教龄、专业背景以及师幼互动观念等，师幼互动观念通过自制的《幼儿教师音乐集体活动师幼互动观念调查表》了解。

6. 分析调查数据与资料

回收CLASS观察评分表和《幼儿教师音乐集体活动师幼互动观念调查表》后，将原始数据录入，并以白描的方式转录编码为可分析的文本资料，共计20387字。

7. 论文总结阶段

将CLASS观察评分表和《幼儿教师音乐集体活动师幼互动观念调查表》的原始资料输入电脑，完成统计分析后，对统计结果进行分析与讨论，对9名教师的教育活动录像进行转录分析，撰写完成论文。

（三）研究对象

1. 样本人数及抽样方法

本研究采用目的性抽样的方法，选定L幼儿园，从中随机挑选9名新手教师作为样本，旨在研究新手教师师幼互动质量的现状并加以改进。

2. 样本分析

研究者对回收问卷中获得的有效样本的基本资料进行分析，包括教师的姓名、所带班级、年龄、教龄、学历、专业背景以及师幼互动观念等。样本中的9

名教师，8 名为女性，1 名为男性。教师的年龄范围在 20—27 岁，平均年龄为 23. 67 岁；教龄范围为 1—4 年，平均教龄为 2. 17 年。L 幼儿园刚建成投入使用一两年，该园力求打造为音乐特色的幼儿园，但该园教师队伍均从其他幼儿园抽调组成，每位教师从事音乐教学活动的时间仅为 1—2 年，属于音乐教学活动中的新手教师。具体分布如表 2-2-1 所示。

表 2-2-1 9 名教师年龄、教龄分布情况

类别	平均值	范围
年龄（岁）	23. 67	20—27
教龄（年）	2. 17	1—4
组织音乐活动的教龄（年）	1. 67	1—2

9 名教师中，第一学历为本科的有 5 人，大专学历 2 人，中专或高中学历 2 人；第一学历专业全部都是教育类相关专业，其中 7 人为学前教育专业。最高学历为本科的有 7 人，其余 2 人为大专学历，最高学历专业也都是教育类相关专业，其中 7 人为学前教育专业。

此外，在 9 名教师组织的音乐集体教学活动中，小班教师 2 名，中班教师 4 名，大班教师 3 名，师幼比的均值为 1∶15. 56，范围为 1∶9—1∶18。师幼比较大的年龄班为小班，其次是中班，大班的师幼比例相对较小。

（四）研究方法

本研究采用问卷调查法从理念上了解教师对组织和开展音乐集体活动的师幼互动的认识，采用观察法了解教师在实践活动中，真正组织和开展音乐活动时实际师幼互动行为，从理念和实践两个角度全面地考量教师的师幼互动质量。

1. 观察法

在本研究中，采用非参与性观察，运用 CLASS 评定音乐集体教学活动中的教师师幼互动质量状况。为了使观察者对教师组织的音乐集体教学活动的评分客观公正，在实地观察前，观察者们熟读《CLASS 课堂互动评估系统使用手册》，并开展 CLASS 工具的使用培训。通过熟悉评定标准，范例观察、讨论以及选定视频进行反复的讨论与培训，最终观察者两两之间确立评分的一致性。

2. 调查法

本研究采用问卷调查的方式对被观察的幼儿园音乐教师的基本情况以及教师的师幼互动观念意识进行调查。

使用《幼儿园教师基本情况调查表》，调查教师任教班级，年龄、教龄、最高学历、所学专业、在该园工作时间等信息，由教师本人根据自身情况如实填写。

使用《幼儿教师音乐集体活动师幼互动观念调查表》，该调查表根据首都师范大学北京市幼儿园质量评价课题组翻译的 CLASS 评分手册进行适应性改编，将教师在调查问卷中各题项的得分进行累加，获得教师关于高质量师幼互动的理解水平，即了解教师的师幼互动观念水平。

（五）研究工具

1. 课堂互动评估系统

（1）简介

课堂互动评估系统（CLASS）是美国学者 Robert C. Pianta 等人在大量文献研究的基础上，经过多项实质研究于 2008 年正式出版的一套评估体系。该系统适用于幼儿至高中阶段的课堂师生互动质量的评估。本研究采用的是它的幼儿版（Pre-K CLASS）。该系统建立了一个师幼互动质量的多层次评估框架，包括从领域到维度再到具体指标的三级内容，每个领域中包含三至四个维度，每个维度下设若干具体的行为指标，以便观察者进行记录和评分，操作性强。该系统主要包括情感支持、班级管理、教学支持三大领域，每一领域包含三至四个维度。

（2）CLASS 各维度的描述性介绍

情感支持（Emotional Support）领域包含积极情感氛围、消极情感氛围、教师的敏感性、对儿童视角的关注四个维度。每一维度下设具体指标。以积极情感氛围这一维度为例，主要包括师幼互动、互相的积极情感表达与表现、尊重、积极的同伴互助等指标。

课堂管理（Classroom Organization）领域包含行为管理、学习机会、增进儿童参与三个维度。行为管理维度考察的是教师使用有效方法预防或改进幼儿不良行为的能力，包括教师是否能向儿童清晰地表达对其行为的要求。评分时，要考虑教师管理儿童的行为占用了多少教学时间。学习机会维度考察的是教师是否能有效地管理儿童的行为和常规，从而使儿童可以有时间、机会去学习。评价注重的是管理课堂的时间长短，而不是教学或儿童参与活动的质量。增进儿童参与维度关注教师如何提供活动、材料等以使儿童尽可能多地参与到活动中，促进其学习。评分时，主要考虑教师的行为是否让儿童有机会去体验、观察、探索，使用材料。儿童对活动的参与程度是评价该维度时重要的考虑因素。

教学支持（Instructional Support）领域包括概念发展、点评与提示、语言示范三个维度。概念发展考察的是教师采用讨论、活动等形式促进儿童的高层次思维技能以及认知的发展，而不是采用机械教学的方式。点评与提示关注教师的反馈扩展儿童的学习与理解的程度（过程性评价），而不是儿童回答的对错和最后的成果（终结性评价）。语言示范考量教师在个别化、小组、集体教学中，运用语言来激励和促进儿童学习的质量和数量，尤其关注高质量的语言示范表现，即自我语言、平行语言，教师提问开放性，教师对儿童语言的重复，扩展、延伸，以及对高水平语言的使用。

需要说明的是，本研究对 CLASS 的观察评分表中的部分项目进行了适应性修改，将某些维度下的指标进行合并，以方便观察者观察记录，但维度下的指标总分值不变，CLASS 主要注重各领域各维度的得分，因而合并指标、总分不变不会对评分的结果造成影响。

（3）评分与计分

CLASS 采用七点计分制，分为三个档次，表现低、中、高三种水平。其中，1、2 分低分，表示师幼互动为低水平程度，3、4、5 分为中等水平程度，6、7 分为高水平程度。根据 CLASS 使用手册的说明，要求评分者两两一起观察，对观察的活动情况进行评分和记录。在本研究中，由于小班的教学时间仅为 12 分钟左右，因此，观察者对所有的视频都只观察 10 分钟，根据评分标准逐项评分和记录，给出恰当的分数。事后，对视频中的音乐教学活动情况进行详细文本记录，转录并编码。

根据 CLASS 的计分原则，记录每项指标的对应分数，进而计算对应维度及领域的总分。需要注意的是，情感支持领域中的消极情感范围这一维度是反向计分的，数据录入时，已将该维度的得分转化为相反的分值。

2. 《幼儿教师音乐集体活动师幼互动观念调查表》

《幼儿教师音乐集体活动师幼互动观念调查表》包含两个部分，第一部分为教师基本信息调查，主要调查样本教师的背景信息，包括教师的姓名、年龄、教龄、学历、专业等，由教师本人填写。第二部分为师幼观念问卷，根据首都师范大学北京市幼儿园质量评价课题组翻译的英文原版 CLASS 评分手册结合音乐教育的学科特点进行适应性改编，其中 ES 表示领域一情感支持，CO 表示领域二班级管理，IS 表示领域三教学支持。每个领域选取了三四个具有代表性的维度，每个维度选取三个主要具体指标，每一指标改编为一题，共计 30 题，部分指标以反向计分的方式呈现。其中 1. 1—1. 3 为“积极情感氛围”，2. 1—2. 3 为“消极情感氛围”，3. 1—3. 3 为“教师的敏感性”，4. 1—4. 3 为“对儿童视角的关注”，这 12 题为情感支持领域；5. 1—5. 3 为“行为管理”，6. 1—6. 3 为

“学习机会”，7.1—7.3 为“增加儿童参与”，这 9 题为班级管理领域；8.1—8.3 为“概念发展”，9.1—9.3 为“点评与提示”，10.1—10.3 为“语言示范”，这 9 题为教学支持领域。该问卷采取 5 级评分制，从完全不符合（1 分）到完全符合（5 分），一题 5 分，30 题总分共计 150 分。将教师在调查问卷中各题项的得分进行累加，获得教师关于高质量师幼互动的理解水平。

三、基于 CLASS 评估系统音乐教学活动中的师幼互动的统计与分析

本研究观察记录了 9 个音乐教学活动的视频，依据 CLASS 观察评分表对各个维度进行记录和评分，进而使用 SPSS 19.0 统计软件进行数据结果的分析。

（一）基于 CLASS 评估系统音乐教学活动中的师幼互动的总体概况

1. 音乐教学活动中的师幼互动三大领域的统计分析

（1）音乐教学活动中的三大领域的描述统计分析

基于 CLASS 观察评分表中观察记录的 9 名教师的具体得分，本研究通过运用 SPSS 19.0 计算得出三大领域的平均分及标准差，以作为样本教师在 CLASS 中的三大领域的整体水平。三大领域具体得分如表 2-2-2 所示。

表 2-2-2 样本教师在三大领域上得分的均值、标准差及全距（N=9）

Scale	N	全距	均值	标准差
ES（情感支持）	9	1.38	4.52	0.45
CO（班级管理）	9	2.73	5.58	0.85
IS（教学支持）	9	2.64	2.12	0.80

鉴于 CLASS 自身分为低（1—2 分）、中（3—5 分）、高（6—7 分）三个档次，本文结合 CLASS 原有的划分档次，也将样本教师师幼互动的得分划分为三个档次，即［1，2］分属于低等水平，［3，5］分属于中等水平，［6，7］分为高等水平。

综观表 2-2-2 中 9 名教师在三个领域的得分，可以看出班级管理这一领域的得分最高为 5.58，属于中高等水平，也就是说样本中的 9 名教师在这一领域的得分较高。情感支持领域的平均得分为 4.52，高于 2 分低于 5 分，属于中等水平，换言之，这 9 名教师情感支持领域的师幼互动水平为中等水平。教学支持平均得分最低，为 2.12 分，略高于 2 分，属于中等偏下水平，即样本教师整体上在教学支持领域较弱，为中等偏下水平。样本教师中，教学支持领域的得分普遍较低，情感支持领域得分居中，得分最高的是班级管理领域。其中，仅

一名教师的班级管理领域的得分略低于情感支持，其余教师均是班级管理领域的得分高于情感支持，情感支持领域的得分又高于教学支持（CO>ES>IS）。

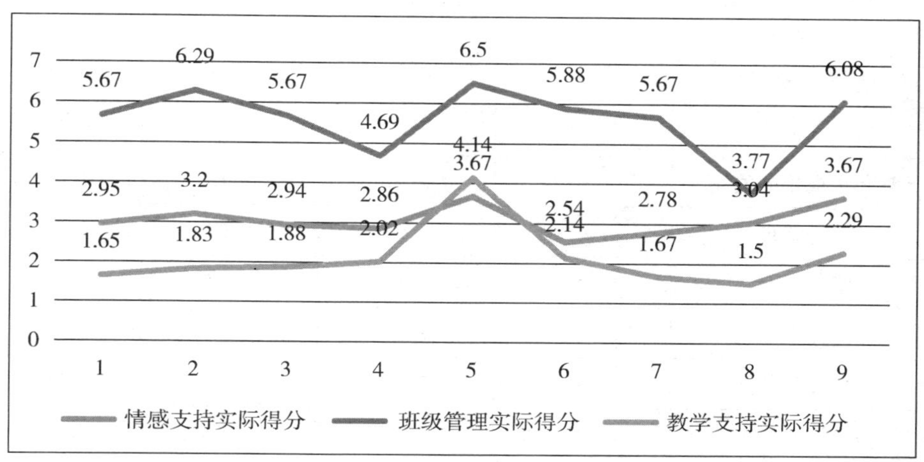

图 2-2-1 样本教师在三大领域上的平均得分分布

2. 音乐教学活动中的师幼互动十大维度的描述统计分析

CLASS 中的三大领域包含不同的维度。情感支持（ES）领域包括积极情感氛围（PC）、消极情感氛围（NC）、教师的敏感性（TS）、对儿童视角的关注（RSP）四个维度。班级管理（CO）领域包括行为管理（BM）、学习机会（PD）、增进儿童参与（ILF）三个维度。教学支持（IS）领域包括概念发展（CD）、点评与提示（QF）、语言示范（LM）三个维度。下面，本研究将立足于十个维度的得分（见表 2-2-3）来具体呈现音乐教学活动中的师幼互动。

表 2-2-3 样本教师在 CLASS 各维度上得分的均值、标准差及全距

Scale	N	全距	均值	标准差
积极情感氛围	9	2. 29	4. 95	0. 98
消极情感氛围	9	0. 50	1. 11	0. 22
教师的敏感性	9	1. 67	3. 10	0. 64
对儿童视角的关注	9	2. 91	3. 12	1. 04
行为管理	9	2. 92	5. 97	1. 09
学习机会	9	3. 83	6. 07	1. 28
增进儿童参与	9	2. 50	4. 70	0. 96
概念发展	9	2. 50	2. 23	0. 78
点评与提示	9	2. 50	2. 13	0. 94
语言示范	9	2. 92	2. 01	0. 94

注：每个维度的分值为 1—7 分。

十个维度得分的平均分能够反映出样本教师师幼互动的整体情况和平均水平。由表 2-2-3 可知，样本教师的师幼互动的整体情况为：在“行为管理”这一维度上，教师的平均得分为 5. 97 分，属于中等偏高水平。在“学习机会”这一维度上，教师的平均得分为 6. 07 分，属于高等水平。这两个维度的得分都较高，均在 6 分左右。在“消极情感氛围”这一维度上，样本教师的平均得分为 1. 11 分，由于这一维度属于反向计分，可见教师的消极情感氛围不高。教师在“积极情感氛围”“教师的敏感性”“对儿童视角的关注”“增进儿童参与”这四个维度上的平均得分在 3—5 分，属于中等水平。其余维度，“概念发展”“点评与提示”“语言示范”得分分别是 2. 23、2. 13、2. 01，均低于 3 分，属于低等水平。

2. 不同年龄班的教师师幼互动统计分析

该研究中的 9 个样本均来自 L 幼儿园，在不同年龄班的分布如下：小班 2 名，中班 4 名，大班 3 名。本研究对不同的年龄班的数据进行处理和分析。

（1）各年龄班在三大领域的平均得分描述分析

三个年龄班在不同的领域各有突出，在情感支持领域，大班教师的得分最高，其次是小班，中班最低；在班级管理领域，小班的得分最高，其次是中班，最后是大班；在教学支持领域，中班的得分最高，其次是大班，小班教师的得

分最低。而且，三个年龄班的情感支持领域的得分均在4.5分左右，为中等水平；在班级管理领域得分在处于［5，7］这个区间，属于中等偏高水平；在教学支持领域，得分在［1，3］区间内，属于低等偏中的水平。具体如表2-2-4所示。

表2-2-4　各年龄班在三大领域上的平均得分分布表

	情感支持	班级管理	教学支持
小班	4.58	5.98	1.74
中班	4.38	5.68	2.54
大班	4.66	5.17	1.82

（2）各年龄班十大维度平均得分描述分析

从表2-2-5所示的统计分析的结果看，小班在“积极情感氛围”“行为管理”“学习机会”“增进儿童参与”等维度上均高于中、大班，而在“对儿童视角的关注”“概念发展”和“点评与提示”等维度上均低于中、大班。中班在“消极情感范围”维度高于小班和大班，由于这一维度是反向计分，因而中班的样本教师营造的班级氛围弱于其他两个年龄班。

表2-2-5　各年龄班在十大维度上的平均得分分布

	PC	NC	TS	RSP	BM	PD	ILF	CD	QF	LM
小班	5.80	1.00	2.75	2.75	6.50	6.50	4.94	1.80	1.50	1.92
中班	4.63	1.25	3.38	2.75	5.77	6.50	4.78	2.75	2.44	2.44
大班	4.83	1.00	2.96	3.86	5.88	5.22	4.41	1.83	2.13	1.50

（二）师幼互动行为与师幼互动观念之间的关系

本研究基于CLASS的使用指导手册结合音乐教学活动的特点进行适应性改编，从而形成《幼儿教师音乐集体活动师幼互动观念调查表》。该问卷采用5点计分制，分为三大领域十大维度，评分标准与CLASS评估系统一致。下面，将从样本教师的师幼互动观念得分的具体情况和师幼互动观念与师幼互动行为之间的关系两个方面进行统计与分析。

1. 样本教师师幼互动观念得分的整体情况

（1）样本教师师幼互动观念的三大领域的描述统计分析

由表2-2-6可知，师幼互动观念中情感支持领域的得分最高，为4.09分；

其次是班级管理领域的得分，为 3. 43 分；教学支持领域的得分最低，为 3. 28 分。三大领域的标准差都较小，说明 9 名教师之间师幼互动观念的差距不大。

表 2-2-6　样本教师师幼互动观念的三大领域中的全距、均值、标准差分布

	N	全距	均值	标准差
ES（情感支持）	9	0. 83	4. 09	0. 30
CO（班级管理）	9	0. 22	3. 43	0. 09
IS（教学支持）	9	0. 78	3. 28	0. 23

（2）样本教师师幼互动观念的十大维度的描述统计分析

由表 2-2-7 可知，教师的师幼互动观念在十大维度上的得分较高，均高于 3 分，总体得分处于［3，5］区间，属于中等偏高水平。其中，教师的敏感性的得分最高，为 4. 37 分，其次是消极情感氛围和对儿童视角的关注，这三个维度的得分均在 4 分以上。得分最低的维度是语言示范，为 3. 15 分。

表 2-2-7　样本教师师幼互动观念的十大维度上的全距、均值、标准差分布

	N	全距	均值	标准差
积极情感氛围	9	1. 33	3. 89	0. 50
消极情感氛围	9	1. 67	4. 07	0. 57
教师的敏感性	9	1. 33	4. 37	0. 51
对儿童视角的关注	9	1. 33	4. 04	0. 51
行为管理	9	1. 67	3. 56	0. 55
学习机会	9	0. 67	3. 22	0. 24
增进儿童参与	9	1. 67	3. 52	0. 50
概念发展	9	1. 00	3. 30	0. 35
点评与提示	9	2. 67	3. 41	0. 86
语言示范	9	2. 00	3. 15	0. 71

2. 师幼互动行为与师幼互动观念的关系

在本研究中，师幼互动行为通过 CLASS 观察并评分而得出，师幼互动行为的得分即教师在三大领域的得分均值。师幼互动观念通过自制的调查问卷得出，同理，师幼互动观念的得分也是教师在三大领域的得分均值。由于 CLASS 采用

7点计分制，而本研究自制的师幼互动观念问卷采用5点计分制，为保证研究的科学性，故对师幼互动观念和师幼互动行为的原始得分进行比例换算，采用百分比的形式进行比较。

（1）师幼互动行为总分与师幼互动观念总分的关系

经计算，师幼互动行为和师幼互动观念的总分数值如表2-2-8所示，师幼互动行为所占满分的比例为51.30%，师幼互动观念的比例为72.06%，教师的师幼互动观念明显高于师幼互动行为。从标准差来看，师幼互动行为的标准差为8.03%，师幼互动观念的标准差为3.08%，教师个体之间的师幼互动行为的差异较师幼互动观念的差异大。

表2-2-8　师幼互动行为与师幼互动观念的总分所占比例分布

（单位:%）

	N	全距	均值	标准差
师幼互动观念	9	10.00	72.06	3.08
师幼互动行为	9	28.55	51.30	8.03

（2）样本教师师幼互动观念与师幼互动行为在三大领域上的关系

在三大领域上，教师的师幼互动观念的得分均高于师幼互动行为的得分。师幼互动观念和师幼互动行为在三大领域的得分上的分布由高到低都是班级管理最高，其次是情感支持，教学支持的得分最低。在班级管理这一领域上，师幼互动观念的得分最高，占81.85%，师幼互动行为的得分仅次于师幼互动观念，得分比例为79.70%，差距较小；在情感支持领域上，师幼互动观念的得分为68.64%，师幼互动行为的得分比例为60.93%；在教学支持领域上，师幼互动行为与师幼互动观念之间的差距最大，师幼互动行为得分所占的比例仅为30.34%，师幼互动观念得分所占比例是其两倍多。具体如表2-2-9所示。

表2-2-9　样本教师师幼互动观念与师幼互动行为在三大领域上的得分分布

（单位:%）

	师幼互动行为	师幼互动观念
ES（情感支持）	60.93	68.64
CO（班级管理）	79.70	81.85
IS（教学支持）	30.34	65.70

（3）样本教师师幼互动观念与师幼互动行为在十大维度上的关系

在十大维度的分布上，师幼互动观念的得分所占比例为 62.96%—87.41%，师幼互动行为的得分所占比例为 28.73%—86.78%，师幼互动行为在各维度上的差距较大。各维度中，消极情感氛围、行为管理、学习机会的师幼互动行为的得分比师幼互动观念高，其余 7 个维度的得分均为师幼互动观念高，且在概念发展、点评与提示、语言示范等维度上的差距较大。具体如表 2-2-10 所示。

表 2-2-10　样本教师在音乐集体活动中的师幼互动行为的得分

维度	师幼互动行为	师幼互动观念
积极情感氛围	70.78	77.78
消极情感氛围	84.13	81.48
教师的敏感性	44.25	87.41
对儿童视角的关注	44.57	80.74
行为管理	85.25	71.11
学习机会	86.78	64.44
增进儿童参与	67.80	70.37
概念发展	31.90	65.93
点评与提示	30.38	68.15
语言示范	28.73	62.96

注：消极情感氛围已反向计分。

（4）师幼互动观念与师幼互动行为之间的相关关系

师幼互动观念的得分高于师幼互动行为的得分，为进一步探讨二者之间的关系，本研究运用 SPSS19.0 进行了相关分析。本研究的样本教师为 9 名，属于小样本数据，因而对三大领域、十大维度之间的样本数据进行斯皮尔曼（Spearman）相关分析和显著性（双侧）检验。相关分析表明，在三大领域上，如表 2-2-11 所示，师幼互动观念与师幼互动行为没有显著的相关性。在十大维度上，师幼互动观念和师幼互动行为之间两两之间也没有显著的相关性。

表 2-2-11 师幼互动观念与师幼互动行为的相关关系

		ES1	CO1	IS1	ES2	CO2	IS2
ES1	相关系数	1.000	0.509	0.183	-0.259	0.355	-0.085
	Sig.（双侧）	0.000	0.162	0.637	0.500	0.348	0.828
CO1	相关系数	0.509	1.000	0.661	-0.179	0.018	0.035
	Sig.（双侧）	0.162	0.000	0.053	0.645	0.964	0.930
IS1	相关系数	0.183	0.661	1.000	-0.218	0.026	-0.417
	Sig.（双侧）	0.637	0.053	0.000	0.574	0.947	0.264
ES2	相关系数	-0.259	-0.179	-0.218	1.000	0.557	0.385
	Sig.（双侧）	0.500	0.645	0.574	0.000	0.119	0.307
CO2	相关系数	0.355	0.018	0.026	0.557	1.000	-0.177
	Sig.（双侧）	0.348	0.964	0.947	0.119	0.000	0.649
IS2	相关系数	-0.085	0.035	-0.417	0.385	-0.177	1.000
	Sig.（双侧）	0.828	0.930	0.264	0.307	0.649	0.000

注：师幼互动行为三大领域用 ES1、CO1、IS1 表示，师幼互动观念用 ES2、CO2、IS2 表示。

（三）幼儿园音乐教学活动中的师幼互动特点

1. 在情感支持上音乐教学活动中师幼互动的表现特点

情感支持领域通过积极情感氛围、消极情感氛围、教师的敏感性和对儿童视角的关注四个维度来考虑教师在师幼互动的过程中给予幼儿的情感支持的程度。

（1）积极情感氛围良好，情感基调总体温暖向上

积极情感氛围反映的是教室中总体的情感基调，以及教师与幼儿之间的情感联系，主要包括师幼关系、师幼之间互相的积极情感表达与表现、尊重、积极的同伴互动。

样本教师在积极情感氛围的平均得分为 4.95 分，在音乐教学活动的视频中，可以明显感受到教师在师幼互动中较多肯定、鼓励幼儿，部分教师也有意识地设计环节鼓励幼儿同伴之间进行互动。在观察中，也能直观地感受到师幼互动中教师的热情，在幼儿积极参与活动，表现良好时，教师由衷地表扬幼儿。除此之外，教师经常用“请、谢谢”等礼貌用语以及眼神肯定、肢体接触、蹲下来与幼儿平视交流等方式表达对幼儿的尊重，教态亲切自然，语调欢快、抑

扬顿挫，语速适宜，充满热情地指导幼儿参与活动。

（2）个别教师偶有消极情感氛围

消极情感氛围这一维度指的是师幼互动中所展现出来的整体消极氛围，包括教师的不良情绪如发怒、嘲笑、挖苦幼儿、容易被激惹等，也包括儿童之间的不良行为，如争吵、攻击行为、侵害、欺侮等。

音乐活动中，儿童之间并没有发生不良行为，大部分教师在师幼互动中的师幼关系是积极的，情绪良好，并没有对幼儿大声吼叫，推、拉幼儿，更没有惩罚幼儿。只有一名中班的教师在组织音乐活动时，全程面无表情，在幼儿未按教师要求做时，教师面露怒色，语气加重。如幼儿在初次拿到乐器后，老师要求幼儿安静，幼儿无视教师的要求而自行探索使用乐器，这一行为激怒了教师，教师的语气加重、表情变严肃。在交换乐器演奏的过程中，几名男生跟着节奏敲击手中的沙锤，而未按教师要求的动作摇晃沙锤，教师再次被激怒，向“肇事”的幼儿瞪了一眼，随后当着全部幼儿的面批评男孩。在这个案例中，教师负面的情绪情感较多，营造出来的情感氛围是压抑的、消极的。

（3）教师的敏感性较弱，时常无视幼儿个化需求

在CLASS课堂评估系统中，教师的敏感性包括教师对儿童需求的回应性，教师能否有效觉察到儿童在学习、情感方面的能力，以及教师成为儿童“安全港”的程度。从样本教师具体的得分来看，教师的敏感性的得分为3.10分，处于［3，5］区间，为中等水平，教师的敏感性不高。在音乐活动中，样本教师大多预设好了活动的环节，遵守既定的设计开展活动，一旦儿童抛出教师未预料到的“球”时，教师难以接住，稍显被动。在活动的过程中，对遇到困难的幼儿，教师也难以主动提供关心、帮助和调整，忽视了幼儿。从数据中，我们可以看出教师在对儿童视角的关注这一维度的平均得分为3.12分，与教师的敏感性得分一致，处于中等水平，教师对儿童视角的关注度不够。

（4）对儿童视角的关注欠缺，忽视儿童的自主性

对儿童视角的关注，主要考量的是在师幼互动中，教师尊重儿童兴趣的程度，是否从儿童的视角看待问题，以及教师在活动中表现出的灵活性，是否尊重儿童在参与活动、发起活动时的自主性。从样本教师组织的音乐活动中可以看出，活动总体是高控制、高约束的，预设性强，儿童按教师既定的动作或跟着教师的指挥进行表现，教师也较少给予儿童自主表达的机会，很少鼓励同伴间的互动。

2. 在课堂管理上音乐教学活动中师幼互动的表现特点

课堂管理的得分在三大领域中最高，各教师的得分较为集中，都处于［5，6］的区间，平均分为5.58分，略低于高等水平（［6，7］），属于中等偏高水平。在三个年龄班中，课堂管理的得分随幼儿年龄的增长而降低，即小班课堂管理得分最高，其次是中班，大班最低。随着年龄的增长，幼儿自身的能力和发展水平也有所提高，教师在对待不同年龄段的幼儿时，其教育观也受到幼儿年龄特点和发展水平的影响。对于小班的幼儿，教师会提供更多的学习机会，对幼儿的行为提出的要求也会更明确，也会关注到幼儿的个体差异，力求每一位幼儿都能够参与到活动中来。而年龄稍大的幼儿，教师更看重幼儿独立自主地参与活动。

课堂管理主要包括行为管理、学习机会、增进儿童参与三个维度。学习机会这一维度得分最高，为6.07分，行为管理的得分次之，为5.97分，增进儿童参与的得分最低，为4.70分。课堂管理的预设性强，活动的各个环节组织有序，儿童参与度较高，但以教师主导为主。根据观察来看，多数教师都会积极准备，认真地设计教学活动，采用多种教学形式激发幼儿兴趣，引导幼儿以不同的方式参与活动。虽然本研究力求自然观察，但由于采用摄像观察的方式，也会给教师带来一些压力，相比于常态教学，教师在活动安排上都会做较多准备。相对应的，学习机会这一维度的得分最高，其余两个维度得分稍低，总体水平处于中等偏高水平。

（1）行为管理井然有序，防患于未然

行为管理考察的是教师使用有效方法预防或疏导不良行为的能力，包括教师能否向儿童清晰地表达对其行为的要求。行为管理具体包括预防不良行为、有效平息不良行为、要求的明确性和一致性、通过表扬提醒良好行为、儿童没有不良行为这几个指标。通过对样本教师组织音乐活动的视频进行观察发现，幼儿在活动的过程中并没有出现不良行为，因而可以推断出教师做到了防患未然，整个维度的得分都较高。在组织音乐活动时，不同的活动内容教师采取不同的教学方式，但一般都提前向幼儿提出要求与规范。打击乐的学习活动中，教师会示范演奏，向幼儿交代并演示乐器的正确使用方法，等幼儿熟悉了乐器之后再开展配乐演奏。在歌唱活动中，教师提前划分声部，男女生分高低声部分组合唱。在活动开展前，教师事先向幼儿提出明确的要求，有效地预防了不良行为的发生，因而在所有的活动中，幼儿无辱骂、攻击、打闹等不良行为。

（2）有效管理幼儿行为，人人参与活动

学习机会侧重考察教师能否有效地管理儿童的行为和常规，从而使儿童可以有时间、有机会学习。学习机会这一维度包括提供活动、一日流程是否清楚、过渡环节所用时间、不占用教学时间等指标。

①积极提供活动，层次递进

从所有的音乐活动的视频中，我们均可以观察到教师都事先准备了充分的学习材料。以中班4名教师组织的活动为例，教师们事先做了充足的准备。材料方面，包括准备相关的音乐、人手一份乐器；活动组织方面，环节层层递进，各个环节环环相扣，循序渐进，每一位幼儿都有自己的角色任务，鼓励幼儿积极参与其中。活动中，教师也采用不同的互动形式，师个互动、师组互动、师班互动等轮番使用，力求每一位幼儿都积极参与到活动之中。

②流程清晰，过渡迅速

一日流程清晰指的是教师和幼儿都十分清楚一日流程安排。在本研究中，由于只针对教师组织的音乐活动进行了观察，因而不涉及全天的日程安排，仅就音乐活动中的流程安排进行分析。

“过渡环节所用的时间”这一指标主要考量的是教师在一日活动中的各环节过渡是否顺畅、快速，主要通过过渡环节所占用的时间的长短来进行打分，时间越短得分越高。与“一日流程清晰”这一指标一致，在本研究中，该指标也仅对教师在音乐活动中的各个环节间的过渡时间进行分析。

大部分的教师课前准备较充分，将各个环节所需要的材料都事先备好放在自己的附近，随取随用。个别教师准备欠妥，在环节过渡时，仍在准备材料，过渡环节所用时间较长。

案例1：

教师H：来，小朋友，搬椅子坐好。

（幼儿搬椅子坐好，教师拿出小黑板，黑板上写了很多字，教师去盥洗室找抹布擦黑板。擦完黑板后，准备下一环节使用的纸和笔，幼儿此时等待时间较长，开始闲聊。）

教师H：那小朋友们听一下，再感受一下。我说的火车声音长的地方和短的地方有什么不一样？

（教师播放音乐，部分幼儿随着节奏或身体摇摆或摆动双手。）

教师在上一个环节中，播放音乐片段，带领幼儿感受并分辨了其中的长短音，在即将开始听音乐画长短音的环节时，教师发现黑板没擦干净、纸笔不在手边，离开了一两分钟找抹布、拿纸笔，过渡时间较长，幼儿无所事事，消极等待。

③学习机会众多，增加幼儿参与度

学习机会考察的是教师能否有效地管理儿童的行为和常规，从而使儿童可以有充分时间、机会学习。在音乐活动的视频中，我们可以容易地看到教师为每一位幼儿提供了活动并鼓励幼儿积极参与其中。各个环节的设计与安排紧凑，循序渐进，过渡环节顺畅，教学时间安排紧凑，幼儿的有效学习时间较多。

增进儿童参与关注的是教师提供的活动、材料等以促使幼儿参与到活动中进行学习。已有的音乐活动的视频中，可以观察到教师事先准备好了充分的学习材料，为幼儿准备了相应的音乐学习道具，大部分教师给予幼儿体验、观察、探索的机会。活动中，多种学习材料的运用，充分地调动了幼儿感官体验，并通过积极的师幼互动激发幼儿参与活动，幼儿的参与度较高。

3. 在教学支持上音乐教学活动中师幼互动的表现特点

CLASS 中的教学支持主要包括概念发展、点评与提示、语言示范三个维度，其中概念发展主要考量的是教师是否启发了幼儿的高层次认知，是否为幼儿提供了复杂活动，以及教学过程中是否与幼儿的已有概念、生活经验进行联系。

教学支持这一领域的得分在三个领域中最低，为 2.12 分，低于中等水平（［3，5］），略高于低等水平（［1，2］）。按年龄班划分，中班的教学支持得分最高，为 2.54 分，其次是大班，最后是小班，三个年龄班的得分均处于低水平的临界值，这表明，在教学支持领域，音乐活动中的师幼互动急需改进。这一领域的师幼互动的特点如下：

（1）概念发展水平极低，亟待改进

概念发展指的是教师采用讨论、活动等形式促进儿童的高层次思维以及认知的发展，而不是采用机械教学的方式。其中具体涵盖三个指标，一是启发幼儿高层次认知，二是提供复杂活动，三是与已有概念、生活经验的联系。

在音乐活动中，教师概念发展的平均得分为 2.23，在低水平的临界值上。从已有的视频活动中也可以看出，教师在教学过程中，不论是新授儿歌还是欣赏音乐片段，抑或是打击乐演奏，教师都开门见山，直奔教学主题，几乎不与幼儿的生活经验和已有概念相联系，单纯地为了教而教。教师提供的活动，一般具有一定的复杂程度，但有的内容过于复杂，不在幼儿的最近发展区内，教师并未提供有效的教学支架，反而不利于促进幼儿发展，尤其是幼儿的概念发展。

启发幼儿高层次认知主要看教师的提问或设置的环节能否进一步提升幼儿的高层次认知水平，教师是否有意提高幼儿分析、推理讨论或活动的能力。在本研究中，教师一般较少给儿童讨论、推理的机会，也不会通过一些提问来拓展幼儿的分析推理技能。所有的教师都为幼儿提供了两种以上的活动形式，多以音乐游戏的方式开展，但部分教师对幼儿的扩展不够。因而，教师在提供复杂活动这一项指标上的得分以中等得分为多。在与已有概念、生活经验的联系中，仅个别教师在提问中结合了幼儿的已有生活经验，但也只是点到为止，其余教师多开门见山，直接导入活动，活动中也较少结合幼儿的生活经验，一般都点到为止。

（2）点评与提示泛泛而谈，支架不足

教师对幼儿在活动中的表现进行点评与提示是教学支持领域中的一个重要的维度，是教师对幼儿行为表现的重要反馈。点评与提示主要考察的是教师对幼儿进行点评与提示的水平，即教师扩展儿童的学习与理解的关注程度，而不是仅仅关注于儿童回答的对错和最后的成果。点评与提示包括三个指标，一是评价的过程取向，二是点评与提示的具体性、深入性，三是当儿童犯错或遇到困难时，是否给予提示或支架。

在音乐活动中，教师对幼儿的评价多为结果取向，即更多关注幼儿回答的对错和最后的学习结果，教师对幼儿的点评以结果性评价为主，点评多是泛泛而谈，诸如“你真棒”“真不错”之类，不够具体深入。而当儿童在活动过程中遇到困难时，教师较难察觉到，或在发现幼儿存在困难后难以给出恰当的支持或提示，教师提供支架教学的能力有待加强。

案例2：

（幼儿听着音乐，在长音出现时画出不同的线。）

教师Y：好，我看了，非常漂亮。Y老师拿出几张给大家看一下。

（教师挑选了几幅作为示范，其余幼儿纷纷说“我的，我的”，上前把自己画的线条交给教师。）

教师Y：停停停，好了好了。首先，看，有尖尖的牙齿线是不是？还有什么线，哎呀，这个一个圈一个圈的，像不像电话线？还有漂亮的、短短的小实线。还有美丽的波浪线，是不是？那好，现在老师准备，请小伙伴呢，互相地听着音乐，去用你们的身体，来感受一下它的螺号声，好不好？

案例中，教师Y对幼儿的作品有选择性地进行了点评，只是表扬了幼儿画出的线条是多种多样的，而对幼儿是否在长音出现时画的线条并没有在意，仅进行了结果评价，忽视了过程性评价。幼儿在听到教师的结果评价后，可能改进的只是在纸上尽量画出与众不同的线条，而非音乐出现长音开始画，提升的并不是听辨长短音的能力。另一方面，教师Y对幼儿进行的点评既不深入，也不具体。

在幼儿遇到困难或犯错时，教师一般会给予幼儿支持，但有时会忽略幼儿。同样，仍以教师 Y 组织的听辨长短音的活动为例，在听长音做动作的环节中，幼儿想做蜘蛛侠的动作，但做动作时遇到了困难，向教师 Y 请求帮助，教师 Y 忽略了该幼儿，并没有给幼儿提供任何提示与支持。

（3）语言示范水平低，难以促进幼儿语言发展

语言示范这一维度的得分在十个维度中最低，仅为 2.01 分，在低水平的边缘。语言示范考察教师在个别化、小组、集体教学中，运用语言来激励和促进儿童学习的质和量。高质量的语言示范表现为频繁的对话、儿童发起“对话”、教师提问的开放性、教师对幼儿语言的复述和拓展、教师的旁白以及接触和理解新颖/复杂词汇。在语言示范这一维度中，各个指标下教师的平均分数都较低，普遍表现为中下水平。

在音乐活动中，教师经常与幼儿进行对话，对话的发起者绝大多数是教师，教师发起的对话也以封闭性提问为主，不具有开放性，而儿童发起的对话极少。教师虽然有意识地对幼儿的语言进行复述和拓展，但拓展只是蜻蜓点水，一带而过。在介绍乐器的使用方法和伴随音乐做动作时，教师往往自述旁白，一边演绎一边解说，但幼儿在整个音乐活动中几乎不接触新颖或复杂的词汇，仅个别教师有意识地拓展幼儿的词汇量。下面，仅以个别教师在个别指标中的相对其他教师而言较好的表现进行分析。

①教师旁白多出现在演示新材料使用中

教师的旁白指的是教师对自己的行为进行描述，要求描述与行为同步且具体。大部分教师在组织音乐活动时，并不会对自己的行为进行描述。在随音乐带领幼儿做动作时或在向幼儿介绍新乐器的使用方法时，教师才会配以旁白。

案例 3：

教师 L：现在介绍一个新的朋友啊，这个（拿出铃鼓），它叫作铃鼓，你们仔细听它的声音啊（晃动铃鼓）。还有一个新的朋友，注意听啊（拿出沙锤晃动沙锤）。那，是这个铃鼓的声音大还是沙锤的声音大？

幼儿：铃鼓的声音大。

教师 L：那你们觉得铃鼓的声音是大雨还是小雨啊？

幼儿：大雨。

教师 L：那沙锤的声音呢？

幼儿：小雨。

教师 L：好，那现在，你们看看老师是怎么演奏的。（教师播放歌曲《大雨小雨》，示范演奏。）

教师L：对，拿着那个大拇哥，放到了这个（指洞）里面，对不对，然后再用其他四个小手指，握住它（鼓面），像这样。

（教师边说边演示拿铃鼓的姿势，幼儿模仿。）

在案例3中，教师意识到了铃鼓和沙锤是幼儿新接触的乐器，因而在教授幼儿使用乐器的方式时自述旁白，语言描述结合动作演示，帮助幼儿掌握新乐器的使用方法。但在描述的过程中，教师的旁白并不具体，使用“这个”“它”“这样”等代词过多。

②接触和理解新颖复杂词汇有限

接触和理解新颖或复杂词汇，这一指标主要关注的是教师在组织音乐活动时，其提问、语言指导中的新颖或复杂词汇的数量。在音乐活动中，大部分教师的语言用词都较简单，很少或不涉及复杂词汇。仅中班教师L在组织打击乐活动“大雨小雨”时多次使用高级词汇。

案例4：

片段一：

教师L：那我们来比一比啊，看看是男孩子的声音洪亮，还是女孩子的声音柔美。好不好？好，准备啊，音乐。男孩子准备啊，我听听男孩子的声音好不好听。

（教师播放歌曲《大雨小雨》，幼儿跟着老师的指挥演唱。）

教师L：好，非常好！你们刚才的声音让老师觉得特别地棒，女孩子可以把这声音处理得好，男孩子也可以。

片段二：

教师L：我希望这次你们把好听的声音也放出来，跟我一起唱，好吗？那我一人唱的话，太孤单了。来，准备。

（播放音乐《大雨小雨》，教师带领幼儿一起演奏。）

教师L：刚才啊，我们用乐器表演了《大雨小雨》，你们都特别特别棒，都有音乐细胞。那一会啊，我们出去看一看，今天的路面都湿了对不对，那我们去看看，到底是下的大雨还是小雨，好不好？

（教师带领幼儿走出活动室，音乐活动结束。）

在上述的两个片段中，教师使用了“洪亮”“柔美”“处理”“孤单”“音乐细胞”等复杂词汇，可以看出教师L在与幼儿说话时，整个氛围感觉是十分尊重幼儿的，相信幼儿的理解力。在片段一中，教师L对幼儿即将开始的分声部演唱提出了要求，希望男孩的声音洪亮，女孩的声音柔美，教师提出的要求具体，“洪亮”“柔美”两个词语成对出现，有助于提升幼儿对词语的理解。在幼儿演唱完之后，教师对幼儿进行了表扬，认为其把声音处理得很好，教师的点评具体。

在片段二中，幼儿在交换乐器演奏后，只顾演奏忘记了演唱，只有教师的声音较高，教师希望幼儿与其一起演唱，因而说一个人演唱太孤单，博取幼儿的同理心。而在幼儿演奏结束后，效果较好，教师再次对幼儿的表现进行了点评，认为他们都特别棒，有音乐细胞。

从以上案例中可以看出，教师的语言运用能力较强，教师在运用新颖或复杂词汇时，都有意识地使用简单词进行了解释，结合语境，幼儿也能理解这些高级词汇。

四、关于音乐教学活动中新手教师师幼互动质量的讨论与改善建议

前文中，本研究对L幼儿园新手教师组织的音乐活动进行了统计与分析。研究发现，音乐教学活动中，教师在情感支持领域处于中等水平、各年龄班差异不大，情感氛围总体温馨、气氛良好，教师的敏感性弱，对儿童视角的关注度低；班级管理领域总体水平最高且得分集中，行为管理严格、有效预防不良行为，学习机会多、幼儿参与度较高；在教学支持领域，概念发展水平较低、亟待改进，点评与提示较为宽泛、提供的支架不足，语言示范水平低、难以促进幼儿语言发展。为有针对性地改善音乐教学活动中师幼互动，本研究初步探析了影响音乐教学活动中的师幼互动的因素，利用SPSS 19.0对教师的教龄、学历、专业背景等进行了单因素方差分析，数据结果显示无显著差异。这与韩春红、田方等人对上海市幼儿园进行师幼互动质量研究的结果一致，教师特征中教师的外部特征对师幼互动质量没有显著影响。

针对L幼儿园的研究现状，本研究提出以下几条建议：

（一）丰富音乐教学活动的基本结构，改进音乐教学活动评价体系

幼儿园音乐教学活动的基本结构一般指的是传统的所谓“三段式”结构，其组织形式一般可划分为三个界限分明的部分。其中，第一部分（开始或准备部分）、第三部分（结束部分）的活动内容通常是复习儿童已经学过的歌曲、韵律动作（律动、舞蹈等）、打击乐曲或音乐游戏；第二部分通常是学习尚未接触过的新作品或新技能①。本研究中的样本教师在组织音乐教学活动时，无一例外地采用了“三段式”的结构，样本教师开展活动的程序和内容都是：开始部分，律动进教室、练声、座位上的律动或歌曲复习；结束部分，复习打击乐曲、韵

① 许卓娅．学前儿童音乐教育［M］．北京：人民教育出版社，2010：173.

律动作、歌曲表演或音乐游戏，律动出教室。可见，幼儿园音乐教学活动的基本结构对教师组织音乐活动的影响之大，样本教师对传统三段式的组织形式全盘接受，并未适时适宜地加以改造或革新，这种三段式的结构，在某种程度上限制了教师进行师幼互动的方式。因而，我们应积极丰富幼儿园音乐教学活动的基本结构。音乐教学活动组织形式的结构功能一般可以分为两大类：一是“适应性功能”，其发挥作用的立足点是顺应儿童生理、心理机能活动变化的规律，是一个相对独立的活动设计片段，能对儿童的生理、心理活动过程产生最佳的综合性影响效应。二是“发展性功能”，其立足点是温故知新。本文中的新手教师，在看待音乐教学活动组织形式的问题上，机械地对待业已形成的所谓“规范化模式”的传统“三段式”结构。教师在考虑幼儿园音乐教学活动的组织结构时，不应仅注意外部的组织形式，而应分清主次，将注意力主要放在幼儿的主体性上。因此，对于音乐活动的组织形式，我们应积极地加以改造或革新，除了传统的“三段式”结构，也可以采用“一竿子到底”的方式，即不含复习活动的“研究型”课程。采用多种结构组织音乐教学活动，将有助于改善僵硬的师幼互动方式。

教师组织、开展音乐教学活动时其教育目标、教育环节的设计及教育活动中的表现也受到幼儿园音乐教学活动评价体系的影响，以《音乐教学活动评价表》（详细见表 2-2-12）为例，主要从教师态度、教师能力、儿童表现三个方面来考核教师组织的音乐活动水平，该定量评价方案主要用于评优、竞赛和对教师组织音乐教学活动的能力差异进行区分性评价。教师在开展完音乐教学活动后进行研讨时，幼儿园一般参照《音乐教学活动评价表》对教师的表现进行评价，这些评价指标也将会对教师的教育行为产生影响。鉴于此，我们应改进音乐教学活动的评价体系。首先，原有的评价体系侧重教师的组织音乐活动的能力，尤其是音乐能力，这将促使教师以展示自我的音乐技能技巧为导向，忽视幼儿的年龄特点和发展阶段。其次，在儿童表现方面，该评价体系侧重幼儿对音乐的内容掌握程度和能力锻炼，这将导致教师在组织活动的过程中对幼儿的表现易于采用结果性评价，忽视过程性评价。

表 2-2-12　音乐教学活动评价表①

幼儿园 ________　班级________　教师______　时间____

序号	评价项目		评价意见			
			好	较好	一般	差
1	教师态度	活动准备				
2		精神面貌				
3	教师能力	活动设计				
4		活动组织				
5		活动指导				
6		音乐能力				
7	儿童表现	情绪态度				
8		内容掌握				
9		能力锻炼				

（二）积极开展培训，增进教师的音乐学科教学知识

1986 年，斯坦福大学教授 Shulman 提出了学科教学知识（Pedagogical Content Knowledge，PCK）的概念，自此研究者们展开了大量的研究。音乐学科教学知识，顾名思义，就是学科教学知识与音乐这一具体学科的结合，即音乐学科知识在教学应用中的转化形式。幼儿园教师音乐学科教学知识包含音乐活动目标统领性知识、特定音乐作品学与教的知识和情境知识。音乐活动目标统领性知识指的是幼儿园教师对音乐学科在 3—6 岁幼儿水平上的活动目标的统领性观念，包括感受与欣赏、表现与创作两个指标；特定音乐作品学与教的知识包括学生理解的知识、内容组织的知识、效果反馈的知识和教学策略的知识；情境知识包括课堂管理，互动策略的知识②。本研究中的样本教师，其音乐学科的教学知识较弱，具体表现在：首先，教师自身对音乐的理解不够，如在辨别长短音的活动中，有的教师不能准确分辨出长短音敷衍幼儿，又如在“大雨小雨”活动中，部分教师不能跟着节奏使用乐器，这都体现出教师的音乐学科知识的欠缺。其次，教师在组织音乐活动时，给予幼儿的语言示范极其有限，音乐学科教学知识的缺乏，从教师在教学支持领域中的低水平得分中可窥见一二。

① 曹理. 普通学校音乐教育学［M］. 上海：上海教育出版社，1993：404-408.

② 刘思敏. 幼儿园教师音乐学科教学知识（PCK）研究［D］. 金华：浙江师范大学，2014.

教师缺少对学前儿童特点及教学内容中核心经验的把握，缺少相关教学法的知识，将直接影响到其师幼互动中的概念发展和反馈质量的水平。因此，针对L幼儿园新手教师音乐学科专业知识的缺乏，幼儿园应及时对教师进行专业培训，提高其音乐学科专业知识和能力。首先，邀请专家定期开展专业培训，加强音乐教育的理论学习，提升教师关于儿童音乐教师的理论素养。其次，通过观摩学习与研讨，教师之间相互交流切磋，专家实地指导，增强教师组织与开展音乐教学活动的实践能力。

（三）提供教师专业发展支持，提高教师教学支持水平

为了保证学前教育质量，美国要求幼儿园教师需要具备本科以上学历，但研究发现，教师的学历、培训经历与师幼互动质量无关。本研究也验证了教师因素对师幼互动的影响不大。在已有的CLASS研究的基础上，研究者们设计了MTP（My Teaching Parter）项目。MTP教师专业发展支持项目包括三个方面的资源，首先是视频资料库，包括大量高质量的师幼互动的案例。根据CLASS的十个维度进行分类，可以帮助教师在观察学习的基础上，了解高质量的师幼互动是如何开展的。其次是专业课程，课程内容包括有效的师幼互动的理论知识、帮助教师学习识别有效互动、如何将这些有效互动运用于实践。最后是个别化的在线指导，由教师将自己的实践教学上传至网络，由师幼互动的指导专家根据教师的实际表现，提供个性化的持续的反馈和支持①。通过MTP项目的干预，科学地提升师幼互动质量。在音乐教学活动中，新手教师在教学支持领域的水平极低，教师的概念发展水平较低，亟待改进；点评与提示较为宽泛，提供的支架不足；语言示范能力薄弱，难以促进幼儿语言发展。通过引进MTP培训项目，可以为教师提供专业发展支持，提高教师教学支持水平。

（四）教师个人应改善师幼互动行为，观念与实践相统一

在数据收集初级阶段，本研究发现教师的教育活动观念尤其是师幼互动观念可能会对师幼互动质量产生影响，因而对教师的师幼互动观念进行了问卷调查，问卷根据CLASS评分系统改编而成，也包括三大领域十项维度。通过对师幼互动观念和师幼互动行为的得分比较分析得出，教师的师幼互动观念水平均高于师幼互动行为的水平，教师的师幼互动行为与师幼互动观念存在较大的差距，这说明教师拥有高师幼互动观念水平并不能代表教师具备高师幼互动水平，师幼互动观念到师幼互动行为的具体应用有待提高。庞丽娟指出“教师教育观

① 韩春红．上海市二级幼儿园师幼互动质量研究［D］．上海：华东师范大学，2015.

念的转变，更多是发生在理念和认识水平层次上的，讲座、教导或报纸杂志等学习方式，会对教师教育观念的转变起到一定的作用”。观念的改变是行为改变的前提。在实际生活中，往往发现教师的观念与行为之间不一致的现象，“即教育观念的转变并不能必然带来教育行为的转变，甚至可能出现能说但不能做，或说一套、做一套、言行脱离等现象。”① 在本研究中，对教师的师幼互动观念和师幼互动行为进行对比时，教师的师幼互动观念的得分远高于师幼互动行为的得分，这验证了庞丽娟的观点。但是，如果不继续转变教师的教育观念，改善师幼互动观念，其师幼互动水平在某种程度上依然受限。因而，仍需要对教师加强培训，提高教师对师幼互动重要性的认识，使教师掌握师幼互动的方式方法，真正做到以幼儿为主体。

《3—6 岁儿童学习与发展指南》明确指出，3—6 岁儿童的艺术活动应该注重艺术的感受与欣赏以及表现与创作。因此幼儿园音乐活动的开展应该以幼儿对音乐作品的感受与欣赏、表现与创作为统领性目标。幼儿园教师音乐活动的设计着重点不应该是乐理知识或者音乐技能的获得，而应该突出幼儿对音乐的真实感受，给幼儿提供充分表达自己对音乐的理解的机会，鼓励幼儿进行初步的创作。大部分新手教师具备良好师幼互动的观念，但在实践中，师幼互动观念转化为具体师幼互动行为的能力欠缺。音乐教育，首先应该而且必须是通过音乐的人格教育。对音乐教育工作者来说，价值引导是不可回避的职业责任，作为教师，必须首先不断完善自身的人格品质以保障音乐教育是“通过音乐的人格教育”，实现良好的师幼互动。

参考文献

[1] 曹高慧. 幼儿园语言教学活动中的师幼互动状况——基于 CLASS 系统的研究视角 [D]. 金华：浙江师范大学，2009.

[2] 曹理. 普通学校音乐教育学 [M]. 上海：上海教育出版社，1993：404-408.

[3] 陈帼眉，于京天. 初为人师指南 [M]. 北京：中国农业出版社，1995：5.

[4] 陈美玉. 教师个人知识管理与专业发展 [M]. 台北：学富文化事业有限公司，2002：196.

① 庞丽娟，叶子. 论教师教育观念与教育行为的关系 [J]. 教育研究，2000（07）：47-50，70.

[5] 程晓樵．课堂互动中的均等机会——对中国小学的个案研究［D］．香港：香港中文大学，2000：23.

[6] 韩春红．上海市二级幼儿师幼互动质量研究［D］．上海：华东师范大学，2015.

[7] 黄娟娟．幼儿园半日活动中师幼互动类型及成因的社会学研究［J］．上海教育科研，2009（2）：43-46.

[8] 姜勇，庞丽娟．幼儿园师生交往类型的研究心理科学［J］．心理科学，2004（05）：1120-1123.

[9] 孔凡云．幼儿园集体教学活动中师幼互动研究［D］．济南：山东师范大学，2011.

[10] 刘畅．两种教育情境下的师幼互动研究［D］．上海：华东师范大学，2012.

[11] 刘晶波．社会学视野下的师幼互动行为研究——我在幼儿园里看到了什么［M］．南京：南京师范大学出版社，2006：29-30.

[12] 刘晶波．师幼互动行为研究——我在幼儿园看到了什么［M］．南京：南京师范大学出版社，2003：220.

[13] 刘思敏．幼儿园教师音乐学科教学知识（PCK）研究［D］．金华：浙江师范大学，2014.

[14] 柳卫东，左瑞勇．师幼互动的理论基础与实践背景［J］．学前教育研究，2004（Z1）：52-53.

[15] 罗伯特，皮雅塔，涂阳慧．师幼互动研究［J］．幼儿教育（教育科学），2009（18）：9-11，16.

[16] 马玲亚．对幼儿园师幼互动若干问题的思考［J］．中华女子学院学报，2005（02）：65-68.

[17] 田方．幼儿园半日活动情境下的师幼互动研究［D］．上海：华东师范大学，2012.

[18] 许卓娅．学前儿童音乐教育［M］．北京：人民教育出版社，2010：173.

[19] 杨丽珠，吴文菊．幼儿社会性发展与教育［M］．大连：辽宁师范大学出版社，2000：281.

[20] 姚铮．幼儿园人际环境对幼儿社会性发展的影响［J］．幼儿教育，1994（02）：7-8.

[21] 周欣．教师——儿童互动质量评定的行为指标初探［J］．早期教育，

2004（4）：6-8.

［22］周欣．托幼机构教育质量的内涵及其对儿童发展的影响［J］．学前教育研究，2003（7-8）：34-38.

［23］朱家雄．对幼儿园课程改革的所见所闻和所思（下）［J］．幼儿教育，2006（09）：4-6.

［24］Alexander K L，Entwisle D R. Achievement in the first 2 years of school：Pattens and processes［J］. Monographs of the Society for Research in Child Development，1998，53（2）：1-157.

［25］Mashbur A J，Pianta R C. Childhood Programs and Prachces in the First Decade of life：Opportunity in Early Education：Improving Teacher-Child Interaction and Child Outcomes［M］. Cambridge：Cambridge University Press：2012.

［26］Blatchford A. sysmatic observational study of teachers and pupils' behaviour in large and small classes［J］. Learning and Instruction，2003（6）：569-595.

［27］Brophy J E，Good T L. Teacher-student relationships：Causes and Consequences［M］. New York：Holt，Rinehat & Winston，1974.

［28］Denny J H，Hallam R，Homer K. A multi-instrument examination of preschool classroon quality and the relationship between program，classroom，and teacher characteristics［J］. Early Education & Development，2012，23（5）：678-696.

［29］Feeney S，Christensen D，Moravcik E. Who am I in the lives of children? An introduction to Teaching Young Children［M］. Columbus：Merrill，1996.

［30］Fein G G，Gariboldi A，Boni R. The adjustment of infants and toddlers to group care：The first 6 months［J］. Early childhood Research Quaarterly，19938（1）：1-14.

［31］Hare B K，Justice L M，Pianta R C，Kilday C，Sweeney B，Downer J T，Leach A. Implementation fidelity of My Techering Partner lietracy and language activities：Association with preschoolers' language an literacy growth［J］. Early Childhood Reseach Quarterly，2010，25（3），329-347.

［32］Howes C，Hamilton C E，Matheson C C. Childeren's relationships with peers：differential associations with aspects of the teacher-child relationship［J］. Child Development，1994（65）：253-263.

［33］Howes C，Whitebook M，Phillips D. Teacher characteristics and effective teaching in child care：Findings from the National child care staffing study［J］.

Child&Youth Care Forum, 1992, 21 (6): 399-414.

[34] Kagan D M, Smith K E. Beliefs and behaviors of kindergarten teachers [J]. Educational Research, 1998, 30 (1): 26-356.

[35] Karen M. La Paro, Robert C. Pianta & Megan Stuhiman. The Classroom Assessment Scoring System: Findings from the Prekindergarten Year [J]. The Elementary School Journal, 2004, 104 (5): 409-426.

[36] Bernadett Koles, Erin O'Connor, Kathleen McCartney. Teacher-Child Relationships in Prekindergarten: The Influences of Child and Teacher Characteristics [J]. Journal of Early Childhood Teacher Education, 2009, 30 (1): 3-21.

[37] Pianta R C. Pattern of relationships between children and kindergarten teacher [J]. Pergamon, 1994, 32 (1): 15-31.

[38] Sara E. Rimm-Kaufinan, Karen M. La Paro, Jason T Downer, Robert C. Pianta. The Contribution of Classroom Setting and Quality of Instruction to Chilaren's Behavior in Kindergarten Classroom [J]. 2005, 105 (4): 377.

[39] Sroufe L A, Fleeson J. The coherence of family relationships. In Hinde R, Stevenson-Hinde J. Relationships within families [M]. Oxford: Oxford University Press, 1998: 57-71.

附 录

附录一：幼儿教师音乐集体活动师幼互动观念调查表

尊敬的教师：

您好！本研究的目的在于了解当前形势下，幼儿教师师幼互动观的整体状况。您的回答将为我们的研究提供极大的帮助！对于您的回答，我们将会严格保密，确保不会对您个人造成任何负面影响。本调查表共分为两部分，请您认真阅读题目，并按照您的实际情况填写答案。非常感谢您对本研究的大力支持与合作！

一、您的基本信息

画“____”的部分，请将答案填写在“____”上；“（ ）”的部分，请选择出符合您真实情况的选项，并将代表选项的字母填写在“（ ）”里。

1. 您的性别：____。

2. 您的年龄：____岁；您的教龄：____年，其中幼教教龄：____年。

3. 您的初始学历（ ）

A. 硕士及以上　B. 本科　C. 大专　D. 中专及高中　E. 初中

4. 您的初始学历毕业院校是：____________，在此所学专业是（ ）

A. 学前教育/幼儿教育专业

B. 其他教育类专业（不是学前/幼儿教育，但仍属教育类）

C. 心理学类专业

D. 其他专业（请填写专业名称________________）

5. 您的最高学历（ ）

A. 硕士及以上　B. 本科　C. 大专　D. 中专及高中　E. 初中

6. 您的最高学历毕业院校是：________________，在此所学专业是（ ）

A. 学前教育/幼儿教育专业

B. 其他教育类专业（不是学前/幼儿教育，但仍属教育类）

C. 心理学类专业

D. 其他专业（请填写专业名称________________）

7. 您的职称（ ）

A. 小教（幼教）三级　B. 小教（幼教）二级　C. 小教（幼教）一级

D. 小教（幼教）高级　E. 中学高级　F. 无职称

8. 您所在幼儿园的名称_______________，级别_______________性质（ ）

A. 公办 B. 民办 C. 集体办 D. 企事业办 E. 教改试点园

9. 您目前的岗位是（ ）

A. 班长/主班老师 B. 配班老师 C. 保育员

10. 您目前是（ ）

A. 市级骨干教师 B. 区级骨干教师 C. 幼儿园骨干教师 D. 以上都不是

11. 您目前所带的年龄班是（ ）

A. 小班 B. 中班 C. 大班 D. 混龄班

二、师幼互动观念

尊敬的老师：

您好！感谢您在百忙之中抽出时间填写这份问卷，本问卷的选项没有对错之分。在以下 30 个项目中的描述，您认为是否符合您心目中的高质量的音乐活动的师幼互动？完全不符合的请选 1，完全符合的请选 5，以此类推。

		完全不符合	较不符合	一般	较符合	完全符合
1.1	非常乐意与儿童互动，教师与儿童都很享受一起进行音乐集体活动。	1	2	3	4	5
1.2	在活动中，与儿童保持一定的距离，没有身体接触和眼神交流。	1	2	3	4	5
1.3	分发打击乐材料时，儿童能够耐心地等待，相互分享材料，能够主动帮助需要帮助的同伴。	1	2	3	4	5
2.1	被参与音乐活动的幼儿惹怒（如，唱歌跑调），但耐心引导幼儿。	1	2	3	4	5
2.2	音乐活动中儿童出现了不当行为，教师会通过提高音调、禁止、惩罚等方式加以控制。	1	2	3	4	5
2.3	当孩子表现不佳时，会说“这么简单的节奏你都跟不上？你真是太聪明了！”等话语。	1	2	3	4	5

续表

		完全不符合	较不符合	一般	较符合	完全符合
3.1	忽略儿童的需求和儿童发起的对话。	1	2	3	4	5
3.2	在音乐集体活动中，经常主动且有效地向遇到困难的孩子提供关心、帮助或调整。	1	2	3	4	5
3.3	组织音乐集体活动时，儿童很乐意与教师分享他们的想法，自由地回应教师的提问。	1	2	3	4	5
4.1	按照教师的活动计划组织教育活动，以教师为主导。	1	2	3	4	5
4.2	教师积极地鼓励儿童之间的互动。	1	2	3	4	5
4.3	教育计划很灵活，能遵从儿童的想法，围绕儿童的兴趣来组织音乐教学活动。	1	2	3	4	5
5.1	预防儿童出现不良行为。	1	2	3	4	5
5.2	组织音乐活动时，所有的儿童都清楚活动的要求和规则。	1	2	3	4	5
5.3	音乐活动中，儿童经常会出现不良行为，例如打人，离开活动区域，不恰当地使用音乐材料等。	1	2	3	4	5
6.1	教师总是为儿童提供明确的活动。	1	2	3	4	5
6.2	音乐活动开始前，发现缺少某种打击乐器，赶紧到表演区寻找。	1	2	3	4	5
6.3	花费较少时间管理课堂纪律。	1	2	3	4	5
7.1	通过促进儿童对音乐材料的认识、探索、探究和使用，增进儿童的学习。	1	2	3	4	5

续表

		完全不符合	较不符合	一般	较符合	完全符合
7.2	通常以教师示范为主，传授新的儿歌、乐曲等音乐作品。	1	2	3	4	5
7.3	儿童总是对教师组织的音乐活动具有兴趣并能参与其中。	1	2	3	4	5
8.1	注重儿童对歌曲、乐器基本操作技能的记忆，鼓励儿童以回忆的方式来再现。	1	2	3	4	5
8.2	经常开展讨论、活动，鼓励儿童进行音乐活动的分析和推理。	1	2	3	4	5
8.3	将音乐活动中所学的概念和儿童生活其中的现实世界相联系。	1	2	3	4	5
9.1	在音乐活动中，只针对儿童的对错进行反馈。	1	2	3	4	5
9.2	对本班儿童的进步给予泛泛的评论/表扬。	1	2	3	4	5
9.3	组织音乐活动时，经常对理解有困难或回答不出问题的儿童进行提示。	1	2	3	4	5
10.1	组织音乐活动时，教师总是用语言对自己和儿童的行动做出描述。	1	2	3	4	5
10.2	组织音乐活动时，教师经常复述或扩展儿童的话语内容。	1	2	3	4	5
10.3	教师对幼儿不理解的词汇或音乐术语进行解释时感到很困难，不知如何用词。	1	2	3	4	5

附录二：观察评分表

幼儿园名称：________________　　班级：________________

教师姓名：__________　　观察者姓名：__________

开始时间：__________　　结束时间：__________

教师数量：__________　　儿童数量：__________

活动形式（圈出所有，用“√”标出首要形式） 1. 集体活动　2. 区域游戏 3. 户外或室内运动　4. 生活活动	活动内容（圈出所有，用“√”标出首要内容）： 1. 语言　2. 数学　3. 科学 4. 社会　5. 艺术　6. 健康 其他：________

领域 1：情感支持

维度	指标	档次		
		低	中	高
积极情感氛围（6）得分：	师幼关系（核心指标）3	少有温暖迹象	有时	很多迹象
	互相的积极情感表达和表现 1	没有	有一点	经常大笑，有种赞扬
	尊重 1	三句以上嘲讽	一二句	没有不尊重
	积极的同伴互动 1	不关注他人	有时，一部分	帮助，分享，耐心排队
消极情感氛围（6）得分：	负面情绪情感 3	没有	大喊，说话严厉，轻微攻击行为	经常激怒，发火，哭泣
	通过叫嚷或威胁处理儿童的不当行为 1	不存在	偶尔叫、推、拉孩子	经常
	嘲笑挖苦/不尊重 1	没有	一次让幼儿难堪	二次及以上
	消极性不与特定事件相联系 1	没有，情绪控制好	可能	到处捣乱

续表

维度	指标	档次		
		低	中	高
教师的敏感性（6）得分：	回应性 1	不屑一顾	有时，一部分	大家长一样到处操心，对大多数的孩子进行回应
	对遇到困难的孩子提供关心、帮助或调整 2	出现没帮，没出现	出现 1 次	出现 2 次
	有效的回应和帮助 1	无效	多次找老师，教师敷衍	有效
	儿童寻求支持 1	应寻没寻，不出现寻	有些寻	寻的很多（集体 2 次以上，区域 4 次以上）
	老师提问时，儿童乐于回应教师 1	儿童不理会	有些理会	很多
对儿童视角的关注（6）得分：	低控制、低约束 1	教师完全主导，不尊幼儿想法	有时	遵从，因兴趣组织活动
	尊重儿童的兴趣与自主性 3	没选择，没主动机会	有时	自主机会多
	给儿童机会表达 1	保持安静，不让儿童表达，不听儿童想法	有机会说话，但教师为主	没禁止，且提供机会
	对同伴互动的鼓励 1	不提供机会	有机会，允许，但不发展	有机会，允许，且发展

领域 2：班级管理

维度	指标	档次		
		低	中	高
行为管理（6）得分：如果教室没有出现不良行为，该维度高分	预防不良行为 2	事后解决	有前摄，效果不好	防患于未然，效果好
	有效平息不良行为 1	花费时间长，让不良行为扩大或不去平息	有时	总能解决当下问题，用时少
	要求的明确性和一致性 1	不明确，不一致，没要求	不清楚，不一以贯之执行	所有人皆清楚，没有出现要求，没看到不一致
	通过表扬提醒良好行为 1	没有	有时有	经常
	儿童没有不良行为 1	较多	一部分	没有
学习机会（时间）（6）得分：	提供活动（看教师）1	没活动	有时有或一部分有，一部分消极等待	每个都有
	一日流程是否清楚 1	不清楚	一部分	绝大多数清楚
	过渡环节所用时间 1	大量	一部分	快速，流畅
	不占用教学时间 3	占用较长	占用一点	没有
增进儿童参与（4）得分：	使用多种学习材料 1	讲授，无操作材料，无提问	有时	花心思准备活动和材料
	通过积极互动激发儿童参与 1	不参与，不指导	有时	很多提问，参与，演示，面部表情，声调
	调动多种感官参与 1	单纯讲授	有两种以上感官，效果不好	有两种以上感官，效果好
	儿童的参与度 1			

领域3：教学支持

维度	指标	档次		
		低	中	高
概念发展（5）得分：	启发幼儿高层次认知 2	0—1 次	2—4 次	5 次上
	提供复杂活动 1	一种运动形式，背诵，记忆	二种，或一种配有游戏，形式较复杂，没有挑战	三种及以上，有深度，有扩展
	与已有概念、生活经验的联系 2	无	有，点到为止	有深度，愿意将儿童想法付诸实践
点评与提示（4）得分：	评价的过程而非结果取向 1	无评价及结果评价	有时	总是关注学习的过程
	点评与提示的具体性和深入性 2	泛泛评价	有时	具体，儿童知道自己为什么是错的，对的
	（认知，解决问题能力）当儿童犯错/遇到困难时，是否给予提示/支架 1	不提示，忽略，不告诉他为什么错了	有时	经常给儿童提供支持
语言示范（6）得分：	对话的频繁性 1	很少和儿童对话	有时	经常
	儿童发起的“对话”1	教师控制对话		教师努力促使儿童发起对话
	教师提问的开放性 1	0—1 次	2—3 次	4 次以上
	教师对幼儿语言的复述和拓展 1	很少，或没有	有时	经常
	教师的旁白 1	很少，或没有	有时	经常
	接触和理解新颖/复杂词汇 1	很少，或没有	有时	经常

幼儿园绘本教学中新手—熟手教师师幼互动特征的比较研究

冯 芃

绘本教学对幼儿发展，特别是言语、情感及社会性等方面的发展均有重要价值。当前绘本教学在我国幼儿园中有较为广泛的开展，但其活动质量与教育效果参差不齐。影响绘本教学质量与教育效果的因素是多方面的，师幼互动是其中最为关键的因素之一。而作为互动的主体之一，同时又是幼儿绘本教学的主要组织者与引导者，幼儿教师的师幼互动行为与技能直接决定着师幼互动的质量与效果。绘本教学中新手教师和熟手教师的师幼互动特征有无差别，有哪些差别，影响新手教师与熟手教师师幼互动的主要因素有哪些，如何据此对绘本活动中教师的师幼互动行为做出改进。由此，对上述一系列问题的思考与探究，构成了本研究的主要内容。

一、幼儿园绘本教学中师幼互动的研究背景与基础

（一）研究缘起

绘本的教育性、趣味性使得其成为大家公认的最适合幼儿阅读的图书。绘本教学在当前幼儿园中有较为广泛的开展，是当前深受幼儿喜爱的活动，其对幼儿发展，特别是言语、情感及社会性等方面的发展均有积极作用与重要价值。另外，幼儿一日生活的各个环节当中都存在着师幼互动，尤其在教学当中，师幼互动的质量是直接影响教育活动的教育效果与质量水平的重要因素之一。目前大多数教师都已经意识到了师幼互动的意义，但对于这方面的理解还不够深入和内化。如由于活动时间限制，教师往往不能注重真正意义上的师幼互动，忽视或敷衍幼儿的提问等。通过对绘本教学中新手—熟手教师师幼互动特征的比较分析研究，可以使我们在一定程度上了解到新手教师存在的问题与不足和熟手教师的一些特点与强项，从而找到良好的师幼互动的特征，以便完善绘本

教学中的师幼互动，提高绘本教学质量。

（二）研究目的与意义

1. 研究目的

本研究的目的在于通过综合运用弗兰德斯互动分析法、观察法、访谈法和个案分析法，来研究幼儿园绘本教学中新手—熟手教师师幼互动的情况。通过分析比较新手—熟手教师在绘本教学中师幼互动的特征，发现问题进而为改进新手和熟手教师在绘本教学中的师幼互动提出一些可供参考的方法与建议，并提高绘本教学的质量。

2. 研究意义

（1）理论意义

第一，本研究探讨了师幼互动的价值、内涵、特点与过程等问题，对丰富师幼互动的理论内涵、明晰师幼互动的意义与价值具有一定的理论意义。第二，本研究通过运用 FIAS 来对幼儿园绘本教学中新手—熟手教师师幼互动的具体情况进行深入的分析，力求找到绘本教学中良好师幼互动的特征，为绘本教学理论的研究提供了一个新的视角，同时丰富了绘本教学的相关理论。第三，本研究将 FIAS 运用于幼儿园绘本教学中师幼互动的研究，并根据绘本教学的特点，一方面丰富和完善了 FIAS 的基本理论和分析框架，另一方面进一步充实和丰富了绘本教学中师幼互动研究的基本方法。

（2）实践意义

第一，本研究通过对幼儿园新手—熟手教师绘本教学的分析及比较，力求找到幼儿园绘本教学中良好师幼互动的特征，这不仅可以更好地促进教师对于绘本教学中师幼互动的认识，还可以促进教师对教育活动的反思和改进，对于幼教的专业化成长具有一定的实际指导意义。第二，师幼互动的状况是影响幼儿教育活动效果与质量非常重要的一环，本研究针对绘本教学，总结绘本教学中良好师幼互动的特征，提出可行性的建议，有助于提高绘本教学的质量。第三，尝试将 FIAS 应用于幼儿园绘本教学的师幼互动研究中，拓展了 FIAS 在教育实践中运用的领域，丰富了幼儿园教育活动中师幼互动效果分析评价的具体方式方法。

（三）已有相关研究进展及述评

1. 关于绘本教学的研究

（1）绘本与绘本教学的内涵

日本图画书之父松居直认为“图画×文字=绘本”[①]。台湾地区著名图画书

① 松居直．我的图画书论［M］．上海：上海人民美术出版社，2009：16.

研究者郝广才认为“绘本大概是一本书，运用一组图画，表达一个故事，或是一个像故事的主题”①。我国著名儿童文学教育家彭懿认为“图画书是用图画与文字共同叙述一个完整的故事，是图文合奏。在图画书中，图画不是对文字的解释说明，它不仅有生命而且可以脱离文字”②。

总的来看，广义的绘本等同于图画书，包括图画故事书、教育类书籍等凡是以插图形式来传递知识或讲故事的书籍。但很多时候大家对于绘本内涵的理解仅局限于图画故事书，即狭义上的绘本——“以图和文共同演绎一个故事的书”③。绘本教学即以绘本为媒介进行的集体教育活动。

（2）幼儿园绘本教学的研究进展

绘本具有广泛的教育价值，有利于发展儿童语言能力，培养儿童的想象力、观察力和思维能力，增强儿童的审美意识，培养儿童的丰富情感。我们应该选择儿童需要的、图画能充分表达故事的绘本，慎重对待那些“画的可爱”或“颜色艳丽”的绘本④。

绘本教学存在一些问题，即较为模式化和单一化。在导读方式中以问答式阅读为主，将绘本阅读活动等同于故事教学与看图讲述或者是两者的简单相加；课件的滥用，影响幼儿的自主阅读；幼儿园绘本活动中教师的管理很混乱，误把不管理当作对幼儿的尊重等⑤。

绘本教学中好的师幼互动可以促进幼儿健康情绪的发展，幼儿在理解绘本中人物情绪的基础上，通过师幼互动、故事分享、绘画、绘本故事表演等方式来学习正确宣泄、帮助自己或他人疏解情绪的方法⑥。有效的师幼互动可以促进幼儿口语表达能力的发展⑦。而幼儿的年龄小，自主阅读能力比较差，教师要给予适时而恰当的指导。教师在课堂上要为幼儿提供充分的阅读时间，实现“教师导读”与“幼儿自主阅读”相结合，教师的引导和幼儿自主的阅读都很重要；此外，教师的提问也很重要，好的提问可以激发幼儿的兴趣，使幼儿能够积极

---

① 郝广才．好绘本如何好［M］．南昌：二十一世纪出版社，2009：9.

② 彭懿．图画书：阅读与经典［M］．南昌：二十一世纪出版社，2007：7.

③ 陈晖．论绘本的性质与特征［J］．海南师范学院学报（社会科学版），2006（01）：40-42.

④ 毕凌霄．儿童绘本的教育功能探析［J］．韶关学院学报，2013（07）：139-142.

⑤ 韩铭．幼儿园绘本教学实施之问题诊断［J］．新课程（小学），2013（12）：28-29.

⑥ 李小珑．利用绘本促进幼儿健康情绪的发展［J］．福建教育，2013（23）：73-75.

⑦ 章敏．运用绘本促进幼儿口语表达能力的发展［J］．家庭与家教（现代幼教），2008（09）：38-41.

主动地探索。[①] 近年来幼儿园绘本教学方法也有一些新尝试，例如："点菜法"，让幼儿选择绘本；"竞赛法"，把幼儿分成不同组来比赛回答问题；"寻找法"，请幼儿自己在书中找问题来考其他小朋友；"表演法"，分为原版内容表演和创编、续编表演等。[②] 另外，还可以运用多形式家园互动方式，来提升绘本阅读的质量，如定期举行亲子故事会、"书香宝宝"评选活动，定期在各种场合举行阅读活动等。[③]

2. 关于师幼互动的研究

（1）师幼互动的内涵

广义上的师幼互动既包括发生在托儿所的教师与 3 岁前幼儿之间的互动，也包括发生在幼儿园的教师与 3—6 岁幼儿之间的互动。狭义的师幼互动专指发生在幼儿园的师幼互动。师幼互动可以因参与主体的不同而分为三种，即教师与全班幼儿间的互动，教师与小组幼儿间的互动，教师与个体幼儿间的互动。[④]

师幼互动需满足：①师幼互动是教师和幼儿之间的人际互动，互动主体是教师和幼儿；②师幼互动过程是主体之间的相互影响和相互作用，主体间的影响是双向的，不仅仅是教师对幼儿发起的互动，幼儿也可以向教师发起互动；③互动的结果是一方的行为可以引起或改变另一方的行为。[⑤]

（2）师幼互动的研究进展

国内外研究者普遍认同师幼互动对幼儿发展的重要价值和意义。师幼互动质量会影响幼儿的人际关系、同伴交往能力，甚至这种影响超过了家人和同伴，其中还可以看出幼儿未来的社会能力[⑥]。师幼互动的质量会直接影响到幼儿在幼儿园的社会适应状况，其对幼儿发展产生的影响具有持续性，甚至能决定幼儿小学三年级前的行为和适应能力；好的师幼互动还能够改善在社会情感方面存在问题的幼儿。[⑦]

---

① 李春光．幼儿园绘本教学现状及改进研究［D］．北京：首都师范大学，2013.

② 唐华玉．幼儿园绘本教学新尝试［J］．课程教育研究，2014（15）：156-157.

③ 李鑫．幼儿园绘本阅读指导应注意的几个问题［J］．语文学刊，2009（12）：72-73.

④ 刘晶波．社会学视野下的师幼互动行为研究——我在幼儿园里看到了什么［M］．南京：南京师范大学出版社，2006：20，22.

⑤ 叶子，庞丽娟．师生互动的本质与特征［J］．教育研究，2001（04）：30-34.

⑥ Howes C，Hamilton C E，Matheson C C. Children's relationships with peers：Differential associations with aspects of the teacher-child relationship［J］. Child Development，1994，(65)：253-263.

⑦ Pianta R C，Steinberg M S，Rollins K B. In Press. The first two years of school：Teacher-child relationships and reflections in children's class-room adjustment［J］. Development and Psychology，1995（07）：2.

学者们从不同角度对师幼互动类型进行了划分，从不同维度反映出了师幼互动的总体特征。姜勇、庞丽娟按照师幼互动的目的和内容等，将其划分为严厉型、民主型、开放学习型、灌输型这四种类型。① 刘晶波根据主动性与依恋性这一指标，将师幼互动划分为彼此相倚型、反应相倚型、非对称相倚型和假相倚型四种，并认为当前我国幼儿园中的师幼互动主要属于非对称相倚型的互动。②

在师幼互动质量的影响因素方面，学者们主要从幼儿、教师和客观环境三方面展开研究。首先，幼儿自身因素，如性别、性格、气质、行为、能力等。其次，教师自身因素，如个性、价值观和教育行为方式、学历、能力、期望等。最后，客观环境因素，如幼儿园环境、师幼比、班级人数、幼儿园规章制度等。上述因素均对师幼互动质量产生着不同程度的影响。由此，学者们进一步对如何提升师幼互动质量进行了相关探讨，提出师幼互动关系应该是平等的，要充分发挥幼儿的主体性，③ 以及通过积极情感型师幼互动的建构来改善师幼互动的质量；同时，教师应该提高自己的情绪智力，这也有助于师幼互动质量的改善。④

3. 关于新手—熟手教师的相关研究

（1）新手教师和熟手教师的内涵

教师专业发展需要经历一个过程，所有教师都要从新手教师开始，经历2—3年的学习和发展，积累知识和经验，然后逐渐发展成为熟手教师，最后成为专家教师。从工作时间上，把不足三年或教学经验不足的教师界定为新手型教师，把富有教学经验、特级高级教师界定为专家型教师，熟手教师是介于专家教师和新手教师之间的。⑤

（2）幼儿园新手教师和熟手教师的比较研究

有关幼儿园新手教师和熟手教师的比较研究较少。梁慧琳将新手幼儿教师和专家幼儿教师进行了比较，包括教育活动设计的能力、教育活动过程中的教

---

① 姜勇，庞丽娟．幼儿园师生交往类型的研究［J］．心理科学，2004（05）：1120-1123.

② 刘晶波．师幼互动行为研究——我在幼儿园里看到了什么［M］．南京：南京师范大学出版社，1999：3，42-48.

③ 黄娟娟．师幼互动类型及成因的社会学分析研究——基于上海50所幼儿园活动中师幼互动的观察分析［J］．教育研究，2009（07）：81-86.

④ 巨金香．情感视阈中的师幼互动研究［D］．长春：东北师范大学，2006.

⑤ 叶澜．教育学原理［M］．北京：人民教育出版社，2007：90.

学行为、对幼儿教育过程和结果的评价三方面。① 岳凌严针对一名新手教师和一名熟手教师进行了区域活动指导的个案比较研究，对新手教师和熟手教师在区域活动中指导行为的特点与影响因素进行了分析，并对教师区域活动指导提出了相关改善建议。② 韩娇则从生活活动角度比较分析了新手教师和熟手教师师幼互动观念和行为及其差异，以寻求新手教师向熟手教师迈进的策略和改善生活活动中师幼互动质量的方法。③

4. 关于弗兰德斯互动分析系统的相关研究

美国明尼苏达大学（University of Minnesota）的教育家弗兰德斯（Flanders）于 20 世纪 60 年代设计出了一种基于量化分析的课堂行为分析技术，即弗兰德斯互动分析系统（Flanders Interaction Analysis System，FIAS ）。该系统是较早并且较为著名的课堂行为分析方法，主要研究课堂教学中的师生言语互动行为，被广泛用于课堂教学互动行为的分析研究，后来不断被修订，影响了后续许多编码系统的设计。

（1）有关弗兰德斯互动分析系统及其特点的研究

①弗兰德斯互动分析系统的基本构成。

FIAS 是由国外传入的一种量化分析工具，我国学者引进后对其进行了介绍，如宁虹、武金红对 FIAS 的构成、语言分类、使用方法进行了详细的论述，并提出该系统由三部分构成：一套描述课堂互动行为的编码系统；一套关于观察和记录编码的规定标准；一个用于显示数据，进行分析，实现研究目的的分析工具——弗兰德斯互动分析矩阵。④ 肖锋介绍了 FIAS 产生的背景、观察范畴、记录方式、分析结果的处理和使用等方面。⑤

②弗兰德斯互动分析系统的主要特点。

FIAS 具有定量化和结构化的特点，该系统对每一项编码行为都进行了详细说明，具有很强的操作性，研究者根据分析方法的步骤能够很容易地掌握，得

---

① 梁慧琳．新手与专家型幼儿教师教学行为的比较［J］．中国科教创新导刊，2008（27）：204.

② 岳凌严．新手教师与熟手教师区域活动指导的个案比较研究［D］．北京：首都师范大学，2014.

③ 韩姣．生活活动中新手与经验教师师幼互动观念及行为比较的个案研究［D］．金华：浙江师范大学，2013.

④ 宁虹，武金红．建立数量结构与意义理解的联系——弗兰德斯互动分析技术的改进运用［J］．教育研究，2003（06）：23-27.

⑤ 肖锋．课堂语言行为互动分析——一种新型的课堂教学研究工具［J］．大连：辽宁师范大学学报，2000（06）：40-44.

出相对来说比较客观、中立的分析结果。[①] 张海具体介绍了其使用方法和特点，认为该工具有三大优势，即较好地融合了质性研究和量化研究的方法，提高研究方法的有效性；详细规定了研究程序和分析方法，操作简便；便于一线教师开展教学反思。同时他也指出了该系统的局限性，即忽视了非言语方面的研究；通过编码和矩阵数据虽可以发现教师教学中的言语行为特点，却很难回溯到当时老师所说的具体话语等。[②]

（2）弗兰德斯互动分析系统在师生互动分析中的应用

近年来研究者对教师专业发展特别是教师课堂教学的关注程度持续增加，FIAS 作为一个客观、有效的课堂行为分析系统，受到很多学者的关注，也由此出现了很多运用 FIAS 来分析课堂教学视频案例的研究。

已有研究中比较多的是将 FIAS 运用于中小学语文、数学、英语、物理、化学、美术等的课堂教学评价中。将 FIAS 运用于幼儿园师幼互动方面的研究为数不多，如王烨芳尝试利用 FIAS 来对幼儿园数学教育活动中的师幼互动进行分析和评价[③]，刘文婷运用该系统评价了幼儿科学教育活动中的师幼互动[④]，王冬兰、郭猛、严燕华分析了 FIAS 在幼儿园集体教学中的应用等[⑤]。

一些学者利用 FIAS 对不同类型教师的课堂言语行为与言语互动进行了对比分析。如罗晓杰、王雪运用 FIAS 对专家、熟手和新手教师在高中英语阅读课上语言行为差异进行了分析[⑥]。白改平、韩龙淑通过量化和定性相结合的方式分析专家型教师和熟手型教师在课堂提问能力上的差异[⑦]。王晓芬则基于 FIAS 探讨了幼儿教师言语互动行为的性别差异[⑧]。

（3）弗兰德斯互动分析系统的改进

为了使 FIAS 能够更好地服务于课堂教学与师生互动行为的分析与评价，国

---

① 宁虹．教育研究导论［M］．北京：北京师范大学出版社，2010：216-217.

② 张海．弗兰德斯互动分析系统的方法与特点［J］．当代教育与文化，2014（02）：68-73.

③ 王烨芳．幼儿园数学教育活动中的师幼互动［D］．上海：华东师范大学，2005.

④ 刘文婷．幼儿科学教育活动中的师幼互动研究［D］．大连：辽宁师范大学，2012.

⑤ 王冬兰，郭猛，严燕华．弗兰德斯互动分析系统在幼儿园集体教学中的应用［J］．学前教育研究，2009（08）：3-8.

⑥ 罗晓杰，王雪．专家-熟手-新手教师高中英语阅读课课堂互动比较研究［J］．课程·教材·教法，2011（12）：51-56.

⑦ 白改平，韩龙淑．专家型——熟手型数学教师课堂提问能力的个案比较研究［J］．数学教育学报，2011（04）：16-19.

⑧ 王晓芬．基于 FIAS 幼儿教师言语互动行为性别差异研究［J］．内蒙古师范大学学报（教育科学版），2015（04）：38-42.

内外学者们对 FIAS 进行了改进与修订。1967 年，艾密顿（E. Amldon）和亨特（E. Hunter）提出了语言互动类别系统（Verbal Interaction Category System，VICS），有关语言行为的分类更加细化明确，并且增加了非言语行为的分析评价。[①] 我国学者宁虹、武金红对 FIAS 进行了介绍并结合案例分析，提出了 FIAS 的局限性，进而对其进行了编码意义赋予、计算机化分析过程和质性与量化研究相结合的三方面改进。[②]

一些研究者从不同学科出发，对该系统进行改进，如闫君针对该工具的不足，结合化学学科的特点对其进行了改进，形成了基于化学学科课堂及信息技术的互动分析编码系统（Chemical Class and Information Technology-based Interaction Analysis system，CCITIAS）。[③] 还有学者基于现代课堂教学特点，结合信息技术等，对 FIAS 进行改进。如顾小清、王炜从满足现代信息技术发展需求的角度，提出 FIAS 的 10 个不足，并根据现代课堂特点对其进行了改进，提出了基于信息技术的互动分析编码系统（Information Technology - based Interaction Analysis System，ITIAS）。[④] 方海光等人基于 FIAS 分析方法和基于信息技术的互动分析系统 ITIAS，对已有的编码系统进行了优化改进，重新设计了支持数字化课堂分析的编码系统，形成了改进型弗兰德斯互动分析系统 iFIAS。iFIAS 将原编码 4 的教师提问分为提问开放性问题和提问封闭性问题，编码 4 在分析矩阵中的计数为这两类编码的计数和，仅在课堂编码时以及统计开放性问题和封闭性问题各自所占比例时加以区分。将原编码 9 学生主动说话分为学生主动应答和学生主动提问，编码 9 的计数为这两类编码的计数和，在课堂观察进行编码时和统计应答与提问比例时加以区分。另外，将真实课堂中教师让学生独立思考、做练习或完成学习任务时发生的沉寂归为有助于教学的沉寂。同时，增加了信息技术分析支持。[⑤]

---

① 闫君．化学教学中师生互动语言及行为分析编码系统的研究［D］．西安：陕西师范大学，2010.

② 宁虹，武金红．建立数量结构与意义理解的联系——弗兰德斯互动分析技术的改进运用［J］．教育研究，2003（05）：23-27.

③ 闫君．化学教学中师生互动语言及行为分析编码系统的研究［D］．西安：陕西师范大学，2010.

④ 顾小清，王炜．支持教师专业发展的课堂分析技术新探索［J］．中国电化教育，2004（07）：18-21.

⑤ 方海光，高辰柱，陈佳．改进型弗兰德斯互动分析系统及其应用［J］．中国电化教育，2012（10）：109-113.

5. 研究述评

综观已有相关研究，国内外学者对幼儿园教学活动中的师幼互动、幼儿园绘本教学活动、不同类型幼儿教师师幼互动能力等问题进行了有益探索，获得了许多值得借鉴和参考的成果，为本研究奠定了重要基础。

（1）已有研究贡献

综合已有研究文献，国内外学者的相关研究已经为本研究奠定了很好的基础。首先，已有研究中对于绘本活动、师幼互动、新手教师和熟手教师的相关内涵、价值等有了较为明确而充分的探讨；其次，已有研究中包含了一些对于幼儿园绘本教学中师幼互动的理论探讨和质性研究，还有一些有关研究散见于绘本活动和师幼互动的相关研究中，为深入研究幼儿园绘本教学中熟手-新手教师师幼互动的相关内容提供了宝贵基础。同时，已有研究中关于 FIAS 的评价以及将 FIAS 运用于教学实践研究的探索，均为本研究提供了有益参考和借鉴。

（2）已有研究不足

综观已有相关研究，仍存在一些不足及有待进一步研究的方面。首先，就研究内容来看，已有研究较多集中在绘本价值与本质等方面，虽有一些有关绘本教学现状、策略方面的研究，但关于幼儿园绘本教学中实践的深入研究不多，多数都停留在理念建构与理论探讨中。其次，就研究对象来看，已有研究中大多为新手教师和专家教师的对比研究，并且集中于中小学教师心理特征、知识结构、问题解决和教学行为方面，针对幼儿园教育活动中新手教师和熟手教师师幼互动行为的研究比较少。最后，运用 FIAS 进行的研究多集中于中小学课堂教学行为中，较少涉及幼儿园领域。

（3）问题确立

综上，绘本活动对于幼儿诸多方面的发展均具有重要价值和意义，当前已被广泛应用于幼儿园活动中。其中师幼互动是影响绘本活动效果的关键因素之一，而作为互动的主体之一和幼儿绘本活动的主要组织者与引导者，幼儿教师的师幼互动行为与技能直接决定着师幼互动的质量与效果。因此，本研究综合运用多种研究方法，以 6 位幼儿教师组织实施的 6 节绘本活动为样本，运用 FIAS 对绘本教学中新手—熟手教师的师幼互动特征进行系统深入的对比分析，在此基础上对影响新手教师与熟手教师师幼互动的因素进行探讨，并针对研究中发现的一些问题提出改进幼儿园绘本教学中师幼互动与提升绘本教学效果的若干建议。

具体来说，重点探讨以下几个问题：本研究所聚焦的幼儿教师组织实施的绘本教学中（1）绘本教学活动中，新手—熟手教师的师幼互动各自呈现出哪些基本特征？（2）新手—熟手教师在绘本教学中的师幼互动特征有哪些异同？（3）影响新手—熟手教师师幼互动的因素有哪些？有何异同？（4）新手—熟手教师的师幼互动分别可以从哪些方面加以改善？

（四）研究设计

1. 概念界定

（1）绘本

本研究中将绘本界定为以具备一定逻辑关系的图画为主，文字为辅，图文结合，以此形成丰富的视觉形象，共同叙述完整故事的儿童图画故事书。

（2）幼儿园绘本教学

本研究中将幼儿园绘本教学界定为在集体教育活动中，以绘本为阅读的主要素材，幼儿教师充分挖掘绘本中丰富的资源，有组织、有目的地与幼儿互动的教育活动。

（3）师幼互动

本研究中将师幼互动界定为发生在幼儿园教育活动中的教师与单个或多个幼儿之间相互影响、相互作用的行为和过程。其在FIAS下的各细分维度详见研究工具部分表2-3-2。

（4）幼儿园绘本教学中的师幼互动

本研究中将幼儿园绘本教学中的师幼互动界定为在集体教育活动中，幼儿教师以绘本为阅读的主要素材，充分挖掘绘本中丰富的资源，教师有组织、有目的地与单个或多个幼儿之间相互影响、相互作用的行为和过程。

（5）新手教师和熟手教师

本研究中将新手教师界定为：教龄3年或以下，小教三级或以下职称，教育教学实践经验不太丰富的教师。将熟手教师界定为：教龄10年或以上，小教一级或以上职称，具有较为丰富的教育教学经验和一定个人教学风格的教师。

2. 研究思路与方法

（1）研究思路

本研究综合运用多种研究方法与工具，以6位幼儿教师组织实施的6节绘本活动为样本，主要分析绘本教学中新手—熟手教师的师幼互动特征，探讨影响新手教师与熟手教师师幼互动的因素，并提出改进绘本教学中师幼互动的相关建议。具体研究思路为：（1）将3位新手教师、3位熟手教师的6节绘本活动作为研究样本，主要运用观察法，借助弗兰德斯互动分析系统，分别对新手教师和熟手教师绘本教学中师幼互动的主要特征进行编码分析。（2）在此基础上，依据弗兰德斯互动分析系统的分析维度，对新手教师与熟手教师在绘本教学中的师幼互动特征展开比较，发现异同。（3）结合访谈与个案分析的结果，针对新手—熟手教师绘本教学中师幼互动的差异原因进行分析，并探讨归纳影响幼儿园绘本教学中教师师幼互动特征的主要因素。（4）在此基础上提出幼儿园绘本教学中师幼互动的改善建议。研究思路示意图如图 2-3-1 所示。

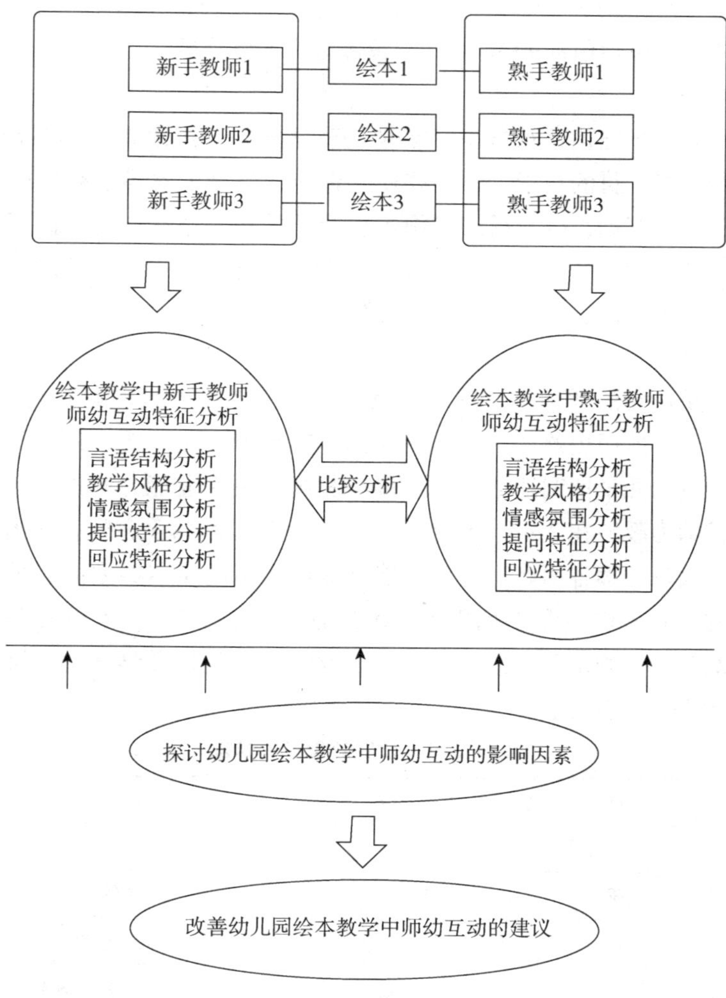

图 2-3-1　研究思路示意图

（2）研究方法

①观察法

本研究采用直接观察和间接观察相结合的非参与式观察。由研究者根据不同年龄班身心发展水平，事先确定3本绘本作为教材，相同年龄班的新手教师与熟手教师所组织的是同一主题内容的绘本活动。活动主题与绘本由研究者在正式观察录像前的一周提供给6位教师，6位教师各自独立准备教案、组织实施。观察分为直接观察与间接观察两个阶段。直接观察阶段，在现场观察活动的组织实施并全程录像，同时针对现场观察中发现的一些问题或认为有必要进一步探究教师想法的方面进行重点记录，以便后续访谈中进一步追问与了解。间接观察阶段即事后借助FIAS对活动录像进行编码分析。

②访谈法

本研究采用半结构访谈方法，在现场观察教师开展绘本教学活动后，对6位教师进行访谈，目的在于了解一些通过直接或间接观察难于获知的教师关于绘本教学、师幼互动，以及组织实施本次活动的相关想法。访谈提纲主要包括教师个人背景信息、教师职业背景信息、教师对绘本活动中师幼互动的认识，以及对本次活动的反思四个方面，详见附录一。

3. 研究对象

本研究采用目的性抽样，选取北京市某幼儿园中6位教师作为研究对象。该园是北京市一所历史悠久的一级一类园，其园所文化鲜明，师资队伍健全稳定，该园注重幼儿早期阅读活动的开展与教师相关专业能力的提升。在该园选取的6位教师为教龄在2年至30年不等的新手教师和熟手教师各三名。其中小班、中班、大班教师各两名。为尽可能排除由于不同绘本类型而有可能对师幼互动产生的不同影响，活动所用绘本由研究者事前确定，且6位教师及其所教授班级的幼儿此前均未开展或参加过关于此绘本的集体教学活动。研究对象基本情况如表2-3-1所示。

表2-3-1　研究对象基本情况

教师编号	班龄	教龄	职称	绘本活动名称
熟手教师1	小班	16	小教一级	猜猜我有多爱你
熟手教师2	中班	30	小教一级	蚯蚓的日记
熟手教师3	大班	12	小教一级	彩虹色的花
新手教师1	小班	2	无	猜猜我有多爱你
新手教师2	中班	3	无	蚯蚓的日记
新手教师3	大班	3	小教3级	彩虹色的花

（五）研究工具

弗兰德斯互动分析系统（FIAS）① 由三部分构成：①一套描述课堂互动行为的编码系统；②一套关于观察和记录编码的规定标准；③一个用于显示数据，进行分析，实现研究目的的分析工具——弗兰德斯互动分析矩阵。② 根据该编码系统，对幼儿园绘本活动进行编码、记录、填写矩阵，并按照矩阵图中显示出的频次和分布，根据相应公式，对幼儿园绘本教学中新手教师和熟手教师的师幼互动特征进行深入分析。

1. 编码

（1）编码系统

弗兰德斯通过现场研究，对不同年级和学科的课堂教学进行了大量的观察，最后将教师和学生的语言互动行为分为 3 类 10 种，有 7 种是有关教师的，2 种是有关学生的，还有 1 种是安静或混乱状态，分别用编码 1-10 来表示。本研究以 FIAS 为基础，综合相关研究③④⑤⑥并结合幼儿园实际，将编码系统进行微调与优化：一是将编码 4 “教师提问” 细分为 4（1）“提问开放式问题” 与 4（2）“提问封闭式问题”，编码 4 在分析矩阵中的计数为这两类编码的计数和，仅在课堂编码时以及统计开放式问题和封闭式问题各自所占比例时加以区分；二是将编码 6 “教师指令” 细分为 6（1）“指令内容与教学内容相关” 与 6（2）“指令内容与教学内容无关”，编码 6 在分析矩阵中的计数为这两类编码的计数和，仅在课堂编码时以及统计指令内容与教学内容相关和与教学内容无关各自所占比例时加以区分；三是将编码 9 “幼儿主动言语” 细分为 9（1）“幼儿主动应答” 与 9（2）“幼儿主动提问”，编码 9 在分析矩阵中的计数为这两类编码的计数和，仅在课堂编码时以及统计幼儿主动应答和幼儿主动提问各自所占比例时加以区分；四是将编码 10 “沉寂或混乱” 细分为 10（1）“有助于教学的沉寂或混乱” 与 10（2）

---

① Ned A. Flanders. Intent, Action and Feedback: A Preparation for Teaching [J]. Journal of Teacher Education, 1963, 14 (03): 251-260.

② 宁虹．教育研究导论［M］. 北京：北京师范大学出版社，2010：216-217.

③ 宁虹，武金红．建立数量结构与意义理解的联系——弗兰德斯互动分析技术的改进运用［J］. 教育研究，2003（05）：23-27.

④ 方海光，高辰柱，陈佳．改进型弗兰德斯互动分析系统及其应用［J］. 中国电化教育，2012（10）：109-113.

⑤ 陈珍国，邓志文，于广瀛，等．基于 FIAS 分析模型的翻转课堂师生互动行为研究——以中学物理课堂为例［J］. 全球教育展望，2014，43（09）：21-33.

⑥ 刘立新，王萍，和安宁，等．FIAS 互动分析系统的改进及在中学化学课堂分析中的应用［J］. 化学教育，2015，36（03）：47-51.

"无助于教学的沉寂或混乱"，编码 10 在分析矩阵中的计数为这两类编码的计数和，仅在课堂编码时以及统计有助于教学的沉寂或混乱和无助于教学的沉寂或混乱各自所占比例时加以区分；五是将描述中的"学生"改为"幼儿"，由此形成了整合后的弗兰德斯互动分析系统（见表 2-3-2）。

（2）编码方式

该系统采用时间抽样的方式，每隔 3 秒钟取样一次并进行编码，这些编码表示了课堂教学中连续的教学活动，记录表见附录二所示。

结合幼儿园绘本教学活动的特点，本研究在借鉴原有编码系统的基础上，参考已有研究中有关的改进建议，制定出了以下记录原则：①如三秒内出现多种语言行为，则都记录下来；②为了记录的方便，编码 10 用 0 代替；③幼儿按照教师的要求，独立阅读绘本时，属于编码 8[①]；④幼儿在回答教师提问时，若简单作答就归为"8"，若回答问题时间很久，讲述了自己的经历等，前 3 秒归为"8"，后面的言语均归为"9"[②]；⑤教师利用信息技术演示教学内容，没有语言行为的情况记作"教师讲授"。[③]

为尽可能保证研究具有较高信度，每节活动的所有数据编码先由一位主要研究者完成，而后另一位研究者选择该活动的一部分进行二次编码，如果两人编码的一致性较高则可以直接确定，如果编码的差异较大，则会共同对全过程进行重新观察与讨论，再最终确定编码。[④]

① 林礼洪．弗兰德斯互动分析系统的验证性研究［J］．高等函授学报（哲学社会科学版），2010（08）：91.

② 林礼洪．弗兰德斯互动分析系统的验证性研究［J］．高等函授学报（哲学社会科学版），2010（08）：91.

③ 薛小明．对一堂高中历史课课例的分析［J］．教育科学研究，2006（02）：35-38.

④ 肖锋．课堂语言行为互动分析——一种新型的课堂教学研究工具［J］．辽宁师范大学学报，2000（06）：40-44.

表 2-3-2　弗兰德斯互动分析系统

分类		编码	内容		描述
教师言语	间接影响	1	教师接受情感		教师以客观的方式，澄清或接纳幼儿的态度或情感。包括正向和负向的。如说不要害怕等。
		2	教师表扬或鼓励		教师表扬或鼓励幼儿的行为。这一类也包括舒缓紧张、但不伤人的玩笑，鼓励幼儿继续努力的话语，如点头，或说嗯，或说继续下去等。
		3	教师采纳观点		澄清、扩大或发展幼儿所提出的意见或想法，但并未表扬。如修饰或重复幼儿说的话等。但是当教师呈现较多自己的意见或想法时，则属于第 5 类。
		4	教师提问	4（1）提问开放式问题	在教师的意见或想法的基础上，提出具有多种可能性答案的问题，并期待幼儿回答。
				4（2）提问封闭式问题	在教师的意见或想法的基础上，提出具有唯一且确定答案的问题，并期待幼儿回答。
	直接影响	5	教师讲授		教师就教学内容提供事实阐述或见解，表达自己的思想，提出自己的解释，或者引述某位权威者（而非幼儿）的看法。这一类也包括教师提出不需答案的问句。
		6	教师指令	6（1）指令的内容与教学内容相关	教师指令幼儿并期待他按照教师的教育指令执行的行为。如教师让幼儿根据自身的指导做动作等。
				6（2）指令的内容与教学内容无关	教师指令幼儿并期待他按照教师的纪律指令执行的行为。如眼睛看过来等。
		7	教师批评或维护教师权威		教师以一种幼儿比较难以接受，但幼儿不得不接受的方式来改变幼儿的行为。如教师责骂或讽刺幼儿等。
幼儿言语		8	幼儿被动应答		幼儿由于外力推动下回应教师所讲的话。如教师指定幼儿回答，幼儿根据教师指令做出动作，或是幼儿自由表达时受到显性或隐性限制，或是眼神示意引导幼儿说话等。
		9	幼儿主动言语	9（1）幼儿主动应答	幼儿出于本身意愿，不靠外力影响，主动开启对话，回应教师所讲的话。如教师提问主动举手的幼儿，或是幼儿集体回应教师的问题等。
				9（2）幼儿主动提问	幼儿出于本身意愿，不靠外力影响，主动表达自己想法，向教师提问。如幼儿根据教师所讲的知识主动提出自己的疑问等。
安静或混乱		10	无有效言语	10（1）有助于教学的沉寂或混乱	暂时或长时的安静或活跃，促使和推动课堂教学的进行或师生间的沟通。如幼儿在课堂中做练习、对教师的提问进行思考、小组合作学习、教师允许情况下的自由讨论等。
				10（2）无助于教学的沉寂或混乱	暂时或长时的停顿或混乱，阻碍或中断课堂教学的进行或师生间的沟通。如课堂秩序出现暂时性混乱、课堂陷入一片沉默死寂的情况。

2. 矩阵分析

根据矩阵图中各种频次之间的比例关系和它们在矩阵图中的分布和序对，可以分析一节活动的课堂言语结构、教师教学风格和师幼情感氛围等方面的水平，矩阵分析见附录三所示。

弗兰德斯互动分析系统矩阵图中的行和列都有其特别意义，每一对编码形成的序对，都代表了一系列先后发生的言语互动行为事件。具体填写规则如下：根据弗兰德斯互动分析编码系统对视频进行编码；记录编码的首尾各加一个 10；每一个编码分别与前后两个编码结成序对，依次成对提取编码；每次提取的一对编码以左边的编码为行号，右边的编码为列号，在矩阵图的相应单元格中填写一个计数标记。如 3、5、8、8、8、9 编码序对的提取方式应是（10）3　5　8　8　8　9（10），最后形成 10-3、3-5、5-8、8-8、8-8、8-9、9-10 的序对；总计相同序对组合的频次，填入矩阵图中，从而形成 10×10 的矩阵图。如图 2-3-2 所示。

类别	1	2	3	4	5	6	7	8	9	10	总计
1											
2											
3					1						1
4											
5								1			1
6											
7											
8								2	1		3
9										1	1
10			1								1
总计			1		1			3	1	1	

图 2-3-2　弗兰德斯互动分析矩阵图

（1）频次比例分析——主要用于课堂言语结构分析

对于课堂言语结构的分析主要包括教师言语、幼儿言语、有助于教学的沉寂或混乱和无助于教学的沉寂或混乱。其中，教师言语比例表示教师言语时间占全部教学时间的比例，数值越高，表示活动中教师讲话的比例越高。幼儿言语比例表示幼儿言语时间占全部教学时间的比例，数值越高，表示活动中幼儿讲话的比例越高。有助于教学的沉寂或混乱表示有助于教学安静或混乱的时间占全部教学时间的比例，数值越高，表示幼儿做练习、思考、合作学习、自由讨论的时间越多。无助于教学的沉寂或混乱表示无助于教学安静或混乱的时间占全部教学时间的比例，数值越高，表示师幼间言语互动质量越差（参见表 2-3-3）。

表 2-3-3 课堂言语结构分析

分析内容	计算公式	含义
教师言语比例	第 1—7 列次数之和/总次数	教师言语时间占全部教学时间的比例。数值越高，表示上课时教师讲话的比例越高。
幼儿言语比例	第 8—9 列次数之和/总次数	幼儿言语时间占全部教学时间的比例。数值越高，表示上课时幼儿讲话的比例越高。
有助于教学的沉寂或混乱比例	第 10（1）列次数/总次数	有助于教学安静或混乱的时间占全部教学时间的比例。数值越高，表示幼儿思考、合作学习、自由讨论的时间越多。
无助于教学的沉寂或混乱比例	第 10（2）列次数/总次数	无助于教学安静或混乱的时间占全部教学时间的比例。数值越高，表示师幼间言语互动质量越差。

（2）频次比率分析——主要用于教师教学风格分析

对于教师教学风格的分析主要包括教师言语间接影响与直接影响的比率、积极影响与消极影响的比率。其中，间接影响与直接影响的比率表示教师采用间接影响的话语时间（如接受幼儿情感、表扬或鼓励幼儿、采纳幼儿观点和提问）与采用直接影响的话语时间（如讲授、指令和批评或维护权威）的比率。数值大于 100%时，表示教师采用间接影响的话语时间大于采用直接影响的话语时间；反之，则表示教师更倾向于直接控制。积极影响与消极影响的比率表示教师采用积极影响的话语时间（如接受幼儿情感、表扬或鼓励幼儿、采纳幼儿观点）与采用消极影响的话语时间（如指令和批评或维护权威）的比率。数值大于 100%，表明教师侧重于对幼儿施加积极强化，反之，则表明教师更侧重于消极强化（参见表 2-3-4）。

表 2-3-4 教师教学风格分析

分析内容	计算公式	含义
间接影响与直接影响比率	第 1—4 列次数之和/5—7 列次数之和	教师采用间接影响的话语时间与采用直接影响的话语时间的比率。比率大于 100%，表示教师采用间接影响的话语时间大于采用直接影响的话语时间，反之，则表明教师更倾向于直接控制。
积极影响与消极影响比率	第 1—3 列次数之和/6—7 列次数之和	教师采用积极影响的话语时间与采用消极影响的话语时间的比率。比率大于 100%，表示教师侧重于对幼儿施加积极强化，反之，则表示教师更侧重于消极强化。

（3）矩阵图分布分析——主要用于师幼情感氛围分析

对于师幼情感氛围的分析主要包括积极整合格、缺陷格、稳态格比例和幼儿稳定状态区比例四部分。分析积极整合格可以帮助我们了解师幼互动情感氛围的融洽程度，如果在这个区域里记录次数密集，则说明教师与幼儿之间情感交流融洽。分析缺陷格可以帮助我们了解师幼互动情感氛围的隔阂程度，如果在这个区域里记录次数密集，则说明教师与幼儿之间情感交流上存在隔阂，这是活动中需要避免的缺陷，也是教师需要注意的情况。稳态格比例为师幼言语停留在同一话语类别达 3 秒以上的话语时间占全部教学时间的比率，数值越高，表示师幼间的交谈互动越稳定。幼儿稳定状态区比例为幼儿言语停留在同一话语类别达 3 秒以上的话语时间占幼儿话语时间的比例，数值越高，表示幼儿的言谈状态越稳定（参见表 2-3-5）。

表 2-3-5 师幼情感氛围分析

分析内容	分布	含义
积极整合格	矩阵图中第 1—3 行与第 1—3 列相交的区域	如果在此区域里记录次数密集，即反映师幼间情感气氛融洽，是一种积极整合的表现。
缺陷格	矩阵图中第 7—8 行与第 6—7 列相交的区域	如果在此区域里记录次数密集，即反映师幼间情感交流隔阂，是课堂上应注意避免的缺陷。

续表

分析内容	分布	含义
稳态格比例	矩阵图中从左上的 1—1 到右下的 10—10 对角线上的次数/总次数	师幼言语停留在同一话语类别达 3 秒以上的话语时间占全部教学时间的比率。数值越高，表示师幼间的交谈互动越稳定。
幼儿稳定状态区比例	矩阵图中第 8—9 行与第 8—9 列相交区域对角线上的次数/8—9 列次数	幼儿言语停留在同一话语类别达 3 秒以上的话语时间占全部教学时间的比率。数值越高，表示幼儿的言谈状态越稳定。

（4）频次比例分析——主要用于教师提问类型分析

对于教师提问特征的分析主要包括教师提问比例、教师提问开放问题比例和教师提问封闭问题比例三部分。教师提问比例是指教师提问时间占教师与教学有直接相关的教学时间（即教师提问与讲授的时间）的比例。数值越高，表示教学过程中教师越常用提问来进行教学。开放问题比例是指教师提问开放问题的时间占提问时间的比例，数值越高，表示活动时教师越常利用开放问题来进行教学。封闭问题比例是指教师提问封闭问题的时间占提问时间的比例，数值越高，表示活动时教师越常利用封闭问题来进行教学（参见表 2-3-6）。

表 2-3-6 教师提问比例分析

分析内容	分布	含义
教师提问比例	第 4 列次数/4-5 列次数之和	教师提问时间占教师与教学有直接相关的教学时间（即教师提问与讲授的时间）的比例。数值越高，表示教学过程中教师越常用提问来进行教学。
教师提问开放问题比例	第 4（1）列次数/4 列次数	教师提问开放问题的时间占提问时间的比例。数值越高，表示活动时教师越常利用开放问题来进行教学。
教师提问封闭问题比例	第 4（2）列次数/4 列次数	教师提问封闭问题的时间占提问时间的比例。数值越高，表示活动时教师越常利用封闭问题来进行教学。

（5）频次比例分析——教师回应特征分析

教师对幼儿回答的回应是师幼互动的一个重要方面，对教师回应特征的分析主要包括教师回应比例、教师间接回应比例和教师直接回应比例。教师回应比例是指教师对幼儿的话语、观念和感觉加以回应的话语时间占教师全部话语时间的比例。数值越高，表示教师越能回应幼儿的话语、观念和感觉。教师间接回应比例是指教师对幼儿的话语、观念和感觉用接受情感、鼓励表扬、采纳建议及提问等间接方式加以回应的话语时间占教师全部话语时间的比例。教师直接回应比例是指教师对幼儿的话语、观念和感觉用讲授、指令、批评等直接方式加以回应的话语时间占教师全部话语时间的比例（参见表2-3-7）。

表2-3-7　教师回应特征分析

分析内容	分布	含义
教师回应比例	矩阵图中第8—9行与第1—7列相交的区域/1—7列次数	教师对学生的话语、观念和感觉加以回应的话语时间占教师全部话语时间的比例。数值越高，表示教师越能回应学生话语、观念和感觉。
教师提问间接回应比例	矩阵图中第8—9行与第1—4列相交的区域/矩阵图中第8—9行与第1—7列相交的区域	教师对学生的话语、观念和感觉用接受情感、鼓励表扬、采纳建议及提问等间接方式加以回应的话语时间占教师全部话语时间的比例。
教师提问直接回应比例	矩阵图中第8—9行与第5—7列相交的区域/矩阵图中第8—9行与第1—7列相交的区域	教师对学生的话语、观念和感觉用讲授、指示、批评等直接方式加以回应的话语时间占教师全部话语时间的比例。

二、幼儿园绘本教学中新手教师师幼互动的基本特征

（一）新手教师言语结构分析

幼儿园绘本教学中新手教师言语结构特征如表2-3-8所示。新手教师的教师言语比例整体偏高，处于50.65%—80.58%，其中新手教师3最低，为50.65%，教师1最高，为80.58%。新手教师的幼儿言语比例整体上偏低，处于12.34%—31.69%，其中新手教师3最高，为31.69%，新手教师1最低，为12.34%。新手教师的有助于教学的沉寂或混乱比例整体偏低，处于0.42%—13.94%，其中新手教师3最高，为13.94%，新手教师2最低，为0.42%。新手教师的无助于教学的沉寂或混乱比例整体偏低，处于1.26%—6.56%，其中新手教师2最低，为1.26%，新手教师1最高，为6.56%。可以看出，绘本教学

中新手教师师幼言语结构不稳定，因个体不同而呈现出较大差异。新手教师言语比例整体偏高，幼儿言语比例整体偏低，说明较多时间是教师在讲话，幼儿发言的机会有限。与此同时，新手教师组织的绘本教学活动中，有助于及无助于教学的沉寂或混乱比例整体上都偏低，无助于教学的沉寂或混乱比例整体偏低，无助于教学的行为较少。

表 2-3-8　幼儿园绘本教学中新手教师言语结构特征

	新手教师 1			新手教师 2			新手教师 3		
	次数	总次数	百分比	次数	总次数	百分比	次数	总次数	百分比
教师言语	307	381	80.58	525	712	73.74	545	1076	50.65
幼儿言语	47	381	12.34	175	712	24.58	341	1076	31.69
有助于教学的沉寂或混乱	2	381	0.52	3	712	0.42	150	1076	13.94
无助于教学的沉寂或混乱	25	381	6.56	9	712	1.26	40	1076	3.72

（二）新手教师教学风格分析

如表 2-3-9 所示，新手教师言语的间接影响与直接影响的比率整体上偏低，处于 55.84%—101.15%，其中新手教师 2 最高，为 101.15%，新手教师 1 最低，为 55.84%。新手教师言语的积极影响与消极影响的比率整体上偏低，处于 104.71%—505.56%，其中新手教师 2 最高，为 505.56%，新手教师 1 最低，为 104.71%。可见绘本教学活动中新手教师更多是采用直接影响的方法，包括教师讲授、指令等。新手教师言语的积极影响与消极影响的比率整体偏低，并因教师个体不同而出现较大差异，但均大于 100%，这说明新手教师较多采用诸如接受幼儿情感、表扬或鼓励幼儿和采纳幼儿观点等积极影响的方式。

表 2-3-9　幼儿园绘本教学中新手教师教学风格特征

	新手教师 1（百分比）	新手教师 2（百分比）	新手教师 3（百分比）
间接影响/直接影响	55.84	101.15	81.67
积极影响/消极影响	104.71	505.56	187.93

（三）新手教师师幼情感氛围分析

幼儿园绘本教学中新手教师师幼情感氛围特征的相关统计数据如表 2-3-10

所示。新手教师的积极整合格整体上偏低，处于1.55%—3.67%，其中新手教师1最高，为3.67%，新手教师2最低，为1.55%。缺陷格为零。新手教师稳态格比例整体偏高，处于35.11%—61.80%，其中新手教师2最低，为35.11%，新手教师3最高，为61.80%。除新手教师3以外，另外两位幼儿稳定状态区比例的变化幅度都不是很大。可见新手教师的积极整合格均偏低，缺陷格均为零说明新手教师在师幼情感交流上出现隔阂的情形较少。而新手教师稳态格与幼儿稳定状态区比例整体偏高，说明新手教师师幼间的交谈互动比较稳定。

表 2-3-10　幼儿园绘本教学中新手教师师幼情感氛围特征

	新手教师1（百分比）	新手教师2（百分比）	新手教师3（百分比）
积极整合格	3.67	1.55	2.23
缺陷格	0	0	0
稳态格比例	55.64	35.11	61.80
幼儿稳定状态区比例	17.02	17.71	60.41

（四）新手教师提问特征分析

幼儿园绘本教学中新手教师提问特征如表2-3-11所示。新手教师提问比例整体上偏低，处于29.86%—41.59%，其中新手教师2最高，为41.59%，新手教师1最低，为29.86%。新手教师提问开放问题的比例偏低，处于2.31%—13.64%，其中新手教师1最高，为13.64%，新手教师2最低，为2.31%。新手教师提问封闭问题的比例则偏高，处于86.36%—97.69%，其中新手教师2最高，为97.69%。由此可见，新手教师的提问比例较低，且提问开放问题的比例更低，说明新手教师通常是采用提问封闭式问题来与幼儿进行互动。

表 2-3-11　幼儿园绘本教学中新手教师的提问特征

	新手教师1			新手教师2			新手教师3		
	次数	总次数	百分比	次数	总次数	百分比	次数	总次数	百分比
教师提问	66	221	29.86	173	416	41.59	136	378	35.98
开放问题	9	66	13.64	4	173	2.31	9	136	6.62
封闭问题	57	66	86.36	169	173	97.69	127	136	93.38

（五）新手教师回应特征分析

如表 2-3-12 所示，绘本教学中新手教师回应次数占总体师幼互动次数的比例处于 12.70%—40.13%，其中新手教师 2 最高，为 40.13%，新手教师 1 最低，为 12.70%。新手教师间接回应比例处于 76.39%—87.18%，其中新手教师 1 最高，为 87.18%。新手教师直接回应比例相较于间接回应比例来讲比较低，处于 12.82%—23.61%，其中新手教师 1 最低，为 12.82%。可见新手教师的间接回应比例显著高于直接回应比例，新手教师在绘本教学活动中对幼儿的回应更多地运用了诸如接受情感、鼓励表扬和采纳建议等间接回应方式。

表 2-3-12　幼儿园绘本教学中新手教师回应特征

	新手教师 1			新手教师 2			新手教师 3		
	次数	总次数	百分比	次数	总次数	百分比	次数	总次数	百分比
教师回应	39	307	12.70	144	525	40.13	130	545	23.85
间接回应	34	39	87.18	110	144	76.39	101	130	77.69
直接回应	5	39	12.82	34	144	23.61	29	130	22.31

三、幼儿园绘本教学中熟手教师师幼互动的基本特征

（一）熟手教师言语结构分析

如表 2-3-13 所示，幼儿园绘本教学中熟手教师的言语比例整体上较高，处于 70.66%—78.18%，其中熟手教师 3 最高，为 78.18%。熟手教师的幼儿言语比例整体上较低，处于 16.24%—25%，其中熟手教师 3 组织的绘本教学活动中幼儿言语比例最低，为 16.24%。熟手教师的有助于教学的沉寂或混乱比例整体上很低，处于 0.8%—4.31%，其中熟手教师 1 最低，仅为 0.8%。熟手教师无助于教学的沉寂或混乱比例整体上也很低，处于 1.02%—3.54%，其中熟手教师 2 最低，为 1.02%。由此可以看出，绘本教学的师幼互动中，更多时间是教师在讲解、提问或解读等，而幼儿发言的时间并不太多。在活动组织过程中，熟手教师对活动常规的把握较好，较少出现混乱或幼儿消极等待的情况。但同时熟手教师留给幼儿相互讨论或安静思考的时间也很有限。

表 2-3-13　幼儿园绘本教学中熟手教师言语结构特征

	熟手教师 1			熟手教师 2			熟手教师 3		
	次数	总次数	百分比	次数	总次数	百分比	次数	总次数	百分比
教师言语	619	876	70.66	555	782	70.97	616	788	78.18
幼儿言语	219	876	25.00	129	782	16.50	128	788	16.24
有助于教学的沉寂或混乱	7	876	0.80	27	782	3.45	34	788	4.31
无助于教学的沉寂或混乱	31	876	3.54	8	782	1.02	10	788	1.27

（二）熟手教师教学风格分析

如表 2-3-14 所示，熟手教师言语的间接影响与直接影响比率处于 72.55%—144.49%，其中熟手教师 2 最高，为 144.49%。熟手教师言语的积极影响与消极影响比率整体上也偏高，处于 303.77%—500%，其中熟手教师 3 最高，为 500%，比率最低的熟手教师 1 也达到了 303.77%。由此可以看出，绘本活动中熟手教师更多地采用间接和积极的方式影响幼儿，包括接受幼儿情感、表扬或鼓励幼儿、采纳幼儿的观点和提问。在活动中，教师会提出比较多的问题，在幼儿回答后，教师能给予及时的肯定。

表 2-3-14　幼儿园绘本教学中熟手教师教学风格特征

	熟手教师 1（百分比）	熟手教师 2（百分比）	熟手教师 3（百分比）
间接影响/直接影响	142.75	144.49	72.55
积极影响/消极影响	303.77	356.82	500.00

（三）熟手教师师幼情感氛围分析

如表 2-3-15 所示，熟手教师的积极整合格处于 3.05%—5.64%，其中熟手教师 2 最高，为 5.64%，熟手教师 3 最低，为 3.05%。缺陷格几乎为零。熟手教师稳态格比例相对较高，处于 34.13%—50.38%，其中熟手教师 1 最低，为 34.13%，熟手教师 3 最高，为 50.38%。幼儿稳定状态区比例处于 16.44%—24.48%，其中熟手教师 2 最高，为 24.48%，熟手教师 1 最低，为 16.44%。由此可以看出，熟手教师的缺陷格均几乎为零，表明熟手教师与幼儿的互动较为融洽，教师和幼儿的交流比较和谐。熟手教师稳态格比例整体上偏低，幼儿稳定状态区比例均偏低，说明在活动中更多是熟手教师在边讲解边提问，而幼儿回答或发言的机会较多，但时间较少。

表 2-3-15 幼儿园绘本教学中熟手教师师幼情感氛围特征

	熟手教师 1（百分比）	熟手教师 2（百分比）	熟手教师 3（百分比）
积极整合格	4. 68	5. 64	3. 05
缺陷格	0	0	0. 13
稳态格比例	34. 13	37. 47	50. 38
幼儿稳定状态区比例	16. 44	24. 48	17. 97

（四）熟手教师提问特征分析

如表 2-3-16 所示，熟手教师提问比例处于 33. 27%—50. 12%，其中熟手教师 1 最高，为 50. 12%，熟手教师 3 最低，为 33. 27%。熟手教师提问开放问题比例处于 28. 57%—36. 69%，其中熟手教师 3 最高，为 36. 69%，熟手教师 1 最低，为 28. 57%。熟手教师提问封闭问题比例整体均偏高，处于 63. 31%—71. 43%，其中熟手教师 1 最高，达到 71. 43%。由此可以看出，熟手教师的提问比例较高，尤其是提问封闭性问题的比例更高。活动中教师提出的问题比较多，但更多的是封闭性问题。

表 2-3-16 幼儿园绘本教学中熟手教师提问特征

	熟手教师 1			熟手教师 2			熟手教师 3		
	次数	总次数	百分比	次数	总次数	百分比	次数	总次数	百分比
教师提问	203	405	50. 12	171	354	48. 31	169	508	33. 27
开放问题	58	203	28. 57	53	171	30. 99	62	169	36. 69
封闭问题	145	203	71. 43	118	171	69. 01	107	169	63. 31

（五）熟手教师回应特征分析

如表 2-3-17 所示，熟手教师回应比例处于 16. 88%—28. 11%，其中熟手教师 1 最高，为 28. 11%，熟手教师 3 最低，为 16. 88%。熟手教师间接回应比例较高，处于80.77%—87.23%，其中熟手教师2最高，达到87.23%。熟手教师直接回应比例则偏低，处于12.77%—19.23%，其中熟手教师2最低，为12.77%，熟手教师3稍高，为19.23%。由此可以看出，熟手教师对幼儿的回应多以接受情感、鼓励表扬、采纳建议等间接的方式呈现。但通过活动现场来看，在幼儿回答问题后，教师更多地只是说你真棒，或是重复幼儿的回答等。

表2-3-17　幼儿园绘本教学中熟手教师回应特征

	熟手教师1			熟手教师2			熟手教师3		
	次数	总次数	百分比	次数	总次数	百分比	次数	总次数	百分比
教师回应	174	619	28.11	141	555	25.41	104	616	16.88
间接回应	143	174	82.18	123	141	87.23	84	104	80.77
直接回应	31	174	17.82	18	141	12.77	20	104	19.23

四、幼儿园绘本教学中新手—熟手教师师幼互动特征的比较分析

（一）新手—熟手教师言语结构的比较

如图2-3-3所示，新手教师和熟手教师在绘本教学师幼互动的言语结构方面，表现出一些共同特点。例如，教师言语比例整体偏高，幼儿言语比例整体偏低，而有助于和无助于教学的沉寂或混乱比例均不高。这说明在绘本活动中，教师言语占主导地位，幼儿言语较少，参与程度不高，师幼互动呈现出非对称相倚型。另外，教师通常给予幼儿自行练习、思考、合作学习和自由讨论的时间比较少，以教师把控活动进程为主，幼儿自主学习的概率较小。另一方面来看，活动中出现混乱或师幼间缺乏沟通的情况也较少。通过观察可以发现，无助于教学的沉寂或混乱主要是发生在活动环节的转换过程中，例如教师请幼儿就座于书桌前、幼儿分发绘本、教师操作PPT等。

与此同时，新手教师与熟手教师在绘本教学中的师幼互动也表现出一些不同的特征。例如，新手教师言语比例分别为80.58%、73.74%和50.65%，幼儿言语比例分别为12.34%、24.58%和31.69%，有助于教学的沉寂或混乱比例分别为0.52%、0.42%和13.94%，无助于教学的沉寂或混乱比例分别为6.56%、1.26%和3.72%；熟手教师言语比例分别为70.66%、70.97%和78.18%，幼儿言语比例分别为25%、16.5%和16.24%，有助于教学的沉寂或混乱比例分别为0.8%、3.45%和4.31%，无助于教学的沉寂或混乱比例分别为3.54%、1.02%和1.27%。可见，2/3的新手教师言语比例高于熟手教师，同时2/3新手教师组

织的绘本教学中幼儿言语比例高于熟手教师。相对而言，新手教师会等待幼儿回答较长时间。与此同时，新手教师出现无助于教学的沉寂或混乱的现象略多于熟手教师。此外，本研究对象中新手教师在师幼言语互动结构上表现出较大差异，而熟手教师师幼言语结构较为稳定。

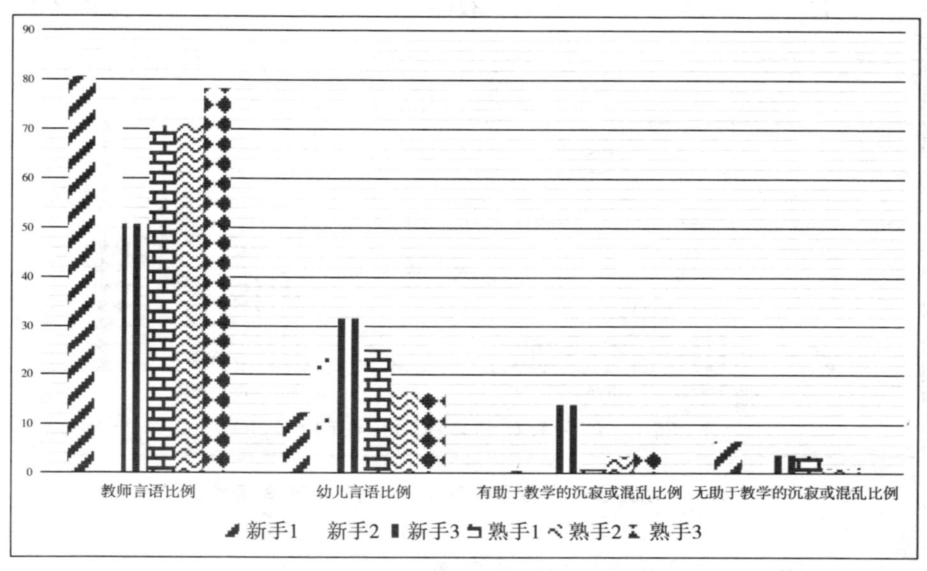

图 2-3-3　幼儿园绘本教学中新手—熟手教师言语结构比较

（三）新手—熟手教师教学风格的比较

如图 2-3-4 所示，新手教师和熟手教师在师幼互动教学风格方面的共同特征主要表现在：首先，积极影响与消极影响比率均大于 100%，表明无论新手教师还是熟手教师，其在绘本教学的师幼互动中，均更多地采用了接受幼儿情感、表扬或鼓励幼儿、采纳幼儿观点等积极的影响方式。其次，无论是新手教师还是熟手教师，其矩阵图中均未出现编码 7，这说明教师没有采用批评的消极方式来抑制幼儿。

与此同时，新手教师和熟手教师在师幼互动教学风格方面也表现出一些不同特征。例如，新手教师间接影响与直接影响的比率分别为 55. 84%、101. 15% 和 81. 67%，积极影响与消极影响比率分别为 104. 71%、505. 56% 和 187. 93%；熟手教师间接影响与直接影响的比率分别为 142. 75%、144. 49% 和 72. 55%，积极影响与消极影响的比率分别为 303. 77%、356. 82% 和 500%。可见，熟手教师间接影响与直接影响的比率整体高于新手教师。其次，尽管积极影响与消极影响比率均大于100%，但熟手教师的这一比率整体而言也比新手教师更高。这说明新手教师较熟手教师而言，在绘本教学互动中更多采用了诸如教师讲授、命令或指示等直接影响幼儿的方式，而熟手教师则更多采用了情感接纳、肯定鼓励等间接而积极影响方式。正如熟手教师1在访谈中所说的那样：孩子应该是主导者，教师应该是引导者、支持者，教师应该多尊重、理解孩子，支持孩子。

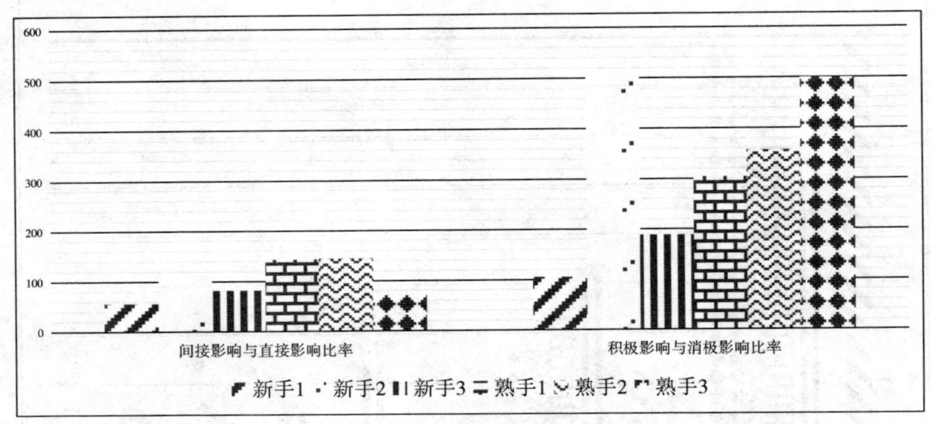

图2-3-4　幼儿园绘本教学中新手—熟手教师教学风格比较

（三）新手—熟手教师师幼情感氛围比较

如2-3-5图所示，新手教师和熟手教师在师幼互动情感氛围方面的共同特征主要表现在：首先，无论是新手教师还是熟手教师，缺陷格都几乎为零，其积极整合格均大大高于缺陷格的频次，说明新手教师和熟手教师在师幼情感交流上出现隔阂的情形较少，教师与幼儿的情感交流整体上都是较为积极融洽的状态。其次，除新手教师3外，其他教师绘本教学师幼互动中学幼儿稳定状态区比例均较为稳定，变化幅度不大。这和教师组织活动的环节安排较为一致有关，一般均为教师先边讲述绘本边提问，然后请幼儿自行阅读，最后请幼儿分享读后感想等。而新手教师3采用了不同的活动环节安排，该教师先请幼儿自行阅读绘本，想象并说出绘本故事的发展情节，教师再进行讲授。这样更好地调动起幼儿阅读的兴趣，但同时也暴露出了新手教师3在师幼互动中的一个缺陷，即虽然给幼儿充分表达自己想法的机会，但由于其过于重视个别幼儿的表达而占用了过多时间，忽视了给予其他大部分幼儿表达的机会。

同时，新手教师与熟手教师在师幼情感氛围上也表现出一些不同特征。例如，新手教师积极整合格分别为3.67%、1.55%和2.23%，缺陷格均为0，稳态格比例分别为55.64%、35.11%和61.8%，幼儿稳定状态区比例分别为

17.02%、17.71%和 60.41%；熟手教师积极整合格分别为 4.68%、5.64%和 3.05%，缺陷格分别为 0、0 和 0.13%，稳态格比例分别为 34.13%、37.47%和 50.38%，幼儿稳定状态区比例分别为 16.44%，24.48%和 17.97%。可见，新手教师的积极整合格整体上低于熟手教师，这说明新手教师与幼儿互动的融洽程度逊于熟手教师。其次，新手教师稳态格比例整体上较高，说明新手教师与幼儿的交谈互动比较稳定，同一谈话主题可以持续一小段时间。而熟手教师稳态格比例整体来看偏低，即熟手教师与幼儿的交谈互动不是很稳定，这一方面缘于熟手教师能够更好地把控活动进程，在活动进度出现阻碍时能够及时转换，但另一方面这也表现出熟手教师绘本活动师幼互动存在的一个缺陷，即为了活动按计划进行而赶时间，加快每个环节推进的速度，进而师幼间会出现较为紧张的氛围。

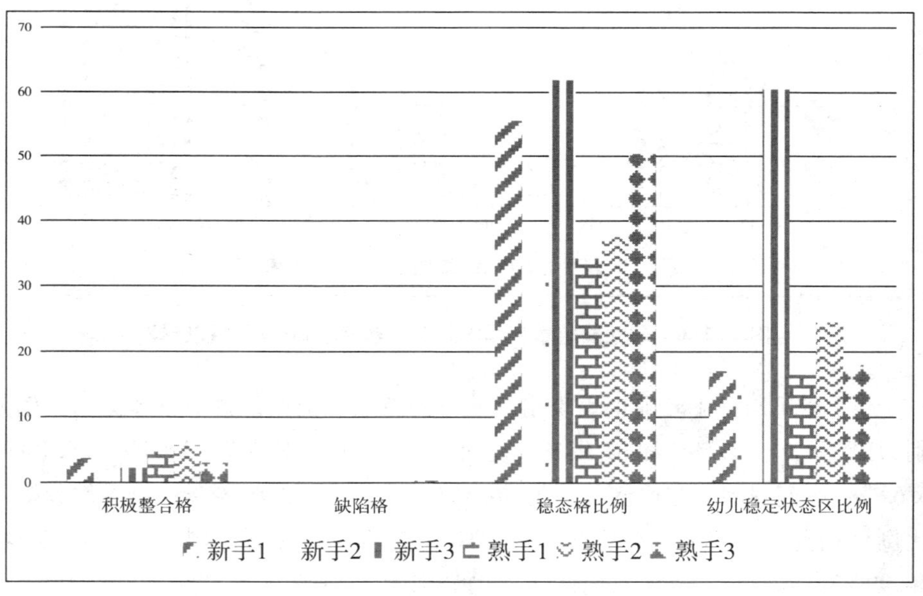

图 2-3-5 幼儿园绘本教学中新手—熟手教师师幼情感氛围比较

（四）新手—熟手教师提问特征比较

如图 2-3-6 所示，新手教师与熟手教师在绘本教学师幼互动中提问特征方面表现出一些共同特征。首先，新手教师与熟手教师的提问比例基本上均未超过 50%，也就是说教师在绘本教学中，一半以上的时间用于直接讲授，个别新手教师的讲授比例更高，占到 70%以上。其次，无论新手教师还是熟手教师，其提问封闭问题的比例均明显高于提出开放问题的比例。最后，矩阵图中序对

[4（2），4（2）] 表示教师连续地提问封闭式问题并期待幼儿回答，序对（5，5）指教师连续进行讲授，序对 [9（1），9（1）] 则指幼儿连续地主动回应教师所讲的话。新手教师与熟手教师的以上几个序对均偏高，说明无论是新手教师还是熟手教师都更倾向于教师连续讲授，然后抛出封闭式问题，而后幼儿连续回答的教学模式。

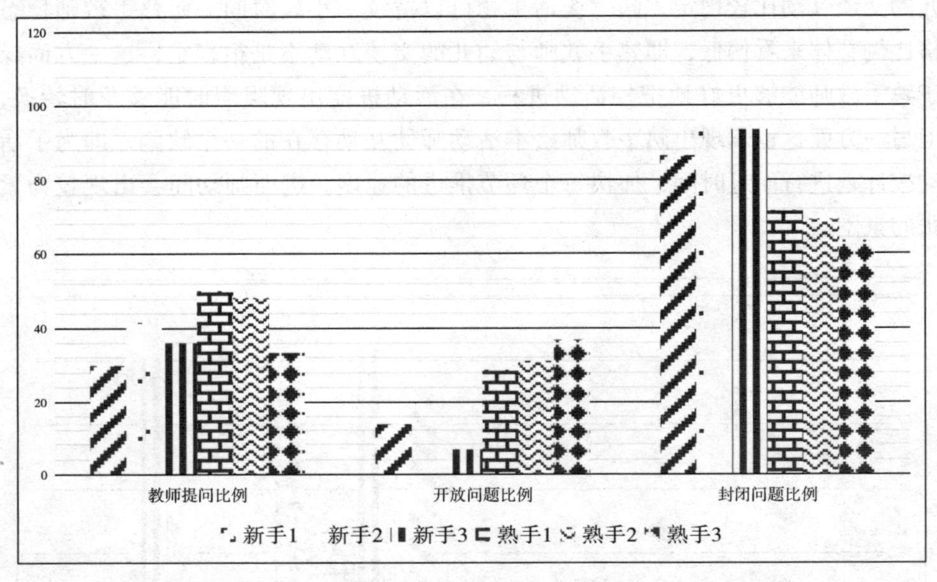

图 2-3-6 幼儿园绘本教学中新手—熟手教师提问特征比较

新手教师与熟手教师也表现出一些不同特点。例如，新手教师提问比例分别为 29.86%、41.59%和 35.98%，提问开放问题比例分别为 13.64%、2.31%和 6.62%，提问封闭问题比例分别为 86.36%、97.69%和 93.38%；熟手教师提问比例分别为 50.12%、48.31%和 33.27%，提问开放问题比例分别为 28.57%、30.99%和 36.69%，提问封闭问题比例分别为 71.43%、69.01%和 63.31%。可见，尽管整体而言教师的提问比例大多均不足 50%，但熟手教师的提问比例总体高于新手教师。也就是说新手教师更倾向于运用教师讲述—幼儿倾听的模式。其次，尽管教师提出开放问题的整体比例不高，但熟手教师提问开放问题的比例还是显著高于新手教师的，表明熟手教师相较于新手教师，更倾向于通过开放性问题促进幼儿思考特别是发散思维的发展。最后，序对（3，3）表示教师持续采纳幼儿观点，熟手教师该序对的频次高于新手教师，可见熟手教师会更多地给予幼儿反馈。

（五）新手—熟手教师回应特征比较

如图 2-3-7 所示，新手教师和熟手教师在绘本教学中的回应特征表现出一些共同特点。首先，无论是新手教师还是熟手教师，其间接回应比例均显著大于直接回应比例。这说明教师在绘本教学中更倾向于用“接受情感、鼓励表扬、采纳建议及提问”等间接方式对幼儿的话语予以回应。其次，通过对矩阵图的分析发现，新手教师和熟手教师回应言语中编码 3 的记录次数均较多，表明教师们在互动中较多地接受或运用了幼儿的想法。

同时，新手教师和熟手教师回应特征也表现出一些不同之处。例如，新手教师回应比例分别为 12.7%、40.13% 和 23.85%，间接回应比例分别为 87.18%、76.39% 和 77.69%，直接回应比例分别为 12.82%、23.61% 和 22.31%；熟手教师回应比例分别为 28.11%、25.41%和 16.88%，间接回应比例分别为 82.18%、87.23%和 80.77%，直接回应比例分别为 17.82%、12.77%和 19.23%。可见三组新手和熟手教师中，两组熟手教师的间接回应比例高于新手教师，相应地两组熟手教师的直接回应比例低于新手教师，表明熟手教师比新手教师更多地运用了鼓励、表扬、接受幼儿想法、提问等间接方式来回应幼儿，而更少采用讲解、命令、指示或批评等直接回应方式。

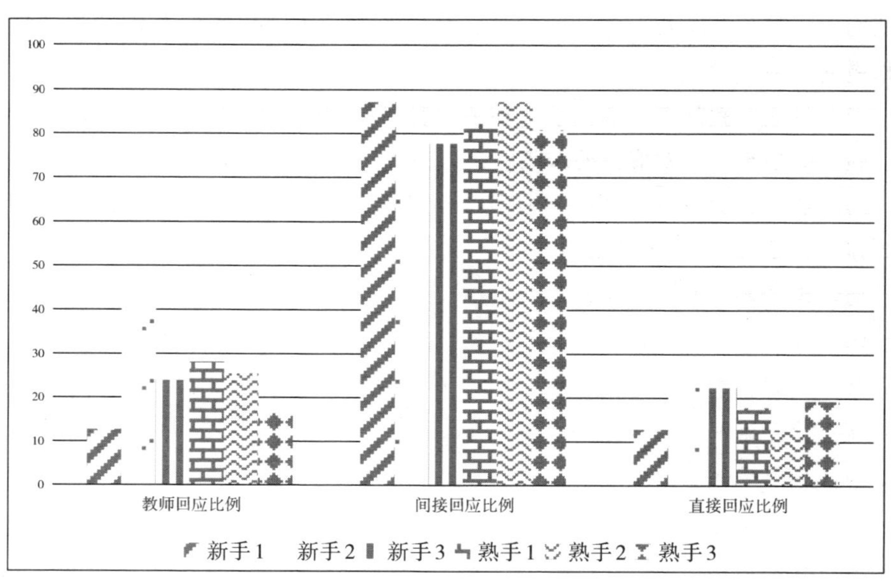

图 2-3-7 幼儿园绘本教学中新手—熟手教师回应特征比较

五、对幼儿园绘本教学中师幼互动影响因素的探讨

基于上述对新手—熟手教师绘本教学活动的观察分析并结合相关访谈结果可以发现，影响幼儿园绘本教学中师幼互动的因素主要涉及以下方面。

（一）教师的教育理念

教师的教育理念与师幼互动观念是影响师幼互动的首要因素。如果教师始终秉持着以幼儿为本的教育理念，注重发展幼儿的积极主动性，那么在其组织实施的绘本活动中，就会更多地考虑到幼儿的感受，给予幼儿更多表达的机会，而不仅仅以教师讲授为主。例如，在对熟手教师 1 的访谈中她说，“她认为所有孩子都是平等的，每个孩子都是一个独立的个体”，作为教师的她“不会因为孩子开朗抑或内向等而差别对待”。这与该教师在绘本活动师幼互动中表现出的特点相一致。该教师在组织“猜猜我有多爱你”绘本活动时，教师言语比例较低，幼儿言语比例较高，并且该教师会尽量兼顾到每一位幼儿，把相对简单的问题抛给不爱举手的幼儿来回答，帮助他们建立自信，把较难的问题抛给经常发言、表达能力较强的幼儿，也以此给不爱发言的幼儿一些启发和榜样示范。另外，该教师在提出问题后，还会适当给幼儿留出一些思考的时间。这些互动行为都反映出了该教师对幼儿主体性的尊重，这样的互动方式也给幼儿创造了一种和谐积极的学习氛围。

以下是熟手教师 1 绘本教学“猜猜我有多爱你”中的师幼互动片段。

师：你们生活中都有爱的人吗？

幼：有。我爱妈妈。

师：你爱谁呀？

幼：我爱爸爸。

师：你爱爸爸。

幼：我爱爸爸。

师：你爱谁？

幼：我爱妈妈。

师：你爱谁？

幼：我爱妈妈。

师：你也爱妈妈。那晨晨呢？

幼：我爱姥姥。

师：你们生活中都有爱的人，那你们怎么表达对他们的爱呀？像小兔子似

的，你看小兔子说了。

幼：我从这跨过山丘，一直到外太空呢。

师：哦，你是从咱们地球这一直跨过外太空呢，去爱你的谁呀？

幼：妈妈。

师：你的妈妈。哦，你的爱有这么多呀？那其他小朋友来表示下，跟佳佳老师说你们有多爱你们的妈妈呢？从哪到哪？

幼：我的爱一直到火球。

师：哦，你的爱一直到火球呢，这么远。

幼：火山。

师：嗯，你的爱一直到火山。

幼：我的爱一直到火球，然后再通往月球那。

师：一直到火球，再通往月球。嗯，看来是挺远的。那如果你的爱有这么远，那你觉得妈妈的爱，妈妈对你们的爱，或者爸爸、奶奶、姥姥对你们的爱会有多远呢？

同时，有的教师认为按教案计划完成活动更重要，有时幼儿对教师的问题回答过慢，教师应尽可能保证活动进度，可以只进行快速简单反馈，甚至可以忽略幼儿的回答，进而保证活动按原有计划推进。如熟手教师 3 在绘本活动“彩虹色的花”中就出现过为了把控活动进程，未等幼儿回答完问题就进入下一个问题，打消了幼儿参与的积极性，也影响了师幼互动的效果。

例如，下面熟手教师 3 绘本教学“彩虹色的花”中的师幼互动片段，即反映出这一问题。

师：就在这个时候发生了什么事？

幼：这个彩虹色的花帮助……

师：哦，那可能是它帮助别人了对不对？有可能是它帮助的那些小动物也来帮助它了，或者呢？

幼：浇水，用热水把那些雪融化了。

师：哦，可能它身上会有冰，帮它融化掉。还有没有？谁来帮助它浇水？

幼：那些它帮助过的小动物。

师：哦，还有没有？

……

师：那我们来看看到底这时候发生什么事情了呢？

幼：彩虹。

师：在白茫茫的田野上居然出现了彩虹，小朋友们说说彩虹什么季节才会出现？

幼：冬天，下过雨。

师：下过雨，夏天的时候才会出现彩虹。

（二）教师的教学准备

教师在组织实施绘本教学活动前是否做好了充分的教学准备，也会直接影响到活动过程中的师幼互动效果。这种教学准备既包括教案设计、教学材料准备等，例如在正式开展活动前是否已经对绘本内容熟谙在心，是否了解幼儿已有的相关经验，也包括教师心理状态的调适。如果教师有很强的职业倦怠，感到工作压力太大，进而情绪低落、精神状态不佳，那么就不能很好地投入活动组织实施中，也不会有太多的激情和兴趣，可能会表现出敷衍潦草，这种情绪状态会传递给幼儿，幼儿也会相应地出现注意力不集中、不积极主动地参与互动等现象，进而整体上形成一种松散沉闷的消极互动状态。

以下是熟手教师3组织的绘本教学“彩虹色的花”中的师幼互动片段。

师：谁看过这本书？有看过的是吧。它的名字叫彩虹色的花。好，既然它叫彩虹色的花，那它想做什么呢？为什么这本书要讲彩虹色的花呢？我们来往下一起听故事。（PPT打不开，教师操作PPT）这是它的扉页。彩虹色的花，先看看这是什么？

幼：地。

师：今天老师带来了一个彩虹色的花的绘本，在这个绘本里学到了什么？晶晶？

幼：学到了帮助。

师：还有呢？我怎么帮助呢？我有能力帮助别人，没有能力，我怎么帮助别人呢？学到了什么？学到了彩虹色的花对吗？学到了它的什么？（教师一直在提问，语气较平淡。幼儿不知该怎么回答，没有幼儿举手）我们再来听一遍故事，好不好？最后完整地听一遍故事。

上述活动中，整个活动氛围就显得不够积极活跃，幼儿参与度不理想，通过访谈研究者了解到该教师“由于一些原因前期备课不充分”，“并且做幼儿教师这一行时间久了，不像最开始那样喜欢这个职业了，感觉有些倦怠了”。这些因素显然影响到了该活动中师幼互动的质量与绘本教学活动的效果。

（三）教师的教学机智

教师的教学机智、应变能力同样会影响师幼互动的效果，这也是新手教师的不足。新手教师经常会认真备课，甚至设计出每一句话，但新手教师往往缺乏足够的教学机智、经验及应变能力。如此一来，如果幼儿在活动中回答出与教师预想不一致的答案或是向教师提出反问，新手教师很有可能就会“慌了神”，为了避免不知道如何回应幼儿的尴尬，新手教师往往忽略幼儿的回答，仍按原有计划开展。

以下是新手教师2绘本教学“蚯蚓的日记”中的师幼互动片段。

师：3月29日这一天发生了什么呢？

幼：有一个黄蜘蛛。

师：这一页你看见小蚯蚓了吗？小蚯蚓在哪？

幼：看到了。

师：只剩下一个尾巴了，它的头和身体呢？

幼：钻到土里了。

师：钻到土里了。小蜘蛛呢？

幼：看着它呢。

师：看着它呢，这还有一个大大的问号。你觉得小蜘蛛在想什么啊？

幼：想它是什么东西？

师：你来说。

幼：它是草地里的根儿。

师：你觉得蜘蛛会把它当成草地里的根。（教师停顿了一会儿）小鱼？

幼：想知道这里面是什么？

师：哦，小蜘蛛在想这是什么呀？

通过对新手教师2组织的“蚯蚓的日记”这一活动的观察，明显能看到教师在活动过程中多次对幼儿的回答有点措手不及的样子，由此也出现一些活动进程中的停顿与不连贯。正如新手教师2在访谈中所说的那样：“活动前我会认真设计出各部分的内容，但这次活动我觉得没有预期的好，因为好多地方幼儿说完，我不知道该怎么接下去，是应该按照幼儿想的来继续，还是一定要按照绘本上的文字来说”。上述情况显然不利于幼儿积极主动地参与互动，也影响到了积极和谐的师幼互动氛围的营造。

（四）绘本的选择

绘本的选择也在很大程度上会影响到绘本教学中的师幼互动。例如，如果绘本题材与内容不贴近幼儿的生活经验，或是在幼儿看来没意思、不感兴趣，或是绘本内容太难导致幼儿理解有困难，这些都会影响到活动中的师幼互动。

以下是新手教师2绘本教学“蚯蚓的日记”中的师幼互动片段。

师：看看写日记之前有没有一个日期？这是几月几日呀？

幼：3。

师：3 月 20 日。小蚯蚓写了一篇日记，妈妈说我应该永远记住三件事，一、二、三（教师用手指画面中的三件事），你们来观察观察，第一件事一定跟谁有关系呀？（教师用手指）

幼：地球。

师：一定跟地球有关系。你看看它的表情？

幼：笑眯眯的。

师：笑眯眯的。这儿指一个箭头，指到了地球上。你觉得它会想一些什么呢？妈妈告诉它一定要记住三件事情，第一件事情一定跟地球有关系。谁想猜一猜？

幼：住到哪。

师：你觉得它是在想它是住在地球上的。其他小朋友呢？（没有幼儿应答）没有啦。那第一件事是告诉它地球给了我们需要的一切。也是说明小蚯蚓是住在地球上的。

如上述活动片段所展示的那样，新手教师 2 在该活动中经常向幼儿提问，引导幼儿理解故事内容，师幼互动的轻松愉悦感及绘本活动的兴趣性均明显降低。新手教师 2 在访谈中也表示，"感觉'蚯蚓的日记'对中班幼儿来说在内容理解上有点难，我就需要不断地通过提问帮助他们理解，这可能会影响到师幼互动及绘本活动的效果"。这与研究者在观察中的发现相一致，中班教师在活动实施过程中不断向幼儿提问，引导幼儿理解绘本故事内容，幼儿则不断应答，留给幼儿自由想象与思考的时间十分有限。其他几位教师也在访谈中表示，"如果幼儿对绘本不感兴趣，这个活动教师怎么组织都会很难调动幼儿的积极性"，"所选择故事的难易程度也是影响绘本活动中师幼互动效果的一个因素，如果绘本故事太难，幼儿听不懂，就不会有很好的互动"。

（五）师幼互动的相关培训

在对教师的访谈中了解到，几位教师大多是通过实践方式来积累和提高师幼互动技能的，还有一些是通过看书、上网、与同事交流、教研、观课等方式。园里虽有一些培训，但没有专门针对师幼互动的专题培训，更没有聚焦到绘本活动中师幼互动的培训。而在组织绘本教学活动的过程中，教师们都或多或少存在着关于师幼互动方面的一些问题或困惑，例如"如何确定绘本活动的目标"，"如何调动幼儿积极性"，"是否适合用 PPT 形式讲述"等。教师们也都认为专门性的师幼互动培训是她们所需要的，并且也将对提升其师幼互动效果产生积极影响。

六、结论与建议

（一）主要结论

1. 新手—熟手教师的共同特征

第一，在绘本活动中，教师言语占主导地位，幼儿言语较少，参与程度不高，师幼互动呈现出非对称相倚型。另外，教师通常给予幼儿自行练习、思考、合作学习和自由讨论的时间比较少，以教师把控活动进程为主，幼儿自主学习的概率较小。活动中出现混乱或师幼间缺乏沟通的情况也较少。无助于教学的沉寂或混乱主要发生在活动环节的转换过程中，例如教师请幼儿就座于书桌前、幼儿分发绘本、教师操作 PPT 等。

第二，在绘本教学的师幼互动中，教师更多采用了接受幼儿情感、表扬或鼓励幼儿、采纳幼儿观点等积极的影响方式，并且教师均没有采用批评的消极方式来抑制幼儿。

第三，教师与幼儿的情感交流整体上都是较为积极融洽的状态。除新手教师 3 外，其他教师绘本教学师幼互动中幼儿稳定状态区比例均较为稳定，变化幅度不大。

第四，教师在绘本教学中一半以上的时间用于直接讲授，个别新手教师的讲授比例更高。与开放问题相比，教师较爱提问封闭问题。教师大多倾向于连续讲授，然后抛出封闭式问题，而后幼儿连续回答的教学模式。

第五，教师在绘本教学中更倾向于用“接受情感、鼓励表扬、采纳建议及提问”等间接方式对幼儿的话语予以回应，在互动中会较多地接受或运用幼儿的想法。

2. 新手—熟手教师的不同特点

第一，在言语结构方面，新手教师组织的活动中，幼儿言语比熟手教师多，新手教师会等待幼儿回答较长时间。同时，出现无助于教学的沉寂或混乱的现象略多于熟手教师。此外，新手教师在师幼言语互动结构上表现出较大差异，而熟手教师师幼言语结构较为稳定。

第二，在教学风格方面，新手教师较熟手教师而言，在绘本教学互动中更多采用了诸如教师讲授、命令或指示等直接影响幼儿的方式，而熟手教师则更多采用了情感接纳、肯定鼓励等间接而积极的影响方式。

第三，在情感氛围方面，新手教师与幼儿的交谈互动比较稳定，同一谈话主题可以持续一小段时间；熟手教师为了把控活动进程，会出现师幼间较为紧张的氛围。

第四，在提问特征方面，熟手教师更爱提问题，而且相较于新手教师，更倾向于提问开放问题，并更多地给予幼儿反馈。新手教师更倾向于运用教师讲述—幼儿倾听的模式，有时会被动性地出现幼儿言语时间较长的情况，这是由于有的幼儿回答内容过多或已偏离主题，但新手教师不知如何引导与适时结束话题。

第五，在回应特征方面，熟手教师比新手教师更多地运用了鼓励、表扬、接受幼儿想法、提问等间接方式来回应幼儿，而更少采用讲解、命令、指示或批评等直接回应方式。

（二）幼儿园绘本教学中师幼互动的改善建议

积极和谐的师幼互动会为幼儿创设一个融洽的学习氛围，提高幼儿参与的积极性，使师幼可以在相互理解、信任的基础上互动。根据上述分析结果，对改善幼儿园绘本教学中的师幼互动提出以下几点建议。

1. 为幼儿创造更多参与互动的机会

幼儿是学习、发展的主体，教师应多鼓励幼儿积极、主动、大胆地表达自己的想法，与教师、同伴交流，使幼儿敢说、爱说、能说，营造幼儿自主学习的氛围。在绘本活动中，由于时间的限制，教师确实不可能在互动中同时兼顾所有幼儿的需要，但如果教师适当设置活动环节则会有效增加幼儿参与互动的机会。例如运用分组讨论的方式，给予幼儿自行阅读、思考、合作学习和自由讨论的时间，再进行小组指导和总结性的集体互动，这样就可以在保证教师对整个活动统筹的情况下，让幼儿的自主性得到最大发挥，亦获得了同伴交流合作的机会，从而有效避免教师严格把控活动的现象，避免教师讲—幼儿听的单一模式。

2. 开展活动前做好充分的教学准备

绘本中蕴含了丰富的教学资源，在开展活动前，教师首先要做到了解幼儿的已有经验，并在此基础上，分析并深入挖掘绘本中所蕴含的教育元素。同时，结合幼儿的年龄特点和学习方式，设计教育活动案例，准备相应的、充足的、为教学目标服务的教学材料等。其中，为了能引导幼儿多思考、多想象，主动学习，有效提问是很重要的，活动设计中还要重视提问的设计，思考如何围绕活动目标，科学地设计绘本所引发的有效提问。在形式多样、层层深入的提问中，引导幼儿深入理解，大胆表达想法。另外，教师要做好心理准备，以饱满的热情带动幼儿的活动兴趣，让活动更生动、有趣。

3. 锻炼提升自身的教学应变能力

前文分析发现绘本教学中新手教师的应变能力不足，一方面表现在当幼儿回答问题遇到困难时，新手教师不知如何进行引导，导致幼儿的回答问题时间过长，或是教师语言不流畅、不简练，而耽误过多时间；另一方面也表现在当幼儿没有按照教师预想来回答问题等情况出现时，教师表现得不知所措。因此，教师应通过提高综合素养、专业知识与经验等多种途径，进而提升自身的教学应变能力，逐渐成为一名在活动组织与师幼互动中能够充分发挥教育机智的教师，这一点对于新手教师来讲尤其需要锻炼和提高。

4. 加强相关专题培训，改进教学互动策略

首先，通过教师访谈得知，幼儿园教师大多是通过实践、观课、教研来不断积累经验，从而提高师幼互动的质量。另外，提高师幼互动质量的渠道还包括看书、互联网上的资料、与同事的交谈等；而关于师幼互动方面的培训很少，更不用说有关绘本活动中师幼互动的培训，对于教师的培训大多是知识技能方面的。其次，目前多媒体的操作也较为普遍，会对教学过程中的师幼互动产生一定影响，而对此方面的培训同样较少。因此，幼儿园也可以适当多组织一些师幼互动和多媒体操作技能等方面的培训，例如教师应如何层层深入地提问、如何把握提问的节奏、如何回应幼儿的回答，如何将 PPT 用好、用巧等。最后，多采用间接、积极的情感交流方式，教师更多地接受幼儿情感、表扬或鼓励幼儿以及采纳幼儿观点，并提出更多的开放性问题，供幼儿思考讨论，从而提高幼儿参与的积极性，鼓励幼儿大胆自信地表达自己的想法。

5. 选择符合幼儿兴趣与年龄特点的绘本

绘本的选择也很重要，绘本要选择适合幼儿年龄阶段特点、贴近幼儿生活经验、幼儿感兴趣的题材。首先，绘本应该是适合幼儿的，适合幼儿年龄发展需要的。其次，绘本应该是贴近幼儿生活经验的，这样幼儿才能更好地理解绘本内容。绘本还应该选择幼儿感兴趣的，因为只有幼儿感兴趣的绘本才能让他们享受到乐趣，幼儿才有兴趣去学习。

6. 关注教师心理健康，提高职业幸福感

教师的心理状态也会对师幼互动产生影响。在对熟手教师的访谈中，教师普遍提到了工作时间长而感到疲累，或是随着年龄增大，上有老下有小，抗压能力减弱，或是应对各种检查，压力倍增等种种问题。而这些问题如果不能及时地解决好，就会形成教师的职业倦怠，进而影响到其工作状态。例如在活动

过程中缺乏激情、不够投入，而导致整个活动较为平乏，幼儿的注意力难以集中。因此从长久和根本上而言，应更加关注幼儿教师的工作压力、职业倦怠以及心理健康，通过多种途径提高幼儿教师的职业幸福感，进而有助于营造轻松和谐的师幼互动氛围。

七、本研究的不足

由于研究者个人能力和精力的限制，本研究还存在一定局限性和不足之处，需要在今后的研究中继续努力加以完善。主要包括以下三方面。

（一）非言语互动分析较少

由于选取了弗兰德斯互动分析系统作为研究工具，而 FIAS 本身的局限性是只针对师生言语互动进行分析，虽然本研究加入了描述性观察、访谈等其他方法，予以补充，但还是主要以师幼的言语互动分析为主，对于非言语互动的分析虽有所涉及，但并没有作为本研究的重点因而没有作深入分析。

（二）影响因素的分析有待深入

本研究问题聚焦在幼儿园绘本教学中新手—熟手教师师幼互动特征及其异同点的比较，主要运用弗兰德斯互动分析系统对收集到的若干新手—熟手教师的绘本教学录像进行系统编码与分析，对相关影响因素的探讨主要来自观察与活动后的访谈结果的分析，今后可以就绘本教学中师幼互动的影响因素展开相关量化研究。

（三）样本量较小

研究者初次学习和运用弗兰德斯互动分析系统，由于研究能力和时间精力所限，本研究仅在北京市某示范幼儿园选取了新手教师和熟手教师各 3 位，共 6 节绘本教学作为活动样本进行研究。虽然对此 6 节绘本教学活动进行了较为深入的编码与分析，但是由于样本量的限制，也对其代表性有一定影响。因而后续研究中可以进一步扩大样本量。

参考文献

[1] 毕凌霄．儿童绘本的教育功能探析［J］．韶关学院学报，2013（07）：139-142.

[2] 白改平，韩龙淑．专家型——熟手型数学教师课堂提问能力的个案比较研究［J］．数学教育学报，2011（04）：16-19.

[3] 陈晖．论绘本的性质与特征［J］．海南师范学院学报（社会科学版），

2006（01）：40-42.

［4］陈珍国，邓志文，于广瀛，等．基于FIAS分析模型的翻转课堂师生互动行为研究——以中学物理课堂为例［J］．全球教育展望，2014，43（09）：21-33.

［5］方海光，高辰柱，陈佳．改进型弗兰德斯互动分析系统及其应用［J］．中国电化教育，2012（10）：109-113.

［6］顾小清，王炜．支持教师专业发展的课堂分析技术新探索［J］．中国电化教育，2004（07）：18-21.

［7］郝广才．好绘本如何好［M］．南昌：二十一世纪出版社，2009.

［8］黄娟娟．师幼互动类型及成因的社会学分析研究——基于上海50所幼儿园活动中师幼互动的观察分析［J］．教育研究，2009（07）：81-86.

［9］韩铭．幼儿园绘本教学实施之问题诊断［J］．新课程（小学），2013（12）：28-29.

［10］韩姣．生活活动中新手与经验教师师幼互动观念及行为比较的个案研究［D］．金华：浙江师范大学，2013.

［11］姜勇，庞丽娟．幼儿园师生交往类型的研究［J］．心理科学，2004（05）：1120-1123.

［12］巨金香．情感视阈中的师幼互动研究［D］．长春：东北师范大学，2006.

［13］李春光．幼儿园绘本教学现状及改进研究［D］．北京：首都师范大学，2013.

［14］林礼洪．弗兰德斯互动分析系统的验证性研究［J］．高等函授学报（哲学社会科学版），2010（08）：91.

［15］联合国教科文组织．学会生存——教育世界的今天和明天［M］．北京：教育科学出版社，1996.

［16］李小珑．利用绘本促进幼儿健康情绪的发展［J］．福建教育，2013（23）：73-75.

［17］李鑫．幼儿园绘本阅读指导应注意的几个问题［J］．语文学刊，2009（12）：72-73.

［18］刘晶波．社会学视野下的师幼互动行为研究——我在幼儿园里看到了什么［M］．南京：南京师范大学出版社，2006.

［19］刘立新，王萍，和安宁，等．FIAS互动分析系统的改进及在中学化学课堂分析中的应用［J］．化学教育，2015，36（03）：47-51.

[20] 刘文婷．幼儿科学教育活动中的师幼互动研究 [D]. 大连：辽宁师范大学，2012.

[21] 梁慧琳．新手与专家型幼儿教师教学行为的比较 [J]. 中国科教创新导刊，2008 (27)：204.

[22] 罗晓杰，王雪．专家—熟手—新手教师高中英语阅读课课堂互动比较研究 [J]. 课程·教材·教法，2011 (12)：51-56.

[23] 木奥林，吕珂漪，王小明．弗兰德斯互动分析系统编码标准的改进 [J]. 学园，2014 (20)：10-11.

[24] 宁虹，武金红．建立数量结构与意义理解的联系——弗兰德斯互动分析技术的改进运用 [J]. 教育研究，2003 (06)：23-27.

[25] 宁虹．教育研究导论 [M]. 北京：北京师范大学出版社，2010.

[26] 彭懿．图画书：阅读与经典 [M]. 南昌：二十一世纪出版社，2007.

[27] 唐华玉．幼儿园绘本教学新尝试 [J]. 课程教育研究，2014 (15)：156-157.

[28] 松居直．我的图画书论 [M]. 上海：上海人民美术出版社，2009.

[29] 王烨芳．幼儿园数学教育活动中的师幼互动 [D]. 上海：华东师范大学，2005.

[30] 王冬兰，郭猛，严燕华．弗兰德斯互动分析系统在幼儿园集体教学中的应用 [J]. 学前教育研究，2009 (08)：3-8.

[31] 王晓芬．基于 FIAS 幼儿教师言语互动行为性别差异研究 [J]. 内蒙古师范大学学报（教育科学版），2015 (04)：38-42.

[32] 武春娟，王伟群，严西平．新课改前后化学课堂互动的差异分析——以“原电池”教学为例 [J]. 化学教育，2013 (09)：13-18.

[33] 肖锋．课堂语言行为互动分析——一种新型的课堂教学研究工具 [J]. 辽宁师范大学学报，2000 (06)：40-44.

[34] 薛小明．对一堂高中历史课课例的分析 [J]. 教育科学研究，2006 (02)：35-38.

[35] 叶澜．教育学原理 [M]. 北京：人民教育出版社，2007.

[36] 叶子，庞丽娟．师生互动的本质与特征 [J]. 教育研究，2001 (04)：30-34.

[37] 闫君．化学教学中师生互动语言及行为分析编码系统的研究 [D]. 西安：陕西师范大学，2010.

[38] 岳凌严．新手教师与熟手教师区域活动指导的个案比较研究 [D]. 北

京：首都师范大学，2014.

［39］章敏．运用绘本促进幼儿口语表达能力的发展［J］．家庭与家教（现代幼教），2008（09）：38-41.

［40］张海．弗兰德斯互动分析系统的方法与特点［J］．当代教育与文化，2014（02）：68-73.

［41］Howes C，Hamilton C E，Matheson C C. Children's relationships with peers：Differential associations with aspects of the teacher-child relationship［J］. Child Development，1994（65）：253-263.

［42］Ned A. Flanders. Intent，Action and Feedback：A Preparation for Teaching［J］. Journal of Teacher Education，1963，14（03）：251-260.

［43］Pianta R C，Steinberg M S，Rollins K B. In Press. The first two years of school：Teacher-child relationships and reflections in children's class-room adjustment［J］. Development and Psychology，1995，（07）：2.

附　录

附录一：教师访谈提纲

一、教师个人背景信息

1. 您的年龄？

2. 您的受教育背景（学历、专业）？

3. 您的个性如何？对您的教学工作有什么影响？

二、教师职业背景信息

1. 您的职称？

2. 入职以来，您累计教此班龄的时间是多久？

3. 您是否一直在此幼儿园工作？如不是，以前工作单位是什么性质的？

4. 选择幼师作为职业的原因？现在还喜欢这个职业吗？

5. 您如何看待幼儿？请您用一些词或句子来描述您对幼儿的理解和看法，如天真的、厌烦的等。

三、绘本活动中的师幼互动

1. 您之前是否了解此绘本？若是，请您简单说下对此绘本的具体理解。

2. 您之前是否做过此绘本活动？做过几次？

3. 您认为本活动的重难点是什么？您通过怎样的方式发现幼儿的疑点、难点？怎样促进幼儿对疑点、难点的理解？

4. 您怎么理解师幼互动？

5. 您认为绘本活动中师幼互动的目的有哪些？如维持纪律、活动进行等。

6. 您经常与哪类性格的幼儿互动？绘本活动中您常通过哪些形式与幼儿互动？

7. 您期待的绘本活动中的师幼互动是怎样的？包括整体互动氛围、教师与幼儿的角色定位等。怎么做来达到您期待的状态？

8. 从入职到现在，您觉得在师幼互动方面您有哪些进步与成长？通过什么渠道提高师幼互动的质量？（如培训、看书、实践等）

9. 您认为哪些因素影响绘本活动中师幼互动的效果？

10. 您觉得目前在绘本活动中的师幼互动还存在什么困惑？

四、对本次活动的反思

1. 您对本活动的互动效果是否满意？为什么？

2. 关于本次活动您还有什么问题或改进设想？

附录二：弗兰德斯互动分析系统观察记录表

秒 分	3	6	9	12	15	18	21	24	27	30	33	36	39	42	45	48	51	54	57	60
1																				
2																				
3																				
4																				
5																				
6																				
7																				
…																				

附录三：绘本教学中师幼互动矩阵图示例

熟手教师 1：绘本教学活动“猜猜我有多爱你”（小班）

		1	2	3	4		5	6		7	8	9		0		坐标总计
					4(1)	4(2)		6(1)	6(2)			9(1)	9(2)	0(1)	0(2)	
1		0	0	0	0	0	0	1	0	0	1	0	0	0	0	2
2		0	3	1	6	5	5	2	4	0	0	13	0	0	0	39
3		0	10	27	18	22	23	1	3	0	1	17	0	1	1	124
4	4(1)	0	1	0	11	2	3	0	0	0	15	25	0	0	1	58
	4(2)	0	2	1	2	48	12	2	0	0	4	74		0	1	146
5		0	0	2	1	44	131	0	1	0	0	17	0	0	7	203
6	6(1)	0	0	0	2	1	2	1	0	0	0	4	0	1	0	11
	6(2)	0	0	3	0	5	1	0	19	0	0	10	0	0	3	41
7		0	0	0	0	0	0	0	0	0	0	0	0	0	0	0
8		0	1	11	8	0	1	0	0	0	0	0	0	0	0	21
9	9(1)	2	22	75	8	16	15	3	12	0	0	36	0	1	3	193
	9(2)	0	0	0	0	0	0	0	0	0	0	0	0	0	0	0
0	0(1)	0	0	0	1	0	0	2	0	0	0	0	0	4	0	7
	0(2)	0	0	0	1	2	9	0	2	0	0	2	0	0	15	31
坐标总计		2	39	120	58	145	202	12	41	0	21	198	0	7	31	876

专题三 03

幼儿教师师幼互动能力的提升

以形成性评价提升表演游戏中师幼互动质量的研究

姚倩倩

近年来，教育质量受到极大关注。多项研究表明幼儿园质量中对幼儿发展影响最大的是师幼互动质量。游戏是幼儿园的基本活动，游戏中的师幼互动质量直接影响着幼儿的身心发展水平。学前期的幼儿正处于前运算阶段，他们所进行的游戏以象征性游戏为主，而幼儿园表演游戏属于象征性游戏的一种，它能够促进幼儿的语言、思维、同伴交往、情绪情感等多方面的发展。但实践中表演游戏中师幼互动的质量却有待提升，表演游戏所具有的价值没有得到有效发挥。在思考如何提升表演游戏中师幼互动质量的过程中，评价理念的转变为本研究提供了思路。19 世纪末 20 世纪初，评价成为一个独立的研究领域以来，教育评价的目的已经由选择和认证转向反思和改进。相对于传统的终结性评价，形成性评价目的是为教育活动提供反馈信息，改进教育活动。因此，以形成性评价提升表演游戏中师幼互动的质量具有可能性。如何以形成性评价提升表演游戏中师幼互动的质量，形成性评价是否能够提升表演游戏中师幼互动质量及哪些方面得到提升，以形成性评价促进表演游戏的师幼互动质量提升的机制是什么，这些成为本研究主要关注的问题。

一、以形成性评价提升表演游戏中师幼互动质量的研究意义

（一）理论意义

本研究通过梳理幼儿园游戏评价、幼儿园表演游戏等相关理论，在实践中验证形成性评价能否提升表演游戏中师幼互动的质量水平，研究结果能够丰富幼儿园教育评价，尤其是幼儿园游戏评价领域理论。形成性评价提升表演游戏中师幼互动质量的机制，也能为提升幼儿园其他活动师幼互动质量研究提供理论参考。

（二）实践意义

本研究在实践中开展自然情境下的前实验研究，能够帮助幼儿园一线教师

解决在表演游戏形成性评价过程中遇到的具体问题。实验中的干预能够帮助教师更新教育理念，树立科学的评价观，从而让教师能够有效开展表演游戏形成性评价，在实践中提升幼儿园表演游戏的师幼互动质量。

二、以形成性评价提升表演游戏中师幼互动质量的文献综述

（一）幼儿园游戏评价的相关研究

通过梳理国内外关于幼儿园游戏评价的研究发现，研究内容涉及幼儿园游戏评价内容、幼儿园游戏评价工具及幼儿园游戏评价的实践应用三方面。Johnson James①、丁海东②等认为幼儿园游戏评价的主要内容集中在认知、语言、情绪、社会性以及自主性、创造性的发展上。Penny Tassoni、Karen Hucker 等人确立"评估检查清单"，具体包含环境及游戏材料的提供、机会时间的安排、幼儿发展等方面的评价。③

国外研发的游戏评价工具大多都集中评价某一特定的领域，全面评价游戏活动的工具较少。利伯曼编制了《游戏性评价量表》。④ 巴尼特对利伯曼《游戏性评价量表》进行了调整细化，编制了《儿童游戏性量表》，并在实践中取得良好效果，已经被广泛使用。⑤ 我国学者对游戏评价工具进行了较全面的研究，主要涉及在游戏环境创设、游戏时空与材料、游戏设计与指导方面。王坚红⑥从游戏空间的角度创设了《幼儿园室内活动区设置评价表》。刘焱⑦、李生兰⑧、朱晓颖⑨提出了游戏环境评价标准，并建构出具体评价指标。李克建、胡碧颖等人

① （美）约翰逊．游戏与儿童早期发展［M］．华爱华，郭力平，译．上海：华东师范大学出版社，2006：235-260.

② 丁海东．学前游戏论［M］．济南：山东人民出版社，2001：174.

③ （英）彭尼·索塔尼，卡林·哈克．儿童早期游戏规划［M］．朱运致，译．南京：南京师范大学出版社，2009：99.

④ Lieberman N. J. Playfulness：An attempt to conceptualise a quality of play and of the player［J］. Psychological Report，1966，19（3f）：1278.

⑤ Barnett L A. Playfulness：Definition，design，and measurement［J］. Play & Culture，1990，3（4）：319-336.

⑥ 王坚红．学前教育评价——理论·方法·实践［M］．北京：人民教育出版社，1994：341.

⑦ 刘焱．儿童游戏通论［M］．北京：北京师范大学出版社，2004：616.

⑧ 李生兰．学前教育学［M］．上海：华东师范大学出版社，2006：178.

⑨ 朱晓颖．幼儿游戏与指导［M］．北京：人民邮电出版社，2017：63.

编制了《中国托幼机构教育质量评价量表》。①

幼儿园游戏活动评价实践应用主要分为两种形式，一种是采用已有的游戏活动评价工具对幼儿园游戏活动进行评价，另一种是通过建构或改编已有评价工具对幼儿园游戏活动进行评价。田方②、刘畅③利用课堂互动评估系统（CLASS）对幼儿园一日生活中不同情境下师幼互动质量进行研究，得到类似的结论：区域游戏活动师幼互动质量水平低于教学活动师幼互动质量水平。陈佳艺利用《中国托幼机构教育质量评价量表（试用版第二稿）》进行了研究，结果表明幼儿园区角活动质量有待提高。④ 蔡盈运用德尔菲法最终确定了区域游戏活动质量评价的 4 个一级指标、17 个二级指标和 51 个三级指标。⑤ 周赛琼通过自制幼儿创造性游戏和幼儿园环境质量观察表，记录样本幼儿的创造性游戏及其环境的质量。⑥

（二）幼儿园表演游戏的相关研究

关于幼儿园表演游戏的研究主要集中在表演游戏界定与特点、表演游戏组织与指导、表演游戏价值三方面，专门研究表演游戏中师幼互动质量的研究几乎没有，通过聚焦某地区采用调查现状的研究可以看到一些表演游戏师幼互动质量的研究结果。

国内通常把表演游戏作为一种区别于角色游戏的独立游戏类型。而国外通常不着重区分角色游戏和表演游戏。我国学者林茅⑦、邱学青⑧等人认为：表演游戏是指幼儿通过扮演某文艺作品中的角色，再现该文艺作品内容（某一片段）的一种游戏形式，它以儿童自主、独立地对作品的理解去展开游戏的情节。我国学者认为表演游戏兼具“游戏性”和“表演性”的特点，刘焱、朱丽梅等人通过研究，认为幼儿园表演游戏是一种不同于戏剧表演，幼儿自娱自乐的活动，表演游戏与戏剧表演的根本区别在于，表演游戏中幼儿只是因为“有趣好玩”

---

① 李克建．中国托幼机构教育质量评价研究［M］．北京：北京师范大学出版社，2017：290.

② 田方．幼儿园半日活动情境下的师幼互动研究——基于 CLASS 课堂互动评估系统的观察分析［D］．上海：华东师范大学，2014.

③ 刘畅．两种教育情境下的师幼互动研究［D］．上海：华东师范大学，2012.

④ 陈佳艺．幼儿园区角活动质量与儿童发展结果的关系研究［D］．金华：浙江师范大学，2015.

⑤ 蔡盈．幼儿园区域活动质量评价指标构建研究［D］．长春：东北师范大学，2018.

⑥ 周赛琼．创造性游戏和幼儿园环境关系研究［D］．金华：浙江师范大学，2011.

⑦ 林茅．幼儿游戏［M］．上海：华东师范大学出版社，1992：98.

⑧ 邱学青．学前儿童游戏［M］．南京：江苏教育出版社，2008：309.

而在“玩”，他们并不是为了演给别人看的。[①]

表演游戏在国外通常不作为一种独立的游戏类型来研究，针对表演游戏组织与指导的文献相对较少。斯格尔·霍尔特[②]、安德鲁·约翰逊[③]等一些学者对表演游戏的指导提出了一些具体的建议，如需要选择熟悉的书或故事进行表演，鼓励幼儿改编故事以满足游戏需要。我国关于表演游戏组织与指导的研究主要从原则、步骤、时机三方面论述。刘焱[④]等对表演游戏做了一系列深入实践的研究，提出了表演游戏最重要的指导原则是游戏性先于表演性。华爱华[⑤]、陈建林[⑥]指出对游戏的指导通常表现为外在干预和内在干预两种形态。邱学青[⑦]着眼于幼儿游戏全程，认为教师对游戏的指导应该贯穿于游戏的全过程。

表演游戏蕴含着许多价值，能够促进幼儿语言、思维、同伴交往、情绪、自信心、主体性的发展。以色列心理学家斯米兰斯基[⑧]最先提出表演和语言的统一关系。罗森[⑨]、康诺利[⑩]也发现表演游戏对语言的学习有明显作用。斯格尔·霍尔特指出幼儿需要在表演游戏的过程中对所要扮演的角色、游戏的场景和情节做出决策，这个过程能够促使幼儿的思维技能朝更高水平发展。[⑪] 但菲等人通过实验研究表明，表演游戏能够有效促进社会性同伴交往能力的发展。[⑫] 冯璐、王萍对表演游戏与被忽视幼儿自信心的实验研究表明，表演游戏对各年龄被忽

① 刘焱，朱丽梅，李霞. 幼儿园表演游戏的特点、指导原则与教学潜能［J］. 学前教育研究，2003（6）：17.

② Schierholt，Carla G. Enhancing Creative Dramatic Play and Story Reenactmens in a Primary Grade Classroom［J］. University of Alaska Southeast，1994.

③ Andrew P. Johnson. How to Use Creative Dramatics in the Classroom［J］. Childhood Education，1998，（75）：1.

④ 刘焱，朱丽梅，李霞. 幼儿园表演游戏的特点、指导原则与教学潜能［J］. 学前教育研究，2003（6）：18.

⑤ 华爱华. 幼儿游戏理论［M］. 上海：上海教育出版社，1998：230.

⑥ 陈建林. 教师介入幼儿游戏方式的研究［D］. 重庆：西南大学，2008.

⑦ 邱学青. 幼儿园自主性游戏指导策略的研究［J］. 幼儿教育，2004（6）：16-18.

⑧ Smilansky S. The effects of sociodramtic play on disadvagde preschool children［J］. Biogeosciences Discussions，1968，11（7）：11597-11634.

⑨ Rosen C E. The effect of problem-solving behavior amongst culturally disadvantaged pre-school children［J］. Child Development，1974，45（4）：920-927.

⑩ 丁邦平. 国外游戏研究成果综述［J］. 学前教育研究. 1994（10）：59-60.

⑪ Schierholt，Carla G. Enhancing Creative Dramatic Play and Story Reenactmens in a Primary Grade Classroom［J］. University of Alaska Southeast，1994.

⑫ 但菲，冯璐，王琼. 表演游戏对4—6岁幼儿同伴交往能力的影响［J］. 学前教育研究，2009（8）：13.

视幼儿自信心的培养均有积极的促进作用。① 刘焱指出在表演游戏中关注幼儿的主体性发展能够有力地带动幼儿身心各方面生动活泼、主动地发展，使表演游戏呈现出内涵丰富的发展价值。②

通过梳理文献发现，表演游戏师幼互动中存在不同程度的问题。刘焱③等人以北京市九所一级一类幼儿园为样本进行了调研，发现普遍存在表演游戏成为教师指导下的集体活动，重表演、轻游戏以及选材等方面的问题。邵小佩④对重庆市二十多所幼儿园中表演游戏现状进行研究发现，教师在幼儿园表演游戏中的互动行为存在问题，主要是游戏过程中以教师为中心，忽视幼儿的兴趣，教师成为表演游戏的主导者，而且教师对表演游戏的指导浮于表面且缺乏针对性。教师对表演游戏进行评价时以总结性评价为主，评价过程不灵活。孟小晨⑤、姜帆⑥的研究均发现幼儿园表演游戏存在开展组织形式单一，导入方式呈现模式化；教师缺乏对幼儿游戏的观察与解读；幼儿的参与程度不够，没有全员参与，机会不均等；教师评价内容不全面，讲评低效等问题。

回顾前人的研究，有关幼儿园游戏评价内容和工具的论述较全面，为本研究表演游戏的评价提供了参考。大量研究表明，表演游戏对幼儿的发展来说，蕴含着丰富且独特的价值，但表演游戏中师幼互动质量有待提升。专门探讨如何提升表演游戏中师幼互动质量的研究可谓凤毛麟角。因此，如何发挥形成性评价的改进功能以提高表演游戏中师幼互动的质量成为本研究的主要关注点。

三、以形成性评价提升表演游戏中师幼互动质量的研究设计

（一）研究对象

本研究选取北京市一级一类 M 幼儿园中班三位教师为研究对象（见表 3-1-1）。T1 教师乐学上进，曾在台湾地区学习过戏剧教育，承担过两项有关戏剧教育的园级研究课题。作为主班教师她不仅对自己要求严格，而且在管理班级事务的各个方面都按照优秀的标准执行。T2 教师实践能力较强，经常承担班级环

---

① 冯璐，王萍．在表演游戏中培养被忽视幼儿自信心的实验研究［J］．教育导刊，2012（5）：33-37.

② 刘焱．儿童游戏通论［M］．福州：福建人民出版社，2015：553-554.

③ 刘焱，李霞，朱丽梅．幼儿园表演游戏现状的调查与研究［J］．学前教育研究，2003（3）：32-36.

④ 邵小佩．重庆市主城区幼儿园表演游戏现状研究［D］．重庆：西南师范大学，2004.

⑤ 孟小晨．幼儿园表演游戏开展的现状研究［D］．福州：福建师范大学，2014.

⑥ 姜帆．幼儿园表演游戏的现状、问题及对策［D］．济南：山东师范大学，2016.

境创设的工作，一日生活的每个环节在T2教师的组织引导下流畅而且井井有条。T3教师性格活泼，她组织的活动充满趣味，氛围轻松。

表3-1-1 研究对象教师编码

编号	教师代码	学历	职业发展阶段	所学专业
1	T1	本科	骨干教师	学前教育
2	T2	大专	成熟教师	学前教育
3	T3	本科	青年教师	学前教育

（二）研究方法

教育研究离不开现场情境，很多事件是难以控制的，因此，本研究采用“前实验”的研究设计。前实验设计虽然不能有效解释实验处理和结果的关系，但是它通过进行自变量的操作能够解决教学中的问题，这种实验设计有操作、有效果，特别是在实际问题的解决中具有意义。[①] 本研究通过分析教师对表演游戏评价的现状，发现问题，针对问题进行干预，帮助教师更好地进行表演游戏形成性评价，改进教育策略，最终检验干预前后表演游戏师幼互动质量是否提升。研究设计思路如图3-1-1所示。

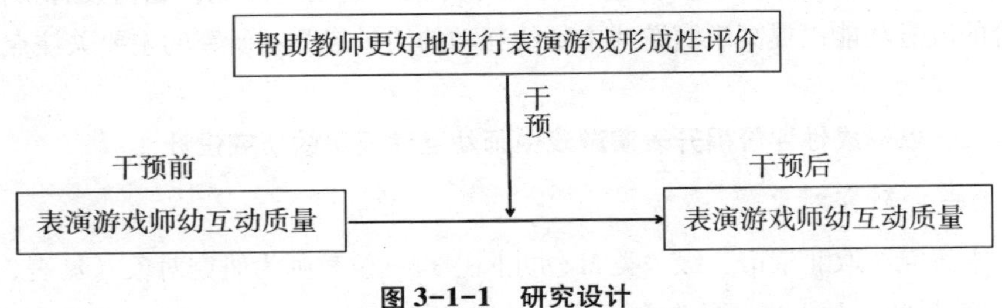

图3-1-1 研究设计

采用以下具体研究方法：

1. 访谈法

通过对教师的访谈了解干预前后表演游戏中教师的变化。主要包括以下五个维度：教师对表演游戏及其评价的认识、评价时关注的内容、使用的方法、评价信息处理、对表演游戏的反思。访谈采用半结构式访谈和随机访谈结合的方式进行，访谈过程中在教师允许的情况下进行录音，转录成文本，以期收集到全面细致的访谈资料。

---

① 宁虹．教育研究导论［M］．北京：北京师范大学出版社，2010：282.

2. 观察法

采用非参与式观察，必要时利用录像设备，对幼儿园表演游戏活动开展过程中的教师和幼儿进行实况详录。实践研究结束之后，采用双盲第三方检验的方式，考察表演游戏师幼互动质量。双盲第三方检验是指，选取置于本研究之外的学前教育专业人员，选取的第三方人员不被告知哪段表演游戏录像资料是为教师提供形成性评价支持前拍摄的，哪段是为教师提供形成性评价支持后拍摄的。双盲第三方检验的结果能够有效排除主观因素影响，因而判断表演游戏师幼互动质量是否得到提升的结果会更加准确可靠。

由于本研究主要关注师幼互动质量，查找对比目前主流的观察评价工具，课堂互动评估系统（CLASS）是关注师幼互动质量且被广泛认可、信效度高、普适于评价教室内发生的任何活动的评价工具。因此，本研究选用 CLASS 系统检验表演游戏师幼互动质量水平。本研究选取的三位置于本研究之外、系统学习和使用过 CLASS 的学前教育专业人员使用 CLASS 对录像资料进评分。每位评分者均对同一个录像进行评分，评分差异较大时三位评分者共同分析原因达成一致。通过对三段表演游戏活动录像的观察评分，最终发现三位评分者的一致性达到 85%，具有较高的一致性。

3. 文本分析法

对访谈资料、观察资料、教师对表演游戏的观察记录和研讨记录等进行文本分析。对比形成性评价干预前后表演游戏评价、表演游戏师幼互动质量的异同，寻找表演游戏师幼互动质量变化的具体表现，为评分数据提供翔实的质性资料。资料编码方式及代表的意义如下："T1 访谈资料"代表研究者对 T1 教师的访谈记录文本资料，"T1 观察资料"代表研究者对 T1 教师的观察记录文本资料，"T1 观察记录"代表 T1 教师撰写的表演游戏观察记录，"T1 研讨记录"代表 T1 教师研讨过程中的发言。其他两位教师用同样的方式编码。

（三）研究过程

1. 预实验

在正式实验之前，本研究随机选取了研究对象以外的一名中班成熟教师进行预实验。对该教师一周内参与的表演游戏录像，每次录像至少 20 分钟，共收集到三段视频。通过第三方检验发现，三段视频一致性得分达到 88%，有较高的一致性。同一位教师每次参与的表演游戏师幼互动质量水平较为稳定，因此正式实验时收集一次教师参与的表演游戏完整视频即可。

2. 前测

在不进行任何干预之前，分别对三位研究对象教师参与的表演游戏活动进行完整录像。运用CLASS，采用双盲第三方检验的方式对每位教师参与的表演游戏活动视频进行打分，从情感支持、活动组织、教育支持三大方面衡量表演游戏中师幼互动的质量水平。

3. 干预

本研究从思想层面和方法层面进行为期四周的干预，为教师提供评价支持。帮助教师掌握形成性评价的理念，同时采用表演游戏观察量表辅助观察的方法进行形成性评价，最终考察表演游戏师幼互动质量。

干预所包括的具体内容如下；

（1）为教师提供评价理论的支持

理论是实践的先导，通过给予教师评价理论的支持，有助于教师从思想上科学认识表演游戏形成性评价，进而在科学理论的引导下开展形成性评价。这一阶段主要通过自主学习、交流讨论、汇总提升三种形式支持教师掌握形成性评价的相关理论。

①自主学习阶段。

教师通过自主学习研究者提供的有关形成性评价以及表演游戏的阅读资料，包括部分书籍中有关表演游戏和形成性评价章节节选和优质论文。通过一周的自主学习，每位教师对表演游戏及其形成性评价都有了新的认识，主要明确了表演游戏区别于其他的根本特征和形成性评价内涵。

②交流讨论阶段。

利用午休时间在教室进行交流讨论，三位教师依次分享自主学习过程中的收获和感想。在交流讨论中彼此思想产生碰撞，对理论知识的理解更加深入，纠正了自主学习中对理论理解的偏差和掌握内容不全面的问题。

③汇总提升阶段。

通过自主学习和交流讨论两个阶段，每位教师对表演游戏及其形成性评价都有了自己的认知。研究者从表演游戏的内涵、形成性评价的内涵、形成性评价的价值、表演游戏评价要点四个方面对教师的学习收获进行汇总。

（2）为教师提供评价方法的支持

研究者为三位教师提供了表演游戏形成性评价方法的支持——观察工具，帮助教师学会使用观察工具《表演游戏观察评价量表》。该量表借鉴了巴尼特的《儿童游戏性量表》，根据表演游戏理论增加了部分表演性评价指标，最终形成《表演游戏观察评价量表》（详见附录一）。

4. 后测

为教师提供评价理论和工具支持并在实践中运用后，教师对表演游戏评价有了新的认识，能够正确使用《表演游戏观察评价量表》。根据表演游戏开展的实际情况，在没有研究者参与的情况下，三位教师分别再次组织参与表演游戏活动。对三位研究对象教师进行评价支持干预后参与的表演游戏活动进行完整录像。运用 CLASS，采用双盲第三方检验的方式对每位教师参与的表演游戏活动视频进行打分，从情感支持、活动组织、教育支持三大方面衡量表演游戏中师幼互动的质量水平。

四、以形成性评价提升表演游戏中师幼互动质量的干预过程与结果

（一）为教师提供形成性评价理论的支持

目的：帮助教师科学认识表演游戏评价，明确评价的目的。

方法：理论学习——表演游戏形成性评价的相关理论。

教师自主学习研究者提供的表演游戏形成性评价的资料后，研究者组织三位教师对自主学习过程中的收获和感想进行交流讨论，在此期间每位教师对表演游戏及形成性评价都有了新的认识。教师不再把表演游戏评价的重点放在社会性方面的表现、幼儿在表演游戏中扮演的角色及游戏中的学习品质上，而是开始关注表演游戏中特有的内容，即游戏性和表演性。教师转变了提到评价就出现回避的态度，以及认为评价是教师掌控幼儿的表现的传统认知，明确了形成性评价的改进目的。交流讨论使教师对表演游戏评价的认识更加深刻，但教师们在交流讨论时也对表演游戏评价提出了一些困惑。教师虽然在表演游戏评价的认识上更加科学，但是理论和实践还具有一定的差距。由于受教师日常工作的实际情况影响，她们感到对表演游戏做全面细致的观察评价存在困难，从观察记录来看教师经常在评价过程中仅凭经验进行叙事描述评价。因此，教师需要可操作性强的评价方法的支持。为解决教师在评价中的困难，为教师提供评价理论支持后，研究者进一步为教师提供了评价方法的支持。

（二）为教师提供形成性评价方法的支持

目的：使教师在进行形成性评价时有据可依。

方法：运用观察评价量表辅助形成性评价。

通过分析收集到的观察记录资料发现，教师对表演游戏评价的方法均为叙事描述法。这种评价方法缺乏针对性，教师关注的是较为典型的行为表现，对于幼儿在表演游戏中发展水平及其下一阶段发展目标定位不清晰。为解决教师在表演游戏评价过程中评价内容不全面、仅凭经验进行叙事描述评价的问题，研究者为教师提供了《表演游戏观察评价量表》来辅助评价。首先，研究者通

过集中培训的方式对量表中的指标内涵进行解读。其次，研究者带领教师对一段表演游戏活动视频进行评价，进一步熟悉量表。最后，在研究者的帮助下，每位教师分别在一周时间内尽可能连续使用《表演游戏观察评价量表》对表演游戏进行形成性评价。

由于形成性评价的目的在于改进，评价关注的是过程而非结果，因此，在使用量表的同时需要结合观察记录。教师在表演游戏的形成性评价实践过程中主要出现以下两个问题：撰写观察评价记录的时间如何选择？观察和评价怎样结合在一起加以记录？基于以上问题，研究者与教师共同探讨，最终决定撰写观察评价记录时间的选择，应遵循不破坏幼儿游戏的原则。有时教师在观察幼儿，而幼儿邀请教师一起游戏，这时教师应以幼儿游戏为主，等游戏结束后再及时记录。关于观察和评价如何结合的问题，根据每位教师的习惯，最终形成了两种记录形式，一种是观察记录和评价量表分离式，另一种是观察记录和评价量表结合式。不论记录形式如何，评价一定要遵循形成性的理念，即利用评价的反馈信息改进教育活动。研究过程中关于评价反馈信息的利用，研究者只确保教师能够利用评价的反馈信息改进教育活动，而不要求教师利用评价信息的形式。

（三）形成性评价干预前表演游戏师幼互动质量水平

在不加任何干预的情况下，三位教师组织指导的表演游戏各领域水平既有相同点又有不同点。由表3-1-2可知，每位教师组织参与的表演游戏中情感支持这一领域水平均高于其他领域水平，其次是活动组织领域水平，而教育支持领域水平均最低。接下来分析每个领域中各维度得分的具体情况（注：1—2分低等水平，3—5分中等水平，6—7分高等水平）。

表3-1-2　三位教师表演游戏中各领域得分统计

领域	T1教师		T2教师		T3教师	
	均值	标准差	均值	标准差	均值	标准差
情感支持	5.31	1.25	4.31	1.85	5.00	1.46
活动组织	4.33	1.15	3.33	0.49	3.91	1.08
教育支持	3.57	0.94	2.50	0.99	3.50	0.74
整体水平	4.45	1.33	3.50	1.45	4.14	1.34

1. 情感支持

通过统计三位教师参与的表演游戏活动情感支持得分可知，三位教师参与的表演游戏在情感支持方面整体得分均处于中等偏高水平（见表 3-1-3）。

表 3-1-3 三位教师表演游戏中情感支持各维度得分统计

维度	T1 教师		T2 教师		T3 教师	
	均值	标准差	均值	标准差	均值	标准差
积极氛围	5.00	0.82	4.50	0.58	4.75	0.50
消极氛围	7.00	0.00	7.00	0.00	7.00	0.00
教师的敏感性	4.00	0.82	2.50	0.58	3.50	1.29
对幼儿视角的关注	5.25	0.50	3.25	0.96	4.75	0.50
整体水平	5.31	1.25	4.31	1.85	5.00	1.46

由表 3-1-3 可知，三位教师参与的表演游戏积极氛围均处于中等偏高水平，表演游戏活动中情感氛围比较积极，有很多迹象能够看出师幼之间有温馨的互动关系。教师在与幼儿交流时，通常面带微笑，语气较为亲切。有时教师会俯下身体与幼儿互动，教师和幼儿之间是互相尊重的。消极氛围这一维度是反向计分，三位教师均为最高分，表演游戏活动中没有出现消极情感，由此也反映出表演游戏中情感氛围较好。

教师的敏感性这一维度 T1 教师水平最高，其次是 T3 教师，最后是 T2 教师。T1 教师有时能够对幼儿需求做出反应，能够关注幼儿的问题并解决问题，游戏中的幼儿能够自如地表现，会寻求教师的帮助以及和教师分享想法。但是教师有时也会出现忽略幼儿的需求，没有意识到哪些幼儿需要额外的帮助或者注意的情况。T1 教师能够关注到幼儿在游戏中的表现，对于没有参与表演游戏的幼儿，教师有意识地引导他找到自己的角色，帮助他参与到游戏中去。但有时候仍会忽视个别幼儿的需求，并没有敏感地注意到每个幼儿的需要。T3 教师得分差距较大（标准差为 1.29），表现在 T3 教师基本上能够意识到哪些幼儿需要额外的帮助或注意，幼儿在游戏中能够表现自如。但是教师有时对幼儿提供的指导，不能有效地帮助幼儿解决问题。T3 教师能够意识到幼儿没有表现出故事中相应角色动作的原因在于他没有真正理解故事，教师采用提问的方式引导幼儿，但并没有效果。接着教师又尝试示范的方式引导幼儿，但是效果还是不明显。T2 教师在教师的敏感性维度内各指标得分均较低，尤其是意识和幼儿自如表现这两个指标处于低等水平，教师的注意力集中在表演游戏中的故事上，而不是游戏中的幼儿。在指导表演游戏时，教师甚至拿着故事剧本，一句一句教幼儿说台词，导致教师没有意识到游戏中幼儿的需要，教师主导性强。幼儿在T2教师的引导下开展的表演游戏如同表演舞台剧，出场形式、故事情节甚至角色对话都在教师掌控之下，幼儿需要得不到满足，表演游戏缺乏幼儿的自主性。

对幼儿视角的关注这一维度上，T1教师水平最高，其次是T3教师，最后是T2教师。T1教师比T3教师仅高0.5分，差异并不明显，两位教师均处于中等偏高水平，在表演游戏中两位教师均允许幼儿自由参与，有时能够跟随幼儿的想法开展游戏，能够在一定程度上支持幼儿自主游戏。幼儿在游戏中有很多交谈和表达的机会，并且在活动中幼儿能够很自由地运动及选择自己的位置。T2教师处于中等偏低水平，教师在指导幼儿表演游戏时，很少能够跟随幼儿的想法，大部分情况下具有控制性，在游戏中很少给幼儿交谈和表达的机会，教师成为表演游戏中的主导。

2. 活动组织

通过统计三位教师参与的表演游戏活动组织得分可知，三位教师参与的表演游戏在活动组织方面整体得分均处于中等水平（见表3-1-4）。

表3-1-4　三位教师表演游戏中活动组织各维度得分统计

维度	T1教师		T2教师		T3教师	
	均值	标准差	均值	标准差	均值	标准差
行为管理	4.75	0.96	3.50	0.58	2.75	0.50
活动效率安排	5.00	0.82	3.50	0.58	5.00	0.00
活动指导形式	3.25	0.96	3.00	0.00	4.00	0.82
整体水平	4.33	1.15	3.33	0.49	3.92	1.08

由表3-1-4可知，三位教师参与的表演游戏中行为管理这一维度T1教师水平最高，其次是T2教师，最后是T3教师。T1教师偶尔会较为清晰地陈述游戏规则，并具有一致性。教师基本上能对幼儿的行为问题有监控并对行为问题做出反应。教师用以纠正幼儿不良行为的方法有效，教师能够关注幼儿积极的行为表现，通过暗示有效纠正幼儿不良行为。T1教师在发现幼儿不能专注游戏时，通过描述表演游戏精彩的故事情节，提高幼儿对表演游戏的兴趣，使幼儿重新参与游戏，因此幼儿在游戏中也很少出现不良行为。T2教师没有向幼儿说明游戏规则和期望，对幼儿的行为问题没有预期，有时忽略幼儿的行为问题。纠正幼儿不良行为的方式有时有效，但都是直接要求幼儿如何做，而没有采用关注

幼儿积极的行为表现作为线索来纠正不良行为。在幼儿不能进入表演游戏角色时，采用命令的方式对幼儿的行为做出要求。有时教师对幼儿在表演游戏中行为问题的关注比较欠缺，导致幼儿并不清楚自己在表演游戏中所应该做的事情，也不能关注到游戏中其他人的表演，偶尔出现走神、嬉闹等不良行为。T3 教师纠正不当行为这一指标处于低等偏高水平，教师对幼儿的表演游戏没有规则和期望，纠正不良行为时很少关注积极的行为表现，更多的是直接告知幼儿，这种方式有时是无效的。表演游戏活动有时比较混乱，幼儿出现追跑等不良行为。T3 教师在组织幼儿表演游戏前没有引导幼儿做游戏计划，幼儿在游戏中缺乏规则意识和对故事情节的了解，从而游戏中容易出现追跑等混乱现象。

活动效率安排这一维度 T1 和 T3 教师水平均处于中等水平，T2 教师处于中等偏低水平。T1、T3 教师大部分情况下支持幼儿开展游戏，在进行行为管理的过程中会挤占游戏活动的时间。教师为幼儿提供了开展表演游戏的材料，准备较为充分。T2 教师参与的表演游戏行为管理没有占太多学习时间，但是过渡效率不高，出现幼儿消极等待的情况，而且教师为幼儿提供的游戏材料不充分。

活动指导形式这一维度 T3 教师水平最高，其次是 T1 教师，最后是 T2 教师。活动目标的澄清这一指标三位教师都处于中等偏低水平，原因有两方面。一是区域游戏中幼儿自主性更强，活动目标不固定，教师不能及时确定表演游戏活动目标。二是由于我国并不习惯在活动中明确陈述目标。T3 教师在表演游戏中能够积极采取行动提高幼儿参与表演游戏的兴趣。为幼儿提供的游戏材料较为丰富，但不能持续吸引幼儿注意力。T1 教师有时积极采取行动提高幼儿参与表演游戏的兴趣，有时仅为幼儿提供活动，为幼儿提供的游戏材料虽然较为丰富，但是缺乏针对性，与游戏无关的材料如各种乐器等也提供给幼儿，容易分散幼儿的注意力，不能有效吸引幼儿参与活动。幼儿在游戏中基本上能够积极参与，但有时候出现兴趣下降的情况。T2 教师各指标均处于中等偏低水平，教师很少采取行动提高幼儿参与表演游戏的兴趣，幼儿参与表演游戏的兴趣较低。教师为幼儿提供的游戏材料缺乏操作性，不够丰富。

3. 教育支持

通过统计三位教师参与的表演游戏活动教育支持得分可知，三位教师参与的表演游戏在教育支持方面整体得分均处于中等偏低水平（见表 3-1-5）。

表 3-1-5　三位教师表演游戏中教育支持各维度得分统计

维度	T1 教师		T2 教师		T3 教师	
	均值	标准差	均值	标准差	均值	标准差
认知发展	3.25	1.26	2.50	0.58	2.75	0.50
反馈质量	3.60	0.89	2.80	1.10	3.40	0.55
语言示范	3.80	0.84	2.80	1.52	3.80	0.84
整体水平	3.57	0.94	2.93	1.14	3.36	0.74

由表 3-1-5 可知，认知发展这一维度中，三位教师均处于低等水平。观察中发现，T1 教师在表演游戏中几乎没有对幼儿的分析和推理进行支持，偶尔给幼儿提供发挥创造性、形成自己想法和作品的机会，允许幼儿在游戏中发挥想象，创编故事。在支持幼儿进行表演游戏时，有时会将幼儿游戏和实际生活相联系，引导幼儿体会故事中人物心情时，通过类比幼儿现实生活中的心情帮助幼儿更好地理解故事角色。

T1 观察资料：

幼儿说："我要当公主。"教师说："哦，她是公主，其他人呢？"幼儿争先恐后地告诉老师自己是什么角色。教师说："那你们之间发生了什么故事？太阳花和公主之间发生了什么事？"扮演太阳花的幼儿说："公主迷路了，我送她回家。"教师说："哦，原来公主迷路了，迷路时的心情怎么样啊？如果你迷路了找不到爸爸妈妈了会怎么样？"

T1 教师允许幼儿根据自己的想法创编故事开展游戏，在支持幼儿游戏时，能够关注幼儿的生活经验，通过联系幼儿的生活，帮助幼儿更好地理解故事中角色的情感。

T2、T3 教师融会贯通和与现实生活相联系两个指标得分较低。教师不注重调动幼儿使用已有经验开展游戏，通常采用直接告知幼儿的方式支持幼儿游戏，而不是调动幼儿先前的知识经验，这导致了幼儿不理解故事内容的情况。T3 教师偶尔鼓励幼儿分析推理表演游戏中的故事情节，给幼儿提供发挥创造性、形成自己想法和作品的机会。

T3 观察资料：

扮演孙悟空的小男孩说："我不想打人。"教师说："你不打人是好孩子，但是你现在是孙悟空，不打妖怪，师父就被妖怪抓走了。"扮演孙悟空的小男孩不说话，拿着金箍棒在原地站着不动。教师问其他幼儿："孙悟空发现妖怪来了会怎么样？"幼儿："会打妖怪。"教师说："如果不打妖怪会怎么样？"幼儿："妖怪就把师父抓走了。"

当幼儿的表现与故事情节不符时，T3 教师没有直接否认幼儿的表现，而是引导幼儿共同分析故事情节，帮助幼儿理解故事，进而支持幼儿游戏。

T2 教师很少为幼儿提供发挥创造性的支持，教师参与幼儿表演游戏时带着自己的想法而忽视幼儿的想法。

T2 观察资料：

教师作为“唐僧”的角色参与到幼儿游戏中，教师说：“为师口渴了，悟空去南山上给我摘点桃子吧，孙悟空在去之前应该用金箍棒在地上给师父画个圈，要不然妖怪来了就把师父抓走啦!”扮演孙悟空的幼儿在地上画了一个圈，跑了。教师让白骨精出场，告诉猪八戒说：“师父这有一女子。”教师说一句幼儿学一句。

T2 教师组织指导幼儿表演游戏时严格按照故事剧本要求幼儿按顺序出场，说固定台词等，没有为幼儿提供发挥创造性的机会。幼儿在游戏中较为被动，没有自己的想法，总是按照教师的安排进行游戏。

反馈质量这一维度中，T1、T3 教师处于中等偏低水平，T2 教师处于低等偏高水平。三位教师在反馈时均很少根据幼儿游戏水平提供支架，更多的是教师根据自己以往经验给幼儿提供帮助，有时只是否定幼儿不正确的反应或者忽略幼儿在理解中的错误。教师偶尔会通过鼓励幼儿来提高幼儿的参与性以及坚持性。T1、T3 教师参与的表演游戏中师幼之间有来回式的反馈，但是反馈更为机械。教师偶尔对幼儿在表演游戏中的行为提出质疑或者要求幼儿解释原因。T2 教师只是敷衍地给幼儿反馈，幼儿在表演游戏中存在的问题教师没有进行有针对性的回应帮助，也很少要求幼儿在游戏中思考。

语言示范这一维度中，三位教师参与的表演游戏中交流均比较频繁，交流包括教师对幼儿的回应和指导、幼儿之间分配角色、商量游戏情节时的交流。教师偶尔会通过语言来描述自己和幼儿的行为，而且在表演游戏中很少使用高级语言。T1、T3 教师在表演游戏中所提问题是封闭性和开放性相结合的，教师有时会重复或者延伸幼儿的应答，而 T2 教师更多提的是封闭式问题，没有重复或者延伸幼儿的应答。

（四）形成性评价干预前后表演游戏中师幼互动质量的变化情况

不同教师参与的表演游戏师幼互动各指标水平不同，因此，本研究将在关注表演游戏中师幼互动整体质量水平的情况下，仍关注每位教师的个体差异，对比三位教师参与的表演游戏师幼互动质量，以期全面反映表演游戏师幼互动质量水平是否提升以及表现在哪些方面。通过表 3-1-6 可知，形成性评价能够提升表演游戏师幼互动质量，三位教师在情感支持、活动组织、教育支持三大领域上得分都有不同程度的提高，接下来分析每个领域具体提高了哪些方面。

表 3-1-6　三位教师表演游戏中各维度干预前后得分

领域	T1 教师		T2 教师		T3 教师	
	前	后	前	后	前	后
情感支持	5. 31	5. 69	4. 31	5. 38	5. 00	6. 00
活动组织	4. 33	5. 33	3. 33	4. 50	3. 91	4. 58
教育支持	3. 57	5. 07	2. 50	4. 43	3. 50	5. 07
整体水平	4. 45	5. 38	3. 50	4. 81	4. 14	5. 29

1. 情感支持

通过对比三位教师在形成性评价干预前后，表演游戏中情感支持得分情况可以看到，评价干预后，每位教师情感支持整体水平均在不同程度上稍有提高（图 3-1-2），接下来进行具体分析。

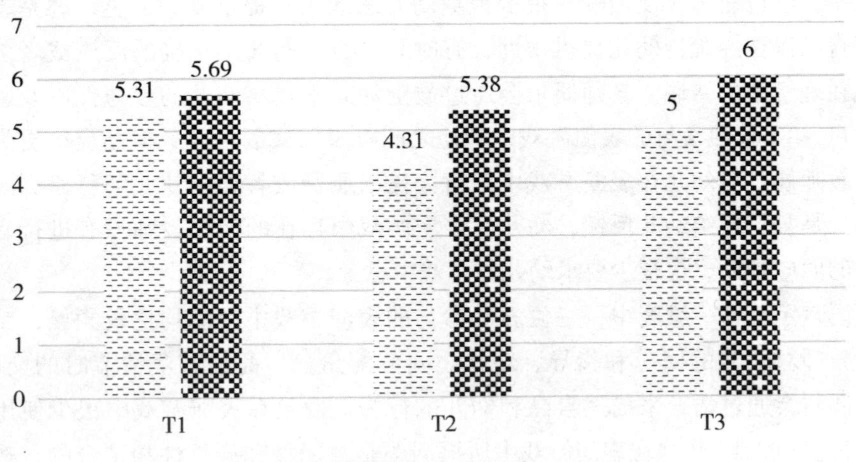

图 3-1-2　三位教师表演游戏中情感支持水平干预前后对比

由表 3-1-7 可知，三位教师参与的表演游戏中积极氛围这一维度前后差异较小，表演游戏中均有很多指标表明师幼之间的互动经常是温馨的，而且相比之前更具有支持性。表演游戏活动中没有出现消极情感。通过形成性评价的干预，三位教师在教师的敏感性这一维度上相对来说有较大的提升。T1 教师在很多时候都能够意识到哪些幼儿需要额外的帮助或者注意，对幼儿的需求能够做出反应，为幼儿提供及时有效的帮助和针对性的支持。幼儿在游戏中能够自如表现，向教师寻求支持和教师分享想法等。

表 3-1-7 三位教师表演游戏中情感支持各维度干预前后得分

维度	T1 教师		T2 教师		T3 教师	
	前	后	前	后	前	后
积极氛围	5.00	5.25	4.50	5.00	4.75	5.25
消极氛围	7.00	7.00	7.00	7.00	7.00	7.00
教师的敏感性	4.00	5.00	2.50	4.50	3.50	6.00
对幼儿视角的关注	5.25	5.50	3.25	5.00	4.75	5.75

T1 观察资料：

扮演小猪的幼儿发现其他小朋友随意移动位置，导致离他最近的小动物并不是长颈鹿，而是鹦鹉。他把这个问题告诉了教师，教师对幼儿能想到依据故事情节表演的行为进行肯定。然后组织参与表演游戏的幼儿一起讨论解决问题，在教师的引导下，幼儿想出画小猪行走路线图的想法。于是，教师鼓励幼儿大胆运用表演区的材料在地上画出路线图。幼儿使用铃鼓等乐器拼出了小猪的行走路线图，然后幼儿按照故事中的顺序在路线图上站好位置。

T1 教师了解到幼儿游戏过程中遇到的问题后，能够帮助幼儿解决问题。通过组织幼儿集体讨论的方式解决问题能够发散幼儿思维，调动幼儿游戏的主动性。

T2 教师之前对表演游戏有较强的控制性，通过给予教师评价的支持，教师更加关注表演游戏中的游戏性，使幼儿在表演游戏中能够自如表现。教师也能够意识到哪些幼儿需要额外的支持、帮助或者注意，能够对幼儿的需求做出反应，并帮助幼儿解决问题。

T2 观察资料：

教师把幼儿集中在一起和他们回顾三打白骨精中的“第一幕”，还用手机为幼儿播放三打白骨精真人版的电视剧片段，教师偶尔暂停视频和幼儿讨论故事中人物的语言、表情、动作等特征。教师联系实际帮助幼儿理解故事，教师说：“师父看到孙悟空把人打死了是什么心情？比如在路上有一个人被随便打死了，你是什么感觉？”

相比于之前一字一句地教幼儿对话和提醒故事情节，干预后 T2 教师能够采用组织幼儿观看视频的方式帮助幼儿理解故事情节和人物情感，引导幼儿分段游戏，幼儿在游戏中有了更多的自主性。

T3 教师能够经常对幼儿的需求做出反应，也能够提供适于幼儿需要和能力的支持，有效帮助幼儿解决问题。幼儿在游戏中能够自如表现，向教师寻求支持，和教师分享想法等。

T3 观察资料：

两名幼儿想玩三打白骨精的表演游戏，但是人不够。两个幼儿去寻求教师的帮助，教师建议他们向全班小朋友宣传他们的游戏，做一个演员招募活动。经过招募，一共有 5 名幼儿参加了表演游戏。教师引导幼儿先分配角色，协商好今天演哪段故事。

幼儿在表演游戏中遇到问题时，T2 教师都能想办法支持幼儿解决问题。在遇到人数不够的情况时，教师把主动权转交给幼儿，幼儿在游戏中承担领导者的角色，自主解决问题。

2. 活动组织

通过对比三位教师在形成性评价干预前后，表演游戏中活动组织得分情况可以看到，评价干预后，每位教师活动组织整体水平均在不同程度上有所提高（图 3–1–3），接下来进行具体分析。

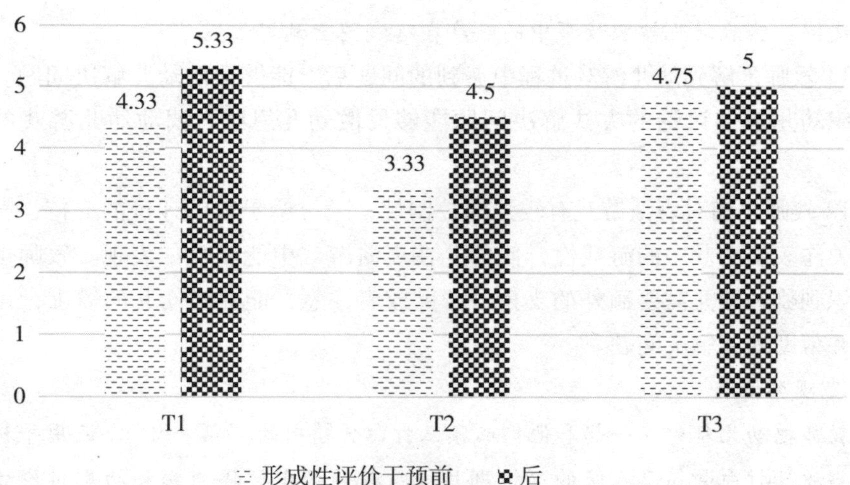

图 3–1–3　三位教师表演游戏中活动组织水平前后对比

由表 3–1–8 可知，三位教师参与的表演游戏中行为管理和活动效率安排两个维度水平前后差异较小，活动指导形式水平相对来说前后差异较大。为教师提供评价支持后，三位教师都能够积极采取行动，鼓励和拓展幼儿参与游戏并有意识地提高幼儿的游戏水平。幼儿在游戏中基本上能够保持兴趣，注意力比较集中，能积极参与和认真倾听。

表 3-1-8　三位教师表演游戏中活动组织各维度干预前后得分

维度	T1 教师		T2 教师		T3 教师	
	前	后	前	后	前	后
行为管理	4.75	5.00	3.50	4.25	2.75	3.50
活动效率安排	5.00	5.50	3.50	4.75	5.00	5.25
活动指导形式	3.25	5.50	3.00	4.50	4.00	5.00

T1 观察资料：

五个幼儿在玩“小猪变形记”的表演游戏，他们各自装扮成故事里的动物在地上跑着，飞着。教师以一只小鸟的身份参与到表演游戏中，教师轻柔地挥动双臂，惦着脚，迈着小碎步说：“我是一只美丽的小鸟，我会飞，还会喳喳叫，你们是什么小动物呀？有什么本领？”扮演斑马的幼儿说：“我是一匹斑马，我会跑，身上还有好看的条纹。”其他幼儿也积极地向教师介绍自己的角色。通过教师的支持，幼儿表演的动物形象越发生动起来。扮演小猪的幼儿在找什么东西，教师问：“小猪在干什么？”幼儿说：“我不知道用什么当树，我得先坐在树下面。”教师把幼儿召集在一起说：“小猪遇到困难了，他不知道用什么当树，大家一起帮他想想办法。”一名幼儿说：“我知道了，可以搬一把椅子当树。”教师说：“你们觉得这个办法怎么样？”大家都同意这个办法，于是大树有了。

T1 教师能够使用不同的活动形式和材料以及生动的示范吸引幼儿的兴趣，为幼儿提供丰富的表演游戏材料，并能根据幼儿的需求调整材料。教师为幼儿准备了游戏所需要的道具材料，幼儿将自己装扮成故事中的角色，开展表演游戏的兴趣更加浓厚。

T2 观察资料：

教师用音箱给幼儿播放电视剧《西游记》的主题曲，专门为幼儿制作了精致的三打白骨精故事中每个角色需要的道具。幼儿拿到道具兴奋不已，自然而然地耍起了金箍棒。幼儿听到音乐后，跟随着音乐节奏师徒四人在场地中央转圈，音乐结束后幼儿开始表演。

T2 教师不但为幼儿提供了游戏所需的服装道具，而且在游戏中融入音乐元素，有效提高幼儿对游戏的兴趣，表演游戏开展过程更加顺畅。

T3 观察资料：

教师表演白骨精被打死时，带着痛苦的表情，“啊”的一声倒在地上，幼儿被教师生动的表演逗笑了。教师请幼儿来表演白骨精被打死时的样子，在教师生动表演的影响下，幼儿的表演生动起来。扮演白骨精的幼儿，被孙悟空打后瘫倒在地一动不动，十分形象，也引得老师和幼儿笑了起来。

T3 教师在组织指导幼儿表演游戏过程中非常投入，表演游戏氛围轻松愉快，幼儿喜欢与教师一起游戏，教师的活动指导形式水平较高。

3. 教育支持

表演游戏中允许幼儿按照自己对故事的理解进行表演，可以对故事进行改编，教师应在表演游戏中提供机会支持幼儿发挥创造力，鼓励幼儿形成自己的想法和作品。通过对比三位教师在形成性评价干预前后，表演游戏中教育支持得分情况可以看到，评价干预后，每位教师教育支持整体水平均在不同程度上有所提高（图 3-1-4），接下来进行具体分析。

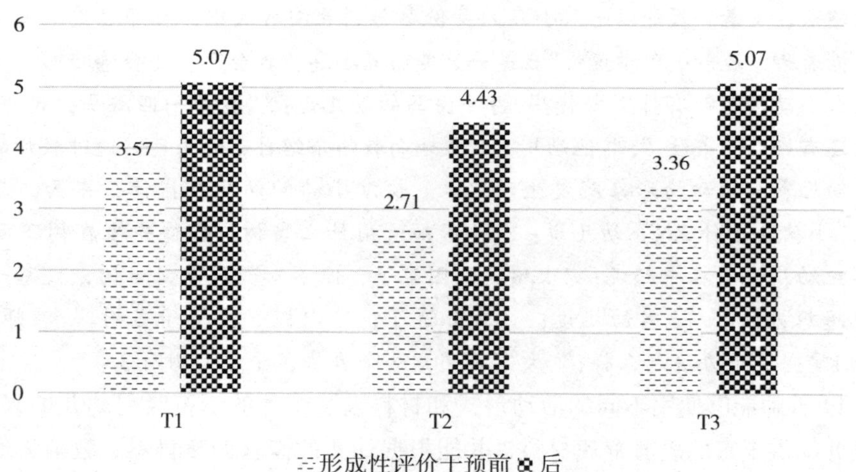

图 3-1-4　三位教师表演游戏中教育支持水平干预前后对比

表 3-1-9　三位教师表演游戏中教育支持各维度干预前后得分

维度	T1 教师		T2 教师		T3 教师	
	前	后	前	后	前	后
认知发展	2. 75	5. 00	2. 50	4. 75	2. 75	5. 25
反馈质量	3. 60	5. 60	2. 80	4. 60	3. 40	5. 80
语言示范	3. 60	4. 40	2. 80	4. 00	3. 80	4. 20

由表 3-1-9 可知，三位教师参与的表演游戏中认知发展、反馈质量、语言示范三个维度水平前后差异均较大。为教师提供评价支持后，三位教师都能够支持幼儿分析推理。教师能够鼓励幼儿丰富表演游戏中的故事情节或角色，支持幼儿大胆想象，分析推理游戏中的故事情节，表演游戏中的幼儿有了不同以往的精彩表现。表演游戏本身就是创造性很强的游戏，三位教师都开始重视表演游戏中对幼儿创造力的挖掘。幼儿在表演游戏中的创造力不仅表现在对游戏中故事情节、角色等的创造，也表现在幼儿对材料的创造性使用上。幼儿创造力的挖掘需要教师耐心聆听幼儿的想法，避免盲目评判幼儿的行为。

T1 观察资料：

幼儿邀请教师作为“小猪变形记”中的主人公——小猪开始了游戏。故事最后小猪掉到泥潭里难过地哭了起来，扮演各种小动物的幼儿听到小猪的哭声纷纷到了小猪的身边。教师声情并茂地说：“当一只小猪也没什么意思，呜呜，做一只小猪有什么好的，谁能安慰安慰我，说一说小猪的优点。”扮演长颈鹿的幼儿说：“你别哭了小猪，做一只小猪也挺好的，小猪可以吃好多好吃的。”扮演斑马的幼儿说：“小猪可以在泥潭里打滚。”扮演鹦鹉的幼儿说：“小猪可以哼哼地叫。”……为了让小猪开心起来，小动物们给小猪做了一顿大餐。扮演长颈鹿的幼儿用一个铃鼓翻过来当碗，小猪渴了大象用鼻子给他喷水喝。教师对幼儿的表现惊喜不已，幼儿所说的话绘本故事里本身是没有的，是幼儿在教师的支持下对故事进行分析推理，创编出小猪摔倒后，小动物可能怎么安慰它的故事情节。

T1 教师在游戏即将结束时为幼儿提供发挥创造性的机会，引导幼儿续编故事，分析推理每个小动物可能说的话，允许幼儿大胆发挥想象丰富故事情节和角色。

T2 观察资料：

扮演白骨精的幼儿现在变成了老爷爷去诱骗唐僧。他嘴里叼着一根不知道从哪找的线，教师走上前去询问：“老爷爷，你叼根线干什么？”幼儿说：“这是老爷爷的胡子。”

幼儿的创造力是成人无法想象的，T2 教师庆幸自己没有以不良行为的看法直接制止幼儿在嘴里叼线。教师对幼儿创造力的挖掘，需要在表演游戏中把握每一个机会。

T3 观察资料：

白骨精要给唐僧去送“食物”，教师引导幼儿分析白骨精送的食物有可能是什么东西。在教师的提问下，幼儿纷纷猜想，出现了很多创新的想法。教师鼓励幼儿将好的想法在游戏中表演出来，幼儿在教室里寻找替代物来实现他们的想法。

在T3教师的支持下，幼儿能更好地理解故事情节，白骨精给唐僧送食物是不怀好意的，所以食物可能是石头变的，有毒的等。教师允许幼儿在教室中寻找替代物，支持幼儿在游戏中使用非传统物品。

教师通过使用《表演游戏观察评价量表》对表演游戏进行评价，看到了表演游戏中存在的问题和幼儿的最近发展区。在表演游戏中教师经常给幼儿提供支架，为那些在理解某个概念、完成活动有困难的幼儿提供支持。在表演游戏结束或区域游戏分享时，T1和T3教师能组织幼儿对今天进行的表演游戏进行反思，这是之前很少出现的。分享环节通常是请建构区、美工区、益智区的幼儿分享自己的游戏，忽视表演游戏的分享。教师支持幼儿反思游戏过程，促进了幼儿的思考。T2教师经常在表演游戏中提出问题促进幼儿思考，能够为幼儿提供多种类型的信息帮助幼儿理解。

T2观察资料：

扮演白骨精的幼儿来给唐僧送吃的，走到猪八戒附近，沙和尚和唐僧都不知说什么。教师鼓励幼儿大胆表达，帮助幼儿理解情境。教师说："山林里突然出现一个小姑娘，猪八戒看见了会说什么呢？"幼儿："小姑娘是干什么的？""怎么有小姑娘啊！"……教师帮助幼儿梳理他们的语言并记录下来，之后鼓励幼儿用自己的语言在游戏中对话，而不是拘泥于故事中的对话。

T1教师为支持幼儿更好地开展表演游戏，提高幼儿游戏水平，在开展表演游戏前，教师带领幼儿进行围读故事、造型游戏、观看动画片、观看大班幼儿表演录像、与爸爸妈妈一起录制故事等多种方式拓展幼儿的理解，丰富幼儿游戏经验。通过教师不同类型信息的支持，幼儿在表演游戏中动作，表情越发生动起来。

T1观察资料：

教师带领幼儿进行围读故事的活动，帮助幼儿熟悉和理解故事情节。教师对故事中的每一句话都拿出来让幼儿深入思考，为什么会说这句话？说这句话时的心情是什么样的？怎么表现？围读故事之后教师带领幼儿做造型游戏，教师一边唱着儿歌："小猪小猪噜噜，它想变形噜噜，变成一只鹦鹉，鹦鹉怎样飞？"幼儿纷纷做起鹦鹉在空中飞舞的样子。

T3教师为促进幼儿理解故事，所提供的信息比较丰富，教师通常采用示范或讲解的方式。三位教师参与的表演游戏比之前对幼儿有了更多的鼓励及肯定，教师支持幼儿表达自己的想法，鼓励思考和创造。

T3 观察资料：

幼儿表演完一遍三打白骨精后，教师组织幼儿反思游戏过程。肯定好的地方，发现不足之处。通过反思，幼儿均表示对他们的表演很满意，在教师引导下，幼儿发现游戏中的角色有时候不能很好地衔接，会出现某个角色忘了说什么需要别人提醒的情况。教师鼓励幼儿自主解决问题，对幼儿说："有什么办法可以解决这个问题?"最终幼儿想出了许多解决办法。

相比于干预前教师在表演游戏中所提的问题是封闭性和开放性相结合的，干预后教师能够关注到幼儿在表演游戏中的认知、思考等方面的发展，因此在表演游戏中教师更多地提出"为什么、怎么样"的开放性问题。开放性的问题促进了幼儿在表演游戏中的语言表达和认知发展。通过教师的提问，引发幼儿的思考，教师允许幼儿大胆表达自己的想法，使得幼儿在表演游戏中具有更高的自主性。教师在表演游戏中更多出现重复和延伸幼儿的语言，拓展了幼儿的语言经验。

（五）形成性评价提升表演游戏中师幼互动质量的效果分析

从情感支持领域来看，形成性评价有效提升了表演游戏中的教师的敏感性水平，而积极氛围、消极氛围、对幼儿视角的关注这三个维度水平提升效果不明显。通过分析发现，进行形成性评价干预前，表演游戏中积极氛围水平就比较高，因此提升效果不明显。消极氛围打分规则为反向打分，提供评价支持前后表演游戏中消极氛围水平均很低，干预前后表演游戏活动中均没有出现消极的情感、惩罚性的控制、不尊重或是严重的负面情绪。形成性评价干预前，对幼儿视角的关注这一维度 T2 教师水平较低，其他两位教师处于中等偏高水平。提供评价支持后，主要提升了 T2 教师对幼儿视角的关注这一维度水平。T2 教师一开始认为表演游戏类似于舞台剧，所以在参与幼儿表演游戏时将一切活动控制在自己的计划中，很少听取幼儿的想法，教师成为表演游戏的主导，幼儿的自主性较低，表达交谈的机会少。形成性评价干预后，T2 教师转变了对表演游戏的看法，更多的关注幼儿的观点和想法，因此，对幼儿视角的关注这一维度水平得到提升。

从活动组织领域来看，形成性评价有效提升了表演游戏中教育活动指导水平，而行为管理、活动效率安排这两个维度水平提升效果不明显。形成性评价干预前，T2 教师行为管理和活动效率安排这两个维度的水平较低，其他两位教师处于中等水平。形成性评价干预后，主要提升了 T2 教师这两个维度的水平。T2 教师之前在表演游戏中注意力集中在部分幼儿身上，对游戏中一些幼儿缺乏关注，导致幼儿在活动中出现走神、玩弄游戏道具等不良行为，幼儿游戏时间被挤占。形成性评价干预后，T2 教师给予幼儿更多的自主性，通过提升幼儿兴趣使幼儿积极参与游戏。

从教育支持领域来看，形成性评价有效提升了表演游戏中教育支持的整体水平。形成性评价干预前，三位教师的教育支持水平都比较低，尤其是认知发展支持水平均处于中等偏低水平。形成性评价干预后，教师能够把握幼儿表演游戏水平，能够看到有待提升的地方，进而进行有针对性的教育支持。

从整体上来看，由于三位教师参与的表演游戏师幼互动质量有待提升的空间不同，以及 CLASS 三大维度下的十个指标所评估的内容有所交叉的原因，导致表演游戏三大维度水平均在不同程度上有所提升。

（六）形成性评价提升表演游戏中师幼互动质量的机制

教师是表演游戏活动的实施者和直接责任人，所以形成性评价提升表演游戏中师幼互动质量的核心因素在于教师。研究发现，虽然每位教师参与的表演游戏师幼互动质量提升幅度有所不同，但是以形成性评价提升表演游戏中师幼互动质量均通过以下机制实现。

1. 形成性评价扩展教师对表演游戏关注的内容进而提升师幼互动质量

通过分析表演游戏观察记录发现，教师主要关注表演游戏的五个方面内容：社会性、学习品质、情绪情感、扮演行为、表现力。

T1 观察记录：

在没有读过故事的背景下，以涵涵为首的三个小姑娘和老师一起玩起了这个故事。没有想到，在我的介入下，三个孩子会玩得如此开心，如此地配合着我旁白的暗示与讲述的节奏，展开着她们的游戏。旁白一停顿，她们就知道要开始行动了。不需要老师过多指导，自己自然地就投入“小狼”的角色之中，活灵活现地呈现了三只小狼的亲密关系。现场虽然几乎没有道具，但是当说到“搭房子”的时候，三个小姑娘没有被这个难题难住。涵涵敏锐地发现了椅子可以作为“木砖”来搭建房子；乐乐经过仔细观察，发现藏匿在床下的地垫，也可以用来当“屋顶”搭建房子。我既要感谢班级存在着合适的替代物能够给孩子们的游戏给予支持，同时又惊叹于孩子灵活地选择替代物的创造性思维。

我的领悟：看到她们乐此不疲地搬动着现场的椅子，一趟一趟地取椅子、搭地垫，我为她们的专注游戏和坚持感到欣慰。看着她们能够融洽地共同搭建小屋，并一同钻进小屋感受着快乐，我仿佛也进入了她们的故事情节中。

进一步的调整策略：在这次游戏中，孩子们在老师的介入游戏下有了角色之间的互动和简单的对话。我需要马上将孩子们在游戏中的角色对话记录下来，了解孩子们对人物的理解，再填补主要角色的头饰和服装。

由此可以看到教师对表演游戏关注的内容不够全面，缺乏对表演游戏中特有的内容关注。表演游戏具有一定的结构性，需要依据故事情节展开，而教师缺少关于幼儿在游戏中对故事利用情况的关注。表演游戏不同于其他游戏的最大特点在于其兼具游戏性和表演性，教师对游戏性和表演性的内涵理解不深入，因此也缺乏关注。

形成性评价干预后，在不断评价和改进中扩展了教师对表演游戏关注的内容。一方面表现在教师开始更多地关注幼儿游戏水平。另一方面，教师在关注幼儿的同时也开始关注教师自己的行为和教育策略。

T1 观察记录：

小美和然然来到了表演区，他们想一起演《小猪变形记》。我说我也想和你们一起玩儿游戏可以吗？我来演什么动物呢？孩子们开始帮我想角色。最后决定让我演小猪，我按照故事里的情节开始表演，孩子们也跟着我开始表演游戏。故事的结局让我感到非常喜悦，我表演的小猪非常苦恼，不知道做一只小猪有什么有意思的事儿。孩子们看到我坐在地上很苦恼的样子都过来安慰我。他们能够体会故事中人物的情感，起初幼儿只是用简单的语言安慰我。“小猪，别难过了。”为了丰富幼儿的语言表达，我提问说：“做一只小猪有什么好的！小猪有什么优点啊？”这时，孩子们开始不局限于《小猪变形记》的绘本的内容，他们结合自己的生活经验说出了很多小猪的优点。在这次表演游戏中，孩子们学会了体会别人的情感，学会了安慰别人。

我的领悟：表演游戏不一定要有道具，没有道具的时候反而更能激发孩子的创造性。在这次表演中。孩子们的游戏性较强。但是在表演性上还比较欠缺，他们对故事情节掌握不是很熟。有时会忘记自己是故事中的角色，表演游戏需要老师的适时指导，引导孩子去主动规划故事情节，反思游戏过程中的问题。

进一步的调整策略：第一，可以进行造型游戏，丰富幼儿使用动作、表情生动地演绎故事的经验。第二，帮助幼儿总结顺利表演故事的要点，让幼儿意识到同伴合作的重要性。

形成性评价过程中教师参考《表演游戏观察评价量表》来分析表演游戏中幼儿的游戏水平，更加关注幼儿的游戏性和表演性。表演游戏开展之前教师会思考自己如何做才能支持幼儿进一步提高游戏水平，开展过程中教师会关注教师介入的时机和策略等，表演游戏结束后教师会关注自己的支持策略是否有利于幼儿游戏水平的提升，最终表演游戏中师幼互动质量水平得到提高。

2. 形成性评价帮助教师准确把握表演游戏水平进而提高师幼互动质量

教师在形成性评价的过程中了解到评价对象的基础或现状，能够对症下药，选择、确定活动计划或方案及其步骤、重点等，更有效地促进幼儿游戏水平的提高和师幼互动质量的提高。教师准确把握表演游戏水平是提高表演游戏师幼互动质量的重要前提和保障。通过分析形成性评价干预前教师对表演游戏的观察记录以及访谈资料发现，教师对表演游戏水平把握不准确。一方面，教师对表演游戏的认识有所偏差，出现把表演游戏当作教师组织下的故事表演活动或者认为表演游戏是幼儿排练舞台剧的过程。教师对表演游戏认识的偏差导致教师对表演游戏的价值判断标准出现偏差，使得教师不能准确把握表演游戏水平。

T2 访谈资料：

研究者：您认为幼儿园表演游戏是什么？

教师：我认为幼儿园表演游戏是基于幼儿前期经验，在幼儿的经验上总结和提升一些表演经验。比如我参与组织过一次中班的表演游戏“武松打虎”。孩子们一开始都不愿意演老虎，因为老虎是被打的那个嘛。然后就向大家介绍老虎有什么好的地方，孩子们了解老虎是一个很重要的角色后也就开始喜欢这个角色了。开始演的时候他们容易忽略观众的那个方面，可能有背身呀，没有冲着观众说词啊这些，观众给他们指出来之后，他们排练的时候还是会忘了观众是在哪个地方。因为你在排练的时候是没有观众的，那你怎么把这个方向性的问题找准，他们的解决办法就是在观众的那一边摆上凳子。

T2 教师的访谈记录中出现“表演经验”“观众”等字眼，能够明显地发现教师把表演游戏当作“舞台剧”，从而表演游戏所具有的本质属性——游戏，就被忽视了，教师在指导表演游戏过程中游戏性先于表演性的原则也将无法贯彻。最终导致表演游戏师幼互动中的一些指标水平不高。

另一方面，教师判断幼儿表演游戏水平时，凭借实践经验而非科学评价指标。教师通过观察表演游戏活动，对幼儿的表现进行描述性的评价。由教师在日常生活中随机观察获得幼儿发展的直观印象，这种方法缺乏严谨的评价指标参照和评价工具支持。教师关注的是较为典型的行为表现，对于幼儿在表演游戏中发展水平以及下一阶段发展目标定位不清晰。

没有依据价值标准进行价值判断的观察评价只是停留在信息收集和事实描述，无法为理解和促进儿童发展与教育提供更为丰富的信息。合理的价值标准是科学评价的关键。研究过程中，通过支持教师自主学习，组织教师讨论交流，帮助教师汇总提升的方式，使教师的评价理念得到更新，更加科学地对表演游戏进行形成性评价。评价工具的支持使教师对表演游戏评价要点有了更加清晰的认识，教师在评价时有章可循，能够做到准确把握幼儿表演游戏水平，针对幼儿表演游戏水平，调整、丰富活动支持策略，提高了表演游戏中师幼互动的质量水平。

3. 形成性评价为教师指明改进的方向进而提高表演游戏中师幼互动的质量

美国著名教育家泰勒曾说过：评价的目的不在于证明，而在于改进。① 评价为教师指明改进的方向，具有导向功能。正如有的研究者所说：评价是评价者依据一定的评价标准进行价值判断的活动，评价结果对教师有很强的“明示”作用，这种“明示”，会直接影响教师的行为取向与方式。在实践过程中评什么就抓什么，不评什么就不抓或少抓，这是评价中常见的现象，这就是评价的导向功能。② 评价所具有的导向功能帮助教师明确幼儿游戏水平，指明幼儿的最近发展区，为教师指明改进活动的方向。

本研究中对教师干预的主要是表演游戏形成性评价理念以及表演游戏观察评价量表，评价结果对教师有着明示作用。表演游戏观察评价量表为教师指明了幼儿在表演游戏中游戏性和表演性的发展水平，教师根据评价结果采用相应支持策略。如幼儿在游戏中行为很活跃、幼儿不安静、幼儿创造自己的游戏水平较低时，教师更多的是采用支持幼儿自主游戏的策略，给幼儿更多自主的空间。幼儿表演性水平的评价结果使教师能够注意到表演游戏中故事的重要性，以及幼儿在表演游戏中的思考、表达、合作的要点等，进而采取一系列支持策略来提升幼儿的表演性水平。

因此，形成性评价中评价标准为教师指明改进表演游戏的方向，最终使表演游戏中教师敏感性、教育活动指导以及教育支持领域的认知发展、反馈质量、语言示范维度等与教师支持相关的指标水平有较为显著的提升，最终表现为表演游戏中师幼互动质量得到提升的结果。

4. 形成性评价促进教师反思进而提高表演游戏中师幼互动的质量

教师反思即教师在教育过程中将自我与教育活动作为意识对象，不断进行主动思考、评价、探究、调控改进③，是教师对于教育活动中遇到的教育问题进行理性选择的一种思维方式和态度。反思对于提高教师专业化水平具有重要的意义，教师对教育活动进行反思可以提高他们的教育技能，促进其进行有效的教学。④ 有学者提出，反思是教师在进行日常的教育教学实践活动中，以自我行

---

① 翟葆奎．教育学文集教育评价［M］．北京：人民教育出版社，1989：263.
② 刘霞．幼儿教育质量评价的理论与实践［M］．北京：人民教育出版社，2017：41.
③ 吕洪波．教师反思的方法［M］．北京：教育科学出版社，2006：21.
④ 孟宪乐．教师专业化发展与策略［M］．北京：中国文史出版社，2005：146.

为表现及其行为为依据的“异位”解析和修正，可以有效提升教育教学的质量及教师素养。① 教育活动评价的过程，是教师运用幼儿发展知识、学前教育原理等专业知识分析问题、总结经验、自我反思的过程。② 评价是教师反思的一个重要来源，通过评价教师可以对幼儿如何学和教师如何教等问题进行总结和提炼，没有评价的教育实践只是日复一日地高度重复活动，而不会有自觉的反思和提升。研究表明，如果没有在观察评价基础上进行反思总结，即使是工作多年的老教师，其实践性知识和教育教学能力也很难随着教龄的延长而有所提升。③ 由此可见，反思能够促进教育教学质量的提升，而评价则是反思的一个重要来源。

形成性评价能够促进教师的反思，主要体现在两个方面。一方面评价引发教师实践中的困惑和惊奇进而促进反思，另一方面评价在整个反思过程中起到推动和优化的作用。教师的反思起源于实践中的困惑和惊奇。通过评价，教师能够清楚地看到幼儿在表演游戏中游戏性和表演性水平，评价结果中呈现出的幼儿游戏水平，能够引发教师的困惑或惊奇从而促进教师的反思。研究发现，评价的过程和结果都能够引发教师的反思。通过访谈得知，在为教师提供评价支持之前，教师很少对表演游戏中自己的教育行为进行反思。教师关注较多的是表演游戏中存在哪些问题，通常是表演游戏中幼儿的行为规范和学习品质。而这些也仅停留在表面，教师并没有针对性地对表演游戏进行反思。形成性评价干预后，要求教师不断诊断，改进教育策略，促进了教师在改进过程中不断反思。杜威指出反思过程具有循环性，图 3-1-5 为反思过程模型。④ 反思的第一步与问题有关，杜威称这样的问题为“被感觉到的困境”。反思过程的第二步是从第三者的角度去看具体情境以形成问题或者重新建构问题。杜威认为这一步是了解问题、对问题进行定位和定义的过程。此时，反思者将当前事件与过去事件相比较，弄清问题并寻求可能的解决方案。在随后的观察中反思者会判断这些方案的有效程度。评价是最后一个步骤，包括评价方案的实施过程以及实施后果，进而决定接受还是拒绝该方案。如果方案被证明是成功的，那么它会被用于以后类似的情境或者成为一种常规。如果方案失败了，那么问题会重

---

① 张立昌．试论教师的反思及其策略［J］．教育研究，2001（12）：17-21.

② 魏真，华灵燕．学前教育政策与法规［M］．北京：北京大学出版社，2015：50-52.

③ 潘月娟．学前儿童观察与评价［M］．北京：北京大学出版社，2015：12-13.

④（美）塔格塔，威尔逊．提高教师反思力 50 策略［M］．赵丽，译．北京：中国轻工业出版社，2008：5-6.

新被建构并重复以上过程。[①] 本研究中对教师进行形成性评价的干预使反思过程中评价这一环节更加科学，优化了教师的反思过程。评价不但引发了教师对表演游戏更多的反思，而且也优化了反思的过程。教师通过观察幼儿表演游戏，发现其中的问题，通过反思调整教育方案从而提升了表演游戏师幼互动质量水平。

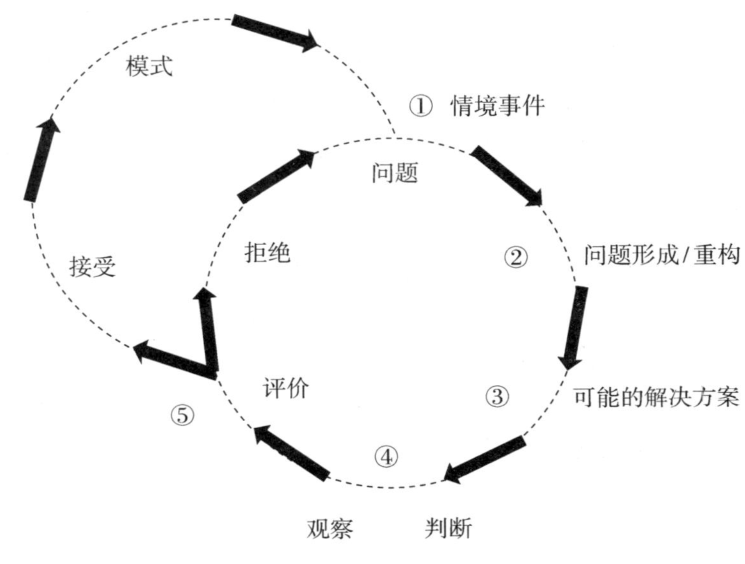

图 3-1-5　反思过程模型

（七）形成性评价促进表演游戏中师幼互动质量提升的调节因素

教师是幼儿园教育实践的主要执行者，教师是直接影响教育活动质量的最核心、关键因素。良好的教师专业素养是有效教育的基础和前提。[②] 因此，教师专业素养的不同，导致研究过程中的干预对不同教师起到不同的作用。教师专业素养包括专业知识、专业技能、专业情意，其差异在评价促进表演游戏师幼互动质量提升的过程中起到调节作用。

1. 教师专业知识差异

斯滕伯格和霍瓦斯通过建立教学专长的模型来分析专家型教师的专业知识。他们认为专家和新手教师的差异不仅在于他们所具有的知识量上的差异，更在

---

① （美）塔格特，威尔逊．提高教师反思力 50 策略［M］．北京：中国轻工业出版社，2008：6.

② 姚美雄．教师专业素质训练和专业发展研究［M］．成都：四川大学出版社，2017：28.

于知识在他们记忆中组织方式上的差异。作为一个专家型的教师，他们不仅具有良好组织内容的教学法知识，即专家型教师拥有的知识以脚本、命题结构和图式的形式出现，比新手教师的知识整合得更完整。① 因此，不同职业发展阶段的教师所具备的专业知识不同，研究过程中的干预对每位教师所起的作用也不同。骨干教师相对于成熟期和青年教师在表演游戏及其组织与指导策略知识上具有优势，他们拥有多年的教育教学实践，在实践中积累了丰富的经验。如骨干教师 T1 曾在台湾学习过戏剧教育，承担过两项有关戏剧教育的园级研究课题。戏剧教育的学习研究经历使 T1 教师有更多提高幼儿表演性水平的教育策略知识。多样的教育策略使教师能够更好地支持幼儿开展表演游戏，T1 教师在形成性评价中，采用围读故事、捏橡皮泥、造型游戏等方式有针对性地调整教育策略，帮助幼儿提升表演游戏水平。成熟期教师 T2 曾多次负责幼儿舞台剧的编排，在促进幼儿认知和思考方面策略多样。对教师进行形成性评价干预后，T2 教师采用笔纸记录的方式帮助幼儿梳理语言，在表演游戏中促进幼儿根据故事情节、以故事中角色身份参与游戏的水平以及自主性和创造性水平的提升。青年教师 T3 曾经接受过有关游戏观察与评价的培训，这使 T3 教师在对表演游戏进行形成性评价时，能够很好地理解形成性评价，研究干预中 T3 教师对评价量表的运用比较灵活，能够依据幼儿的表现提供具有支持性的帮助。由此可见，不同教师所具备的专业知识的差异使研究中干预教师对知识的吸收、理解程度不同，最终每位教师改进表演游戏时关注的重点和采用的策略不同，表演游戏中师幼互动质量水平不同。

2. 教师专业技能差异

教师专业技能是教师将专业知识应用到教育情境以解决实际问题的能力。澳大利亚的特尼等人通过研究把教师专业技能分为七大类，具有比较广泛的代表性，具体包括：动力技能、讲授交流技能、提问技能、小组个人辅导技能、培养学生思考技能、评价技能、课堂管理与纪律技能。② T1 教师具有较强的动力技能、讲授交流技能和培养学生思考技能。她本身具有较为丰富的表演游戏相关专业知识，并且其自身表现力强，在表演游戏中生动的表现能够吸引幼儿游戏兴趣，一方面给幼儿做了示范，另一方面能够带动起幼儿的表现欲，使幼儿能够大胆表现。T2 教师具备较强的课堂管理与纪律技能，表演游戏中很少出现不良行为。T2 教师的讲授交流技能较弱，表演游戏的指导过程中她通常采用

① 教育部师范司．教师专业化的理论与实践［M］．北京：人民教育出版社，2001：35.

② 教育部师范司．教师专业化的理论与实践［M］．北京：人民教育出版社，2001：40-41.

提示或是手把手的方式帮助幼儿，这容易导致表演游戏中的游戏性下降。T3 教师具有较强的动力技能和评价技能，她性格活泼，她参与的表演游戏充满趣味，氛围轻松。幼儿很喜欢邀请 T3 教师参与他们的表演游戏，T3 教师为了帮助幼儿提升表演游戏水平，不惜躺倒在地做出生动的示范。而且她善于用游戏中的角色与幼儿沟通，引发幼儿思考，通过启发幼儿来推动表演游戏的发展。形成性评价时，能够做到全面细致并能认识到幼儿的进步，根据最近发展区提出教育策略。由此可见，教师专业技能的差异，使教师在研究干预下解决表演游戏中的问题方式不同，进而使形成性评价促进表演游戏中师幼互动质量的提升呈现出不同效果。

3. 教师专业情意差异

教师的专业情意是“教师在教育教学实践过程中所形成和沉淀的一种情感倾向，它包括教师对待教育的意识、态度和专业精神”。[①] 研究过程中每位教师的专业情意存在差异主要表现为教师态度上的差异。教师在研究干预中不同的态度使干预的效果不同。干预过程中，T3 教师态度最为认真，在评价理论的学习阶段认真学习表演游戏形成性评价，并能结合实践工作提出自己的想法。T3 教师在学习使用评价工具时，能够自觉地在实践中熟悉操作，与研究者交流心得。T3 教师在反思中能够结合具体实例分析幼儿发展水平，详细规划提升表演游戏水平的支持策略。在 T3 教师参与的表演游戏中师幼互动质量提升水平较其他两位教师更显著。T1 教师态度较为认真，作为主班教师相较于其他两位教师事务较为繁忙，有时利用午休时间主动与研究者交流，思考如何更好地对表演游戏进行形成性评价。同时其作为主班教师对班级活动有较大的决策权，能够拓展思路将表演游戏与班级主题相联系，并通过家园合作的方式提高幼儿表演游戏水平。T2 教师在整个研究过程中较为被动，没有主动与其他人交流，而且观察评价记录较为笼统。由于 T2 教师参与的表演游戏中一些师幼互动质量指标的起始水平相较于其他两位教师较低，为教师提供评价支持后，表演游戏师幼互动质量水平有了较为明显的提升。但三位教师教育支持的起始质量水平相当，T2 教师相较于 T1、T3 教师提升效果仍存在差距。如，提供评价支持后 T3 教师参与的表演游戏中教育支持水平由中等水平提升到高等水平，而 T2 教师参与的表演游戏中教育支持水平由中等水平提升到中等偏高水平。由此可见，不同专业情意的教师，表演游戏形成性评价取得的效果不同。

总之，形成性评价通过扩展教师对表演游戏关注的内容、帮助教师准确把

① 彭云．关于教师专业情意结构的研究［J］．现代教育科学，2011（3）：1.

握表演游戏水平、为教师指明提供支持的方向、促进教师反思的机制，发挥提升表演游戏师幼互动质量的作用。在形成性评价促进表演游戏中师幼互动质量提升过程中起到调节作用的因素主要是教师的专业素养差异，具体包括教师专业知识差异、专业技能差异以及专业情意差异三个方面。以形成性评价促进表演游戏中师幼互动质量提升模型如图 3-1-6 所示。

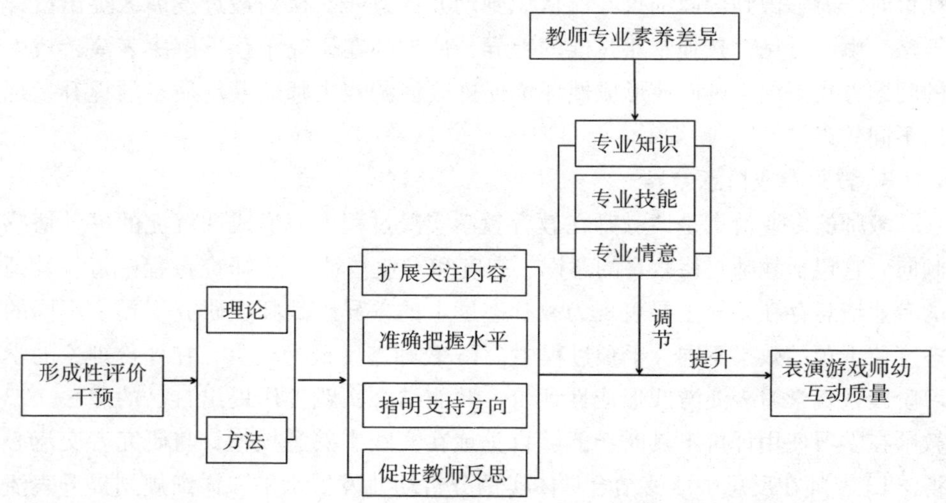

图 3-1-6　以形成性评价促进表演游戏中师幼互动质量提升模型图

五、以形成性评价提升表演游戏中师幼互动质量的综合讨论

（一）形成性评价的价值

形成性评价更多的是关注教育过程而非结果，正如布卢姆曾经指出："形成性评价的主要目的是决定给定的学习任务被掌握的程度、未掌握的部分"，"它的目的不是对学习者分等或鉴定，而是帮助学生和教师把注意力集中在为进一步提高所必需的特殊的学习上"。因此，在教育实践中做好形成性评价对教师专业发展、教育决策水平、幼儿个性化发展具有重要价值。

1. 有利于促进幼儿个性化发展

《幼儿园教育指导纲要（试行）》《3—6 岁儿童学习与发展指南》等文件均倡导"注重幼儿个体差异，促进幼儿个性化发展"。想要实现幼儿个性化发展，则需要教师关注幼儿发展的个体差异性，在了解每位幼儿个体发展不同需要的前提下，进行针对性的教育支持。根据认知发展学派幼儿教育理论，幼儿的学习发生在与周围环境积极主动的相互作用过程中，他们在活动中积累经验，在互动过程中学习发展。因此，幼儿的学习是活动着的，是过程性的。而形成性评价注重过程，符合幼儿发展特点。

研究发现，教师对表演游戏活动进行形成性评价的过程中，能够关注到每个幼儿不同方面的发展水平差异。如有些幼儿的社会自发性水平低，认知自发性水平高，有些幼儿正好相反。提高幼儿社会自发性水平，要求教师引导幼儿与他人合作，而发展幼儿认知自发性时则要求教师给幼儿发挥自主性的空间。研究过程中有一位发展较缓慢的幼儿，社会自发性水平很低，不能与其他幼儿合作，游戏活动中他经常被孤立在外。这位幼儿平时由爷爷照看，爷爷给他讲过《西游记》的故事，因此幼儿对三打白骨精的表演游戏很有兴趣。教师借此机会在表演游戏中发展幼儿的社会自发性，让该幼儿扮演他喜欢的猪八戒这一角色，并引导幼儿与他人一起发起游戏，在游戏中合作分享。他在游戏中对猪八戒形象生动的模仿赢得了教师和其他幼儿的肯定，他在表演游戏中也逐渐能够与其他幼儿合作游戏。幼儿差异性的表现要求教师采取差异性的教育策略，形成性评价关注幼儿的学习发展过程，教师根据不同幼儿的学习发展特点采取个性化的教育策略，促进了幼儿个性化发展。

2. 有利于提高教育决策水平

形成性评价的目的在于改进，它为教育活动提供反馈信息，以提高实践中正在进行的教育活动水平。一方面形成性评价获得的反馈信息，更多的是关注游戏的过程而非结果，这就能够帮助教师找到活动过程中的问题。另一方面形成性评价的反馈信息能够服务教育决策。因此，形成性评价有利于提高教育决策水平。

首先，形成性评价对活动过程的关注是为了发现问题，进而解决问题。教师对表演游戏进行形成性评价时，要求教师不仅仅关注游戏中幼儿的水平，而是结合观察记录，分析游戏过程中出现这样的幼儿发展水平结果的原因，找到幼儿的最近发展区，调整教育策略，进一步支持幼儿更好地游戏。找到活动过程的问题所在，做出具有针对性的调整，能够使教育决策水平提升。

其次，形成性评价要求教师对表演游戏进行评价是为了更好地组织游戏活动，因此，教师在评价中获取的反馈信息能够被利用起来。比如幼儿在表演游戏中经常出现不能熟练地根据故事情节进行游戏的情况，教师根据评价的反馈结果及时调整教育策略以改善这种情况，在改进中教师教育决策的准确度也得到提升。所以形成性评价的反馈信息能够被教师利用，且在利用反馈信息的过程中提升教师决策准确度，最终提高教育决策水平。

因此，形成性评价以改进为目的的取向，使教师充分利用起评价的反馈信息，教育决策水平也在改进的过程中不断提高。

3. 有利于促进教师专业发展

教师在实践中开展形成性评价，要求教师对幼儿的活动进行观察、分析、引导，进而使教师的理论知识与教育实践产生碰撞，促进教师专业发展。研究发现，教师对表演游戏进行形成性评价的过程，也是教师专业发展的过程，在此过程中不但丰富了教师有关表演游戏的专业知识，而且提高了教师组织指导表演游戏的专业技能。

首先，教师所掌握的关于表演游戏及其评价的理论知识，在形成性评价的过程中被不断运用，使知识在教师头脑中重复再现，最终真正被教师内化。形成性评价注重的是活动过程而非结果，因此，教师在评价中有机会审视和调整活动。教师在不断审视和调整活动的形成性评价过程中，逐渐掌握了表演游戏所应关注的要点以及幼儿在表演游戏中呈现出的水平特点等专业知识。教师能够结合表演游戏理论和评价信息调整自己的教育行为，也显示出其对表演游戏专业知识的掌握更加全面而深入。

其次，形成性评价是通过诊断教育方案或计划、教育过程与活动中存在的问题，为正在进行的教育活动提供反馈信息，以提高实践中正在进行的教育活动质量的评价。形成性评价要求教师根据评价信息调整教育策略，促进了教师专业技能的提高。教师发现所采取的教育策略不能有效解决表演游戏活动中存在的问题，如研究中教师发现幼儿综合运用语言、动作、表情生动演绎故事这一表演性指标水平较低时，采用观看其他班级表演视频的策略帮助幼儿提高效果并不明显。形成性评价使教师继续调整教育策略，最终教师采用对视频中出现的有代表性情节做出针对性讲解或组织幼儿针对性讨论的方式有效提升了幼儿表演性水平。在此过程中，通过尝试、调整使教师在实践过程中提高了组织指导表演游戏的专业技能。

因此，形成性评价对过程的重视，给教师专业发展提供了空间。表演游戏形成性评价的过程，使教师有关表演游戏的专业知识和专业技能方面都得到一定程度的提高，形成性评价具有促进教师专业发展的价值。

（二）形成性评价促进表演游戏中师幼互动质量提升的策略

为保证形成性评价能够促进表演游戏师幼互动质量提升，干预时评价工具的选择和干预的过程均需要采取一定的策略。研究发现，选择干预工具、干预过程、反馈信息的利用方面都应注意相应的策略。

1. 选择适宜的干预工具

工欲善其事，必先利其器，选择适宜的评价工具是使形成性评价提升表演游戏师幼互动质量的关键。适宜的评价工具不但要适用于评价对象，还要适用于评价主体。首先，表演游戏区别于其他游戏的根本特点在于其兼具游戏性和表演性。因此，评价工具中的指标要凸显表演游戏的根本特点，才能有效呈现表演游戏水平。其次，评价具有导向功能，要求评价工具所涵盖的内容要全面。最后，形成性评价的主体是一线教师，评价工具的选择要满足教师的需要，确保评价工具有可操作性。

第一，评价工具指标要凸显表演游戏特点。幼儿园游戏活动有很多类型，不同游戏具有不同特点。表演游戏中游戏性和表演性是最根本的特点，且在评价中需遵循游戏性大于表演性的原则。因此，在选择评价工具时，要兼顾游戏性和表演性指标内容和比例，在评价工具中体现表演游戏特征的同时，突出游戏性地位，从工具的层面帮助教师避免重表演轻游戏的问题。

第二，评价工具指标内容要全面。首先，研究过程中所选择的《表演游戏观察评价量表》包含了游戏性和表演性两大方面内容，涵盖了幼儿身体自发性、社会自发性、认知自发性、明显的愉悦性、幽默感、认知、思考、表达、合作九个方面，能够比较全面地反映出幼儿的表演游戏水平。其次，对教师进行表演游戏形成性评价干预时，评价工具为教师指明表演游戏中所应该关注的要点内容。因此，所选用的评价工具指标内容全面与否将直接影响教师对幼儿表演游戏水平把握的全面程度，进而影响表演游戏中师幼互动质量。如本研究选用的评价工具中，教师对幼儿在游戏中认知自发性、明显的愉悦性等指标水平的把握，影响着表演游戏师幼互动质量中关注幼儿的观点、教育活动指导等指标的水平。

第三，评价工具要具有可操作性。教师要在表演游戏开展的实践过程中使用评价工具，则要求工具具有较强的可操作性，可操作性具体表现在工具各个指标和使用方式上。研究发现，为教师提供的表演游戏评价工具中大部分指标具有较强的可操作性，极少数指标可操作性较低，而可操作性较低的指标会影响教师对表演游戏水平的判断以及后续的教育行为。可操作性较强的评价工具中，各指标所指向的游戏行为是具体的，且各指标之间有较强的区分性。这样才能使教师快速将幼儿的表现和工具中各指标内容进行对应。从工具的使用方式上看，本研究采用的评价工具分为 5 个水平等级，只需要教师在对幼儿游戏进行观察记录后，在相应水平上划勾即可，操作简便，有助于教师在实践中及时记录。

因此，在形成性评价促进表演游戏中师幼互动的质量提升过程中要注意，所选用的评价工具指标内容要全面，且应具有可操作性。

2. 注重干预实践过程

评价干预的过程是更新教师理念，保证评价工具有效使用，真正发挥形成性评价改进作用的关键。评价干预过程需注重两个方面，第一，评价干预应满足不同职业发展阶段教师的需要；第二，要注意抓住评价干预的时机。

第一，不同职业发展阶段的教师面临的问题和困惑是不同的，青年教师更多的是需要方法策略的支持，而骨干教师则更加需要理论的支持。① 研究干预从思想和方法两个层面进行，由教师的自主学习到交流讨论再到汇总提升，其中有教师个人学习也有集体研讨，有案例观摩也有实践运用，帮助教师形成科学的表演游戏形成性评价理论的同时也为教师提供了具体的评价工具参考。个体化的指导和理论方法的支持，以及多样的学习形式，使干预过程能够满足不同职业发展阶段教师的需要。研究发现，骨干教师在明确表演游戏理论后，很快能够抓住关键点，理论结合实践灵活使用评价工具。成熟教师需要更多的时间转变理念，在改进中优化教育策略。青年教师新理念接受速度较快，但更需要评价工具这种实操性较强的方法支持才能更好进行表演游戏形成性评价。

第二，由于教师之间存在个体差异，每位教师对干预内容所掌握的程度不同，为更好地帮助教师对表演游戏进行形成性评价，要求评价干预要抓住时机。干预时机包括：教师在产生感悟或困惑时、教师发现问题时、教师主动寻求帮助时。如研究过程中，教师惊喜地发现幼儿在表演游戏中展示出创造力的时候，研究者要及时记录并接受教师的分享，肯定教师的优点，提出不足，鼓励教师改进。有时教师发现幼儿在游戏中容易失去兴趣感到困惑时，研究者应适时提供支持，帮助教师做好形成性评价，找到问题的原因。

有效的评价干预不是让教师记住表演游戏评价的知识，而是让教师理论结合实践科学进行表演游戏形成性评价。因此，评价干预过程要注意满足不同职业发展阶段教师的需要，还要抓住评价干预的时机。

3. 有效利用反馈信息

形成性评价干预能否发挥促进表演游戏师幼互动质量提升的作用，还在于是否能够有效利用评价的反馈信息，因此需要关注评价反馈信息的利用情况。研究发现，有效利用评价的反馈信息需要注意以下三个方面。第一，及时处理评价的反馈信息。第二，深入挖掘评价的反馈信息。第三，注重评价反馈信息的推广应用。

---

① 苏婧．基于幼儿园课程实施的园本教研活动指导手册［M］．北京：北京出版社，2018：16.

第一，及时处理评价的反馈信息要求教师在表演游戏组织与指导过程中仔细观察幼儿表现，游戏结束后及时撰写观察记录并确定表演游戏中每位幼儿的游戏水平。针对表演游戏中幼儿整体水平及幼儿的个体差异提出针对性的指导策略。研究过程中，能够及时处理评价信息的教师，能够更全面地发现游戏中幼儿游戏的优势与不足，进而提出有针对性的教育策略。而当教师没有及时处理评价信息时，表演游戏中的一些细节容易被忽略，教师对幼儿表演游戏水平的把握不全面，导致改进策略的不全面。

第二，深入挖掘评价的反馈信息需要教师客观审慎地看待评价结果。研究发现，当教师只关注评价反馈的表面信息时，采取的教育策略通常是缺乏支持性的。例如，反馈信息呈现出幼儿以故事中角色身份参与游戏水平较低时，教师采取提醒幼儿故事角色身份的方式虽然使幼儿暂时知道自己的身份，但是很快就会忘记。而善于深入挖掘评价反馈信息的教师能找到问题的根本原因在于幼儿没有真正理解故事，应该帮助幼儿理解故事角色情感特征，而显然后者师幼互动质量更高。

第三，之所以要注重评价反馈信息的推广应用，是因为每次参与表演游戏的幼儿不完全固定。表演游戏的根本属性是游戏，游戏是幼儿自愿参与的活动，因此，每次参与表演游戏的幼儿都有可能发生变化。本研究采用的前实验设计实现了保证表演游戏的真实性和尊重幼儿参与游戏的权利的同时也对教师有了更高的要求，即注重评价反馈信息的推广。研究过程中，教师为培养幼儿参与游戏的坚持性会有意识引导幼儿在一段时间之内尽可能连续参与表演游戏，但实践中的突发情况如幼儿请假、失去兴趣或是有些没参与过游戏的幼儿也想参与游戏等不能保证每次参与游戏的幼儿都一样。因此，要求教师注重对评价反馈信息的推广应用，做到举一反三。研究发现，能够推广应用反馈信息的教师面对表演游戏中的问题更能游刃有余。比如，表演游戏中容易发生幼儿表演性水平不高的情况，教师使用生动示范、参与幼儿游戏的方式引导幼儿模仿，有效提高了幼儿表演性水平，这一反馈信息可以推广成为解决其他幼儿出现表演性水平不高问题的教育策略。

总之，形成性评价促进表演游戏中师幼互动的质量提升，如何利用评价的反馈信息非常关键，为保证提升效果，需要帮助教师做到以上三点。

参考文献

[1] 陈建林．教师介入幼儿游戏方式的研究［D］．重庆：西南大学，2008.

[2] 陈佳艺．幼儿园区角活动质量与儿童发展结果的关系研究［D］．金华：

浙江师范大学，2015.

[3] 蔡盈．幼儿园区域活动质量评价指标构建研究［D］．长春：东北师范大学，2018.

[4] 丁邦平．国外游戏研究成果综述［J］．学前教育研究，1994（10）：59-60.

[5] 但菲，冯璐，王琼．表演游戏对4—6岁幼儿同伴交往能力的影响［J］．学前教育研究，2009（8）：13.

[6] 丁海东．学前游戏论［M］．济南：山东人民出版社，2001.

[7] 冯璐，王萍．在表演游戏中培养被忽视幼儿自信心的实验研究［J］．教育导刊，2012（5）：33-37.

[8] 华爱华．幼儿游戏理论［M］．上海：上海教育出版社，1998.

[9] 姜帆．幼儿园表演游戏的现状、问题及对策［D］．济南：山东师范大学，2016.

[10]（美）约翰逊．游戏与儿童早期发展［M］．华爱华，郭力平，译．上海：华东师范大学出版社，2006.

[11] 教育部师范司．教师专业化的理论与实践［M］．北京：人民教育出版社，2001.

[12] 刘畅．两种教育情境下的师幼互动研究［D］．上海：华东师范大学，2012.

[13] 吕洪波．教师反思的方法［M］．北京：教育科学出版社，2006.

[14] 李克建．中国托幼机构教育质量评价研究［M］．北京：北京师范大学出版社，2017.

[15] 林茅．幼儿游戏［M］．上海：华东师范大学出版社，1992.

[16] 李生兰．学前教育学（修订版）［M］．上海：华东师范大学出版社，2006.

[17] 刘霞．幼儿教育质量评价的理论与实践［M］．北京：人民教育出版社，2017.

[18] 刘焱．儿童游戏通论［M］．北京：北京师范大学出版社，2004：616.

[19] 刘焱．儿童游戏通论［M］．福州：福建人民出版社，2015.

[20] 刘焱，李霞，朱丽梅．幼儿园表演游戏现状的调查与研究［J］．学前教育研究，2003（3）：32-36.

[21] 刘焱，朱丽梅，李霞．幼儿园表演游戏的特点、指导原则与教学潜能［J］．学前教育研究，2003（6）：17-20.

[22] 孟小晨．幼儿园表演游戏开展的现状研究［D］．福州：福建师范大学，2014.

[23] 孟宪乐．教师专业化发展与策略［M］．北京：中国文史出版社，2005.

[24] 宁虹．教育研究导论［M］．北京：北京师范大学出版社，2010.

[25]（英）彭尼·索塔尼，（英）卡林·哈克．儿童早期游戏规划［M］．朱运致，译．南京：南京师范大学出版社，2009.

[26] 彭云．关于教师专业情意结构的研究［J］．现代教育科学，2011（3）：1.

[27] 潘月娟．学前儿童观察与评价［M］．北京：北京大学出版社，2015.

[28] 邱学青．学前儿童游戏［M］．南京：江苏教育出版社，2008.

[29] 邱学青．幼儿园自主性游戏指导策略的研究［J］．幼儿教育，2004（6）：16-18.

[30] 苏婧．基于幼儿园课程实施的园本教研活动指导手册［M］．北京：北京出版社，2018.

[31] 邵小佩．重庆市主城区幼儿园表演游戏现状研究［D］．重庆：西南师范大学，2004.

[32] 田方．幼儿园半日活动情境下的师幼互动研究——基于 CLASS 课堂互动评估系统的观察分析［D］．上海：华东师范大学，2014.

[33]（美）塔格塔，威尔逊．提高教师反思力 50 策略［M］．赵丽译．北京：中国轻工业出版社，2008.

[34] 王坚红．学前教育评价——理论·方法·实践［M］．北京：人民教育出版社，1994.

[35] 魏真，华灵燕．学前教育政策与法规［M］．北京：北京大学出版社，2015.

[36] 姚美雄．教师专业素质训练和专业发展研究［M］．成都：四川大学出版社，2017.

[37] 翟葆奎．教育学文集教育评价［M］．北京：人民教育出版社，1989.

[38] 张立昌．试论教师的反思及其策略［J］．教育研究，2001（12）：17-21.

[39] 周赛琼．创造性游戏和幼儿园环境关系研究［D］．金华：浙江师范大学，2011.

[40] 朱晓颖．幼儿游戏与指导［M］．北京：人民邮电出版社，2017.

[41] Andrew P. Johnson. How to Use Creative Dramatics in the Classroom [J]. Childhood Education, 1998, 75 (1): 2-6.

[42] Barnett L A. Playfulness: Definition, design, and measurement [J]. Play and Culture, 1990, 3 (4): 319-336.

[43] Lieberman J N. An attempt to conceptualise a quality of play and of the player [J]. Psychological Report, 1966, 19 (3f): 1278.

[44] Rosen C E. The effect of problem-solving behavior amongst culturally disadvantaged preschool children [J]. Child Development, 1974, 45 (4): 920-927.

[45] Schierholt, Carla G. Enhancing Creative Dramatic Play and Story Reenactmens in a Primary Grade Classroom [J]. University of Alaska Southeast, 1994.

[46] Smilansky S. The effects of sociodramtic play on disadvantaged preschool children [J]. Biogeosciences Discussions, 1968, 11 (7): 11597-11634.

附录

附录一：表演游戏观察评价量表

	项目与儿童相符合的程度				
	完全不符合	有点符合	不清楚	比较符合	符合
	1	2	3	4	5
游戏性评价指标					
身体自发性					
儿童的运动能很好地协调					
儿童在游戏中行为很活跃					
儿童好动不安静					
儿童有许多的跑、跳滑					
社会自发性					
儿童对别人接近表现出友好					
儿童能与别人一起发起游戏					
在游戏中儿童能与其他人合作					

续表

	项目与儿童相符合的程度				
	完全不符合	有点符合	不清楚	比较符合	符合
	1	2	3	4	5
儿童愿意与别人分享玩物					
儿童在游戏中承担领导者的角色					
认知自发性					
儿童创造他自己的游戏					
儿童在游戏中使用非传统物品					
儿童承担不同特征的角色					
儿童在游戏中变换活动					
明显的愉悦性					
儿童在游戏中表现得很兴奋					
儿童在游戏中表现得精力充沛					
儿童在游戏中表现积极					
儿童在游戏中表达情绪					
儿童在游戏时又说又唱					
幽默感					
儿童喜欢与其他儿童开玩笑					
儿童善意地逗弄他人					
儿童讲滑稽故事					
儿童听到幽默故事时发笑					
儿童喜欢与周围人闹滑稽笑话					
表演性评价指标					
认知					
儿童熟练地根据故事情节进行游戏					
儿童以故事中角色身份参与游戏					
思考					
儿童主动规划故事情节					
儿童主动丰富故事情节或角色					

续表

	项目与儿童相符合的程度				
	完全不符合	有点符合	不清楚	比较符合	符合
	1	2	3	4	5
儿童主动反思游戏过程					
表达					
儿童综合运用语言、动作、表情生动演绎故事					
合作					
儿童和同伴相互协商故事情节					
儿童在游戏中相互配合演绎故事					

附录二：访谈提纲

1. 您认为幼儿园表演游戏是什么？

2. 您会对孩子的表演游戏进行评价吗？您是怎么做的？您觉得这种方法理想吗？

3. 您对表演游戏评价时关注哪些内容？（可以举例说明）

4. 您如何处理观察评价信息的？

5. 您在表演游戏评价的过程中有哪些问题？（疑惑、困难等）

6. 您会对表演游戏进行反思吗？

7. 您是否参加过有关游戏活动评价、指导的培训，在培训中学到的东西有没有在实践中运用？

幼儿园语言活动中教师师幼互动能力提升的行动研究

杨利民

师幼互动是学前教育领域重要的课题之一。师幼互动不仅是影响儿童发展的重要因素，它对儿童的心理发展和社会适应，特别是情感适应、学习过程、行为发展以及人际关系等方面均有重要影响；而且师幼互动的质量直接决定了教育活动的质量水平及教育效果。与此同时，师幼互动能力也是幼儿园教师专业能力的重要组成部分。《幼儿园教师专业标准（试行）》中也明确指出，教师应与幼儿建立良好的师幼关系，帮助幼儿建立良好的同伴关系，让幼儿感到温暖和愉悦。幼儿期是语言发展特别是口语发展的重要时期，幼儿语言发展贯穿各个领域，也对各个领域的学习有着重要影响，通过语言获取信息，幼儿的学习逐步超越个体的直接感知。幼儿园语言领域教育活动是促进幼儿语言发展的重要途径，而其中的师幼互动对保证和提升语言活动质量，促进幼儿语言发展发挥着关键性作用。

一、问题提出

当前，师幼互动已成为国内外衡量学前教育质量的核心要素之一，也成为国内外近年研究的热点。在幼儿园五大领域的教育活动中，语言教育活动对幼儿社会交往、智力发展、创造力发展、人格发展等方面均具有重要价值。另外，从幼儿园教师这一身份角度出发，在幼儿园教育活动中教师是幼儿语言学习的支持者、引导者、帮助者和促进者。因此，探究语言教育活动中的师幼互动具有重要价值。本研究在前期通过查阅中外研究成果，理清了师幼互动的相关概念，从理论和实践方面明确了本次研究的意义，最终确定本研究的研究问题与研究方法从而保证研究的正常有序开展。

（一）已有研究基础与述评

综观已有相关研究，国内外学者围绕师幼互动的内涵[①②③]、师幼互动的价值[④⑤⑥]、师幼互动的特征[⑦⑧]、师幼互动的内容和类型[⑨]、影响师幼互动质量的因素、提升师幼互动质量的策略[⑩⑪]，以及师幼互动的研究方法等展开了广泛研究。这些研究均为本研究的开展奠定了良好基础，提供了重要参考与借鉴。但已有研究也存在一些不足与有待进一步研究的方面。首先，虽然对幼儿园各领域及一日生活各环节中师幼互动的研究不在少数，但重点聚焦师幼互动中的幼儿教师，旨在提升幼儿教师师幼互动能力的专门性研究并不多。其次，已有研究中更多的是将教师言语互动作为分析重点，如提问、反馈等，而涉及情感、动作等方面的互动研究较少。最后，对幼儿园师幼互动现状与特点的研究较多，而将互动分析工具与行动研究相结合意在促进幼儿教师师幼互动能力提升的研究较少。

（二）研究目的与问题确立

基于此，本研究以行动研究的范式，综合运用观察法、个案法等研究方法，借助课堂互动评估系统（CLASS）对提升幼儿园语言教育活动中教师师幼互动

---

① 庞丽娟．教师与儿童发展［M］．北京：北京师范大学出版社，2001：67.

② 刘晶波．社会学视野下的师幼互动行为研究——我在幼儿园里看到了什么［M］．南京：南京师范大学出版社，2006：20，22.

③ 莫源秋，唐翊宣，刘利红．幼儿教师与幼儿有效互动策略［M］．北京：中国轻工业出版社，2016：2.

④ Howes C，Hamilton C E，Matheson C C. Children's relationships with peers：Differential associations with aspects of the teacher-child relationship［J］. Child Development，1994，65（01）：253-263.

⑤ Pianta R C，Steinberg M S，Rollins K B. The first two years of school：Teacher-child relationships and reflections in children's class-room adjustment.［J］. Development and Psychology，1995（07）：2.

⑥ 庞丽娟．幼儿教师的期望和幼儿发展［J］．学前教育研究，1992（04）：32.

⑦ 刘晶波．社会学视野下的师幼互动行为研究——我在幼儿园里看到了什么［M］．南京：南京师范大学出版，2006：216-224.

⑧ 叶子．师幼互动的内容分布及其特征［J］．幼儿教育，2009（07）：10-12.

⑨ Pianta R C. Patterns of relationships between children and kindergarten teachers［J］. Journal of School Psychology，1994（01）：15-31.

⑩ Michael Lynch，Dante Cicchetti. Children's relationships with adults and peers：An examination of elementary and junior high school students［J］. Journal of School Psychology，1997，35（01）：81-99.

⑪ 黄娟娟．师幼互动类型及成因的社会学分析研究——基于上海 50 所幼儿园活动中师幼互动的观察分析［J］．教育研究，2009（07）：81-86.

能力的过程进行探索与分析，并最终得出一套提升幼儿园语言活动中教师师幼互动能力的行动方案。具体而言，本研究将重点探讨以下几个问题：（1）幼儿园语言教育活动中教师的师幼互动能力处于何种水平？（2）每一次行动中，如何促进教师将 CLASS 各维度指标与其语言活动中具体的师幼互动行为产生联系？（3）如何运用有效策略提升教师师幼互动能力？（4）能够促进幼儿园语言活动中教师师幼互动能力的行动方案是怎样的？

（三）研究意义

1. 理论意义

第一，本研究探讨了师幼互动的价值、内涵、特点与过程等问题，对丰富师幼互动的理论内涵具有一些理论意义。第二，通过运用课堂互动评价系统对幼儿园教师在语言教育活动中师幼互动的具体情况进行深入的分析，为语言教育活动中师幼互动的研究提出了新的关注点，丰富了相关领域活动的理论。第三，本研究针对评估结果，结合教师的反馈展开行动研究，丰富和完善了教师行动研究的分析框架，也进一步充实发展了幼儿园语言教育活动中师幼互动的研究思路与方法。同时，这一结果也可迁移到其他学段或领域的相关研究中，具有衍生价值。

2. 实践意义

第一，师幼互动的状况对幼儿园教育活动效果与质量具有非常重要的影响，本研究在幼儿园语言教育活动中使用了 CLASS 评估系统，从情感支持、活动组织和教育支持三个领域出发从不同的角度进行评估，能够较为全面地分析活动中师幼互动的优点和不足，并针对存在的问题提出可行性的建议，有助于提高活动的质量。第二，有助于促进幼儿园语言教育活动中教师的专业化发展。通过对活动的分析，总结了其师幼互动的可借鉴和不足之处，提出了改善建议。这可以更好地帮助园所与教师增强对师幼互动状况的认识，并促进教师对教育活动的反思和改进。第三，本研究尝试展开行动研究，根据反馈结果不断优化师幼互动策略，并最终提出一套可供幼儿教师在实践中参考的行动方案，因而具有较强的实践指导意义。

二、研究设计

（一）概念界定

1. 师幼互动、教师师幼互动能力

基于国内外学者对师幼互动的理解，本研究中将师幼互动界定为：在教师

和幼儿之间发生的，运用语言、符号、姿态、表情等沟通方式的一切相互作用和相互影响的过程。教师师幼互动能力则指教师运用语言、符号、姿态、表情等不同方式与幼儿相互作用，影响与改变幼儿的能力。具体而言，本研究中教师师幼互动能力主要聚焦幼儿园集体教育活动中教师的情感支持能力、课堂组织能力与教育支持能力。

2. 幼儿园语言教育活动

幼儿园语言教育活动包括专门的语言教育活动和渗透在幼儿园一日生活各个环节及其他领域中的语言教育活动，以及家庭教育、社区教育中的相关活动。本文主要研究幼儿园专门性的语言领域集体教育活动，即教师有目的、有计划地对全体幼儿进行的语言领域教育活动，在此过程中幼儿主动与周围环境不断产生交互作用，从而获得语言能力的发展和提高。

3. 提升师幼互动能力的策略

本研究参照 CLASS 互动分析系统下情感支持、活动组织、教育支持三个领域为教师师幼互动能力的提升提供行动指导。具体策略包括视频分析、集体座谈、教案分析、亲身示范、教学反思。

（1）视频分析

视频分析是当下有效的培训方式之一，它是以教育学、心理学等相关理论为基础，通过有声摄像技术拍摄活动视频，后期对视频进行反馈和教学评价。视频分析是对在岗教师进行教学技能培训的一种便捷、科学的训练方法。

（2）集体座谈

行动研究是系统的持续探究，它是有计划的，也是自我批判式的，在适当时候，它需要接受公众的批判和经验的检验①。集体座谈在研究中能够使研究者们在集体的环境中分享选题，这其中既有对自我以及他人在研究中的批判，也有向其他研究者的学习，在行动研究中是一种提升教师能力的有效策略。

（3）教案分析

教案是教师在课堂实施之前的准备工作，是教师对整个活动的预设，撰写完整科学的教案不仅是教育活动顺利进行的前提保障，也是提高教师教育素质的有效途径。案例分析是指向教师提供完整的教案，然后提出问题，在问题中结合资料，依据一定的理论知识提出具体的解决问题的方法或意见。

（5）亲身示范

亲身示范是教育活动中最常用的一种演示方法，它是通过教师进行具体的

---

① Amy Laura Dombro，Judy Iablon，Charlotte Stetson. 有力的师幼互动—促进幼儿学习的策略［M］. 北京：中国轻工业出版社，2008：31.

动作示范，从而在观摩者的头脑中建立起学习的表征，进一步了解所学动作的过程。亲身示范的方法直观、高效，能够使示范者与学习者之间产生直接的沟通，从而大大提高教育活动的效果。本研究中，通过教师与教师之间面对面的亲身示范，进而相互学习有效的师幼互动策略。

（6）教学反思

教学反思不仅能够提高教师的效能感，完善教育教学的形式和内容，更能够促进教师的专业化发展。本研究中通过教师对教学活动的自我反思来分析师幼互动中存在的问题并提出进一步改进的方法与策略。

（二）研究思路

本研究以行动研究的范式，综合运用观察法、个案法等研究方法，借助课堂互动评估系统（CLASS）对提升幼儿园语言教育活动中教师师幼互动能力的过程进行探索与分析，并最终得出一套提升幼儿园语言活动中教师师幼互动能力的行动方案。为保证研究对象的全面性和科学性，本研究在小、中、大班各选择一名新手教师、一名熟手教师进行行动研究。在研究的不同阶段，研究者对教师师幼互动进行观察评价，研究者与教师共同分析此阶段师幼互动过程中教师师幼互动能力的水平，协商下一步的改进策略，并在下一轮由教师予以改进和实施。在行动开始之前对当下教师师幼互动能力进行前测，接着在行动研究每一轮行动结束时使用CLASS进行测评，根据评估结果予以反馈。在行动结束后，分析有效师幼互动在行为、语言、情感维度下的特征，形成提升教师师幼互动能力的行动研究方案，为提高教师师幼互动的能力提供支持。此研究力求为语言教育活动中教师师幼互动能力的提升提出可以借鉴的经验，同时找出尚存的一些问题，并结合师幼互动的相关理念，提出切实可行的行动方案，为幼儿园教师师幼互动能力的提升提供意见和建议，以期能够促进相关领域理论和实践的发展。

（三）研究对象

目前，国内外对于新手教师、熟手教师的概念界定有多种表述，有部分学者主张从教龄和教学表现来界定新手教师、熟手教师。在本研究中新手教师指入职1—2年的幼儿园教师①。熟手教师又称经验教师，即指从教5年以上，拥有比较丰富的教学经验和专业知识的幼儿园教师。在北京市D幼儿园大、中、

① 连格，孟迎芳．专家—新手型教师研究述评［J］．福建省社会主义学报，2001，（04）：1-2.

小三个年龄班各选择一名新手教师与一名熟手教师，对选取的六名教师展开行动研究。在前测和两轮行动研究中共收集 18 个语言教育活动，对 18 个活动进行观察分析，行动中，研究者与教师通过视频分析、集体座谈、教案分析、亲身示范、教学反思等多种形式展开提升幼儿园教师师幼互动能力的研究。所选教师基本情况如表 3-2-1 所示。

表 3-2-1　教师基本情况

姓名	NT1	NT2	NT3	ET1	ET2	ET3
性别	女	女	女	女	女	女
年龄	23 岁	22 岁	20 岁	33 岁	29 岁	42 岁
教龄	3 年	2 年	1 年	14	6 年	24 年
职称	小教三级	三级教师	无	一级教师	二级教师	一级教师
初始学历	大专	中专	大专	中专	本科	中专
初始学历所学专业	学前教育	幼儿教育	学前教育	学前教育	学前教育	学前教育
最高学历	本科	本科	大专	本科	本科	本科
最高学历所学专业	学前教育	学前教育	学前教育	学前教育	学前教育	学前教育
园/区/市骨干教师	无	无	无	区学科带头人	园骨干教师	区骨干教师

（四）研究方法

1. 行动研究法

本研究中研究者与幼儿教师一起在教学现场，与教师共同商讨提升策略、共同参与研究的全过程，形成有效的行动方案并加以实施。研究者在设计方案—实施方案—发现问题—修改方案的过程中，通过螺旋式上升的方式，凝练概括一套具有一定借鉴价值的专业培训方案。在行动研究过程中，每一阶段为期 20—30 天，根据实际教学情况进行调整，行动研究步骤共分为四个阶段。

（1）第一阶段：前期准备

了解园所实际情况，包括园所中教师基本情况、已有相关培训措施、教师对师幼互动的认识、教师的专业发展意愿以及园所对教师的期望等。在这一阶段，研究者对 D 园教师的基本情况、园所管理人员对教师专业成长的要求、教师对师幼互动能力的认识等有了初步的了解。为参与研究的六位教师拍摄第一次视频，视频分析结果作为了解当前教师师幼互动能力的前测数据。对前测数据进行分析，了解教师师幼互动能力处于何种水平，以及新手教师与熟手教师之间是否存在显著差异。

（2）第二阶段：第一轮行动研究

正式开展第一轮行动研究。对前测结果进行分析后，依据情感支持、课堂管理、教学支持几个领域进行反馈。在反馈过程中对高分行为进行总结，对集中出现的低分行为问题与教师展开研讨，研讨方式包括视频分析、集体座谈、教案分析、教学反思等。对发现的问题提出有针对性的解决办法。随即拍摄第二次活动视频，并进行分析与评估，寻找问题，进行反思。

（3）第三阶段：第二轮行动研究

进行第三次视频的采集。对第三次视频进行分析、评估。查找问题，进行反思，找出存在的问题。与教师展开第二轮研讨，研讨方式包括视频分析、集体座谈、亲身示范、教学反思等，对师幼互动中教师师幼互动能力中存在的问题提出有针对性的解决对策。

（4）第四阶段：总结归纳，形成行动研究方案

对三次结果进行比较，归纳总结三次视频中师幼互动中教师存在的问题，分析教师师幼互动能力提高的程度、培训手段的有效性等，并对解决手段进行梳理总结，探求教师师幼互动能力提升的有效策略，进而形成行动研究方案。

表 3-2-2 行动计划一览表

<table>
<tr><th>阶段/时段</th><th>活动录制时间</th><th>教师编号</th><th>样本活动名称</th><th>提升策略</th><th>研究目标</th></tr>
<tr><td rowspan="6">前测（2018. 10. 10—11. 2）</td><td>2018. 10. 10</td><td>ET2</td><td>“今天运气怎么这么好 1”</td><td></td><td rowspan="6">1. 了解当前教师师幼互动理念。
2. 通过测评了解当前教师师幼互动能力水平。</td></tr>
<tr><td>2018. 10. 17</td><td>NT2</td><td>“绿色的世界”</td><td></td></tr>
<tr><td>2018. 10. 19</td><td>ET3</td><td>“下雨天”</td><td></td></tr>
<tr><td>2018. 10. 19</td><td>ET1</td><td>“小黑捉迷藏”</td><td></td></tr>
<tr><td>2018. 10. 24</td><td>NT3</td><td>“大卫上学去”</td><td></td></tr>
<tr><td>2018. 11. 2</td><td>NT1</td><td>“小兔子拔萝卜”</td><td></td></tr>
</table>

续表

阶段/时段	活动录制时间	教师编号	样本活动名称	提升策略	研究目标
第一轮行动（2018.11.2—12.13）	2018.11.2	ET2	“今天运气怎么这么好2”	通过集体座谈使教师理解CLASS各维度及其内涵，学习师幼互动相关概念。	1. 理清本次行动研究的时间安排。 2. 帮助教师明晰此项研究中的核心概念，包括CLASS、师幼互动、行动研究的相关概念。
	2018.11.6	NT2	“小河马的大口罩”		
	2018.11.12	ET1	“长颈鹿开店”	教师进行个人反思。	
	2018.11.16	NT1	“好饿的毛毛虫”	对教师进行视频分析，对高分教师、低分教师进行教案分析。	
	2018.11.21	ET3	“小老鼠上灯台”		
	2018.11.23	NT3	“咔嚓咔嚓”		
第一次讨论	2018.12.13	ET1、ET2、ET3、NT1、NT2、NT3	讨论本次研究中CLASS的核心概念、各大维度的具体含义，了解师幼互动的评估要素，并就视频中的具体教学情境进行师幼互动分析。	1. 视频分析 2. 集体座谈	

续表

阶段/时段	活动录制时间	教师编号	样本活动名称	提升策略	研究目标
第二轮行动（2018.12.14—12.24）	2018.12.14	ET2	“今天运气怎么这么好3”	通过视频分析、集体座谈进行师幼互动行为分析。	1. 重点澄清活动组织和教育支持两个维度。 2. 将CLASS各维度的理论概念与教师实际教育活动组织相联系。
	2018.12.18	NT2	“我家是动物园”	高分行为教师亲身示范。	
	2018.12.20	ET1	“老鼠阿姨的礼物”		
	2018.12.20	NT1	“不要吵醒小蜗牛”		
	2018.12.21	ET3	“小老鼠又上灯台啦”		
	2018.12.24	NT3	“改错”		
第二次讨论	2019.1.15	NT1、NT2、NT3、ET1、ET2、ET3	聚焦师幼互动的低分维度进行分析，重点明确前瞻性支架、高级语言等教师比较模糊的概念，并邀请第一轮行动中的高分教师进行亲身示范，就出现低分的维度进行讨论，寻求解决策略。	1. 集体座谈 2. 亲身示范	

2. 观察法

本研究采用直接观察和间接观察相结合的非参与性观察手段，置身于幼儿园语言教育活动现场，通过直接观察，捕捉直观感受，同时，利用录像机将活动录摄下来，有利于利用CLASS对活动进行编码赋值及量化分析等后续研究步骤的开展。为了获得较为客观、真实的师幼互动数据，研究通过多种手段尽可能保证较高的评分者信度。研究者与其他两位学前教育研究生共同担任评分员，三位评分员均事先接受 CLASS 相关专业培训，而后共同挑选 2 段师幼互动录像作为试测视频，根据 CLASS 各自独立对试测视频进行评分。三位评分人员在试测过程中，个别指标出现较大差异，三人再次共同学习 CLASS 相关评分指标详解版，共同分析原因，最终三位评分的一致性系数达 85%。

3. 个案法

本研究选取 D 幼儿园大、中、小班的新手教师与熟手教师各一名，共计六名教师进行师幼互动行为的观察分析及其师幼互动能力提升的研究，旨在收集与探索提升幼儿园语言教育活动中教师师幼互动能力的有效策略，并提出行动研究方案。

三、提升幼儿园语言活动中教师师幼互动能力的行动实施

（一）被试的选取与诊断

1. 选取行动研究对象

（1）选取幼儿园

本研究选取的北京市 D 幼儿园始建于 1924 年，地处北京市主城区。园舍占地面积 4000 多平方米，环境整洁优美，是北京市一级一类示范幼儿园。该园可收托幼儿 360 名，具有雄厚的师资力量，目前园内教师已基本达到大专及以上学历，形成了以市、区级骨干教师为主体的教师队伍。该园重视教科研，在所在地区具有良好声誉。D 幼儿园重视语言教育，每周定期开展语言观摩活动并积极组织教师进行教科研活动。并且，园长及教师们均对在园内开展此项研究表示欢迎与期待。综上，D 幼儿园完全具备开展本项研究的条件。

（2）选取教师

本研究在 D 幼儿园小班选取一名新手教师（NT1）、一名熟手教师（ET1），中班选取一名新手教师（NT2）、一名熟手教师（ET2），大班选取一名新手教师（NT3）、一名熟手教师（ET3），共计六名教师开展研究，六名教师中有五名教师最高学历达到本科，熟手教师经验丰富，达到骨干教师水平，六位教师在幼儿园日常的工作中能够将学前教育相关理论与自己的教学实践相结合，积极参与幼儿园组织的教研活动，并且均对参与本研究具有较高兴趣与积极性。行动班级基本情况如表 3-2-3。

表 3-2-3 行动班级基本情况

班级	行动教师	班级基本情况
小四班	NT1、ET1	该班共有 25 名幼儿，师幼比 3∶25，其中男孩 15 名，女孩 10 名，该班幼儿处于幼儿园入园的第一学期，各项自理水平比较低但课堂秩序良好。
中二班	NT2、ET2	该班共有 22 名幼儿，师幼比 3∶22，其中男孩 10 名，女孩 12 名，该班一日常规有序，幼儿自理能力较强，班中幼儿大多活泼开朗，极少数内向的幼儿在教师的引导下也能够敞开心扉积极参与到活动过程中来。
大二班	NT3、ET3	该班共有 25 名幼儿，师幼比 3∶25，其中女孩 14 名，男孩 11 名。在老师两年多的引导与要求之下，该班幼儿养成了良好的行为习惯，在生活中有较强的独立能力，与其他幼儿友好相处；在教学活动中能够积极参与，认真思考，形成了“严肃活泼、团结友爱”的班级氛围。

2. 对当前幼儿教师师幼互动能力的分析

该阶段，研究者首先对参与研究的教师进行随机访谈，初步了解教师对于师幼互动的认识以及教师对于语言教育活动中的情感支持、活动组织以及教育支持的理解。而后对六位教师组织的语言教育活动进行视频拍摄，并运用 CLASS 对这六次活动中的师幼互动行为进行评分，将此次得分作为各位教师在行动研究开展之前的师幼互动能力得分。

（1）访谈实录

在本次访谈中共提出三个问题：

Q1：您是如何理解师幼互动的？

Q2：您听说过 CLASS 吗？其他的测量师幼互动质量的工具您了解吗？平时的教研中如何分析师幼互动？

Q3：您在语言教育活动中能够给予幼儿哪些支持？您可以从情感、活动组织、教育支持等方面来回答。

通过对教师访谈结果的分析得出以下结论：

①教师能够理解师幼互动的双向性

通过对教师的访谈发现，教师们普遍都能够理解师幼互动过程中的双向性，即包括教师和幼儿两个行为主体发生的双向互动行为。NT1 认为师幼互动就是老师和孩子之间的互动；NT2 认为师幼互动是教师与幼儿的沟通，沟通中包括了教师的教和幼儿的学；ET1 提到互动不仅包括语言的，还包括自己的眼神、有时碰碰孩子肩膀等动作，这与 ET2 所提到的言语型互动和非言语型互动是契合的。

②教师能够掌握师幼互动的时间与范围

ET1 认为这种互动应该是无时无刻不在发生的。NT2 认为互动既包括学科方面也包括最基本的沟通。ET1 认为师幼互动应该是发生在一天当中幼儿园所有时间段里的，持续的时间也比较长。ET2 提出，师幼互动应该是幼儿和教师一天里发生的所有的互动，不光是语言的，也有非语言的，这些都算师幼互动。可见，教师们普遍能够理解师幼互动是发生在一日生活各个环节之中的，持续时间长，涉及内容多。

③对 CLASS 缺乏了解

通过访谈发现，该园教师对 CLASS 没有太多了解。在回答第三个问题的过程中，教师能够围绕情感支持和活动组织两个维度来谈自己的看法，但对于教育支持则没有详细谈及，其对教育支持的内涵不甚了解。在情感支持方面，NT1 提出要为幼儿提供一个宽松的环境，鼓励幼儿去表达；NT2 提出要给予幼儿回应为他们提供公平的机会；ET1 指出教师在不同的情境下应该有不同的情绪，总之，教师应该是平等、尊重、包容的；ET2 则聚焦于学习内容的情感上，指出应该让幼儿更好地理解语言中的情感。在活动组织方面，NT1 提出改变原有的班级格局，采用小组、围坐等形式有助于增加生生互动的机会；ET1 指出要为幼儿提供活动中表现的机会，保证每个孩子公平地发展；ET2 则认为要做好充分的活动准备，在活动之前要对可能出现的突发事件、时间安排、教案等做好充足的准备。对于教育支持，几位教师都没有在访谈中谈及。这表现出教师没有能够按照各维度下的子维度来分析自己对于幼儿的支持，也恰恰说明教师们对该工具比较陌生，但教师们提出的尊重幼儿、不攻击幼儿、做好充足的教学准备、纪律管理等与 CLASS 的积极氛围、消极氛围、准备等维度是相契合的。

④园所对于师幼互动能力的评价与培训方式主观性较强、方式单一

园所对教师师幼互动能力的评价与培训方式主观性较强，且方式比较单一，多采用观摩活动的方式，而对于师幼互动水平、教师师幼互动能力的判断往往没有依据，多采用直观感受的方法，分析的角度也比较单一，不够全面。

（2）视频测评与分析

为每位参与研究的教师录制一段 20—30 分钟的语言集体教育活动，并作为前测数据进行统计分析，了解各位教师在活动组织过程中师幼互动的现状与问

题，对其师幼互动能力做出判断。

从三大维度的整体情况来看，教师情感支持维度的得分处于4.56—5.94，其平均分在三个维度中最高（5.53），该得分在评分系统中属于高分段，说明整体而言，此轮活动中教师的情感支持质量较高，在活动视频拍摄过程中也能明显感受到班级内轻松愉快的互动氛围；活动组织得分处于3.33—5.67，平均分为4.68，在评分系统中处于中间分数段，几位教师在此维度上的得分表现出较大差异；教育支持维度的得分处于3.71—4.93，其平均分在三大维度中最低（4.54），也属于评分系统的中间分数段。部分教师在活动组织过程中表现出过强的主导性，在一定程度上占据了幼儿的独立思考时间（参见表3-2-4）。

表3-2-4　教师在第一次活动中师幼互动三大维度得分情况

教师	活动名称	活动形式	时长（分钟）	情感支持	活动组织	教育支持
NT1	小白兔拔萝卜	绘本	23	5.75	5.67	4.93
NT2	绿色的世界	诗歌	21	5.63	4.56	4.29
NT3	大卫上学去	绘本	20	4.56	3.33	3.71
ET1	小黑捉迷藏	绘本	23	5.81	4.83	4.79
ET2	今天运气怎么这么好	绘本	23	5.50	4.58	4.64
ET3	下雨天	诗歌	20	5.94	5.08	4.86

①教师情感支持维度的前测得分

情感支持维度下，除教师NT3（4.56）外，其余教师情感支持得分都达到了评分系统中的高分数段（>5.5）。教师在积极氛围、消极氛围两个子维度上的得分较高，说明教师能够在活动中有意识地营造积极、融洽的师幼互动氛围，同时对自己的消极情感能够做到有效的控制。另外，六位教师在“关注学生的观点”这个维度上的得分普遍偏低，其中“学生表达/引导学生”与“移动限制”这两个子维度上的得分较低。

ET2在情感支持的得分较低，结合其活动视频分析如下：

情境1. ET2“今天运气怎么这么好”

T：现在想表演乌鲁的小朋友去找郑老师、表演哇呜的小朋友去找戴老师、表演咕噜噜的小朋友来找我。

（幼儿一起跑向郑老师。）

T：你看哇呜、咕噜噜那还没有人呢，××，你来这边吧，×××你来这边。

（幼儿表现出不情愿的情绪。）

T：好，咱们小朋友都想演乌鲁，谁能说说刚刚我们讲的乌鲁都做了什么？

C：看见小猪。

C：吃苹果派。

C：去朋友家了。

C：还有咖喱蘑菇。

T：乌鲁干了这么多事儿，所以小朋友都想扮演乌鲁。这样吧，我们今天就专门来演“乌鲁”，每个小朋友都可以试试扮演“乌鲁”，看看我们扮演的乌鲁有什么不一样。

教师最初不能很好地赞同幼儿的选择，对活动的控制度比较强，在出现与自己预想不符的情境时没有恰当引导幼儿试试其他的角色，在幼儿行为不符合教师期望时教师对幼儿采取了行为的限制，如“××，不要在这儿，你去那边”。但后期教师根据幼儿的兴趣灵活调整了表演内容，并引导幼儿观察每个人的表演特点。

大班教师 NT3 在情感支持维度上的得分只有 4.56，处于评分系统中的中间分数段，显著低于其他几位教师，结合其活动视频分析如下：

情境 2. NT3“大卫上学去”

T：大卫！你迟到了！看这个图片，大卫正把自己的脑袋探出门外，他肯定是在看老师到了没有呢，第一天上学大卫就迟到了，对吗？这样好吗？

C：不好。我也迟到过。

T：接下来，大卫又做了什么呢？哎，他正在教室里手舞足蹈呢，我们小朋友上课的时候能这样吗？

C：不能。

可见，该教师的设问大多为“是否”类型，过于简单和封闭。教师在互动中专注于读绘本，并没有为幼儿提供充足的自由讨论机会，在活动中没有关注到幼儿的想法，对活动具有高度的控制。在移动限制方面，该教师对幼儿有高度的控制，在自由活动时间没有给予幼儿充分的时间与同伴交流沟通，并且会经常提醒幼儿坐在自己的位置上，保持安静。

②教师活动组织维度的前测得分

小班教师 NT1 在此次活动下活动组织得分平均分为 5.67，处于 CLASS 评分系统中的高分数段，ET1 得分为 4.83；中班教师 NT2 得分为 4.56，ET2 得分为 4.58，中班两位教师得分大致相当；大班教师 NT3、ET3 得分分别为 3.33 和 5.08。几位教师在活动组织这一维度下的得分都处于评分系统的中间分数段，其中 ET1、NT2、ET2、NT3 在前瞻性、学习时间最大化、形式材料的多样性这三个维度下只得到 4 分，说明教师对这三个概念缺乏理解，不能够在学习过程中为幼儿提供充足的时间和物质资料保障。

针对 NT2、NT3 三位教师在前瞻性、学习时间最大化、形式材料的多样性三个子维度上得分较低的情况，结合活动视频分析如下：

情境 3：NT2“绿色的世界”

T：你在画面上看到了什么？

C：小草。

C：房子。

C：树，还有花。

T：那他们都是什么颜色的？

C：绿色、白色、紫色的。

T：颜色最多的是什么颜色？

C：白色，因为有三朵白色的花。

C：绿色，上面都是绿色。

T：对，最多的颜色应该是绿色。

C：是白色，是白色，我说了是白色。

（幼儿手舞足蹈。）

C：是绿色，你看看绿色多大。

（幼儿用手拍旁边的幼儿。）

教师在活动准备中物质材料只准备了绘本，形式材料比较单一。在活动中，教师比较能够控制课堂气氛，能够关注到幼儿的个别答案和行为。在有幼儿提出因为白色数量多所以是最多的颜色的时候，教师选择了忽略这一答案，且没有关注到该幼儿产生后期不当行为的苗头。

情境 4：NT3“大卫上学去”

T：大卫在学校还做了什么？

C：他上课吃口香糖。

（后排一位幼儿翘起二郎腿。）

T：谁来给我学一学他的样子。

（后排一位幼儿在其他幼儿表演时挪动自己的椅子并向后倾斜，翘起二郎腿，同时请旁边的幼儿“欣赏”他的动作。）

T：小朋友们学得真好，尤其是××，你来给小朋友们表演一下。

教师在活动中对表演的内容阐述得不够清楚，对表情、面部动作、身体动作等，没有提出清晰的行为期望。后排某幼儿持续出现不良行为，教师不仅没有在前期发现不良行为的苗头，而且在行为发生时没有进行干预和指导，幼儿在 20 分钟的活动时间内不停变换姿势，用脚踢前面幼儿的凳子，不停与周围幼儿讲话，影响了周围幼儿的活动参与。

③教师教育支持维度的前测得分

小班教师 NT1 在教育支持下的得分为 4.93，ET1 得分为 4.79；中班教师 NT2、ET2 得分分别为 4.29 和 4.64,；大班教师 NT3、ET3 得分分别 3.71 和 4.86。六位教师的得分都处于 CLASS 评分系统的中间分数段，其中教师 NT3 得分最低，NT1 得分最高。教师在前期访谈中也表现出对教育支持表示不理解。在各个子维度的得分中，教师 NT1、ET1、NT2、NT3 在高级语言这一维度的得分较低，说明教师在活动组织中不能够恰当及时地使用高级语言发展幼儿的最近发展区。在频繁的交流这一维度下，六位教师的平均得分较高为 6 分，六位教师在活动中频频向幼儿抛出问题，幼儿与教师不断进行交流，课堂氛围热烈。六位教师在支架这一维度下的得分较低，教师偶尔能够为幼儿提供支架，但有时候将幼儿的反应和行为简单地归为正确或错误。个别教师在活动中主导性较强，不利于幼儿主动性的发挥，这也是在接下来的行动中需要注意的。对于此维度下的低分行为我们结合视频进行了案例分析。

情境 5：ET3“下雨天”

T：你喜欢下雨天吗？下雨天你都发现了什么？

C：雨水。

C：小草上有水。

C：有闪电，还有轰隆隆的声音。

C：小蚂蚁在下雨前会出来。

T：有雨水，还有闪电，还有小朋友记得我们之前讲的小蚂蚁。真棒，小朋友们观察得特别仔细，还能记住咱们之前学过的内容，老师要给你们比个大拇哥了。那你在下雨天有没有仔细听到什么声音呢？

这个案例中，教师重复幼儿的话，表达了对其答案的肯定，并用更完整、规范的方式表述出来。另外教师还在幼儿已有的基础上加以扩展。

情境 6：ET2“今天运气怎么这么好”

T：乌鲁先去了谁的家？

C：哇呜。

T：哇呜家发现了什么？

C：蘑菇。

T：蘑菇，有好多好多的蘑菇，哪里有蘑菇啊？

C：山上、草上、地上、这里（用手指），到处都是。

T：山上，到处都是蘑菇，漫山遍野都是蘑菇。

T：有谁知道漫山遍野是什么意思？

此案例中，教师通过一些常见的词汇如“到处都是、好多好多、地上都是”不断地挖掘，引导小朋友想出更高级的词汇——“漫山遍野”，并结合情境帮助小朋友理解新的词汇的含义和用法。教师首先关注的是幼儿的交流欲望，然后是关注幼儿的表现。教师认可了孩子的看法，对孩子说到的内容表示肯定，并将这些信息重组为一个更加复杂的对话。

情境 7：NT2“绿色的世界”

（教师在提到绿色时提到了春天，引导幼儿展开关于春天的讨论。）

C：春天树叶会掉落。

T：还记得我们刚刚对于春天怎么样是如何讨论的吗？树叶会变色，并从树上掉落吗？刚刚树看上去是什么样的？

随着故事的开展，教师可能对更密集的反馈厌烦了，所以只是简单告诉儿童这个答案是错误的或者直接给他们答案。教师对幼儿没有提供适当的支架给予暗示或者支持。

④新手—熟手教师师幼互动能力前测的比较。

通过对前测活动视频的分析发现，熟手教师在情感支持、活动组织、教育支持这三个维度上的平均分均高于新手教师（图 3-2-1）。结合对教师的访谈发现，在第一轮活动组织实施过程中，新手—熟手教师存在着以下几方面差异：

在活动内容的选择上，两类教师在活动内容的选择上都考虑了幼儿的兴趣，熟手教师还充分考虑了幼儿的注意力和活动时长，但新手教师主要关注幼儿兴趣，而忽略了其他因素的影响。例如，NT3 提到“我们班的孩子很喜欢‘下雨天’这种活动，活动中有很多韵律美的东西孩子特别喜欢，所以他们对这节课的兴趣也很高。但是就这节课的内容来说，首先要注意的很重要的一点是，如果控制不好时间导致活动时间太久的话，孩子们就无法一直集中注意力，到后面就会分神去做别的事，如果是下午也会感觉很累，进而影响师幼互动及活动效果”。NT3 回顾自己的此轮活动时意识到“我们班的孩子对这一内容很感兴趣，但是兴趣似乎太高了，这就导致了后面的纪律混乱”。

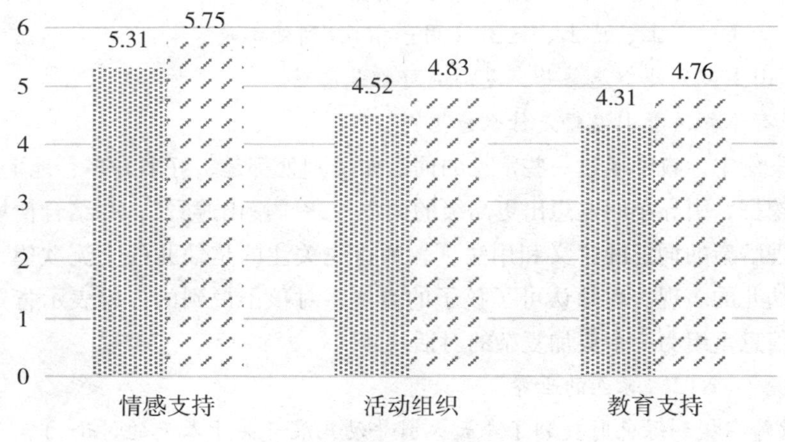

图 3-2-1 新手—熟手教师师幼互动三大维度前测平均分

在活动前的准备上，熟手教师运用充分的教学计划、熟练的教学组织能力、丰富的非言语行为和富有吸引力的教学内容安排来引起幼儿的兴趣，能够保持绝大多数的幼儿在教学活动中将注意力维持在教学内容之中。例如，教师 ET2 提出这节课要讲的东西比较多，孩子要学的东西也很多，所以这节课的时间就要求必须要把握好，什么时间该做什么事儿，教师要心中有数。教师 ET2 提出在课堂中有很多情况是他没有想到的，虽然他在尽力地引导，但效果不够理想。

在活动中纪律的维持上，熟手教师能够运用多种策略对活动中出现的问题进行调控，而新手教师将纪律问题归于幼儿过于活跃，忽略了自身的问题，缺乏自我反思的意识。教师 ET3 指出，运用多种方式进行纪律的管理，如走向某个正在捣乱的儿童（距离性动作）、用手掌拍一拍正在说话的儿童（象征性动作）、用严肃的注视或环视让课堂安静下来（表露性动作）等。新手教师 NT3 提到这节课的纪律不太好，“我尽力地维持了，但是有很多情况我没有预想到，主要原因还是我们班孩子性格实在是都太活泼了，这节课的内容他们又特别感兴趣，导致课上得太乱了，后排一直有孩子在说话，尤其是××、×××那几个孩子一直在不停地说，到后面我必须走近去制止他们”。

（3）制定行动研究步骤

基于对第一次视频活动的观察、访谈与分析，研究者对教师当前的师幼互动能力有了初步了解。在此基础上，制订第一轮行动目标与计划，并草拟第二轮行动目标与计划（见表 3-2-5）。

表 3-2-5 本研究行动目标与计划

行动阶段	行动目标	行动计划
第一轮行动	A. 明确本次行动研究的时间安排。 B. 明晰此项研究中的核心概念。	1. 了解 CLASS（PRE-K 版本）的各个维度，澄清各维度含义。 2. 对行动研究的概念、两轮行动研究的基本过程等具有重要价值的问题进行理论培训。 3. 明确了两轮研究的时间安排，结合各班实际情况，确定第一轮视频的录制时间。 4. 教师学习师幼互动基本理论。进行视频分析、教案分析、集体座谈，教学反思。
第二轮行动（草拟）	A. 教师能够更好地维持课堂秩序。 B. 明晰在第一轮行动时得分较低的维度内涵。 C. 将 CLASS 各维度的理论概念与教师实际教育活动组织相联系。	1. 分析挖掘各个低分维度出现低分值的原因。 2. 分析挖掘各个高分维度下教师的师幼互动行为有何特点。 3. 教师进行视频分析、集体座谈、教学反思以及教师亲身示范。以此发现教师师幼互动过程中的问题，学习高分教师的典型行为。

（二）第一轮行动过程与反思

1. 确定行动研究的内容与步骤

（1）行动研究内容

第一次行动开始之际，研究者将第一次录制的视频及其分析结果反馈给教师。教师普遍反映对师幼互动以及 CLASS 的了解比较少，对其中各个维度的内涵并不能很好地理解，因此并不清楚如何改进自己在各维度的师幼互动行为，以及如何提高相应维度的得分。由此，教师们共同确定了该阶段学习研讨的主要内容：了解什么是师幼互动，什么是 CLASS，明确 CLASS 各个维度的具体含义。学习研讨主要采用专家视频培训、集体座谈等形式开展。基于第一次测评结果分析，NT3 在师幼互动各维度上的得分最低，ET3 则在各个维度上的得分最高，因此将该二位教师的两个活动作为本阶段进行重点分析研讨的案例。

（2）行动研究步骤

第一步，组织教师观看幼儿园特级教师授课视频“师幼互动中的教育策略”，该视频中对师幼互动的概念、主题、影响因素、策略等进行了较为详细、深入的讲授与说明。在观看视频后，教师们围绕师幼互动进行了讨论与反思，并将自己的反思内容记录在反思记录表中。第二步，研究者组织教师们学习CLASS相关知识，特别是详细了解CLASS各维度指标的内涵。在对CLASS进行学习了解后，教师们表示希望能够结合具体活动运用CLASS对其中的师幼互动进行思考与分析。得到练习的机会，结合第一次测评的结果，选择了与教师一起展开分析。第三步，结合前测结果，选择得分最低的NT3教师与得分最高的ET3教师作为典型案例，组织教师们进行集体研讨。

2. 典型案例分析

(1) 第一次讨论：高分活动分析——ET3语言活动“下雨天”

①活动目标分析

首先，该目标很好地体现了语言领域的特点，语言领域的核心价值在于倾听、感受、理解和表达，大班的孩子，感受诗歌的情景美是十分必要的。其次，教师在本次活动中设定的三个目标包含了知识技能、过程方法、情感价值观三个部分，目标设定得比较全面。最后，按结构仿编对于大班的幼儿来说是有一定难度的，但是老师选择的诗歌《下雨天》内容比较简单，篇幅较短，比较符合大班幼儿的发展水平。总的来说，教师能够在幼儿的最近发展区内进行目标的设定，目标的设定也比较全面。

②活动过程分析

首先，在本次活动中，教师能够在活动中尊重幼儿，给予幼儿充分的表达机会，在活动过程中全程微笑，主动与幼儿交流，表现出较高的积极氛围。

其次，教学方式创意。在此次教育活动中教师采用极具创意的配音式的方式来进行表演促进幼儿理解诗歌的内容。幼儿可以通过表演的方式展现，幼儿可以选择自己喜欢的动物进行角色扮演或者配音。让幼儿在新奇的提问方式下思考，促进幼儿的回答多样性。幼儿能够很好地理解诗歌的内容，教学指导方式幼儿感兴趣，能够有效促进幼儿对语言活动的理解，在教学指导形式这一指标中能够得到高分。但在创编上还存在问题。教育活动结束后与当场的两名教师讨论了本次教育活动的基本情况。

在课堂纪律方面，用手指操或者班级管理纪律口号，整顿班级纪律。如小手放在（老师说）——膝盖上（幼儿说），此方法适用于幼儿已有手指操或口号经验的基础之上。鼓励表扬法，鼓励小朋友安静地举手发言，并表扬不随意发言的小朋友，用示范的方式引导幼儿遵守规则。这种清晰的行为期望，在活动组织中具有重要意义。

该教师在课堂管理上也存在一些问题，首先在活动中坐在后排的孩子明显受到了忽视，在活动期间后排幼儿经常出现弯腰摸自己的鞋子、与同伴聊天以及托住下巴发呆的现象，教师并没有做出迅速的反应。在进行表演的环节时幼儿出现了选角冲突，因为争抢喜欢的角色造成两名幼儿情绪的失控，教师做出迅速的反应，调整了选角标准，使活动得以正常进行。幼儿在出现不当行为后教师及时进行了纠正，表现出较高的活动组织能力。

教师个人魅力为本次活动添分不少，该教师性格非常温和，她有一对可爱的小酒窝，说起话来温柔而有力量，即使课堂上出现了违规的行为，教师仍能够耐心地安抚幼儿，对于扰乱秩序的幼儿教师能够通过建立奖励机制，如“我请××回答，因为刚才他一直在拍自己的腿，选择他能够端起小胳膊来举手，非常棒，所以我要请他”；也能够进行温柔的劝阻，如“××你是哪里不舒服吗，我请×老师帮帮你好吗?”；还能利用同伴间的相互影响，如“××和×是好朋友，但是呢，×总是没办法参与到我们的活动中来，他可能是有些东西还不明白，××你可以帮帮他吗?”；该教师运用以上方式来及时纠正班级中的不良行为，幼儿非常易于接受，也有助于形成良好的师幼互动氛围。

③教育活动反馈

基于上述研讨与分析，为改善该活动中的师幼互动，对活动设计与实施进行如下调整：第一，基于实践中出现的不当行为较多的现象，调整纪律管理方式，制定进行表演的行为标准。使用恰当的约束方式管理班级纪律。调整座位布局，改为扇形就座，教师在活动中增加走动频率，尽量照顾到每一个幼儿。第二，基于诗歌内容难理解的问题，对“诗歌的创编”进行解释说明，以便幼儿理解其具体含义。增加配音次数，以便幼儿更好地揣摩不同声音的特征。

（2）第二次讨论：低分活动分析——NT3 语言活动“大卫上学去”

①活动目标分析。

首先，该活动目标设计比较全面，重难点突出，绘本内容能够很好地体现语言领域倾听、感受、表达的特点。在目标设定中教师鼓励幼儿猜测学校的规则，并创造性地采用了给教师打分的形式来引起幼儿的兴趣，总的来说，教师能够在幼儿的最近发展区内进行目标的设定，目标的设定也比较全面。

②活动过程分析。

NT3 教师的教案总体而言比较简单。在目标部分教师的设计比较全面，目标中学习学校规则、对小学充满向往等与《大卫上学去》绘本内容比较贴合。在活动开始前教师对目标进行了重新澄清，此项在教学指导形式中属于高分段。在活动实施环节教师的教案设计过于简单，对于活动过程中可能出现的各种状况没有做好准备，再加上 NT3 教师为新手教师，对课堂的掌控能力尚未成熟，对各种状况难以做到心中有数，难以保证后续活动的秩序性。

在课堂秩序上，在教案中没有反映出教师对于课堂中可能发生突发状况的准备，例如在表演过程中幼儿可能出现的争抢行为、选角冲突等，要求新手教师应在教案中写明表演前的规则，帮助幼儿理清表演的过程和思路，从而保障正常的活动秩序。在活动过程中具备前瞻性，及时纠正不当行为是新手教师进行课堂教学的必要准备。

③教育活动反馈。

根据对第一次教学行动的分析，对教案进行如下调整：

第一，增加幼儿对小学的向往，在师幼互动中教师应多次提及关于小学的内容，吸引幼儿的兴趣。

第二，增加师幼角色互换阅读次数，以使幼儿深入理解故事，并有意提示幼儿在幼儿园中的不良行为，与大卫的故事相对接，拓展幼儿的创意性故事建构能力。

针对活动中出现的纪律问题，提出以下建议：首先利用教具吸引幼儿注意力。引导小朋友看老师手中的绘本，使小朋友们将注意力集中到绘本上，不再随意发言。另外，教师可以与幼儿前期进行约定，学习一些手指操或者儿歌。使用手指操或班级管理纪律口号，整顿班级纪律。如请你像我这样做—我就像你这样做；我找小朋友的小眼睛—我找老师的大眼睛等。此方法适用于幼儿已有手指操或口号经验的基础之上。最后，使用鼓励表扬法。鼓励小朋友安静地举手发言，并表扬不随意发言的小朋友，用示范的方式引导幼儿遵守规则。

为教师提供的多种维持课堂秩序的方式，对教师尤其是新手教师具有极高的价值，新手教师普遍表示在活动组织中缺乏可行的有效方法，而上述具体策略对教师来说具有较强的实践指导意义。

3. 第一轮行动测评

在第一轮行动研究中采用了集体讨论、微格分析、教师示范指导等方式帮助教师明晰了师幼互动与 CLASS 的相关概念内涵。并通过对两个典型案例的深入分析与研讨，使教师们第一次将 CLASS 各维度与具体的教育活动情境中的师幼互动相结合。在此轮研讨与培训结束后，研究者再次采集了六位教师的语言教育活动视频并进行分析。

整体上来看，在第一轮行动后，师幼互动三大维度中，情感支持、教育支持的得分有小幅提升，但在前测与第一轮行动中，教育支持在师幼互动三个维度中的得分始终较低。具体而言，几位教师的情感支持得分处于 5.19—5.94，其平均分在三个维度中最高（5.63），属于高分段；活动组织得分处于 4.42—5.42，平均分为 5.10，处于中间分数段；教育支持得分处于 3.57—5.79，其平均分也属于中间分数段，但在三大维度中最低（4.91）（参见表3-2-6）。由此，下一轮行动的重点将聚焦在教师活动组织和教育支持这两个维度上相关概念的进一步明晰，以及师幼互动能力的提升。

表 3-2-6 第一轮行动中师幼互动基本情况

教师	活动名称	情感支持	活动组织	教育支持
NT1	好饿的毛毛虫	5.88	5.42	4.86
NT2	小河马的大口罩	5.63	5.08	4.64
NT3	咔嚓咔嚓	5.19	4.42	3.57
ET1	长颈鹿开店	5.56	5.33	5.43
ET2	今天运气怎么这么好	5.94	5.42	5.14
ET3	小老鼠上灯台	5.56	4.92	5.79

（1）第一轮行动中教师情感支持能力分析

五位教师的情感支持能力得分均达到了 CLASS 高分段，分值由高至低分别为 ET2（5.94）、NT1（5.88）、NT2（5.63）、ET1（5.56）、ET3（5.56）。各位教师在积极氛围子维度的得分仍然较高，说明教师能够在活动中比较稳定地营造积极氛围，避免消极氛围。而教师 NT1、NT3、ET1、ET3 在支持自主以及领导这一维度上的得分较低，仅 4 分。由此，确定第一轮行动中的研讨与反思重点即讨论在情感支持维度下的关注学生观点，重点分析教师支持幼儿自主解决问题的情景，并选取以下几个典型活动进行重点分析研讨。

情境 8：NT2 “小河马的大口罩”

T：请你来试试怎么戴口罩。

（幼儿走上前，拿起口罩，直接戴在嘴上，防霾口罩，鼻子处没有捏紧。）

T：你来轻轻拉拉你的小口罩，它会动吗？小朋友们来看一看他戴得对不对？

C：对。

C：不对。

T：我可看到你的小鼻子了，这样能防住有害的空气吗？

C：好像不能。

T：你再来试试好吗？

T：好多小朋友都不会带这种口罩，我们来编个儿歌帮帮小朋友吧。

教师及时关注到了幼儿知识的盲点，敏锐地发现幼儿在佩戴口罩时没有注意到捏紧鼻子处的钢片，教师为幼儿提供操作机会，请幼儿直接观察，找出问题，完成自我引导的过程。在这个过程中教师能够及时关注幼儿的观点以及幼儿遇到的问题，支持幼儿自主表达和解决问题。

情境9：NT3“咔嚓咔嚓”

T：咔嚓咔嚓，这把大剪刀能剪好多好多的东西，刚才故事中的秋千的绳子能剪吗?

C：能。

T：花园里的花能剪吗?

C：能。

C：我也想去剪一剪。

教师在阅读绘本《咔嚓咔嚓》时，针对其中的问题进行设问，在活动中教师是主要的推动者，所提的问题如“秋千的绳子能剪吗?”“花园里的花能剪吗?”封闭性比较高，幼儿没有扮演更加灵活的角色。对于幼儿提出“我就想去剪一剪，咔嚓咔嚓”，教师选择了忽视，继续进行绘本的内容，而不是追随幼儿的想法，或者给予“可以”或“不可以”这种及时的反馈。

(2) 第一轮行动中教师活动组织能力分析

小班教师 NT1 在此次活动下活动组织得分为 5.42，ET1 得分为 5.33；中班教师 NT2 得分为 5.08，教师 ET2 得分为 5.42；小班和中班教师得分处于 CLASS 评分系统中的高分数段。大班教师 NT3、ET3 得分分别为 4.42 和 4.92。对此，结合视频展开分析如下。

情境9：NT3“咔嚓咔嚓”

T：咔嚓咔嚓，我们来到了院子里。

C：剪掉树叶；剪掉老师的头发；剪掉这个房子。

(有幼儿用双手作剪刀剪邻座小朋友的腿，邻座小朋友大叫。)

T：剪了树叶，修剪过的树叶变漂亮了。剪我的头发那可不行，我最喜欢我的长头发了，院子里还有什么可以修剪一下?

T：××请你放开你的手，×××已经感到很不舒服了。

针对前测时的问题，NT3 能够在活动中照顾到后排的幼儿，对那些明显的不良行为做出反应。案例中的幼儿在班中属于比较顽皮的，每天都会和小朋友发生冲突。教师在活动中没有预测到该幼儿行为的发生，前瞻性不强，但在发生后给予了及时的干预，能够及时纠正幼儿不良行为。

情境10：ET3“小老鼠上灯台”

T：你看，图片上是谁?

C：是小郑老师，小郑老师也在喵喵喵。

T：你们真棒，你们做的和小郑老师一样好，我给你们点个赞。来，我们继续。小老鼠，上灯台，偷油吃，下不来，喵喵喵猫来了。

（幼儿跟随儿歌做出动作，蹑手蹑脚地爬上凳子，猫来了，迅速跳下凳子，同时跟随教师一起吟诵儿歌。）

教师为幼儿提供了多种形式，在前期通过钢琴导入，中间将身体动作、诗歌吟诵相结合，促进幼儿的表达能力的发展，同时使用本班教师的照片展现不同的表情，帮助幼儿建立对活动的亲切感，提高了幼儿的积极性。

良好的活动组织能力对高质量的师幼互动起到支架性的作用，而通过观察行为管理、活动安排效率、教学指导形式这三个指标，能够帮助我们看清活动中所体现的活动组织全貌。针对教师在访谈过程中提出的对活动组织概念模糊、难以把握各个维度的详细含义的问题，我们进行了集体学习，参照本轮活动的视频进行了解析，利用实例帮助教师明晰各个维度的实践意义。

（3）第一轮行动中教师教育支持能力分析

小班教师 NT1 在教育支持下的得分为 4.86，ET1 得分为 5.43；中班教师 NT2、ET2 得分分别为 4.64 和 5.14；大班教师 NT3、ET3 得分分别为 3.57 和 5.79。六位教师中 NT1、NT2、NT3 的得分处于 CLASS 评分系统的中间分数段。

此轮活动中，大班教师的教育支持的得分显著低于小班和中班，通过分析发现，在此次行动过程中大班两位教师对活动的重视程度不够，在前期的准备不够充足，教师 ET3 提出对教育支持和活动组织到底和自己的教学如何联系仍然表示疑惑，结合此轮情况，本次将行动重点聚焦在：结合视频解析 CLASS 维度，帮助教师更好地理解核心概念如何与实际活动联系，以及如何在活动中更好地实践。

教师普遍在自我以及平行式谈话、高级语言两维度下得分较低。教师与幼儿之间有对话，但是不多。教师定期同幼儿交流，有时对幼儿的看法比较感兴趣，但交流通常也只局限在一到两个来回的交流中，而不是发展出更长更深入的对话。相应的案例分析如下。

情境 11：ET1“长颈鹿开店”

T：告诉我这页上有什么？

C：一个男人在走路。

T：你觉得他在哪里走？

C：我不知道。

T：恩，好的。

（教师翻到下一页。）

虽然幼儿偶尔会主动发起对话或者发表看法来引起讨论，但是教师还是占主导地位，教师并不能遵循儿童主导性的交流。

情境 12：ET2“今天运气怎么这么好”

T：乌鲁在森林里发现了许多小猪，一只，两只，三只，哎呀真是太多了，看得我“眼花缭乱”。

T：有没有小朋友知道“眼花缭乱”是什么意思？

C：就是很多花。

C：就是很多花很乱。

C：就是晕倒了。

T：眼花缭乱就是指啊……

教师有时会对幼儿使用高级语言，可能使用不同的名词、形容词、动词以及术语来解释或者澄清，且高级词汇“眼花缭乱”与此时教育情境相契合，高级词汇的使用既可以帮助幼儿了解词汇的含义，又能够又能够帮助幼儿更好地理解该教育情境下的情感。但总体上来说，教师使用高级语言的频率比较低。有的教师则几乎很少使用高级语言。

（4）新手—熟手教师师幼互动能力的比较

在第一轮活动中，新手教师与熟手教师在师幼互动三个维度上的得分均有提升。整体而言，熟手教师得分普遍高于新手教师，熟手教师在三大维度上的得分均达到了 CLASS 评分系统中的高分段。首先，在情感支持方面，新手—熟手教师最主要的不同表现在，由于新手教师和熟手教师对教师情绪行为的认知观念不同，进而在师幼互动中的外显情绪行为表现也有所不同，熟手教师更多地表现出丰富适宜的外显情绪行为。而由于幼儿时期的情感具有强烈的感染性，丰富且适宜的外显情绪行为有利于使幼儿的视听感官不断获得新鲜的刺激，进而有利于集中注意力和引发兴趣，同时也可使体态语更加具有丰富性、形象性和情景性，从而产生积极的师幼互动效果，高效地完成教学活动。例如，熟手教师在对故事活动“小老鼠上灯台”的故事情节讲授过程中，运用了较多外显情绪行为：“小老鼠受到惊吓（害怕地张大嘴巴）”“小老鼠上灯台，偷油吃（狡猾的表情），下不来（眉头紧蹙、紧张的样子）”；而新手教师在本节教学活动的讲故事环节中则没有运用此类表达故事情节的表情。其次，在活动组织方面，教师们在活动组织的计划与实施环节中均有大量提问环节，但新手教师和熟手教师在师幼互动中提问与倾听的具体方式均存在差异。在提问方面，熟手教师对整个教学过程的节奏把握较好，所选择的提问时机比较适宜，所提问的开放性问题较多。而新手教师由于经验不足，有的时候想提问一些开放性的问题，但又担心会影响课堂教学秩序，往往不敢提问开放性问题，这也就在无形之中减少了教师锻炼阐述评价性倾听乃至移情性倾听的机会。在倾听方面，熟手教师的提问大多面向全体幼儿，且基本运用了简单解释性倾听对幼儿的回答做简要的复述，也就是对教师期待的答案进行更多的回应。熟手教师也反思道："自己更多的是想要得到孩子们正确的问题的答案，更重视正确与错误，较为忽略了幼儿的想法。"而新手教师阐述评价性倾听相对较多，对幼儿的回答进行追问，让幼儿表达完整自己的想法。新手教师也在访谈中提到："虽然我们大人觉得小孩不懂，实际上他们表达的很多观点我们都没有想到，并且孩子们是有自己的想法的，我愿意听他们说一说。"

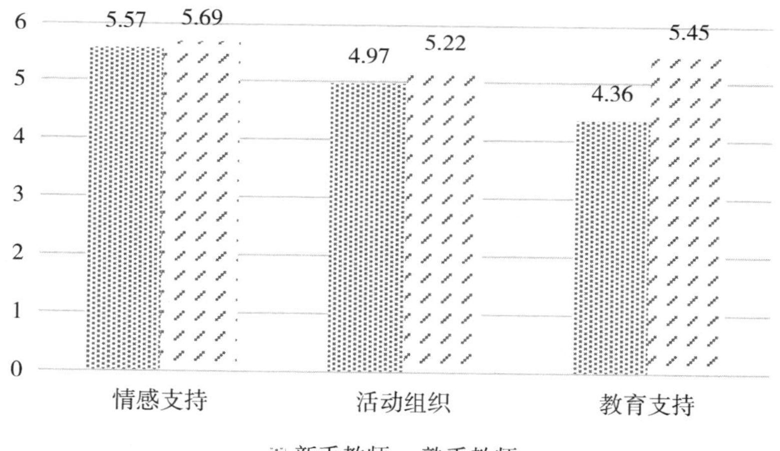

图 3-2-2　第一轮行动中新手—熟手教师师幼互动三大维度平均分

4. 第一轮行动研究反思

第一，活动过于仓促，影响了幼儿的理解。教师 ET1 和教师 ET3 认为教师 NT3 教育活动基本完成，但教师 NT3 语速过快，不易使幼儿跟上节奏，语言和表情可以进一步丰富。幼儿无法正确理解续编诗歌的含义，导致教育活动后半段有些脱节，本班幼儿无法正确续编。在配音环节，幼儿无法跟随教师的节奏，大部分配音表演活动需要教师提醒纪律才能完成，有些对话也无法独立完成。活动结束部分因为时间不足过于仓促。

第二，教案书写的规范性和教案的指导性有待加强。此轮行动中教案分析的环节针对教师在教案的撰写方面的问题提出改进策略：建议教师书写详案、做积极有准备的教师，新手教师往往对课堂的把握能力比较差，对幼儿的年龄特点的了解也不够成熟，书写详案能够帮助教师充分地思考在活动中可能遇到的各种问题，增强对课堂的把控能力。教师尤其是新手教师采纳这一建议后对自己的活动进行了充分的准备，在教案中预设多种可能出现的情况，尤其是对课堂纪律的部分做了充足的预设，预计能够对活动的顺利进行产生积极影响。

第三，新手教师在课堂秩序的维持上还存在短板。在分析 CLASS 得分时针对课堂秩序方面的问题提出改进策略：建议新手教师学习熟手教师的课堂管理策略，整理总结课堂管理的方法，可以尝试采用提出的方法进行优化，教师普遍反映提出的策略比较具有操作性，对教师尤其是新手教师具有极强的实践价值。

第四，活动中的动手操作机会少，缺少开放性问题。活动组织方面建议教师在活动时鼓励幼儿自己动手操作，减少无效的提问，多提问开放性的问题，减少幼儿的行为限制，鼓励幼儿自主地探索。在语言指导过程中尝试使用高级语言扩展幼儿的语言水平，在此指导策略下教师的相关维度得分提升效果较好，CLASS 得分得到上升。

经过第一轮行动发现，教师对前瞻性、学习目标的澄清、支架、自我以及平行式谈话等几个指标仍缺乏了解，这几个指标均属于活动组织和教育支持维度。这与在第一轮行动中对两个维度的分析不够深入和全面，对其中的某些指标没有展开加以分析有直接关系。为此，确定下一轮行动的重点将聚焦在以上两个维度中相关指标的厘清与分析上。

（三）第二轮行动过程与反思

1. 行动研究目标与行动计划的修订

基于第一轮行动发现的问题，对前期设定的第二轮行动目标进行修订。目标修订为：①重点理解活动组织和教育支持两个维度及其子维度的内涵；②将 CLASS 各维度的理论概念与教师实际教育活动组织相联系。

2. 确定行动研究的内容与步骤

（1）行动研究内容

首先明晰活动组织、教育支持在实践情境中的含义。其次通过研讨反思总结提升教师师幼互动能力的策略。

（2）行动研究步骤

第一步，首先结合上轮视频详细分析活动组织与教育支持每一维度及其子维度的具体含义，进行分组讨论；其次，对照 CLASS 活动组织和教育支持的维度，对活动中教师的师幼互动行为进行分析与反思；最后，针对低分段提出改善措施。第二步，录制第二轮活动视频。第三步对第二轮活动进行测评，并比较新手—熟手教师之间师幼互动能力的主要差异。在本轮采取新手教师与熟手教师形成合作学习小组的形式进行。分析第一轮测评中的数据，比较熟手教师和新手教师师幼互动能力的差异，同时对照 CLASS 指标分析提高活动组织和教育支持能力的具体策略与方法。通过录制视频进行实践练习并采用 CLASS 进行评分。

3. 关于本轮行动中教师活动组织与教育支持的分析

基于第一轮研究发现，教师普遍在情感支持这一维度下得分较高，在活动组织和教育支持维度下有的教师则得分较低。因此，在本轮行动中将活动组织和教育支持两维度作为研究重点。

（1）活动组织

①行为管理。该指标针对的是教师如何制止和应对幼儿的不当行为，如果没有不当行为的发生则可评定为高分。若出现了不当行为则可以参照相关行为指标进行斟酌评分。总的来说，样本中幼儿大都表现良好，投入活动，较少出现不当行为，但插嘴、走神、聊天、小争执等还是时有发生。

A. 清晰的行为期望。

不同的教师在表达和执行行为期望方面存在着较大的差异。有的教师能够清晰地表达期望，并在活动中始终贯彻，如“今天运气怎么这么好”活动中，教师要求幼儿回答前举手，几乎每次提问都会做示意举手的动作。有的教师虽然也有表达出清晰的行为期望，在执行过程中却出现前后要求不一致而导致课堂秩序混乱的情况。如在进行表演时，小狼轮流在各个朋友家得到礼物，扮演小狼的幼儿不知道按何种顺序拜访朋友，也不能按照教师的要求在每次拜访后发出“今天运气怎么这么好”的感叹。

B. 前瞻性。

教师们普遍不具有前瞻意识，即预测问题行为并提前做出反应的能力。虽然有些教师还是预先向幼儿交代要求或行为规则，但由于预计不够，活动过程中仍然遇到了一些问题，如“咔嚓咔嚓”活动中，让幼儿们在教室里找找容易被错剪的东西时，孩子们一哄而散，秩序混乱。教师可以通过划分班级活动区域，分区分批地让幼儿进行探索。

C. 纠正不当行为。

本轮六个活动均呈现出较好的课堂秩序，幼儿大都能够安静就座、投入活动、跟随教师的引导。但部分幼儿有时也会出现一些轻微的不当行为，如走神、插嘴、大声喊叫、起立走动、短小争执等。教师们在面对这些情况时，干预的频率和程度都不高。有的选择忽略，继续活动，有的即刻制止。而制止的方式主要有两种，一为直接言语或行为制止，如“咔嚓咔嚓”活动中前排幼儿积极参与活动，而后排的几个幼儿因为看不清楚频繁地站起来，这也影响了后面幼儿的观察，教室后半部分的秩序混乱，甚至出现了翘着二郎腿的孩子，而教师几乎没有进行管理。有的教师能够通过关注积极行为等正面方式让幼儿了解被期待的行为，从而有效纠正了不当行为。如“长颈鹿开店”活动中，教师告诉幼儿：“我请一个只是眼睛看着我，嘴巴没有发出声音的小朋友来。我喜欢这样，她找到了，放在心里，不然让别的小朋友说了。”

D. 学生行为。

活动中，幼儿大都行为良好，符合期待，偶有轻微的不当行为发生，极少对他人的活动参与造成干扰。大部分班级都呈现较好的行为秩序，无须频繁强调规则。

②活动安排效率。这一指标旨在不考虑教学指导和幼儿参与质量的情况下，通过教师提供的学习活动时间、常规的安排和指导、过渡阶段的时间利用、活动材料的准备情况对活动安排效率进行评定，有效的学习时间是最主要的考量标准。

A. 学习时间最大化。

观察中，教师们都在有限的集体教育活动时间里，安排了内容丰富的活动，环节紧凑。而用于处理事务性的管理工作的时间非常少。可以说整个活动几乎都是学习时间。幼儿有时会提问或发表与活动主题无关的话题，教师大都简单回应或直接忽略。但也存在一些学习时间被浪费的情况，如“小老鼠上灯台”活动的导入环节中，先是教师弹钢琴打招呼“小朋友们好”，第二步讲关于小老鼠的故事，第三步播放小视频，导入环节占据了整个活动 1/3 的时间，过于冗长。还有一些教师安排了一些让幼儿单独发表观点或参与游戏的机会，为了让每个幼儿都能轮到，花费了相当的时间，而其余等待的幼儿起初都能倾听同伴，但不久就会出现走神、攀谈等各种游离状态。

B. 准备。

从物质准备上来讲，教师们大都事先为活动做好了充足的准备，活动中没有出现翻看教案、照本宣科的情况。而活动中涉及的大量备用材料也大都在课前摆放到了适合的位置。活动进行时教师取用各种材料，都应事先安排妥当，触手可及，进行顺畅。从经验准备上来讲，六位教师对本班幼儿都较为了解，在幼儿的最近发展区内设计活动内容，进行得较为顺利。

③教学指导形式。

A. 有效地促进。

活动中，教师们大都积极地通过提问、组织表演、设置游戏、积极鼓励等方式促进幼儿的活动参与和学习，并且起到了一定的效果。大量提问是所有教师的共同特征，但她们的提问也都以针对儿歌、故事、绘本等材料内容为主，较少提问开放性的问题。

B. 形式和材料的多样性。

听觉和视觉是所有活动样本中最常使用的提供信息的方式，但大部分活动并不局限于这两种传统感觉通道的使用。有的活动不仅形式材料多样，还能够有效整合各种表现形式，极大地调动幼儿的活动热情，如“好饿的毛毛虫”活动中，随着教学的一步步展开，教师一边读绘本一边表演动作。教师的神态、肢体动作和语言，引得幼儿欢呼连连。活动中图片材料和教师的表演相得益彰，极大地调动起幼儿的参与兴趣，他们甚至忘情拥抱。但总的来说，幼儿在活动中操作的机会并不多，利于发挥其创造性的机会更少，大都按照固定的方式操作材料或游戏。

C. 学生感兴趣。

大部分幼儿都能安静坐在座位上认真聆听、在教师提问时踊跃举手，积极回答问题，倾听别人的回答。但感兴趣的程度存在差异，当活动涉及游戏、操作、表演等环节时，他们格外积极，迫不及待地挤到教师面前举手，露出满足和兴奋的表情等。而涉及回忆诗歌、故事、童谣等材料内容时虽然也积极举手，但都安静地坐着，面部表情较少。

D. 学习目标的澄清。

活动中幼儿对学习目标的觉察是较为被动，但较为清晰的。活动中，教师很少强调或明确澄清目标，但在经过一系列活动后幼儿大都能达到目标并有所理解。教师偶尔谈及目标时所采用的策略也较简单，以总结策略最为常见，但是教师都能够按照目标引导幼儿，获得比较理想的效果。

（2）教育支持

①概念发展。

教师经常组织幼儿开展讨论，鼓励幼儿依据情节发展进行合理的推理，以此来解决在绘本中遇到的问题，但有时会出现提问较多为封闭问题的情况。如“咔嚓咔嚓”活动中，教师提问：“跟你的伙伴说一说，什么可以剪断什么不能剪断，故事里柔软一些的东西容易剪断，硬一些的东西不容易剪断对不对?”这次的提问封闭性比较高，幼儿只需要回答对或不对即可，在这个过程中教师并没有真正关注儿童的想法，而是急于给儿童一个正确的答案，限制了幼儿的回答思路和自我表达。分析和推理得分较高的活动中，教师在关注幼儿给出正确答案的同时，更关注和发展儿童的高层次思维能力和认知能力。教师通过将所学习的概念与幼儿生活中的现实世界相联系，并借助幼儿自己的描述和分析来帮助幼儿更好地理解。

②反馈质量。

A. 支架。

教师会为幼儿的发展搭建支架，如教师通过提问了解幼儿现有的水平并提供相应的帮助。例如，教师向所有幼儿提问，在较快得到大部分幼儿的正确答案后教师迅速进入下一个环节，给予绝大多数幼儿以支持。结合视频的分析发现，教师引导幼儿思考或开展头脑风暴让幼儿思考时经常会给予幼儿现成的假设。

在活动“小老鼠上灯台”中，教师不能经常为那些在理解某个概念、回答某个问题或完成某项活动上有困难的儿童提供支架。在为幼儿提供支架时，教师对于幼儿的发展水平的估计不够准确，教师在进行语言活动的表演时，没有对幼儿进行恰当的指导，导致出现三名幼儿从椅子上滑落。教师可以通过自己的亲身示范，先一只脚踩上去再放另一只脚，双臂张开保持平衡的方式，来为幼儿搭建支架，使幼儿获得正确的姿势行为。

B. 反馈回路。

该指标主要描述师幼来回交换问题、进行讨论以及教师坚持后续问题的行为。师幼信息反馈交互频繁，教师通过语言、动作等方式与幼儿展开持续性地来回互动，这种方式有助于真正理解幼儿的想法。

在活动“小河马的大口罩”中，口罩怎么戴？防霾口罩怎么戴？大大的口罩如何折叠成小口罩？这些问题在活动开始之初教师就抛给了幼儿，没有进行有效的互动，忽视了幼儿分析思考能力的发展，更没有基于口罩怎么戴这个问题给予后续的练习。如“咔嚓咔嚓”活动中，教师仅关注事实性描述，而忽视了幼儿对于剪刀能剪什么、什么东西可以剪、什么东西不可以剪等的学习和探索过程，并且教师的提问大多是机械性的，教师没有让幼儿参与问题的解决，没有要求幼儿评价自己，也没有给幼儿总结想法的机会，这种互动反馈是教师一端传向幼儿一端的单向过程，而非真正意义上的双方互动。

③语言示范

A. 自我以及平行式谈话。

该指标是指描述自己和幼儿的行为，教师使用自我描述以及平行描述的方法作为扩展幼儿语言的方法，在自我描述中只是简单地说自己在做什么，并将语言和行为相联系。本研究中教师大多能够从导入部分联系实际生活，但不能在后续的活动中延续本次活动的教育效果，如剪刀是幼儿常用的物品，在导入活动时教师能够利用生活情境自动导入，但是在活动结束后，放在美工区域活动时，剪刀还能剪什么，怎么拿剪刀是正确的，这些问题都没有做好延伸，与生活实际开始脱离。教师可以在真实情境中使用剪刀并采用自我谈话描述，在描述过程中表现正确使用剪刀的方法，这种情境下的谈话会更加真实，教师语言的描述也可以拓展幼儿的语言。

B. 高级语言。

高级语言是指对幼儿来说新的词语，这些语言又与幼儿的经验相联系，另外高级语言也重视词汇的多样性。在活动“今天运气怎么这么好”中，教师提问画面上森林里有什么颜色的花朵，幼儿回应：“黄色的，红色的，白色的。”教师总结为“花有很多颜色，是五颜六色的”。这个过程中幼儿学习了新的词汇“五颜六色”，结合绘本图片情景也加深了对此词汇的理解。

本轮行动中，结合量化分析，几位教师师幼互动的教育支持维度处于中等偏低水平，经过分析发现，教师提供支架的水平需进一步提升。在活动中教师引导幼儿思考或开展头脑风暴让幼儿思考时总是给予幼儿现成的假设，这就导致教师为幼儿提供可以生成想法、创造作品的机会不多。另外，多数教师尝试将概念与儿童的实际生活相联系，但联系较为浅显。

4. 第二轮行动测评

在第二轮行动研究中采用集体讨论、视频分析、教学反思等方式帮助教师明晰了师幼互动与 CLASS 互动分析系统中的关键概念。通过两位教师的典型案例，进行了第一次 CLASS 维度与具体教育情境的结合。在此轮研讨与培训结束后，对六位教师的语言教育活动视频再次进行了采集与分析。

（1）第二轮行动研究中师幼互动能力三大维度的得分

在三大维度下，情感支持的得分最高达到 6.34，处于 5.90—6.51，在评分系统属于高分段；活动组织得分为 5.42，处于 5.02—5.45，在评分系统中处于中间分数段；教育支持得分为 5.49，处于 4.43—5.65，也属于中间分数段。第三轮行动后，三个维度都有了提升，均达到 5 分以上。其中情感支持达到 6 分，属于较高的得分。

表 3-2-7 六位教师活动概况与师幼互动三大维度平均分（第二轮）

教师	活动名称	时长	情感支持	活动组织	教育支持
NT1	不要吵醒小蜗牛	20 分	6. 25	5. 17	4. 86
NT2	我家是动物园	22 分	6. 19	5. 58	5. 36
NT3	改错	19 分	5. 19	4. 67	4. 57
ET1	老鼠阿姨的礼物	19 分	6. 44	5. 58	5. 94
ET2	今天运气怎么这么好	24 分	5. 75	5. 92	5. 91
ET3	小老鼠又上灯台啦	20 分	6. 0	5. 58	6. 29

在此轮活动结束后对各维度分数的统计中，各位教师的分数都有不同程度的上升，且大部分教师都能达到 CLASS 评分系统的高分数段，但教师 NT1 在教育支持这一维度、NT3 在活动组织和教育支持这两个维度下的得分仍然比较低（见表 3-2-7）。

（2）第二轮行动研究中师幼互动能力各维度得分及分析

①六位教师情感支持维度得分。

第二轮行动后教师 NT1、NT2、NT3、ET1、ET2、ET3 得分分别为 6. 25、6. 19、5. 19、6. 44、5. 75 和 6. 0，其中四位教师达到了 CLASS 中的高分数段。与上一轮相比，在教师敏感性、关注学生的观点两维度下的得分有了上升。教师 NT3 在积极氛围下得分较低，主要原因在于活动当日班级幼儿过于兴奋，在进行户外活动回到班级后，个别幼儿出现了大喊大叫、不服从管理的行为，教师采用了行为限制、言语批评等方式维持秩序，这也影响了班级内活动的氛围。

在此轮活动中教师开始尝试减少对幼儿的行为限制并取得较好的效果。在教师 NT1、ET1 的活动中，幼儿可以自由移动，能选择自己的位置。在阅读活动“我家是动物园”中，幼儿被允许说到相关内容，如老虎、大象等动物时可以做出“喊叫、起立，或者跳”的动作来模仿，如果有幼儿摆动了一会儿或者站起来而不是坐下，只要没有影响到其他幼儿的注意力，教师都可以允许他这么做。但是，这不能与混乱大叫相混淆，因为教师对于学生的行为是有较清晰的期望的。

②六位教师活动组织维度得分。

活动组织维度下，除教师 NT3 外其他教师都达到高分数段，NT3 教师上一轮得分 4. 42，本轮得分 4. 67，有了小幅上升。教师 ET2 在本轮得分最高，除前瞻性外，其余各项都达到了 6 分，分数高且分数段分布均匀，属于高水平的活动组织。

本轮 NT1、ET1 教师在学习目标的澄清上都得到了比较低的分数，对于此轮结果分析如下：

情境 13：ET1 “老鼠阿姨的礼物”

T：老师为小朋友们准备了一个道具，大家看看是什么？

（教师展示头饰。）

C：是老鼠的头饰。

C：我要！

C：我喜欢那个红色的。

T：好，现在呢，老师把头饰放在每个小组的桌子上，我要请坐得最好的组的小组长先来拿。

教师具有前瞻性，能够密切关注整个教室，并防止不当行为的出现，教师 ET1 总是比问题出现快一节拍，预测并防止不当行为的出现。教师在分发小老鼠头饰的时候，敏锐地发现了幼儿对不同头饰的渴望，因此教师并没有把头饰放在活动区域的中间或者自己的手上，而是把头饰分组放在每个组的桌子上，这样幼儿无须离开座位就能拿到，同时采取小组分发，幼儿可以在小组内自由挑选，这样也在一定程度上能够保证幼儿按自己的兴趣进行选择。

情境 14：NT1 “不要吵醒小蜗牛”

T：让我们来一起看看书中的这幅图片，你来猜猜它讲的是什么？

C：蜗牛。

C：在睡觉。

C：公园的故事。

T：谁来说说他都看到了什么，你觉得这是一个什么样的故事？

教师 NT1 不太能以学习目标引导幼儿学习，学习目标时而模糊时而清晰。在课堂中，幼儿有时能意识到知识点并集中精力，有时却不关心也不清楚该学什么。教师偶尔使用了一些策略将儿童吸引到学习目标上去，如高级组织者策略（在阅读前，让我们看看这幅图片，这样我们大概就能知道它讲的是什么了）。幼儿有时候能够连贯地告诉教师他们正在学什么，有时并不能。

③六位教师教育支持维度得分。

在教育支持这一维度下，教师 NT1、NT2、NT3 得分分别为 4.86、5.36 和 4.57，低于 5.5 分，处于 CLASS 得分中中间分数段。其余教师得分均在 5.5 分以上，处于高分分数段，尤其是教师 ET3，达到 6.29 分，除创造力的挖掘这一维度得分为 5 分外，其余维度得分均为高得分，教师 NT1、NT3 在创造力的挖掘这一指标的得分相对其他维度较低。与上一轮相比，在高级语言这一指标上的得分有所上升。在创造力的挖掘这一指标上，教师在教育情境中很少刻意为幼儿提供创设及新想法产生的机会。教师更多关注在幼儿按部就班的探索操作过程以及“正确”的操作结果上。过程中虽有给孩子提供表达自己想象、想法的机会，但是更多局限在教师固定好的那些材料中，且猜测结果也更单一，教师有时也关注幼儿猜测的过程，但并不是很持续。

（3）新手—熟手教师师幼互动能力的比较

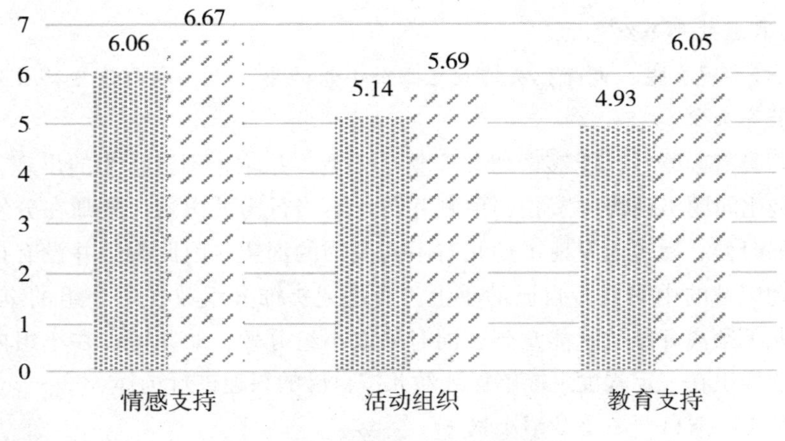

图 3-2-3　第二轮行动后新手—熟手教师师幼互动三大维度平均分

如图 3-2-3 所示，从这一轮的平均得分可以看出，此轮较上一轮平均分有了提升，除新手教师的教育支持这一维度外，其他各维度均已达到 CLASS 高分数段，教师对师幼互动的各个指标有了比较好的认识和实践。对于教育支持这一维度的得分差异较大，经过原始数据的比较分析，在对非言语行为的认识上，发现新手教师与熟手教师仍存在差异，因此对新手教师和熟手教师进行了访谈。研究者向教师提出以下问题：“在活动中您认为教师体态语、教师情绪行为和教师倾听重要吗？或者说您会关注自己或者是其他老师的非言语行为吗？”

从两位教师的回答中可以明显看出新手教师非言语行为意识的淡薄。新手教师仅仅是从幼儿教育理论角度出发，来思考自己是否听说过非言语行为这个专业词汇，对其没有自己的思考和见解。但就本研究中的体态语、情绪行为和倾听来看，新手教师还是有些许的认识。熟手教师由于入职时间长、经验丰富并且一直进行着理论知识的学习，所以对“非言语行为”这个专业词汇，熟手教师是有所了解并且有自己的观点和想法的。且熟手教师对本研究中的体态语、情绪行为和倾听有着基于长期实践经验基础之上的思考。

6. 第二轮行动研究反思

第一，在指导教师更深入地理解 CLASS 各维度时，能够杜绝书面性的生硬解释，理论佐之实例，使教师在此轮行动中更好地理解如何运用。

第二，帮助教师在教育活动开始前做好充分的准备，教师书写教案时能做到写详案，活动开始前在心中对活动做出多种预设。行动策略易实施，见效快。

第三，在此轮行动中要求教师语言精练具体。在活动中避免冗长式的语言和长时间的单一对话，发出指令清晰，提出明确的行为期望。教师基本能够减少无效的发问，封闭性提问减少，给予幼儿更大的自由度；能够更多采用亲身示范以及幼儿自主探索的手段，在幼儿进行探索时巡回走动给予指导。

第四，对于新手教师和熟手教师之间的差异，本次行动中运用分组讨论、以老带新的策略促进新手教师的成长，在此轮测评后新手教师、熟手教师虽然仍存在差异，但是新手教师的 CLASS 得分在两轮行动研究中处于上升的趋势。

（四）行动结果与促进策略

1. 行动结果

两轮行动后，教师在情感支持、活动组织与教育支持三个维度的得分均有了明显提升，其中第三次测评中三个维度的得分均达到高分段。幼儿园经常组织不同的培训课程，其中也有涉及师幼互动的内容，但是由于过于理论化，一线教师很难将日常的教育活动与理论相联系，因此培训效果大打折扣。经过两轮行动，教师们对 CLASS 有了更加清晰的了解，能够从不同的维度反思自己的师幼互动行为，也能够在日常观摩中对他人在活动中的师幼互动进行评价，做到了理论与实际的结合。

（1）教师师幼互动能力平均分提升情况

如图 3-2-4 所示，经过行动，教师们对 CLASS 有了初步了解，能够从不同维度反思自己的行为，也能够在观摩中有效地对他人进行评价，做到了理论与实际的结合。在两轮行动后，教师在情感支持、活动组织与教育支持这三个维度的得分都有了明显提升，第三次活动中师幼互动三个维度的得分均达到高分段。

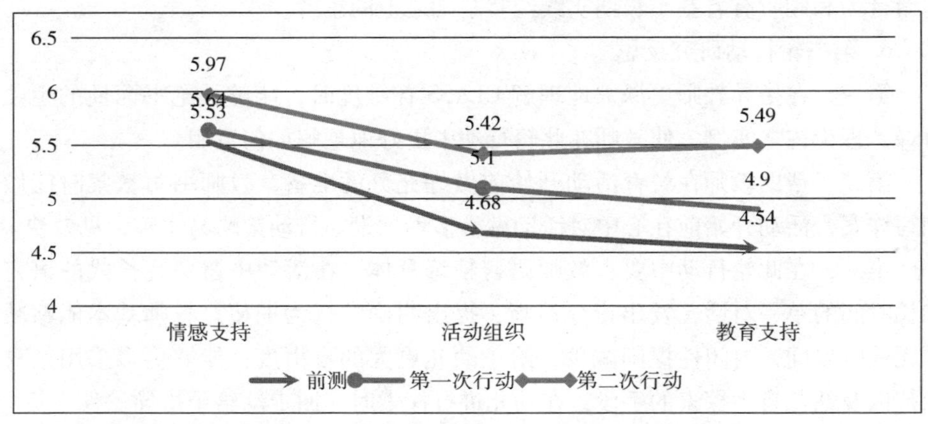

图 3-2-4　三次活动中教师师幼互动能力各维度平均分

（2）每位教师师幼互动能力提升情况

对几位教师师幼互动能力提升情况的分析发现，除 NT1 外其余五位教师在三个维度上都有不同程度的上升。其中，情感支持这一维度六位教师得分都有提升，但上升的幅度较小，主要原因在于六位教师在前测阶段情感支持得分就普遍较高，六位教师中的五位在前测中都达到了 CLASS 互动分析系统中的高得分区域（>5. 5 分），在前测较高的情况下，后面的行动阶段对其提升的空间比较小。

表 3-2-8　三次活动中教师师幼互动能力各维度得分

研究阶段	维度	NT1	NT2	NT3	ET1	ET2	ET3
前测	情感支持	5. 75	5. 63	4. 56	5. 81	5. 50	5. 94
	活动组织	5. 67	4. 56	3. 33	4. 83	4. 58	5. 08
	教育支持	4. 93	4. 29	3. 71	4. 79	4. 64	4. 86
第一次行动后	情感支持	5. 88	5. 63	5. 19	5. 56	5. 94	5. 56
	活动组织	5. 42	5. 08	4. 42	5. 33	5. 42	4. 92
	教育支持	4. 86	4. 64	3. 57	5. 43	5. 14	5. 79
第二次行动后	情感支持	6. 25	6. 19	5. 19	6. 44	5. 75	6. 0
	活动组织	5. 17	5. 58	4. 67	5. 58	5. 92	5. 58
	教育支持	4. 86	5. 36	4. 57	5. 94	5. 91	6. 29

在两轮行动后，除 ET3 教师外，其他教师在 CLASS 各维度的得分均在 5 分

以上，情感支持平均分达到5.97，平均高于5.5分，处于高得分段，也是三个维度中平均分最高的维度，教育支持的平均分为三个维度最低为5.48。

表3-2-9 第二轮测评教师师幼互动能力各维度得分提升情况

	NT1	NT2	NT3	ET1	ET2	ET3
情感支持	0.5	0.56	0.63	0.63	0.25	0.06
活动组织	-0.62	1.02	1.34	0.75	1.34	0.5
教育支持	-0.07	1.07	0.86	1.15	1.27	1.43
总　计	-0.19	2.65	2.83	2.53	2.86	1.99

由表3-2-9可知，在活动组织和教育支持两个维度下除教师NT1，其余教师都有提升，且提升幅度较大，主要原因归结为两点：首先，两维度在前测时分数低，进步的空间大。其次，在第一轮和第二轮行动研究时对这两个维度进行了详细的阐释，尤其在第二轮行动中，通过结合教学实录分析各维度下的得分，使教师对核心概念有了更加深刻的理解，教师反思自身活动过程，将理论与自己的活动过程相结合，从而达到了理论指导实践的目的，教师的得分也有了明显的上升。

在两轮行动研究后，新手教师NT1提升幅度最小，甚至不升反降。熟手教师ET2提升幅度最大，三大维度得分共提高了2.86分。对此，我们对两位教师进行了访谈，研究者提出以下问题："您是怎么看待您的得分的呢？您觉得原因是什么？"

结合对教师的访谈进行分析，发现NT1得分不升反降的原因主要有二：首先，经验不足，尤其是策略性经验缺乏是该教师提升速度慢的重要原因之一，该教师虽然已经明确了师幼互动能力高的教师有哪些表现，但却缺乏策略性知识来达到一个高的师幼互动能力。例如，该教师提出："CLASS的这些指标我基本都理解了，当我去做活动的时候，我也知道应该给幼儿提供充足的材料，但是该怎么提供，提供什么，还是不明白。我觉得可能是自己经验太少了，看得太少，总结得太少，尽管有时候知道什么是正确的，但是就是找不到合适的方法去达成它。"其次，准备不充足，既包括对学习的内容没有及时进行消化与反思，也包括没有做好充足的活动准备。例如，该教师提出："第一次活动我准备的可能更加充足一些，我还请了班里的老师帮我看教案、串流程。到了后面两次，因为事情比较多也就没那么认真了。自己对培训的内容也没及时消化，所以不升反降也是有可能的。""我是没有想到分数不升反降的，我以为自己只是会提升得慢一些，没想到还降了，有点尴尬。这次研究，我也看了很多得分高的教师的活动，这种教育影响可能当下在得分上显示不出来，但是经过积累吧，这对我未来师幼互动这项能力的提升肯定是有很大作用的。”尽管该教师的得分没有上升，但对于该教师的影响是深远和积极的。

通过访谈发现 ET2 教师得分上升幅度大的原因主要有三个方面：首先，该教师对此项研究具有极大的兴趣，愿意花费时间和精力进行思考和实践。教师提出："过去我没有听说过 CLASS 这个工具，自从了解了以后我觉得这是一个很好的工具，它涵盖的维度很全面，把它简化以后完全可以用来做一个平时的观察表。我觉得它是很实用的，所以我也就比较感兴趣。”其次，及时的反思、总结与充足的准备。教师提出："我有写教育笔记的习惯，基本上我每天都会记录一下这一天班里发生的事，这次研究每一轮学习的内容我也会认真地记下来然后进行反思，下一次活动前我就拿出来再看看，对自己没想到的内容就能得到很好的补充。这可能也是我提升了比较多的主要原因。”该教师书写教学反思的习惯帮助她能够很好地复习学习的内容，帮助她在头脑中形成正确的师幼互动观念，从而指导实践。教师在活动开始前对研讨内容进行回忆，以理论指导实践，加快了师幼互动能力提升的速度。最后，该教师经验丰富，在之前就有教师称赞她师幼互动的能力强，具备良好的自我效能感以及丰富的策略支持。这些因素作用，促进了教师的快速提升。对于此次行动研究，该教师表示对自己有重要的影响。该教师提到："我觉得这对我来说是个很大的鼓励，上升了 2.86 分确实是挺多的。在活动的时候，我会下意识地考虑到其中的一些维度来做出行为，过去其他教师对我师幼互动的能力也表示过肯定，现在，我觉得跟以前相比自己对师幼互动的理解更全面了。”

2. 行动研究反思与促进策略

(1) 灵活运用不同形式与幼儿互动

在语言教育活动中，教师大多倾向于使用积极方式来与幼儿进行互动，但这并不意味着教师不会使用消极的方式，正如一位教师在访谈中提到："师幼互动并不意味着教师总是采用积极的方式来与幼儿进行互动，并不意味着总是赞美幼儿。很多时候，积极方式与消极方式是同时存在的，作为幼儿教师要灵活使用，根据具体情况，根据幼儿自身的情况灵活采用。有时候消极方式也在帮助幼儿的成长。”采用积极方式还是消极方式对教师来说也是一门专业必修课，作为教师要不断学习、不断反思，在两种方式间依具体情况灵活采用，以此促进幼儿的成长。在活动过程中，熟手老师往往能够适当地使用消极方式，而新手教师往往有所顾忌不使用或出现难以控制频繁出现消极方式的情况。新手教师需要打破传统观念的影响，在教育实践情境中不断学习，促进自身师幼互动能力的提升。

（2）发挥教师言语的有效性，减少无效言语

以教师言语为主、幼儿言语及操作为辅。六位教师的活动中比重最大的是教师言语，说明对教师来说，活动中教师的言语起着重要的作用，原因在于教师在语言教育活动中充当多重角色，例如活动开始前要吸引幼儿的注意力，要控制活动的进程，要调节幼儿间的关系等。其次占据较大比重的是幼儿言语，语言教育活动中，幼儿都较积极地参与，无论是主动说话还是被动回答教师的问题。教师在语言教育活动中，也存在无效言语，说明在幼儿园语言教育活动中，无效言语时常存在，教师要做的就是尽量减少无效言语的发生。在教具的操作上具体而言，在语言教育活动中，既要重视幼儿自己动手操作，也要注重教师的示范讲解。

（3）积极互动，及时反馈

提问较频繁、给予多种反馈。在语言教育活动中师幼情感氛围都较为和谐，三位老师都倾向于使用积极的方式来与幼儿进行互动，能在不影响语言教育活动进程下妥善地处理好活动中出现的小状况，使得语言教育活动有序进行。教师言语都丰富有趣，在活动的过程中，都引入不同的活动来使得活动更加生动有趣，很好地激发幼儿的学习兴趣；倾向于使用积极的强化方式，但也都倾向于使用直接影响的方式来控制活动进程。教师也都能很好地使用提问的策略，所提的问题也富有思考性，对于幼儿的主动发言可以进行有效的反馈。但是在几次活动中也出现了教师的高控现象，教师的提问变成重头戏，而幼儿的回答则没有得到关注。

（4）以老带新促进师幼互动能力提升

根据三次结果分析，在新手教师、熟手教师间存在差异。熟手教师的师幼互动能力整体上高于新手教师，针对此现象在制定提升策略时应充分发挥熟手教师的作用，开展以老带新的活动，从而促进新手教师师幼互动能力的提升。对此，提出了针对新手教师的教育建议：第一，有针对性地设置培训内容。在培训过程中注重设置相关理论的环节。针对现在幼儿教师的基础学历构成现状，应该在培训的理论环节设置相应的课程来讲解活动中的环境创设、投放材料的相关理论知识，以及如何有效与幼儿进行互动等内容。并在实训环节就某些相关问题进行专门化的实习，比如作为影子教师详细观察活动时熟手教师是运用了何种技巧与幼儿进行互动的。第二，加大实训环节的力度。实训时间要保证三个月到半年的时间，让新手教师轮流去幼儿园的各个班级去观察熟手教师的

活动。注重在不同情境下，对待不同性格的幼儿该如何进行互动。做好观察记录并适时进行心得分享。第三，加强理论学习。聘请一线教师和教研机构的相关学者前来授课，既要了解国家相应的政策法规和教学指导纲要，也要有必要的集体备课和教研研讨环节，还要将一线教师多年的教学经验进行有效的分享，这样多管齐下才能让新手教师有更多的收获。第四，端正态度，不断学习。作为一名新手教师，更应注重师幼互动相关知识的学习，将所学知识融入工作中去，与实际的教养活动结合起来，注意掌握有效的技巧，学会并耐心地进行观察，摒弃传统的错误观念，做一个师幼互动活动中的有心人。

（五）行动研究方案

如表 3-2-10 所示，历经四个月时间的研究过程，本研究最终形成了一套关于提升幼儿园语言活动中教师师幼互动能力的初步行动方案。

表 3-2-10　提升幼儿园语言活动中教师师幼互动能力的行动方案

行动时间	如何开展行动研究				
	行动目标	行动步骤	行动方法	行动结果	行动反思
前期准备	①选定研究园、研究教师与研究班级。 ②教师当前的师幼互动水平是怎样的？（理念上、实践中）。	第一步，选定北京市一级一类示范园 D 幼儿园。 第二步，在园长帮助下选定六名研究教师。			
第一次行动研究	①澄清 CLASS 各个维度、师幼互动、行动研究的含义。 ②了解行动研究的概念、两轮研究的基本过程。 ③明确了两轮研究的时间安排。	第一步，组织观看教育视频，对师幼互动做详细的说明。视频结束后，教师们进行讨论与反思。 第二步，对 CLASS 三大维度下的指标进行详细分析。 第三步，进行典型案例的分析与讨论。	视频分析、集体座谈、教案分析、教学反思	①与前测阶段相比，情感支持、活动组织、教育支持三大维度总平均得分上升。 ②活动组织、教育支持下部分维度得分仍较低。 ③新手教师、熟手教师之间存在差异。	①针对课堂秩序方面的问题提出改进策略。 ②活动组织方面建议教师在活动时鼓励幼儿自己动手操作，减少无效的提问。 ③教师表示对活动组织和教育支持下的维度仍缺乏了解，反思在第一轮中对两个维度的分析不够深入和全面。

续表

行动时间	如何开展行动研究				
	行动目标	行动步骤	行动方法	行动结果	行动反思
第二次行动研究	①重点澄清活动组织和教育支持两个维度。 ②将 CLASS 各维度的理论概念与教师实际教育活动的组织相联系。	第一步结合上轮视频详细分析活动组织和教育支持下每一维度的含义，提出改善措施。 第二步进行测评，比较小中大班、新手熟手教师之间的师幼互动能力。	视频分析、亲身示范、集体座谈、教学反思	①与前测和第一次行动相比，三大维度总平均得分上升。 ②新手教师的教育支持得分仍然最低。 ③新手教师、熟手教师之间存在差异，不同教师在行动后提升幅度不同。	①结合实例分析能够指导教师更深入地理解 CLASS 各维度时，杜绝书面性的生硬解释，教师能在此轮行动中更好地理解如何运用。 ②帮助教师在教育活动开始前做好充分的准备，如书写详案，行动策略易实施，见效快。 ③在此轮行动中要求教师语言精练具体。教师能够更多采用亲身示范以及幼儿自主探索的手段。 ④教育支持的得分仍然最低，应进一步提升教师澄清目标、搭建支架等能力。

四、本研究的不足与反思

由于研究者个人能力和精力所限，本研究还存在一定的局限性和需要改进之处，需要在后续研究中继续加以完善和深入。主要包括以下几方面：

（一）活动类型局限于幼儿园语言集体教育活动

语言教育活动贯穿幼儿园一日生活之中，在集体教学、区域活动、过渡环节等都存在丰富的师幼互动行为，由于研究开展的局限和数据收集的实际困难，本研究仅选取了幼儿园语言集体教育活动中的师幼互动行为进行分析。后续研究中还应尝试分析在其他领域集体教育活动、区域活动、一日常规活动中的师幼互动行为，为教师在不同教育情境中师幼互动能力提供策略。

（二）对教师师幼互动能力影响因素的探讨不够深入

本研究重点在于提升教师在语言教育活动中的师幼互动能力，目的在于形成行动研究方案，在研究过程中对影响师幼互动能力提升的因素的探讨还不够深入。后续应在此基础上，通过多种研究方法，对此进行进一步研究，更加深入地总结提炼影响教师师幼互动能力提升的若干因素。

（三）师幼互动能力中教育支持能力的提升效果仍须强化

本研究两轮行动研究后，六位教师在教育支持维度下的平均分仍低于 5.5

分，在三大维度中的得分最低。分析其原因，主要是由于教育支持维度下各个子维度判断的复杂性，以及某些子维度如搭设支架能力的提升需要较长时间的学习与不断的经验积累方可见效，在短时间内难以有突破性的飞跃。由此，研究者在后续研究中将持续重点关注这一维度的师幼互动能力，尝试通过更长周期更加深入的行动研究促进其改善与提升。

参考文献

[1] 班级部落格平台上师生互动与班级认同感之研究 [EB/OL]. http://www.docin.com.2015-11-02/2019-03-13.

[2] 卜湘玲. 教育行动研究中的幼儿教师专业发展 [D]. 重庆：西南大学，2006.

[3] 曹高慧. 幼儿园语言教育活动中的师幼互动状况——基于 CLASS 系统的师幼互动状况 [D]. 杭州：浙江师范大学杭州幼儿师范学院，2012.

[4] 陈奎喜. 教育社会学研究 [M]. 台北：台北师大书苑有限公司，1992.

[5] 陈思宇. 幼儿园集体教育活动中的师幼互动 [J]. 科教导刊（上旬刊），2015（01）：109-110.

[6] 陈小凤. 幼儿园社会领域集体教育活动的师幼互动研究——基于 GLASS 课堂评估计分系统分析 [D]. 重庆：西南大学，2016.

[7] 陈晓慧. 教学设计 [M]. 北京：电子工业出版社，2005.

[8] 程魏. 课堂师生互动的个案研究：以小学数学教师为例 [D]. 上海：华东师范大学，2009.

[9] 党爱娣. 初任幼儿教师设计集体教育活动应注意的几个问题——以科学活动为例 [J]. 学前教育，2010（02）：17-20.

[10] 顾梅. 作为教育情境的幼儿园集体活动 [J]. 苏州教学院学报，2004（03）：49.

[11] 郭芸芸. 幼儿园游戏活动中师生互动现状研究 [D]. 重庆：西南师范大学，2004.

[12] 黄娟娟. 师幼互动类型及成因的社会学分析研究——基于上海 50 所幼儿园活动中师幼互动的观察分析 [J]. 教育研究，2009，30（07）：81-86.

[13] 黄娟娟. 幼儿园半日活动中师幼互动类型及成因的社会学研究 [J]. 上海教育科研，2009（02）：43-46.

[14] 黄人颂. 学前教育学 [M]. 北京：人民教育出版社，2002.

[15] 姜勇，庞丽娟. 幼儿园师生交往类型的研究 [J]. 心理科学，2004

(05)：1120-1123.

[16] 蒋俊华．幼儿园集体教育活动中教学指导与策略之研究［D］. 华南师范大学，2007.

[17] Joanne M. Arhar，Mary Louise Holly. 教师行动研究——教师发现之旅［M］. 黄宇，陈晓霞，宝华，等译．北京：中国轻工业出版社，2002.

[18] 巨金香．情感视阈中的师幼互动研究［D］. 长春：东北师范大学，2006.

[19] 李明军，文明．《国际儿童教育协会全球指导性评估量表》述评［J］. 陕西学前师范学院学报，2015，31（01）：54-59.

[20] 李沐明．幼儿教育词典［Z］. 哈尔滨：黑龙江科学技术出版社，1987.

[21] 连格，孟迎芳．专家——新手型教师研究述评［J］. 福建省社会主义学院学报，2001（04）：66-68.

[22] 梁立秋．城乡幼儿园一日活动情境中的师幼互动研究——基于 CLASS 评估系统的观察分析［D］. 桂林：广西师范大学，2015.

[23] 刘飞敏．生活活动中影响师幼互动的因素及应对策略［J］. 学前教育研究，2006（01）：40-41.

[24] 刘晶波．社会学视野下的师幼互动行为研究——我在幼儿园里看到了什么［M］. 南京：南京师范大学出版社，2006.

[25] 刘文婷．幼儿科学教育活动中的师幼互动研究［D］. 大连：辽宁师范大学，2012.

[26] 柳卫东，左瑞勇．师幼互动的理论基础与实践背景［J］. 学前教育研究，2004（Z1）：52-53.

[27] 龙红芝．试析语言活动类型在幼儿园教育实践中的失衡［J］. 学前课程研究，2008（04）：13-15.

[28] 罗鸣．教师与幼儿建立和谐人际关系的重要意义［J］. 福建教学与研究（初等教育版），1990（03）：18-19.

[29] 马玲亚．对幼儿园师幼互动若干问题的思考［J］. 中华女子学院学报，2005（02）：65-68.

[30] 毛新巧．从改善师幼互动到促进幼儿多向互动［J］. 学前教育研究，2006（01）：39.

[31] 莫源秋，唐翊宣，刘利红．幼儿教师与幼儿有效互动策略［M］. 北京：中国轻工业出版社，2016.

[32] 聂懿．幼儿园小班生活活动中师幼互动研究 [D]. 保定：河北大学，2010.

[33] 宁虹，武金红．建立数量结构与意义理解的关系 [J]. 教育研究，2003 (05)：23-27.

[34] 庞丽娟．教师与儿童发展 [M]. 北京：北京师范大学出版社，2001.

[35] 庞丽娟．幼儿教师的期望和幼儿发展 [J]. 学前教育研究，1992，(04)：32.

[36] 祁小飞．幼儿课程改革背景下的集体教育活动研究 [D]. 上海：华东师范大学，2009.

[37] 秦金亮，高孝品，王园，等．不同办园体制幼儿园的师幼互动质量分析 [J]. 教育研究与实验，2017 (01)：25-29，36.

[38] 盛群力．现代教学设计应用模式 [M] 杭州：浙江教育出版社，2002.

[39] 唐海燕．优化幼儿园集体教育活动设计三步曲 [J]. 基础教育研究，2009 (08)：63.

[40] 田方．幼儿园半日活动情境下的师幼互动研究——基于 CLASS 课堂互动评估系统的观察分析 [D]. 上海：华东师范大学，2012.

[41] 王春燕．教学活动中师幼互动的诊断分析 [J]. 学前课程研究，2007 (10)：4-7.

[42] 王远欣．幼儿语言教育问题的探讨 [J]. 黑河教育，2018 (09)：18-19.

[43] 吴康宁．教育社会学 [M]. 北京：人民教育出版社，2009.

[44] 武建阁．师幼互动中教师教育行为偏差研究——基于家庭文化资本的视角 [D]. 中央民族大学，2013.

[45] 项宗萍．从“六省市幼教机构教育评价研究”看我国幼教机构教育过程的问题与教育过程的评价取向 [J]. 学前教育研究，1995 (02)：31-35.

[46] 肖锋．课堂语言行为互动分析——一种新型的课堂教学研究工具[J]. 辽宁师范大学学报（社会科学版），2000 (06)：40-44.

[47] 杨冬梅．教学组织幼儿园集体教育活动的探讨 [J]. 基础教育研究，2010 (11)：51.

[48] 杨莉．康丹．对幼儿园集体教育活动小教师提问的观察研究 [J]. 学前教育研究，2007 (02)：25.

[49] 姚艺娟．集体教育活动中骨干教师与实习教师的师幼互动比较研究 [D]. 武汉：华中师范大学，2017.

[50] 姚铮．幼儿园人际环境对幼儿社会性发展的影响［J］．幼儿教育，1994（02）：7-8.

[51] 叶子，庞丽娟．师生互动研究述评［J］．学前教育研究，2009（03）：45.

[52] 叶子．师幼互动的内容分布及其特征［J］．幼儿教育，2009（07）：10-12.

[53] 余珍有．教师的交际行为研究——幼儿园教师语言的语用学分析［D］．南京：南京师范大学，2004.

[54] 张博．幼儿园教育中不同活动背景下的互动行为分析［J］．学前教育研究，2005（02）：17-20.

[55] 张文洁．新疆双语幼儿园集体活动课堂互动质量的现状研究——基于乌鲁木齐市30个教室的CLASS观察［D］．上海：华东师范大学，2013.

[56] 郑金洲．互动教学［M］．福州：福建教育出版社，2007.

[57] 中国大百科全书［M］．北京：商务印书馆，2012.

[58] 周欣．教师——儿童互动质量评定的行为指标初探［J］．早期教育，2004（04）：8.

[59] 周欣．师幼互动和教育环境创设［J］．幼儿教育，2005（19）：10-12.

[60] 周欣．试论教师在游戏中的作用［J］．学前教育研究，1990（04）：54-56.

[61] 朱家雄．对幼儿园课程改革的所见所闻和所思（下）［J］．幼儿教育，2006（09）：4-6.

[62] 邹玲．幼儿园教师专业成长的个体困扰与策略［J］．科教文汇，2013（8）：22-23.

[63] Rudasill K M. Child temperament, teacher - child interactions, and teacher-child relationships; A longitudinal investigation from first to third grade. [J]. Early Childhood Research Quarterly, 2011 (26): 147-156.

[64] Pianta R C. Patterns of relationships between children and kindergarten teachers [J]. Journal of School Psychology, 1994, 32 (01): 15-31.

[65] Pianta R C, Steinberg M S, Rollins K B. (1995). The first two years of school: Teacher-child relationships and reflections in children's class-room adjustment [J]. Development and Psychology, 1995 (07): 2.

[66] Michael Lynch, Dante Cicchetti. Children's relationships with adults and

peers: An examination of elementary and junior high school students [J]. Journal of School Psychology, 1997, 35 (01): 81-99.

[67] Kagan D M. Smith K E. Beliefs and behaviors of kindergarten teachers [J]. Educational research, 1998, 30 (01): 26-35.

[68] Howes C, Smith E W. Relations among child care quality, teacher behavior, children's playactivities, emotional security and cognitive activity in child care [J]. Early Chlidhood Rescacrh Quarterly, 1995, 10 (04): 381-404.

[69] Howes whitebook C M, Phiilips D. Teacher characteristics and effective teaching in child care: Findings from the National Child Care Staffing Study [J]. Child&Youth Care Forum, 1992, 21 (06): 399-414.

[70] Howes C, Hamilton C E, Matheson C C. Children's relationships with peers: Differential associations with aspect of the teacher-child relationship. [M]. Child Development, 1994, 65 (01): 253-263.

[71] Fein C G, Gariboldi A, Boni R. The adjustment of infants and toddlers to group care: The first six months [J]. Early Childhood Research Quarterly, 1993, 8 (01): 1-14.

[72] Eija Pakarinena, Marja-Kristiina Lerkkanenb, Anna-Maija Poikkeusb, Noona Kiurua, Martti Siekkinenc, Helena Rasku-Puttonenb, Jari-Erik Nurni. A Validation of the Classroom Assessment Scoring System in Finnish Kingdergartens [J]. Early Education &Development, 2010, 21 (01): 95-124.

[73] Clawson, Mellisa A. Contributions of Regulatable Quality and Teacher-Child interactionto Children's Attachment Security with Day Care Teacher [J]. Biennial meeting of the Society for Research in Child Development, 1997 (03): 211-229.

[74] Brophy J E, Good T L. Teacher-student relationships: Causes and consequences [J]. New York: Holt. Rinehart &Winston, 1974 (07): 365-385.

附 录

附录一：不同阶段关于教师师幼互动能力的访谈提纲

第一次访谈：前测阶段

1. 您是如何理解师幼互动的？

2. 您听说过 CLASS 课堂互动分析系统吗？其他的测量师幼互动质量的工具您了解吗？平时的教研中如何分析师幼互动？

3. 您在语言教育活动中能够给予幼儿哪些支持？您可以从情感上、课堂组织上、教育支持上来回答。

4. 从入职到现在，您觉得在师幼互动方面您有哪些进步与成长？通过什么渠道提高师幼互动的质量？（如培训、看书、实践等）

第二次访谈：第一次行动后

1. 您对本活动的互动效果是否满意？为什么？

2. 您认为哪些因素影响语言活动中师幼互动的效果？

3. 您觉得目前在活动中的师幼互动还存在什么困惑？

4. 您对活动还有什么问题或建议？

第三次访谈：第二次行动后

1. 在活动中您认为教师体态语、教师情绪行为和教师倾听重要吗？或者说您会关注自己或者是其他老师的非言语行为吗？

2. 您是怎么看待您的得分的呢？您觉得原因是什么？

幼儿教师共情能力现状及提升策略研究

田若焱

教师共情能力是指教师在坚持自身价值观的前提下对幼儿所表述的事实或情感，倾听、采纳、理解并做出反应以促进幼儿发展的一种能力。本研究以绘本教学活动作为研究场景，通过探究幼儿教师的共情能力现状，找到问题，从共情识别、共情理解及共情应对三个方面探索提升幼儿教师共情能力的途径，促进幼儿教师专业发展，提升绘本教学质量。本研究由现状调查与效果研究两部分构成。

一、教师共情能力是影响师幼互动质量的重要因素

（一）教师共情能力在绘本教学活动中的作用

1. 教师共情能力是影响师幼互动质量的重要因素

师幼互动是幼儿重要的人际互动，近年来已成为学界关注的重要问题。我国颁布的《幼儿园教育指导纲要（试行）》与《3—6岁儿童学习与发展指南》都强调教师在教学活动中准确把握时机、积极引导幼儿的重要作用。我国不少研究都提到师幼互动的影响因素众多，教师共情对于构建积极的情感型师幼互动关系、增进师幼相互理解、激发幼儿的学习兴趣、有效提升教学质量、促进幼儿的身心健康发展有着重要作用，这些促进作用不仅影响幼儿在园生活，甚至可以影响幼儿的一生。

2. 教师共情能力对幼儿语言发展有着独特作用

语言是交流、表达情感的工具。3—6岁是儿童语言发展的关键期，幼儿语言发展不仅通过教学活动得来，幼儿与教师、同伴的沟通也是其语言积累的过程。教师的共情能力能够提高师幼互动的质量，而师幼互动又是幼儿语言发展的重要手段，在幼儿语言发展中，需要教师的鼓励和引导。在幼儿语言教育过程中，教师要具备良好的共情能力，与幼儿进行想法、情感的沟通，让教师站

在幼儿的观点与立场上，理解幼儿的心理状态，积极主动地引导幼儿，通过教师的共情，绘本教学活动中蕴含的教育价值更容易被激发。

3. 幼儿教师在绘本教学活动中共情能力存在不足

幼儿园绘本教学活动符合幼儿直观读图的思维习惯，其价值涵盖多个领域，主要表现为促进语言倾听、表达能力的发展等方面，但在幼儿园的实习、见习经历中发现，教师的共情能力存在不足，具体表现为：幼儿教师更多的是针对绘本内容的讲述，在教学过程中难以识别幼儿的情绪和想法；教师倾听能力较差，不能理解幼儿的情绪情感；幼儿教师没有关注幼儿在情境中的体验，只关注于事件本身等。这些问题的出现势必会影响绘本教学活动实施的效果。

4. 国内外关于教师共情能力的已有研究存在缺失

国内外关于共情的研究已经产生了大量研究成果，这些研究集中在心理学和医护领域中。探讨的重点主要在共情的内涵、分类、测量方法等领域。随着教育心理学的研究发展，教师的共情能力受到越来越多的关注，但国内对教师共情的研究相对较少，对幼儿教师共情能力的研究更加少，且存在一些问题。比如缺少将教师共情作为一种教育策略的实证研究，得出的关于教师共情能力提升、培训的策略过于表面化、笼统化。当前结论更多的是基于初、高等教育阶段得出的，对学前教育阶段共情能力的研究较少，而将教师共情能力引入绘本教学活动中的研究在国内外更少，通过干预提升共情能力改进行为这一问题也尚缺乏证据支持，所以本研究可以在一定程度上丰富现有关于教师共情能力的研究。

（二）研究教师共情能力在绘本教学活动中的重要意义

1. 理论意义：丰富和拓展共情能力的内涵和测量方式

本研究首先对幼儿教师共情能力的文献资料进行阅读和梳理，试图明确幼儿教师共情能力的内涵，丰富幼儿教师专业能力。对于幼儿教师共情能力测量方法的了解、分析和运用，使得幼儿教师共情能力的测量和量化分析成为可能，有利于提升幼儿教师的职业道德和专业能力。在绘本教学中测量教师共情能力也可以丰富幼儿教师共情能力的现有研究。

2. 实践意义：建立良好师幼关系，提高绘本教学质量

本研究采用调查研究法、实验法，通过访谈、观察得出教师在绘本教学中师幼共情产生的主要问题，再通过笔者参与研究，与教师共同研究找到提升共情能力的策略，通过教师的二次实施，得出策略的有效性，帮助教师提升自身能力，为幼儿园教师提升共情能力提供方法论指导。教师共情可以使幼儿教师

将自己看作幼儿进行思考，从幼儿的需要出发。幼儿与教师进行互动后也可以将自己的想法主动向教师表达，教师会更加关心幼儿的情绪和体验，从而加强教师和幼儿之间的良性互动，进而提高绘本教学的质量，促进幼儿的发展。

二、幼儿教师共情能力的相关研究基础

（一）绘本教学的相关研究

1. 绘本的研究

“绘本”一词起源于国外，在20世纪50年代逐渐传入日本，后传播至台湾地区。因此，可以说国外和我国台湾地区对于绘本研究的深度和广度都有借鉴意义。关于绘本的研究主要包括以下方面：

（1）绘本的内涵

早在1943年，“绘本”的定义就已经收录至英文字典中，字典中对其的定义为：部分或全部包括图片，并根据幼儿的需要和兴趣采用的书籍。日本绘本大师松居直总结出一个经典的公式，即文字+图画=绘本，这是对绘本中图画和文字关系的表述。① 我国学者李春光认为绘本是一种图片为主，文字为辅，且图文并茂的优秀儿童读物。② 总而言之，绘本是由文字、图画两种形式中的一种或二者结合起来的故事书。

（2）绘本的价值

绘本包含了各方面的价值，其有利于儿童语言能力、同伴交往能力、想象力等能力的综合提升与发展。美国教育与人类学学者曼茨科普洛斯（Mantzicopoulos）从研究文献和科学素养项目（SLP）工作中得出，科学类绘本可以支持幼儿知识获取和意义制作技能的发展。③ 丁兰通过分析理论，结合自己的实践得出阅读绘本对幼儿社会交往能力有促进作用。李春燕通过调查研究得出绘本可以有效激发低年级学生的阅读兴趣，阅读活动对学生的成长发展有着重要作用，能提高学生素质，促进其全面发展。④

---

① 王静，卢清．儿童绘本相关研究文献综述［J］．陕西学前师范学院学报，201733（12）：14.

② 李春光．幼儿园绘本教学现状及改进研究［D］．北京：首都师范大学，2013.

③ Mantzicopoulos P，Patrick H.（2011）．Reading Picture Books and Learning Science：Engaging Young Children With Informational Text［J］．Theory Into Practice，2011（4）：269.

④ 李春燕．绘本在小学低年级段语文教学中的运用价值［J］．作文成功之路（中），2015（6）：28-29.

（3）绘本材料的选择

孟思宇认为目前国内绘本存在形式化、内容贫乏无深度的问题；国内绘本的数量也较少，我国现行绘本大多引自国外。① 陆璐通过调查研究得出幼儿园阅读区中幼儿阅读材料类型选择不均衡，且提供的材料内容不合理。② 成伟丽在研究中提到好的造型设计、画面，能够激发幼儿的阅读兴趣，也能帮助、提高幼儿对故事的理解能力，并分别阐述了适合大、中、小三个班应投放绘本的特征。③

（4）绘本的应用

绘本有着丰富的教育价值和故事内容，因此在小学、幼儿园教育教学活动中被广泛地运用。李春燕、王颖运用案例法解读了绘本在小学教育中作为教学辅助工具的一些教育价值。④ 绘本在学前教育领域的应用更加广泛，各个领域都有相关的绘本。在信息时代，杜春燕迎合时代发展，探讨了与现代教育技术相结合的绘本阅读实施策略。⑤

2. 幼儿园绘本教学活动的研究

随着我国对绘本的研究逐渐深入与教师重视程度的逐渐加深，关于幼儿园绘本教学活动的研究成为热门领域，研究内容集中于教师角色、组织形式、分析现状探讨策略等几个方面。

（1）幼儿园绘本教学活动中教师的角色

何黎明认为教师应作为幼儿的引导者，引导幼儿进行开放式交流。⑥ 王玉认为教师是幼儿绘本教学活动的组织者，真正的参与者是幼儿，占主体地位的也是幼儿。⑦ 赵媛也在其硕士论文中提到教师的四个角色，分别是优秀绘本的筛选者及解读先行者，绘本教学方向的引领者，绘本教学情境的创设者，教学实践

---

① 孟思雨．对我国绘本发展的探索与思考［J］．美术教育研究，2012（21）：61-63.

② 陆璐．阅读区中3—6岁幼儿阅读材料选择和使用的现状研究［D］．沈阳：沈阳师范大学，2017.

③ 成伟丽．幼儿绘本分类策略探析［J］．文化创新比较研究，2018（19）：189，193.

④ 李春燕．绘本在小学低年级段语文教学中的运用价值［J］．作文成功之路（中），2015（6）：28-29.

⑤ 杜春燕．与现代教育技术相结合的绘本阅读实施策略［J］．科学大众（科学教育），2018（5）：85.

⑥ 何黎明．幼儿绘本阅读中教师成为促成者角色的策略［J］．早期教育（教师版），2010（4）：10-11.

⑦ 王玉．读者反映理论及其对我国幼儿文学阅读教育的启示［J］．幼儿教师（教育科学），2009（7）：7-8.

的反思者。①

（2）幼儿园绘本教学方法和组织形式

李忠玲等人认为组织绘本教学活动时应该注意绘本的美感，根据不同年龄班幼儿的发展特点及本班幼儿的兴趣选择绘本组织活动。② 陈雅典在研究中提到充分利用家庭、社区的资源，利用社会各种教学资源实现教学目的。③ 顾淑芳提到教师首先要进行环境创设再进行引导，通过情节冲突加之教师的生动演绎来组织教学活动，在回应幼儿时也要注意对幼儿的深入引导。④

（3）幼儿园绘本教学活动现状及策略

克丽丝蒂娜. E. 范·克瑞恩诺德（Christina E. van Kraayenoord）通过5-6岁幼儿绘本教学活动的实验，得出师幼共读的效果优于幼儿单独阅读，教师的参与能帮助幼儿对绘本故事进行整体理解。⑤ 瑞士学者乌拉（Ulla Damber）得出幼儿教师在绘本阅读活动中需要教师的自由引导，加入游戏并通过创造与幼儿的互动来增强幼儿的阅读和识字能力。⑥ 王晓斐等人研究了济南某幼儿园绘本教学的情况，建议综合运用多种方式，丰富绘本教学方法，精心设计延伸活动。⑦

（4）幼儿园绘本教学活动评价

陈素园等人探究得出幼儿园绘本教学评价的新模式——微评价，包括：绘本教学活动的内容、绘本教学活动的目标、绘本教学活动过程的评价，并详细阐述了原因、主体、内容和原则。⑧ 周晓对绘本教学活动的评价是应该注重对幼儿情况的全面描述，记录真实的教育现象，结合两种形式进行评价。

（二）共情的相关研究

国外对共情的研究起步早，研究的主要领域集中在心理学、医学和教育学，在教育学中包含有对心理和行为障碍的儿童进行行为干预的研究。我国于近十

---

① 赵媛．幼儿园绘本教学中教师角色定位的研究［D］．济南：山东师范大学，2013.

② 李忠玲，张茜．谈教师对幼儿绘本阅读活动的指导［J］．幼儿教育（教育科学），2011（12）：10-12.

③ 陈雅典．幼儿绘本多元阅读教学的实施策略［J］．学前教育研究，2015（10）：71-72.

④ 顾淑芳．幼儿绘本阅读教学的组织策略［J］．上海教育科研，2015（7）：95-96.

⑤ Christina E. van Kraayenoord. Story Construction from a Picture Book：An Assessment Activity for Young Learners［J］. Early Childhood Research Quarterly，1996（11）：41-61.

⑥ Ulla Damber. Read-alouds in preschool-A matter of discipline［J］. Journal of Early Childhood Literacy，2015（5）：2.

⑦ 王晓斐，辛琦媛．幼儿园绘本教学现状的调查研究——以济南市S幼儿园为例［J］．陕西学前师范学院学报，2018，34（2）：15-19+23.

⑧ 许又新．Empathy译名的商榷［J］．中国心理卫生杂志，2010，24（6）：401-402.

几年开始，研究的重点在心理学和医学方面，在教育学中涉及的较少，总结来讲，可以从以下几个方面进行论述。

1. 共情的概念

共情来自德文术语“Einfühlung”。德国心理学家利普斯（T. Lipps）在其研究结果中论述共情为当人们认识某一对象后，能够设身处地地感受到这个对象的感受，站在对方角度思考，如此就是所谓的共情。① 人本主义心理学家罗杰斯（Cal R. Rogers）对“共情”进行进一步的分析解读，并运用到心理咨询中，将其作为治疗师以第三者的角度客观地进行心理咨询的工具。多维取向中，Feshbach 认为，共情包括识别他人的情绪情感状态、将其内化的能力、对所表达情绪情感的反应能力。② Gladtein 认为共情分为认知、情感和行为三个部分，即认知性共情、情感性共情、行为性共情。③

2. 共情的内部构成

费什巴赫（Feshbach）认为，共情内部包含认知和情感两个部分。认知指的是个体能够识别到他人的情绪情感及变化的多种形式的一种能力。情感指的是个体对他人情绪情感内化的一种能力。④ Gladtein 则认为认知、情感和行为三部分共同构成共情这个整体。⑤ 多维学派 Davis 认为共情包括前提、过程、个体内在某个变化、个体沟通交往能力方面的变化四个要素。

3. 共情的测量

不同心理学家对共情内涵的不同理解直接影响他们对于共情内部结构的理解，也就产生了不同的测量方式。

情感角度测量共情：《情感共情测量问卷》（The Questionnaire Measure of E-motional Empathy，QMEE，Mehrabian&Epstein，1972）全部问卷包含 33 个题目，分为 7 个维度，采用 9 级评分法进行评分，分值从-4 到 4 分。⑥ Bryant 编制了

---

① 肖福芳，申荷永．论 Empathy 的翻译及其内涵［J］．心理学探新，2010，30（6）：18.

② Feshback N D. Parental empathy and child adjustment/mal adjustment. In Eisenberg N and Strayer J. Empathy and its development［M］. New York：Cambridge University Press，1987.

③ Gladstein G A. Empathy and counseling outcome：An empirical and conceptual review［J］. Counseling Psychologist，1997（6）：70-79.

④ Feshback N D. Parental empathy and child adjustment/maladjustment. ln Eisenberg And Strayer empathy and its development［M］. New York：Cambridge University Press，1987.

⑤ Gladstein G A. Empathy and counseling outcome：An empirical And conceptual review［J］. Counseling Psychologist，1997（6）：70-79.

⑥ Mehrabian A，Epstein N. A measure of emotional empathy Journal of Personality［J］. Counseling Psychologist，1972（4）：525-543.

《幼儿及青少年共情量表》（Empathy Index for Children and Adolescents，IECA），此量表的测量对象为幼儿。①

多维角度测量共情：Davis编制的《人际反应指针》，将共情能力分成了观点采择、想象力、共情关怀和个人忧伤四个维度，该量表共有28道题目，问卷的内部一致性信度为0.71—0.77，重测信度为0.62—0.80。②《人际反应指针》的中文版由我国台湾学者詹至禹、吴静吉等于1987年修订完成，共有22道测题，内部一致性信度为0.53—0.78，重测信度为0.56—0.82。③

我国在共情方面的研究起步稍晚，目前正处在探索发展阶段，研究内容主要集中在心理学和医学领域。在测量工具方面，潘孝富等人编制了《大学生共情能力问卷》，该问卷包括3个维度和6个因子，分别是共情识别、共情理解和共情应对3个维度。总量表的α系数为0.84，具有良好的信效度。④

4. 教师共情能力

安德森认为（S. Anderson）教师共情是教师关心学生的一种能力，这种能力包括认知和情感两部分。⑤ 罗杰斯提到教师具备共情能力对于师生关系的和谐能够起到促进作用，具备共情能力的教师能够站在学生角度看问题，不会提出过多成人化的问题和硬性规定。⑥ 曾敏在其硕士论文中论述到教师共情能力包含内在的倾向性，即教师是否具备共情的能力，也包括外在方面，即教师将自己内心的倾向性在具体的教学情境中表现出来。⑦

5. 教师共情的培训

George L. Redman的研究中对教师进行了为期10周的人际关系培训，结果

---

① Inetdewied，Cora Maias，Stephanie van Goozen，Marjolin Vermade，Ratger Engels. Wim Meeus，Walter Matthys，and Paul Goudena. . Bryant's Empathy Index A closer examination Of its internal structure ［J］. European Journal of Psychological Assessment，2007（2）：99-104.

② Smajdor A，Stockl A，Salter C. The limits of empathy：Problems in medical education and practice ［J］. Journal of Medical Ethics，2011（6）：380-383.

③ 詹志禹．年龄、性别角色、人情取向与同理心的关系［D］. 台湾政治人学教育研究所，1987：40-41.

④ 康丽娟，张新宇．共情的研究进展［J］. 全科护理，2013，10（35）：3346-3348.

⑤ Tettegah S，Anderson C J. Pre-service teachers' empathy and cognitions：Statistical analysis of text data by graphical models ［J］. Contenmporary Educational Psycholog，2007（32）：49-50.

⑥ 卡尔·R. 罗杰斯，霍华德·基尔申鲍姆．罗杰斯著作精粹［M］. 北京：中国人民大学出版社，2006：265.

⑦ 曾敏．教师共情能力及训练研究［D］. 重庆：西南大学，2012.

表明教师明显对少数民族学生表现出更多共情。[①] Pierce 认为教师越多地接触各种形式的文化，越能够与学生积极互动，越能突出学生的主体地位，站在学生的角度看待学生，更加容易接纳学生。[②] 柴文英通过自己在实践中的应用来说明如何共情，她指出当教学不顺畅时、当学生情绪反常时可以运用共情来解决。[③]

综上所述，国外关于教师共情的培训方式多种多样，而国内关于教师共情能力培训并没有创新性的培训方法，整体以教师自身的研究总结居多，内容也大多涉及学生情绪情感的共情，且多数都为个案、小范围的研究，对学生认知方面的共情也存在一些空白，不具有可推广性。对于教师共情能力的实证研究较少，可以在今后的研究中理论结合实践共同展开。

（三）绘本教学活动中教师共情能力的研究

教师共情能力是包含在师幼共情中的。在对国内外研究进行收集时发现，国内外对于幼儿园绘本教学活动中教师共情能力研究少之又少，但对绘本教学活动中的情感互动有所涉及，因此，在本小节探讨绘本教学活动中的师幼情感互动。

1. 师幼情感互动

安斯莉（Ainslie R. C.）和安德森（W. Anderson）在其研究报告中明确指出，“教师或其他养护者与幼儿之间的关系有时可以被视为如同儿童与父母之间那样的情感依恋型关系（attachment relationship）”。[④] 郑雪飞在分析了小班师幼情感互动存在的问题和原因后提出，教师要顺应情绪，适时放弃常规要求；顺应行为，关注孩子日常行为特征，包括一日生活中的点拨，捕捉孩子的需要并及时顺应，当幼儿出现问题或困难时也要积极地鼓励和引导；顺应个性，微笑着与孩子“对话”。[⑤]

---

① Redman G L. Study of the Relationship of Teacher Empathy for Minority Persons and Inservice Human Relations Training. ［J］. Journal of Educational Research，1997（4）：205-210.

② Pierce C. Importance of classroom climate for at risk learners［J］. The Journal of Educational Research，1994，88（1）：37-42.

③ 柴文英．共情在教师与学生之间——一种教育新方法的实践探索［J］湖南师范大学教育科学学报，2009（3）：2.

④ Ainslie R C.，& W.（1984）. Anderson. daycare children's relationships to mothers and caregiver：An inquiry into the conditions for the development of attachment. in the child and the daycare setting ：Qualitative variations and development［M］，ed. R. C. Ainslie. *New York*：*Praeger*.

⑤ 郑雪飞．浅谈小班情感化师幼互动策略［J］．宁波大学学报（教育科学版），2017，39（2）：128-132.

2. 幼儿园绘本教学活动中的师幼情感互动

刑振海在他的研究中提到教师教学中情感的缺失是师幼情感互动问题的主要表现，教师在语言教学中出现语音、语调运用不当，教师与学生缺乏眼神和动作的交流，以及教师忽略幼儿的情感表达三方面问题。[①] 向迎春认为幼儿的早期阅读课程是富含情感、快乐和理解的，应该通过情感的手段来进行师幼互动。[②] 综上所述，可以看出关于绘本教学中师幼互动的研究主要集中在对策的论述，对于情感互动则只是论述了重要性或者作为一个论点来论述。

（四）研究评述与问题确立

1. 研究评述

通过对文献的梳理可以把握共情的内涵、结构等理论知识，以及现状、测量方法等实践结果，为本研究的顺利进行奠定了基础。

（1）已有文献的成果

首先，已有研究中对于绘本教学活动和共情的研究集中在内涵、现状、价值等领域。其次，已有研究中包含少量对于幼儿园绘本教学互动中师幼情感互动的研究，还有一些相关的研究少量存在于绘本阅读活动和共情的相关研究中。最后，已有文献中也包含了共情的测量和教师共情能力测量的研究，这些研究中包含大量的量化研究，为本研究提供了实践基础。

（2）已有文献的不足

在已有文献中虽然取得了一定的理论基础，但是在一些方面仍然还存在着不足。

首先，在研究数量上，已有研究中关于共情的研究大量集中在心理学、医学中，教育学中教师共情的研究目前数量还不是很多。关于教师共情的研究集中在中高等教育，对于学前教学中教师共情的研究非常少。

其次，在研究对象上，已有研究中的关注点更多集中在教师行为共情方面，如教师的提问、反馈方式等，而对于幼儿的关注较少，师幼之间的双向法则没有体现出来。

最后，在研究内容上，已有研究主要探究了绘本教学的价值、现状、策略等方面，关于改进绘本教学活动提出的策略大同小异，关于从阅读活动的各个环节进行改进。另外，涉及师幼互动的研究主要集中在宏观的意义和策略，在幼儿园具体的教学活动中没有涉及。

---

① 邢振梅．论情感视域下的幼儿语言教育［J］．教育现代化，2017，4（15）：53.

② 向迎春．早期阅读中师生互动关系的优化策略［J］．甘肃教育，2011（12）：46.

2. 问题确立

（1）幼儿教师在绘本教学活动中共情能力的现状如何？

（2）幼儿教师绘本教学活动中教师共情能力存在什么问题？原因有哪些？

（3）如何提高绘本教学活动中幼儿教师的共情能力？

三、幼儿教师共情能力现状及提升的研究设计

（一）概念界定

1. 幼儿教师共情能力

关于共情的概念，本研究采用多维取向对共情的理解，即共情包括认知、情感和行为三个方面。① 本研究中幼儿教师共情能力指的是幼儿教师在坚持自身思想观念的前提下对幼儿所表述的想法或情感识别、理解并做出反应的一种能力，并对其帮助和指导。

2. 幼儿园绘本教学活动

张扬指出：幼儿园绘本教学指的是幼儿教师利用绘本材料，根据儿童的身心特点制订一定的教学计划，有目的、有计划、有组织地完成课程设计，在“教”与“学”的互动中，不仅提高幼儿阅读兴趣及技能，还促使幼儿养成良好的阅读习惯，并从中获得情感、道德、科学、社会、艺术等方面的提升 。本研究中的绘本教学指的是教师结合幼儿绘本中的教学内容，根据绘本故事的情节发展，参照《3—6 岁儿童学习与发展指南》中的目标要求，在发展幼儿语言能力的基础上，选择并组织适宜幼儿身心发展规律的各领域教学内容，以达到师幼共同成长为目的的教学活动。

（二）研究思路

本研究分为两个阶段，首先是现状调查阶段，即通过测量法、观察法和访谈法分析教师共情能力的现状，并通过案例来描述其中存在的问题。其次是效果研究阶段，采用实验法，在研究者设计的准实验中，通过分析共情能力现状，筛选出共情能力得分低于被观察 15 名幼儿教师平均得分的大、中、小班教师各一名作为实验组，将这三名教师作为个案研究对象，在其共情能力现状的基础上，与实验组教师进行交谈，分析其存在的问题并根据共情理论，从共情识别、共情理解和共情应对三个角度探索提升幼儿园教师在绘本教学活动中共情能力

① 杨辉，安秀琴，宋丽萍，等．共情测量工具的研究进展［J］. 护理研究，2008（17）：1512-1513.

的途径。根据实验组三位教师的年龄、教龄、教学方式，参考园内领导的意见选择与实验组三位教师共情能力得分相近的教师组成对照组，对照组选择与实验组相同的绘本进行教学活动。通过前后测进行两组比较，得出提升幼儿教师绘本教学活动中共情能力途径的有效性。研究思路图如图 3-3-1 所示。

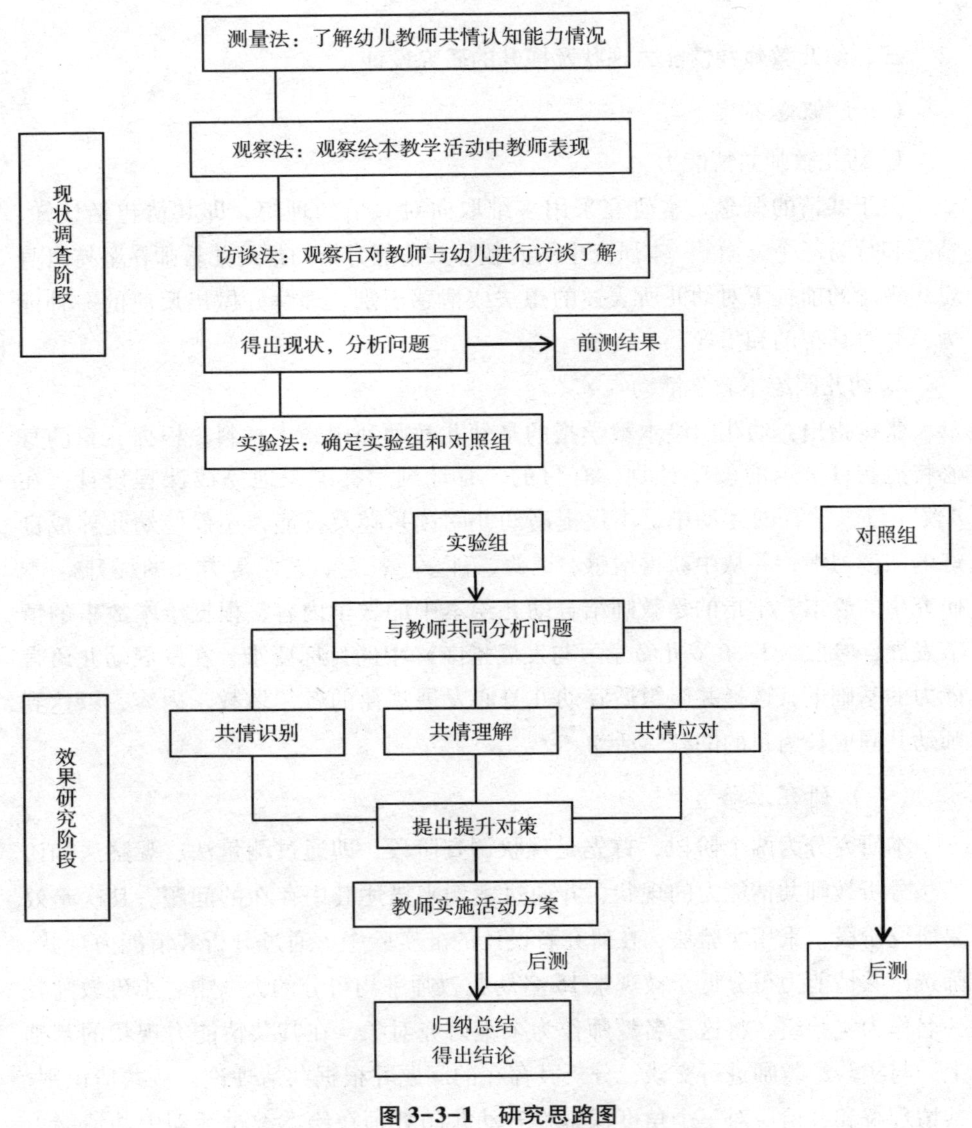

图 3-3-1　研究思路图

（三）研究方法与研究工具

1. 研究方法

（1）测量法

本研究选择《人际反应指针问卷中文版》作为研究幼儿教师认知共情能力的工具，将整个量表不做更改直接使用，随机选择 X 幼儿园 40 名教师作为调查对象。该量表共 22 个题，包括 4 个维度：观点采择（个体对他人所表述的事实或呈现出的情绪体会之后反馈给自己的一种能力）、想象力（个体能够对他人情绪有所体验的一种能力）、共情关怀（对处于困境或愉悦中的他人所表现出来的一种关注的能力）和个人忧伤（对他人在场景中的行为表现个人所产生的一种对应的情绪情感）。该问卷由我国台湾学者吴静吉等人由 Davis 处引入，并结合地区实情进行修订。该量表作为研究幼儿教师共情认识的工具，并为观察对象选择的基础。

（2）访谈法

采用半结构化访谈，对被观察的 15 名教师和各班级内随机抽取的幼儿进行访谈。对教师访谈的主要目的是结合观察量表对教师共情能力中共情识别和共情理解两部分进行评分，得出共情能力现状，因此对教师的访谈设置在绘本教学活动结束后，共访谈两次。第一次在现状调查阶段，了解教师对于课程的理解，对于课程实施中相关做法的原因，结合观察法，共同得出教师共情能力的现状。第二次在效果研究阶段，访谈对象为实验组和对照组教师，了解教师在进行干预后再实施活动的感受，以及对于课程设置的看法。对教师的两次访谈提纲见附录二。对幼儿的访谈也设置在活动结束后，共两次，一次在现状调查阶段，每班随机抽取三名幼儿进行访谈，得出幼儿对教师组织的绘本教学活动的感受。第二次在效果研究阶段，在两组中对第一次访谈的幼儿进行再次访谈，前后两次访谈的对比也可以作为分析提高教师共情策略可行性的依据。对幼儿的两次访谈提纲详见附录三。

（3）观察法

本研究采用观察法，在问卷调查的基础上选择大、中、小班幼儿教师各 5 名，共 15 名教师，对其组织的绘本教学活动进行观察，了解绘本教学活动中教师的表现以及幼儿的反应。采用自编的《幼儿教师共情能力评分表》对教师的共情能力进行评分。观察法共运用两次，第一次在现状调查阶段，目的是结合问卷法及访谈法一起得出幼儿教师绘本教学活动中共情能力的现状，第二次在效果研究阶段，通过观察法了解实验组与对照组的共情能力情况的后测结果。

(4) 实验法

本研究采用实验法，通过设置实验组和对照组对比分析，得出策略的可行性。实验组和对照组都包含大、中、小班各一个，在分析现状后确定对象。实验组选择共情能力得分低于平均分的教师组成实验组，对照组则是在实验组确定后，根据实验组三个班教师的年龄、教龄、共情能力得分，选择与实验组三个班教师教学方式相近教师所在班级组成对照组。在现状调查阶段测量实验组和对照组的前测分数，进行初次对比，得出实验组与对照组分数的差异。在对实验组进行干预后，选择与现状调查阶段中类型相同的绘本组织教学活动，得到实验组和对照组的后测得分，对照组不施加干预。得出两组得分的差异，对比两次差异，得出结论。实验组与对照组施加影响情况如表 3-3-1 所示。

表 3-3-1 实验组与对照组施加影响情况

	实验组	对照组
现状调查阶段	不施加影响	不施加影响
效果研究阶段	施加影响	不施加影响

2. 研究工具

(1)《人际反应指针问卷中文版》(Interpersonal Reactivity Index-C)

本研究选择《人际反应指针问卷中文版》作为研究幼儿教师认知共情能力的工具，将整个问卷不做更改直接使用。我国台湾学者吴静吉等人由 Davis 处引入该问卷，并结合地区实情进行修订，修订后共有 22 题，依然分成 4 个维度。人际反应指针量表肯德尔系数介于 0.53—0.78，而重测信度介于 0.56—0.82，信度较高。人际反应指针量表的计分采用李克特式 5 点量表计分，由“不恰当”“有一点恰当”“还算恰当”“恰当”到“很恰当”，分别给予 0—4 分。通过回收问卷并进行 SPSS 数据分析，得出幼儿教师在共情能力四个维度上的表现情况。在研究结果进行分析前，先将数据输入 SPSS22.0，分析其信度，得出 Cronbach α 系数为 0.757，说明结果可信，可进行下一步分析。

(2) 自编教师共情能力评分表

借鉴潘孝富编制的《大学生共情能力问卷》中的结构模型，将共情能力分为共情识别、共情理解和共情应对三个部分。为契合本研究，结合教师的专业能力将三个子维度继续细分，共情识别分为认知识别和情绪识别；共情理解分为情绪理解和移情；共情应对分为言语行为和非言语行为，非言语行为包括动作和表情等。潘孝富的《大学生共情能力问卷》采用五点计分，依次为 1—5 分，在进行观察时，为了方便计分，分值采用 0—4 分。按照幼儿教师共情能力各维度的定义对幼儿教师的行为进行赋值，评分标准详见附录四。观察所用《绘本教学活动观察记录表》见附录五，将得到的结果输入 SPSS22.0 数据库，进行数据分析。

（三）研究实施

1. 研究对象的选择

（1）现状调查阶段研究对象

①问卷调查对象

在现状调查研究中，随机选择北京市某一级一类园 X 园共 40 名在班教师，调查对象具体信息如表 3-3-2 所示。

表 3-3-2　问卷调查对象基本信息（N=40）

基本信息	类别	人数	百分比（%）
教龄	1—3 年	12	30
	4—6 年	8	20
	7—19 年	11	27.5
	20 年以上	9	22.5
学历	本科	18	45
	大专	21	52.5
	中专	1	2.5
婚否	已婚	25	62.5
	未婚	15	37.5
是否有子女	已育	21	52.5
	未育	19	47.5
是否接受过系统的学前教育	是	38	95
	否	2	5

②观察对象信息

在本研究中采用观察法，选择大、中、小班各 5 名教师，共计 15 名教师的绘本教学活动作为观察对象，教师基本信息情况如表 3-3-3 所示。

表 3-3-3 观察对象基本信息（N=15）

班级	活动名称	教师信息				
		教师	年龄	教龄	学历	职称
主园小一班	谁藏起来了	D 老师	31	10	本科	二级教师
主园小二班	小兔子找太阳	Q 老师	27	8	本科	二级教师
分园小一班	我的本领大	M 老师	23	5	大专	三级教师
分园小二班	捉迷藏	C 老师	25	8	本科	二级教师
分园小三班	长长的	L 老师	26	8	本科	二级教师
主园中三班	什么最美丽	Y 老师	30	7	本科	二级教师
分园中一班	谁偷吃了我的大饼	X 老师	34	13	本科	二级教师
主园中四班	谁的本领大	B 老师	24	5	本科	二级教师
主园中二班	现在我很棒	N 老师	24	6	本科	二级教师
分园中二班	鸭子说不可以	W 老师	27	8	本科	一级教师
分园大一班	跑跑镇	T 老师	30	9	本科	二级教师
主园大二班	大熊的抱抱节	F 老师	24	2	本科	三级教师
主园大一班	小猪和气球	J 老师	24	4	本科	二级教师
主园大三班	小老鼠忙碌的一天	Z 老师	26	7	大专	二级教师
分园大三班	狼大叔的红烧鸡	G 老师	23	3	本科	三级教师

（2）效果研究阶段研究对象

得出现状后，结合现有数据选择共情能力得分相对较低的大、中、小班教师各 1 名作为实验组，后根据实验组三个班教师的年龄、教龄和共情得分综合选择与实验组三名教师教学方式相近的大、中、小班教师各 1 名组成对照组。实验组与对照组教师及绘本教学活动信息如表 3-3-4 所示。

表 3-3-4 实验组与对照组选择信息

组别	班级	活动名称	组织活动教师
实验组	大三班	爸爸，别怕	G 老师
	中三班	猜猜我有多爱你	Y 老师
	小一班	玩具火车轰隆隆	M 老师

续表

组别	班级	活动名称	组织活动教师
对照组	大二班	爸爸，别怕	F 老师
	中二班	猜猜我有多爱你	N 老师
	小三班	玩具火车轰隆隆	L 老师

2.《人际反应指针问卷中文版》的发放与回收

本研究共发放问卷 40 份，回收有效问卷 40 份，问卷回收率达 100%，回收的问卷由研究者录入 SPSS22.0 数据库进行量化分析，得到 40 名幼儿教师在观点采择、想象力、共情关怀、个人忧伤四个维度的得分情况。

3.《幼儿教师共情能力评分表》的设计与操作

本研究选择潘孝富主编的《大学生共情能力问卷》作为《幼儿教师共情能力评分表》的基础，借鉴其理论框架并赋予其学前教育学的含义。共情识别是指幼儿教师对幼儿情绪和想法的分辨，共情识别分为认知识别和情绪识别，分别对应教师对幼儿想法的识别和情绪的识别。共情理解是指教师将幼儿的情感体验内化为自身的体验，包括情绪理解和移情。情绪理解指的是幼儿教师能够理解幼儿当时情境下表现出来的情绪。移情是指幼儿教师从幼儿的角度思考问题。共情应对指的是基于自己情感的体验而采取相应的措施，在绘本教学活动中是指幼儿教师对幼儿情感和想法分辨和理解内化后采取的回应方式，包括言语行为和非言语行为。明确三个维度后，按照幼儿教师共情能力各维度的定义对每一维度每一分值教师应有的表现进行设计。

在现状调查阶段和效果研究阶段，对幼儿教师绘本教学活动进行观察并结合活动结束后的访谈，对教师的共情能力客观地打分。本研究采用多媒体设备作为收集的辅助工具，作为活动中评分的补充。在分析时，将数据录入 SPSS22.0，因数据仅有 15 份，样本量小，因此对收集的数据进行重测信度检验，α 系数高于 0.70，才可进行下一步操作。

4. 效果研究的设计与实施

本研究的实验组是在观察分析完 15 名幼儿教师的绘本教学活动后，选择共情能力得分低于平均水平的三位教师。本着在研究不打扰幼儿园正常教学活动的前提下，经过与幼儿园的协商，在本研究中的后测控制因子：绘本。为了避免因子的过分误差，所以在后测实验的绘本选择时，实验组、对照组幼儿教师在现状调查时选择使用同一类别绘本，且将教师未使用过的绘本作为教学内容。在进行实验时，实验组与对照组教师在前后测中都在任教的班级内组织教学活动，由同一教师执教，以此控制无关变量的影响，探究提升教师共情能力策略的效果。分析时将实验组与对照组的前测成绩、后测成绩分别比较，再比较实验组与对照组后测成绩的差异，得到共情能力得分的变化，结合对教师及幼儿的访谈结果，共同得出结论。

四、绘本教学中幼儿教师共情能力的现状、问题及归因分析

（一）绘本教学中幼儿教师共情能力的现状

1. 幼儿教师对共情的认识

本研究中，研究者首先从幼儿教师对共情的认识这个角度出发，随机向 40 位在班教师发放问卷，了解教师认知共情的现状。问卷常模为 3.12 分，高于此分即认为共情能力较好。为了分析幼儿教师对共情的认识水平，对问卷结果进行描述性统计，并将各维度分数与平均标准值做单一样本 T 检验，检验结果见表 3-3-5。

表 3-3-5　幼儿教师共情能力描述统计（N=40）

	M（SD）	与 3.12 分的显著性比较
IRI-C 观点采择	12.63（3.99）	0.000
IRI-C 想象力	10.20（4.00）	0.000
IRI-C 共情关怀	10.90（2.74）	0.000
IRI-C 个人忧伤	7.73（3.81）	0.000
IRI-C 量表总分	41.45（9.87）	0.000

从表 3-3-5 中可以看出这 40 名幼儿教师共情各维度中观点采择维度的得分最高，其次为共情关怀，想象力和个人忧伤两个维度分别位居第三和第四位。

通过单一样本 T 检验，将问卷中幼儿教师四个共情维度的平均分以及量表共情整体得分与常模 3.12 分进行显著性差异检验，其结果如表 3-3-5 所示，可以看出，人际反应指针量表中幼儿教师共情整体得分以及各维度得分均高于常模，幼儿教师共情能力属于中等偏上水平。

为了考察量表中的四个维度之间是否存在影响，对共情的维度进行相关分析，结果如表 3-3-6 所示。

表 3-3-6　幼儿教师共情能力各维度得分的相关关系表

	观点采择 r（P）	想象 r（P）	共情关怀 r（P）	个人忧伤 r（P）
观点采择		0.393**（0.012）	0.322**（0.042）	0.000（0.999）
想象			0.381**（0.015）	0.218（0.177）
共情关怀				0.432***（0.005）

注：*、**、*** 分别表示 10%、5%、1%的置信水平上具有统计显示性。

由表 3-3-6 可知，量表各个维度间具有相关性。幼儿教师共情关怀与个人忧伤中度相关，且统计显著。观点采择得分与想象力、观点采择得分与共情关注、想象力得分与个人忧伤得分存在显著相关，其中观点采择得分与共情关怀得分存在低度相关性，其余存在中度相关性，观点采择得分与个人忧伤得分相关性不显著。

根据上述分析结果可以看出，X 幼儿园中所选取的 40 名幼儿教师在认知共情方面处于中等偏上水平，说明该园教师普遍认为自身具有较高的共情能力。在问卷结果的基础上，确定大、中、小班教师各 5 名，共 15 名幼儿教师作为观察对象。

2. 幼儿教师共情能力现状

（1）绘本教学活动中幼儿教师共情能力的观察结果

①绘本教学活动中幼儿教师共情能力得分的结果分析

研究者随机取样，选择问卷被试中的 15 名幼儿教师作为现状调查阶段的研究对象，幼儿教师的信息统计如表 3-3-7 所示。

表 3-3-7　观察对象信息统计（N=15）

	变量	频率	百分比（%）
年龄	20—25 岁	7	46.7
	26—30 岁	6	40.0
	31 岁及以上	2	13.3
教龄	1—5 年	5	33.3
	6—10 年	8	53.3
	11 年及以上	2	13.3

续表

	变量	频率	百分比（%）
学历	专科	2	13.3
	本科	13	86.7
职称	一级	1	6.7
	二级	10	66.7
	三级	4	26.7

在被观察教师的基本信息统计中可以看到本次调查的教师年龄整体较为年轻，30岁及以下居多。在教龄方面，教龄和教师年龄整体呈现对应关系。在学历方面本科学历的居多，专科学历的较少。在职称方面以二级职称的人数最多。

研究者采用非参与式观察，对这15名教师组织的绘本教学活动进行观察记录，并将自编的《幼儿教师共情能力评分表》（见附录四）作为研究工具，结合活动结束后对教师的访谈进行评分，调查结果如表3-3-8所示。

表3-3-8　绘本教学活动中幼儿教师的共情得分（N=15）

教师	共情能力得分						总分
	共情识别		共情理解		共情应对		
	认知识别	情绪识别	情绪理解	移情	言语行为	非言语行为	
D老师	3	3	2	3	3	2	16
Q老师	2	2	3	2	2	3	14
M老师	1	2	2	2	2	2	11
C老师	3	2	2	3	2	2	14
L老师	1	2	3	2	2	2	12
Y老师	1	2	2	2	2	2	11
X老师	3	3	3	2	2	2	15
B老师	2	2	2	2	3	3	14
N老师	1	1	2	3	2	2	11
W老师	3	3	2	3	3	3	18
T老师	2	3	2	2	3	3	15

续表

教师	共情能力得分						总分
	共情识别		共情理解		共情应对		
	认知识别	情绪识别	情绪理解	移情	言语行为	非言语行为	
F 老师	2	2	3	2	2	2	13
J 老师	2	3	3	2	3	2	15
Z 老师	3	2	2	2	2	3	14
G 老师	2	2	2	1	2	1	10
平均分	2.07	2.27	2.33	2.20	2.40	2.27	13.47

将这 15 名幼儿教师的得分录入 SPSS22.0 数据库，进行进一步分析。

首先分析数据的信效度，通过 SPSS 对评分表各项分值进行检验得出 Cronbach α 系数为 0.859，观察评分表的信度水平符合标准>0.8，处于较高的信度水平。利用巴特利球形检验和 KMO，量表 KMO 值为 0.804>0.8，内部效应一致，总的维度具有良好的调查作用。

表 3-3-9　幼儿教师共情能力得分描述性统计信息

	均值	标准差	N
认知识别得分	2.07	0.799	15
情绪识别得分	2.27	0.594	15
情绪理解得分	2.20	0.561	15
移情得分	2.33	0.724	15
言语行为得分	2.40	0.507	15
非言语行为得分	2.27	0.594	15

表 3-3-9 是幼儿教师共情能力得分的描述性统计结果，在描述性统计分析的结果中，可以看到得分最高的为言语行为得分，其次为移情得分，再次是非语言行为和情绪识别得分，而后是情绪理解得分，最低的是认知识别得分。

表 3-3-10　不同教龄下幼儿教师共情能力得分情况的方差分析

	教龄	N	平均值	标准差	F 值	p
认知识别得分	1—5 年	5	2.20	1.095	1.929	0.188
	6—10 年	8	2.00	0.926		
	11 年及以上	2	3.50	0.707		
	总数	15	2.27	1.033		
情绪识别得分	1—5 年	5	2.60	0.894	2.111	0.164
	6—10 年	8	2.25	0.707		
	11 年及以上	2	3.50	0.707		
	总数	15	2.53	0.834		
情绪理解得分	1—5 年	5	2.20	0.837	2.054	0.171
	6—10 年	8	2.13	0.354		
	11 年及以上	2	3.00	0.000		
	总数	15	2.27	0.594		
移情得分	1—5 年	5	2.00	0.707	2.985	0.049
	6—10 年	8	2.50	0.756		
	11 年及以上	2	3.50	0.707		
	总数	15	2.47	0.834		
言语行为得分	1—5 年	5	2.60	0.548	3.339	0.038
	6—10 年	8	2.38	0.518		
	11 年及以上	2	3.50	0.707		
	总数	15	2.60	0.632		
非言语行为得分	1—5 年	5	2.40	1.140	0.026	0.974
	6—10 年	8	2.50	0.535		
	11 年及以上	2	2.50	0.707		
	总数	15	2.47	0.743		

采用单因素方差分析考察不同教龄下幼儿教师的共情能力得分的差异，结果显示不同教龄下幼儿教师的共情能力得分的显著性差异并不大（见表 3-3-10）。其中言语行为得分和移情得分呈现显著性差异，教龄为 11 年以上的幼儿教师在言语行为上的得分会高于其他教龄的教师。在移情得分上也是 11 年以上

教龄的幼儿教师均分显著大于其他教龄的教师。在其他维度上 p 值均大于 0.05，差异不具有显著性，在此不展开进行描述。

仅有言语行为得分和移情得分与教师的教龄存在显著性差异，而且教龄长的幼儿教师在这两方面的得分高于教龄短的幼儿教师，这可以说明，言语行为和移情可以通过经验的积累获得，随着教龄的增长，熟手教师比新手教师在这两个方面做得更好。而其他方面，共情的识别、对幼儿情绪的理解、非言语行为，这些受个人因素影响比较大。

根据量化结果，教龄长的幼儿教师虽然在共情技巧方面的分数高于教龄短的幼儿教师，但是在观察中研究者发现，面对幼儿时教龄长的教师也表现出更多的不耐烦，在活动中，教师将自己认为重要的事作为活动的重点，与幼儿之间的言语沟通较少。

表 3-3-11 不同年龄幼儿教师共情能力得分情况的方差分析

	年龄	N	平均值	标准差	F 值	p
认知识别得分	20—25 年	7	2.14	1.069	1.889	0.193
	26—30 年	6	2.00	0.894		
	31 年及以上	2	3.50	0.707		
	总数	15	2.27	1.033		
情绪识别得分	20—25 年	7	2.29	0.951	1.862	0.198
	26—30 年	6	2.50	0.548		
	31 年及以上	2	3.50	0.707		
	总数	15	2.53	0.834		
情绪理解得分	20—25 年	7	2.14	0.690	2.021	0.175
	26—30 年	6	2.17	0.408		
	31 年及以上	2	3.00	0.000		
	总数	15	2.27	0.594		
移情得分	20—25 年	7	2.29	0.756	2.042	0.172
	26—30 年	6	2.33	0.816		
	31 年及以上	2	3.50	0.707		
	总数	15	2.47	0.834		

续表

	年龄	N	平均值	标准差	F 值	p
言语行为得分	20—25 年	7	2.43	0.535	3.406	0.035
	26—30 年	6	2.50	0.548		
	31 年及以上	2	3.50	0.707		
	总数	15	2.60	0.632		
非言语行为	20—25 年	7	2.29	0.951	0.390	0.686
	26—30 年	6	2.67	0.516		
	31 年及以上	2	2.50	0.707		
	总数	15	2.47	0.743		

根据表 3-3-11 的结果，采用单因素方差分析考察不同年龄下幼儿教师共情能力得分的差异，结果显示不同年龄幼儿教师的语言行为得分呈现显著性差异，其余均不显著。30 岁以上幼儿教师在言语行为上的得分高于其他年龄段的教师。在其他维度上差异不具有显著性，在此不展开进行描述。

从表 3-3-11 中的数据可以看出，仅有言语行为得分一项与教师的年龄存在显著性差异，而且年长的幼儿教师在这方面的得分高于年轻的幼儿教师，这里仍然可以得出教师在言语行为中表现出的差异，更加能够证实言语行为是可以通过经验积累获得，而其他项得分与教师的年龄差异不显著。

表 3-3-12　不同学历幼儿教师共情能力得分情况的方差分析

	学历	N	平均值	标准差	F 值	p
认知识别得分	专科	2	2.00	1.414	0.144	0.710
	本科	13	2.31	1.032		
	总数	15	2.27	1.033		
情绪识别得分	专科	2	2.00	0.000	0.940	0.350
	本科	13	2.62	0.870		
	总数	15	2.53	0.834		
情绪理解得分	专科	2	2.00	0.000	0.447	0.515
	本科	13	2.31	0.630		
	总数	15	2.27	0.594		

续表

	学历	N	平均值	标准差	F 值	p
移情得分	专科	2	2.00	0.000		
	本科	13	2.54	0.877	0.708	0.415
	总数	15	2.47	0.834		
言语行为得分	专科	2	2.00	0.000		
	本科	13	2.69	0.630	2.265	0.156
	总数	15	2.60	0.632		
非言语行为得分	专科	2	2.50	0.707		
	本科	13	2.46	0.776	0.004	0.949
	总数	15	2.47	0.743		

根据表 3-3-12 的数据可以得出，不同学历下幼儿教师的共情能力得分的显著性差异并不大。在学历的单因素方差分析对比中可以看到各个维度在学历上都不存在显著性差异，即 $p>0.05$，所以可以认为共情各个维度得分在学历上并不存在差异的因素。

在对幼儿教师进行访谈时研究者问及这些教师的学历，得到的答案都是大学本科，在追问下得到，这些学历为本科的幼儿教师都是由大学专科学历后继续学习取得的本科学历，目前学历仍是专科的两位教师也在参加成人高等教育的授课学习，只是尚未拿到学位证，因此，这 15 名教师的第一学历是相同的，这可以作为教师共情能力得分与学历不存在显著性差异的原因之一。

表 3-3-13 不同职称幼儿教师共情能力得分情况的方差分析

	职称	N	平均值	标准差	F 值	p
认知识别得分	一级	1	3.00	0.00		
	二级	10	2.20	1.033	0.244	0.787
	三级	4	2.25	1.258		
情绪识别得分	总数	15	2.27	1.033		
	一级	1	3.00	0.00	0.147	0.865
	二级	10	2.50	0.850		
	三级	4	2.50	1.000		

续表

	职称	N	平均值	标准差	F值	p
情绪理解得分	总数	15	2.53	0.834	0.727	0.503
	一级	1	2.00	0.00		
	二级	10	2.40	0.516		
	三级	4	2.00	0.816		
移情得分	总数	15	2.27	0.594	2.985	0.089
	一级	1	4.00	0.00		
	二级	10	2.50	0.707		
	三级	4	2.00	0.816		
言语行为得分	总数	15	2.47	0.834	0.222	0.804
	一级	1	3.00	0.00		
	二级	10	2.60	0.699		
	三级	4	2.50	0.577		
非言语行为得分	总数	15	2.60	0.632	0.270	0.768
	一级	1	3.00	0.00		
	二级	10	2.40	0.516		
	三级	4	2.50	1.291		

根据表 3-3-13 的数据可以得出，各个维度在职称上都不存在显著性差异，即 $p>0.05$，所以可以认为各个维度在职称对比上并不是存在差异的因素。职称是评定教师能力的一个标志，在本研究所选取的 15 名幼儿教师中，共有一级职称教师 1 名，三级职称教师 4 名，二级职称教师 10 名，二级职称教师人数占比为 66.67%，占到了样本的大多数，因此本研究中不同职称下幼儿教师的共情能力得分的差异不显著。

为考察评分表中共情的三个维度之间是否存在影响，对共情的三个维度进行相关分析，得到表 3-3-14。

表 3-3-14 幼儿教师共情能力各维度得分的相关关系

	认知识别 r（P）	情绪识别 r（P）	情绪理解 r（P）	移情 r（P）	言语行为 r（P）	非言语行为 r（P）
认知识别		0.653** (.008)	0.458 (0.086)	0.592* (0.020)	0.503 (0.056)	0.571* (0.026)
情绪识别			0.558* (0.031)	0.438 (0.102)	0.704** (0.003)	0.492 (0.063)
情绪理解				0.452 (0.091)	0.495 (0.061)	0.507 (0.054)
移情					0.515* (0.050)	0.430 (0.109)
言语行为						0.425 (0.114)

注：*、**分别表示10%、5%的置信水平上具有统计显示性。

由表3-3-14可知，幼儿教师共情能力观察评分表各个维度间具有相关性。认知识别得分和情绪识别得分、移情得分、非言语行为得分之间呈现显著性相关。情绪识别得分与情绪理解得分及言语行为得分间存在显著性相关。言语行为得分与移情的得分间呈现显著性相关。

通过以上分析可以看出，被观察的15位幼儿教师在共情各维度之间存在相关。共情识别的得分与其他两个维度的得分存在显著性相关，这两个维度得分的趋势是相同的，所以共情识别作为共情反应发生的基础，起到非常重要的作用。共情识别与共情应对得分也存在显著性差异，各维度之间存在相关性。可见，共情各维度之间不是相互孤立的。

②绘本教学活动中幼儿教师共情能力的具体分析。

通过分析教师年龄、教龄、学历和职称对共情得分的影响可以看出教师的这些指标与共情能力各维度的得分差异是不显著的，在这一量化分析结果的基础上，研究者通过观察得到教师共情能力的情况。

在共情识别方面，所有教师对于幼儿表现情绪的识别都是到位的，可以在教学活动中通过幼儿表情的变化体会幼儿此时的感受，比如幼儿因为受到启发开心地回答问题、回答问题时表现出的骄傲、被邻座幼儿打扰产生的不愉快等，这些情绪教师都可以明显地感受出来并给予相应的反馈。但是在对幼儿的情绪进行识别时，只有 5 名教师可以正确地识别出部分幼儿的想法，其余教师对于幼儿想法的识别存在偏差。识别正确的幼儿教师在教学活动中与幼儿的对话非常顺畅，给每名回答问题的幼儿都做了足够的回应，并且能够将不同幼儿的回答整合起来，根据幼儿的反应来延伸教学活动，提出新问题。这几位教师的教学活动各环节衔接流畅，包括一些幼儿在活动中岔开话题、不愿意参加活动等情况，教师都可以通过活动中的情节将幼儿“拉”回教学活动中。而其余存在共情识别问题的教师，主要表现在对幼儿想法识别错误甚至忽视幼儿想法的情况。在两个中班和全部小班的绘本教学活动过程中出现了教师帮助幼儿将话语补充完整的情况，这一环节出现了对幼儿想法识别错误的情况。与语言发展能力还不完善的孩子进行交流时要将孩子的想法识别出来，先用完整地话说出来，再让幼儿模仿老师的话，把话完整的说出来，教师在这一过程中加入了主观性的话语，并不是幼儿本身表达的含义。除此之外，在以猜想作为活动环节的 8 节绘本教学活动中出现识别错误的有 6 节活动，教师在幼儿进行大胆想象表达时，都出现了将自身的看法或者绘本的故事情节作为幼儿观点的情况。

共情理解作为整体得分最低的一个维度，各位教师在此方面表现欠佳，15 名教师中只有 1 名教师在理解方面有突出表现。对于班级内每位幼儿的情绪和表现 W 老师都非常熟悉，对于不同幼儿在当时的想法，W 老师能够理解并做出反应，还能够考虑到晚到幼儿、焦虑幼儿的想法等。还有教师在理解幼儿情绪时有突出表现，有两位教师在进行情绪理解时都采用了以绘本故事中的角色来与幼儿进行互动的做法，且与幼儿进行互动时，认真地倾听，不随意打断。而在共情理解中教师最容易出现的问题就是带有主观性，以及将对幼儿的刻板看法应用于教学活动当中，在 15 名教师中有 6 名教师都存在这两个问题，教师在教学活动中没有置身于教学情境中对幼儿进行理解，而是将幼儿的平时表现作为理解幼儿的依据，这与幼儿的想法不一致。当幼儿表达的内容与教师所认为不一致时，有两名教师采取直接反问的方式求证幼儿，幼儿在此反问中出现惊慌失措的表情。教师的移情能力也有待提高，虽然有的教师可以在幼儿表达情绪或想法后，进行回应并将有意义的幼儿想法分享给大家，融入教学活动中，但是半数以上教师在识别情绪后，不能将“自我”很好地排除，所以与幼儿进行沟通时也是站在成人角度向年幼者对话，教师更多情况下会重复幼儿的观点，然后提出建议，说得更多的是规范幼儿行为的句子。

教师共情应对与共情能力其他两个维度相比表现较好，但是也存在一些问题。在言语应对方面，超过半数的教师还是采用“嗯”“对”这样的单一词语作为回应幼儿的主要方式，甚至有教师使用反问句、疑问句等形式表扬幼儿，幼儿反应不强烈。而其中有两位教师的应对方式比较生动，在观察中，大班 J 老师在教学活动中让幼儿之间互相评价，在一名幼儿回答完后让其他幼儿说一说他哪里说得好哪里说得不好，最后再由教师总结，总结时教师会根据被点评幼儿的情绪选择不同程度的词语进行总结。另一位是小班的 D 老师，D 老师在活动中与班里每个幼儿都进行了对话。班上有个别分离焦虑较为严重的幼儿，在进行活动时，教师总是能通过及时沟通，了解幼儿的情绪，提高幼儿的参与度，在进行活动中对于有任何想法的幼儿也都认真倾听，多次询问。虽然教师普遍认为共情应对中的非言语行为十分重要，但是在教学活动中教师的非言语性应对仅局限于表情的使用，表情使用也以微笑为主，缺少绘本情节的相关情绪表达。15 名教师中除了以游戏引入或教学活动中有扮演环节的教师有与幼儿的肢体互动外，其余教师没有涉及，教师不是自己表演就是仅通过讲授法进行，几乎没有通过肢体动作来对幼儿的想法和情绪进行处理，这种隐性的共情尚未引起教师重视。

在研究者的观察中还发现，每个班级内都有一些有特殊需要的儿童，这些幼儿在教学活动中的表现主要分为两种，一种是安静，在教学活动中不主动参与，自己发呆；另一种是吵闹，在教学活动中做与教学活动无关的事情，甚至打扰其他幼儿。针对第一种安静型幼儿，在观察中教师往往选择忽视，有的教师会在提问时叫起这类幼儿，但幼儿被叫起后通常不知所措，或者低头不敢直视教师，这时候教师会反问幼儿是不是还没有想好，然后让幼儿坐下。针对第二种吵闹型幼儿，多数情况下是由配班教师进行约束，教师首先会以提问的方式让幼儿集中，如果仍不能平静，教师会采用喊幼儿名字或让配班老师坐在身边等方式制止。安静型的幼儿因为没有情感表达，所以教师也就没有进行共情，使之成为被忽视幼儿。吵闹型幼儿他们过分的表达会影响教学进度，所以教师在进行干预时总是迅速的。

（2）绘本教学活动后对幼儿教师的访谈结果

通过访谈，本研究了解到幼儿教师普遍相信自己对共情的理解正确，所有教师均听说过共情概念，但是有 11 名教师向研究者叙述的共情内涵仅停留在教师对幼儿的感同身受，对共情内涵理解不够全面，且幼儿园没有进行过相关的培训与教研活动。在针对绘本教学活动进行访谈时，教师普遍认为作为在班教师，在与幼儿朝夕相处中就能很好地了解幼儿的性格表现，熟悉他们的情绪表达方式。但是在本研究实际观察中发现，幼儿教师对于该问题的认识与真正的实践之间存在较为明显的差距。包括研究者提到对于教学活动中一些幼儿的表现，教师的回答也与幼儿的实际想法存在差距。

本研究在观察中有对内向的幼儿以及有特殊需要的幼儿进行关注，对于这些有特殊需要的儿童，有5名教师在访谈中都提到了识别他们情绪和想法时存在一些困惑。在被试的15名教师中，有一名教师的班级中因为有特殊需要幼儿的人数偏多，在与她的访谈中，教师向我表达了她的困惑，内容如下：

研究者：老师，您觉得在刚刚的活动中您能够体会到孩子的想法吗？因为我看有两个孩子他们说话声音很小也轻，他们回答了之后您也没有附和，就是鼓励了他们之后继续您的活动，其实说实话刚刚我都有点没听清他们的回答。

F老师：其实我觉得我还真不能特别好地体会到他们的想法，因为你刚刚说的这两个孩子都是班里的个别儿童，他们特别内向，就是平时根本不敢说话那种，所以就只能是多鼓励，多表扬。像这种内向的孩子就是不表达，所以也没办法采取措施，就只能加以引导。你看我们班全勤的话一共有41个孩子，今天到了35个，这么大的班额其实很难做到每个孩子的需要我都能关注到，而且我们班有特殊需要的孩子比较多，其他班里个别的孩子只有四五个，像我们班有13个的这种情况就太少了，你刚刚看到的小A，他一直在那扭过来扭过去的就是因为他控制不住自己，今天能一直在那坚持已经算不错的了。就像你刚刚说的那两个孩子，他们就是特别内向，这些不爱说话的孩子就是不表达，所以很难理解他们的想法。

从对话中可以看出，F老师认为班级内有特殊需要的儿童，尤其是内向的幼儿是她目前在共情识别中遇到的主要问题，对于那些不展示自己的幼儿，仅通过集体教学活动是很难体会到幼儿在这次活动中的情绪和感受的，这些幼儿往往会成为被忽视幼儿，不利于幼儿的成长和进步。

(3) 绘本教学活动结束后对幼儿的访谈结果

对幼儿的访谈主要是了解幼儿对于教学活动的感受，包括幼儿的情绪和体验，教师是否正确理解了自己的想法等，从幼儿的角度分析教师的共情能力。在每个被观察的班级随机抽取三名幼儿进行访谈，但是访谈效果不理想，在访谈中，每个班平均只有两个人向研究者表达了自己的看法，对于教师的看法表达较少。在对幼儿进行访谈时，幼儿很容易被其他事物吸引，而且有一些幼儿因为与研究者不熟悉而拒绝与研究者交谈。从与幼儿的访谈中可以得到一些幼儿当时回答问题的想法，这可以作为判断教师共情理解能力情况的依据。

通过对15名幼儿教师共情能力的分析，可以得出15名幼儿教师的共情能力处在中等偏下水平。在共情的三个维度六个方面中，各位教师的言语行为表现最好，但在认知识别和情绪理解方面还有较大上升空间。因此，结合研究者在教学活动中的观察，总结出幼儿教师在共情识别中可以较好地将幼儿的情绪进行分辨、识别，但是对于幼儿的想法不能准确、及时地识别，甚至于用刻板印象来识别幼儿的想法；在共情理解中，个别教师可以站在幼儿的角度内化幼儿的想法，理解幼儿的想法，但是多数教师还存在主观性强、拘泥于绘本故事情节的问题；在共情应对中，所有教师言语应对都作为主要的应对方式，频率占到了80%以上，辅以表情来进行回应。但回应中也存在言语简单、没有延伸的问题，几乎所有教师的非言语性应对均涉及较少。从不同教师角度分析，各教师的共情水平参差不齐，在所有的教师中，只有W老师在共情的三个维度上都获得较高分数，大部分教师的分数有高有低，在三个维度中存在“短板”，而也有几名教师的共情得分在三个维度上都较低。这些结果对于下一阶段的效果研究奠定了基础。

（二）教师绘本教学活动中共情能力存在的问题

本研究通过对X幼儿园15名教师绘本教学活动的观察与分析，结合幼儿教师绘本教学活动的观察结果与访谈结果，发现该幼儿园绘本教学活动中教师共情存在几个问题。

1. 幼儿教师共情识别时带有主观性

在研究者与教师的访谈中，几乎所有的老师都强调自己对幼儿有足够的了解，这也是她们认为能够理解幼儿情绪和想法的原因。但是研究者在观察中发现教师的做法与访谈结果不相符。绘本教学活动中，教师往往会带着自己对幼儿以往表现的判断，并将这种看法运用到绘本教学活动中，但这并不一定是对幼儿绘本教学活动当时教学情境下的客观判断，而仅仅是教师自己主观上对幼儿判断的经验总结，不能作为识别幼儿想法的依据。

2. 教师倾听幼儿时“高高在上”

这种情况多见于绘本的引入环节和创编环节，这些活动将大胆回答问题、大胆猜测、讲述故事内容作为活动目标。在本研究的观察中，教师在进行想象续编故事或猜测情节两个环节容易被绘本的内容影响，站在了解这个绘本故事内容的“权威者”角度来倾听和回应幼儿的想法，同时也存在对幼儿肯定不充分的问题。

3. 教师理解幼儿的角度偏差

教师没有站在幼儿角度理解幼儿，主要表现为不能理解幼儿言语、行为背后的深刻含义。在结论中也可以看出，教师的理解与幼儿的想法存在偏差，说明教师在理解幼儿方面还需要继续努力。

4. 教师回应幼儿的方式单调、乏味

幼儿在表达自己情感和想法时，教师应该及时回应，在幼儿回答正确或自信发言时要及时给予鼓励。在教学活动中，教师通过语言回应幼儿占了大多数情况，在所观察的教学活动中，教师通过言语回应幼儿的方式主要有以下三种：

①肯定，表现为教师说“嗯”“对 ”“没错”等。

②疑问，表现为教师说“是吗?”“对吗”“那你觉得是×××吗”等。

③鼓励，表现为教师说“很棒”“快给×××鼓鼓掌”“再想想”等。

在绘本教学活动中，幼儿与教师的主要交流方式就是问答，但是教师言语回应幼儿较表面，没有针对不同幼儿展现出不同的言语回应方式。还有的幼儿教师会选择语气、语义不明确的句式作为回应方式，容易造成误解而使幼儿体会不出教师的真正意思。除此之外，幼儿教师在非言语行为方面也展现出较少的专业性。在涉及情感的绘本教学中，教师与幼儿的非言语性互动较少，除了眼神交流与表情回应外，很少有幼儿表达后得到老师肢体动作上的回应。

5. 对于个别儿童的共情关注不足

在研究者的观察和对教师的访谈中发现，在班级内或多或少都存在有特殊需要的儿童，他们有的是因为先天的生理原因需要特殊照顾，有的是因为性格需要教师进行引导。这些幼儿在教学活动中参与度不高，基本处于游离状态，教师也没有给予关注，不说话的幼儿在整个活动中都表现游离，那些动作较多、不能集中的幼儿通常是配班教师对其进行约束。教师在整个活动中与这类幼儿的互动较少，教师对有特殊需要儿童的共情关注还不足。

（三）幼儿教师绘本教学活动中出现问题的归因分析

问卷调查的数据显示，大部分幼儿教师的问卷得分在中等偏上水平，说明问卷被试的40名幼儿教师认为自身具有较好的共情能力。通过访谈得出，幼儿教师对于共情的认识不足，理解存在偏差。而根据被观察的15名幼儿教师的共情能力评分表，可以得出共情得分由高到低依次为言语行为、移情、非言语行为、情绪识别、情绪理解、认知识别。各幼儿园教师的共情能力得分参差不齐，且有不少幼儿教师的各项得分低于平均分。经研究者分析可能有以下几个原因。

1. 幼儿教师的职业倦怠

进入幼儿园的儿童年龄在3—6岁，正是活泼、好奇的时候，从家庭环境向幼儿园环境的过渡是一种社会化过程，教师充当了一部分家长的角色，需要教师从生理和心理两方面来引导幼儿。这就需要教师融入幼儿，了解幼儿的想法和需要。教师在对自己的职业生活熟悉后，随着教学经验的积累、教学模式的固定，很容易就会限制教师的进步，加上烦琐的工作内容，会使教师逐渐失去耐心和热情，就会出现忽视与幼儿沟通、应付工作的情况。

2. 幼儿教师缺乏共情策略

首先，从认识角度来说，教师不了解共情的含义，不会将某些行为归类于共情领域而产生认知偏差。其次，被观察的 15 名幼儿教师在组织教学活动中普遍存在重视教学内容、轻视幼儿想法的情况，这与教师共情能力不高有一定关系，教师“先入为主”的观念很重，有时还会用自己的理解来干扰幼儿的表达。教师在教学活动中过分追求流畅和效果，由此，在教学活动中教师没有足够的时间回应幼儿，延伸幼儿的想法。

3. 班级空间小、师幼比高

在观察中本研究发现，班内幼儿人数过多及幼儿上课的座位与教师共情行为有一定的关系。被观察的 15 个班级，在班幼儿 40 人以上的有 3 个班，超过半数的班级人数超过 35 人。在进行绘本教学活动时，所有被观察班级的座位布置都为面对屏幕的半环形。因为班级内空间区域的划分不同，人数多的班级，幼儿挤坐成 3—4 排。排数越多越不利于幼儿与教师之间的情感交流，最后一排的幼儿离教师很远不利于教师与幼儿的互动，甚至会影响幼儿的注意力。

4. 幼儿园共情培训不足

在对幼儿教师进行访谈时，所有的教师都表示之前没有参加过关于共情的相关培训和教研活动，培训散见于师幼互动的培训中。所以研究者问及教师理解的共情含义时，教师都是用自己的理解进行解释，理解存在偏差，仅仅把共情理解为站在幼儿角度看问题。幼儿园关于共情的培训欠缺、引导不够，这也是幼儿教师对于共情理解不到位、实施不准确的一个原因。

五、幼儿教师绘本教学中共情能力提升策略研究

（一）干预前被试教师绘本教学中共情能力分析

实验组在现状调查阶段分析后进行选择，选择 15 节教学活动中教师共情总得分低于平均分的大、中、小班教师各 1 名作为实验组教师。3 名教师的得分情况如图 3-3-2 所示。

本研究对干预前绘本教学活动的观察以及对教师和每班选择的幼儿进行访谈，通过教学案例概括所选 3 个班级幼儿教师绘本教学活动中教师共情识别、共情理解、共情应对的水平和特点。

1. 共情识别能力：教师不能及时、准确地识别幼儿的想法

共情识别是指对他人和自己情绪和看法的识别，共情识别又分为认知识别和情绪识别。研究者对所选 3 名教师的绘本阅读活动进行观察，并结合对幼儿

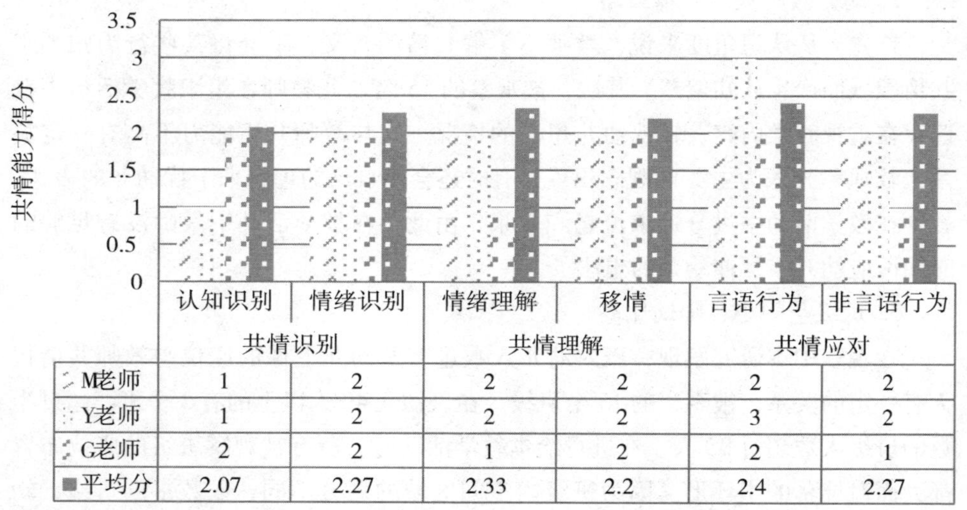

	认知识别	情绪识别	情绪理解	移情	言语行为	非言语行为
	共情识别		共情理解		共情应对	
M老师	1	2	2	2	2	2
Y老师	1	2	2	2	3	2
G老师	2	2	1	2	2	1
平均分	2.07	2.27	2.33	2.2	2.4	2.27

图 3-3-2 实验组幼儿教师共情能力前测分数统计

教师的访谈分析幼儿教师识别能力的情况，下面结合教学情境进行具体分析。

M 老师在组织“我的本领大”活动时，首先通过谈话引入绘本主题——我的本领大，让幼儿自由说出自己会的本领，然后通过示范法由教师说出固定句式“我在幼儿园学会了×××，我真棒”，最后通过分组将代表自己本领的贴纸贴在自己的胸前并用绘本中的句式说出来，帮助幼儿巩固语句。整体来说是教师主导、幼儿学习的教学过程。在过程中也运用了 PPT、音频等教学手段，这里选择引入部分作为案例，如以下教学过程所示。

师：老师知道咱们班的小朋友都有好多的本领，谁能来说一说你们在幼儿园都学到了哪些本领呢？

幼 A：喝水。

师：嗯，学会了自己喝水是吗？

(幼儿点头。)

师：那你是在哪学会的呢？

幼 A：幼儿园。

师：嗯，在幼儿园学会了自己喝水。

幼 B：抹油。(发音不准确，“mu”油。)

师：哦，学会了自己抹油，对吗？

(幼 B 点头。)

师：在哪学会的抹油啊？

幼 B：幼儿园。

师：嗯，在幼儿园学会了自己抹油。

幼 C：会做操。

师：哦，会自己做操，那你是在哪学会的呢？

幼 C：幼儿园。

师：也是在幼儿园学会的。

幼 D：会自己喝水。

师：嗯，会自己喝水，那你是在哪里学会的呢？

幼 D：幼儿园。

师：也是在幼儿园，我们班的小朋友们在幼儿园学会了这么多本领，我们来看看小熊在幼儿园都学会了哪些本领。

M 教师在本次绘本教学活动中多次出现一个细节，如幼儿 B 因其语音发展还不完全，所以语词表达不清晰，需要教师通过辨别来确认幼儿表达的意思。除此之外，幼儿还会出现回答不完整的情况，说一个词来回答教师的问题，教师识别后用自己的话将幼儿的回答补充完整，这个过程就是教师识别幼儿的情绪和想法的一个过程。

小班幼儿年龄在 3—4 岁，这一年龄阶段的幼儿的语言发展还较大受限于器官的发展情况，其听觉的分辨能力和发音器官的调节能力都比较弱，同时幼儿还不会运用发音器官的某些部位，所以发音还不标准。语句也仅具备说简单句的能力，经常会出现表达不完整的情况，这就需要教师更多的言语引导。在教学活动主题的基础上，老师可以通过提问的方式较为快速地识别出幼儿的想法并将此想法进行延伸。但是在本研究的研究过程中，教师能够识别出发音不标准的幼儿的想法，但是对于游离幼儿的想法，因不存在过多互动所以没有足够的识别机会。

Y 老师在组织活动“什么最美丽”时，通过谈话引入，引出这节活动的主题——我觉得××最美丽。然后通过直观法，让幼儿根据绘本中的图画说出“在××心里，××最美丽”。接着出示准备的图片，延伸故事内容，让幼儿转换为第三人称说出图片中的主人公认为什么最美丽，四个为一组，编成一首简短的诗歌，最后小组来画一画各自组创作的诗歌。该活动通过直观教学法，采用 PPT、白板等教学形式进行，整个教学活动是教师为主导，幼儿学习的过程。这里选择第三部分诗歌创编部分的教学片段进行分析，如以下案例所示：

师：来小朋友们，我们来看看这幅图，你们觉得在小鸟心中什么最美丽呢？

幼 A：天空最美丽。

师：为什么天空最美丽呢？

幼 A：因为天空是蓝色的。

师：哦，天空是蓝色的。

幼 B：虫子最美丽（在教师没有请幼儿回答时主动回答）。

师：哦？虫子最美丽？

幼 B：嗯，因为小鸟吃虫子。

师：那你们觉得小鸟觉得天空最美丽还是虫子最美丽？

部分幼儿：天空。

部分幼儿：虫子。

师：我觉得小鸟认为天空最美丽。

在这个教学片段中，Y 教师忽视了幼儿的想法，幼儿说出了不同的答案，虽然是在没有举手回答的情况下说出。教师通过疑问句形式的回答来引导幼儿说出原因，但是最后并没有回应，而是直接忽视了幼儿的想法。在活动后研究者与教师的访谈中针对这件事进行了探讨：

研究者：老师，我刚刚看小 B 说了他觉得虫子最美丽啊，您怎么没采用呢？

Y 老师：哦，因为小 B 其实挺聪明的，他能想到小鸟吃虫子，所以见了虫子就高兴，就觉得虫子最美丽。但是在整个的这个创编环节中，我活动中的一个目标是体会人物与场景之间的关系，所以主要侧重点在环境，小 B 说的没错，但是这个活动我设计的还是人物和场景间的关系嘛。

在与教师进行访谈后，研究者对幼儿 B 也进行了访谈，但是因为不熟悉，所以得出的都是无效信息。通过分析教师的做法和访谈内容可以看出，Y 教师在活动中，忽视幼儿的想法，只是单纯想要得出自己的答案。场景对应是这个活动的主要目标，但是幼儿 B 的说法也是完全正确的，有理有据，只不过，教师在进行活动时选择了忽视。

G 老师组织的绘本教学活动“狼大叔的红烧鸡”，首先，教师出示狼和鸡的图片，引出故事主题，然后通过直观法，让幼儿根据故事画面展开合理想象，猜测、讲述出每个部分的故事情节，最后教师通过讲授法，将故事完整地讲出来，并告诉幼儿狼大叔前后态度转变的原因，让幼儿知道美好和友善的动作可以让人感到开心。整体来说，这是一个幼儿大胆猜测、教师辅助的教学过程。在教学过程中也用到了 PPT，选择通过角色图片引出绘本故事作为案例。如以下教学过程所示：

（教师出示“狼”的图片。）

师：这是谁呢？

全体幼儿：狼。

师：这是狼，那这是谁呢？

（教师出示“鸡”的图片。）

师：这又是谁呢？

幼 A：感觉像是一只鸭子。

师：像是一只鸭子。

幼 B：像是一只母鸭子。

师：母鸭子。

幼 C：像是一只鸭妈妈。

师：哦，鸭妈妈。

幼 D：感觉它穿得贵。

师：嗯，穿得很臃肿，很肥。

幼 E：感觉它穿的贵。

师：哦，穿得很华贵。

师：小朋友们你们都觉得这是一只鸭子吗？你们再仔细看看它的样子。

G 教师在对幼儿情绪和想法进行识别时，会出现用自己的观点引导幼儿观点的情况。在这个教学片段中，教师出示狼和母鸡的图片让幼儿猜测，狼大叔很好猜出，因为特征比较明显，但是母鸡的图片是一个侧后形象，还戴着头巾，幼儿不容易辨认，所以部分幼儿出现辨认错误的情况。直接反问正是说明教师没有理解幼儿对于这种模糊图片的辨认会出现困难的情况，在这里教师采用细节的观察好过于直接反问，教师没有体会出幼儿对于角色认知的困难。

综上所述，三名幼儿教师在共情识别时，都出现对于幼儿的情绪和想法识别错误的情况，M 老师对于游离幼儿想法关注不够，观察能力欠佳；Y 教师在活动中，不重视幼儿的想法，只是单纯想要得出自己的答案；G 老师没有将自身的价值判断抛开，试图以绘本的故事情节左右幼儿对于绘本内容的认识。

2. 共情理解能力：教师主观性强，未结合教学情境理解幼儿

共情理解指的是将别人的情感体验内化为主体自身的体验，包括情绪理解和移情。情绪理解指的是幼儿教师能够理解幼儿当时情境下表现出来的情绪。移情是指幼儿教师从幼儿的角度思考问题。被试三名教师在共情理解两项上的得分均低于 15 名教师的平均得分，对于教师共情理解能力的判断在对教师的观察与访谈的基础上结合幼儿访谈来进行综合分析，下面结合教学情境进行具体分析。

M 老师组织的活动“我的本领大”，这里选择结束部分，分组进行本领的选

择和讲述作为教学案例，如以下教学片段所示：

师：小朋友们你们有贴好的吗？贴好了可以来找 M 老师说一说你们的本领。

幼 A：我在幼儿园学会了看书，学会了喝水，我真棒！

师：嗯，学会了看书、跳舞，真棒！

幼 B：我在幼儿园学会了跳舞。

师：那你棒不棒啊？

幼 B：棒！

幼 C：我在幼儿园学会了唱歌，学会了吃饭，学会了喝水，学会了跳舞。

师：嗯，学会了很多本领，那你棒不棒？

幼 C：棒！

（幼 C 说完后，M 教师走到第二组指导，幼 C 开始一直跟着老师。）

师：我们该第二组小朋友说了，请你回到自己的座位上跟其他小朋友说说。

配班老师：来，你跟我说说你都有什么本领啊？

幼 C：我在幼儿园学会了唱歌，学会了吃饭，学会了喝水，学会了跳舞。

在此情境中幼儿教师没有关注幼儿的情感体验，而是关注事件本身。经过了解，幼儿 C 有轻微分离焦虑，平时不爱说话，幼儿 C 跟着、拽着 M 老师是渴望得到关注的表现，但是 M 老师并没有觉察到幼儿这种渴望得到关注的表现，相反这时候通过语言拒绝了幼儿，让幼儿与同组同伴之间交流。在活动结束后，本研究对 M 老师进行了访谈：

研究者：老师，您觉得您能理解幼儿的情感表现吗？

M 老师：我觉得差不多，因为毕竟与他们相处也差不多四个月的时间了，每天都相处还是能够很好地感受他们的情绪的。

研究者：那您能理解幼儿的情绪吗？您感受到之后会想一想幼儿产生这些情绪的原因吗？

M 老师：嗯，我觉得可以吧，毕竟是小班的孩子，情绪都是外显的，其实能够感觉到他们的情绪变化也就相当于知道了，因为他们的情绪也很简单，又是能直接反映出来的。

可见，教师认为自己的共情能力与实际表现出的共情能力不匹配，幼儿 C 渴望得到教师的关注但被拒绝，这时候配班老师的出现有效地缓解了幼儿渴望关注的情绪，所以 M 教师在理解幼儿情绪时还缺乏经验。

Y 老师组织的活动“什么最美丽”，在这里选择引入部分作为案例进行分析，如以下案例所示：

师：小朋友们，今天老师问问你们，你们见过什么美丽的东西吗？

幼：蝴蝶。

师：你觉得蝴蝶美丽啊，是因为蝴蝶是粉色的是吗？你最喜欢粉色是吗？

（幼儿点了点头，老师继续上课。）

在活动结束之后，在访谈时询问了教师为什么会这样回答幼儿，得到这样的答复："因为小女孩嘛都有那种公主梦，都特别喜欢粉色，尤其是她，她特别喜欢粉色，书包、衣服都是粉色的，你看她今天发卡都是粉色的，平时也天天跟我说老师我最喜欢粉色呀，选奶酪棒也是粉色包装，她就特喜欢粉色。"所以Y老师根据平时对她的了解，得出她觉得蝴蝶最美丽是因为蝴蝶是粉色的。但是在访谈后研究者跟这名幼儿也进行了简单的交流。

研究者：你为什么觉得蝴蝶美丽呢？

幼：蝴蝶最好看，我爸爸妈妈带我去过自然博物馆，里面的蝴蝶最好看了。

研究者：那老师刚刚说你最喜欢粉色，对吗？

幼：对。

Y老师以自己的判断代替幼儿的观点，在理解幼儿中就存在主观性，Y老师并没有发现幼儿在说谎，单纯地想要得到自己想要的答案。教师对幼儿想法的理解确实是遵从了幼儿的个性特征，但是教师还是从主观上猜测幼儿的想法，并没有理解幼儿的情绪和想法，也没有站在幼儿的角度来思考这个问题。

G老师组织的活动"狼大叔的红烧鸡"，在这里选择第二部分，让幼儿根据画面展开想象，大胆猜测、讲述故事情节作为案例，如以下教学案例所示：

师：来，我们来看接下来发生了什么？狼大叔在干什么呢？

幼A：做饭。

（教师用手势请下一位幼儿回答。）

幼B：做蛋糕。

师：对，狼大叔是给母鸡做蛋糕呢，为什么？

（教师播放下一页PPT。）

幼A：因为狼大叔要和母鸡做好朋友。

师：哦，做好朋友？

幼B：因为狼大叔想跟母鸡做朋友。

师：要跟狼大叔做朋友，啊，要跟母鸡做朋友。

（教师用手势请下一位幼儿回答。）

幼C：因为狼大叔想要把母鸡喂胖。

师：啊，因为想把母鸡喂胖，你觉得是狼为了把它喂胖然后吃了它是吗？

幼C：不是，把母鸡喂胖了之后和它做朋友。

G老师在教学活动进行的过程中与幼儿的交流非常少，由以上案例可明显发现，教师在幼儿说出所讲的大致意思后，仍按照故事的情节讲出来，其实这并不是幼儿的本意。幼儿想要表达的还是向往美好，但是教师则将幼儿的想法强行拉回到绘本的内容上。活动结束后研究者随机选择三名幼儿进行了访谈，三名幼儿都表示自己喜欢这个故事，一名幼儿想要与狼大叔做好朋友，因为狼大叔会做好吃的，另两名幼儿提到自己喜欢母鸡，因为母鸡很善良，给狼大叔拥抱。从幼儿的回答中可以看出，他们对于故事情节的理解与最后教师的讲述一致，但是对于最喜欢的角色看法不同。在活动结束后研究者与幼儿C进行了访谈：

研究者：你为什么觉得狼大叔给母鸡做蛋糕是想要和母鸡做好朋友呢？

幼C：因为蛋糕是狼大叔送给母鸡的礼物，然后它们就能变成好朋友。

研究者向G教师询问了关于回答“狼大叔要和母鸡做好朋友”的几个幼儿的信息。三名幼儿中，有两名是女生，其中幼儿B在班级中是一个同伴交往能力较弱的孩子，作为大班幼儿在区域活动中还是以平行游戏或独立游戏为主。教师还说到幼儿B在进行活动时，会主动与幼儿说话，但其他幼儿对她的态度一般。在G老师回答的基础上，研究者与幼儿B进行了访谈，幼儿B在区域中独自玩插片，幼儿B说自己最好的朋友是小D，小D此时正在与别的幼儿下棋，当问到为什么她是你最好的朋友，幼儿B说幼儿D今天早上跟她一起玩乐高。因此研究者推测，幼儿B在回答“狼大叔要和母鸡做好朋友”时，不仅仅是包含了学龄前儿童善良的心态，也是在表达自己需要同伴，渴望友情的心态。由此可见Y老师在认知共情与行为共情表现出的不匹配，教师从认知角度认为可以理解幼儿的表达，但是在教学活动中教师表现出的是能够感受到孩子的情绪但是得出错误的结论，理解幼儿情感的能力及移情能力还有待提高。

通过分析可得，三名教师的共情理解能力还有待提高，其情绪理解与移情的能力均不高。三名教师均出现了以自己的想法解读幼儿想法的问题，教师的重点不是幼儿在绘本教学活动中的体验，而是完成教学活动，也就是为了教学而教学，在提问中忽视了对于幼儿情绪的理解，教师根据幼儿平时的表现来主观揣摩幼儿的想法，而不是将幼儿的想法置于教学情境中进行解析。

3. 共情应对能力：教师言语行为浅层，非言语行为发生频率低

共情应对指的是基于自己情感的体验而采取相应的措施，在绘本教学活动中指幼儿教师对幼儿情感和想法的认知和内化后采取的回应方式，分为言语行为和非言语行为。经过分析，幼儿教师在言语行为的得分虽然最高，但是也存在表达的内涵较浅，没有延伸对话，以及非言语行为发生频率低的问题。

研究者针对教学活动中教师的言语行为和非言语行为对三名教师进行了访谈，在谈到言语行为和非言语行为的关系时，有两名教师提到二者同等重要，她们认为这两种方式都属于与幼儿交流的方式。另一名教师觉得需要按情况来具体分析。在教学活动中有一些情况需要教师表达出来，告诉幼儿教师的想法，让幼儿获得直接反馈，所以该教师认为言语沟通是一种最直观的手段，能够在教学活动中增进与幼儿的情感互动。该教师还提到非言语行为虽然与言语行为同等重要，但是更多情况下还是作为言语行为的辅助形式。

被试三名幼儿教师绘本教学活动中共情应对的得分几乎相同，三名教师言语行为都得到 2 分，在非言语行为上除了 G 老师得 1 分外，其余两名老师也得到 2 分。三名教师在教学活动中的得分对比三人访谈中的回答，可以看出她们认知共情与行为共情的差异。被试幼儿园教师共情应对情况如下：

M 老师在组织“我的本领大”活动时，通过演示的方法引导幼儿说出自己在幼儿园学到了哪些本领，并按照句式将句子完整地说出来。M 老师的活动重点是在句式的仿编上，仿编句子中有“我真棒”这句话，这也是教学活动的重点，但是教师在进行第一部分让幼儿自由说出自己的本领后，只用“嗯”和重复幼儿的话来进行回应，除了言语外，也没有任何赞许的表情或动作，在互动中没有做好让幼儿由知道自己的本领过渡到夸奖自己，在前后部分教学内容衔接上出现问题。

Y 老师组织的绘本教学活动“什么最美丽”，这里选择创编部分教学内容中的两个案例，案例内容如下：

案例 1：

师：小朋友们，我们的诗歌已经完成了，咱们一起来说一说。

师 & 幼：在小鸟的心里，它认为天空最美丽；在小羊的心里，它认为小草最美丽；在蝴蝶的心里，它认为花朵最美丽；在我的心里，我认为幼儿园最美丽。

师：哎呦，我可真不想把大拇指给你们，我们来请一个小朋友上来说说吧！

幼 A：在小鸟的心里，它认为天空最美丽；在小羊的心里，它认为小草最美丽；在蝴蝶的心里，它认为花朵最美丽；在我的心里，我认为幼儿园最美丽。

师：哎呦，也不错，大拇指真不想给你！

（幼 A 看着老师点了点头。）

案例 2：

第三组幼儿在小组绘画中因为争抢笔、纸一直没有完成老师的要求。

师：你们干什么呢？

幼B：老师，他抢我笔！

师：那是你的笔吗？那是大家的笔，你看看哪个组像你们组一样在这抢东西，也不画画，你们这样能行吗？你们能画就画，不能画我就全收走了！

（第三组幼儿安静了下来，老师辅导，让幼儿说，自己来帮着画。）

幼B：老师，该画我的了。

师：没该呢。

在案例1中，教师在语言鼓励方式上选择了反话，反话可以加强语气，但是反话作为复杂句中比较复杂的形式，幼儿只是初步的了解，还没有能够完全理解，在这里用反话作为鼓励语句并不合适，幼儿A在听到这句话后点了点头。

在案例2中，Y教师针对幼儿争抢画笔和画纸的行为进行了严厉的批评，但是并没有向幼儿说明应该要怎么做，而是直接批评制止。除此之外，在活动的整个过程中，教师与幼儿没有任何肢体、动作的互动，教师在最后分享时请幼儿来到大家面前进行分享，但是也没有与幼儿进行肢体、动作上的互动。这说明Y教师在言语的选择和互动的深入上还有待提高。

G老师组织的绘本教学活动“狼大叔的红烧鸡”，这里选择整个活动的第二大部分，如以下教学过程所示：

师：小朋友们，你们看狼大叔来到了哪里啊？

全体幼儿：厨房。

师：狼大叔为什么来到了厨房，他准备做什么呢？

幼A：它饿了要吃蛋糕。

师：它饿了。

（教师用手势请下一位幼儿回答。）

幼B：它想分给森林里其他的小动物。

师：哦，它要分给其他小动物？

（教师用手势请下一位幼儿回答。）

幼C：它想分给森林里其他的小动物，然后和它们做好朋友。

师：哦，跟其他动物做好朋友，你们看看这里还有谁啊？

全体幼儿：母鸡。

师：狼大叔给谁做蛋糕呢？

全体幼儿：母鸡。

师：对，狼大叔是给母鸡做蛋糕呢，为什么？

（教师播放下一页PPT。）

幼A：因为狼大叔要和母鸡做好朋友。

师：哦，做好朋友？

幼 B：因为狼大叔想跟母鸡做朋友。

师：要跟狼大叔做朋友，啊，要跟母鸡做朋友。

（教师用手势请下一位幼儿回答。）

幼 C：因为狼大叔想要把母鸡喂胖。

师：啊，因为想把母鸡喂胖，你觉得是狼为了把它喂胖然后吃了他是吗？

在整个活动过程中，每一个环节都是像这样进行的。通过说“嗯”“哦”然后重复一遍幼儿说的内容后就请下一名幼儿来讲，幼儿的想法得不到及时回应。教师没有言语的追问，还在向绘本故事的原有情节引导，违背了活动目标中幼儿大胆猜测、讲述故事情节的目标。在幼儿的想法接近故事情节时，教师会主动回应，然后根据故事情节继续进行，在没有幼儿的想法接近故事情节时，教师会生硬地将故事拉回情节主线上。整个活动进行过程中幼儿的情绪都是低落的，回答问题的幼儿总是那 9—10 个幼儿，剩下的幼儿更接近于游离的状态。在这节活动中，教师几乎完全忽视幼儿的言行，只是将重点放在了让幼儿猜测这个部分，应该根据幼儿的回答给予及时的反馈。

三名教师的言语行为表现与非言语行为表现相比更好，在共情应对中，教师通过言语进行回应幼儿的频率占到了大多数，而几乎都没有使用非言语行为回应幼儿。而且，教师的言语通常以“嗯”为主，没有进行后续的延伸，在回应幼儿时也是面无表情，可见三位教师的共情应对能力还有待提升。

（二）被试幼儿教师绘本教学活动中共情能力的干预过程和策略

基于实验组 3 名教师绘本教学活动的实施现状，本研究首先与三位幼儿教师共同分析教学活动中共情能力存在的不足，然后指导教师梳理了共情的相关知识，包括共情的含义、共情三个维度的知识、共情的作用、提升共情三维度能力的措施以及目前教师共情的研究。在这些理论知识的基础上，研究者与三位教师共同分析绘本，找到可以共情的情节，并将共情的行为融入其中，最后教师调整教案并开展活动。

1. 提升幼儿教师绘本教学活动中共情能力的干预过程

（1）帮助教师分析解读绘本

《玩具火车轰隆隆》这个绘本主要讲述了小士兵向火车中加入不同颜色的果蔬作为燃料，烟囱会冒出不同颜色的烟，由单一颜色变成五颜六色。在设计教学活动时，通过猜测找到颜色和果蔬的对应关系，大胆地在同伴面前表达自己的想法，让幼儿体验想象、猜测、表达的乐趣。在设计教学活动时以游戏引入，幼儿与教师跟随音乐变成小火车绕着教室一圈。随后根据故事内容，教师通过直观讲述法让幼儿根据不同颜色的烟来猜一猜小士兵向火车中加入了什么果蔬，学会说固定句式“玩具火车加××，冒×烟”。然后，教师将幼儿分成四个小组，每组准备不同的食物图片，让幼儿分组说一说，教师分组指导。最后每个小组上台分享，大家一起说。

《猜猜我有多爱你》讲述的是一个表达爱的故事。在设计教学环节时，首先采用谈话引入，通过故事扉页的介绍进入这个故事的讲述。故事中的兔子母子将自己对对方的爱通过不同的动作表达出来，在活动的第二个部分主要是边进行情节讲述，边让幼儿做出不同表达爱的动作，边和同伴、教师比一比。最后提供图片让幼儿仿编句式“××有多××，我就有多爱你”。通过自己对句式的仿编，让幼儿体会爱就要大声说出来，让幼儿感同身受。这里也是活动中师幼共情的重点，教师在让幼儿表达完句子后，要询问幼儿的想法，还要通过肢体的接触、温柔的语气来让幼儿感受到爱的回应。

绘本《爸爸，别怕》的故事里，一个稚气未脱的孩子，竟要安抚起平日里高大威猛的爸爸。首先，通过谈话让幼儿说一说自己的爸爸，爸爸是孩子心中最伟大、无所不能的超级英雄，这部分能激发幼儿的兴趣。然后根据绘本内容讲述故事，让幼儿根据教师的演绎，通过比较前后遇到的危险、应对危险的不同方法来体会小熊勇气的变化。

(2) 提升教师共情识别的能力

共情识别能力要求教师能够正确识别幼儿的想法和情绪。幼儿的想法和情绪相比，情绪较好识别。教师在识别幼儿的想法时，首先要注意倾听，倾听是共情的基础。所以研究者要求教师在教学活动中，倾听幼儿的想法，要全部地、正确地倾听，对幼儿的想法能够全面地了解，有任何疑虑都要向幼儿询问，而不是“自作主张”。

教师要时刻观察幼儿，要有耐心，这里的观察并不仅仅只通过眼睛观察，也包括听，听到幼儿的想法。所以研究者提出教师在进行活动时，在完成教学过程中要“耳听八方”，时刻留意幼儿的表达。观察也不仅仅局限于一节教学活动中，也要关注幼儿的日常表现，根据近日不同的表现来加深幼儿对于情绪和想法的表达，教师要做到心中有数。

教师还要格外关注有特殊需要幼儿的想法，对于那些不善于表达自己的幼儿，教师需要鼓励和引导，让幼儿坐在离教师较近的座位上，与其他善于表达的幼儿分组在一起，多用眼神关注幼儿，采用鼓励法、正强化等手段让幼儿更好地进行集体活动。而对于那些在教学活动中过于“积极”的幼儿，教师要给予幼儿参与活动的机会，比如让他作为老师的帮手，让这类幼儿有事可做，参与其中，保持注意力集中。

（3）提升教师共情理解的能力

对幼儿的理解、回应要根据教学情境来进行，教师对幼儿的情绪和想法进行识别时处在教学活动的哪个环节，就要以这个环节的主题和教学方式来理解，教师在对幼儿的想法进行理解时，也要通过交流理解幼儿想法的原因，不能带有主观性，所以在这里研究者提出，追问就是最好的办法，幼儿的想法表达出来后，教师有任何疑问都可以向幼儿求证。如果幼儿的想法与教学活动无关，教师也需要将幼儿的想法与教学活动联系起来，对于表达出情感的幼儿也不能置之不理，要及时处理排解。

（4）提升教师共情应对的能力

共情应对要求教师通过言语行为或非言语行为对幼儿表现出的情绪和想法做出反应。教师在这一步骤中主要需要改进的是对于幼儿的态度，要善于运用自己的表情和动作来加强与幼儿之间的互动。

M 老师组织的活动可利用班级内幼儿人数少、空间宽敞的优势，通过游戏引入活动增强每一名幼儿的参与感。第二部分采用讲授法，主要以教师提问，幼儿来回答的方式进行，在幼儿正确猜出对应的果蔬后，要让幼儿说出颜色与食物的对应关系，并大声给予鼓励。在这里如果有说话不完整的幼儿，教师要给予帮助，先确定幼儿的准确想法，后进行语言辅导。幼儿教师在第三部分设计小组讨论的环节，让幼儿分成小组用桌子上的不同水果图片来说一说放进火车冒什么烟。在分组指导时，授课教师进入每组指导，通过交流、启发的方式让幼儿完整地表达，除此之外让两位配班老师也参与进来，对各组进行指导，幼儿得到三位教师的共同关注，可以让幼儿增强自信心。结束部分可以设计邀请每个组的幼儿到大家面前来分享小组成果，在这里教师要舍弃椅子，通过一些动作辅助，在幼儿大声回答后可以通过口头表扬，并伴有愉快的声音和表情，或者通过开心地击掌、竖大拇指等方式来鼓励幼儿。

Y 老师组织活动中，首先要改变原有严肃的表情。中班的活动是“猜猜我有多爱你”，这个绘本教学活动需要教师倾注更多的感情，让幼儿表达爱、感受爱。在共情应对方面，幼儿在表达完自己的感情后，教师也要及时地回应，尤其是在进行动作的模仿时，教师作为沟通孩子和成人的纽带，更要参与其中，与幼儿一起进行，通过比较让幼儿感受到老师的爱。最后的句子仿编环节，教师也要有足够的耐心，听幼儿把话说完，在幼儿仿编完成后要与幼儿交流，询问幼儿的想法，及时肯定。鼓励也可以采用口头表扬，也可以采用绘本故事中的几个动作来表达，或者与幼儿一起蹦蹦跳跳等方式进行表达。

G 老师作为新手老师，在共情应对时要抛弃已有的思维定式，要让自己也作为教学活动中的一环，不能把自己排除在外，对幼儿的想法要采用多种方法的肯定，不能只用“嗯”“对”来回应。而且教师要根据幼儿表达的积极与否给予不同的回应，积极的给予鼓励，消极的给予安慰，将表情、动作联系在一起，让幼儿体会得更加明显。

2. 提升幼儿教师绘本教学活动中共情能力的具体策略

本研究中，研究者与教师进行合作，寻找提升教师共情能力的提升策略，从教师理解共情到具体实施，主要包括以下策略：

（1）理解共情能力的内涵，梳理关于共情的系列知识

教师的共情能力指的是：教师在坚持自身价值观的前提下，对所表述的事实或情绪情感倾听、采纳、理解并做出反应的一种能力，并且对幼儿表述的事实或情绪情感有所帮助和指导。教师的共情能力分为共情识别、共情理解和共情应对。共情识别指的是教师对幼儿和自己情绪和看法的识别；共情理解指的是教师将幼儿的情绪体验内化为主体自身的体验；共情应对指的是教师对幼儿情感和想法的认识和理解后采取的回应方式。了解这些概念的理论含义可以帮助教师将其运用到自己的教学当中。

（2）分析绘本内容，结合幼儿年龄特点预设教学情境

绘本中蕴含大量的教学价值，不同类型绘本的教学方法不同。科普类绘本更侧重知识的扩展和理解，而情感类绘本能够让幼儿体会到各种情感，有利于幼儿心理的发展。所以针对不同的绘本需要教师分析其蕴含的不同教育价值，再根据不同幼儿的年龄特点进行具体分析，在分析的过程中，教师不仅要选择合适的教学方法，还要预设问题，并预设幼儿的回答，做到心中有数。

（3）组织教学活动中充分运用共情识别、共情理解、共情应对的技巧

教师在教学活动中，首先要学会倾听，通过沟通对幼儿教学活动中的情况进行观察，结合幼儿一日生活中的表现来识别幼儿的想法和情绪。然后教师要摒弃自身的思维定式，通过追问、谈话的方式，结合教学情景中的具体问题，具体理解幼儿的想法及情绪。最后教师在识别和理解后，通过言语沟通，以及丰富的肢体动作和表情等加以引导。

（4）关注有特殊需要幼儿的共情需要

有特殊需要的幼儿需要更多关注，他们更加需要教师通过情感的手段来进行引导。但其想法和情绪不易识别或者难以理解，需要教师与其建立感情，通过日常的观察加上家园合作等形式进行干预，在教学活动中也要有意识地进行引导。

（三）提升幼儿教师绘本教学活动中共情能力的效果分析

教师共情能力的提升是否有效通过设置对照组前后测来进行验证。根据表3-3-8幼儿教师共情能力得分情况，选择与M老师、Y老师、G教师得分相同或者相近的L老师、N老师和F老师作为本次研究的对照组，并选择相同的绘本进行教学。研究者采用观察法，观察实验组与对照组幼儿教师在后测绘本教学活动中的表现，根据观察评分表中所列评分标准对幼儿教师共情能力进行评分，之后进行前后测得分的对比及实验组与对照组得分的对比，验证提升幼儿园教师共情能力策略的效果。

1. 教师对共情的认识得到改善

根据共情能力的三个维度，向三位幼儿教师讲解共情的理论知识，三位教师都反映对共情的认识加深了，对实验组幼儿教师在各自班绘本教学活动结束后的访谈中，三位老师都提到自己对于共情认识的理解，从之前的陌生、模糊到干预后在头脑中有了关于共情认识体系。M教师提到："根据前期的经验，这些教学活动中设计的环节、一些示范句其实都是教师主观上想的，所以它面对的还是大部分幼儿，那些不说话的幼儿怎么办啊，本身小班孩子有的话还说不利索呢，所以这次集体参与的活动，她虽然还是不太说话，但是比之前活泼多了。"在幼儿教师的认识中将那些内向的幼儿包含其中，并且有意识地与将这些曾经的"被忽视幼儿"纳入互动的范围中。Y老师在访谈中说到了让幼儿表达，幼儿教师在教学活动中识别出幼儿的想法或情绪后需要根据幼儿的言语及行为判断其深层次含义，Y教师之前就犯了主观性的错误，所以在教学活动中更加重视对幼儿情绪和感情的识别和理解。G老师的改变最为明显，G老师作为刚入职两年的新手教师，在教学的实践性方面还有较强的可塑性。G老师不止一次表示，之前并没有接触过任何关于共情的信息，提到了自己前后对共情能力认识的一个转变的过程。通过访谈，经过共情的理论知识的学习，三位教师对共情的认识不再单薄，不仅认识到共情的内涵、作用、方式等，也认识到自己在绘本教学活动中共情能力的不足。

2. 教师共情能力得以显著提升

通过研究者对实验组与对照组六位幼儿教师组织的第二次教学活动进行观察，并采用自编的《绘本教学活动观察评分表》（见附录四）作为评分标准，将《绘本教学活动观察记录表》（见附录五）作为记录工具，得出六位幼儿教师的后测成绩，并将这六位幼儿教师的前后测成绩汇总成表3-3-15。

表 3-3-15 实验组对照组幼儿教师共情能力前后测分数统计

			共情识别		共情理解		共情应对		总分
			认知识别	情绪识别	情绪理解	移情	言语行为	非言语行为	
实验组	M 老师	前	1	2	2	2	2	2	11
		后	2	3	3	2	3	2	15
	Y 老师	前	1	2	2	2	3	2	11
		后	2	3	3	2	2	3	15
	G 老师	前	2	2	1	2	2	1	10
		后	2	3	2	2	3	2	14
对照组	L 老师	前	1	2	2	2	3	2	12
		后	2	2	2	2	2	3	13
	N 老师	前	1	1	2	3	2	2	11
		后	1	2	2	2	3	2	12
	F 老师	前	2	2	2	2	2	2	12
		后	2	2	2	2	2	3	13

根据实验组和对照组的后测成绩统计表中的数据，可以看出 M 老师、Y 老师、G 老师的共情能力得分明显高于 L 老师、N 老师和 F 老师。将表 3-3-15 数据录入 SPSS22.0 中进行进一步的分析，因本研究的样本量较少，所以采用独立样本 T 检验的方式对干预前后实验组和对照组的分数变化进行分析。分析结果如表 3-3-16 所示。

表 3-3-16 实验组对照组前后测结果分析

	组别	N	均值	标准差	t（df）	p
后测结果比较	实验组后测	3	15.33	0.58	4.92（2.94）	0.017
	对照组后测	3	11.67	1.15		
实验组结果比较	实验组前测	3	11.00	1.00	-6.5（3.2）	0.006
	实验组后测	3	15.33	0.58		
对照组结果比较	对照组前测	3	11.67	0.58	0.00（2.94）	1.00
	对照组后测	3	11.67	1.15		

由表 3-3-16 的数据可知，在实验组和对照组后测得分的对比上，实验组与

对照组的得分存在显著性的差异，其中实验组均值大于对照组的均值得分，并且差异程度较大，后测数据均值明显大于前测数据。在对照组前后测对比上认为对照组前后测的得分不存在显著性的差异，不进行进一步的分析。通过SPSS数据分析结果，实验组前后测分数存在显著性差异，实验组后测成绩显著高于前测成绩，实验组三名幼儿教师的共情能力得分与现状调查阶段的前测分数相比有了显著提高，说明研究者的干预能够提升幼儿教师的共情能力。对照组三名幼儿教师不施加影响，而对照组前后测结果也没有显著性差异，所以可以认为，没有施加干预影响的对照组幼儿教师的共情能力得分没有提升。综上所述，被试幼儿教师在进行干预后成绩明显提高，说明研究者的干预有效，对于提升幼儿教师的教学效果可以起到促进作用。

在干预后，三位幼儿教师根据与研究者的商讨结果对自己的教学行为进行了改进。在共情识别方面，三位老师都做到了倾听和询问，M老师在幼儿说出颜色与食物的对应关系后，大声给予鼓励。针对表达不完整的幼儿，教师也是先通过询问确定幼儿的准确想法，后进行语言辅导。Y老师在活动中通过让幼儿完整地回答加上延续对话来“求证”幼儿的想法。G老师也能够通过延续与幼儿的对话发现幼儿的想法。在共情理解方面，三位教师在理解幼儿情绪方面有所提升。M老师在分组指导时，请配课教师进入指导，让幼儿以小组或者个人的形式向每个老师都表达自己的想法，与各位老师都有想法交流，幼儿得到三位教师的共同关注。Y老师在对兔子妈妈与小兔子之间动作进行模仿表达情感时，通过观察，能够准确找到幼儿表达情感的时机，并通过扮演兔妈妈，加上与幼儿一起比一比谁爱得多来让幼儿在适当的时候表达自己对于妈妈的爱。G老师共情理解方面有所改变但变化不明显。三位教师在共情应对方面提升明显，尤其是非言语应对，三位老师不仅动作表达到位，而且通过绘本故事中的人物情感与幼儿进行沟通，也通过口头表扬伴有愉快的声音和表情，或者通过开心地击掌、竖大拇指等方式来鼓励幼儿。

本研究还通过观察幼儿在绘本教学活动中的表现和对幼儿在教学活动结束后的访谈来了解幼儿关于绘本的想法和教师识别、理解幼儿情绪的情况，以及对教学活动的感受等，访谈提纲见附录三。在实验组和对照组前测中每个班随机选择了三名幼儿作为访谈对象，在后测中仍然选择这三名幼儿进行访谈，通过访谈前后测的结果对比也可以反映教师在前后两次绘本教学活动中的变化。在研究者的观察中，幼儿在绘本教学活动中的参与性很强，尤其是游戏环节、分享故事环节和表演环节。从教学活动中现状的分析结果可以看出教师理解的幼儿的想法和幼儿本身的想法存在较大的差异，在后测对幼儿的访谈中幼儿纷纷表示喜欢参加刚刚的活动。访谈中这三名幼儿的情绪相比前测访谈时更加高涨，这是良好教学氛围的一种延续，幼儿在教学活动中获得积极的情绪体验，也会表现出积极开朗的一面。

综上所述，经过干预，幼儿教师的共情应对能力明显提高了，教师与幼儿沟通的方式更加多样，更加善于运用语言行为与面部表情、肢体动作等非言语行为，与幼儿的情感互动更加深入，整个上课氛围更加温馨、愉快，但是在共情理解方面提高不大，前后测基本相同，这与教师的自身能力还有一定的关系，因此，提高幼儿教师的共情能力不是一蹴而就的，需要教师更加深入地学习理论知识，并不断地在实践中进行验证，才能彻底地提高。

六、结论与建议

（一）结论

1. X 幼儿园教师对共情的认识和实际能力存在偏差

通过问卷调查的初步分析，发现幼儿园教师普遍认为自己的共情能力处在中等偏上的水平，幼儿教师对共情的理解片面。但在绘本教学实践中存在识别幼儿想法和情趣时带有主观性；带着一种“权威者”的态度倾听幼儿的想法；没有站在幼儿的角度理解幼儿的想法和情感；对幼儿的回应方式单调、乏味；对于个别儿童的共情关注不到位这几个问题。

2. 幼儿教师共情能力不强及幼儿园相关力度不足是问题的主要原因

经过分析，出现问题的原因主要有幼儿教师的职业倦怠、幼儿教师缺乏共情的技巧策略、班级空间小、师幼比高、幼儿园共情培训力度不足。因此，提高幼儿教师的共情能力除了教师提高自身能力外，幼儿园管理者也需要完善班级建设、培训机制。

3. 通过有目的、有计划的干预能显著提高幼儿教师的共情能力

通过干预，幼儿教师绘本教学中的共情认识明显改善，共情能力显著提升。干预可以从共情识别、共情理解、共情应对三方面来进行，干预的效果可以通过实验法进行验证。

4. 接纳幼儿，将幼儿置身于教学情境中是教师发挥共情能力的关键

在绘本教学活动中要允许幼儿进行大胆的想象，观察幼儿，与幼儿进行沟通，了解幼儿的想法和情绪表达是共情基础，教师要接纳全部的幼儿以及幼儿的全部。同时，教师要将自身的价值观抛开，将对幼儿的固有看法摒弃，在教学情境中重新认识幼儿。

（二）建议

综合分析教师干预前后组织绘本教学活动的表现及对教师的访谈，在实践研究与研究结果讨论的基础上，将提升教师绘本教学中教师共情能力的教学策略和教育建议总结如下，主要从两个层面进行论述：

1. 幼儿园管理者层面

（1）管理者要为幼儿教师提供学习机会

幼儿园管理者应重视师幼共情在促进幼儿心理健康成长中的重要作用，组织专题讲座或者系列学习，让幼儿教师通过理论的学习结合自身实践更好地与幼儿进行情感交流，提升教学的质量，增强幼儿的学习热情。除了组织关于共情的相关培训外，对教师教学方法、发挥隐性作用的教学手段也要涉及。

（2）管理者要营造轻松愉快的工作氛围和发展平台

教师在幼儿园中的工作日复一日，很容易产生倦怠情绪，轻松愉悦的园所工作氛围可以给予幼儿教师轻松的心理环境，这样更加有利于教师进行共情。管理者可以通过组织团建活动、增强互动来使幼儿教师生活添彩，教师在工作中能够体会到温暖，本身的共情能力会得到更好的激发。在幼儿园工作中，管理者要给予教师公平且开阔的发展平台，转变思想观念，唤起教师的情感。

（3）管理者要调动幼儿教师的积极性，实现教师的发展愿望

管理者要转变管理态度，了解教师们的想法，了解教师们提升自身共情能力的要求，提供教师最迫切的成长需要，充分调动教师学习、工作的积极性，发挥教师的经验优势，从根本上提升绘本教学活动质量，提升园所的教学质量。

（4）管理者要为教学活动的开展提供合理的“软件”“硬件”支持

学前儿童的教学活动是开放轻松的，教室的布局、座位的安排、班级内师幼比的多少都是影响幼儿教学活动质量的重要因素。因此管理者要控制班级内师幼比，控制班级人数，划定足够空间，保证教学质量。也可以规定采用分组教学等方式作为教学方式，提升教学活动的效率。

2. 教师层面

（1）教师要掌握共情的系列知识、系统地分析绘本故事内容

在开展绘本教学活动前，教师要系统地了解共情的系列知识，掌握理论知识后指导实践。在教学活动开展前教师还要结合共情的理论知识，分析绘本故事内容，预设问题及幼儿的回答，做到心中有数。

（2）教师要提高共情识别的能力

①教师需要有观察的能力。

幼儿的想法和情绪表达都需要教师在教学活动中对幼儿有全面的观察，幼

儿的情绪转瞬即逝，需要教师在教学过程中有敏感性。除此之外，幼儿一日生活中的表现也是分析幼儿教学活动中表现的依据，因此，还需要教师在一日生活中对幼儿的表现充分观察。

②教师需要有倾听的能力。

幼儿的想法需要教师通过倾听来获得，教师在教学活动中需要有倾听的能力，要倾听幼儿的想法，要求全面、正确地倾听，有听不清楚的要向幼儿再次确认。

③教师要放开心态。

在绘本教学活动中要允许幼儿进行大胆的想象，教师切不可用绘本故事的内容限制幼儿的想法，而是要找到幼儿的“天马行空”与绘本的联系，大胆鼓励。除此之外，还要接纳有特殊需要的儿童，需平等地看待并给予足够的关注。

（3）教师要提高共情理解的能力

①教师将幼儿置身于教学活动情境中。

情境不同，幼儿的表现和想法就不同，所以教师要将对幼儿的了解暂时抛开，将幼儿置身于教学情境中考虑其想法和情绪。

②教师要在教学活动中“忘却”自我，对幼儿有真正的理解能力。

教师作为成人，与社会的关系更加复杂，所以在教学活动中与幼儿进行沟通时，要将自己本能的概念、价值观“忘却”，站在和幼儿同等水平上，才能真正地理解幼儿。

（4）教师要提高共情应对能力

①教师需要有对话的能力。

在理想的师幼情感互动中，与幼儿进行交流是没有预判的，教师要做到充满感情地、开放地、平等地与幼儿对话，鼓励幼儿，打开双方的心灵通道。

②教师需要善于运用自己的表情和动作。

教师在进行教学活动时，运用夸张的表情、动作表达，可以让幼儿的注意力更加集中，也能够让教师的情感表达得更明显，帮助幼儿建立一种更加温馨的教学环境，这与绘本教学的实施环境不谋而合。

（5）要重点关注有特殊需要幼儿的共情需要

在一日生活中教师要对有特殊需要的幼儿进行持续的观察，并通过家园沟通来了解幼儿的整体水平。在设计教学活动时要让这类幼儿也参与其中，进行活动时给予幼儿充分的关注，让幼儿感受到教学活动的有趣、成功的喜悦、同伴及老师的关爱，促进其更好地成长。

参考文献

[1] 陈洁．幼儿园绘本教学的问题与对策研究——以南充市为例 [J]．电脑迷，2018 (7)：154.

[2] 成伟丽．幼儿绘本分类策略探析 [J]．文化创新比较研究，2018，2 (19)：189，193.

[3] 代玉红．以绘本阅读促成“幼儿成长美” [J]．教育科学论坛，2018 (17)：56-58.

[4] 杜春燕．与现代教育技术相结合的绘本阅读实施策略 [J]．科学大众 (科学教育)，2018 (5)：85.

[5] 盖兹达．教师人际关系培养——教育者指南 [M]．北京：中国轻工业出版社，2006.

[6] 高芳．学龄中期儿童共情与社会适应关系的研究 [D]．济南：山东大学，2006.

[7] 高宁．英语语言教育中情感教学的运用 [J]．广西师范大学学报 (哲学社会科学版)，2002 (S3)：124-125.

[8] 桂燕．昆明市 B 幼儿园大一班早期阅读活动的行动研究 [D]．昆明：云南师范大学，2016.

[9] 郝广才．好绘本如何好 [M]．南昌：二十一世纪出版社，2009.

[10] 贺凤凤．浅谈如何增强师幼间的情感交流 [N]．延安日报，2011-07-08 (012).

[11] 姜勇，庞丽娟．幼儿园师生交往类型的研究 [J]．心理科学，2004 (5)：1120-1123.

[12] 教育部基础教育司．幼儿园教育指导纲要 (试行) [M]．北京：北京师范大学出版社，2016.

[13] 巨金香．情感视阈中的师幼互动研究 [D]．长春：东北师范大学，2006.

[14] 卡尔·R. 罗杰斯，霍华德．基尔申鲍姆．罗杰斯著作精粹 [M]．北京：中国人民大学出版社，2006.

[15] 李季湄，冯晓霞．3—6 岁儿童学习与发展指南解读 [M]．北京：人民教育出版社，2013.

[16] 李伟光，王艳玲．绘本在幼小衔接中的作用探究 [J]．教育教学论坛，2018 (29)：157-158.

[17] 刘聪慧，王永梅，俞国良，等．共情的相关理论评述及动态模型探新［J］．心理科学进展，2009，17（5）：964-972.

[18] 刘丹娜．3—6岁幼儿绘本阅读的偏好研究［D］．沈阳：沈阳师范大学，2016.

[19] 刘晶波．社会学视野下的师幼互动研究——我在幼儿园里看到了什么［M］．南京：南京师范大学出版社，2006.

[20] 刘晓红．师幼互动方法与实践［M］．武汉：武汉大学出版社，2015.

[21] 卢建琴．以绘本教材为依托，提高幼儿早期阅读有效性［J］．华夏教师，2018（13）：55-56.

[22] 孟昭兰．人类情绪［M］．上海：人民出版社，1986.

[23] 宁虹．教育研究导论［M］．北京：北京师范大学出版社，2010.

[24] 潘孝富．学校组织气氛研究［M］．重庆：西南大学出版社，2014.

[25] 钱逸．小身材大作用——浅谈如何开展幼儿绘本阅读指导［J］．读与写（教育教学刊），2018，15（5）：202.

[26] 石燕峰．绘本在幼儿园语言领域教育活动中运用的行动研究［D］．天水：天水师范学院，2017.

[27] 孙炳海，黄小忠，李伟健，等．观点采择对高中教师共情反应的影响：共情倾向的中介作用［J］．心理发展与教育，2010，26（3）：251-257.

[28] 田恬，黄胜．农村幼儿教师绘本阅读教学指导策略探析——以黔南布依族苗族自治州都匀市乡镇幼儿园为例［J］．科教文汇（下旬刊），2018（5）：129-130.

[29] 王芳．绘本教学对中班幼儿分享行为影响的实验研究［D］．石家庄：河北师范大学，2017.

[30] 王立秋．幼儿园绘本教学活动中师幼互动存在的问题及其对策［J］．南昌教育学院学报，2018，33（2）：1-3.

[31] 王玉婷．3—6岁亲子绘本阅读现状的调查研究［D］．鞍山：鞍山师范学院，2018.

[32] 熊鑫．幼儿园图画书阅读中的审美教育研究［D］．济南：山东师范大学，2017.

[33] 许凌浩．不同绘本阅读方式对4—5岁幼儿叙事能力的影响研究［D］．开封：河南大学，2017.

[34] 许又新．Empathy译名的商榷［J］．中国心理卫生杂志，2010，24（6）：401-402.

[35] 尹瑜宸．集体阅读活动中不同的师幼互动模式对幼儿语言理解能力的影响研究［D］．上海：上海师范大学，2017.

[36] 张爱琴．让幼儿在绘本阅读中成长绽放——浅谈绘本阅读对提升教育教学的价值［J］．学周刊，2018（20）：183-184.

[37] 张红丽．幼儿园戏剧教育活动中教师指导行为研究［D］．西安：陕西师范大学，2017.

[38] 张翼之．培养幼儿早期阅读的兴趣和习惯［J］．读与写（教育教学刊），2018，15（6）：223.

[39] 左群．同情教育论［M］．北京：人民教育出版社，2012.

[40] Coxon K. Empathy, intersubjectivity, and virtue [D]. Dalhousie University, 2003: 1-130.

[41] Hoffman M L. The contribution of empathy to justice and moral judgement. In Eisenberg N and Strayer J. Empathy and its development [M]. New York: Cambridge University Press, 1987: 47-80.

[42] Motataianu, Teodora I. The Empathy and Communication - Pride Personality's Dimensions of the Teacher [J]. Procedia Social and Behavioral Sciences, 2014, 142: 708-711.

[43] Strasser J H. Using Picture Books to Support Young Children's Literacy [J]. Childhood Education, 2001, 83 (4): 219.

[44] Panayota Mantzicopoulos, Helen Patrick. Reading Picture Books and Learning Science: Engaging Young Children With Informational Text [J]. Theory Into Practice, 2011 (50): 4.

[45] Stern, Borelli, Smiley. Assessing parental empathy: a role for empathy in child attachment [J]. Attachment & Human Development, 2015, 17 (1): 1-22.

[46] Damber U. Read-alouds in preschool - A matter of discipline? [J]. Journal of Early Childhood Literacy, 2015, 15 (2): 256-280.

附　录

附录一：人际反应指针问卷中文版

尊敬的老师：

您好，我是首都师范大学的研究生，我正在研究关于教师专业能力的问题，希望获得您的支持，故此希望您抽出一点宝贵的时间。本次问卷采用不记名方式进行调查，调查资料仅作研究之用，并对资料进行保密，请您放心。再一次感谢您的支持与合作！

说明：下面共有22个题目，每个题目用来描述你是否恰当，或说每个题目内容符合你的程度如何。0代表“不恰当、不认同”或者“一点也不符合你的状况”，4代表另一个极端“很恰当、很认同”或者“非常符合你的状况”就每一个题目当中，从0—4的5个数目当中哪一个数字适合你就在个数字上打勾。

基本信息：

1. 年龄：　　　　　　　　　　2. 教龄：

3. 学历：　　　　　　　　　　4. 婚姻状况：已婚　　未婚

5. 是否有孩子：是　　　否

6. 是否接受过系统的学前教育：是　否

	不恰当	有一点恰当	还算恰当	恰当	很恰当
（1）对那些比我不幸的人，我经常有心软和关怀的感觉。	0	1	2	3	4
（2）有时候当其他人有困难或问题时，我并不为他们感到很难过。	0	1	2	3	4
（3）我的确会投入小说人物中的感情世界。	0	1	2	3	4
（4）在紧急状况中，我感到担忧、害怕而难以平静。	0	1	2	3	4
（5）看电影或看戏时，我通常是旁观的，而且不经常全心投入。	0	1	2	3	4
（6）在做决定前，我试着从争论中去看每个人的立场。	0	1	2	3	4
（7）当我看到有人被别人利用时，我有点感到想要保护他们。	0	1	2	3	4

续表

	不恰当	有一点恰当	还算恰当	恰当	很恰当
(8) 当我处在一个情绪非常激动的情况中时，我往往会感到无依无靠，不知如何是好。	0	1	2	3	4
(9) 有时候我想象从我的朋友的观点来看事情的样子，以便更了解他们。	0	1	2	3	4
(10) 对我来说，全心地投入一本好书或一部好电影中，是很少有的事。	0	1	2	3	4
(11) 其他人的不幸通常不会带给我很大的烦忧。	0	1	2	3	4
(12) 看完戏或电影之后，我会觉得自己好像是剧中的某一个角色。	0	1	2	3	4
(13) 处在紧张情绪的状况中，我会惊慌害怕。	0	1	2	3	4
(14) 当我看到有人受到不公平的对待时，我有时并不感到非常同情他们。	0	1	2	3	4
(15) 我相信每个问题都有两面观点，所以我常试着从这不同的观点来看问题。	0	1	2	3	4
(16) 我认为自己是一个相当软心肠的人。	0	1	2	3	4
(17) 当我观赏一部好电影时，我很容易站在某个主角的立场去感受他的心情。	0	1	2	3	4
(18) 在紧急状况中，我紧张得几乎无法控制自己。	0	1	2	3	4
(19) 当我对一个人生气时，我通常会试着去想一下他的立场。	0	1	2	3	4
(20) 当我阅读一篇引人的故事或小说时，我想象着：如果故事中的事件发生在我身上，我会感觉怎么样?	0	1	2	3	4
(21) 当我看到有人发生意外而极需帮助的时候，我紧张得几乎精神崩溃。	0	1	2	3	4
(22) 在批评别人前，我会试着想象：假如我处在他的情况，我的感受如何?	0	1	2	3	4

附录二：教师访谈提纲

现状调查阶段：

1. 在刚刚的活动中幼儿出现了××行为，您觉得幼儿当时是怎么想的呢？您觉得她当时情绪怎样？还有其他幼儿表现出了××行为，您觉得他们想表达什么呢？

2. 当幼儿出现这些行为的时候您是怎么想的？出于怎样的目的做出如此处理？

3. 您在教学中出现了××行为，您能解释一下为什么要这样做吗？

4. 您之前在学习和教学中有听说过关于师幼共情的理论吗？您能简单说一说您所理解的共情是什么吗？

5. 那您觉得教师和幼儿之间的共情应该体现在哪些方面呢？

6. 您能说一说在幼儿园的一日生活中何处能感受到这种共情吗？

7. 您觉得您在一日生活中哪些方面做到了师幼之间的共情？对您与幼儿之间的相处有什么帮助呢？

8. 如果有机会参加关于共情的教研活动，您觉得您想要了解哪些共情的理论知识？

效果研究阶段：

1. 您感觉这次的活动组织整体上怎么样呢？

2. 跟之前相比您觉得在识别幼儿的情绪和想法方面有哪些进步呢？在理解幼儿的情绪和想法方面有哪些进步呢？

3. 您现在对幼儿的想法有哪些理解呢？是否还觉得他们的想法好辨识、好理解呢？

4. 您在教学活动中与幼儿进行言语沟通和肢体、动作交流时您觉得自己用到了哪些技巧呢？

5. 您觉得经过共情知识的学习，您对共情能力三个方面的理解和认识有哪些提高呢？您觉得最大的收获是什么？

6. 关于教师的共情能力，您现在还有哪些问题不太清楚吗？

附录三：幼儿访谈提纲

现状调查阶段：

1. 小朋友，刚刚的故事里你比较喜欢哪个角色呢？
2. 小朋友，你刚刚发言的时候说了什么？老师是怎么回复你的？
3. 那你听了这个故事是怎么想的？你为什么这么觉得？
4. 你想让老师如何回复你呢？
5. 听到了老师的回答，如果老师再提问，你还会这么回答吗？
6. 你喜欢这个活动吗？你觉得你学到了什么？

效果研究阶段：

1. 小朋友，你喜欢刚刚的活动吗？最喜欢哪个环节呢？
2. 老师刚刚提的问题你是怎么想的？你觉得刚刚你回答问题的时候回答得对不对呢？刚刚老师是怎么说你的？
3. 那你觉得老师应该跟你说什么呢？你觉得老师说得对不对？
4. 你喜欢老师在你回答以后跟你多说话吗？你会不会跟老师讨论一些问题呢？

附录四：自编教师共情能力评分表

		0分	1分	2分	3分	4分
共情识别	认知识别	教师忽略孩子的想法和问题或者教师知道孩子的想法但是说不出来	教师能够感受到幼儿的想法，但是得出错误的结论	教师不能全部正确地感受到幼儿的想法	教师可以正确地感受到大部分幼儿的想法	教师可以正确地感受到个别幼儿的想法
	情绪识别	教师觉得孩子没有情绪表达	教师能够感受到孩子的情绪但是得出错误的结论	教师不能全部正确地感受到孩子的情绪	教师可以正确地感受到大部分幼儿的情绪	教师可以正确地感受到个别幼儿的情绪

续表

		0分	1分	2分	3分	4分
共情理解	情绪理解	教师对幼儿的情绪既不理解也不认同	教师能够理解幼儿的情绪但不认可其情绪	教师认可幼儿的情绪，但是不理解	教师能够理解幼儿的情绪，并认可其情绪	教师能够理解幼儿的情绪，并认可其情绪并理解其产生的原因
	移情	没有出现任何类似这样从幼儿出发看待幼儿的言行	幼儿教师的言语中出现："孩子自己的看法"	幼儿教师的言语中出现："每个孩子是不一样的"	幼儿教师的言语中出现："考虑孩子的感受"	幼儿教师的言语中出现："站在孩子的角度体验"
共情应对	言语行为	在幼儿说出情感或事实后教师态度恶劣地拒绝（打断幼儿说话等）	在幼儿说出情感或事实后教师不回应或假装没听到	在幼儿说出情感或事实后以"嗯"来回应	在幼儿说出情感或事实后询问幼儿想法，延伸对话	在幼儿说出情感或事实后延伸对话并讲出更深层的道理
	非言语行为	在幼儿说出情感或事实后表现出不耐烦	没有任何类似于表现自己对幼儿情感理解的行为	在幼儿说出情感或事实后面无表情或点头作为回应	幼儿说出情感或事实，面带微笑回应，并伴有点头等非肢体互动	耐心地听幼儿说出情感或事实，面带微笑回应幼儿并伴有摸头、牵手等肢体互动

附录五：绘本教学活动观察记录表

观察班级：　　　　　　观察日期：

活动名称：　　　　　　执教教师：

编号	事件描述	教师行为	理性分析	评分

幼儿园无稿剪纸教学活动中教师教学行为的现状及改进研究

杨晓彤

近年来，各国普遍认识到传统文化保存、传承和发展的重要性，非遗作为传统文化的精髓，以其独特的价值受到关注。无稿剪纸作为“非遗进校园”切实可行的教学方法逐渐被幼教界同人接纳。无稿剪纸以其独有的主动式学习方式，培养了幼儿的创新意识，具有很高的教育价值。作为对幼儿学习无稿剪纸产生直接影响的教师，其无稿剪纸教学行为的适宜性直接影响了幼儿学习和发展的质量。但目前幼儿园开展无稿剪纸教学活动时，教师的教学行为还存在一些问题，由此，本研究对无稿剪纸教学活动中教师教学行为的现状进行了深入调查，分析问题并促进其改进。

一、无稿剪纸教学活动中教师的教学行为对儿童发展具有重要影响

全面贯彻《幼儿园工作规程》《幼儿园教育指导纲要（试行）》和《幼儿园教师专业标准（试行）》以来，我国幼儿园教师的教育教学行为发生了一些实质性的变化。幼儿园教师群体的教育教学行为得到了一定的改善。

幼儿教师的教育教学行为对幼儿发展具有深刻影响。教育行为置于教师和幼儿之间。① 在幼儿园，教师的教育教学行为是直接作用于幼儿的，因而教师不同的教育教学行为就会对幼儿发展产生不同的影响。

学前儿童是特殊的剪纸教育接受主体，他们无法直接阅读文字记录的剪纸技巧，也很少有机会能直接接触剪纸大师或民间艺人。因此，他们对剪纸的学习需要依赖于教养者的帮助，本文将研究重点放在教养者中的教师角色上。

在无稿剪纸教学活动中，幼儿从刚开始剪刀的使用、简单技巧的学习，如剪直线和圆，再到熟练制作作品，每一步都离不开教师的指引。可见教师在无

---

① 陈瑞倩．幼儿教师的适宜性行为研究［D］．大连：辽宁师范大学，2014.

稿剪纸教学活动中对儿童发展起着重要的引导作用，教师不同方式的教学行为也都会直接影响到幼儿的发展。

无稿剪纸是对幼儿园原有剪纸教学的重新认识与定位，弥补了传统剪纸教学以模仿开始、对称剪为主的单一剪纸教学形式与内容的不足，较好地处理了教师教授剪纸技能与儿童自主探索学习的关系。儿童可以做到不用铅笔画稿，直接用剪刀进行单独纹样的自主创意剪纸。打破了以往教师教儿童学的传统剪纸活动方式，儿童能够在剪纸活动中自由操作、自由探索，进行剪纸活动的自主学习。

无稿剪纸以其很强的操作性受到幼儿园的欢迎，然而，当前的无稿剪纸教学活动还存在着很多问题。在教师教学行为方面，教师剪纸教学方法单一，采用像培养剪纸工匠一样的传授式的教学方法对幼儿剪纸活动进行操作指导，仅仅关注对幼儿剪纸技能的训练，不利于促进幼儿全方面的和谐发展。教师在带领幼儿参与无稿剪纸教学活动的过程中随意性强，没有系统的观察、指导、评价方法等。在无稿剪纸教学活动中，教师必须摒弃传统的美工教学“从教技法开始”“强调模仿范例”等错误行为，而是将教师的角色首先定义为一名合格的观察者，教师在观察的基础上进行有策略的引导，用支持者、参与者、引导者的身份为幼儿的剪纸活动创造良好的创作环境。

二、幼儿园无稿剪纸教学活动中教师教学行为的研究设计

（一）研究设计

1. 研究内容及研究对象

本研究首先通过观察法、访谈法对无稿剪纸教学活动中教师的教学行为进行现状分析，通过对记录表和访谈内容进行统计分析总结现有实践的不足，找到影响无稿剪纸活动更好发挥其价值的教师教学行为的不足之处，展开行动研究，对无稿剪纸教学活动中教师的教学行为进行提升，以便指导、启发更多教师更好地实施无稿剪纸相关的教学活动。一方面扩充美术领域的教学活动内容，多种形式开展美术领域的教育活动；另一方面，通过改善教师的教学行为来提升教师的专业性，帮助教师利用无稿剪纸这项活动最大限度地促进幼儿的全面发展。这也是本研究的价值以及实践意义所在。

本研究采用目的性抽样法，将北京市Q幼儿园作为研究对象，一是因为Q园历史悠久，是北京市一所一级一类幼儿园，教师队伍稳定性大；二是因为该园实施无稿剪纸特色活动已近四年的时间，已积累了一定的剪纸教学经验，但

仍不算成熟，尚有需要改进的地方。

研究者分别在Q园小、中、大班各选取了3名教师，共计9名教师作为观察对象，每位教师分别观察两节无稿剪纸教学活动，共收集18节无稿剪纸教学活动，研究者选取的这9位教师较完整地参与了该幼儿园无稿剪纸教学活动的教研培训，教龄分布较广泛，职称分布在一二级，较广泛地代表了不同资历水平下教师开展无稿剪纸教学活动的水平，很大程度上避免了因教师水平不均衡而带来的研究数据的不科学性。其中，行动研究选取的三位教师是在现状分析后，从小、中、大班各选取一位教学行为处在中等水平的教师。观察对象具体情况见表3-4-1。

表3-4-1 观察对象的基本情况

教师编号	所在班级	教龄	职称
LS老师	小班	12	一级
ZL老师	小班	3	二级
YJ老师	小班	7	一级
GM老师	中班	2	二级
ML老师	中班	10	一级
SY老师	中班	2	二级
LMZ老师	大班	3	二级
YC老师	大班	5	一级
WY老师	大班	6	一级

2. 研究思路

（1）现状研究

①运用观察法、访谈法调查无稿剪纸教学活动中教师行为的现状。

②分析无稿剪纸教学活动中教师行为的问题。

（2）改进研究

运用行动研究对教师的教育教学行为进行改进。

（3）改进效果研究

对无稿剪纸教学活动教师教学行为行动研究的效果进行考察。

行动研究框架图如图3-4-1所示。

第一轮：教师通过集体教研自主提升教学行为	• 第一轮行动方案的制定 • 第一轮行动方案的实施 • 第一轮行动方案的效果与反思
第二轮：对教师“倾听”“指导”“启发教学”行为的改进	• 第二轮行动方案的制定 • 第二轮行动方案的实施 • 第二轮行动方案的效果与反思
第三轮：对教师评价幼儿的教学行为的改进	• 第三轮行动方案的制定 • 第三轮行动方案的实施 • 第三轮行动方案的效果考察

图 3-4-1 行动研究框架图

（二）研究方法及工具

1. 观察法

本研究采用观察法将北京市开展无稿剪纸教学活动的 Q 幼儿园作为研究对象，通过对无稿剪纸教学活动中 9 位教师行为的观察记录，分析得出无稿剪纸教学活动中教师行为的现状并总结问题。

本研究方法采用的观察记录表是由中央教育科学研究所学前教育教研室编撰的《幼儿园教育质量评价手册》中的《教师行为观察》记录表。观察的内容包括“教授”“引导/要求实践”“对活动结果的评价/反馈”三大类共计 18 个观察变量。结合本研究无稿剪纸教学活动的需要，将三大类做了操作性定义。具体教师行为观察的主要变量及操作性定义见附录一。其中，被观察教师的具体资料见表 3-4-1。

教师教学行为观察采用的是半分钟间隔时间取样法，记录表的内容主要包括观察时间、行为编码、教师行为描述。其中，行为编码一项需要整个观察结束后填写，其余两项均要在观察时间点上进行观察后半分钟剩余时间内完成，即要在半分钟时间内完成一秒钟时间点上的观察和两项记录。《教师行为观察》记录表见附录二。

研究者将 18 份《教师行为观察》记录表归纳总结，发现每种教学行为下教师可能出现多种教学行为的表现形式，将其进行评分得出 Q 园现阶段无稿剪纸教学活动教师教学行为的得分情况，以此看出 Q 园教师教学行为的表现情况。根据研究者为期一年的观察无稿剪纸教学活动的经验以及听取 Q 园无稿剪纸课题发起专家老师的指导建议，现将无稿剪纸教学活动中教师的教学行为进行了赋值评分，无稿剪纸教师教学行为评分标准的具体内容参见附录三，教师教育教学行为评分表参见附录四。

2. 访谈法

本研究设计访谈法是为了对观察法做补充，根据本研究的需要，访谈形式为非正式访谈。访谈对象为研究者设定的 9 名主要被观察教师。非正式的访谈主要是在活动间歇或活动结束后研究者向教师就观察过程中的疑惑了解情况，如，教师为什么不能完整或有回应地进行倾听，教师为什么没给幼儿提供演示的机会等。

3. 行动研究

（1）行动前的准备——了解现状，发现问题

研究者采用观察法，对教师的无稿剪纸教学活动进行录像观察，并进行客观的描述记录，之后进行行为分类统计与赋值评分，总结出无稿剪纸教学活动教师教学行为的现状。

访谈幼儿园教师，用以补充了解无稿剪纸教学活动中教师实施某一教学行为的想法与观点，从中发现问题，指导改进实践。

根据收集的资料，在现状的基础上分析得出无稿剪纸教学活动中教师教学行为存在的问题，制定并完善行动研究方案并进行效果检验。

（2）行动实施阶段

第一阶段：研究者与幼儿园教师学习教师教学行为的分类及观察记录方法。教师围绕录像讨论进行自我反思，讨论过程中，研究者不提供任何导向性的回答。由教师们通过教研后发现自身问题并提出改进建议进行实施。

第二阶段：研究者与教师就第一轮行动后仍存在的问题进行讨论，确定将教师“倾听”“指导”“启发教学”行为作为第二轮行动研究实施的重点。研究者运用移情性倾听、项目教学、生态式艺术教育理论为理论基础与教师一起讨论改进策略并进行改进。

第三阶段：研究者与教师围绕教师评价幼儿的教学行为的问题，运用符号学、罗恩菲尔德的幼儿美术教育理论以及过程性评价等，帮助幼儿教师从多角度观察分析与评价幼儿。

（3）实施效果考察

每轮研究后，研究者将收集的录像进行观察与转录，对收集的数据进行分析，旨在了解幼儿教师行动研究后在无稿剪纸教学活动中教师教学行为的变化，总结上轮研究的成果与不足，为下一轮行动研究的开展做好铺垫。

4. 数据处理

本研究中收集的数据分为量化数据和质性数据两部分。其中，量化数据是观察记录表和教师行为评分表两部分数据，质性数据为访谈内容以及行动研究中教师与研究者在教研中提出的相关内容。其中，量化数据采用视频转录以及SPSS22.0 进行处理。

三、幼儿园无稿剪纸教学活动中教师教学行为的现状分析

(一) 幼儿园无稿剪纸教学活动中教师教学行为的现状呈现

根据《幼儿园教育质量评价手册》中对教师教学行为的分类，研究者利用半分钟间隔时间取样法，通过《教师行为观察》记录表将 9 位教师的 18 节剪纸教学活动进行编码转录，共获得 998 次教学行为。

研究者利用记录表对 Q 园无稿剪纸教学活动中教师教学行为的频次和表现情况进行统计，具体情况见图 3-4-2、表 3-4-2。其中“教授”行为 588 次，占全部教学行为的 59%，平均得分 3.0 分；“引导/要求实践”行为 233 次，占比 23%，平均得分 3.1 分；“对活动结果的评价/反馈”行为共计 177 次，占比 18%，平均得分 3.0 分。

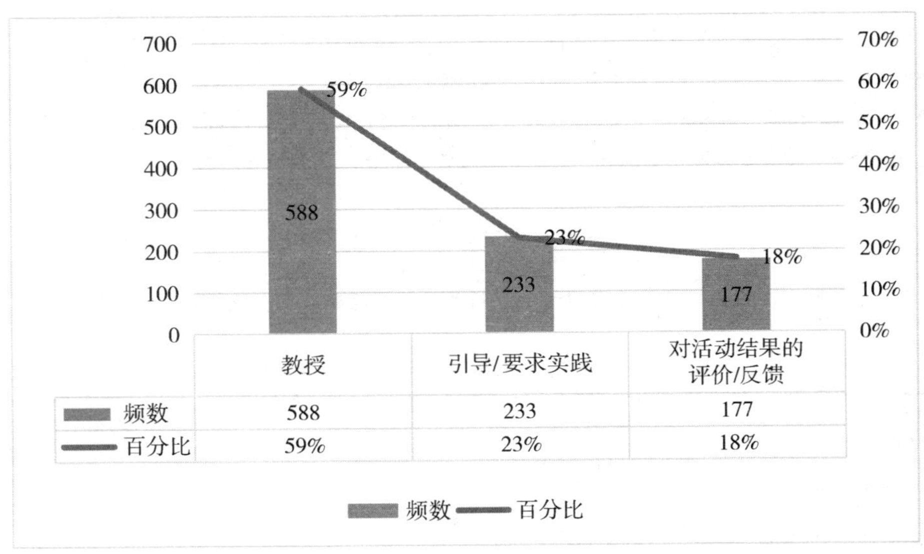

图 3-4-2 教师各类教学行为的具体频数及百分比情况

表 3-4-2　教师各类教学行为的平均得分情况

评分内容	教授	引导/要求实践	对活动结果的评价/反馈
平均得分	3.0	3.1	3.0

1. 无稿剪纸教学活动中教师的“教授”行为

根据图 3-4-3 可以看出，在“教授”行为中，教师讲授剪纸知识所占百分比最高为 46%，而教师听幼儿有关演示的请求、听幼儿讲与知识有关的问题、启发幼儿的想法与看法所占百分比最少。由表 3-4-3 可以发现，教师在“教授”行为这一部分的得分总体来看徘徊在中等得分以下，具体分析如下：

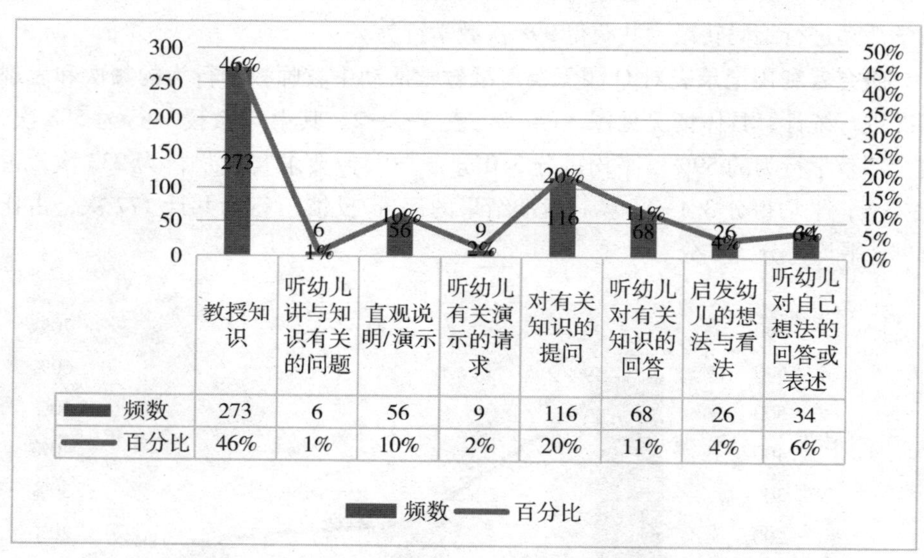

图 3-4-3　教师“教授”行为的具体频数及百分比情况

表 3-4-3　教师“教授”行为的平均得分情况

评分内容	平均得分
讲授知识	3.4
听幼儿讲与知识有关的问题	3.1
直观说明/演示	3.0
听幼儿有关演示的请求	2.5
对有关知识的提问	2.8

续表

评分内容	平均得分
听幼儿对有关知识的回答	2.8
启发幼儿的想法与看法	3.2
听幼儿对自己想法的回答或表述	2.8

（1）教师讲授知识的行为

研究者发现教师在讲授部分多为对剪纸内容的介绍与讲解，包含少量剪纸的技能技巧、剪纸主题的背景知识，以及对上节活动的回忆或相关引出主题的事物。如，在剪金鱼的活动中，教师讲授如何剪鱼鳞，帮助幼儿学习掏剪的方法。在剪传统玩具活动中，讲授传统玩具的构造组成等方面。研究者在转录统计后发现，教师讲授知识所占比例最大，说明在无稿剪纸教学活动中，教师非常注重对有关知识的讲解。但教师在这一部分所呈现的教学行为却处在中等水平，有很大的进步空间。

（2）教师对有关知识提问的行为

根据统计结果可以看出，教师对有关知识提问的行为占“教授”行为的20%，仅次于讲授知识，由此可以看出，在无稿剪纸教学活动中，提问是教师开展剪纸教学活动最常用的方式。研究者对该部分教学行为进行评分统计后发现，教师对有关知识提问的行为平均得分仅为2.8，处在中等以下水平。为究其原因研究者将教师提问做了进一步划分，教师的提问多以对剪纸的知识性提问为主，占提问总数的66%。知识性提问是教师对有关剪纸的事实、概念，或某些事物的作用、事物间的关系和其他教过或正在教的知识和信息进行提问。① 如，教师询问幼儿“图片上是什么”“鱼的身上是什么”。而旨在鼓励幼儿表达自己的想法与意见、描述自己的行为的启发式提问较少，仅占提问总数的34%。如，教师问幼儿“把网子剪成什么样才能网住小鱼呢”。诸如此类的问题幼儿需经过思考后才能回答且答案并不唯一，如，幼儿回答“要剪出又密又小的洞洞”“要把纸条剪得细细的，交叉粘上”等。

（3）教师有关“听”的行为

根据统计结果，教师听幼儿对有关知识的回答、听幼儿讲与知识有关的问题、听幼儿有关演示的请求、听幼儿对自己想法的回答或表述分别占11%、1%、2%、6%，共计占教师“教授”行为的20%。且除了听幼儿讲与知识有关

① 刘占兰，等．中国幼儿园教育质量评价［M］．北京：教育科学出版社，2011：191.

的问题以外，其余的教学行为的平均得分均在中等以下。由此可见，教师在无稿剪纸教学活动中倾听行为较少且主要是听幼儿对教师提问的回答。在剪纸活动中，教师对幼儿自发的提问或请求很少给予关注，教师会通过维持纪律、转移话题等方式直接过渡到下一项剪纸活动内容。在对待教师的主动提问时，教师会有选择地挑选幼儿进行回答，在少量幼儿回答后，教师会代替幼儿总结问题的答案或观点。这表现出教师以自身为主导，缺少对幼儿表达需求或请求的倾听与关注。

（4）教师直观说明/演示的行为

根据统计结果，教师直观说明/演示的行为占总“教授”行为的10%，平均得分处于中等水平。无稿剪纸教学活动属于艺术领域的教育活动，教师直观说明/演示能更清晰地向幼儿传达剪纸技法等要领。然而，统计结果显示，教师直观说明/演示行为较少，一方面可能与教师规避示范作品有关，教师故意避开了现场操作演示；另一方面也反映出教师对有关教具、多媒体的使用较少，如出示实物、图片或运用投影仪等多媒体。

（5）教师启发幼儿的想法与看法的行为

启发式教学是教师通过启发幼儿的想法、引导幼儿思考，促进幼儿不断建构自己的认知结构，从而获得新知识、新技能的过程①。根据统计结果来看，教师启发幼儿的想法与看法的行为仅占“教授”行为的4%。这表明，在无稿剪纸教学活动中教师的启发性教学行为较少，且多出现在剪纸活动操作之前的活动阶段，教师通过启发式提问引出剪纸主题，但在剪纸操作的讲解过程中，教师很少有耐心地对幼儿进行启发式教学，多为直接的示范或讲解。

2. 无稿剪纸教学活动中教师的“引导/要求实践”行为

根据图3-4-4、表3-4-4可以看出，在教师的“引导/要求实践”行为中，教师帮助/解释/建议的行为最多，占“引导/要求实践”行为的62%，可见在无稿剪纸教学活动中，教师的这一行为是极其重要的，但教师教学行为的平均得分只处在中等水平。具体分析如下：

---

① 邓琳．幼儿园美术教育活动中教师教学行为的研究——以长沙市Z幼儿园为例［D］．长沙：湖南师范大学，2015.

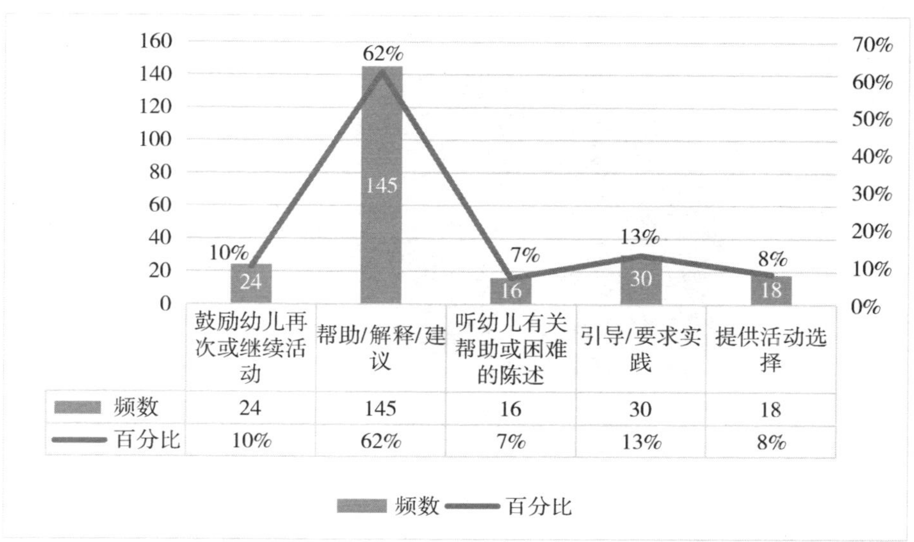

图 3-4-4　教师"引导/要求实践"行为的具体频数及百分比情况

表 3-4-4　教师"引导/要求实践"行为的平均得分情况

评分内容	平均得分
鼓励幼儿再次或继续活动	3.2
帮助/解释/建议	3.0
听幼儿有关帮助或困难的陈述	3.3
引导/要求实践	3.0
提供活动选择	3.0

(1) 教师帮助/解释/建议的行为

根据图 3-4-5 可以发现，在教师的帮助/解释/建议行为中，教师较少使用建议与解释，更多的是在幼儿剪纸操作过程中直接帮助。研究者观察发现，幼儿在剪纸过程中基于各种原因（如幼儿不知如何继续、不想继续）而停止操作时，教师几乎都是上手给予直接的操作帮助，如幼儿在剪圆时不会转纸，教师便直接上手帮幼儿剪圆等诸如此类的直接帮助居多。也有一些教师在幼儿出现问题时会给予建议，如幼儿在剪出鱼的轮廓后，教师建议幼儿再剪出交错的鱼鳞等。但总体来看，教师的建议和解释行为较少。

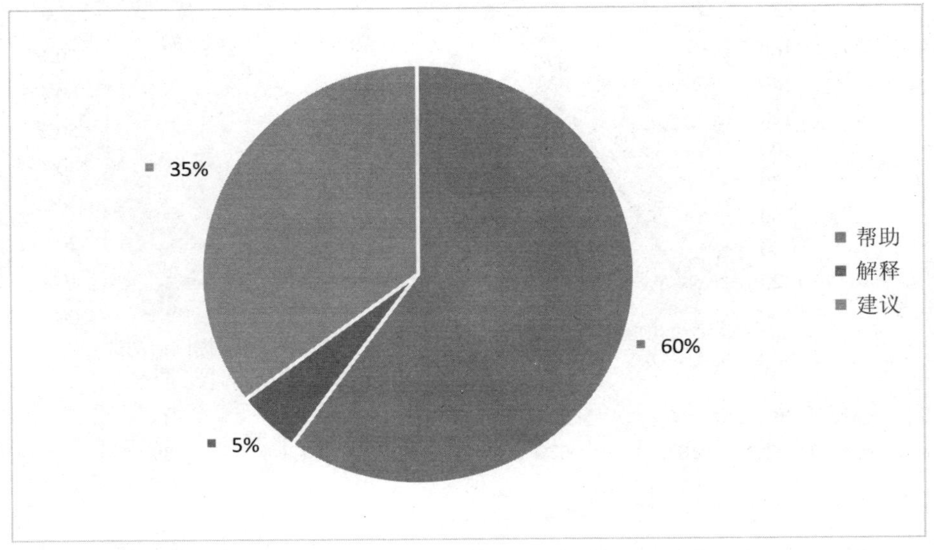

图 3-4-5　教师帮助/解释/建议行为的具体频数及百分情况

（2）教师听幼儿有关帮助或困难的陈述的行为

研究者观察发现，教师听幼儿有关帮助或困难的陈述在“引导/要求实践”这一行为中所占百分比最少。幼儿提出的有关帮助或困难的陈述多为因剪纸操作工具损坏或不齐全而带来的问题，如幼儿在操作时发现剪刀不好用或彩色纸张不够等。而幼儿对操作本身带来的困难陈述很少，幼儿在此情况下会直接向教师表达“我不会剪”，以此来寻求教师的帮助。教师很少完整倾听幼儿的陈述，多为直接打断或让幼儿自己解决。

3. 无稿剪纸教学活动中教师对活动结果的评价/反馈行为

研究者将教师“对活动结果的评价/反馈”行为进行转录后的具体频数、百分比及平均得分情况如图 3-4-6、表 3-4-5 所示。

表 3-4-5　教师“对活动结果的评价/反馈”行为的平均得分情况

评分内容	平均得分
对活动结果的一般性表扬	2.3
对活动结果的具体肯定	3.4
对活动结果的一般性否定	3.0
对活动结果的具体否定	3.4
听幼儿与活动评价有关的话语	3.0

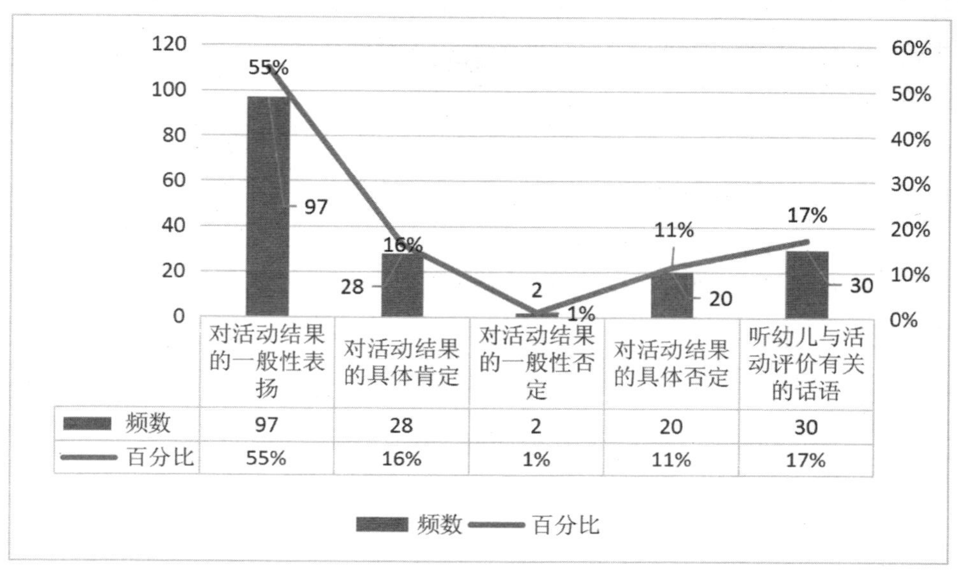

图 3-4-6 教师"对活动结果的评价/反馈"行为的具体频数及百分比情况

（1）教师对活动结果的肯定评价行为

根据图 3-4-6 可以看出教师对活动结果的肯定评价所占百分比最多，教师的这一行为大大增加了幼儿在剪纸时的自信心和成就感。教师的肯定性评价以一般性表扬为主，但教师一般性表扬这一教学行为评分却很低。教师一般性表扬大多流于形式。如教师表扬幼儿剪得不错、真棒。而缺少具体的肯定评价，具体的肯定性评价能够帮助幼儿知道自己哪里表现得好，教师通过具体的肯定性评价来强化他们刚获得的新经验和适宜行为，更有利于帮助幼儿发展。如评价幼儿"把汽车的排气筒都剪出来了，观察得真细致"等。

（2）教师对活动结果的否定评价行为

教师对幼儿的否定评价行为不利于发展幼儿的自信心与成就感，但研究者观察发现教师还是出现了对剪纸活动结果的否定评价行为，其中具体否定行为较多。教师的否定评价是想要指出幼儿剪纸过程中存在的问题，但由于表述问题有可能成为打击幼儿对无稿剪纸兴趣的重要原因。如，教师说幼儿剪的作品根本看不出来像恐龙。

（3）教师听幼儿与活动评价有关的话语的行为

教师听幼儿与活动评价有关的话语的行为占评价行为的百分比较少且平均得分较低。幼儿在剪纸操作过程中或剪纸结束后向教师评价自己或其他幼儿的剪纸作品时，教师多是简单地回答“不错”或忙于指导而直接忽略了幼儿的自我评价与互评。由此可见，教师倾听与关注幼儿讲与活动评价有关的话语的行为较少。教师注意倾听并学会倾听更有利于了解幼儿的需要，并在此基础上促进幼儿向更高水平发展。

（二）幼儿园无稿剪纸教学活动中教师教学行为的现状分析

1. 无稿剪纸教学活动中教师“教授”行为的特点

（1）教师以“教”为主的教学行为

在教师的“教授”行为中，教师讲授知识、直观演示/说明、对有关知识的提问三类行为总体占据教师“教授”行为的76%，不难发现这三类行为是无稿剪纸活动教师教授过程中向幼儿传递知识的主要方法。这体现了教师以“教”为主的教授行为。

教学片段1：大班无稿剪纸教学活动“我喜欢的汽车”

T：汽车分为哪些种类？

C：大卡车、公交车、赛车……

T：汽车按种类分为轿车、跑车、皮卡、微型面包车。

T：汽车由什么组成？

C：窗户、轮子……

T：汽车由车身、车灯、车窗、后视镜、车门、车轮等组成。

T：我们一会儿剪的时候，要把这些部分都剪出来。我们一起来看看汽车的每部分都长什么样。

T：汽车有两个后视镜，后视镜是椭圆形的。汽车的前后排都有车窗，车窗是方形的，上面是透明的玻璃。不同的汽车轮子数量不一样呢，你们看窗户里边还能看到座椅呢，汽车后边还有能排尾气的排气筒呢，排气筒的样子看起来像一节管道。

由上述案例我们不难发现，教师在讲授过程中，提问幼儿汽车的种类及零件组成均以知识性的直接提问为主，且大段讲授有关汽车的知识性内容，没有涉及对幼儿的启发引导。教师控制着对话的主动权，按活动教案流程一步步进行提问，幼儿在这个过程中只是简单的参与，不需思考的回答或者不回答问题，教师在提问不久后就会立刻代替幼儿说出总结性的答案。

在无稿剪纸教学过程中教师的教授行为较多，且主要通过口头讲述的方式进行剪纸知识的灌输，以教师为“主导”地位，忽视了幼儿在操作剪纸过程中的自主学习。教师不是通过启发引导的方式让幼儿自己建构有关学习知识，而是直接讲授剪纸知识，控制着整节剪纸教学活动的进行。当然，不可否认的是，在无稿剪纸集体教学活动中，教师有必要向幼儿讲授一定的剪纸知识与技巧，但教师不能过于注重对剪纸技能的学习，不能以被动接受式的学习方式替代幼儿主动参与式的学习方式，使用讲授要符合幼儿身心发展特点。

（2）教师启发式教学行为较少

启发幼儿的想法与看法行为仅占了“教授”行为的4%。在教师对有关知识的提问中，教师提问多以知识性提问为主，总体来看，教师启发式教学行为较少。

教学片段2：大班无稿剪纸教学活动“秋天的色彩”

T：现在是冬天，那刚刚过去的是什么季节？

C：秋天。

T：那你们觉得秋天美不美？

C：美。

T：老师给大家带来了一张秋天的照片，你们看有什么？

C：有树、河、山、白云。

T：那你们觉得秋天的树美不美？

C：美/好漂亮啊。

T：哪里美？哪里漂亮？

C：秋天有美丽的树叶，我们以前收集过。

T：请你们用一个好听的词形容一下树叶。

C：五颜六色的/五彩缤纷的/五彩斑斓的。

T：请说完整的句子，秋天的树叶是五彩缤纷的。

C：秋天的树叶是五颜六色的。

T：你们看看老师大屏幕出示的三片树叶相同吗？

C：不相同。

T：有什么不相同的地方？

C：形状不同、颜色不同。

T：你们说老师展示的这些树叶好看吗？

C：好看。

T：我们来欣赏一下，哇，这一片叶子上有好多种颜色呀，有什么颜色呀？

C：红色、绿色、黄色。

T：花纹也不一样你们发现了吗？

C：对。

T：那你们会剪这样的树叶吗？

C：会，我会/不会，太难了。

T：老师教你们，原来呀，不同的颜色是用掏剪的办法先剪出树叶，然后再选择颜色不一样的彩纸作为衬纸铺在剪好的树叶下面，一片彩色的树叶就剪好了，你们学会了吗？

上述教学活动的目标重难点在于学习如何运用套色的方法剪出颜色不同的叶子，而教师运用大量提问的教学方式与幼儿谈论与秋天有关的话题，且提问内容多以知识性的封闭式问答为主，将认知性的知识目标放在第一位。在教学中，教师喜欢询问封闭式和低认知程度的题目，这种题目答案单一，幼儿无须思考便能脱口而出，不会影响教师的教学进度。如此提问不会帮助幼儿形成深度思考的习惯，久而久之，会形成幼儿思维的表面化和肤浅化①。教师提出的问题应该是能够引发幼儿认知冲突和思考的题目，是能开导幼儿思考，让幼儿开展丰富的想象和联想的，即多进行启发式提问诸如“为什么”“怎么样”“如何”这样的问题。研究者观察发现，在封闭式教学下，幼儿大多剪出千篇一律的剪纸作品，甚至所有的叶子都剪得一样，但在启发式教学方式下，幼儿能剪出千变万化的叶子，能让幼儿真实地表现出对叶子的不同理解，这才是无稿剪纸的意义所在。

（3）教师倾听行为较少

在“教授”行为中，教师听幼儿讲与知识有关的问题、听幼儿对有关知识的回答、听幼儿对自己想法的回答或表述等倾听行为较少，仅占教师“教授”行为的18%。研究者观察发现，教师少有的倾听行为也是发生在倾听幼儿对有关问题的回答方面而忽略无稿剪纸活动环节中的其他方面。下面是研究者对M教师就“秋天的果实”活动结束后的访谈。

研究者：您在提问小朋友如何连剪出一个南瓜时，我观察到有很多小朋友举手想要回答，为什么您直接在黑板示范了“一笔画南瓜”的方法？

M教师：备课的时候我就在想哪种方法能更加直白地向孩子们表达明白连剪的方法，最后想到了在黑板用粉笔替代剪刀，给孩子们直观演示。

研究者：那您为什么没有先听一下孩子们的想法呢？万一他们有其他办法呢？

M教师：我前期的导入部分太长了，感觉已经没有时间听他们说了，而且

① 蒲汝玲．幼儿园集体教学中教师教学行为现状及对策研究［D］．兰州：西北师范大学，2010.

连剪对他们来说并不是很难，我相信他们应该也明白得差不多了。

在这一活动中，教师活动时间安排不合理，教师片面相信幼儿的能力，由此错失了让幼儿表达自己想法、展现自己做法的机会。研究者对L教师就“老北京玩具”活动的访谈则展现了教师缺少倾听幼儿行为的其他原因。

研究者：您在展示了这些玩具后，让小朋友去体验感受，但是为什么没有听小朋友分享他们的感受呢？

L教师：我觉得这节课的重点是剪玩具，感受过了开始剪就行，如果让他们说感受，他们会说出来很多和剪纸无关的话题，其他的小朋友没准还跟着起哄，很难收住场面，继续进行下一环节的活动。还是要把时间用来教他们剪出作品。

我们可以看出，教师仍把是否能剪出作品作为活动目标是否达成的重要指标，对幼儿身心发展的特殊阶段缺少理解，幼儿由于其身心发展阶段的特殊性对这些物品常常充满了好奇，忍不住想要去探索，因而幼儿常常会表达“我想来演示一下”等诸如此类的请求，或者是想要表达见到这些新奇物品后的感受，幼儿也正是通过这种好奇来驱使他们保持与外界的沟通与学习，但教师几乎很少给予倾听与回应。幼儿的呼声得不到响应，久而久之也就没有了表达的欲望，甚至很少主动将自己的问题、想法表达出来，如此循环非常不利于幼儿的主动发展。

以上两则案例反映了教师在剪纸活动中不倾听幼儿的原因，一方面，教师剪纸的教学活动目标和活动时间安排不合理，导致幼儿很少有机会表达自己的观点；另一方面，教师自身专业素养不够，不能正确看待幼儿好奇、急于表达的特点。同时，班级幼儿人数以及班级规则也影响了教师的倾听行为，教师认为在目前师幼比非常小的状况下，很难做到倾听每一位幼儿的想法。

教学片段3：小班无稿剪纸教学活动“好吃的水果”

T：小朋友们，现在请你们闭上眼睛，用小手来摸一摸，猜猜它们是什么水果？

C：苹果、橘子、桃、梨……

T：哦，原来是苹果和梨啊！那你们来说说，刚刚摸到它们都是什么感觉，有什么不同？

C：苹果上下有坑/梨的上面小、下面大/苹果是圆的/味道不一样（哈哈哈）……

T：小朋友真聪明，发现了苹果的肚子是圆圆的，梨的肚子上面小、下面大。那你们再看看它们有什么一样的地方呢？

C：它们都有把儿/上下都有小坑坑/颜色不一样……

T：真聪明，细心的小朋友都看到了苹果把儿和梨把儿，还有上下的小坑。

在这段教学实录中，反映了教师倾听行为的又一特点：选择性倾听，即教师仅倾听那些有关剪纸知识、技能的答案，只听教师自身的“期待答案”，且教师多喜欢倾听表现较好的幼儿的答案。如，在上段案例中，教师在第一次总结时自动忽略了幼儿“味道不一样”这个答案，因为在教师看来，味道不是摸出来的，这很明显不是教师想要的答案，即便孩子们对这个答案很感兴趣，教师也没有进行重复或评价。同样，在教师问到相同的特点时，幼儿回答“颜色不一样”，很明显这也不是教师提问的答案，教师没有予以总结。教师受“标准答案”的影响，没有仔细体会幼儿观点的真实含义和这背后蕴含的教育价值，教师忽略了幼儿有关情感态度、价值观以及幼儿自身喜好的表达，评价以教师为主导，充满了主观意愿。

除此之外，研究者在近一年的观察中发现，在剪纸活动中，教师还存在错听的倾听行为。这主要是因为幼儿接触剪纸不多，已有经验较少，他们还不能正确地说出一些技能的专业词汇，如折叠、对称、交叉、掏剪等，幼儿剪纸术语方面的表达能力较弱导致幼儿很难简洁明了地向教师表达自己的观点，这时教师可能就会错误地理解了幼儿的观点。

2. 无稿剪纸教学活动中教师“引导/要求实践”行为的特点

（1）教师听幼儿有关帮助或困难的陈述较少

在无稿剪纸教学活动中，教师每节活动都会安排幼儿操作的实践环节，由于幼儿身心发展尚未成熟，在对待新事物时难免存在困惑，需要指导者的帮助，但教师听幼儿有关帮助或困难的陈述行为仅占了“引导/要求实践”行为的7%，由此可见，教师听幼儿有关帮助或困难的陈述较少。

剪纸作为美工活动的一种，正是通过幼儿的自由操作来实现促进幼儿发展的教育目的，而在幼儿的自由操作中，成人的适时指导与帮助必不可少。研究者通过观察发现，教师听幼儿有关帮助或困难的陈述较少是由两方面原因造成的：一方面，由幼儿向教师主动发起的请求本来就少，这与长期以教师为主导的学习方式息息相关，幼儿在遇到剪纸问题时，总是习惯等待教师在巡视时发现，很少主动向教师询问、请求；另一方面，与班级师幼比不平衡也有很大关联，一名活动教师往往要面对三十几名幼儿，很难照顾每位幼儿的困难和问题，有时，教师听了一名幼儿的问题，就会有其他的幼儿提出更多的问题，严重影响了剪纸活动秩序与进展。这时，教师往往就会拿一名幼儿出现的作品问题向集体幼儿进行讲解，这也大大减少了教师的倾听行为，很多幼儿也许还没有遇到类似的问题，就被教师提前告知了解决方案，这与无稿剪纸培养幼儿独立发现问题，自主探究解决问题的初心相悖。

（2）教师指导方式存在问题

根据前文分析可以发现，教师帮助/解释/建议占了教师“引导/要求实践”行为的62%，帮助、解释、建议中以帮助行为最多占了60%。由此可见教师的“引导/要求实践”行为以帮助为主，建议和解释行为较少。

在指导方式方面，教师对幼儿剪纸活动的指导多为直接的帮助，很少通过启发、建议、鼓励等方式指导幼儿的剪纸活动。幼儿在出现问题后，教师很少对幼儿提出的问题给予解释或基于观察对幼儿进行下一步剪纸操作的建议，而是直接上手帮幼儿解决问题，甚至直接帮助幼儿剪好幼儿有困难的部分。研究者在观察中发现，在幼儿自由的剪纸操作中，教师的指导介入时机也存在问题。有时教师急于看到幼儿的剪纸作品，加快剪纸活动进程，在没有认真观察幼儿需求的情况下便直接给予帮助，缺乏对幼儿的耐心解释与启发建议。也有时，幼儿由于长时间的无助等待，缺乏教师的引导，而失去了对剪纸的操作兴趣。

3. 无稿剪纸教学活动中教师“对活动结果的评价/反馈”行为的特点

（1）教师以一般性表扬评价为主，缺乏具体的肯定性评价

在幼儿园中，对幼儿的发展评价分为正式评价和非正式评价两种类型。① 幼儿园集体教学中教师对幼儿的评价就是一种非正式的口头评价，这种评价直接影响到幼儿接下来的发展。同样，作为学生评价的一个“重要他人”，教师的评价对学生和个人发展具有重要意义。②

在无稿剪纸教学活动中，教师的肯定性评价可以鼓励幼儿的正向品质，帮助幼儿树立剪纸的兴趣和自信心，但研究发现，教师的评价多以一般性表扬为主，缺乏具体的肯定性评价，具体的肯定性评价有助于帮助儿童了解自己哪些行为是适宜的，从而更好地强化适宜行为。

教学片段4：小班无稿剪纸教学活动“好饿的毛毛虫”

T：毛毛虫它好饿呀！现在，老师发给大家彩纸，你们快给毛毛虫剪好多好多好吃的吧！

（幼儿自由操作，教师巡回分发材料、观察、指导操作。）

T：如果有先剪完的小朋友，请你把它粘在纸上。

---

① 郑名，冯莉．幼儿发展评价方法的现状调查与分析——以兰州市为例［J］．教育导刊，2008（06）：9-12.

② 杨海燕．课堂教学情境中教师语言评价行为的研究［D］．上海：华东师范大学，2003.

（有的幼儿还在制作，有的幼儿已经完成。）

T：让我们一起看看××剪的食物，你剪得好好看呀，快来告诉我们，你都剪了哪些食物？

C：面包、橘子、葡萄。

T：哇，你剪了面包、橘子和葡萄，这么多食物呀，真棒，毛毛虫一定很开心！

T：×××，你剪得也真好看，你剪的什么呀？

C：我这个是饼干。

T：真棒，原来是块饼干呀！我喜欢你这个饼干，你把毛毛虫咬了一口饼干的小洞都剪出来了，真细致！

T：××，你剪的什么呀！

C：这是巧克力。

T：原来是巧克力呀，真不错！

……

T：毛毛虫特别开心，它有了好多好吃的，小朋友们你们今天剪得都不错，可真棒呀，快给自己鼓鼓掌！

由上段教学片段我们可以看出，教师的评价多为对幼儿作品的一般性表扬，教师评价多以简单重复幼儿的回答为主，仅使用“不错”“很棒”“鼓鼓掌”等一系列概括性的词汇评价幼儿的作品，这种单一、不具体的评价不具有针对性，并不能让幼儿明确他的剪纸作品好在哪里，对幼儿的学习起不到改进和发展作用。研究者发现，教师对幼儿的否定性评价大多能详细地指出幼儿剪纸操作中的不当行为，而对幼儿进行肯定时大多是概括性的语言，教师较关注幼儿的个别发展水平与集体发展水平之间的差距，而不善于按照个别差异，从不同的角度发现个体的长处，对幼儿实施多元评价①。

《幼儿园教育指导纲要（试行）》在教育内容与要求中指出“要从不同的角度促进幼儿情感、态度、能力、知识、技能等方面的发展。”“要避免仅仅重视表现技能或活动的结果，而忽视幼儿在活动过程中的情感体验和态度的倾向。”② 然而，在无稿剪纸集体教学中，注重幼儿剪纸作品的结果、注重剪纸技能的掌握，而忽视对幼儿情感、态度等学习品质的培养，教师在评价时仅关注

① 蒲汝玲．幼儿园集体教学中教师教学行为现状及对策研究［D］．兰州：西北师范大学，2010.

② 中华人民共和国教育部：幼儿园教育指导纲要（试行）［M］．北京：北京师范大学出版社，2001.

幼儿的成品而忽略了对幼儿创作过程中一系列学习品质的评价，这也不利于培养幼儿良好的学习品质，促进幼儿的全面发展。

（2）教师存在具体的否定评价行为

观察研究发现，教师“对活动结果的评价/反馈”存在少量的否定性评价，否定性评价打击了幼儿学习剪纸的积极主动性和成就感，不利于幼儿的学习与发展。

教学片段5：小班无稿剪纸教学活动“捞小鱼”

T：老师发纸条，你们快粘出来一个渔网，想想如何才能做出能捞出来小鱼的渔网。

（幼儿操作，教师巡回发放材料、观察、指导。）

T：你的这个网洞太大了，小鱼太小了，从缝里就游走了。

C：老师，我不会。

T：你看看其他小朋友怎么做的。

C：老师，你看我做的渔网。

T：你的这个网子怎么有这么大的漏洞？

T：×××，你这个网子不行，太大了，再密一些小鱼才不会跑掉。

本节剪纸活动旨在用幼儿剪出的细长条的纸条来制作渔网捞小鱼，而由于小班幼儿身心发展尚未成熟，并不能很好地完成粘渔网的精细动作，部分幼儿甚至不能理解如何才能把网洞做小（需要横竖交叉粘贴且粘贴间隔要密集），教师在评价的过程中，没有给予幼儿相应的解释，而是直接给予否定性的评价，虽然这种评价可以最为迅速地帮助幼儿认识到自己的问题，但教师直接评价的行为也省去了幼儿本该有的思考过程，否定了幼儿的前期工作，一定程度上打击了幼儿的自信心，长此以往甚至会削弱幼儿对剪纸的兴趣。

幼儿由于受到认知水平的限制，加之对成人权威的尊重与服从，往往把成人对自己的评价就当作是自己的评价，所以他们的自我评价基本上是成人对他们评价的简单重复①。因而，如果教师经常给予幼儿否定性的评价，长此以往，幼儿会把这种自我印象内化，影响幼儿寻找兴趣点，培养自信心等。

① 刘金华．儿童发展心理学［M］．上海：华东师范大学出版社，2004：282.

四、幼儿园无稿剪纸教学活动中教师教学行为的行动研究

（一）第一轮行动研究——教师通过集体教研自主提升教学行为

1. 第一轮行动研究方案的制定

（1）学习教师教学行为的分类及观察记录方法

在第一轮行动研究中，研究者重点帮助三位被试教师理解教师教学行为的分类，并将其各项行为具体到无稿剪纸集体教学活动中，对操作性定义进行学习与理解。在了解了18项教学行为的具体定义解析后，研究者辅导教师学会如何使用半分钟间隔时间取样法进行对教师教学行为的观察记录。在学会了基本的观察记录方式之后，第一轮行动研究让被试教师通过自身的观察记录，发现无稿剪纸教学活动中教师教学行为的问题，探索教师教学行为的改进策略。

（2）探索如何通过集体教研自主提升教学行为

研究者与被试教师在发现问题后，为了进一步改进无稿剪纸教学活动中教师的教学行为，必须要探索无稿剪纸教学活动教师行为的改进策略，一方面帮助教师改进自身的教学行为；另一方面，帮助幼儿从无稿剪纸教学活动中获得更全面的发展。

2. 第一轮行动方案的实施

本阶段采用收集教师剪纸活动录像课的方法，通过对行动研究前后教师行为的观察进行分析。

设计依据：一方面，不同教师能够对同一视频中的教师行为进行观察与评价，可以帮助教师从其他人的观察与评价中反观自己的不足；另一方面，用录像记录教师的教学行为，可以在研讨过程中与教师重复观看教师的教学行为，以防错过一些信息。

本研究采取集体教研的方法进行改进策略的研究。行动研究中集体教研的成员包括研究者、三位被试教师以及Q园无稿剪纸课题发起者，共计五名成员组成。

设计依据：一方面，不同专业发展阶段的教师面临的问题和需求不同，以研究者、教师、无稿剪纸专家的方式结成教研组，能够发现个别化的问题并进行针对性的调整，避免新手教师的集体疑惑，抑或是专业性问题上的空白；另一方面，集体互助式研讨通过加强教师间的互动和合作，能够帮助教师在交流中畅谈自己的思想观点，在理念碰撞中发现他人的真知灼见，依靠集体智慧共同解决问题，相互促进，共同成长。

研究者带领三位教师学习《教师教学行为观察量表》的使用方法，学习 18 项教师教学行为的具体操作定义及半分钟间隔时间取样法。集体教研小组共同观看三位被试教师的剪纸活动录像，三位被试教师依次对自身教学行为的问题进行点评，三位被试教师互相对彼此的教学行为进行评价，并提出指导策略作为下一步的改进计划。

3. 第一轮行动研究的考察与反思

（1）总结问题与改进策略

三位被试教师纷纷表示，开展无稿剪纸教学活动以来，她们一直尽最大努力将自己的教学行为做到最适宜幼儿的发展，但教学行为难以提升的很大一部分原因在于她们不清楚教学行为的分类，即如何定义自己的教学行为、评价自己的教学行为。在研究者提供了具体的评价量表后，她们可以将自己的教学行为进行分类，在实践中将自己的教学行为进行量化，看清自己在教学活动中的行为现状，然后分析得出教学行为存在的问题。

T1：我们也想改进自己的教学行为，但这个行为问题究竟出在哪里是我很困惑的，我总觉得它（教学行为）很模糊，没有概念，直到今天看到了这个评价量表，并且第一次用量表尝试评价，才真正把教学行为落地了。

［研讨记录］

T2：以前我从来不知道自己上课讲授知识时间所占百分比这么大，总以为已经把大部分的时间都留给幼儿进行操作了，今天一看自己的录像恍然大悟，忽然就明白了自己身上这个大问题。

［研讨记录］

在学会了教师行为的具体分类及观察记录方法后，教师们表示很清晰地发现了自身存在的一些问题，第一轮行动研究后教师们发现了以下问题需要改进：第一，讲授剪纸知识所占百分比过多，没能留给幼儿更多自由探索操作的空间；第二，在提问等环节缺少启发式教学方式的运用；第三，在“对活动结果的评价/反馈”行为中缺少具体性评价。针对以上问题，教师们通过集体研讨得出以下改进策略：第一，教师控制讲授有关剪纸知识、剪纸技能的时间，幼儿的已有经验不再作为教师教授的内容，教师需要幼儿了解的内容也用幼儿观察等方法尝试代替教师的直接讲授，让幼儿主动探索了解新知识；第二，教师不再进行封闭式提问，而是在幼儿的最近发展区内层层递进进行启发式提问；第三，教师评价要具有针对性，在观察的基础上给予幼儿具体的肯定性评价。

（2）实施中存在的问题

第一轮行动研究后，收集三位教师的各一节无稿剪纸教学活动，共计三节活动 165 次教学行为，观察记录汇总情况见表 3-4-6、表 3-4-7，根据表格我们可以看出教师在“教授”“引导/要求实践”“对活动结果的评价/反馈”三类行为所占百分比只有较小变化，但仔细分析数据后发现三类教学行为的具体内部行为构成均有所改善。

表 3-4-6　第一轮行动研究三位被试教师各类教学行为的频数及平均得分情况

内容	教授	引导/要求实践	对活动结果的评价/反馈	合计
频数	100	43	22	165
百分比（%）	61	26	13	100
平均得分	2.9	2.9	3.0	

表 3-4-7　第一轮行动研究三位被试教师的教学行为的具体频数及平均得分情况

内容	频数	百分比（%）	平均得分
讲授知识	31	31	3
听幼儿讲与知识有关的问题	3	3	3
直观说明/演示	12	12	3.1
听幼儿有关演示的请求	5	3	2.5
对有关知识的提问	20	20	3
听幼儿对有关知识的回答	16	16	2.6
启发幼儿的想法与看法	7	7	3
听幼儿对自己想法的回答或表述	6	6	2.6
教授行为总计	100	100	
鼓励幼儿再次或继续活动	7	16	3.3
帮助/解释/建议	21	49	3.1
听幼儿有关帮助或困难的陈述	6	14	2.9
引导/要求实践	6	14	3.3
提供活动选择	3	7	2
引导/要求实践行为总计	43	100	
对活动结果的一般性表扬	7	32	3.2
对活动结果的具体肯定	8	36	3.7

续表

内容	频数	百分比（%）	平均得分
对活动结果的一般性否定	0	0	
对活动结果的具体否定	1	5	2
听幼儿与活动评价有关的话语	6	27	3
对活动结果的评价/反馈行为总计	22	100	

由表3-4-6、表3-4-7可以发现，三位教师行为内部在不同程度上有着较明显的转变。具体来看，在“教授”行为中，教师讲授有关剪纸知识、技能的行为减少，其他行为均有所增加；在“引导/要求实践”行为中，观察发现教师对幼儿剪纸操作的直接帮助减少，引导性的建议、启发增多；在“对活动结果的评价/反馈”行为中，教师的具体肯定评价增多，教师倾听幼儿与剪纸活动评价有关的话语也增多了。

在第一轮行动研究中，三位被试教师对无稿剪纸中教师的教学行为的分析浮于表面，不够深入，只看到了讲授所占百分比较多、缺少启发式教学方式的运用和具体肯定性评价较少三个问题，没能挖掘出更多值得改进的行为问题，导致教师行为的平均得分不但没有提升还有小幅度下降，因此还需要进一步的研讨与改进。

（二）第二轮行动研究——对教师“倾听”“指导”和“启发教学”行为的改进

1. 第二轮行动研究方案的制定

在第二轮研究中，研究者与三位教师一起学习了前期收回数据的研究结果，从初步行动后存在的问题以及现状中未解决的问题来看，“教师倾听幼儿的行为”“教师指导行为”以及“启发式教学方式的运用”是接下来研究实施的重点。

（1）改进教师倾听幼儿的行为

研究发现，在无稿剪纸教学活动中，教师听幼儿讲与知识有关的问题、听幼儿对有关知识的回答、听幼儿有关演示的请求、听幼儿对自己想法的回答或表述以及听幼儿有关帮助或困难的陈述，所占百分比较少且平均得分均在中等以下水平。

（2）改进教师指导的行为

研究发现，教师在“引导/要求实践”行为中对幼儿直接的帮助行为较多，且教师总在幼儿刚遇到问题时就上手帮助，指导时机也不适宜，这也是造成教师听幼儿有关帮助或困难的陈述较少的原因。

（3）改进教师启发式教学方式的运用

在第一轮行动研究中，教师通过教研发现了自身在进行无稿剪纸教学活动中缺少启发式教学方式的运用，而在第一轮行动研究后，发现教师在提问问题时能尽量避开没有意义的封闭性问题，多对幼儿发起启发式提问，但在启发幼儿的想法与看法方面教师的关注还远远不够。

2. 第二轮行动方案的实施

在第二轮行动研究中，教师们通过教研总结了前期的进步与尚未完善的教学行为，将“教师倾听幼儿的行为”“教师指导行为”以及“启发式教学方式的运用”作为第二轮行动研究的重点改进方向。就以上问题几位教师展开讨论：

T1：根据幼儿身心发展的规律，中班活动我们通常只能进行 20 多分钟，然而一个班级有 30 多名幼儿，如果我们把时间放在了倾听上，就意味着我们很难在有限的时间内完成整个活动目标，我们的重点是完成剪纸相关的任务，不能在提问、倾听方面留太多时间。

［研讨记录］

T2：如果我们不帮助而是等待 30 几名幼儿主动讲出他们的困难，这场活动恐怕很难顺利完成，时间有限，我们只能在观察发现幼儿有困难或需求时主动出手帮助，只有这样才能确保每节活动结束时，孩子们都能有属于自己的创作作品呈现出来。

［研讨记录］

T3：如果讲得不够细致，我们班的孩子很难在上手剪的时候能剪出个模样，我们也会运用提问的方法对孩子进行启发，但是有时候不把那层窗户纸捅破，不讲得透彻明白一些，他们就很难明白教师的要求，上手的时候根本不会剪。

［研讨记录］

从 T1、T2 教师的研讨记录中，我们发现，教师没有意识到倾听幼儿表达自己的想法与看法的重要性，认为按时完成剪纸活动目标是活动重点，这也是幼儿遇到问题教师马上就出手帮助的重要影响因素之一，一个教师要面对 30 多位幼儿，这就导致教师无法做到与每位幼儿的沟通与交流，研讨中更有教师表示，往往教师倾听了一名幼儿的想法或看法，就会有更多的幼儿想要与教师交流，如果教师一对一地进行解释、建议，这便耽误了活动正常开展。教师们总是希望可以在有限的时间内完成整个活动流程，让每个幼儿都有作品成果。

T3 教师的研讨发言代表了很多教师的心声，他们认为启发的目的在于帮助幼儿创造出教师要求的作品，然而启发对幼儿的价值是巨大的，通过启发，我们可以培养幼儿的主动学习能力和创新能力，甚至帮助幼儿养成思考、善问的优良品质，这些价值都是教师没有关注到的地方，教师只一味地关注幼儿剪纸的作品成果。

以下是行动研究小组就三方面问题进行改进的学习过程：

（1）教师倾听幼儿的行为的改进

本部分研究者将通过瑞吉欧教育模式中的课堂教学理论与三位老师一起探讨倾听的价值。即瑞吉欧认为教师角色的核心就是关注幼儿并用实际行动来倾听他们的声音。首先要承认幼儿有不同的学习风格，其次要让幼儿充分表现其潜能并用幼儿的思维、立场来看待一切。通过倾听幼儿的各种语言的表现和表达来认识幼儿，与幼儿沟通，这是一种真正的因材施教。

为改进现状中教师不听、错听、选择性倾听的问题，研究者借鉴宋立华对倾听的分类，借用移情性倾听，即对所听到的内容不做评价或解释，而是顺着学生的思维作开放性的倾听。[①] 在这种倾听中，教师不再以自我为中心而是能够紧跟幼儿的表达、思维、情感，真正明白幼儿的表达意图。

在无稿剪纸教学活动中，教师倾听不仅是尊重幼儿创造的表现，也是关注幼儿创作过程的表现，是对幼儿的创作给予敞开心扉的机会的表现，直接表达了教师尝试着越过幼儿世界与成人世界之间的鸿沟，理解独属于每个幼儿的剪纸表现形式。剪纸的价值就在于通过幼儿的自由创作，表现其想法，创造其思维，而倾听的真正含义便是能够使儿童主动地学习，[②] 并在倾听的基础上基于学生需求的不同进行支架式教学，帮助每位幼儿向更高水平进步。教师要理解儿童身心发展的特殊情况，尊重幼儿的好奇心，认真对待幼儿的主动发问与请求，并给予积极回应。

（2）教师指导行为的改进

本部分利用丽莲·凯兹和西尔维亚·查德博士合著的《提高儿童的心智：项目教学法》[③] 一书中的项目教学法对无稿剪纸教学活动中教师的指导行为进行改进，项目教学法强调幼儿在活动的过程中以兴趣为起点，幼儿在操作的过程中发现问题后，要养成独立思考解决问题的能力，这与无稿剪纸所倡导的培养幼儿自主探索、解决问题相一致。项目教学法要求教师要给幼儿提供丰富的

---

① 宋立华．教学倾听研究［D］．南京：南京师范大学，2015.

② 朱家雄．幼儿园课程论［M］．北京：中央广播电视大学出版社，2007：227.

③ 丽莲·凯兹，西尔维亚·查德．项目教学法［M］．南京：南京师范大学出版社，2007.

操作材料，要做好观察者的角色，观察幼儿已掌握什么，幼儿在思考什么，幼儿想做什么而非只看到幼儿不会什么。在观察的基础上进行适时指导，不直接上手帮助，而是在发现问题后能够试图采用解释、建议等方法促进幼儿的自主思考，把解决问题的主动权归还给幼儿，突出幼儿学习的主体地位。

无稿剪纸教学活动的价值就在于幼儿能够通过自由的操作，自己发现问题并在独立解决问题的过程中发展幼儿的创新思维、创造性地解决问题的能力。在剪纸这一操作性很强的活动中，结合幼儿尚未成熟的身心特点，教师的指导是必不可少的，因而教师自身的指导行为对幼儿影响很大，教师必须在认识到剪纸的价值后，采取适宜的指导行为。首先，教师要注意指导时机，不宜过早介入幼儿的剪纸活动，让幼儿错失自主发现问题的发展时机，也不能过晚介入幼儿的活动，让幼儿产生“习得性无助”的心理，必须建立在观察的基础上进行指导。其次，教师要注意指导方式，直接上手帮助虽然能最直接地解决幼儿当下的困难，但却又一次阻碍了幼儿自由探索、创造性解决问题的机会，因而教师需在观察的基础上给予幼儿适当的解释及建议，帮助幼儿自己探索问题解决的办法，激发幼儿的创新思维，培养幼儿思考并解决问题的能力。

（3）教师运用启发式教学方式的改进

本部分用滕守尧提出的生态式艺术教育理论对教师的启发式教学进行理论指导。该理论认为如果强调教幼儿艺术，则必然要把学科内容作为重点。但如果强调教幼儿，则必然会更为重视艺术作为发展幼儿的一种工具，重视让幼儿在艺术活动中获得有益的情感体验和审美经验。[①] 当我们把教育的主体对象看作是幼儿时，自然就不会把艺术教育的重点放在技能技巧的灌输方面，而应注重对幼儿创新意识、创造性思维的培养。

无稿剪纸以剪刀代笔的创造形式无异于给幼儿提供了一种很好的表达自己想法的方式。这就要求教师在今后的无稿剪纸教学活动中要对幼儿进行启发式的教学。在幼儿剪纸创作之前，教师不硬性规定剪纸内容，而是在与幼儿的交谈讨论中，根据幼儿的兴趣引出剪纸活动的主题，教师首先要避免不必要的封闭式教学方式的运用，节省有限的活动时间，然后用引导等方式启发幼儿，能让幼儿在思考后进行观点的表达，培养幼儿的创新思维。在主题背景下，教师通过提问、对比、暗示等方式启发幼儿多种主题的表现形式，让幼儿根据自己的想法自主选择。在幼儿剪纸创作阶段，教师不提供范画等操作示例，不进行操作步骤的演示，而是支持幼儿的创作想法，在最近发展区内启发幼儿向更高

① 王梅芳．生态视野下的幼儿艺术教育［J］．长三角（教育），2012（01）：17-18，24.

水平的方向迈进。

3. 第二轮行动研究的考察与反思

（1）进一步实施后教师的变化

教师们在第二轮研讨中发现并尝试去解决以上问题，第二轮行动研究中三位被试教师就“倾听”“指导”及“启发教学”行为进行了改进，改进后发现以上行为均有很大提升，第二轮行动研究收集了三位老师的各一节剪纸活动，共计三节活动165次教学行为，具体如下表3-4-8、表3-4-9所示。

表3-4-8 第二轮行动研究三位被试教师各类教学行为的频数、百分比及平均得分情况

内容	教授	引导/要求实践	评价/反馈	合计
频数	100	42	24	165
百分比（%）	60	25	15	100
平均得分	3.6	3.7	3.3	

表3-4-9 第二轮行动研究三位被试教师的教学行为的具体频数及平均得分情况

内容	频数	百分比（%）	平均得分
讲授知识	25	25	3.5
听幼儿讲与知识有关的问题	3	3	3.8
直观说明/演示	15	15	3.5
听幼儿有关演示的请求	4	4	3.5
对有关知识的提问	22	22	3.7
听幼儿对有关知识的回答	17	17	3.3
启发幼儿的想法与看法	6	6	4
听幼儿对自己想法的回答或表述	8	8	3.5
教授行为总计	100	100	
鼓励幼儿再次或继续活动	7	17	3.7
帮助/解释/建议	19	45	3.7
听幼儿有关帮助或困难的陈述	6	14	3.6
引导/要求实践	7	17	3.6
提供活动选择	3	7	3.7

续表

内容	频数	百分比（%）	平均得分
引导/要求实践行为总计	42	100	
对活动结果的一般性表扬	6	25	3
对活动结果的具体肯定	9	38	3.6
对活动结果的一般性否定	0	0	
对活动结果的具体否定	1	4	3
听幼儿与活动评价有关的话语	8	33	3.7
对活动结果的评价/反馈行为总计	24	100	

由此可见，教师听幼儿讲与知识有关的问题、有关演示的请求、对有关知识的回答、对自己想法的回答或表述等倾听幼儿的行为均有所增加，且教学行为的评分也有较大水平的提高，说明教师在教学行为的改善上有进一步的提升。在教师指导行为中，教师直接的帮助所占百分比下降，观察发现，教师的直接帮助也大多建立在幼儿的主动求助之后，而不是教师代替幼儿完成某项剪纸操作。教师给幼儿留有发现问题、表达问题、自由探索、解决问题的学习机会。教师启发式教学方式的运用也大大增加，教师能在剪纸活动操作前后避开对封闭性的单一问题的提问，注重启发式教学对幼儿剪纸活动的价值，引导幼儿创作出能够表达幼儿自己想法的不同样式的剪纸作品。

（2）存在的问题

三位被试教师在经过两轮的行动研究之后，在“倾听”“指导”“启发教学”方面的教学行为均有所改善，但研究者通过两轮的分析数据中发现，教师在评价幼儿时大多数都是对幼儿作品的结果性评价，虽然在第一轮行动研究中教师们改进了评价行为，重点培养了教师在观察基础上的具体的肯定性评价，但教师们总是将评价对象聚焦在幼儿的作品之上，而忽略了对幼儿创造过程的评价，这一问题值得教师们的研讨与改进。

（三）第三轮行动研究——对教师评价幼儿的教学行为的改进

1. 第三轮行动研究方案的制定

经过前两轮的行动研究，教师在行为观察的很多方面都有了显著改善，现将改善教师评价幼儿的教学行为作为第三轮行动研究实施的重点。为解决教师对幼儿评价角度的单一性，让教师不再只围绕幼儿作品进行评价，而能学会从各个角度欣赏幼儿、评价幼儿，不再是结果取向的评价，更多关注幼儿操作中的过程性评价。

2. 第三轮行动研究的实施

本部分借助戈德曼等人的符号学理论对教师评价行为进行理论指导，符号学理论认为创作者的每种符号都代表了一定的创作内涵，不同的人可以赋予符号不同的表现意义，即便是相同的符号，不同的人也会有不同的解读方式。同时借助罗恩菲尔德的幼儿美术教育理论，启发教师在对待幼儿的剪纸作品时，不要以成人的眼光和标准来评判幼儿的创作想法。剪纸作为符号的一种形式，应该让幼儿来自由表达自己对这个世界的认识，让幼儿去解读作品、评价作品。

除了改善教师对幼儿剪纸作品的评价方式，研究者与教师们还对无稿剪纸活动中所蕴含的学习经验进行了分析。无稿剪纸对幼儿身体发展、数学、社会学习、情感、艺术、科学和语言艺术方面都起着重要作用。无稿剪纸教学活动的开展对幼儿的动作、思维和语言等方面具有积极的意义。

T1：剪纸本身就是不考虑时间、透视、比例、空间的主观艺术创作形式，那我们为什么还用统一的刻度标准去评价儿童的作品？剪纸是一门艺术，我们要关注的是儿童作品之外的价值，儿童的灵活性、注意力、坚持性、好奇心、创新思维更值得我们去关注、去评价。

［研讨记录］

T2：我们常说不同的儿童有不同的发展情况，但我们却习惯了用统一标准来评价儿童的作品，并没有意识到儿童个体发展的差别以及评价标准的不确定性，我们教师也没能从多角度去观察儿童的发展，没有观察自然也就不能进行多元化的评价。

［研讨记录］

行动研究集体教研小组一起学习过程性评价的相关文献，过程性评价更加注重对幼儿学习品质的评价，注重评价的发展性、导向功能。① 本研究中的过程性评价指在无稿剪纸教学活动中，教师对幼儿在剪纸操作中所表现出来的行为进行评价。

确定过程性评价的定义后，教研小组一同学习了过程性评价的几个内涵特征，帮助三位被试教师更好地掌握过程性评价的运用。即学习过程性评价评价标准的不确定性、评价内容的隐性化、评价方法的多样化、评价结果的差异性。

---

① 刘锦．过程性评价在幼儿园集体教学中的价值与运用［D］．济南：山东师范大学，2013.

教研学习之后，研究者与教师们选取一段录像进行了评价的模拟训练，老师们对录像中的教师评价部分进行点评并发表新的评价意见。

T1：确实是只评价了儿童的作品，这种评价甚至不需要我们的观察，一眼看上去就能给出我们非常主观的评价，其实我们大多数时间还是把剪纸技能、创作得像不像作为我们评价的唯一标准。我们的评价应该是建立在观察基础之上的，全面的、细致的评价。

[研讨记录]

T2：我们总是习惯把“真好”“真棒”这类表扬的词挂在嘴边，殊不知它对幼儿发展的帮助是微乎其微的，现在来看我们的评价，感觉是很敷衍的，并没有向幼儿指出他的作品究竟有哪些地方是“真好”“真棒”的，我们在进行评价时，应该更明确一些。

[研讨记录]

T3：我们的评价还是只围绕儿童的作品，但是过程性评价的方法就是告诉我们，不能只关注幼儿的作品本身，更重要的是要看幼儿创作作品的过程，如果一个孩子这节活动的作品依旧不好，但是他能坚持完成，或者他能积极思考，主动提问，这都是我们教师应该去给予表扬评价的地方，教师自身要认识到这些除了作品之外的孩子的学习品质的重要性，做好观察记录，才有可能给孩子一个全面的评价。

[研讨记录]

研讨学习后，在评价幼儿作品方面，教师们认为不能以成人标准评判幼儿作品，要让幼儿自由表达自己所创作的作品含义，让幼儿与幼儿间互相讨论、互相评价孩子们的作品。在评价角度方面，教师明白不只要关注幼儿的作品成果，还要关心幼儿的剪纸创作过程，看到幼儿在兴趣、坚持性、逻辑思维等多方面的非智力因素的成长。

3. 第三轮行动研究的实施效果与总结

(1) 进一步实施后教师的变化

在第三轮行动研究中三位被试教师就“教师评价幼儿的教学行为”进行了改进，改进后发现教师对幼儿评价的教学行为有很大改善。第三轮行动收集了三位教师的各一节活动，共计三节剪纸活动 143 次教学行为，具体数据统计结果如表 3-4-10、表 3-4-11 所示。

表 3-4-10　第三轮行动研究三位被试教师各类教学行为的频数、百分比及平均得分情况

项目	教授	引导/要求实践	评价/反馈	合计
频数	79	39	25	143
百分比（%）	55	27	18	100
平均得分	3.9	4.1	4.2	

表 3-4-11　第三轮行动研究三位被试教师的教学行为的具体频数、百分比及平均得分情况

项目	频数	百分比（%）	平均得分
讲授知识	25	32	3.7
听幼儿讲与知识有关的问题	3	4	3.9
直观说明/演示	9	11	3.8
听幼儿有关演示的请求	7	9	4
对有关知识的提问	12	16	3.9
听幼儿对有关知识的回答	10	13	4.1
启发幼儿的想法与看法	7	9	3.9
听幼儿对自己想法的回答或表述	5	6	3.9
教授行为总计	79	100	
鼓励幼儿再次或继续活动	4	10	3.9
帮助/解释/建议	20	51	4.2
听幼儿有关帮助或困难的陈述	5	13	4.4
引导/要求实践	7	18	3.9
提供活动选择	3	8	4.1
引导/要求实践行为总计	39	100	
对活动结果的一般性表扬	4	16	4
对活动结果的具体肯定	10	40	4.5
对活动结果的一般性否定	0	0	
对活动结果的具体否定	1	4	4
听幼儿与活动评价有关的话语	10	40	4.3
对活动结果的评价/反馈行为总计	25	100	

(2) 教师评价行为的改善情况

评价过程不再以教师为主导，而是给予幼儿自由表达的机会，让幼儿介绍自己的作品，让幼儿评一评自己的作品，将优点和不足与其他幼儿分享，教师还能让幼儿与幼儿之间进行互评式的互相学习。教师仅在幼儿表达与评价过后进行总结与补充，将表达、发现问题与评价的机会都留给幼儿。

为了从多角度评价幼儿剪纸过程，教师必须更加有针对性地观察幼儿，这一行为的改善帮助教师改变了以往不知道怎么观察、不知道观察什么的问题。教师不再只关注幼儿对剪纸技能知识的获取这类智力因素的发展，更多地关注幼儿在剪纸过程中的兴趣、情感、意志等非智力因素的发展。

教师们基于全方面观察的分析评价更加准确、深入，教师能够理解并读懂幼儿行为背后的价值，发掘儿童的学习潜力。在幼儿的剪纸操作中关注着他们语言、动作、情感的发展。教师能够结合专业知识分析幼儿在剪纸过程中的学习，如表扬幼儿遇到困难尝试解决，通过尝试错误的方式进行剪纸探索，表扬幼儿持久而专注的学习品质以及能够独自解决问题的能力。

五、对幼儿园无稿剪纸教学活动中教师教学行为的行动研究的效果考察

三轮行动研究实施结束后，研究者将行动研究第三轮实施后得到的统计数据和行动研究前统计的现状数据做了对比，包括对教师各维度教学行为的百分比的对比以及各维度教学行为的平均得分前后的对比情况，具体分析情况如下。

（一）行动研究前后教师各类教学行为的总体对比分析

由图3-4-7、图3-4-8可以看出，行动研究前后教师的“教授”“引导/要求实践”以及“对活动结果的评价/反馈”三部分行为的平均得分都有明显提升，说明行动研究对于教师进一步实施无稿剪纸教学活动有一定的价值意义。

具体来看，“教授”行为所占百分比有所下降，但55%的占比让“教授”仍然占据无稿剪纸教学活动的主体，通过访谈研究者了解到，教师以“教”为主的教学行为受教师评价制度影响很大，教师们为了迎合评价制度本身对教师专业技能考核的重视，很注重自己的教学表现，希望能在剪纸活动中更多地展现自己。同时，教师们也低估了幼儿解决问题的能力以及对幼儿是否能完成作品的关心，直接导致了他们一板一眼地讲授。但在“教授”的内部行为构成上有明显的变化，教师学会运用启发式教学方法并能有耐心地倾听幼儿。在“引导/要求实践”方面，教师提升了自己的指导策略，更好地观察、参与、引导幼儿创作。在“对活动结果的评价/反馈”行为方面，教师能避免打击幼儿的否定

性评价，在肯定性评价中，能将关注的重点从作品转向幼儿的非智力因素的发展方面，注重对幼儿的过程性评价。

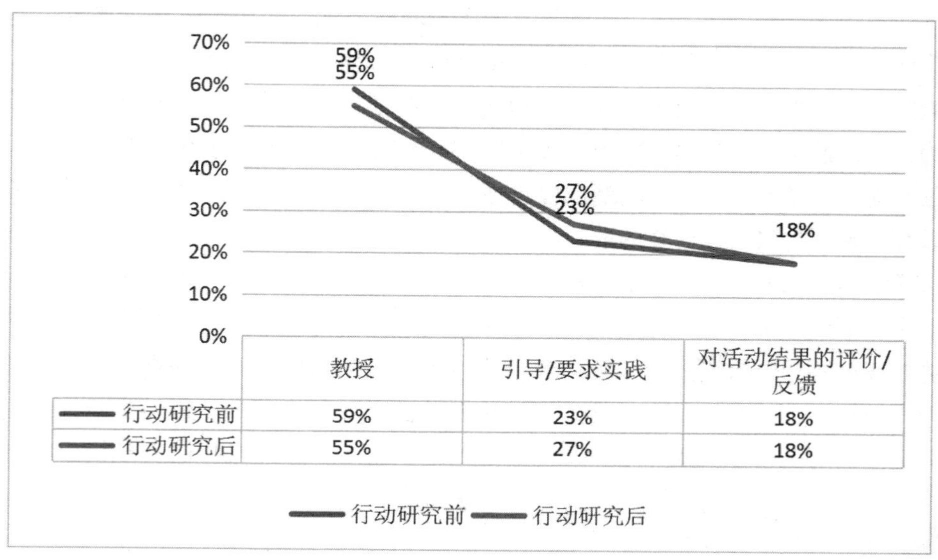

	教授	引导/要求实践	对活动结果的评价/反馈
行动研究前	59%	23%	18%
行动研究后	55%	27%	18%

图 3-4-7 行动研究前后教师各类教学行为的百分比的对比情况

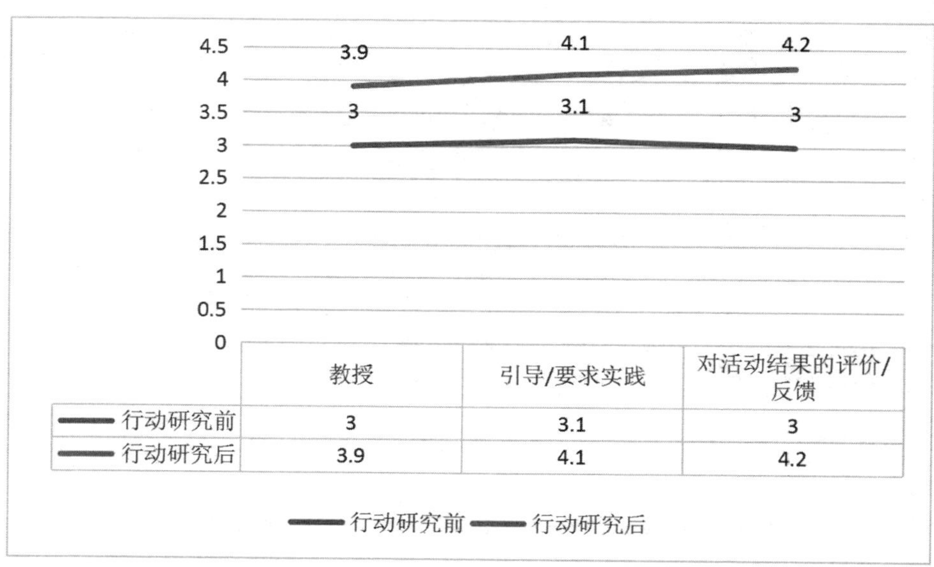

	教授	引导/要求实践	对活动结果的评价/反馈
行动研究前	3	3.1	3
行动研究后	3.9	4.1	4.2

图 3-4-8 行动研究前后教师各类教学行为平均得分的对比情况

（二）行动研究前后教师各维度教学行为的对比分析

1. 行动研究前后教师“教授”行为的对比分析

由图3-4-9、图3-4-10可以看出，行动研究前后教师的各类“教授”行为所占百分比，除听幼儿对自己想法的回答或表述外都发生了变化，这一部分教师的平均得分变化很大，说明教师在无稿剪纸教学活动中一直存在该教学行为，但以前教师只是不完整倾听或倾听后不予回应，但通过行动研究的提升后，教师能够完整倾听幼儿的问题或表述并给予幼儿积极的回应。在讲授知识方面，教师能够减少自己教剪纸的成分，并学会运用启发式等的教学方法间接向幼儿传递剪纸知识而不是直接地讲授。在听幼儿讲与知识有关的问题、听幼儿有关演示的请求、听幼儿对有关知识的回答方面，百分比和平均得分均呈现上升趋势，改进效果较为突出。在教师对有关问题的提问和启发幼儿的想法与看法方面，教师最大的变化在于能善于运用启发式的教学方式，如，用情景对话引出剪纸活动的主题，又如在同一个剪纸主题下引出多种可以操作的剪纸内容与形式。教师避免封闭式、知识性提问，给幼儿剪纸创造一个启发性、开放性的问题情境，培养幼儿在剪纸过程中的思考、创新能力的发展。

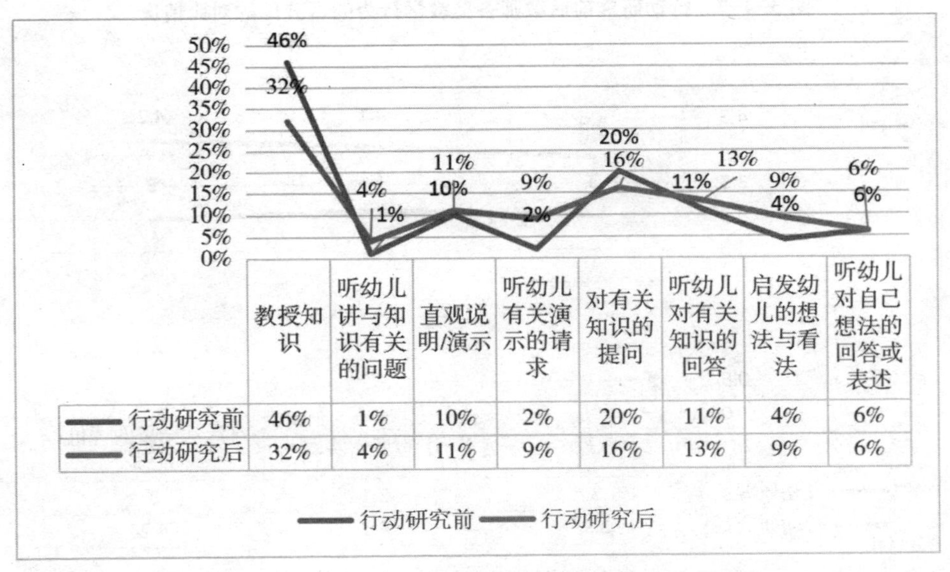

	教授知识	听幼儿讲与知识有关的问题	直观说明/演示	听幼儿有关演示的请求	对有关知识的提问	听幼儿对有关知识的回答	启发幼儿的想法与看法	听幼儿对自己想法的回答或表述
行动研究前	46%	1%	10%	2%	20%	11%	4%	6%
行动研究后	32%	4%	11%	9%	16%	13%	9%	6%

图3-4-9　行动研究前后教师各类“教授”行为比例的对比情况

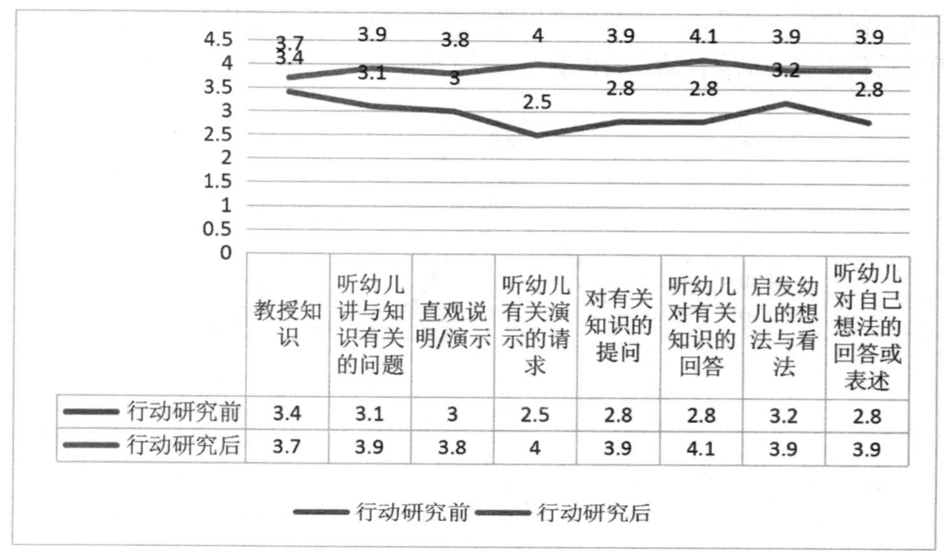

图 3-4-10　行动研究前后教师“教授”行为各部分的平均得分对比情况

2. 行动研究前后教师“引导/要求实践”行为的对比分析

由图 3-4-11、图 3-4-12 可以看出，行动研究前后教师的“引导/要求实践”行为各部分教师的平均得分均有所增加，说明教师教学行为的质量有所提升，更加适应幼儿的发展需求。如，在帮助/解释/建议方面，教师能在观察的基础上，给予幼儿适当的指导，教师的帮助建立在幼儿的主动发问之后，教师相信并培养幼儿自己解决问题的能力，在必要时给予适当的解释与建议，发挥教师的教育价值帮助幼儿向更高层的发展阶段迈进。在提供活动选择方面，教师不再局限于仅从提供材料方面扩展幼儿的操作可能，而是从活动设置出发，多种形式进行剪纸活动，如借助表演皮影戏增加幼儿对剪纸的兴趣。

3. 行动研究前后教师“对活动结果的评价/反馈”行为的对比分析

由图 3-4-13、图 3-4-14 可以看出，行动研究前后教师的“对活动结果的评价/反馈”行为各部分教师的教学行为变化较大，教师的一般性表扬明显下降，具体肯定和听幼儿与活动评价有关的话语的教学行为则大幅度增加，对幼儿的否定评价减少甚至不再出现对幼儿的一般性否定行为。具体来看，在肯定性评价方面，教师能避免无关紧要的一般性表扬，能够在对幼儿观察的基础上对幼儿剪纸创作的全过程给予具体的评价，注重对幼儿的过程性评价。如，表扬幼儿创作过程中的坚持、创新、合作精神等。在否定性评价方面，教师几乎可以避免这一行为，帮助幼儿营造一个没有标准答案的、自由操作的剪纸创作环境，保护每位幼儿对无稿剪纸的兴趣。在听幼儿与活动评价有关的话语方面，教师提供更多的机会让幼儿自由表达自己的创作思想，并予以积极回应。

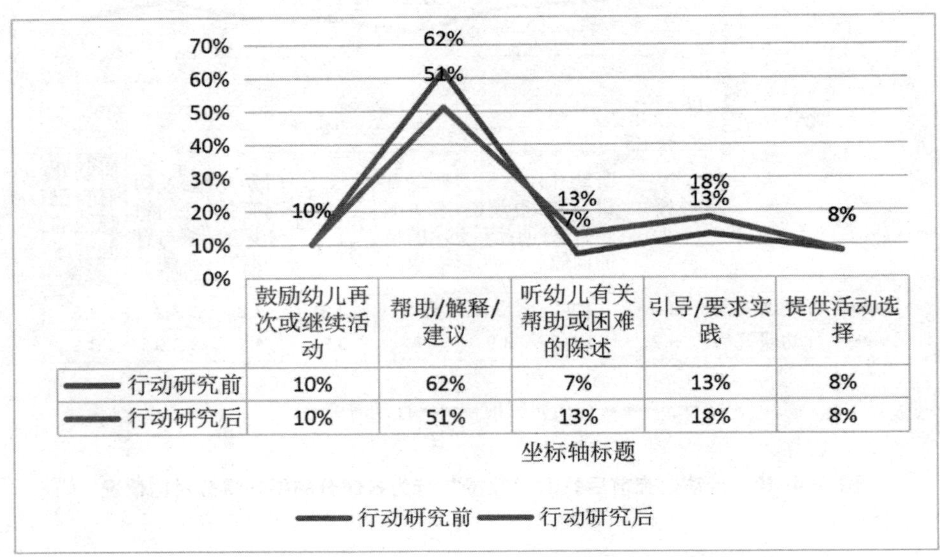

图 3-4-11　行动研究前后教师“引导/要求实践”行为各项的的百分比对比情况

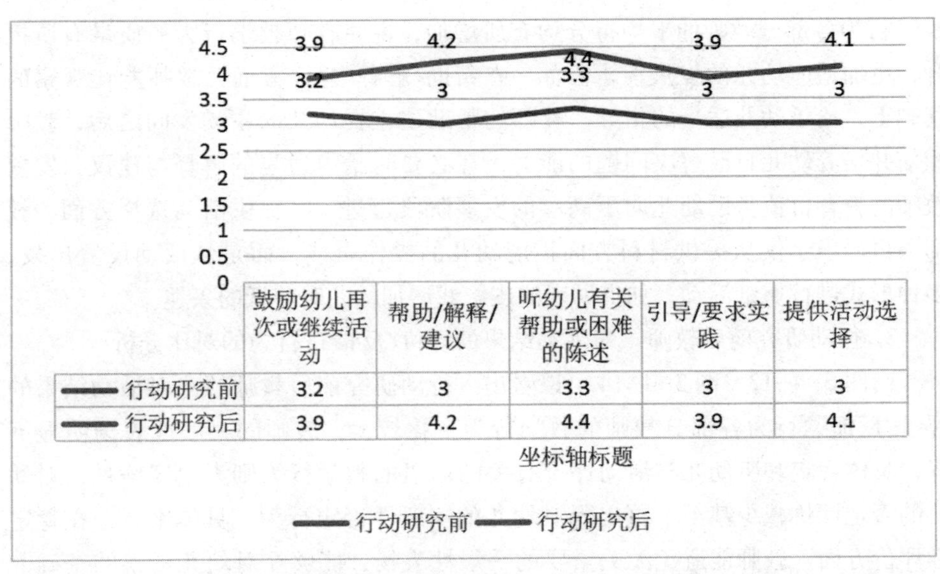

图 3-4-12　行动研究前后教师“引导/要求实践”行为各项的平均得分对比情况

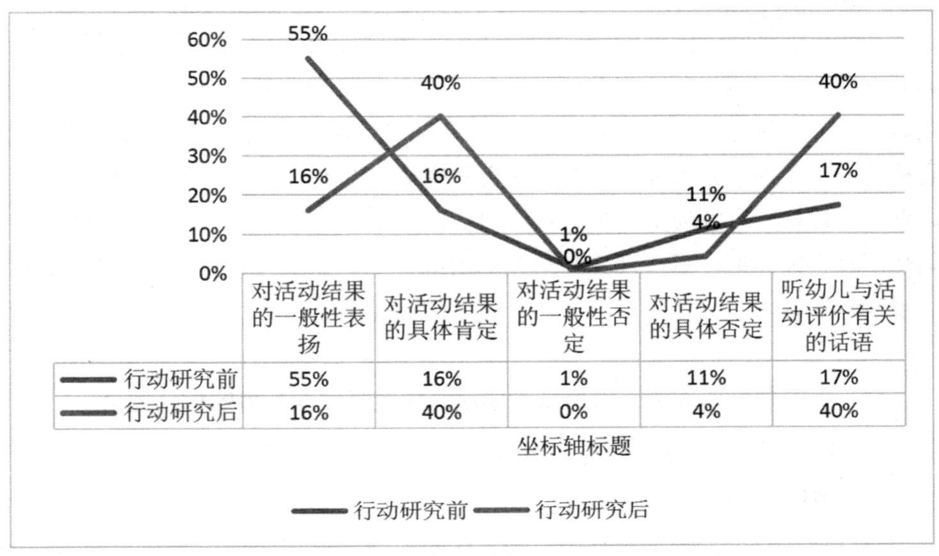

	对活动结果的一般性表扬	对活动结果的具体肯定	对活动结果的一般性否定	对活动结果的具体否定	听幼儿与活动评价有关的话语
行动研究前	55%	16%	1%	11%	17%
行动研究后	16%	40%	0%	4%	40%

图 3-4-13 行动研究前后教师“对活动结果的评价/反馈”行为各项的百分比对比情况

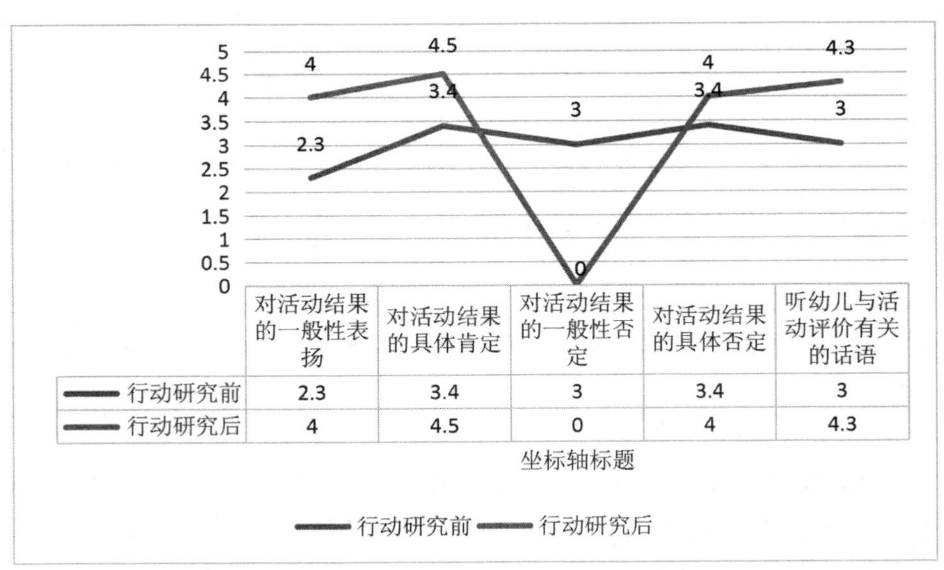

	对活动结果的一般性表扬	对活动结果的具体肯定	对活动结果的一般性否定	对活动结果的具体否定	听幼儿与活动评价有关的话语
行动研究前	2.3	3.4	3	3.4	3
行动研究后	4	4.5	0	4	4.3

图 3-4-14 行动研究前后教师“对活动结果的评价/反馈”行为各项的平均得分对比情况

总体来说，行动小组教师的教学行为在三轮研究中得到了提升，主要表现在：在无稿剪纸教学活动的“教授”方面，教师能够避免以自身为主导，给予幼儿选择剪纸主题和剪纸内容的主动权；学会倾听幼儿的剪纸需求和表达，运用启发式教学贯穿对剪纸活动的指导；在“引导/要求实践”方面，教师能减少直接的上手帮助，遇到剪纸操作困惑能留给幼儿更多的思考、尝试操作的空间，以解释、建议、启发为主；在“对活动结果的评价/反馈”方面，教师能够更好地运用过程性评价，不再只关注幼儿的剪纸作品，更加注重对幼儿非智力因素的观察与评价。

六、关于影响幼儿园无稿剪纸教学活动中教师教学行为的综合讨论

（一）影响幼儿园无稿剪纸教学活动中教师教学行为的内部因素

1. 教师教学观念存在偏颇

研究者在Q园的长期观察中发现，Q园教师在剪纸活动中存在一些错误的教学观念。如，在儿童观方面，教师不能意识到幼儿创作剪纸的过程就是幼儿表达自己精神世界的过程，不能发挥幼儿的主体地位，没有意识到倾听幼儿的重要性，甚至不懂得欣赏幼儿的剪纸作品；在教学观方面，教师认为剪纸的第一要义是掌握一些剪纸的技能技巧；在教师观方面，教师把自己当作了传授技能的工匠而非作为一名观察者、引导者、参与者的教师，把重点放在了对技能技巧的掌握方面，没能给幼儿营造良好的创作环境；在评价观方面，教师评价幼儿剪纸作品时带有大量成人主观色彩，同时也忽略了幼儿创作过程中的非智力因素，教师注重对幼儿作品本身的评价且评价标准单一，认为无稿剪纸教学活动的目的是幼儿创作出来的作品，而忽略对幼儿创作过程的观察、思考与发现，没能将促进幼儿可持续发展的目标落实在与幼儿互动的每时每刻。这些都与教师不正确的教学观念有关。

2. 教师专业素养不足

教师对剪纸活动的价值解读理解成对技能技巧的训练，没能从艺术的本质出发，看到剪纸更大的教育价值，即剪纸对于幼儿发展其专注度、创新意识等方面的教育价值。无稿剪纸教学活动属于艺术领域的活动范畴，由于教师缺乏对艺术专业知识的认知，导致教师很少能够对幼儿的剪纸作品进行专业的评析。同时，在活动的组织过程中，教师组织剪纸活动的形式较单一，且不能合理地安排一节活动的时间。在活动中，教师很少对幼儿进行启发式的引导，很难根据幼儿感兴趣的点及时调整活动内容。这些都与教师自身专业素养不足有关。

教师在无稿剪纸教学活动结束后很少进行自主反思，不能及时地发现本节活动的问题并总结经验。研究者通过在Q园的见习中还发现，教师很难将在无稿剪纸教学活动中学习到的好的教学观念及教学行为迁移、落实到其他活动中去。

（二）影响幼儿园无稿剪纸教学活动中教师教学行为的外部因素

1. 缺乏有指导的研讨培训

自研究者在Q园观察以来发现，该园的研讨指导大多是园所内部教研小组的自我剖析与改进，现有的培训方式可以解决教师在无稿剪纸教学活动中的剪纸技巧的传授等方面的难题，但无法从根本上帮助教师提升教学行为，究其原因是对教师教学行为的提升缺乏有理论支持的更高位的系统培训。访谈得知，该园于2014年加入无稿剪纸教学活动的实施以来，仅有两次受到无稿剪纸教学课题发起人的入园培训指导，其余时间多为园内老师自发组织的教研活动，这类园所内部教师自发组织的教研活动很有可能就将教师们出现的共同行为问题忽视掉，因此具有很大的局限性，久而久之便很难让教师在教学行为上有所提高。缺乏系统的剪纸理论知识很有可能让教师们的剪纸教学观念偏离正轨，进而影响教师的教学行为。

2. 师幼比小

在Q园实施行动研究以来，教师们在集体教研时最大的呼声就是关于师幼比不合理的问题，教师们认为，他们无法做到细致的观察以及大量的倾听正是由于师幼比小所导致的，一名上课教师在一节美术教育活动中要面对三十几名幼儿，如果给予每位幼儿充分的观察、完整的倾听、启发式的引导，那很难在规定的时间内完成教学活动。师幼比不均衡作为一种社会现阶段难以立刻解决的客观因素，以研究者的个人力量很难改变，但也呼吁政府能加大对学前教育事业的投入力度，社会能在保证质量的前提下扩展对学前教师的培养，努力构建合理的师幼比。

3. 教师评价制度的影响

在幼儿园无稿剪纸教学活动中，传统的教师评价制度更为看重教师的教学本身和教学结果，即教师在一节剪纸活动后，是否带领幼儿做出了“像样”的作品，而忽视教师教育过程中的行为表现与情感价值，即很少能够通过评价制度测量出教师的剪纸教学过程是否是适宜的教学行为。往往此时人们评价出的好老师就是那些能让幼儿创作出好作品的老师。在长期的工作中，教师为了迎合这种评价标准，便将帮助幼儿创作出好作品变为活动的首要目标，为了让幼儿又快又好地剪出作品，教师们总是事无巨细地进行每个细节的讲授。教师这一行为直接导致整个活动过程以教师教为主导，忽略了幼儿的主体地位，以教师教、幼儿被动的学为主，很难发展幼儿的创造性，这很明显违背了美术教育促进幼儿身心全面发展的要求。

4. 家长方面的压力

在呼唤素质教育的今天，仍有一些家长将孩子的作品成果作为衡量是否优秀的唯一标准。研究者在与教师们的访谈中了解到，家长认为幼儿能剪出非常像样的作品便是所谓的好作品，因而教师们希望在一节活动结束时，所有幼儿都能创作出自己的作品，并且要帮助幼儿剪出看起来像样的作品。这种作品的产出只能靠教师细致地讲授与手把手地直接帮助，而这便与无稿剪纸教学活动的初衷背道而驰，剪纸是幼儿自由表达想法的一个途径，教师要在有限的时间内让每位幼儿都充分表达自己的想法，让幼儿自由发挥，能创作出属于自己的作品就是好作品。

七、关于幼儿园无稿剪纸教学活动中教师教学行为的教育建议

（一）转变教师教育观念

随着对教育观念和教师行为的深入研究，学者们对教育观念单向影响教育行为的关系进行反思，提出："教师教育观念与其教育行为是相互联系、彼此影响的。教师的教育行为以自身的教育观念为内在依据和基础。"①

《3—6岁儿童学习与发展指南》指出，在幼儿园艺术教育活动中，教师要努力为幼儿创造良好的条件和机会，以促进幼儿的主动学习。但在Q园无稿剪纸教学活动中，"教授"行为是以教师为主导，教师以提问为主进行教授，很少听幼儿的想法。在"引导/要求实践"行为中，教师缺乏启发与引导，多为直接的帮助。在"对活动结果的评价/反馈"行为中，教师没有树立对幼儿非智力因素评价的观念，仅对幼儿的作品做一般性的表扬评价。

第一，教师要树立正确的儿童观。无稿剪纸教学活动中幼儿教师的儿童观，内容涉及对无稿剪纸教学活动中儿童的权利与地位、儿童的生理特点与思维特点、儿童间的个体差异、儿童的主体性、儿童的发展以及儿童的精神世界等方面的认识。教师必须要学会关注幼儿、倾听幼儿、欣赏幼儿。

第二，教师要树立现代教学观。无稿剪纸教学活动中幼儿教师的教学观，内容涉及对教学内容与教学方式方法的选择、对教学目的与教学过程、教学结

---

① 庞丽娟，叶子．论教师教育观念与教育行为的关系［J］．教育研究，2000（07）：47-50，70.

果和教学评价的认识、对教学资源的利用以及对师幼互动等方面的认识。

第三，教师要树立正确的教师观。无稿剪纸教学活动中幼儿教师的教师观，内容涉及对幼儿教师职业地位与特点、幼儿教师的职责、角色与作用以及幼儿教师的发展等方面的认识。教师要知道自己不是剪纸活动中的主导者，而是要用支持者、参与者、引导者的身份帮助幼儿创造良好的剪纸创作环境，在必要时给予幼儿引导、启发等支持性帮助。

第四，教师要树立正确的评价观。无稿剪纸教学活动中幼儿教师的评价观涉及对幼儿剪纸作品的发展性评价和对幼儿剪纸创造过程中的过程性评价，不以成人标准评判幼儿的剪纸作品，教师能关注幼儿剪纸创作过程中的非智力因素的发展。

（二）提升教师专业素养

教师自身的专业素养是幼儿园教师专业化发展在教育实践中的集中表现，教师的专业理念与师德、专业知识和专业能力都直接影响着幼儿的活动与发展。在无稿剪纸这一美术领域的活动中，教师的艺术欣赏知识和表现知识都有可能成为影响活动开展的因素。教师必须明确无稿剪纸的价值，将发展幼儿作为活动的主旨而非艺术本身。加强自己有关艺术理论的学习，提升自身的专业素养。

教师自身的反思能力是体现教师专业素养的重要一点，教师要给予幼儿回应，并给予积极具体的评价来帮助幼儿更好地学习，教师要鞭策自己向研究型教师方向发展，通过不断地反思与研究设计出更适宜幼儿发展的无稿剪纸教学活动，用更为科学适宜的教学行为引导幼儿自主学习。教师在无稿剪纸教学活动中所获得的新观念下，其教育技能能迁移、创造性地应用于其他领域的教学中，从而提高自身的专业化水平，不断促进教师的可持续发展。

（三）加强专家指导及园所培训

园所要加强教师对无稿剪纸教学活动的专业性建设，无稿剪纸教学活动作为幼儿园课程文化的一股新鲜力量对教师来讲还充满着很多未知。因此，要想提高教师的专业素养、转变教师的教育教学观念，将适宜的教学行为落实到活动中还需要专家学者的有关指导与培训。一方面，园所可定期邀请剪纸有关的艺术家或者民间艺人来园培训教师的剪纸技能；另一方面，可邀请这方面的专家老师，如课题的发起人或剪纸做得比较好的园所的有关专家到园进行指导与交流。

园所本身也要积极成立无稿剪纸教学活动研究小组，以专家老师牵头，逐步成立观摩—反思—提升的研究程序，建立无稿剪纸教学智库，不断归纳不同年龄的剪纸素材并完善剪纸指导策略。以小组讨论、集体教研等多种形式开展园所内部的学习。另外，积极进行课题的研究，广泛参与剪纸的国际交流也有助于不断提升开展无稿剪纸教学活动的水平。

（四）多形式教学，改善师幼比

教师可采用多种教学形式实施无稿剪纸教学活动，以此解决师幼比不均衡问题。教师可将剪纸活动所需要的材料投放到区域活动的美工区之中，供幼儿选择，教师可在美工区对有需要的幼儿进行有观察的指导。在图书区，教师可投放有关剪纸的相关绘本，帮助幼儿打开眼界，学会欣赏多种形式的剪纸作品，同时也能积累素材，帮助幼儿下次更好地创作作品。

还可以根据幼儿剪纸水平的不同，对幼儿进行分组教学，这样很好地避免了幼儿跟不上活动节奏的问题，让每位幼儿都能在有限的水平内创作出属于自己的剪纸作品。提高了师幼比，教师能关注到每一位幼儿的创作过程，给予幼儿充分表达的空间，真正让剪纸成为幼儿的又一语言。

（五）家园共育

一方面，园所可定期组织家长会，教师可以与家长一起共同体验剪纸活动，向家长介绍有关剪纸的教育价值，如，培养幼儿良好的学习品质或培养幼儿感受美、欣赏美、表达美、创造美的能力，更新家长的教育观念，让家长看到幼儿作品之外的非智力因素的成长，不再将幼儿作品作为评价的唯一标准，能够看到幼儿在坚持性、专注度等方面的进步。

另一方面，教师可联系家长一起建立幼儿剪纸作品集，让家长在幼儿每一次的作品中，感受幼儿的变化与成长。教师与家长一起记录幼儿的剪纸学习故事，逐步培养幼儿的良好习惯、专注度以及创新性思维等。

（六）改善教师评价制度，转变“重评教轻评学”的现象

教师评价通过测量、分析和评定对教师的教学行为做出价值判断。教师评价有助于教师转变自身教育教学理念，从而提升教学行为。评价教师时，虽然教师是被评价的主体对象，但评价者必须要考虑教师的教学行为对受教育者的影响，绝非一味展现自己教学技巧、讲得多且讲得仔细的老师就是好老师，而应该看教师是否以幼儿为主体，是否能充分发挥幼儿的主体性，促进幼儿的主动学习。

实施教师评价的有关部门应正确认识教师评价的目的和价值，评价方法要注重质性、量化相结合，评价内容要能彰显幼儿教师专业性，评价效果要以促进幼儿更好地发展为导向。只有适宜的教师评价制度才能给教师以有效的反馈

指导，帮助教师实施适宜性的教学行为。

无稿剪纸活动的价值不是师徒传授式的技能传递，在评价这种教学活动时，不能将教师的剪纸技巧当作评价的评判标准，而应该关注教师在整节活动过程中对幼儿的启发、倾听、指导、评价等是否都是以幼儿为主体，是否将培养幼儿感受美、欣赏美、表达美、创造美作为活动的价值取向，促进幼儿全方面的和谐发展。

（七）注重启发式教学的运用

就美术教育而言，启发式教学在于通过这种方法提高幼儿的审美情趣，使幼儿得到全面发展。由于幼儿特殊的身心发展状况，他们的学习过程多为无目的的游戏，因此教师的启发式教学是帮助幼儿更好地发挥想象力、产生创造性思维的催化剂。

首先，教师的启发式教学有助于帮助幼儿确立对剪纸活动的兴趣。教师每节活动都用不同的方式引出剪纸活动的主题，调动幼儿学习剪纸的浓厚兴趣，教师不应盲目灌输幼儿剪纸的技能技巧，而是要用启发式教学方法调动幼儿的积极性，激发幼儿的自主学习。

其次，在无稿剪纸教学活动中，启发式教学方式有利于培养幼儿独立思考的能力，让每位幼儿在遇到困难时都能学会自己寻求解决问题的方法，让每位幼儿都能在相同的主题下创作出不同的剪纸作品。

最后，在无稿剪纸教学活动中，启发式教学方式能够培养幼儿的动手及解决问题的能力。教师可以运用提问、讨论、对比、暗示等启发式教学方式鼓励幼儿勤于实践、勇于创新。

（八）注意指导方式的运用

在幼儿园美术教育中，指导是教师帮助幼儿不可缺少的一环，无稿剪纸教学活动也不例外，但值得注意的是并非教师的所有指导都有利于幼儿更好地发展，指导要讲究指导时机、指导方式以及指导策略。

首先，教师要学会观察，寻找介入幼儿活动进行帮助的关键时机。幼儿刚一遇到问题时，是幼儿自由探索、自主学习的最佳时机，这个时候教师不应该慌忙上手援助，教师的帮助无疑破坏了幼儿自主学习、自己解决问题的学习环境。而对于遇到问题后仍不能自己顺利解决的幼儿，教师要给予及时的引导，否则，过多的困难很可能会损伤幼儿对剪纸的兴趣，久而久之打击幼儿的创作自信心，再进行剪纸教学活动时，幼儿很可能就会认为自己不行而产生消极的创作情绪。

其次，教师也要注意对幼儿的指导方式，教师直接的帮助往往不利于幼儿发散思维主动学习，主张教师要运用解释、建议等引导性的方式帮助幼儿主动发现并解决问题。

最后，教师要注重指导策略的运用。观察发现，在无稿剪纸教学活动中，教师多用提问的方式对幼儿进行启发、引导，除此之外，教师还可以运用对比、暗示、讨论等方式对幼儿予以指导。

（九）重视对幼儿剪纸过程中的非智力因素的评价

现代幼儿教育理论认为，良好的学习品质比具体的认知知识重要得多。幼儿园的教育是为了发展幼儿的思维、态度、习惯等学习品质，学习不过是通往目的的一种手段，因而这当中幼儿收获的所有知识性内容都是一时的，而好的学习品质却能影响幼儿一生的发展。教师要改变自己的思维方式，落实新的艺术教育观，逐步理解艺术活动的独创性、艺术答案的多样性。

在无稿剪纸教学活动中，教师应注重对幼儿创作过程中的非智力因素的关注，不应只评价幼儿剪纸作品的“好与坏”，而应该关注幼儿创作剪纸作品过程中的学习品质，如幼儿的好奇心、专注度、独立性等方面，在评价阶段能够就幼儿的整个创作流程做具体性的评价，让幼儿知道除了对作品本身的关注以外，其他学习品质等的非智力因素同样是值得关注的。

参考文献

［1］陈瑞倩．幼儿教师的适宜性行为研究［D］．大连：辽宁师范大学，2014.

［2］陈婷芳．幼稚园教师的教育信念与教学行为之研究［D］．台北：台湾师范大学，1995.

［3］陈秀丽．幼儿教师艺术领域课程实施的个案研究［D］．长沙：湖南师范大学，2013.

［4］陈宇佳．发展性评价观下教师支持幼儿艺术创作的行动研究［D］．哈尔滨：哈尔滨师范大学，2018.

［5］柴明佳．民间游戏在幼儿园中的开发与利用个案研究——以重庆市江津区J幼儿园为例［D］．重庆：西南大学，2009.

［6］邓琳．幼儿园美术教育活动中教师教学行为的研究——以长沙市z幼儿园为例［D］．长沙：湖南师范大学，2015.

［7］邓俊超．生态学观照下的幼儿艺术教育的理论研究［D］．长沙：湖南

师范大学，2004.

[8] 杜慧琦，黄娟娟，曹小敏．优秀幼儿教师教育行为的实验研究［J］．上海教育科研，2000（05）：56-59.

[9] 傅道春．新课程中课堂行为的变化［M］．北京：首都师范大学出版社，2002.

[10] 冯生饶，谢瑶妮．教育改革中教师的行为发展［J］．华南师大学报（社会科学版），2004（01）：122-127，160.

[11] 顾明远．国家中长期教育改革和发展规划纲要解读［M］．北京：北京师范大学出版社，2010.

[12] 高鹭．幼儿园艺术教学活动中教师有效教学行为研究［D］．西安：陕西师范大学，2010.

[13] 高潇怡，庞丽娟．幼儿学习过程中的教师教育行为研究［J］．教育科学，2006（05）：71-74.

[14] 黄娟娟，杜慧琦，杨宗华，等．对八位优秀幼儿教师外显教育行为研究［J］．学前教育研究，1993（03）：17-20.

[15] 胡绎茜，邵荣权，胡信莹．教师行为研究述评［J］．科教文汇，2014（3）：21-24，31.

[16] 胡娟．幼儿教师的儿童观研究［D］．北京：北京师范大学，2002.

[17] 郝安利．幼儿教师教育观念与教育行为关系之个案研究［D］．重庆：西南大学，2011.

[18] 侯栗宁．教师有效提问教学行为分析及培养策略研究［D］．大连：辽宁师范大学，2009.

[19] 何茜．幼儿园艺术活动设计的研究［D］．重庆：西南大学，2006.

[20] 教育部基础教育司．《幼儿园教育指导纲要（试行）》解读［M］．南京：江苏教育出版社，2002.

[21] 蒋茵．教师的缄默知识与课堂教学［J］．教育探索，2003（09）：90-92.

[22] 孔起英．学前儿童美术教育［M］．南京：南京师范大学出版社，1998.

[23] 孔起英．幼儿园美术领域教育精要——关键经验与活动指导［M］．北京：教育科学出版社，2015.

[24] 刘金华．儿童发展心理学［M］．上海：华东师范大学出版社，2004.

[25] 刘锦．过程性评价在幼儿园集体教学活动中的价值与运用［D］．济

南：山东师范大学，2013.

[26] 刘宝玲．集体教育活动的适宜性探索 [J]．岱宗学刊，2003 (01)：80-81.

[27] 刘迎杰．幼儿艺术教育的生成问题研究 [D]．南京：南京师范大学，2005.

[28] 刘春花．幼儿园手工教学活动中教师指导行为的研究 [D]．长沙：湖南师范大学，2014.

[29] 刘晶晶．幼儿园集体音乐教学活动中教师评价行为研究 [D]．广州：广州大学，2015.

[30] 李欢．新中国幼儿园艺术教育价值取向的嬗变与反思 (1949-2012) [D]．长春：东北师范大学，2017.

[31] 李紫阳．幼儿园集体手工活动中教师指导策略研究 [D]．南京：南京师范大学，2011.

[32] 李新颖．鞍山市 A 幼儿园中班美工区教师指导行为的研究 [D]．鞍山：鞍山师范学院，2017.

[33] 李春会．一位幼儿教师教育行为与其教育观念差异的叙事研究 [D]．长春：东北师范大学，2012.

[34] 李林曦．幼儿园音乐教育活动中教师教学行为研究——以 K 市幼儿园教师为例 [D]．重庆：西南大学，2013.

[35] 李林曦．幼儿园音乐教育活动中教师教学行为研究 [D]．重庆：西南大学，2013.

[36] 李娟．幼儿艺术教育中的生成性教学研究 [D]．济南：山东师范大学，2011.

[37] 林正范，徐丽华．对教师行为研究的认识 [J]．教师教育研究，2006 (02)：23-26.

[38] 梁雅珠．集体教育活动过程中教师适宜行为与不适宜行为 [J]．学前教育，1998 (04)：16-18.

[39] 马文辉．剪纸的贡献 [J]．中国民间剪纸微刊，2017.

[40] 庞丽娟．教师与儿童发展 [M]．北京：北京师范大学出版社，2003.

[41] 庞丽娟，陶沙．教师教育行为的改善与师资培训改革 [J]．学前教育，1997 (12)：4-5.

[42] 庞丽娟，叶子．论教师教育观念与教育行为的关系 [J]．教育研究，2000 (07)：47-50，70.

[43] 蒲汝玲. 幼儿园集体教学中教师教学行为现状及对策研究 [D]. 兰州：西北师范大学，2010.

[44] 齐斌，袁卫，费广洪. 幼儿美术教育与活动指导 [M]. 北京：高等教育出版社，2008.

[45] 宋立华. 教学倾听研究 [D]. 南京：南京师范大学，2015

[46] 史万兵，江桂珍. 美国艺术教育的理论基础与实践特点 [J]. 外国教育研究，2004 (02)：57-60.

[47] 施长君. 培训教师的新思维新模式——教师行为研究成果简介 [J]. 黑龙江农垦师专学报，1999 (01)：3-5.

[48] 山花. 坚定不移地传承中国民间脱稿剪纸技法 [J]. 中国民间剪纸微刊，2017.

[49] 滕守尧. 艺术与创生——生态式艺术教育概论 [M]. 西安：陕西师范大学出版社，2002.

[50] 王道俊，王汉澜. 教育学 [M]. 北京：人民教育出版社，2004.

[51] 王卫华. 幼儿园音乐欣赏活动中教师教学行为研究 [D]. 鞍山：鞍山师范学院，2018.

[52] 王梅芳. 生态视野下的幼儿艺术教育 [J]. 长三角（教育），2012 (01)：17-18，24.

[53] 魏艳红. 幼儿教师发展性评价能力的研究 [D]. 重庆：西南大学，2009.

[54] 武欣. 我国幼儿教师评价制度建设的现实困境与对策研究 [D]. 重庆：西南大学，2013.

[55] 许卓娅. 学前儿童艺术教育 [M]. 上海：华东师范大学出版社，2015.

[56] 邢春娥. 通过反思日记提升幼儿教师实践性知识的策略研究 [D]. 长春：东北师范大学，2009.

[57] 姚兵岳. 小剪刀大智慧 [M]. 北京：中央民族大学出版社，2006.

[58] 杨晓明. SPSS 在教育统计中的应用 [M]. 北京：高等教育出版社，2004.

[59] 杨海燕. 课堂教学情境中教师语言评价行为的研究 [D]. 上海：华东师范大学，2003.

[60] 易凌云，庞丽娟. 教师个体教育观念：反思与改善教师教育的新机制 [J]. 教育理论与实践，2004 (09)：37-41.

[61] 易凌云，庞丽娟．教师教育观念：内涵、结构与特征的思考 [J]．教师教育研究，2004（03）：6-11.

[62] 易凌云．论教师个人教育观念的理论基础 [J]．湖南师范大学教育科学学报，2005，4（04）：14-18.

[63] 易凌云．论教师个人教育观念的形成过程——兼论教师个人教育观念形成过程中的教育行为 [J]．教育理论与实践，2007（09）：35-40.

[64] 易凌云，庞丽娟．论教师个人教育观念的形成机制 [J]．教育理论与实践，2006（17）：42-46.

[65] 中华人民共和国教育部．幼儿园教育指导纲要（试行）[M]．北京：北京师范大学出版社，2001.

[66] 中共中央关于深化教育改革全面推进素质教育的决定（中发〔1999〕9号）.

[67] 中央教育科学研究所学前教育教研室．幼儿园教育质量评价手册 [M]．北京：教育科学出版社，2009.

[68] 朱家雄．生态学视野下的学前教育 [M]．上海：华东师范大学出版社，2007.

[69] 朱家雄．幼儿园课程论 [M]．北京：中央广播电视大学出版社，2007.

[70] 朱小娟．幼儿教师适宜行为研究 [M]．北京：教育科学出版社，2008.

[71] 朱小娟．幼儿教师反思能力培养研究 [M]．北京：教育科学出版社，2008.

[72] 张瑾．美国发展适宜性实践理论研究 [D]．北京：中央民族大学，2011.

[73] 张红丽．幼儿园戏剧教育活动中教师指导行为研究 [D]．西安：陕西师范大学，2017.

[74] 赵嫚．幼儿教师美术教育观念转变的个案研究 [D]．长沙：湖南师范大学，2013.

[75] 郑名，冯莉．幼儿发展评价方法的现状调查与分析——以兰州市为例 [J]．教育导刊（幼儿教育），2008（06）：9-12.

[76] 丽莲·凯兹，西尔维亚·查德．项目教学法 [M]．胡美华，译．南京：南京师范大学出版社，2007.

[77] Athina Zoniousiden，Anastasia Vlachou. Greek Teachers' Belief Systems about Disability and Inclusive Education [J]. International Journal of Inclusive Education，2006，10（4-5）：379-394.

[78] Brousseau, Freeman. How do teacher education faculty members define desirable teacher beliefs? [J]. Teaching and Teacher Education, 1988, 4 (3): 267-273.

[79] Bredekamp S. Developmentally appropriate practice in early childhood programs serving children from birth through age 8 [M]. Washington, DC: National Association for the Education of Young Children, 1987.

[80] Charlesworth R. Response to Sally Lubeck's "Is developmentally appropriate practice for everyone?" [J]. Childhood Education, 1998, 74 (5): 293-298.

[81] Davis M M, Konopak B C, Readence J E. An investigation of two chapter I teachers' beliefs about reading and instructional practices [J]. Reading Research and Instruction, 1993, 33 (2): 105-118.

[82] Fang Z. A review of research on teacher beliefs and practices [J]. Educational Research, 1996, 38 (1): 47-65.

[83] Mustafa Caner, Gonca Subasi, Selma Kara. Teachers' Beliefs on Foreign Language Teaching Practices in Early Phases of Primary Education: A case study [J]. Turkish Online Journal of Qualitative Inquiry , 2010, 1 (1): 62-76.

[84] Pajares M. Frank. Teachers' beliefs and educational research: Cleaning up a messy construct [J]. Review of educational Research, 1992, 62 (3): 307-332.

附 录

附录一：教师行为观察的主要变量及操作性定义

一级变量	二级变量	三级变量	四级变量	操作性定义	举例
教师行为	教育教学行为	教授	讲授知识	在幼儿园无稿剪纸教学活动中教师向幼儿讲述有关剪纸术语、事实、概念以及剪纸的具体操作方法和步骤的知识。	如，教师讲授如何“掏剪”，帮助儿童区分剪纸的几种类型等。
			听幼儿讲与知识有关的问题	教师听幼儿提出有关剪纸术语、事实、概念以及剪纸活动的具体操作方法和步骤的知识。	如，幼儿询问教师“剪影是什么意思?”“我如何剪出一个楼梯?”等。
			直观说明/演示	教师对所教的剪纸内容用形象生动的语言加以直观说明，或通过教师比划动作、提供实物、PPT播放图片或视频、运用投影仪讲解等方式向幼儿演示如何操作。	如，教师提供不同类型的恐龙玩具给儿童直观演示，或在讲授新知识时先要求儿童观察老师是怎么做的等。
			听幼儿有关演示的请求	在剪纸活动中，教师听幼儿提出有关想要自己亲自演示或示范某一动作是如何操作的请求。	如，“老师，我也想试一试”“老师，我会，让我来”等。
			对有关知识的提问	教师对有关剪纸术语、事实、概念以及美术活动对象的具体操作方法和步骤的知识进行提问。	如，教师问幼儿：“我如何剪出来很多的鱼纹呢?”“我应该先剪哪一个部分比较好呢?”等。
			听幼儿对有关知识的回答	听幼儿回答由老师提出的有关剪纸术语、事实、概念以及剪纸活动的具体操作方法和步骤知识的问题。	如，幼儿回答：“从上往下顺着剪就可以剪出来许多鱼纹”“先剪出来鱼的形状，再添加眼睛和鱼纹”等。
			启发幼儿的想法与看法	在剪纸活动中，教师通过提问、暗示、对比、组织讨论等方式启发幼儿的想法，旨在鼓励幼儿表达自己的想法与观点。	如，教师问幼儿“大家觉得这个地方用什么颜色的彩纸好呢?”等。
			听幼儿对自己想法的回答或表述	教师提问后听幼儿关于自己想法与观点的表达。	如，幼儿回答“我剪的是正在生气的爸爸，我用红色表示他正在发火”等。

续表

一级变量	二级变量	三级变量	四级变量	操作性定义	举例
教师行为	教育教学行为	引导/要求实践	鼓励幼儿再次或继续活动	教师在剪纸活动中用语言、表情、动作等方式鼓励遇到困难要放弃的幼儿坚持完成剪纸活动，或鼓励剪纸活动中不会操作或操作失误的幼儿再次尝试。	如，教师对想要放弃的幼儿说："你已经剪得很不错了，试试再加点什么让它变得更好看吧！"等。
			帮助/解释/建议	在剪纸活动中，教师直接帮助不会操作或操作不正确的幼儿；解释幼儿还没听明白的操作方法或步骤；针对幼儿作品或操作的不完善之处提出改进建议。	如，在幼儿提出不会剪楼梯的要求后，教师提供其拼贴剪的方法等。
			听幼儿有关帮助或困难的陈述	教师听幼儿讲述在剪纸过程中遇到的困难，或者听幼儿提出需要教师帮助的请求。	如，"老师，我实在是剪不出来这个长长的尾巴了"等。
			引导/要求实践	在剪纸活动中，教师通过讲解操作的方法或步骤来引导或要求幼儿进行某项剪纸活动，以便使幼儿学习、改进或演示某一技能。	如，教师询问"大家能剪出来和这个不一样的房子吗？""你剪出来的这只小鸟可以飞吗？怎么飞呀？"等。
			提供活动选择	教师提供两项及两项以上活动供幼儿选择。如果教师仅提供活动材料，但材料本身意味着两种以上的活动也算作此类。	如，教师提供了胶棒，供幼儿剪纸和拼贴等。

续表

一级变量	二级变量	三级变量	四级变量	操作性定义	举例
教师行为	教育教学行为	对活动结果的评价/反馈	对活动结果的一般性表扬	在剪纸活动中，教师用语言或表情表扬或赞许肯定幼儿剪纸活动的学习过程和学习结果。	如，“你们今天剪得都很棒!”等。
			对活动结果的具体肯定	教师通过语言或表情表扬或赞许肯定幼儿剪纸活动的学习过程和学习结果，并具体告诉幼儿剪纸活动中值得肯定、表扬、赞许的细节之处。	如，“你今天剪的小汽车还加了窗户，真高级的小汽车呀!”等。
			对活动结果的一般性否定	教师用语言、表情对幼儿剪纸活动的学习过程和学习结果进行批评或否定或表示不赞赏。	如，“你今天剪的不如昨天好了”“下次要认真剪了!”等。
			对活动结果的具体否定	教师用语言、表情对幼儿剪纸活动的学习过程和学习结果进行批评或否定或表示不赞赏，并具体告诉幼儿剪纸过程中需要改进的细节。	如，告诉幼儿“你剪的小板凳四条腿都不一样长，是不是坐起来都不稳了?”等。
			听幼儿与活动评价有关的话语	在剪纸活动中，教师听幼儿陈述自己的剪纸作品；听幼儿提出希望教师对其作品评价的请求；听幼儿对其他幼儿的作品进行评价。	如，幼儿说：“老师，你看看我剪的小鸟”“他剪的小鸟竟然没有眼睛”等。

附录二：《教师行为观察》记录表

第□次观察

北京市 ________ 区 ________ 幼儿园

观察日期 ________ 月 ________ 日

观察时间：从 ________ 点 ________ 分到 ________ 点 ________ 分

时间			行为编码	教师行为描述
小时	分	秒		

附录三：无稿剪纸教师教学行为评分标准

评价内容		评分标准（1—5）	
		低分（1，2）	高分（4，5）
教授	讲授知识	教师用直接教授的教学行为向幼儿传授知识。	教师能用启发式等教学行为间接教授幼儿知识。
	听幼儿讲与知识有关的问题	教师倾听时间有限或不完整地倾听幼儿。	教师完整地倾听幼儿的讲述。
	直观说明/演示	教师出示范例或描述不清等相关说明/演示行为。	教师能用形象生动的语言加以直观说明，或通过比划动作、出示实物、播放PPT、运用投影仪等进行演示。
	听幼儿有关演示的请求	教师拒绝幼儿的演示请求或仅倾听幼儿的请求。	教师能倾听幼儿的演示请求或给予适当的演示机会。
	对有关知识的提问	教师进行知识性等的提问。	教师进行启发式等的提问。
	听幼儿对有关知识的回答	教师不完整倾听或倾听后不予评价。	教师完整倾听或倾听后予以评价。
	启发幼儿的想法与看法	教师仅通过提问的方式引导幼儿。	教师能运用暗示、对比、组织讨论等多种形式鼓励幼儿表达自己的想法与观点。
	听幼儿对自己想法的回答或表述	教师不完整倾听或不予评论。	教师完整倾听或给予相应的评价。

续表

评价内容		评分标准（1—5）	
		低分（1，2）	高分（4，5）
引导/要求实践	鼓励幼儿再次或继续活动	教师用语言、表情、动作等鼓励幼儿继续活动。	教师用语言、表情、动作等方式有针对性地鼓励幼儿继续活动。
	帮助/解释/建议	教师直接帮助幼儿继续活动。	教师通过解释、建议引导幼儿继续活动。
	听幼儿有关帮助或困难的陈述	教师不完整倾听或不予理睬。	教师完整倾听或予以帮助。
	引导/要求实践	教师通过讲解操作的方法或步骤要求幼儿实践。	教师通过讲解操作的方法或步骤引导幼儿主动学习。
	提供活动选择	教师仅在材料上给予多种选择。	教师能给幼儿提供多种学习的表现形式。
对活动结果的评价/反馈	对活动结果的一般性表扬	教师通过语言或表情面向全体幼儿或仅对幼儿作品进行的一般性表扬、赞许。	教师通过语言或表情对某一幼儿有针对性的或对幼儿的学习过程及学习结果进行的一般性表扬、赞许。
	对活动结果的具体肯定	教师通过语言或表情面向全体幼儿的细节的肯定、表扬、赞许。	教师通过语言或表情对某一幼儿有针对性的或教师对幼儿学习过程及结果的细节的肯定、表扬、赞许。
	对活动结果的一般性否定	教师用语言或表情面向全体幼儿的批评、否定或不赞赏。	教师用语言或表情针对某一幼儿或作品进行批评、否定或不赞赏。
	对活动结果的具体否定	教师运用讽刺性的语言或表情等对幼儿进行具体否定评价。	教师运用语言或表情针对某一幼儿的问题进行具体改进评价。
	听幼儿与活动评价有关的话语	教师不完整地倾听幼儿或倾听后不做出评价等回应。	教师能完整地倾听幼儿或倾听后做出相应的回应。

＊注：中分（3）表示介于低分（1，2）与高分（4，5）之间的表现行为。

附录四：教师教育教学行为评分表

内容	评分		
教授	低（1，2）	中（3）	高（4，5）
讲授知识			
听幼儿讲与知识有关的问题			
直观说明/演示			
听幼儿讲有关演示的请求			
对有关知识的提问			
听幼儿对有关知识的回答			
启发幼儿的想法与看法			
听幼儿对自已想法的回答或表述			
引导/要求实践	低（1，2）	中（3）	高（4，5）
鼓励幼儿再次或继续活动			
帮助/解释/建议			
听幼儿有关帮助或困难的陈述			
引导/要求实践			
提供活动选择			
对活动结果的评价/反馈	低（1，2）	中（3）	高（4，5）
对活动结果的一般性表扬			
对活动结果的具体肯定			
对活动结果的一般性否定			
对活动结果的具体否定			
听幼儿与活动评价有关的话语			